Textos gnósticos
Biblioteca de Nag Hammadi I

Textos gnósticos
Biblioteca de Nag Hammadi I: Tratados filosóficos y cosmológicos

Antonio Piñero, José Montserrat Torrents,
Francisco García Bazán, Fernando Bermejo y Alberto Quevedo

Edición de Antonio Piñero

EDITORIAL TROTTA

COLECCIÓN PARADIGMAS
Biblioteca de Ciencias de las Religiones

Primera edición: 1997
Segunda edición revisada: 2000

© Editorial Trotta, S.A.,1997, 2000
Sagasta, 33. 28004 Madrid
Teléfono: 91 593 90 40
Fax: 91 593 91 11
E-mail: trotta@infornet.es
http:\\www.trotta.es

Diseño
Joaquín Gallego

ISBN: 84-8164-163-4 (Obra completa)
ISBN: 84-8164-427-7 (Volumen 1)
Depósito Legal: M-41454-2000

Impresión
Area Printing, S.L.

CONTENIDO

CONTENIDO

PRÓLOGO

El hallazgo casual, a finales de 1945, de trece libros, encuadernados en cuero, en un terreno cercano de la ciudad de Nag Hammadi (próxima a la antigua Luxor) en el curso medio del Nilo constituye, junto con los manuscritos de Qumrán[1], el más grande de los descubrimientos de textos antiguos de la era moderna. Difícilmente una generación puede verse enfrentada a un tesoro de tamañas características que enriquece de manera notable su conocimiento del legado recibido de nuestros antepasados.

La «biblioteca» de Nag Hammadi está escrita en copto. Cuando el egipcio antiguo, a partir de la época en la que la mayoría de la nación se convierte al cristianismo, se escribe con letras mayúsculas griegas (unciales, más seis caracteres propios que reflejan sonidos propios de la lengua que no posee el griego), se denomina «copto». En los siglos II y III de nuestra era el antiguo egipcio, «clásico» (Imperios Medio y Nuevo), había evolucionado hacia varios dialectos (seis en total), y la lengua griega había penetrado profundamente en el vocabulario técnico. La literatura en esta lengua copta es rica, pero reducida generalmente al ámbito de lo religioso cristiano y maniqueo. A partir del siglo VII d.C. el copto quedará soterrado bajo el dominio del árabe, aunque el dialecto bohaírico sigue siendo aún hoy la lengua de la liturgia oficial de la Iglesia copta.

La mayoría de los textos que se hallan en esos trece libros son

---

1. Los textos de Qumrán (Manuscritos del Mar Muerto) han sido editados en español por Florentino García Martínez, *Textos de Qumrán*, Trotta, Madrid, ⁵2000. Se trata de la versión más completa de los textos editados hasta el momento.

gnósticos. Y puesto que la gnosis y el gnosticismo constituyen el núcleo de uno de los fenómenos ideológicos que dominaron el pensamiento no sólo religioso, sino filosófico de la cuenca del Mediterráneo durante los siglos I al IV de nuestra era, el que se hayan descubierto en este siglo unos cuarenta escritos de esta índole, absolutamente nuevos, de los que no teníamos ninguna o escasa noticia, puede calificarse de sensacional.

Los textos de Nag Hammadi arrojan una imponente luz para aumentar nuestros conocimientos no sólo sobre el gnosticismo, sino sobre varios ámbitos y épocas: el mundo de la especulación filosófica y religiosa (judía, cristiana, pagana) en lengua griega de los siglos I-IV; el ámbito de la cultura egipcia, copta, del siglo IV, en el que existieron intereses variados, no sólo gnósticos, sino también herméticos, cristianos, maniqueos.

En este volumen deseamos ofrecer al lector castellano la primera traducción completa a esta lengua de todos esos textos gnósticos antiguos, acompañados de una breve introducción y de unas cuantas notas informativas que aclaren sus dificultades de comprensión. Se trata de una versión sobre los textos originales, siguiendo las mejores ediciones críticas del texto copto, cotejándolas, cuando es necesario, con las fotografías de los manuscritos contenida en *The Facsimile Edition of the Nag Hammadi Codices*, publicada entre 1972 y 1977.

La introducción doctrinal al pensamiento gnóstico, con referencias especiales a los escritos de Nag Hammadi, que antecede a los textos en sí obedece sobre todo a propósitos informativos, aclaratorios y didácticos. Su objetivo es facilitar lo más posible al lector la comprensión de los alambicados escritos de Nag Hammadi. Salvo en algunos casos particulares, no pretendemos reflejar en estas páginas los procedimientos de la investigación académica, sino tan sólo sus resultados en lo que se refiere a este objetivo de posibilitar con provecho el contacto directo de difíciles textos antiguos. Discusiones de temas estrictamente técnicos, en torno sobre todo a problemas de datación o de comprensión de los textos concretos, aparecerán eventualmente en las introducciones a cada escrito.

Como los textos de Nag Hammadi se encuadran dentro del abigarrado panorama de la gnosis y del gnosticismo antiguo, nuestra introducción no puede restringirse tan sólo a los temas estrictos que aparecen en esta biblioteca egipcia, sino que también se ha de ocupar de situar e introducir al lector en ese complejo mundo de la gnosis antigua: qué se entiende por gnosis, cuáles son sus temas e ideas principales, qué escritos nos presentan este ideario en la Antigüedad, de dónde procede y cuáles son su presumibles orígenes.

Las figuras metodológicas que presentaremos en esta introducción son, principalmente, la sistematización y la clasificación. Intentaremos deslindar, sobre todo en lo que se refiere específicamente a la gnosis de Nag Hammadi, «tipos» o «modelos» doctrinales para agilizar después, en el cuerpo del libro, las descripciones y referencias que aparecen en introducciones y notas.

En las partes de la introducción que se ocupan preferentemente de Nag Hammadi contemplaremos los tratados pertenecientes a las dos grandes corrientes gnósticas presentes en este *corpus* de escritos, los «valentinianos» y los llamados «setianos» (textos en torno a la figura y doctrina de Set, hijo de Adán, denominación ésta que aceptamos por pura comodidad expositiva). Sólo incidentalmente nos referiremos a los escritos herméticos, no ausentes de esta biblioteca de Nag Hammadi, a los de talante cristiano ortodoxo (y, por tanto, de temática mucho más conocida y accesible) y a los inclasificables. La descripción de estos últimos se realizará en sus respectivas introducciones particulares. Dado que la obra presente es fruto de una colaboración entre varios autores, el editor literario ha respetado con escrupulosidad el talante de la aportación de cada colaborador, tanto en la introducción a cada escrito como en las notas a ella. Ello puede explicar el que el lector halle ciertas diferencias de impostación en el tenor de las introducciones o de las notas aclaratorias. Igualmente el texto de cada versión al catellano ha sido respetado y es reponsabilidad única del autor de ella.

Los escritos gnósticos de Nag Hammadi suponen para la investigación actual un notable aumento de textos gnósticos originales y de primera mano, pero, a la vez, y a medida que la investigación va profundizando en ellos, su hallazgo nos proporciona la tranquilidad de saber que, en líneas generales, lo que ya conocíamos de la gnosis y del gnosticismo a través de los escasos textos de los Padres de la Iglesia (en especial de Ireneo de Lyon, Clemente de Alejandría, Hipólito de Roma y Epifanio de Salamina, en Chipre) era fundamentalmente correcto.

Tiempo después de su descubrimiento, cuando los estudiosos tuvieron acceso al menos parcial a los textos (prácticamente de 1947 a 1972; a partir de esta fecha el acceso ha sido total)[2], los trece volúmenes de Nag Hammadi planteaban muchos más problemas de los que de momento se podían resolver: ¿de dónde proceden exactamente?, ¿qué grupo se halla detrás de estos textos?, ¿una comunidad herética u ortodoxa?, ¿eran laicos o monjes?, ¿son tex-

---

2. La primera versión completa (en inglés) a una lengua moderna de todos los textos de Nag Hammadi vio la luz en 1978. Los manuscritos de Qumrán, descubiertos también inmediata-

tos originales o traducciones?, ¿en qué época y lengua fueron compuestos los presuntos originales? Lentamente los investigadores van abriéndose camino a través de estos interrogantes, cuya resolución, al menos parcial, hace que esta biblioteca adquiera hoy su verdadero valor y que poco a poco se transforme, de meteorito proveniente de no se sabe qué planeta del mundo antiguo, en una nueva mina de oro que pausadamente desvela sus tesoros.

Los autores de esta obra pretendemos que sirva a un espectro de lectores lo más amplio posible[3]. No deseamos que estos libros duerman en los anaqueles de los especialistas, sino que puedan servir de lectura y consulta para todos aquellos interesados en la religiosidad e historia del mundo antiguo, en la teología del Nuevo Testamento, en la Patrística, la historia de la filosofía y la más específica de las religiones, además de solaz, estudio y entretenimiento para aquellos que siempre se han ocupado de las doctrinas esotéricas que en cada estadio de desarrollo ideológico ha ido generando el interés religioso de la humanidad.

Antonio Piñero
Universidad Complutense, Madrid

mente después del fin de la Segunda Guerra Mundial, aún no han sido publicados en su totalidad, aunque, evidentemente, no puede establecerse una comparación estricta: éstos últimos son unos 800 escritos, mientras que los de Nag Hammadi apenas llegan a la cincuentena.

3. Índices suficientemente completos, tanto de materias como de textos y autores antiguos y modernos, irán al final del tercer volumen, abarcando la Biblioteca completa de Nag Hammadi.

ABREVIATURAS

Signos convencionales:

[...]   laguna
[ ]   texto reconstruido
( )   texto añadido por el traductor, o que
                                         debe sobreentenderse en el texto copto
dígitos en *negrita* dentro del texto   páginas del manuscrito
dígitos al margen   líneas del manuscrito
| división de líneas en el manuscrito
(cursiva)   palabras griegas (transcritas)
                                         presentes en el texto copto

TRATADOS GNÓSTICOS

AcGra	*Oración de acción de gracias*	Hip	*Hipsifrone*
AcPe	*Hija de Pedro*	HipA	*La hipóstasis de los arcontes*
	(Hecho de Pedro)	IntCon	*La interpretación del*
AcPD	*Hechos de Pedro y los Doce*		*conocimiento*
	Apóstoles	Mar	*Marsanes*
All	*Allógenes*	Mel	*Melquisedec*
ApAd	*Apocalipsis de Adán*	Nor	*Pensamiento de Norea*
ApocJn	*Libro secreto de Juan*	OcNov	*Discurso sobre la Ogdóada*
	(Apócrifo de Juan)		*y la Enéada*
ApocSant	*Libro secreto de Santiago*	OgM	*Sobre el origen del mundo*
	(Apócrifo de Santiago)	OrPb	*Oración de Pablo*
ApPa	*Apocalipsis de Pablo*	ParSm	*Paráfrasis de Sem*
ApPe	*Apocalipsis de Pedro*	PensGP	*Pensamiento de nuestro*
ApSant	*Apocalipsis de Santiago*		*Gran Poder*
Ascl	*Asclepio*	PensTr	*Pensamiento Trimorfo*
CaPeF	*Carta de Pedro a Felipe*		*(Énnoia Trimorfa)*
DSal	*Diálogo del Salvador*	Poim	*Poimandres*
EnAut	*Enseñanza autorizada*	PSofía	*Pistis Sophia*
EsSt	*Las tres estelas de Set*	RepPl	*República* (Platón)
EugB	*Eugnosto, el Bienaventurado*	SabJC	*Sabiduría de Jesucristo*
EvE	*Evangelio de los egipcios*	Sil	*Las enseñanzas de Silvano*
EvFlp	*Evangelio de Felipe*	SSx	*Sentencias de Sexto*
EvM	*Evangelio de María*	TAt	*Libro de Tomás, el Atleta*
EvT	*Evangelio de Tomás*	TestV	*Testimonio de la Verdad*
EvV	*Evangelio de la Verdad*	Tr	*El trueno*
ExAl	*Exposición sobre el alma*	TrGSt	*Segundo Tratado del Gran*
ExpVal	*Exposición valentiniana*		*Set*

13

TrRes Tratado sobre la resurrección   TrTrip Tratado tripartito
       (Epístola a Regino)   Zos   Zostriano

LIBROS BÍBLICOS

Antiguo Testamento

		Os	Oseas
		Pr	Proverbios
Ab	Abdías	1R 2R	Reyes
Ag	Ageo	Rt	Rut
Am	Amós	1S 2S	Samuel
Ba	Baruc	Sal	Salmos
1Cro 2Cro	Crónicas	Sb	Sabiduría
Ct	Cantar	So	Sofonías
Dn	Daniel	Tb	Tobías
Dt	Deuteronomio	Za	Zacarías
Ecles	Eclesiastés		
Eclo	Eclesiástico	Nuevo Testamento	
Esd	Esdras		
Est	Ester	Ap	Apocalipsis
Ex	Éxodo	1Co 2Co	Corintios
Ez	Ezequiel	Col	Colosenses
Gn	Génesis	Ef	Efesios
Ha	Habacuc	Flm	Filemón
Is	Isaías	Flp	Filipenses
Jb	Job	Ga	Gálatas
Jc	Jueces	Hb	Hebreos
Jdt	Judit	Hch	Hechos
Jl	Joel	1Jn 2Jn 3Jn	Epístolas de Juan
Jon	Jonás	Jn	Juan
Jos	Josué	Jud	Judas
Jr	Jeremías	Lc	Lucas
Lm	Lamentaciones	Mc	Marcos
Lv	Levítico	Mt	Mateo
1M 2M	Macabeos	1P 2P	Pedro
Mi	Miqueas	Rm	Romanos
Ml	Malaquías	St	Santiago
Na	Nahún	1Tm 2Tm	Timoteo
Ne	Nehemías	1Ts 2Ts	Tesalonicenses
Nm	Números	Tt	Tito

APÓCRIFOS DEL ANTIGUO TESTAMENTO

Ajicar	Historia de Ajicar	ApMo	Apocalipsis de Moisés
ApAbr	Apocalipsis de Abrahán	ApSed	Apocalipsis de Sedrac
ApBar(gr)	Apocalipsis griego de	ApSof	Apocalipsis de
	Baruc (= 2Bar)		Sofonías
ApBar(sir)	Apocalipsis siriaco de	Arist	Carta de Aristeas
	Baruc (= 3Bar)	AscIs	Ascensión de Isaías
ApEl	Apocalipsis de Elías	AsMo	Ascensión de Moisés
ApEsd	Apocalipsis de Esdras	3Esd	Libro tercero Esdras

4Esd	*Libro cuarto de Esdras*	SalSl	*Salmos de Salomón*
Hen(esl)	*Henoc eslavo*	TestAb	*Testamento*
	(= 2Hen)		*de Abrahán*
Hen(et)	*Henoc etiópico*	TestAd	*Testmento de Adán*
	(= 1Hen)	TestIsaac	*Testamento de Isaac*
Hen(gr)	*Fragmentos griegos*	TestJob	*Testamento de Job*
	de Henoc	TestSl	*Testamento*
Hen(heb)	*Henoc hebreo*		*de Salomón*
	(= 3Hen)	TestXII	*Testamento de*
Jub	*Libro de los Jubileos o*		*los Doce Patriarcas*
	Pequeño Génesis		As*Aser*
JyA	*Novela de José y Asenet*	Jud	*Judá*
LibSib	*Libros Sibilinos*		Ben *Benjamín*
3Mac	*Tercer libro de*		Lev *Leví*
	los Macabeos		Dan *Dan*
4Mac	*Cuarto libro de*		Nef *Neftalí*
	los Macabeos		Gad *Gad*
OdSl	*Odas de Salomón*		Rub *Rubén*
OrMan	*Oración de Manasés*		Is *Isacar*
OrSib	*Oráculos Sibilinos*		Sim *Simeón*
ParJr	*Paralipómenos*		Jos *José*
	de Jeremías		Zab *Zabulón*
PsFil	*Pseudo-Filón*	ViAd	*Vida de Adán y Eva*

APÓCRIFOS DEL NUEVO TESTAMENTO

ApPe	*Apocalipsis de Pedro*	HchPab	*Hechos de Pablo*
EvEb	*Evangelio de los ebionitas*	HchPabTec	*Hechos de Pablo y Tecla*
EvEg	*Evangelio de los egipcios*	HchPe	*Hechos de Pedro*
EvHeb	*Evangelio de los hebreos*	HchPil	*Hechos de Pilato*
EvPe	*Evangelio de Pedro*	HchTom	*Hechos de Tomás*
EvPsMt	*Evangelio del Pseudo*	MarPe	*Martirio de Pedro*
	Mateo	ProtEv	*Protoevangelio*
HchAn	*Hechos de Andrés*		*de Santiago*
HchArq	*Hechos de Arquelao*	TestSñ	*Testamento del Señor*
HchJn	*Hechos de Juan*		

OTRAS OBRAS CRISTIANAS PRIMITIVAS

Adv. Haer.	*Adversus Haereses*	Did	*Didaché*
	(*Contra los herejes*:	Ecl. Proph.	*Églogas Proféticas*
	Ireneo de Lyon)		(Clemente de Alejandría)
1 Apol	*1 Apología* (Justino)	Elen	*Elenchos o Refutación*
Bern	*Carta de Bernabé*		*de las herejías*
CaFlora	*Carta a Flora* (Ptolomeo)		(Hipólito de Roma)
1-2 Clem	*1.ª-2.ª Carta de*	Esm	*A los esmirnenses*
	Clemente de Roma		(Ignacio de Antioquía)
Diál	*Diálogo con Trifón*	Ext. Teod.	*Extractos o Excerpta*
	(Justino)		(Teodoto)

15

H.E.	Historia Eclesiástica (Eusebio de Cesarea)	Pol	Ignacio de Antioquía, A Policarpo
HomPsClem	Homilías Pseudo-clementinas	POxyr	Papiros de Oxirrinco
LibGrad	Liber Gradum	Praep. Evang.	Praeparatio Evangelica (Eusebio de Cesarea)
Magn	Ignacio de Antioquía, A los magnesios	Rec	Recognitiones (parte de HomPsClem)
MrtPol	Martirio de Policarpo	Rm	Ignacio de Antioquía,
OrCald	Oráculos Caldeos		A los romanos
Pan	Panarion o Remedio (Contra las herejías: Epifanio de Salamina	Strom	Stromata (Clemente de Alejandría)
Philad	A los filadelfos (Ignacio de Antioquía)	Tral	Ignacio de Antioquía, A los trallianos

OBRAS DE FLAVIO JOSEFO

Ant.	Antigüedades de los judíos	Ap.	Contra Apión
		Bell.	Guerra de los judíos

OBRAS DE FILÓN DE ALEJANDRÍA

Abr.	De Abrahamo	Opif.	De opificio mundi
Cher.	De cherubim et flammeo gladio	Plant.	De plantatione Noe
		Post.	De posteritate Caini
Dec.	De decalogo	Praem.	De praemiis et poenis
Fug.	De fuga et inventione	Quest. Ex.	De quaestionibus in Exodum
Gig.	De gigantibus		
Ios.	De Iosepho	Quest. Gen.	De quaestionibus in Genesim
Leg.	De legatione ad Gaium		
Leg. Alleg.	Legum Allegoriae	Sacr.	De sacrificiis Abelis et Caini
Migr.	De migratione Abrahami		
		Sobr.	De sobrietate
Mort.	De mortalitate	Somn.	De somniis
Mutat.	De mutatione nominum	Spec. Leg.	De specialibus legibus
		Vita Cont.	De vita comtemplativa

MANUSCRITOS DEL MAR MUERTO (QUMRÁN)

1QapGn	Génesis apócrifo	4QFlor	Florilegio
1QH	Himnos de acción de gracias	4QpNah	Péser de Nahún
		4Qen	Fragmentos del Ciclo de Henoc (Cueva IV)
1QpHab	Péser de Habacuc		
1QS	Regla de la Comunidad o Manual de Disciplina	CD	Documento de Damasco

16

TRATADOS DE LA MISNÁ Y TALMUDES

Ber.	*Berakhot*	Sab.	*Šabbat*
Mid.	*Middot*	San.	*Sanhedrin*
Pes.	*Pesahim*	Taa.	*Taanit*
Qid.	*Qiddušim*		

SIGLAS DE REVISTAS

AmJPh	*American Journal of Philology*
Aug	*Augustinianum*
BASP	*Bulletin of the American Society of Papyrology*
BJRL	*Bulletin of the John Ryland Library*
CBQ	*Catholic Biblical Quarterly*
ClQ	*Classical Quarterly*
EstB	*Estudios Bíblicos*
EstE	*Estudios Eclesiásticos*
EvT	*Evangelische Theologie*
ExT	*Expository Times*
Greg	*Gregorianum*
HThR	*Harvard Theological Review*
JA	*Journal of Archaelogy*
JAC	*Jahrbuch für Antike und Christentum*
JBL	*Journal of Biblical Literature*
JTS	*Journal of Theological Studies*
LavalTP	*Laval Théologique et Philosophique*
Mus	*Le Muséon*
NedTTs	*Nederlans Theologisch Tijdschrift*
NT	*Novum Testamentum*
NTS	*New Testament Studies*
OLZ	*Orientalische Literaturzeitung*
OrChr	*Oriens Christianus*
PhMal	*Philosophica Malacitana*
RBíbArg	*Revista Bíblica (Buenos Aires)*
RÉAug	*Revue des Études Augustiniennes*
RechSR	*Recherches de Sciences Religieuses*
RevSR	*Revue des Sciences Religieuses*
RHR	*Revue d'Histoire des Religions*
RScPhTh	*Recherches de Sciences Philosophiques et Théologiques*
RStLR	*Rivista di Storia e Letteratura Religiosa*
RTPhil	*Revue de Théologie et Philosophie*
Salmant	*Salmanticensis*
SThV	*Studia Theologica Varsaviensia*
ThLZ	*Theologische Literaturzeitung*
ThRu	*Theologische Rundschau*
VigCh	*Vigiliae Christianae*
ZäSA	*Zeitschrift für ägyptische Sprache und Altertumskunde*
ZKG	*Zeitschrift für Kirchengeschichte*
ZKT	*Zeitschrift für Katholische Theologie*
ZNW	*Zeitschrift für die neutestamentliche Wissenschaft*
ZPapEp	*Zeitschrift für Papyrologie und Epigraphik*
ZRGG	*Zeitschrift für Religion und Geistesgeschichte*
ZTK	*Zeitschrift für Theologie und Kirche*

OTRAS ABREVIATURAS

a.C.	antes de Cristo	l.v.	lectura variante
Act. Ver.	Actus Vercellenses	ms.	manuscrito
anón.	anónimo	mss.	manuscritos
aram.	arameo	n.	nota
art.	artículo	ns.	notas
art. cit.	artículo citado	NH	Nag Hammadi
AT	Antiguo Testamento	NHC	Nag Hammadi
BG	*Papiro Berolinense*		Codices
	gnóstico 8502	NS	Nueva Serie
Bruc	Bruciano	NT	Nuevo Testamento
CH	*Corpus Hermeticum*	o.c.	*opus citatum*
c.	columna	p.	página
cc.	columnas	p. ej.	por ejemplo
ca.	*circa*	par.	parágrafo
cap.	capítulo	pp.	páginas
caps.	capítulos	pap.	papiro
cf.	confer, véase	par.	paralelo(s)
Com	comentario	PG	*Patrología Griega*
cop.	copto		(Migne)
Crum	*A Coptic Dictionary*	PGM	*Papyri Graeciae*
	de W.E. Crum		*Magicae*
d.C.	después de Cristo	PL	*Patrología Latina*
ed.	editor		(Migne)
eds.	editores	pról.	prólogo
En	*Enéadas* (Plotino)	s	siguiente (sin punto y
esp.	especialmente		pegado, sin espacio a la
Ext	Extractos		cifra)
frag.	fragmento	s.	siglo
frags.	fragmentos	scil.	*scilicet*
gr.	griego	s.v.	*sub voce*
gral.	general	sir.	siriaco
Hom	homilía	ss	siguientes (sin punto y
heb.	hebreo		pegado, sin espacio a la
ibid.	*ibidem*		cifra)
id.	ídem	SVF	*Stoicorum Veterum*
Int.	Introducción		*Fragmenta*
l.	línea	ThWNT	*Theologisches*
l.c.	*locus citatus*		*Wörterbuch zum*
lit.	literalmente		*Neuen Testament*
l.v.	lectura variante	TM	Texto masorético
lat.	latín	trad.	traducción
log.	logia	v.	versículo
ls.	líneas	vv.	versículos
LXX	Septuaginta	VitaPl	Porfirio, *Vita Plotini*
		vol.	volumen

INTRODUCCIÓN GENERAL

Antonio Piñero y José Montserrat

I. DESCUBRIMENTO DE LOS MANUSCRITOS DE NAG HAMMADI. PRIMERAS PUBLICACIONES

Cuentan los dos estudiosos que más se han ocupado del oscuro proceso por el que fueron descubiertos los textos gnósticos de nuestra colección, J. Doresse y J. M. Robinson, que en el mes de diciembre de 1945 dos aldeanos de la región de Nag Hammadi, en el Alto Egipto, buscaban fertilizantes para sus campos —nitratos naturales (llamados *sabakh*)—, que obtenían excavando en los farallones del imponente risco de Jabal al-Tarif (a unos 11 kilómetros de Nag Hammadi) que bordea la orilla izquierda del Nilo. Dos hermanos, Mohamed y Califa Alí, del clan de al-Samman, de la aldea de Al-Qasr wa al-Sayyad (la antigua Quenoboskion, muy cercana al acantilado), al escarbar debajo de una enorme mole de piedra, caída hacía milenios desde el acantilado, encontraron una jarra de cerámica roja, de unos sesenta centímetros de altura por treinta de ancho en su parte central, cuidadosamente sellada con lo que parecía ser pez.

Su corazón latía apresuradamente ante lo que podía significar el hallazgo de un tesoro. Tardaron los dos campesinos en abrir la jarra por temor, como en la vieja leyenda, de que dentro se encontrara encerrado algún genio maligno. Al fin venció más la curiosidad, y se decidieron a abrirla rompiendo los bordes del recipiente con los bastones. La decepción fue grande, pues dentro de la gran jarra no había monedas de oro ni piedras preciosas, sino trece libros cuidadosamente encuadernados y envueltos en piel, escritos en unas letras para ellos ininteligibles.

19

A partir de este momento, una rocambolesca historia de asesinatos y venganzas de sangre, que afectó al padre de los dos muchachos descubridores y a toda la familia de éstos, hizo que los códices estuvieran durante meses ocultos, y sin ser reconocido su valor, en poder de la familia de quien los halló. Incluso parece cierto que bastantes hojas que faltan del Códice XIII fueron a parar a la estufa de la madre de los dos jóvenes descubridores y parte de otras hojas de diversos códices (probablemente las cubiertas y la mayor parte de las hojas del Códice XII, junto con otras del X) resultaron dañadas en el trasiego de manos que sufrieron los manuscritos. En total diez escritos resultaron seriamente estragados.

Pensando, por el tipo de escritura, que los libros eran cristianos y ante el temor de que la policía —que investigaba las venganzas de sangre entre los moradores de Al-Qasr— pudiera hallarlos, Mohamed Alí entregó los códices al sacerdote copto de su aldea, Basilio Abd al-Masih. Éste, a su vez, los mostró como curiosidad a un hermano suyo, profesor ambulante de historia en las escuelas parroquiales de la comunidad copta, por nombre Raghib Andrawus. Éste reconoció el posible valor de los códices y pidió a su hermano que le dejara prestado al menos uno (el que luego sería denominado Códice III) para mostrarlo en la capital.

Así lo hizo, y el personaje que los vio en El Cairo, un médico copto de nombre G. Sobhi, consciente de su importancia, dio aviso al Departamento de Antigüedades del Gobierno egipcio, en aquel momento a cargo del francés E. Drioton, que al punto se incautó del documento, pagando una modesta suma a Raghib.

Nueve meses más tarde del descubrimiento, el 4 de octubre de 1946, el Códice III fue a parar a las manos del conservador del Museo Copto de El Cairo, Togo Mina.

Hasta octubre de 1947 el manuscrito durmió en el despacho de T. Mina, cuando fue examinado por un joven erudito francés, J. Doresse, que acababa de llegar de París para estudiar los monasterios coptos. Su sorpresa fue grande al leer en el manuscrito títulos como *Libro sagrado de los egipcios* o también *Libro secreto de Juan*, etc. Al caer en la cuenta de la importancia del descubrimiento —¡se trataba de textos coptos gnósticos muy antiguos, desconocidos hasta el momento!—, Doresse y Mina hicieron proyectos para su publicación.

En el entretanto, a las manos de un anticuario belga, A. Eid, que residía por aquellos días en El Cairo, había llegado otro manuscrito de la misma colección. En él había también escritos gnósticos, en los que podían leerse, por ejemplo, una *Carta a*

Regino sobre la resurrección de los muertos y un cierto *Evangelio de la Verdad*. El códice (luego numerado como el I) fue adquirido finalmente por la Institución Jung de Zúrich (el famoso psiquiatra mostraba mucho interés por el gnosticismo) y pasó a denominarse *Códice Jung*. Más tarde, después de su publicación, fue entregado para su custodia definitiva al Museo de El Cairo.

Doresse y Mina comenzaron a buscar en diversas direcciones más volúmenes emparentados con los descubiertos, pero no lograron dar con ninguno, por lo que pensaron que ya no había más. Con este convencimiento se decidieron a ofrecer al mundo científico la noticia oficial del descubrimiento. Se publicaron así, en los *Comptes rendus de l'Académie des Inscriptions et Belles-Lettres*[1] francesa, las primeras nuevas de los hallazgos.

Más tarde se supo que sí había más códices. Dos de ellos habían sido vendidos separadamente por dos habitantes distintos de Al-Qasr, mientras que el resto había caído en las manos de dos personaje de dudosa catadura de la misma ciudad, llamados Bahij Alí y Zaki Basta. Tras algunas peripecias, estos individuos acabaron por vender al anticuario chipriota Foción J. Tano el resto del lote, quizás siete códices más. Totalmente convencido del valor de su compra, el marchante se puso en movimiento para intentar adquirir todo lo que hubiere de más, pero no consiguió nada por su cuenta.

A la vuelta de El Cairo tras esta venta, Bahij Alí adquirió cuatro códices más de las manos de Umm Ahmad, la madre de los descubridores, y se los vendió directamente a Tano. Éste negoció luego con E. Drioton y T. Mina, y por una suma nada elevada, que se pagó a Tano, todos los códices fueron a parar, en la primavera del 1949 y expropiados por el Gobierno egipcio, a los fondos del Museo Copto, quedando encerrados en una maleta sellada hasta 1956.

Lo que sigue a continuación pertenece ya a la —también accidentada— historia de la publicación de los manuscritos, más que a su descubrimiento y venta. En octubre de 1949 murió Togo Mina. Hasta 1952, el nuevo director del Museo Copto, Pahor Labib, no se hizo cargo oficialmente de los manuscritos, y sólo a partir de esta fecha se pensó en proporcionar las autorizaciones oficiales para su estudio y publicación. En 1956, con la lentitud propia de la burocracia, los trece códices fueron declarados pro-

---

1. «Nouveaux écrits gnostiques, découverts en Égypte», sesión de 20 de febrero de 1948, pp. 87-95; cf. también, J. Doresse, «Trois livres gnostiques inédits»: VigCh 2 (1948), 137-160.

piedad del Estado egipcio. Durante todos estos años, los graves acontecimiento políticos y militares por los que debió pasar Egipto (1947: guerra entre Egipto e Israel; 1952-1954, abdicación del rey Faruk y proclamación de la nueva República egipcia con Gamal A. Nasser al frente de ella; guerra del Sinaí también contra Israel, en 1956) no ofrecieron precisamente el ambiente tranquilo y reposado para que los estudiosos emprendieran la edición de los textos descubiertos.

Dos primeros intentos de publicación, en 1950, para la serie «Corpus Scriptorum Christianorum Orientalium», y en 1951, a cargo y bajo los auspicios de la «Académie des Inscriptions et Belles-Lettres» de París, murieron, ahogados por diversas dificultades, antes de ver la luz. Tan sólo el *Evangelio de Verdad*, códice Jung (I), llegó a ser publicado en 1956, a cargo de M. Malinine, H.-Ch. Puech y G. Quispel (Zúrich), y un poco más tarde, en 1959, el célebre *Evangelio de Tomás* salió a la luz pública gracias a los esfuerzos de A. Guillaumont, Puech, Quispel, W. C. Till y Abd el Masih, también en Zúrich. A partir de este momento y hasta 1972 fueron apareciendo parsimoniosamente otras ediciones críticas del *Apócrifo (Libro secreto) de Juan, Tratado de la Resurrección, Evangelio de Felipe,* diversos *Apocalipsis, Epístola de Santiago*, etc.

En 1961 H.-Ch. Puech y A. Guillaumont propusieron a la UNESCO la necesidad de financiar la edición completa de los textos. Tras muchas tentativas y cambios de planes, J. M. Robinson se encargó de promover un «Comité Internacional para los códices de Nag Hammadi», que logró sacar a la luz desde 1972 a 1984 doce volúmenes que contenían una reproducción fotográfica excelente de todos los manuscritos y de los restos de papiros hallados en las envolturas de los volúmenes (cf. más abajo).

Gracias a este trabajo básico, en 1977 el público interesado pudo tener en su manos la primera traducción completa a una lengua moderna de todos los textos de la colección de Nag Hammadi. Bajo la dirección también de J. M. Robinson, investigadores del «Institute for Antiquity and Christianity» de la Claremont Graduate School, en California, editaron la primera versión inglesa, titulada *The Nag Hammadi Library in English*, que ha visto ya su tercera edición, revisada, en 1988, y que en ámbito internacional pasa por ser la traducción estándar y más utilizada de estos textos.

En el mismo instituto californiano se iniciaba a la vez una serie científica que bajo el título *The Coptic Gnostic Library*, subtítulo *Nag Hammadi Codices,* ofrecía a los estudiosos el texto original copto, con aparato crítico, de cada uno de los tratados, con introducción y notas. Al mismo tiempo, la Universidad de Laval (Quebec, Canadá) iniciaba una serie similar (editada por J.-É. Ménard, P. H. Poirier y M. Roberge) que, bajo el título *Bibliothèque Copte de Nag Hammadi* (Sección «Textes»), ha editado —similarmente, con introducciones, estudios y notas— una buena parte de los textos descubiertos.

A la vez, otros escritos coptos —descubiertos anteriormente en el mismo ámbito geográfico egipcio, de contenido similar y provenientes del mismo o de un grupo de gentes semejante a los de Nag Hammadi—, conocidos como los códices Askewianus y Brucianus (que contienen las importantes obras *Pistis Sophia,* los dos *Libros de Jeú,* entre otras), han sido editados por M. Krause, J. M. Robinson y F. Wisse, también bajo el título general *The Coptic Gnostic Library.*

A partir de 1970 el interés por los nuevos textos consigue que la bibliografía sobre estos escritos se haga inmensa y casi inabarcable. D. M. Scholer publicó en 1971 la *Nag Hammadi Bibliography: 1948-1969* (Brill, Leiden, ²1986), puesta al día continuamente en la revista internacional *Novum Testamentum,* publicada por la misma editorial. En ella se encuentra prácticamente todo lo que de interés se publica en el mundo sobre nuestros manuscritos. A ella debemos remitir al lector que desee hallar información sobre aspectos concretos.

II. LOS MANUSCRITOS DE NAG HAMMADI. CONTENIDO

Los trece volúmenes hallados en 1945 no son los típicos rollos que nos son conocidos por diversas fotografías de textos antiguos, en especial de manuscritos bíblicos o de Qumrán, sino que tienen formato de libro o códice. Este nuevo formato de edición fue popularizado por los cristianos a partir sobre todo del siglo II, ya que era más cómodo y práctico que el rollo. Además, el caro material de escritura en la época, papiro o pergamino, podía ser aprovechado mejor con este nuevo tipo, pues con el formato del códice se podía escribir por ambas caras.

Aunque algunos investigadores manifestaron algunas dudas sobre el número exacto de volúmenes descubiertos en Jabal al-Tarif, doce o trece, Mohamed Alí, el descubridor, mantuvo constantemente que los libros descubiertos eran trece, únicamente que se habían perdido hojas. El Museo Copto de El Cairo designó a cada uno de ellos con un número convencional (de I a XIII) según el orden en que se creía que iban a ser publicados, y según la importancia que les fue concedida en su momento. Esta numeración se ha mantenido por comodidad hasta el día de hoy. El título de los tratados contenidos en los libros es el siguiente:

CÓDICE I (Códice Jung)

1. *Apócrifo (libro secreto) de Santiago.*
2. *Evangelio de la Verdad.*
3. *Tratado sobre la Resurrección o Epístola a Regino.*
4. *Tratado tripartito.*
5. *Plegaria del apóstol Pablo.*

CÓDICE II

1. *Apócrifo (libro secreto) de Juan* (versión larga).
2. *Evangelio de Tomás.*
3. *Evangelio de Felipe.*
4. *Hipóstasis de los arcontes.*
5. *Sobre el origen del mundo* (primera copia).
6. *Exposición sobre el alma.*
7. *Libro de Tomás, el Atleta.*

CÓDICE III

1. *Apócrifo de Juan* (versión breve).
2. *Evangelio de los egipcios.*
3. *Carta de Eugnosto, el Bienaventurado.*
4. *Sabiduría de Jesucristo.*
5. *Diálogo del Salvador.*

CÓDICE IV

1. *Apócrifo de Juan* (versión larga).
2. *Evangelio de los egipcios.*

CÓDICE V

1. *Carta de Eugnosto, el Bienaventurado.*
2. *Apocalipsis (revelación) de Pablo.*
3. *Primer apocalipsis de Santiago.*
4. *Segundo apocalipsis de Santiago.*
5. *Apocalipsis de Adán.*

CÓDICE VI

1. *Hechos de Pedro y los doce Apóstoles.*
2. *El Trueno, la mente perfecta.*
3. *Enseñanza autorizada o Discurso soberano.*
4. *El pensamiento de la Gran Potencia.*
5. Platón, *República* 588A-589B.
6. *Discurso sobre la Ogdóada y la Enéada.*
7. *Plegaria de acción de gracias.*
8. *Asclepio.*

CÓDICE VII

1. *Paráfrasis de Sem.*
2. *Segundo tratado del gran Set.*
3. *Apocalipsis de Pedro.*
4. *Enseñanzas de Silvano.*
5. *Las tres estelas de Set.*

CÓDICE VIII

1. *Zostriano.*
2. *Carta de Pedro a Felipe.*

CÓDICE IX

1. *Melquisedec.*
2. *El pensamiento de Norea.*
3. *Testimonio de la Verdad.*

CÓDICE X

1. *Marsanes.*

CÓDICE XI

1. *La interpretación del conocimiento.*
2. *Exposición valentiniana* (más cinco apéndices sobre la unción, el bautismo y la eucaristía).
3. *Allógenes.*
4. *Hipsifrone.*

CÓDICE XII

1. *Sentencias de Sexto.*
2. Fragmentos del *Evangelio de Verdad.*
3. Fragmentos de procedencia desconocida.

CÓDICE XIII

1. *El Pensamiento trimorfo.*
2. *Sobre el origen del mundo* (unas líneas).

A estas obras añadimos en nuestra edición, al igual que lo hace la inglesa de J. M. Robinson, dos tratados más del llamado *Códice Gnóstico de Berlín* (BG) 8502. El número 1, *Evangelio de María,* y el número 4, *Hecho de Pedro* (no se confunda con VI 1).

Debemos señalar que del *Apócrifo (libro secreto) de Juan* existen dos versiones (larga: II 1; IV 1) y breve (III 1 y BG 8502,2), con un total de cuatro copias. De *Sobre el origen del mundo* contamos con dos versiones iguales, con algunas variantes (II 5; XIII 2). De *El Evangelio de los egipcios* existen dos versiones iguales con pequeñas variantes (III 2; IV 2); de la *Carta de Eugnosto, el Bienaventurado* tenemos dos versiones iguales con variantes en III 3 y V 1, y la *Sabiduría de Jesucristo* (III 4) es una variante cristiana de la *Carta de Eugnosto* (V 1).

Los *Hechos de Pedro y los doce Apóstoles* (VI 1) cuentan con una versión con notables variantes en BG 8502,4, como hemos indicado ya, y BG 8502,3 presenta otra copia de la *Sabiduría de Jesucristo.*

Cada uno de estos libros estaba formado por un cuadernillo de papiro, aunque alguno llevaba un suplemento de otro u otros cuadernos de menor densidad de hojas. Como la disposición interna de las fibras del papiro es peculiar en cada planta (al estilo de las huellas dactilares humanas), y cada cuadernillo ha sido fabricado normalmente con las fibras de una sola planta, este dibujo ha servido de guía a los investigadores para asignar los fragmentos dispersos a una obra determinada cuyo papiro presentaba el mismo dibujo.

La apariencia exterior de los volúmenes que contienen los manuscritos de Nag Hammadi es similar a la de los libros modernos, sólo que el cuero que forma su encuadernación y envoltura exterior sobresale por los lados, de modo que se pueda solapar sobre los cantos y proteger así el conjunto. Una suerte de tira o correílla del mismo cuero servía para enrollar por completo y sujetar firmemente cada libro. Algunos presentan correas suplementarias arriba y abajo para mejor asegurar el cierre del volumen.

Los estudiosos han llegado a la conclusión de que los trece códices se dividen en grupos según el tipo de encuadernación con el que fueron terminados. Las cubiertas se presentan en tres formas distintas. Un grupo, un tanto más pobre, está formado por los códices IV, V y VIII; un segundo tipo (II, VI, IX, X) se caracteriza por una encuadernación más sólida, con un refuerzo de piel sobre el lomo del volumen; los restantes (I, III, VII y XI), aunque con pocas señales específicas que los diferencien, parecen formar el tercer grupo. Aunque no es del todo seguro, se opina hoy que las distintas manos de los escribas que pueden distinguirse entre los diversos tratados coinciden con los diferentes grupos de libros según su cubierta.

Según J. M. Robinson[2], el que la biblioteca de Nag Hammadi presente dos grupos diferenciados de cubiertas, junto con un tercero, un tanto misceláneo, y el que pueda señalarse —en estos tres grupos de volúmenes— un conjunto nítido de escribas, cuyas manos se distinguen de otras más indiferenciadas o misceláneas, sugiere la idea de que esta biblioteca es una fusión de lo que fue en principio una serie de tres o más pequeños grupos de libros. La prueba se halla, en la opinión de este ilustre investigador, en la distribución de los duplicados. Ningún códice contiene duplicado alguno de una misma obra, ni tampoco se encuentran dobletes entre los diferentes grupos distinguidos por su cubierta. Sólo en un caso parece haber una excepción (II 4 repetido en XIII 2), pero bien analizado no lo es, pues esta última obra fue luego eliminada, presumiblemente para evitar repeticiones. El número de copias del *Apócrifo de Juan* apunta más bien a que la biblioteca de Nag Hammadi debía de estar formada originariamente por cuatro pequeños grupos distintos.

III. LENGUA, FECHA, LUGAR Y MOTIVO DE SU COMPOSICIÓN

La *lengua original* de los textos recuperados en Nag Hammadi no es el copto. Con toda seguridad, tanto por el contenido, como por el número de palabras griegas de las que aparece trufado el texto, la lengua primitiva era el griego. La lengua de la versión actual copta no es uniforme, sino que son dos dialectos, el sahídico y el subacmímico (de Assiut). La biblioteca no es obra de

2. «Introduction» a *The Nag Hammadi Library in English*, 15.

un traductor único: se perciben diferencias en el uso de las voces coptas para un mismo vocablo griego y los modos de traducción son diferentes. No puede afirmarse con seguridad que los traductores fueran monjes cristianos (cf. más abajo) del monasterio de San Pacomio, que por el siglo IV se levantaba muy cerca del lugar del hallazgo, pues, por las noticias que tenemos (especialmente la *Vida de san Pacomio*), el fundador mismo tuvo que aprender la lengua de la Hélade cuando ya era adulto, y la mayoría de los monjes no conocían el griego. De admitirse, de todos modos, la hipótesis de que los traductores estaban relacionados con el monasterio, o bien los traductores eran monjes alejandrinos que venían a pasar temporadas en el Alto Egipto, o bien laicos del lugar especialmente entrenados. Pero cabe también que al menos parte de la traducción (la sahídica) se hiciera lejos de la zona de los descubrimientos.

La *fecha de los tratados* en sí, contenidos en los códices, es, o puede ser en algunos casos, muy anterior al momento en el que los libros fueron copiados. Del *Apócrifo de Juan*, por ejemplo, sabemos que su contenido existía ya a finales del siglo II, pues fue utilizado por Ireneo de Lyon en su obra *Refutación de las herejías*. El *Evangelio de Tomás*, aun antes del descubrimiento, era conocido por fragmentos papiráceos hallados en Oxirrinco (Ox. Pap. 1, 654 y 655), y es opinión común que el original procede con suma probabilidad de mitad del siglo II. En otros casos, como el *Zostriano*, quizás mencionado por Porfirio, tenemos un término *ante quem* para su datación. En los casos del *Tratado tripartito, Las tres estelas de Set, Hipsifrone, Marsanes,* si se presupone en ellos una réplica a la polémica plotiniana contra los gnósticos cristianos, tendríamos una fecha de composición en torno al comienzo del tercer cuarto del siglo III. En cada introducción particular se indicará, normalmente por criterios de crítica interna, la datación que se atribuye a la composición de cada tratado.

La *fecha del momento de la traducción* de algunos de estos libros de Nag Hammadi se nos ha conservado gracias a la casualidad. Para rellenar el espacio interno de la cubierta de cuero, dándole así mayor entidad a las tapas, el encuadernador utilizó fragmentos desechados de papiros que contenían cartas o contratos privados en los que son legibles todavía hoy nombres de lugares, personas y algunas fechas. Así, se ha podido datar la manufactura de estos manuscritos de Nag Hammadi entre el 330 y 340 d.C., fechas que aparecen en esos documentos secundarios.

28

El lugar de la copia de los textos una vez traducidos se planteó en otros tiempos generalmente en términos de una disyuntiva: o el cercano monasterio de San Pacomio o cualquier otro lugar. La cuestión, sin embargo, no es fácil de determinar y se halla íntimamente relacionada con los problemas que plantea el contenido de estos escritos dentro del ambiente de la Iglesia del Alto Egipto en el siglo IV.

Implicaciones del contenido de los textos de Nag Hammadi

Es también un problema difícil de resolver si la biblioteca de Nag Hammadi tuvo un origen fortuito o fue coleccionada con un propósito determinado.

Como hemos ya indicado, diversos estudiosos afirmaron, poco después de conocerse los textos, que fueron monjes del cercano monasterio de San Pacomio los que copiaron esos escritos. Pero, al ser el contenido de la mayoría de ellos fuertemente gnóstico, y por tanto bien alejado de la corriente de la ortodoxia eclesiástica tradicional, en seguida se planteó la cuestión: ¿cómo es posible que monjes, de cuya ortodoxia no podría dudarse —tal como se deduce de los datos proporcionados por las *Vidas* de san Antonio o san Pacomio—, hayan tenido como lectura espiritual unos escritos tan alejados de las enseñanzas de la Iglesia en general? Algunos investigadores han intentado responder a esta pregunta argumentando que la biblioteca era solamente «heresiológica», es decir, había sido copiada para que los monjes tuvieran a mano un elenco de herejías gnósticas que debían estudiarse para su conveniente refutación.

Pero esta respuesta no es satisfactoria. El cuidado con el que estos libros han sido copiados, con una bella letra uncial-litúrgica copta, y el esmero puesto en su encuadernación indican más bien que aquellos que los encargaron a un *scriptorium* eran personas afectas al contenido que aparece en los volúmenes. Y, sobre todo, a la hora de preservar estos textos de la destrucción —al igual que lo ocurrido con los manuscritos del Mar Muerto—, sus poseedores tuvieron muy buena cuenta de protegerlos con telas, de encerrarlos con cuidado en una tinaja de excelente factura, y luego se preocuparon de sellar cuidadosamente la boca del recipiente de modo que la arena, la posible humedad o cualquier otro factor destructivo no pudiera realizar su tarea.

Por este motivo, si se rechaza por improcedente la proveniencia de estos textos del monasterio pacomiano al que antes hemos aludido, debe sospecharse que en la zona cercana al descubrimiento existían por aquella época —primera mitad del siglo IV— grupos de cristianos que mostraban un amplio interés por doctrinas gnósticas.

Como luego señalaremos con mayor precisión, en esta biblioteca encontramos —aparte de algunos pocos tratados de talante perfectamente ortodoxo, o simplemente paganos pero asimilables, como las *Sentencias de Sexto*— textos que pertenecen a una gnosis exclusivamente judía, escritos judíos posteriormente cristianizados, textos de la literatura «pagana» gnósticos o no (un fragmento de la *República* de Platón) y escritos genuinamente cristianos. Los desconocidos personajes que los utilizaran debían de tener una mente muy abierta y una intención clara de aprovechar todos aquellos escritos que les pudieran iluminar en la búsqueda de la verdad (gnóstica) fuera cual fuere su procedencia. Quizás haya que llegar a la conclusión generalista de que en el siglo IV, sobre todo en regiones periféricas del cristianismo, existía ciertamente una gran corriente de una ortodoxia sustancial, pero que ésta coexistía con otros grupos, cuyo cristianismo era mucho más flexible. Al igual que los descubrimientos de Qumrán nos han ilustrado maravillosamente sobre la notable complejidad del judaísmo del siglo I, quizás los hallazgos de Nag Hammadi nos indiquen que la situación del cristianismo en el Egipto del siglo IV era en cierto modo análoga.

Las excavaciones arqueológicas realizadas a partir de 1966, y hasta 1978, en la zona del descubrimiento de los manuscritos coptos han puesto de relieve que aquellos parajes eran el ámbito de una vida religiosa intensa. El acantilado de Jabal al-Tarif presenta unas ciento cincuenta grutas naturales, muchas de las cuales fueron habitadas en aquel siglo por anacoretas cristianos, que han dejado en ellas restos de plegarias, salmos, etc. En Pabau, cerca de Al-Qasr (Quenoboskion), se hallaban la basílica y el cenáculo de San Paco-mio y sus discípulos. Ulteriores indagaciones arqueológicas descubrieron que este monasterio se había fundamentado sobre un importante y complejo edificio del siglo III, y que, anteriormente, el lugar había sido escogido —en el siglo I— como sede de una colonia romana. La región era, pues, muy habitada desde hacía tiempo y debió de tener gran importancia en los inicios de la vida cristiana y monástica de Egipto.

En la vecina ciudad de Akhmim se descubrieron a finales del siglo pasado apócrifos importantes del Nuevo Testamento, como el *Evangelio y el Apocalipsis de Pedro*. En 1976-78, en otra campaña de excavaciones por la zona dirigida por B. van Elderen, se pudo confirmar una antigua hipótesis, a saber: que los famosos papiros Bodmer (que contienen textos muy antiguos y significativos de diferentes libros del Nuevo Testamento) procedían también de una región vecina de Jabal al-Tarif y Pabau. De este modo, tres grandes indicativos del cristianismo primitivo en Egipto —los códices gnósticos de Nag Hammadi, los papiros Bodmer y el monasterio de San Pacomio—, se hallan localizados en el ámbito de Nag Hammadi [3]. También se sospecha que otros textos copto-gnósticos, descubiertos anteriormente, como *Pistis Sophia* y los dos *Libros de Jeú*, proceden del mismo entorno geográfico.

Por consiguiente, esa zona egipcia debió de ser un lugar de intensa vida religiosa donde era posible que cristianos de impostación gnóstica, quizás eremitas de tendencia ascética, encratitas misóginos o enemigos del matrimonio, o un grupo parecido al de Pacomio, pero del que por su heterodoxia no quedan otros restos, hayan basado su vida religiosa en la ideas espirituales que se desprenden de estos escritos de Nag Hammadi.

Señalan algunos investigadores[4] la posibilidad indirecta de intuir al menos el ambiente que se vivía en aquella zona durante el siglo IV. En el año 367 el patriarca de Alejandría, Atanasio, publicaba su 39.ª *Carta festal*, cuyo interés fundamental era difundir la lista de los escritos del Nuevo Testamento que debían considerarse canónicos, o sagrados, por tanto, legibles en público o privado como alimento espiritual de los creyentes. Estaba preocupado el patriarca por ciertos libros heréticos que se habían difundido en Egipto y que pasaban también por divinamente inspirados. Según las *Vidas* de Pacomio y Antonio, en los monasterios de la época (por donde se había difundido la carta del patriarca) circulaban libros falsos de los apóstoles, y por la zona había ciertos «filósofos» cristianos muy interesados sobre todo en extrañas interpretaciones de la Escritura. Precisamente este ambiente es el que puede reflejar los intereses que animaban a ese grupo desconocido que copió, conservó y luego guardó —¿quizás durante alguna persecución de los ortodoxos a la captura de tales libros no santos?— los volúmenes hallados tantos siglos más tarde. Los gnósticos de Nag Hammadi conservan entre sus escritos bastantes obras, evangelios, apocalipsis, puestas bajo el nombre de personajes apostólicos, y es precisamente la interpretación alegórica de las Escrituras el modo como descubren en ellas el

---

3. Cf. L. Moraldi, *Testi gnostici*, 70.
4. Cf. F. Wisse, «Gnosticism and Early Monasticism in Egypt», en *Gnosis*, Homenaje a Hans Jonas, Gotinga, 1978, 431-440.

hontanar de donde dimanan sus ideas. Y eran, también, de espíritu suficientemente libre como para conservar en su biblioteca escritos afines, pero no estrictamente cristianos, en los que, igualmente, esperaban hallar alimento espiritual[5]. No es imposible que en el siglo IV, en Egipto, la gnosis pudiera ser un conglomerado común, donde no imperaba ninguna distinción rígida de escuelas. Los traductores-adaptadores coptos se movían con libertad dentro de ese contexto. En la misma época fueron traducidos muchos textos maniqueos. Había, por tanto, una corriente de público ávida de religiosidad esotérica. Desde la época de Diocleciano hasta la de Justiniano (finales del siglo III hasta el último tercio del siglo VI) hubo en esta zona una relativa paz y prosperidad económica, a la vez que a mediados del siglo V se dio un cierto resurgimiento del paganismo en la región de Akhmim. Esta conjunción de factores puede explicar hasta un cierto punto la atmósfera en la que se produjo el interés espiritual que llevó a la compilación de la biblioteca de Nag Hammadi. Podría ser que los gnósticos representaran un cierto tipo de religiosidad «laica» frente a la eclesiástica de los monjes.

Las obras de esta biblioteca no son homogéneas. Tratados estrictamente paganos de esta biblioteca son *Trueno, Enseñanza autorizada, Sentencias de Sexto, Zostriano y Allógenes*. Como pertenecientes a la gnosis hermética se han señalado: *Discurso sobre la Ogdóada y la Enéada, Asclepio*. Como estrictamente judías, no cristianas, se han señalado *Apocalipsis de Adán, Paráfrasis de Sem, Las tres estelas de Set*; como originariamente judías, aunque hayan recibido luego un barniz de cristianismo o hayan sido reformadas (o reeditadas) para introducir en ellas conceptos cristianos, pueden considerarse las siguientes: *Hipóstasis de los arcontes, Apócrifo de Juan, Evangelio de los egipcios, Pensamiento trimorfo, Eugnosto, Sobre el origen del mundo, Norea, Marsanes, Exposición sobre el alma*. Este doble conjunto de obras, de procedencia estrictamente judaica o pagana, tendrá su importancia, como veremos, a la hora de resolver en parte uno de los enigmas que rodean a los gnósticos: sus orígenes.

Por otro lado, varios tratados (sobre todo *La hipóstasis de los arcontes y Sobre el origen del mundo*) apuntan a un judaísmo helenística esotérico, gnóstico en la línea de Simón el Mago y

---

5. Al igual que la Biblia, que no presenta una teología común, ni una representación mítica igual en todas sus partes, es, sin embargo, el libro sagrado de judíos y cristianos, un grupo gnóstico pudo haber reunido, como literatura sagrada, espiritual o edificante, diversos escritos de procedencia heterogénea.

Filón de Alejandría. Quizás no fueran antiyahvistas en extremo (cf. *infra* pp. 345 y 361). La admisión de la figura de Sabaot en su sistema teoló-gico-cosmogónico sería indicio de una vía media de este judaísmo heterodoxo que intentaba rescatar la figura del Dios judío sin renunciar a la existencia del Dios trascendente.

Un esquema de procedimiento que explicaría la producción de los escritos de la biblioteca de Nag Hammadi podría ser el siguiente: sobre la base de un texto judeo-helenístico, no siempre o necesariamente gnóstico, los adeptos a la gnosis efectuaron una nueva redacción gnóstico-cristiana. En el caso concreto de las doctrinas sobre los primeros principios (cf. *infra* pp. 40ss), en la base de esta reelaboración habría una especulación sapiencial, de corte filoniano, sobre la «gradación de la divinidad». Una primera revisión llevaría a las corrientes setianas (cf. *infra* pp. 48ss). Una segunda revisión (que refuerza la delimitación de las hipóstasis divinas) conduciría a la doctrina trinitaria valentiniana. En general, los textos de Nag Hammadi refuerzan el valor de las noticias sobre la gnosis que ya conocíamos por los heresiólogos (Ireneo de Lyon, Hipólito de Roma, Epifanio de Salamina, Clemente de Alejandría, etc.). Las escuelas gnósticas del siglo II presentaban sistemas coherentes, sobrios, bien expresados. En Nag Hammadi, por el contrario, aparecen epígonos, que los suceden en general con un menor valor intelectual (hay excepciones como *Evangelio de la Verdad, Allógenes*).

IV. ¿QUÉ ES LA GNOSIS?

La biblioteca de Nag Hammadi es ante todo una colección de libros gnósticos, la mayoría esotéricos. Si queremos penetrar en su pensamiento nos es necesario también exponer brevemente, en primer lugar, qué es la gnosis y cuáles son sus ideas fundamentales, para luego introducirnos más específicamente en el pensamiento concreto de la gnosis que se manifiesta en los libros de Nag Hammadi.

Precisiones de vocabulario

Con el vocablo «gnosis» suele designarse hoy, en el ámbito técnico de la historia de las religiones, un movimiento religioso sincrético que tiene sus primeras manifestaciones en el siglo I de nuestra era, y que florece con esplendor en el siglo II, en especial en aquellas versiones que se relacionan con religiones conocidas en esos dos siglos: el judaísmo y el cristianismo.

El vocablo *gnôsis* es griego y significa «conocimiento»; es el sustantivo del verbo *gignósko*, «conocer». En la lengua clásica normal, y en menor medida en la *koiné*, o lengua común helenística, los significados de los términos *gnôsis* y *epistéme*, de parecido significado, se interseccionan. En el uso filosófico, *epistéme* suele presentar el significado de «ciencia» o «conocimiento científico» en cuanto opuesto a «opinión»; *gnôsis,* por su parte, significa el simple conocimiento en cuanto opuesto a «ignorancia» (denominada precisamente *ágnoia*). En la lengua de la Hélade el sustantivo *gnôsis* necesita normalmente un genitivo que lo precise o caracterice. En los textos más explícitos que hablan de gnosis en la época helenística este genitivo suele ser «Dios», sus «profundidades» o los «secretos divinos». En el marco de la historia de las religiones suele entenderse por «gnosis» el conocimiento de algo divino que trasciende toda fe, una «ciencia» inmediata y absoluta de la divinidad que se considera como la verdad absoluta. El término culto castellano «gnosis» se usa exclusivamente en el sentido restrictivo que más adelante tuvo en la lengua griega: «conocimiento perfecto», opuesto a «conocimiento ordinario»

El vocablo «gnosis» está también relacionado con el adjetivo *gnostikós* (gnóstico), que significa, en la época histórica que nos ocupa, «conocedor» o «iniciado». En la lengua griega anterior a la época imperial es éste un adjetivo poco común, y significaba más bien «algo que lleva o conduce al conocimiento», «algo que sirve para alcanzar la sabiduría». No se podía aplicar fácilmente a una persona, pero sí a una disciplina o a una facultad humana (la que sirve para conocer). Posteriormente, *gnostikoí* se llamarán a sí mismos ciertos individuos que se dicen poseer la gnosis (Hipólito, *Elen* V 6,3-V 11), aunque hay que reconocer que la mayoría de los adeptos de las diferentes denominaciones gnósticas de la Antigüedad jamás se llamaron a sí mismo «gnósticos», sino los «elegidos», los «espirituales», etc.

El término «gnosticismo» es moderno; fue acuñado durante el siglo XVIII y hace referencia de un modo especial al conjunto de sistemas gnósticos cristianos que florecieron en los siglos II y III d.C. Sin embargo, en las diversas lenguas europeas, este vocablo puede ser equívoco, pues a veces se confunde con «gnosis».

Dentro de la historia de las ideas religiosas no existe ninguna religión antigua, que haya dejado testimonios literarios, que pueda denominarse simplemente como «gnosis». El vocablo expresa más bien un conjunto de ideas o concepciones religiosas que mantienen entre sí cierta coherencia, que suelen mostrarse juntas y que aparecen como elementos constitutivos de ciertas religiones específicas del mundo antiguo, a las que podemos caracterizar más o menos como «gnósticas» o «gnosticizantes», según el grado de asimilación de ese conjunto de ideas.

Para definir la gnosis y precisar el vocabulario que utilizamos al describirla, podemos partir de dos puntos de vista complementarios: el doctrinal y el sociológico.

Desde un punto de vista *sociológico*, la gnosis/los gnósticos pueden adscribirse a la figura sociológica del «grupo minoritario elitista». Tomando como referente a una sociedad amplia, el gnóstico se define sencillamente como el miembro de un grupo minoritario dentro de un conjunto más numeroso de individuos[6]. Ahora bien, si dentro de la noción genérica «grupo minoritario elitista» introducimos como motivo de distinción el «conocimiento» (podría ser cualquier otro), la gnosis representaría un grupo minoritario que se distingue del conjunto de la sociedad en el que está insertado por el hecho de poseer un conocimiento superior. Quedaría así definida la gnosis, en sentido amplio, como ciencia especial. El gnóstico sería, por tanto, *en un sentido lato*, el componente de un grupo elitista debido a sus conocimientos especiales o superior.

Ahora bien, si lo que diferencia a ese grupo minoritario que posee un conocimiento superior es el hecho de que tal conocimiento versa sobre contenidos de índole religiosa —como es muchas veces lo usual—, nos encontraremos ya con un gnóstico, en *sentido estricto* tal como nos interesa en esta introducción: «miembro de un grupo elitista que posee un conocimiento religioso exclusivo».

La gnosis que tales grupos dicen poseer sería un conocimiento religioso especial reservado a esa élite. Normalmente esta «cien-

---

6. En términos sociológicos, un grupo minoritario en general es un agregado de individuos que presentan algún tipo de diferenciación respecto al resto de los miembros de la sociedad a la que pertenecen y que tienen conciencia de esa diferenciación. El carácter elitista añade a esta descripción la noción de superioridad. La ventaja metodológica de buscar el género próximo de la diferenciación social estriba en la necesaria correlación que se establece entre el «grupo menor» y el grupo mayor». Según este criterio sociológico, por consiguiente, sólo podrán ser concebidos como «gnósticos» aquellos grupos que se presentan integrados en el seno de una sociedad religiosa más amplia: los valentinianos en el seno de la Iglesia, los cabalistas en el del judaísmo, los suffies en el seno del Islam..., pero no los mandeos o los maniqueos, que se presentan como una religión autónoma no integrada dentro de otra comunidad religiosa.

Desde el punto de vista de las ideas religiosas, por el contrario, si se define un núcleo común de concepciones que se considere «gnósticas», estas dos religiones pueden ser consideradas como tales, ya que poseen ese núcleo común de ideas.

cia» se recibe por una revelación específica otorgada por la divinidad al jefe del grupo, o a través de un sistema exclusivo de normas de interpretación de ciertos libros considerados previamente como sagrados (generalmente bajo el influjo de una inspiración divina), o como una mezcla de los dos casos.

Para la comprensión global de la gnosis en la Antigüedad, y en concreto de la gnosis representada por la biblioteca de Nag Ham-madi, debemos situarnos en los ambientes concretos del Alto Imperio Romano en los que tales grupos vivieron. La sociedad civil en la cual habitan esos grupos elitistas minoritarios de carácter religioso desconoce los libros sagrados. Esta constatación da lugar a una primera división, desde el punto de vista de esos gnósticos, que distingue a los «ignorantes» de los «conocedores» en general. Estos últimos se dividirían, a su vez, en dos grupos: los que poseen un conocimiento ordinario o superficial de los libros sagrados —que, por tanto, practican únicamente la exégesis literal de ellos— y los que tienen un conocimiento especial y profundo de esos libros sacros, por lo que practican una exégesis profunda, espiritual o alegórica. Nadie, salvo ellos, los gnósticos, sabe entender tales libros en su verdadera hondura y riqueza.

Transformado en un sencillo esquema, resultaría así:

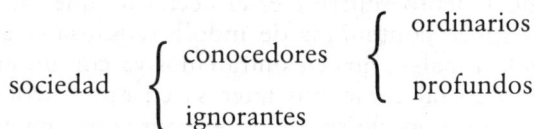

$$\text{sociedad} \begin{cases} \text{conocedores} \begin{cases} \text{ordinarios} \\ \text{profundos} \end{cases} \\ \text{ignorantes} \end{cases}$$

Los Padres de la Iglesia antigua y la historiografía moderna han utilizado los términos «gnosis» y «gnosticismo» para denominar unos determinados grupos elitistas religiosos, judíos y cristianos, de los siglos I al IV de nuestra era. Las características de estos grupos encajan perfectamente en el esquema que acabamos de proponer, por lo que podemos considerarlos gnósticos en el sentido estricto del término.

Pero, en concreto, dentro de otros fenómenos históricos de parecida estructura y clasificación (por ejemplo, las Upanishads en el seno de la religión védica, o los sufíes dentro de la fe musulmana, a los que también cabe denominar gnósticos en sentido estricto), la historiografía occidental llama «gnósticos» por antonomasia a la gnosis judaica, cristiana (y pagana) del Alto Imperio Romano de los siglos I al IV d.C. Por ello, de ahora en adelante nos referiremos en esta introducción a este tipo de gnosis y

36

gnosticismo. Podemos llamarla «occidental», por oposición a la gnosis del Oriente menos próximo, como la de las Upanishads de la India. Bajo la palabra «gnosis» no nos referiremos aquí de ningún modo a los conocimientos secretos, esotéricos, teosóficos o antroposóficos que dicen impartir hoy ciertos grupos esoteristas, que pueden mostrar incidentalmente alguna concomitancia con la gnosis de los siglos I al IV de nuestra era, pero cuya base filosófica y teológica es muy distinta.

Desde el punto de vista de los *contenidos doctrinales*, la mayoría de los investigadores llama «gnósticos» a ciertos grupos religiosos del mundo antiguo que abrazan un determinado conjunto de ideas religiosas. En un coloquio sobre gnosis, gnosticismo y sus orígenes celebrado en Messina en 1966[7] se precisó que el núcleo esencial de estas doctrinas era el siguiente: la creencia en la presencia en el hombre de una chispa o centella, que proviene del ámbito de lo divino y que en este mundo se halla sometida al destino, al nacimiento y a la muerte. Esa chispa divina debe ser despertada por la contrapartida divina del yo humano para ser finalmente reintegrada al lugar de donde procede.

Según los investigadores reunidos en Messina, aquellos grupos que abracen como contenido central de su doctrina este conjunto nuclear de ideas pueden considerarse gnósticos. El uso del vocablo «gnosis» debería restringirse para significar exclusivamente el núcleo doctrinal así delimitado, mientras que «gnosticismo» tendría que reservarse en concreto para los sistemas o sectas filosófico-religiosas, casi todas ellas cristianas o judías, de los siglos I al IV d.C., que tienen ese contenido doctrinal como base y que se denominan comúnmente hoy «gnósticos».

V. FUENTES PARA EL CONOCIMIENTO DE LA GNOSIS Y EL GNOSTICISMO ANTIGUOS

Para comprender bien qué significa la gnosis de los escritos de Nag Hammadi es necesario también que nos detengamos brevemente en la consideración global de qué fuentes nos ha legado la Antigüedad para estudiar este fenómeno religioso.

La literatura de los gnósticos de los siglos I al IV se ha perdido en buena parte. Las pocas fuentes que nos han quedado se dividen en directas o indirectas.

---

7. U. Bianchi (ed.), *Le Origini dello gnosticismo. Colloquio di Messina, 13-18 aprile 1966*, Leiden, 1966, ²1970. Véanse las pp. XX-XXI.

Constituyen *fuentes directas* aquellos escritos, o fragmentos, que han llegado a nuestras manos procedentes sin intermediación ninguna de la pluma de autores gnósticos. Hoy, los hallazgos papirológicos de 1945 han hecho del bloque de textos que ofrece la biblioteca de Nag Hammadi el núcleo principal de estas fuentes directas. Fuentes también directas son otros tratados gnósticos, como *Pistis Sophia*, el *Libro de Jeú* (conservados también en copto), que fueron descubiertos en lugares cercanos a Nag Hammadi, tal como hemos dicho anteriormente. Tenemos además fragmentos de autores que se consideraban «gnósticos», como Basílides, Valentín, Heracleón, Teodoto y de algunos otros más transmitidos como citas, sin alteración aparente, por antiguos escritores eclesiásticos como Clemente de Alejandría y Orígenes.

Existen, por otro lado, diversos documentos, como himnos y homilías gnósticas, incluidos en obras de talante más o menos gnóstico, que pueden ser calificados de fuentes directas. Así las *Odas de Salomón* y ciertos fragmentos de los *Hechos apócrifos de los Apóstoles*, en especial en los de *Juan*, *Tomás* y *Pedro*. Por último, debe considerarse como literatura gnóstica directa ciertos escritos religioso-teológicos del *Corpus Hermeticum* y de los mandeos y maniqueos que se ha conservado en buena parte.

Fuentes indirectas son los resúmenes de ideas, doctrinas o sistemas gnósticos conservados en los Padres de la Iglesia, quienes, tras una exposición de su contenido, intentaban refutarlas. Entre estos Padres destacan Ireneo de Lyon e Hipólito de Roma (de finales del siglo II y comienzos del III), y en el siglo IV Epifanio de Salamina. Aunque no siempre fieles a los textos que extractaban —sus reseñas deben considerarse y estimarse en cada caso, contrastándolas con las fuentes directas—, muchos de estos resúmenes contienen noticias fidedignas de los gnósticos y deben ser tenidos en cuenta.

VI. PRESUPUESTOS BÁSICOS DE LA GNOSIS

A) *El sentido del «conocimiento» o de la «ciencia».*
La actitud gnóstica

La «gnosis» es ante todo, como hemos indicado, un conocimiento, pero no un mero conocimiento intelectual en el sentido de una «teoría del conocimiento», sino una «ciencia» cuya intención última es contemplar y ser uno con el objeto de ese conocimiento. Si se apura más, la gnosis no pretende transmitir un sistema de conocimiento (aunque los medios de ese conocer sean puramente intelectuales), sino suscitar y fortalecer una *conciencia* que trasciende las coordenadas de espacio y tiempo del mundo presente.

El objeto del conocimiento es, por lo general, Dios en sí mismo o todo lo que se deriva de él. Toda gnosis parte de la creencia firme en la existencia de un Dios absolutamente trascendente, existencia que no necesita ser demostrada. «Conocer» significaría ser y actuar, en cuanto es posible al ser humano, en el ámbito de ese objeto. Por ello, «conocer» implica la salvación de todo el mal en el que pudiera hallarse inmerso el hombre al que se le concede llegar a poseer ese «conocimiento». «El hombre espiritual es redimido por medio del conocimiento [...] La perfecta redención consiste en el conocimiento mismo de la grandeza indecible»[8].

Así entendida, la gnosis nace de la angustia inherente a la condición humana y pertenece al esfuerzo común y básico de muchos movimientos espirituales idealistas. Representa una sensibilidad metafísica esencial y es en el fondo un intento de comprensión de las relaciones hombre-divinidad. En general, el deseo de ese «conocimiento» es como una nostalgia de los orígenes y procede del anhelo humano por alcanzar la unidad del conocer y del ser, del deseo de fusión del hombre con el Ser por antonomasia, del que cree proceder. En este sentido, la gnosis sería un comportamiento religioso elemental que traduce la sensación profunda y dolorosa que sienten muchos hombres y mujeres de la separación de dos polos, el divino y el humano, que se desearía que estuvieran unidos. Hay que precisar, sin embargo, que la unión mística mediante el éxtasis o actos semejantes no es normalmente el objeto de la gnosis antigua; tal unión sólo puede darse en el ámbito de lo divino, en el más allá, fuera de lo material.

En el trasfondo de ese deseo de conocimiento se halla un modo o una estructura mental característica. El gnóstico considera que todo lo que existe en el universo tiene su contrapartida en el ámbito superior de la divinidad. Lo que aparece en este mundo es un reflejo, o una imagen, de lo existente en el ámbito divino superior. En terminología platónica: las formas de las entidades del mundo aquí abajo son un reflejo de las formas celestes que existen en el seno de la divinidad.

8. Ireneo de Lyon, Adv. Haer. I 21,4.

Una gran parte del movimiento gnóstico refleja un mundo conceptual característico y un manejo peculiar de producción de conceptos: el gnóstico considera las cosas y sus propiedades en este mundo —una substancia y sus accidentes, un acontecimiento y sus aspectos, una persona y sus acciones— no como meras relaciones funcionales entre sí, sino como corporizadas; estas relaciones son hipóstasis o entidades reales. El gnóstico imagina generalmente que las segundas (accidentes, aspectos, acciones) proceden de las primeras —más elevadas— por emanación. Las divisiones conceptuales, tal como aparecen, por ejemplo, en las operaciones de análisis lógico, pueden considerarse como algo real; o al revés: las cosas y sus relaciones se identifican con sus conceptos. Y, lo que es más importante, estos últimos pueden retrotraerse hasta una fuente primitiva, que es la divinidad. Las hipóstasis, que se conciben como existentes por el intelecto humano de talante gnóstico en un ámbito superior, son como una fuente originaria cuyos reflejos son las realidades naturales o históricas o las meras relaciones entre individuos o cosas[9].

Si el gnóstico se halla convencido de que todas las realidades del mundo presente son un reflejo de otras entidades superiores, no materiales, cuando efectúa un análisis mental del mundo en el que vive piensa que tales conceptos y sus divisiones corresponden a conceptos y divisiones del mundo supraceleste y verdadero. Por este motivo, cuando el gnóstico especula sobre las entidades divinas, las puede describir en comparación con realidades naturales o históricas, puesto que éstas son sus reflejos. Así, puede engendrar, basándose en lo que deduce de lo que ve en el mundo, un sistema ordenado de conceptos que explique tanto la divinidad y su entorno como la entidad o universo intermedio, que se imagina existente entre Dios y los humanos, y el mundo visible en el que vive. Se genera así un sistema especulativo articulado que es una explicación universal de la divinidad y de los primeros principios (teología/teodicea), del origen del mundo (cosmología y astrología), de los seres intermedios (angelología/demonología), del hombre (antropología) y del modo como éste debe salvarse (soteriología).

La gnosis utiliza abundantemente la mitología ante la, a menudo, imposibilidad para el ser humano de expresar en un lenguaje racional ideas o conceptos que lo trascienden. El mito es la representación poética de unos conocimientos que se abren a la salvación y tiene múltiples variaciones. Unos sistemas gnósticos

9. Cf. C. Colpe, art. «Gnosis», en *Religion in Geschichte und Gegenwart*, [3]1966, col. 1649.

son más mitológicos que otros. El mito se desarrolla a diversos niveles, puramente celestes, «pleromáticos», es decir, dentro de la divinidad, o fuera de ella; pero puede decirse que, para los gnósticos, en cualquier nivel del mito puede verse desarrollado el destino de la parte superior de su persona, el espíritu, que debe salvarse y que es, en definitiva, lo único que importa.

B) *Monismo/dualismo*

La religiosidad de la gnosis y los sistemas gnósticos se caracterizan siempre por un cierto dualismo que se refleja en su concepción del ámbito de la historia cósmica y de la antropología.

En una gnosis desarrollada el concepto de *dualismo metafísico*, o de los primeros principios, es en el fondo una contradicción en sus propios términos, porque el Absoluto, objeto de la especulación gnóstica avanzada, rechaza por su misma definición a todo ser que se escape de él[10].

Un auténtico dualismo esencial —aunque corresponda probablemente muy bien a los orígenes más remotos de la gnosis, si se acepta la teoría de que sus lejanísimos principios deben verse en la religión indoirania (cf. posteriormente)— es rarísimo. Para algunos sistemas gnósticos, como el maniqueísmo, existen desde los orígenes dos Principios iguales y contrapuestos, que serían la Luz y las Tinieblas, el Bien y el Mal. El universo, y con él el hombre, proceden de un ataque —motivado por un impulso esencial— de las Tinieblas contra la Luz. Para la mayoría de los sistemas, sin embargo, existe en los orígenes un solo y único principio, léase Uno, Bien, Padre, Trascendencia, etc., que por un complicado proceso engendra indirectamente el principio del Mal, o mejor de la Deficiencia, o del Error, a partir del cual se genera el universo. Esta concepción del todo como un continuo (en proceso de degradación) es de raigambre estoica.

En algunos grupos, la pugna entre los dos Principios, bueno y perverso, puede darse ya en el ámbito de lo divino. Para todos, al menos el cosmos visible y el hombre se ven gobernados por la lucha de esos dos Principios, el Bien y el Mal, la Materia y el Espíritu, la Luz y las Tinieblas. En general, los sistemas gnósticos piensan en términos dualísticos sólo «de tejas abajo», es decir, en el ámbito del universo, de fuera de la divinidad: la materia en la que vive el hombre y su propio cuerpo es la última y perversa escala del ser y se opone al mundo del espíritu. Este pensamiento,

---

10. Cf. F. García Bazán, *Gnosis. La esencia del dualismo gnóstico*, 23.

41

secundariamente dualista, se manifiesta en la cosmología, la antropología y la soteriología.

VII. RASGOS GENERALES DE LA GNOSIS Y EL GNOSTICISMO ANTIGUOS

Aun a riesgo de traicionar ciertos caracteres específicos de cada movimiento gnóstico, es posible detectar un cierto elenco de ideas de fondo que se ven repetidos una y otra vez, con variaciones, en los sistemas religiosos gnósticos, según fluctúe el grado y el tono de la exégesis de textos del Antiguo o Nuevo Testamento, o la influencia y asimilación de conceptos y perspectivas de la filosofía helénica. He aquí los rasgos principales.

A. TEOLOGÍA/TEODICEA: LOS PRIMEROS PRINCIPIOS

1. *Líneas generales del mito gnóstico*

a) La Divinidad Suprema

En el principio y en el origen del Todo los gnósticos postulan, sin necesidad de prueba ninguna, la figura de un Dios imposible de conocer en su esencia e indefinible. Es la absoluta trascendencia; es un Ser perfecto, supraexistente, único, que vive en sí mismo, en alturas invisibles e innominables, infinitos siglos de magna paz y soledad. Cualquier imagen que los mundanos, de acá abajo, se formen de Dios, será falsa. Sólo podemos «caracterizarlo» más bien por sus rasgos negativos: no necesita de nadie; es algo más que vida; es ilimitado; inconmensurable, más infinito que la perfección; se halla por encima de lo que llamamos divinidad; está más allá del ser e incluso de la misma unidad. Pero su grandiosa tranquilidad no es incompatible con que este Dios supremo esté de algún modo acompañado de un ser que es como la otra cara de sí mismo y su cónyuge: su Conciencia, su Pensamiento, su Paz, su Silencio, etc.

Esto significa que entre los gnósticos aparece también en los primeros principios la figura de la deidad femenina, que los expertos en historia de las religiones interpretan como un resto de antiguos politeísmos, luego purificado e intelectualizado. En unos sistemas se muestra como la Compañera del Uno, Silencio (vocablo que recalca la trascendencia de ese Uno trascendente); en otros, se muestra como el eón (entidad divina procedente del Uno) Sabiduría o el Pneuma —Espíritu (que en hebreo es femenino)—, que desempeña un papel importante en la generación del cosmos. De este modo, una suerte de Trinidad —que puede describirse como Padre-Madre (cónyuge)-intelecto (Hijo, producto de ambos), o bien como Padre/Madre-Hijo (Intelecto)-tercer Eón divino— se dibuja en los sistemas gnósticos aun antes de que tales especulaciones se aplicaran a la elucidación de la Trinidad cristiana.

b) El Pleroma

En un momento determinado —al ser humano se le escapa el porqué íntimo de este proceso, quizás por un afán que el Bien posee de ser comunicativo— este Ser supratrascendente y cuasi solitario piensa en su pura libertad manifestarse y proyectarse hacia el exterior, como desdoblándose de alguna manera, estableciendo por voluntad propia un ámbito divino más amplio al que comunicarse. Normalmente esta proyección o comunicación se produce «emitiendo», «emanando» o «generando» una serie de entidades divinas, que son como la faz inteligible o perceptible, hacia fuera, de ese Uno. Esas «emanaciones», o «generaciones» intradivinas, a las que da origen el Trascendente-Uno, constituyen lo que se llama el Pleroma[11], o Plenitud de la Divinidad. Expresado gráfica e ingenuamente, el Pleroma podría compararse a un rey magnífico rodeado de una corte de dignatarios que son sus hijos y parientes, casi iguales en dignidad al monarca supremo y separados nítidamente por su excelsitud del resto de lo existente.

No existe unidad entre los gnósticos a la hora de expresar cómo se constituye este Pleroma. Para ciertos sistemas, como los setianos de Nag Hammadi, la concepción del Pleroma no supone en absoluto que las entidades emanadas de la Divinidad que en él se distinguen tengan una auténtica realidad en sí mismas (es decir, sean auténticas hipóstasi s o entidades divinas subsistentes), sino que son meros *modos* o *disposiciones* de la Divinidad, meros *modos* de su proyección hacia fuera. En esta concepción la unicidad del Dios único aparece nítida y clara. En otras concepciones gnósticas el Pleroma no consiste en disposiciones modales de la Divinidad, sino que los seres divinos desarrollados o generados por el Primer Principio son auténticas sustancias o hipóstasis. En este grupo se defiende también la unicidad divina, pero es más difícil de comprender, al estilo de la Trinidad de los cristianos ortodoxos.

---

11. Este vocablo es griego (del verbo *pleróo*, llenar), y significa «lo que completa o llena». Dentro del ámbito gnóstico adquiere un significado más preciso: la totalidad, plenitud o perfección de la divinidad.

El número de eones varía de sistema a sistema. En el valentinismo son treinta, y aparecen por parejas, que, a su vez, engendran a otros, formando la Tétrada, la Ogdóada o la Dodécada primordiales. Es importante señalar que en el sistema valentiniano es abundante el uso de metáforas sexuales para expresar la emanación o generación intradivina de eones. En general, para el gnóstico sólo la pareja, o lo andrógino, es lo perfecto. Probablemente por una observación de lo que ocurre en el mundo, y en especial de la generación corpórea, reflejo de la celeste, llega el gnóstico al convencimiento de que la individualidad no es lo perfecto. De hecho el mismo Trascendente tiene su pareja, Pensamiento, Voz o Silencio, etc. En el gnosticismo esta concepción dualista se denomina «ley de los conyugios», de las parejas o «sicigías»[12], a la que repetidamente aludiremos.

En otros grupos gnósticos los eones divinos son prácticamente infinitos, constituyendo múltiples jerarquías en el ámbito de lo celeste. Y esto no carece de lógica: siendo el Trascendente tan infinito, sus proyecciones hacia el exterior pueden ser también una «sucesión infinita de infinitos cuyas imágenes se multiplican como reflejos repetidos en una sucesión de espejos» (J. Doresse).

Toda esta comunicación y proyección de la Divinidad ocurre antes del tiempo. En la formación del Pleroma hay que distinguir dos momentos: en un primer estadio el Pleroma de los eones es formado en cuanto a su sustancia o ser; en un segundo momento es formado en cuanto a la gnosis o conocimiento. Es decir, el Trascendente comunica a esos eones, ya formados sustancialmente, el pleno conocimiento de sí mismo sólo en un momento posterior, gracias a lo cual comienzan a ser plenamente «divinos». Esta duplicidad de momentos puede resultar extraña, pero tiene un fundamento: de este modo y con este proceder el Trascendente indica que la gnosis es pura gracia, y que sólo ella, es decir, el conocimiento del Uno, otorga a un ser, por muy divino que sea, su plenitud sustancial.

c) La caída pleromática

La especulación gnóstica sobre los primeros principios está ligada de algún modo a la constatación de cierto tipo de «deficiencia» o «fallo», un proceso de «degradación» o «escisión» que tiene lugar dentro del mismo Pleroma. Esta «deficiencia» en el ámbito

---

12. Del griego *sýzygos*, literalmente «cón-yuge».

de lo divino servirá para explicar a la postre el nacimiento del cosmos y el origen del mal.

En general, el esquema mítico que se repite en casi todos los sistemas gnósticos comporta los rasgos siguientes:

Entre los dos momentos que más arriba hemos distinguido en el Pleroma (la formación de los eones según la sustancia y según el conocimiento), uno de esos entes divinos —llamado de diversas formas en los diferentes sistemas, ya sea Sabiduría, o también Logos— pretende llegar *antes de tiempo* al conocimiento del Uno. Es éste un deseo que, ordenado de acuerdo con la voluntad del Trascendente, sería recto; pero formulado antes de su justo momento, deja de ser correcto para convertirse en una pasión.

Pero no podemos dejar de considerar que esta pasión, este deseo prematuro por el conocimiento pleno del Uno, aunque imperfecto, es divino; afecta a una entidad divina, por lo que no puede quedar inefectivo. Tal pasión provoca la caída, o «pecado», del eón que deseó conocer al Trascendente antes de tiempo. Por efecto de su pasión, esa entidad divina caída quedará situada momentáneamente fuera del Pleroma.

Este misterioso lapso tiene una doble dimensión conceptual: teológica y cosmológica. Teológicamente representa el pecado por excelencia, el nacimiento de algún modo de la deficiencia, del Mal, el paradigma de todo pecado, que exigirá la necesidad de un salvador. Con ello se inicia dentro del Pleroma un proceso de salvación —que más tarde se repetirá en este mundo, fuera del ámbito de lo divino—, en realidad querido, o permitido, por el Trascendente. Cosmológicamente, ese «pecado» del eón lapso (Sabiduría, Logos, o cualquier otro) significará el principio de la materia, del universo todo y es también el origen del mal visible y perceptible, que radica en último término en la materia.

En efecto, de la pasión de este eón surgirá una especie de sustancia informe y espesa, de la que irá brotando, escalonadamente, todo el universo material.

Para la mayoría de los gnósticos el eón caído se arrepiente tras su pecado. Para que el Pleroma de todos los eones no quede incompleto (el eón «pecador» ha quedado fuera del Pleroma), para que la Totalidad divina no sufra conmoción alguna por estos acontecimientos, el Trascendente, por medio de otro eón (Salvador), rescata al eón lapso[13] y lo hace retornar al Pleroma.

---

13. A la vez que lo rescata, el Salvador lo separa del fruto de su pasión, que es —como veremos enseguida— una sustancia inteligible y material, espesa e informe, de la que procederá el universo.

Queda así constituida una suerte de doble eón pecador (Sabiduría, Logos): uno, superior, arrepentido, que vuelve al Pleroma (suele denominarse la Sabiduría superior); otro (llamado generalmente la Sabiduría inferior, o *Achamot/Echamot*), hijo/a de la anterior, amorfo, que queda fuera del Pleroma.

En los gnósticos valentinianos el Trascendente genera otro eón, llamado «Límite», cuya función única es separar y distinguir. Esta entidad es verdaderamente curiosa y muy importante en el sistema valentiniano, porque es como una doble valla[14] que hace de separadora, en primer lugar, entre el sumo Trascendente y los estratos, o eones, que de él proceden, y, en segundo lugar, entre el ámbito inferior (lo que «más tarde» será la materia inteligible y luego el universo material) y el superior, divino o pleromático[15]. Este Límite (el segundo) será también el modelo de la futura cruz redentora en el gnosticismo cristiano. Como línea transversal será copiada luego en imagen por la cruz que redimirá a los hombres y separará a los gnósticos, salvados, y a los no gnósticos, condenados. El Límite, por su parte, actuará como «crucificador» de la Sabiduría. En efecto, ésta queda «crucificada» o «extendida» en dos partes: la de arriba, redimida, como hemos indicado, integrada en el Pleroma; la de abajo, o Sabiduría inferior, fuera del Pleroma e impedida de entrar en él por el Límite, quedará como agente divino en el exterior y dará origen a la materia en un proceso posterior. Pero su explicación afecta ya a la cosmología.

2. *Los primeros principios en la teología de los escritos de Nag Hammadi*

La concepción de los primeros principios en el gnosticismo que conocemos por las fuentes escritas llegadas hasta nosotros, y en concreto en el de Nag Hammadi, se halla ligada a la especulación de las enseñanzas internas de la Academia platónica y al desarrollo de estas concepciones en el llamado platonismo medio. Sin duda, es el platonismo el fundamento filosófico de la gnosis occidental[16], por lo que debemos prestarle ahora unos momentos de atención.

14. «Estableció dos Límites: uno entre el Abismo y el resto del Pleroma, separando del Padre ingénito a los eones engendrados; otro que separa a la Madre de ellos (la Sabiduría exterior o *Achamot*, madre de los gnósticos o espirituales) del Pleroma» (Adv. Haer. I, 11,1).

15. Otra función de Límite consiste en conferir entidad nocional («lógica») al Logos, distinta de la substancialidad que le otorga el don del conocimiento (gnosis). Ambas funciones (la de separador y conferidor) son diversas caras de la misma moneda.

16. Es decir, las que vamos a considerar en este volumen, generadas en ámbito judío y cristiano en el Próximo Oriente. Otras gnosis, que nacen el Oriente Medio, como

Para Platón, los denominados «primeros principios», conceptos y formulaciones matemáticos, desempeñaban tan sólo la función de objeto de conocimiento. Valen para explicar y entender la realidad física tanto mundana como celeste. Más tarde, en el platonismo medio, los sucesores de Platón, basándose probablemente en que ya el maestro, en la *República*, había asimilado con el Bien el principio trascendente, que subyace a las fórmulas matemáticas, el Uno, invirtieron y alteraron las bases del platonismo antiguo. Esos principios, que, insistimos, eran para Platón sólo objetos o medios de conocimiento, pasaron a ser sujetos conscientes, dignos de veneración: el Uno, o el Bien, fueron considerados una entidad real, que a su vez podrían producir otros seres por medio de la generación o la emanación.

Estas dos operaciones —el paso de objeto a sujeto y la posibilidad de la generación/emanación— se hallan en todas las manifestaciones del platonismo posterior. Pero, a partir de aquí, se produce una profunda divergencia. Algunas corrientes, desconcertadas por el carácter sumamente abstracto del Primer Principio, el Uno, prescinden de hecho de él y consideran que en realidad existen dos principios: el Intelecto y el Alma divinos (concepción diádica). Otros pensadores mantienen la existencia del Uno, pero piensan que éste, a su vez, genera como entidades independientes a Intelecto y Alma. Los primeros Principios formarían, pues, bajo este punto de vista, una tríada. Un sistema y otro proceden a considerar una «escisión» del Alma en dos subentidades, un Alma superior y un Alma inferior o Alma del mundo.

Teniendo en cuenta esta última división, podemos encontrarnos con que una concepción diádica en principio (Intelecto y Alma; del Uno se prescinde) se muestra superficialmente como triádica (Intelecto/Alma superior/Alma inferior).

Hay unos grupos gnósticos que basan su especulación en un sistema de tres Principios, como los basilidianos y los valentinianos y en parte los setianos de Nag Hammadi; y otros, por el contrario, en un sistema de dos Principios (pero subdivididos en aparentemente tres), como los peratas, el *Libro de Baruc*[17] y el *Poimandres* hermético.

1. Los que defienden los tres Principios insisten enérgicamente en las características del Primero como Sumo trascendente más allá del ser y de lo inteligible. Defienden también un proceso de

---

el mandeísmo o el maniqueísmo, tienen también otros fundamentos filosóficos no occidentales (tradición indo-irania). De éstas no tratamos aquí.

17. Cf. la Introducción del tomo I de *Los gnósticos* de J. Montserrat Torrents.

descenso desde los principios superiores a los inferiores, que puede describirse como emanación o generación. El segundo Principio es un Intelecto, y contiene en sí todos los inteligibles en una unimultiplicidad. El tercer Principio es el Alma/Espíritu (que puede concebirse como dos subprincipios, un Alma Intelectiva y un Alma del Mundo).

Este sistema triádico enlaza, en los gnósticos cristianos, con la revelación de la Trinidad neotestamentaria. El Dios supremo, primer Principio, corresponde al Dios Padre. Opinan, en general, tales gnósticos que (salvo en Pablo) este Dios supremo no aparece explícitamente en el Nuevo Testamento, sino que se deduce a través de la alegoría. Este Dios supremo es completamente ignorado por el Antiguo Testamento, que no se puede extraer ni siquiera por medio de la interpretación alegórica de los textos veterotestamentarios.

El segundo Principio, el Intelecto, corresponde al Hijo de la fórmula bautismal. Es el Logos que se hominiza en el Jesús de los evangelios. De ese segundo Principio procede la centella divina (cf. posteriormente), que se halla en los hombres espirituales.

El tercer Principio corresponde al Espíritu Santo. En su desdoblamiento inferior es el Principio divino en el tiempo, el Alma del Mundo.

Según los gnósticos, los judíos conocen tan sólo por su revelación de la Biblia hebrea este tercer Principio, y específicamente en su producto inferior, que es el Demiurgo (cf. *infra* p. 62). Los cristianos normales no llegan más allá del segundo Principio. Sólo los gnósticos, los espirituales, llegan al primer Principio.

2. Para los que siguen el esquema diádico, la metafísica de los Principios queda resuelta del siguiente modo. «Dios Supremo»: es un Intelecto que es bueno (es decir, lo equivalente al segundo Principio de los sistemas triádicos, pero con el añadido del Bien). «Segundo Dios» o principio del cosmos (equivalente al tercer Principio de los sistemas triádicos o Alma del Mundo). Este «Segundo Dios» se desdobla en dos sub-principios, uno vuelto hacia lo inteligible; otro vuelto hacia lo sensible.

3. Por lo que respecta a Nag Hammadi, los escritos gnósticos recogidos en esta colección, como los gnósticos en general, pueden adscribirse también a la rama del platonismo tardío que establece distinciones y gradaciones entre los principios divinos inteligibles o trascendentales[18]. Una vez establecida esta raigam-

---

18. A la rama triádica (la que distingue tres Principios) de la tradición platónica pertenecen los neopitagóricos, los valentinianos, los basilidianos y Plotino. A la rama

bre fundamental, podemos proceder a reconocer en las diversas escuelas o corrientes influjos provenientes de otras tradiciones filosóficas, en particular del estoicismo.

Los principios no son independientes, sino que forman un sistema descendente de relaciones de procedencia. La dilucidación de estas relaciones resulta tan importante como el establecimiento de cada uno de los Principios como sujeto sustancial o como simple disposición modal o «estrato». Consiguientemente, consideraremos que cada Principio recibe dos clases de atributos: los absolutos y los relacionales. Los primeros suelen ser meros nombres propios o expresiones que se han fijado como designación propia (Padre, Hijo, Dios...). Los atributos relacionales pretenden expresar las relaciones entre los Principios. En estos atributos relacionales cabe distinguir dos momentos: *a)* un momento constitutivo, que consiste en la relación del sujeto divino consigo mismo o con su Principio anterior; *b)* un momento comunicativo (o generativo), que consiste en la relación de cada Principio con el Principio inferior (o con el mundo, en el caso del último principio).

El anclaje de los gnósticos de Nag Hammadi en la tradición del platonismo tardío no se produce con la misma fidelidad en todos los grupos. A este respecto es posible distinguir dos grandes corrientes: *a)* la valentiniana, que mantiene una notable fidelidad al esquema triádico fundamental; *b)* la corriente denominada «setiana», que ofrece un enraizamiento filosófico más difuso, introduciendo motivos procedentes de otras tradiciones y alterando por ende el esquema fundamental[19].

En la corriente setiana, los Principios no se conciben como sujetos substanciales o hipóstasis, para utilizar la terminología neoplatónica. Si se quiere hablar de teología trinitaria setiana, hay que reconocer que se trata de una teología de inspiración modalista[20]. Las tríadas (o díadas) de los documentos setianos representan propuestas teológicas perfectamente asimilables para un monoteísta semítico. Los «estratos» o «disposiciones» que la

diádica (dos Principios) pertenecen Filón, Numenio, Albino, el *Poimandres* y, entre los gnósticos, los peratas, los setianos y Justino Gnóstico. Los teólogos de la ortodoxia cristiana antes del concilio de Nicea son teológicamente trinitarios, pero filosóficamente diádicos.

19. Los valentinianos de Nag Hammadi coinciden doctrinalmente con los valentinianos conocidos a través de los heresiólogos. Los setianos de Nag Hammadi presentan coincidencias parciales con algunas denominaciones heresiológicas: barbelognósticos, ofitas...

20. El modalismo fue una de las primeras herejías cristianas. Negaba toda distinción real entre las tres hipóstasis divinas, reduciendo sus diferencias a «modos» o disposiciones. Fue profesado a principios del siglo III por Sabelio (de aquí la denominación «sabelianismo»), Práxeas y Noeto.

reflexión setiana distingue en la Divinidad no exigen más compromisos ontológicos que la Sabiduría de los Libros Sapienciales, que las «potencias» divinas de Filón (el Logos y Sofía) o que las sefirot[21] que distinguirá la cábala. En este sentido, los documentos setianos de Nag Hammadi representan un verdadero puente exegético entre la especulación judía helenística y la primera teología trinitaria cristiana[22].

Esta primera teología trinitaria aparece ya claramente configurada en los valentinianos (y en los basilidianos, no representados en Nag Hammadi). Los primeros introducen en las especulaciones exegéticas de los setianos: una sólida arquitectura filosófica basada en el platonismo; una compleja redefinición de los tres Principios basada en la revelación neotestamentaria. En virtud del primer ingrediente, los valentinianos establecen una radical distinción entre los Principios por medio del concepto filosófico del Límite (Hóros; cf. infra, p. 56[23]), sólo tenuemente insinuado en los textos setianos. En virtud del segundo ingrediente, los valentinianos fundamentan las delimitaciones hipostáticas en el concepto de gracia, identificado con el don de la gnosis. Es decir, el segundo y el tercer Principios reciben su existencia sustancial como una gracia otorgada por el primer Principio. Este concepto aparece solo insinuado en los textos setianos.

Los principales tratados valentinianos del corpus de Nag Hammadi que tratan de los primeros Principios son: Evangelio de Verdad, Tratado tripartito y Exposición valentiniana. Los de la rama setiana son: Apócrifo de Juan, Evangelio de los egipcios, Segundo tratado del gran Set, Las tres estelas de Set, Zostriano, Marsanes, Allógenes y El pensamiento trimorfo.

En la biblioteca de Nag Hammadi se hallan todavía dos escritos que tratan de los primeros Principios y que no son adscribibles a ninguna de las corrientes reseñadas. Se trata del conjunto Eugnosto-Sabiduría de Jesucristo, obra pagana refundida y transformada en un escrito cristiano, y de la Paráfrasis de Sem, que revela una doctrina dualista de raíces bíblicas no cristianas.

---

21.   En la cábala, los sefirot (lit. «números») son las diez perfecciones o denotaciones de la Divinidad en su relación con las criaturas (corona, sabiduría, inteligencia, amor, poder, belleza, victoria, esplendor, fundamento y reino).
22.   Cf. A. Orbe, Estudios valentinianos I, Intr.
23.   Cf. también J. Montserrat Torrents, Los gnósticos I, 264, con cita de A. Orbe, Estudios valentinianos IV, 286ss.

Dada la diversidad de conceptos y de estructuras entre las dos grandes corrientes, procederemos a exponer sus respectivos sistemas por separado, utilizando, sin embargo, idéntico utillaje analítico. Comenzaremos por los setianos, puesto que, de acuerdo con la hipótesis interpretativa sentada, representan el estadio más arcaico de la especulación.

LOS SETIANOS

Una característica que comparten todos los textos setianos de Nag Hammadi es una multiplicación de los grados, o estratos, del proceso descendente de la Divinidad. Esta reduplicación viene facilitada por la tenue intensidad de los elementos diferenciadores, que en ningún caso imponen el discernimiento de una distinción substancial o hipostática entre los sucesivos grados de la Divinidad. Incluso en el caso de la Sofía exterior setiana cabe una interpretación que deje a salvo la unicidad substancial e hipostática de la Divinidad semítica. Nada, entre los setianos, parecido a la enérgica operación diferenciadora del Límite valentiniano.

Esta opción interpretativa general invita a adoptar un procedimiento puramente descriptivo de las gradaciones que los documentos setianos introducen para explicar el *descensus ad inferiora* que se da en el seno de los Principios divinos. Sería equívoco otorgar a algunos de estos grados los caracteres de los Principios de la tradición platónica para forzar los textos a configurar algún tipo de tríada. Por este motivo adoptaremos una terminología neutra e introduciremos la expresión geológica de «estrato» para referirnos a los grados del *descensus ad inferiora* de los setianos, y distinguiremos tantos estratos como sea menester para dar razón cumplida de los textos.

Muchos de los escritos setianos de Nag Hammadi, si no todos, han pasado por una reelaboración cristianizadora. En algunos casos, el revisor cristiano ha introducido una confesión trinitaria bajo la fórmula «Padre, Madre, Hijo» (ApocJn, EvE, PensTr). Esta formulación permanece exterior a la urdimbre primitiva de las gradaciones, y se sobrepone a ellas. Quiere esto decir que la presencia de estas tríadas no es indicación de una doctrina propiamente trinitaria. Las mencionaremos en las introducciones particulares a los correspondientes tratados.

Primer estrato: la absoluta trascendencia. El sujeto divino absolutamente trascendente recibe los nombres apropiados de Dios y Espíritu (ApocJn, HipA, Zos, All...).

51

El momento de la absoluta trascendencia viene descrito por medio de extensos listados de atributos característicos de la «teología negativa» (ApocJn 2,26-4,24; SabJC 94,5-96,19; All 61-64). Subrayaremos por su especial interés la denominación pitagórica «mónada» (ApocJn, l.c.; EsSt 125,22-25), las de «no ser» o «existencia inexistente» (EsSt 124,26-27; All l.c.) y la metáfora de «agua», indicadora del carácter de substrato de este sumo trascendente (ApocJn, l.c.; Zos 15,1).

El mismo sujeto de la trascendencia detenta un momento de comunicación. Para expresarlo, los textos setianos no recurren a las metáforas generativas tan usuales entre los valentinianos, sino que apelan al concepto de emanación, en ocasiones vehiculado por la metáfora de la «fuente» (ApocJn 4,6-7; 4,22; Zos 17,12-13; All 47,26).

Segundo estrato: los eones superiores femeninos. El sujeto de este estrato recibe en casi todos los textos setianos un nombre femenino: Barbeló[24].

En un primer momento, este sujeto es definido en virtud de su relación de procedencia del primer estrato (véanse los últimos pasajes citados). El *Apócrifo de Juan* (pp. 5 y 6) introduce un término muy gráfico para indicar la correlación de este sujeto con el anterior: «erguirse delante de» (cop. *aherat*). Barbeló se «yergue» delante del Espíritu trascendente, y es definida como su imagen (*ib.*, 4,34) y su pensamiento (PensTr 36,17).

Una metáfora muy significativa para expresar la especial relación entre este segundo estrato y el primero es la de «vadear»: este segundo sujeto es el que «vadea» la distancia infinita que hay entre el Trascendente y los estratos inferiores de la divinidad (DSal 123,24; Zos 16,19; All 49,8)[25].

El personaje femenino que representa este estrato, Barbeló, recibe las configuraciones necesarias para desempeñar su función de principio de los estratos inferiores y principio o causa remota del universo. Los textos expresan esta configuración haciendo a Barbeló receptora de una serie de disposiciones abstractas o eones en número variable: cinco en el *Apócrifo de Juan* (Inteligencia, Presciencia, Incorruptibilidad, Vida eterna, Verdad), tres en *Zostriano* y *Allógenes* (Existencia, Beatitud, Vida), tres triples en *Pensamiento trimorfo*: «Ella tiene en sí una Palabra que posee toda

---

24. Para el significado de este nombre, véase la nota 10 al *Apócrifo de Juan*.
25. Acerca de esta metáfora, véase la nota 5 a *Sobre el origen del mundo*.

gloria y tiene tres masculinidades y tres poderes y tres nombres» (37,23-27). Estos eones, conjuntados con los del estrato siguiente (los eones masculinos), constituyen el Pleroma superior (la Década en el caso del *Apócrifo de Juan*).

Este estrato tiene un momento relacional comunicativo que lo convierte en origen o causa de los eones del estrato posterior. Esta originariedad puede expresarse por medio de metáforas generativas. En este sentido los textos designan a Barbeló «madre» (*passim*) y hablan de la «matriz» de Barbeló, que es fecundada por la luz del Espíritu (ApocJn 5,6; cf. PensTr 38,13). En cambio, *Zostriano* y *Allógenes* rehuyen las metáforas generativas y optan por conceptos emanativos.

Tercer estrato: los eones superiores masculinos. El *Apócrifo de Juan* otorga al sujeto de este estrato un tratamiento de cuasi personalidad, y como tal le otorga los nombres propios de Unigénito (gr. *monogenés*) e Hijo. Otros tratados describen sucesivamente a los diversos eones que configuran este estrato sin otorgarles una denominación común.

El momento relacional de procedencia se expresa por una inequívoca explicitación de las estrechas conexiones entre este estrato y el anterior. Además del hecho fundamental, ya constatado, de la relación de maternidad o de procesión, los eones masculinos, o disposiciones de este estrato, se establecen como estrictos correlativos de los eones femeninos del estrato anterior. Los eones masculinos del *Apócrifo de Juan* (Unigénito-Cristo, Intelecto, Querer, Logos, Autogenerado) se erigen como consortes de los cinco eones femeninos de Barbeló (cf. 6,3-7,31 y compárese con Adv. Haer. I 29,1-2). En el *Zostriano* (y probablemente, por cotejo, en el *Allógenes*), las tres disposiciones femeninas del segundo estrato constituyen el substrato metafísico sobre el que se reciben las formas de los tres eones masculinos del tercer estrato, para configurar los tres eones individuales: Oculto (gr. *Kalyptós*), Primer Manifestado (gr. *Protophanés*) y Autoengendrado (gr. *Autogenés*), según la siguiente regla: «De acuerdo con cada uno existe un particular y una primera forma, para que así sean perfectos» (18,11-13; cf. 19,1-3).

El momento relacional comunicativo del tercer estrato se presenta con rara uniformidad en todos los textos: todos ellos asignan al eón Autogenés («Autoengendrado») la originariedad respecto a los seres inferiores: «El invisible Espíritu virginal estableció al divino Autogenés como cabeza del todo y [como dios de la verdad] y le sometió todas las potestades» (ApocJn 7,22-26); «El divino Autogenés es el arconte principal de sus eones y ángeles» (Zos 19,6-

7). El Autogenés ejerce esta función por medio de cuatro eones denominados «los cuatro luminares», que constituyen para nosotros un cuarto estrato.

Los eones del segundo y del tercer estrato configuran en conjunto el Pleroma superior. Respecto a este Pleroma, o a alguno de sus constituyentes, algunos textos setianos insinúan un momento de deficiencia o de caída. No se trata de la pura degradación óntica implícita en todo proceso descendente tal como se pone de relieve en el siguiente texto: «El Espíritu engendró una centella de luz semejante a la luz bienaventurada, aunque sin igualar su magnitud» (ApocJn 6,15). Se trata de pasajes que atribuyen algún tipo de pasión a Barbeló o a alguno de los eones: «Y ella se hizo ignorante...» (Zos 81,6); «Puesto que es imposible para los individuos conocer el Todo que se halla en el lugar superior...» (All 48,9-10; cf. 53,8ss). Sin embargo, los setianos no tematizan este episodio, quedando muy lejos del «pecado de los eones» valentiniano.

Cuarto estrato: los eones del Pleroma inferior. Según hemos indicado, el Autogenés ejerce su función causal por medio de cuatro eones designados genéricamente «luminares». Estos cuatro eones y sus nombres son conocidos por todos los setianos. Se trata de Armozel, Oriel, Daveitai y Elelet. Según el *Pensamiento trimorfo*, «estos eones fueron engendrados por el Dios que fue engendrado, el Cristo» (39,5-7). En el *Apócrifo de Juan* cada luminar posee a su vez tres eones, constituyendo una dodécada o Pleroma inferior (8,2-28). El último eón de Elelet es Sabiduría.

El paradigma inteligible del hombre, el «hombre primordial», hace su aparición también en este cuarto estrato (cf. ApocJn 8,30ss).

Quinto estrato: el eón Sabiduría. La mayoría de tratados setianos conocen un momento de ruptura en la divinidad, protagonizado por un personaje denominado Sabiduría (gr. *Sophia*) o Pistis, identificado a veces con el último eón del luminar Elelet[26]. La función del eón Sabiduría es la creación del universo: es la «madre del universo» (SabJc, TrGSt).

Sabiduría es «la que miró hacia abajo» (Zos). Este descenso de Sabiduría puede ser concebido como «inocente» (PensTr).

26. Los principales pasajes setianos de Nag Hammadi que tratan del eón Sofía son: ApocJn 9,26-10,8 y 13,13-14,13; HipA 94,2-34: OgM 99,22-100,14; EvE 56,23-60,2; SabJC 114,25 + BG 118,14-119,1; TrGSt 50,25-51,20; Zos 9,16-17; 27,9,12; 10,7-9; PensTr 40,9.19.

La caída de Sabiduría se explica por un doble motivo: obrar sin el querer del Padre y sin conjunción con su consorte, cuyo nombre no es mencionado (ApocJn, HipA y SabJC).

El producto de esta acción es una obra imperfecta, el arconte demiúrgico (ApocJn) o una sombra que por mediación de la materia produce al arconte demiúrgico (HipA; OgM). En virtud de esta obra Sabiduría es denominada «material» (gr. *hylikós*) (EvE).

Una vez producido el arconte, Sabiduría queda sumida en un estado de olvido e ignorancia y entra en movimiento. Este estado es denominado generalmente «deficiencia» (ApocJn, OrM), y Sabiduría es calificada de «prostituta» (TrGSt).

En la secuencia siguiente, Sabiduría experimenta arrepentimiento (gr. *metánoia*). Los eones superiores la auxilian con un don que es la conjunción con su consorte, que rectifica su deficiencia (ApocJn, EvE, Zos).

La Sabiduría redimida no regresa inmediatamente al Pleroma, sino que permanece en un lugar intermedio entre el mundo divino y el mundo corporal (ApocJn, HipA, OrM).

Sabiduría es la Madre de los hombres espirituales (*passim*).

LOS VALENTINIANOS

Los primeros Principios valentinianos no son meras disposiciones modales de la Divinidad, sino verdaderos sujetos substanciales o hipóstasis. En consecuencia, no tenemos que adoptar respecto a ellos la precaución de utilizar un término neutro y puramente descriptivo como «estrato».

En el tratamiento de cada Principio distinguiremos: 1) Los nombres propios (o apropiados) que afectan al Principio como un todo; 2) Un momento constitutivo (de absoluta transcendencia en el caso del Primer Principio y momento relacional de procedencia en los otros dos); 3) Un momento relacional de comunicación (o generación).

A) *El primer Principio*

1. *Nombres.* Hallamos el uso como nombres propios de los nombres comunes Dios y Padre (*passim*). No se detectan nombres mágicos.

2. *Momento de la absoluta trascendencia.* Lo presentamos como un momento relacional, pues los textos lo conciben claramente como un primer estadio al que seguirá un segundo estadio.

55

Un extenso pasaje del *Tratado tripartito* (51,1-57,8) recoge la ya rica tradición de la filosofía religiosa del helenismo tardío acerca de los modos del conocimiento del Dios trascendente: la tres «vías» escolares: la vía de la negación, la de la eminencia y la vía de la analogía (cf. Albino, *Didaskalikós* 10).

El primer Principio recibe los atributos platónicos de Bien y Uno: «En sentido propio es el único Bien, el Padre ingénito y el Uno completo y perfecto» (TrTrip 53,5-8); «Se halla más allá del Intelecto» (55,23); «Es el único que se conoce a sí mismo tal como es» (54,41-42).

3. *Momento relacional comunicativo.* En el primer Principio se halla una disposición comunicativa en virtud de la cual pasa a ser origen del segundo Principio.

Algunos pasajes valentinianos intentan sintetizar en una perspectiva única los dos momentos del primer Principio: «El Padre es una unidad... Pero no es un individuo solitario. De otra manera, ¿cómo podría ser padre?» (TrTrip 51,9-14); «Cuando lo quiso, el Primer Padre se reveló en él» (ExpVal 24,26-27)[27].

Los principales modelos, en general, de expresión del momento comunicativo son el generativo y el emanativo.

Los escritos valentinianos de Nag Hammadi presentan el modelo generativo, persistiendo en las metáforas sexuales clásicas tal como las trasmiten los heresiólogos. La más habitual, respecto al primer Principio, es Padre (o Pre-Padre). Raramente se hallan evocaciones de una «madre» trascendente: «Él habita en la Díada y en el Par, y su pareja es Silencio» (ExpVal 22,25-27).

B) *El segundo Principio*

1. El segundo Principio recibe, cuando es tratado como sujeto único, el nombre común apropiado de Hijo (*passim*).

2. *Momento relacional de procedencia.* En este primer momento, el segundo Principio es concebido como vuelto hacia el primero. En efecto, el segundo Principio se define constitutivamente por su relación con el primero. Esta relación se explicita sobre todo en términos de conocimiento. El segundo Principio es el perfecto co-

---

27. En la gnosis clásica, el pasaje que expresa más netamente la conexión entre estos dos momentos es *Extractos de Teodoto*: «Silencio es la Madre de todos los seres emitidos por el Abismo; por cuanto no estaba en su mano decir nada sobre el Inefable, guardó silencio; por cuanto comprendió, lo pregonó incomprensible».

nocedor del primero: «El rostro del Invisible, la palabra del Impronunciable, la mente del Inconcebible» (TrTrip 66,14-17)[28].

Otros modelos descriptivos son el generativo: «Él es el primogénito y el unigénito» (TrTrip 57,19), y el inclusivo: «El único (el primer Principio) que tiene un Hijo que subsiste en él, que guarda silencio respecto a él, que es el inefable en el Inefable... el inconcebible en el Inconcebible» (TrTrip 56,24-31).

3. *Momento relacional comunicativo.* El segundo Principio, en el platonismo, es origen de un tercero, por lo cual es necesario discernir en él un momento de comunicación o de originariedad. Esta principialidad del segundo, sin embargo, no se agota en el tercero, sino que alcanza, a través de éste, a todo el universo. De aquí que el segundo Principio haya de ser concebido como el lugar de las formas paradigmáticas del mundo: «Pero la criatura es una sombra de seres preexistentes» (ExpVal 35,29-30; cf. TrTrip 94,24). Estas formas se hallan en un estado de pura inteligibilidad o de «unimultiplicidad»[29].

Esta doctrina platónica general se halla ciertamente en los textos de los valentinianos de Nag Hammadi, pero su tratamiento se entremezcla con un problema que para los gnósticos cristianos era de suma importancia: la gratuidad del conocimiento perfecto para el segundo Principio y, por ende, para todos los entes intelectuales sucesivos. Es decir: la gnosis perfecta es siempre una gracia. Para exponer esta doctrina, los valentinianos recurren a un modelo mítico, que permite deslindar en secuencias temporales los conceptos que una exposición abstracta dejaría confusos. Este mito se extiende hasta la descripción del tercer Principio.

Considerando el mito como un discurso estructurado, distinguiremos las secuencias en las que se articula la sintaxis de este discurso.

Primera secuencia: Desdoblamiento del Pleroma. La función sintáctica de esta secuencia es proporcionar dos distintos sujetos de atribución en el seno de una única substancia.

El mito se inicia desdoblando al Hijo en una serie de inteligencias o disposiciones intelectuales, los eones, cuyo conjunto constituye el Pleroma. Estos eones no gozan, en un primer estadio, de conocimiento perfecto: «Lo ha ocultado para aquellos

---

28. «Dicen que el Pre-Padre que ellos establecen es conocido únicamente por el Unigénito engendrado por él» (Adv. Haer. I 2,1).
29. «El beso (entre el Padre y el Hijo) es una unidad, aunque implica multiplicidad» (TrTrip 58,28-29; cf. 74,1-3).

que procedieron de él en primer lugar. No por envidia, sino para que los eones no recibieran su impecabilidad desde el principio, y no se exaltaran a sí mismos respecto a la gloria, respecto al Padre, y no pensaran que poseen esto por sí mismos» (TrTrip 62,16-26); «Eran una cosa extraordinaria: estaban en el Padre y no lo conocían, pues no podían comprender ni conocer a aquel dentro del cual se hallaban» (EvV 22,27-33)[30].

Al final, pues, de esta primera secuencia se distinguen en el seno del Pleroma dos sujetos de atribuciones: un sujeto conocedor del primer Principio supremo (el Intelecto) y un sujeto desprovisto de este conocimiento (el Logos).

Segunda secuencia: el deseo de conocimiento. La función sintáctica de esta secuencia es establecer la diferencia esencial entre los dos sujetos o aspectos distinguidos en la primera secuencia.

En un modelo simplificado dentro de esta secuencia, los eones desean adquirir el conocimiento perfecto e inician un proceso de búsqueda. El *Evangelio de la Verdad*, simplificando, describe esta situación de modo global con trazos negativos: «Cuando el Todo se puso a buscar a aquel del que había procedido... entonces la ignorancia del Padre acarreó angustia y temor» (17,4-12). El actual estado de los eones es designado «deficiencia» (24,22) y «error» (22,23).

En el modelo desarrollado, el *Tratado tripartito*, inspirándose en el valentinismo clásico, distingue en los eones un deseo positivo y una iniciativa negativa. El primero es atribuido al Pleroma en conjunto: «El entero sistema de los eones experimenta un amor y un deseo por el perfecto y completo descubrimiento del Padre, y en esto consiste su unión indisoluble» (71,8-12)[31].

Pero el teólogo necesita ahora introducir un impulso descendente susceptible de explicar la generación de los seres inferiores. Este movimiento se atribuye a una personificación singular dentro del Pleroma, el Logos (equivalente de la Sabiduría de otros textos): «Se le ocurrió a uno de los eones intentar abarcar la incomprensibilidad... Puesto que es un Logos de la unidad, es uno, aunque no procede del consentimiento de las Totalidades»

---

30. «Dicen que el Pre-Padre que ellos establecen es conocido únicamente por el Unigénito engendrado por él, es decir, el Intelecto, mientras permanece invisible e incomprensible para todos los demás» (Adv. Haer. I 2,1).

31. «Y los demás eones, de modo parecido, concebían en su paz un cierto deseo de ver al que había emitido su simiente y de saber acerca de la raíz sin principio» (Adv. Haer. I 2,1).

(TrTrip 75,17-24). Esta decisión es un acto libre (75,35) y, aunque respondía a la voluntad del Padre, suponía una degradación y, por esto, «el Padre y las Totalidades se apartaron de él» (76,31-32). A partir de este momento, el *Tratado tripartito* reencuentra las expresiones peyorativas del *Evangelio de la Verdad*: olvido, ignorancia, deficiencia (cf. TrTrip 77,20-78,20)[32].

Tercera secuencia: la escisión del último eón. La función sintáctica de esta secuencia es subdistinguir dos sujetos de atribuciones en el segundo sujeto establecido en la primera secuencia (el Logos desprovisto de conocimiento) y definido en la segunda como eón degradado.

Calcando igualmente el mito de la Sabiduría valentiniana, el *Tratado tripartito* introduce una división del Logos, escindido en una parte que retorna al Pleroma y una parte que permanece fuera de él para completar la obra creadora: «Se remontó hacia lo que le es propio, y este congénere suyo en el Pleroma abandonó a aquel que devino en deficiencia junto con los que habían provenido de él» (TrTrip 78,1-7). A partir de este episodio, pues, hay un Logos superior reintegrado al Pleroma, y un Logos inferior fuera del Pleroma[33].

Cuarta secuencia: la función del Límite. La función sintáctica de esta secuencia duplica la de la tercera. Se trata de una explicación que no utiliza términos míticos.

Entre el Pleroma y el Logos inferior escindido se establece un Límite (gr. *Hóros*). El *Tratado tripartito* no tematiza esta nueva realidad, y se limita a mencionarlo (76,33). En cambio, en la *Exposición valentiniana* el Límite desempeña un papel fundamental: «Él (el primer Padre) produjo primero a Monogenés («el Engendrado único») y Límite. Y Límite es el separador del Todo y la confirmación del Todo» (25,20-34). En este tratado el Límite separa también al primer Principio de los eones (27,35-38), y a éstos del universo inferior (33,26)[34].

32. «Pero avanzó precipitadamente el último y más joven eón..., es decir, Sofía, y experimentó una pasión sin el abrazo de su cónyuge, Deseado. Lo que había tenido su comienzo con los que estaban en torno al Intelecto y a la Verdad se concretó en esta descarriada, en apariencia por causa de amor, pero, de hecho, por audacia» (Adv. Haer. I 2,2).

33. «Por ella (por la fuerza del Límite) fue retenida y consolidada, y apenas convertida a sí misma, reconociendo que el Padre es incomprensible, abandonó su primera intención junto con la pasión que le sobrevino por aquella desconcertante maravilla» (Adv. Haer. I 2,2).

34. «A consecuencia de estos hechos, el Padre, por medio del Unigénito, emitió al mencionado Límite a su propia imagen, sin cónyuge, sin elemento hembra... A este Límite

Quinta secuencia: el acceso al conocimiento. La función sintáctica de esta secuencia es la de anular la operación de la primera secuencia (distinción entre un Intelecto conocedor y un Logos no conocedor) una vez realizada la operación de la tercera (y de la cuarta) secuencia, que consistía en separar el Logos superior (la Sabiduría superior de los valentinianos) del Logos inferior (la Sabiduría *Achamot*).

La escisión del Logos, el retorno de su parte superior al Pleroma y la fijación del Límite configuran las condiciones para que el primer Principio pueda otorgar a los eones el conocimiento perfecto: «Él retiene en su interior la perfección del eón y se la otorga como un retorno hacia él y como un conocimiento unitario y perfecto» (EvV 22,24-33). Este retorno es denominado «arrepentimiento» (35,23-24), y por parte del Padre es una «gracia» (36,1) y una unción (36,15ss). El *Tratado tripartito* describe este episodio por medio del tema de la gloria perfecta tributada por los eones al Padre (68,23-69,15)[35].

Sexta secuencia: la emisión del Salvador. Esta secuencia carece de función sintáctica. Procede directamente del ámbito de la Revelación.

Para rescatar al ente divino caído en lo inferior, el Pleroma produce un nuevo eón, el Salvador. Según el *Tratado tripartito*, el Salvador es un fruto común de los eones (86,15-26 y 87,6). En el *Evangelio de la Verdad* , la figura del Salvador trasparece tras la figura de Jesús (cf. 20,10ss)[36].

C) *El tercer Principio*

1. Consideramos aquí al tercer Principio establecido ya fuera del Límite, es decir, en el exterior del Pleroma. El tercer Principio recibe, como sujeto único, el nombre propio de *Echamot* (*sic*:

---

le denominan también Cruz, Redentor, Emancipador, Limitador, Reintegrador» (Adv. Haer. I 2,4).

35. «Cristo les enseñó la naturaleza del conyugio, ya que eran capaces de acceder a la comprensión del Ingénito, y anunció entre ellos el conocimiento del Padre» (Adv. Haer. I 2,5).

36. «Los sucesos que describen fuera del Pleroma son los siguientes: la Intención —a la que, asimismo, llaman Achamot— de la Sabiduría superior, una vez apartada del Pleroma, entró en ebullición por necesidad en regiones de sombra y de vacío, porque salió de la luz y del Pleroma informe y sin figura, a manera de aborto, por no haber comprendido nada» (Adv. Haer. I 4,1).

EvFlp 60,10-15) y los nombres comunes apropiados de Logos (TrTrip), Sabiduría (ExpVal y EvFlp) y Espíritu Santo (EvFlp).

2. *Momento relacional de procedencia.* Este estadio aparece explicitado sólo en el *Tratado tripartito* y en la *Exposición valentiniana*. Ambos escritos se expresan por medio de la continuación de la serie de secuencias míticas que hemos expuesto al explicar el segundo Principio. Enlazamos, pues, con la sexta secuencia: la emisión del Salvador.

En este momento relacional el tercer Principio se constituye como substancia divina individual. El procedimiento de su constitución es, como en todos los casos, su vuelta hacia los Principios superiores, vuelta que reencuentra el camino del retorno ya seguido por el eón que en la tercera secuencia se reintegra al Pleroma. Sólo que esta vez este eón, el tercer Principio, permanece en el exterior para pasar a ser Principio del universo (momento relacional comunicativo). El proceso se inicia con la séptima secuencia, anterior a la entrada en función del Salvador.

Séptima secuencia: el eón caído. El mito describe el estado del eón caído una vez se hubo separado de él su elemento superior: «Pasó a ser débil como una naturaleza femenina» (TrTrip 78,10-11). «El Logos... siguió estando completamente perplejo y sorprendido... Se vio completamente impotente una vez su Totalidad y su Elevación lo abandonaron» (TrTrip 80,12-24)[37].

Octava secuencia: salvación del eón caído. El mito enlaza aquí con la sexta secuencia (emisión del Salvador). El eón caído inicia un movimiento de retorno (conversión), recibe la asistencia del Salvador y queda constituido como tercer Principio substancial y divino. El elemento reintegrador es, como siempre, el perfecto conocimiento: «El Logos se volvió hacia otro propósito y hacia otro pensamiento. Una vez se hubo apartado del mal, se volvió hacia los seres buenos. Después de la conversión accedió al pensamiento de los seres existentes» (TrTrip 81,22-29).

La *Exposición valentiniana* utiliza los recursos expresivos del modelo clásico de las sicigías o conjunción de eones por parejas. El autor conoce la «ley» de las sicigías[38]: «Ésta es la voluntad del

---

37. «Cuanto proviene de conyugio es Pleroma; en cambio, cuanto nace de uno solo es imagen» (Ext. Teod., 32).
38. «Cuanto proviene de conyugio es Pleroma; en cambio, cuanto nace de unos solo es imagen» (Ext. Teod., 32).

Padre: no permitir que nada suceda en el Pleroma fuera de la sicigía» (36,29-32). La aplicación de esta ley a la Sabiduría inferior procede de este modo: «Ella se arrepintió y se puso a buscar al Padre de la Verdad, diciendo: "Reconozco que me aparté de mi cónyuge. Por esto mismo me hallo fuera de la confirmación. Merezco lo que estoy sufriendo. Yo me hallaba antes en el Pleroma produciendo los eones y dando fruto con mi cónyuge" (34,23-32). El cónyuge que luego salva a Sabiduría es Jesús (cf. 35,10 ss)[39].

Momento relacional de comunicación. La función específica del tercer Principio es la creación del universo, incluidos los seres racionales. No se trata ya de una generación, sino de un acto que relaciona una causa con un efecto: «El Logos (inferior) se estableció... como Principio fundamental, causa y gobernante de las cosas del devenir» (TrTrip 96,17-19). Pero el teólogo de este tratado se muestra atento a una parte de la creación, la que afecta a los seres racionales, y, dentro de éstos, a los hombres espirituales: «Maravillado por la belleza de los seres que se le había aparecido, se mostró agradecido por esta presencia. El Logos realizó su actividad a través de aquellos de los que había recibido ayuda, para estabilidad de los que habían llegado a existir a causa de él, para que pudieran recibir algo bueno» (TrTrip 91,7-14). La *Exposición valentiniana* atribuye la creación a Jesús en cuanto cónyuge de Sabiduría (cf. 35,28ss)[40].

B. COSMOLOGÍA

Como hemos indicado al comienzo de este apartado, la metafísica de los primeros Principios se hallaba en el platonismo en estrecha conexión con la cosmología, es decir, está relacionada con la explicación y comprensión de la realidad física tanto mundana como celeste. De ahí que los sistemas teológicos judíos y cristianos no acertaran a librarse del sello naturalista de la filosofía platónica, de la que son herederos. Los primeros Principios del platonismo tardío, aun transformados en sujetos divinos, siguieron manifestando la marca del cosmos. Entre los gnósticos, sin embargo, la impronta naturalista de la cosmología platónica aparece coloreada por una fuerte motivación soteriológica.

39. Cf. Adv. Haer. I 4,1; I 4,5.
40. Cf. Adv. Haer. I 4,2; I 5,1.

Nuestra descripción de la cosmología de los gnósticos de Nag Hammadi adoptará el procedimiento obvio de deslindar los niveles de la escala descendente que va de la Divinidad creadora al mundo corporal. Respecto a cada uno de los niveles nos contentaremos, de acuerdo con el método de esta Introducción, con definir los distintos tipos y modelos, aduciendo algunos textos a título de meros ejemplos. Puesto que en el tema de la cosmología los sistemas setianos y valentinianos no presentan diferencias radicales, el tratamiento de esta Introducción los contempla como un solo conjunto.

1. El paradigma inteligible

Fieles en este punto al platonismo, los gnósticos de Nag Hammadi se preocupan de la causalidad formal en la producción del cosmos, distinguiéndola cuidadosamente de la causa eficiente.

Respecto a la causa formal, las tesis gnósticas se adecuan a la escolástica del platonismo medio. Las formas paradigmáticas del mundo se hallan con distinta constitución ontológica en los distintos estratos de la divinidad[41]. Esta doctrina es especialmente clara en los textos de la corriente valentiniana. Según éstos, el Principio del universo es el segundo Principio, el Intelecto, y el Alma recibe de él las formas paradigmáticas para plasmarlas en la materia: «Respecto a las cosas que provinieron de él (el Logos inferior) las pronunció, y llegaron a ser como una representación de los lugares espirituales que hemos mencionado al exponer el tema de las imágenes» (TrTrip 101,6-9); «Él (Arconte) vio un reflejo, y por el reflejo que vio en él creó el mundo. Mediante un reflejo de un reflejo obró, produciendo el mundo» (Zos 10,1-5)[42].

Algunos gnósticos precisan más y conciben el mundo de los paradigmas inteligibles como una realidad intermedia entre los ámbitos de lo divino y de lo mundano, realidad integrada en el último eón del Pleroma: «Una vez que la naturaleza (phîsis) de los seres inmortales hubo terminado su proceso de procedencia del que es infinito, sucedió que una semejanza emanó de Pistis;

---

41. La expresión más clara de esta doctrina se halla en los peratas: «Según ellos, el universo consiste en Padre, Hijo y materia... En medio de la materia y del Padre tiene su sede el Hijo, el Logos, la serpiente en perpetuo movimiento cabe el Padre inmóvil, la cual mueve la materia. El Hijo ora se vuelve hacia el Padre y recibe las potencias en su propia persona, ora asume las potencias y se vuelve hacia la materia, y ésta, de por sí carente de cualidad y figura, recibe del Hijo la configuración de las formas, formas con las que el Hijo había sido previamente configurado por el Padre» (Hipólito, Elen V 17,1-2).
42. Cf. TrGSt 50,26ss; CaPeF 135,15; ExpVal 35,25.

la llaman Sabiduría. Esta semejanza experimentó una voluntad y pasó a ser una obra semejante a la luz primordial. Acto seguido su voluntad se manifestó como una semejanza del cielo que poseía una inconcebible grandeza. Se hallaba en el espacio intermedio entre los inmortales y los seres que vinieron después de ellos, con figura [de cielo]. Era como un velo que separaba al género humano de las realidades superiores» (OgM 98,11-23)[43].

2. La materia

En el tema de la materia, los gnósticos cristianos manifiestan una cierta originalidad. La especulación judía helenística había recogido sin excesivos remilgos la tesis filosófica de la eternidad de la materia, es decir, la ausencia de una causa eficiente específica para la materia. Algunos pensadores cristianos llegaron a simpatizar con esta idea, aunque la mayoría se adhirieron al dogma de la creación *ex nihilo*. Los gnósticos introdujeron su propia versión, en la línea de su monismo ontológico. La materia procedía de la misma serie de principios trascendentes que las formas, sólo que en calidad de ruptura, no de simple deminoración gradual. Dicho en términos míticos, la materia no procedía de Dios a modo de generación, sino como un aborto. Pero procedía de Dios[44]: «En el seno de los eones infinitos en los que se halla la incorruptibilidad, la sabiduría, la denominada Pistis, quiso producir una obra ella sola, sin su cónyuge. Su obra resultó como una semejanza del cielo. (Es de saber que) hay un velo entre las realidades superiores y los eones de la parte inferior, y que una sombra vino a existir más abajo del velo, y esta sombra pasó a ser materia, y esta sombra fue arrojada a un lugar particular. Pues bien, la hechura (de la Sabiduría) fue una obra realizada en la materia, una especie de aborto. Recibió figura a partir de la sombra» (HipA 94,4-16).

El mito clásico valentiniano, transmitido por Ireneo[45], señala en términos poéticos cómo Sabiduría, ya redimida por el eón Salvador, está ya formada y capaz de entender al Padre, pero al mismo tiempo vacía de Cristo/Logos que la había dejado. Se lanza entonces Sabiduría inferior en busca de esa luz que la había

---

43. En el valentinismo clásico, la Ogdóada, o cielo de las estrellas fijas, es el lugar de Sofía Achamot (cf. Adv. Haer. I 5,2).

44. Según se echa de ver, pues, es absolutamente inexacto calificar a los gnósticos de dualistas. El dualismo de los gnósticos es secundario, se proyecta en el ámbito de los valores, de la ética, de la sociología. En metafísica son radicalmente monistas, en oposición total al tan traído y llevado «dualismo iránico».

45. Cf. Adv. Haer. I 2,4, y J. Montserrat Torrents, *Los gnósticos* I, Apéndice IV.

abandonado (en el fondo buscaba la luz del Trascendente), pero no puede alcanzarla a causa del impedimento de Límite. Al no poder rebasar éste, por seguir entrelazada con su pasión y al quedar abandonada en el exterior del Pleroma, cayó Sabiduría en toda clase de pasiones, multiformes y variadas, incluida la conversión. De estas pasiones (¡también divinas!) nace la primera materia, primordial e inteligible, no sensible. De su conversión tiene origen el llamado Demiurgo, del que en seguida nos ocuparemos. Las demás cosas nacieron de su temor y su tristeza. De las lágrimas de Sabiduría provino toda la sustancia húmeda; de su risa, la sabiduría luminosa; de su tristeza y de su estupor, los elementos corporales del mundo.

Debemos insistir en que esta materia primordial no es el mundo corpóreo, sino el substrato a partir del cual se plasmará el mundo corpóreo. El mundo visible será creado posteriormente por Sabiduría de modo indirecto, gracias al Demiurgo.

3. El Demiurgo

La causalidad eficiente respecto al mundo físico es atribuida por la mayoría de las corrientes gnósticas a un ser divino inferior, caracterizado de diversos modos. Las denominaciones más comunes de este personaje son Demiurgo («artesano»: valentinianos), Arconte (valentinianos y setianos) y Yaldabaot/Yaltabaot (setianos).

La introducción de este personaje en los sistemas gnósticos tiene por finalidad establecer un eslabón en la escala descendente de los seres entre la materia inteligible, producida por Sabiduría, y la materia corporal y sensible tal como la vemos en el universo. En el fondo, esta figura intermedia entre el universo material y el Trascendente sirve para alejar a éste del universo de modo que, por una parte, el Ser supremo quede libre de haber creado directamente lo material, pero, por otra, proceda también el universo en último término de la divinidad, ya que el Demiurgo pertenece al ámbito de lo divino. Con la llegada a la existencia de la materia quedarán confirmados también la Deficiencia, la oposición al Trascendente y, en último término, el Mal.

El ciclo demiúrgico, en los gnósticos, suele desarrollarse como una exégesis esotérica de los primeros capítulos del *Génesis*, y manifiesta además obvias referencias calendariales, extremos que cuidamos señalar en las notas a nuestras traducciones.

Según un primer modelo, el Demiurgo procede directamente del último eón del Pleroma: «Puesto que había en ella una potencia invencible, su pensamiento no permaneció inactivo y a partir de ella se manifestó una obra imperfecta y distinta de su forma, pues la había producido sin su consorte. No se parecía en nada a la figura de su madre, sino que tenía otra forma. Una vez hubo visto la obra deseada, ésta se transmutó en la figura de un extraño dragón con rostro de león, de ojos resplandecientes como relámpagos. Lo arrojó lejos de ella y de aquel lugar a fin de que no lo viera ninguno de los inmortales, pues lo había creado en ignorancia. Lo envolvió en una nube luminosa y (lo) colocó en un trono en medio de la nube para que nadie lo viera excepto el Espíritu Santo que es llamado "la madre de los vivientes"». Y le puso por nombre Yaltabaot (ApocJn 10,1-19). De acuerdo con este pasaje, Sabiduría es «madre» del Demiurgo[46]. Esta filiación rompe la regla según la cual el último eón no tiene ya capacidad generativa (cf. Plotino, En. III 8,2) y se limita a «producir». En efecto, la metáfora de la generación abarca exclusivamente el ámbito de las relaciones entre seres divinos, y no las relaciones entre un ser divino y los seres inferiores».

De acuerdo con el modelo más común, el Demiurgo procede del último eón del Pleroma por medio de la materia: «Pues bien, la hechura (de la Sabiduría) fue una obra realizada en la materia, una especie de aborto. Recibió figura a partir de la sombra. Era una bestia arrogante parecida a un león. Era andrógino, pues, como ya dije, provino de la materia» (HipA 94,14-19). «Pistis Sofía deseó que aquel ser carente de espíritu se configurara como una semejanza y que señoreara sobre la materia y todas sus potencias. Acto seguido se manifestó en primer lugar un aronte salido de las aguas, parecido a un león y andrógino, poseedor de un gran poder (pero ignorante de dónde procedió)» (OgM 100,1-9).

Un tercer modelo se abstiene de precisar el modo de procedencia del Demiurgo: «En el instante también se manifestó el gran Demonio que gobierna sobre la parte ínfima del Hades y el caos» (PensTr 39,20-23).

Los gnósticos se dividen a la hora de precisar la substancia de la que está formado el Demiurgo. Para la mayoría, esta entidad divina intermedia posee sólo substancia psíquica (cf. *infra* pp. 65 y 71), intermedia también; carece de la substancia superior o pneumática, aunque sea «hijo» de Sabiduría; para otros, tiene dentro de sí una «chispa» o centella divina que procede de la sustancia de su madre, aunque luego la pierde al crear al hombre, como veremos.

---

46. Como en Adv. Haer. I 5,2.

En los grupos gnósticos judeo-cristianos el Demiurgo suele aparecer como un ser malo y perverso; otras veces, simplemente como orgulloso y necio; en todos estos escritos este Demiurgo es Yahvé, el Dios del Antiguo Testamento, a quien los judíos creen equivocadamente Dios supremo, por haber creado el cosmos y porque lo dice —ignorantemente— él mismo, afirmando ser la Divinidad superior. Esta identificación con Yahvé tiene lugar por el procedimiento de describir al Demiurgo con las características del Dios bíblico: «Lo envolvió en una nube luminosa y (lo) colocó en un trono en medio de la nube (cf. Ex 16,10) para que nadie lo viera excepto el Espíritu Santo que es llamado "la madre de los vivientes". "Y le puso por nombre Yaltabaot"» (ApocJn 10,14-19). Más adelante especificaremos una subdivisión de la figura demiúrgica. De entre las características enumeradas, la más común, presente en casi todos los textos, tanto setianos como valentinianos, es la de la soberbia y la ignorancia del Demiurgo, que se proclama Dios único. Veámoslo en la versión de la *Hipóstasis de los arcontes*: «Su jefe es ciego. [Impulsado por su] potencia, por su ignorancia y por su orgullo [...] dijo: "Yo soy Dios, y ninguno hay [fuera de mí]". Al decir esto, pecó contra [el todo]» (86,27-33)[47].

4. *La esfera demiúrgica*

El Demiurgo engendra o produce auxiliares para la obra de la creación. Estos auxiliares, o arcontes inferiores, responden a dos modelos: el planetario y el zodiacal.

El modelo planetario puro consta de siete arcontes, uno para cada uno de los círculos planetarios: «El arconte discurrió crear hijos para sí, y se creó siete hijos, que eran andróginos como su padre. Y dijo a sus hijos: "Yo soy el dios del todo"» (HipA 95,2-6). El cotejo con las demás tradiciones gnósticas indica que el Demiurgo es el primero de los siete, no un arconte distinto. En este sentido se le denomina Hebdómada, con clara alusión a la narración genesíaca.

El modelo zodiacal puro, que consta de doce miembros, se halla en el *Evangelio de los egipcios* (IV 57,20ss).

El modelo mixto, zodiacal y planetario, se halla en el *Apócrifo de Juan* (10,25 y 12,25) y en *Sobre el origen del mundo* (101,10 y 104,20). Los que aducen este modelo mixto parecen no haberse percatado de que el zodíaco no es más que una división de uno de

---

47. Cita de Is 45,5; 46,49. Cf. también ApocJn 13,6; OgM 103,10ss; EvE 58,24; TrGSt 55,28.

los círculos planetarios, el del sol. Estas confusiones obedecen al hecho de que la fuente de nuestros autores no es la astronomía, sino la magia astrológica.

En la *Hipóstasis de los arcontes* y en *Sobre el origen del mundo* se introduce una importante distinción entre el primer arconte, Yaldabaot, y uno de los arcontes planetarios, Sabaot. Éste experimenta un movimiento de conversión paralelo al del eón Sabiduría: «Sucedió que cuando Sabaot, el hijo de (Yaldabaot), vio la potencia de este ángel, se arrepintió y condenó a su padre y a su madre la materia, asqueándose de ella. En cambio, entonó himnos a la sabiduría y a su hija Zoé. Entonces la Sabiduría y Zoé lo exaltaron y lo instalaron sobre el séptimo cielo, debajo del velo, entre el lugar superior y el lugar inferior. Y fue denominado "Dios de las potencias, Sabaot", porque está por encima de las potencias del caos debido a que fue la Sabiduría quien lo instaló. Cuando estos acontecimientos tuvieron lugar, él se construyó un gran carro de querubines, dotado de cuatro rostros, con una innumerable multitud de ángeles para hacer de servidores, y arpas y cítaras» (HipA 95,13-30). *Sobre el origen del mundo* (103,32-107,14) agrega diversos desarrollos míticos.

El episodio de la conversión de Sabaot representa un intento de recuperación del Dios del Antiguo Testamento. La base escriturística viene ofrecida por las visiones de Ezequiel (1,5-6 y 10,1). Sabaot, el Dios montado en su carro, se contrapone a Yaldabaot, cuyo trono está en la nube. Este proceso de bonificación del Demiurgo halla su continuación en los valentinianos. El *Tratado tripartito* ofrece una visión completamente positiva de la esfera demiúrgica (cf. 100,1ss)[48].

5. *La creación demiúrgica*

La función del Demiurgo es operar sobre la materia inteligible preexistente a él por medio de una formas recibidas de lo alto[49], es decir, plasmar el mundo por deseo indirecto del Trascendente a partir de la sustancia primigenia e incorporal generada por su madre Sabiduría. Pero ejecuta esta misión sin saber con toda exactitud lo que hace, pues opera por mímesis y por orden del Pleroma, sin tener conciencia de ello. Así lo describe el *Apócrifo*

---

48. Comparar con el benévolo tratamiento del Demiurgo en los *Fragmentos* de Heracleón.

49. «Al formar seres corporales a partir de los incorporales, creó las cosas celestiales y las terrenales» (Adv. Haer. I 4,2).

de Juan: «Él ordenó toda cosa de acuerdo con la semejanza de los primeros eones que habían existido, de modo que los creó con la figura de los incorruptibles, no porque hubiera visto a los incorruptibles, sino porque la potencia que reside en él, recibida de su madre, producía en él la semejanza del mundo» (12,33-14,6).

El gnosticismo en general adopta conceptos estoicos para la descripción del mundo corporal (sistema de los elementos; acción del aire sobre los elementos inferiores; poder de los astros; providencia mundana...). Los gnósticos de Nag Hammadi suelen pasar directamente de la descripción de los agentes demiúrgicos a la antropogonía, sin demorarse en la descripción del mundo corporal. La mayor parte de las referencias al cosmos figuran como complemento de la descripción de las respectivas obras de Sabiduría y del Demiurgo: «El Logos (inferior) se estableció... como principio fundamental, causa y gobernante de las cosas del devenir» (TrTrip 96,17-19).

Las escasas referencias a los cuatro elementos tienen función marginal: crítica de la filosofía griega (TrTrip 108,12ss), emanaciones del gran vientre de la naturaleza (ParSm 4,22ss), rápida descripción de los seres sensibles (Zos 113). Los gnósticos cristianos, a diferencia de los herméticos, no tienen ni una simple mirada para el mundo que los rodea.

Con la creación ya concluida por el Demiurgo, tenemos en juego la existencia de tres sustancias que luego desempeñarán un papel muy importante en la soteriología: la sustancia espiritual, «pneumática» o divina (ésta se halla propiamente sólo dentro del Pleroma), y fuera de él en Sabiduría que, al fin y al cabo, es un ente divino, y, posteriormente, en el «espíritu» o parte superior del ser humano. En segundo lugar tenemos la sustancia «psíquica»; ésta es la engendrada por la Sabiduría inferior; es la propia del Demiurgo (cf. *supra* p. 63) y de algunos ámbitos intermedios entre la materia y el espíritu, por ejemplo el principio vital, o alma del hombre; y, en tercer lugar, tenemos la sustancia puramente material, o hílica, representada por la materia toda del cosmos.

Recapitulemos. De un modo abstracto, el mito cosmológico gnóstico viene a decir lo siguiente en los sistemas más desarrollados: El Uno-Bien-Trascendente no interviene de modo directo en la creación del mundo. Está demasiado alejado como para actuar «personalmente», actuación que tampoco hubiera convenido, ya que la materia es una entidad degradada, que ocupa un puesto demasiado bajo en la escala del ser. El principio mediato de la creación del cosmos (en términos aristotélicos: la causa formal) es el Intelecto divino en el que se hallan las ideas, modelos o principios que servirán para crear en concreto el cosmos.

La acción del Intelecto tampoco se ejercita directamente sobre la materia (tampoco hubiera sido conveniente), sino sobre otro eón divino, la Sabiduría (que corresponde en los sistemas platónicos al Alma del mundo), que recibe del Intelecto las formas del cosmos. A su vez, la Sabiduría (más tarde, en los gnósticos cristianos, equiparada al Espíritu Santo) tampoco actúa directamente, sino que transmite esas formas intelectuales a su engendro, el Demiurgo, la inmediata y verdadera causa eficiente del universo.

Este agente intermedio, de cualquier modo, crea el cosmos limitándose a operar sobre una materia inteligible previamente existente (producida por la pasión de Sabiduría) con unas formas recibidas del Intelecto divino. El Demiurgo actúa solo conformando las formas o modelos superiores intelectuales en la materia inteligible primera, y luego —y aquí intervienen otros intermediarios— es ayudado por ángeles o arcontes (creados por el Demiurgo), que a partir de ésta operan (y estarán a cargo de ella) sobre la materia inferior (plasmada según las formas superiores de la primera materia), que es la que realmente vemos en el universo.

Con la introducción de estas intermediaciones en la creación de la materia los avispados teólogos gnósticos se zafaban de las trampas del dualismo sin recurrir expresamente al sinsentido de la creación a partir de la nada, pero rozaban el riesgo de corporalizar los entes divinos al modo de los estoicos. Orígenes les reprocha este inconveniente[50]. En descargo de los gnósticos, y sobre todo de los valentinianos, cabe decir que se contaron entre los más esforzados defensores del incorporalismo, como todos los platónicos.

A través de la cosmología gnóstica es fácil percibir cómo la gnosis no es dualista, sino que presenta, en realidad, una interpretación monística de los tres principios metafísicos: Dios, formas y materia. Es decir, la Divinidad, el mundo intermedio (donde se hallan los ideas-formas que sirven de imagen celeste para la plasmación de las formas mundanas) y la materia, tanto inteligible como crasa o visible, constituyen una cadena ininterrumpida del ser; todo procede de una misma y única fuente en último

---

50. Tema tratado por Orígenes en el *De principiis*, libro I y parte del libro II (el denominado «segundo ciclo» de la obra).

término, el sumo Trascendente, por emanación-degradación. La materia (y con ella la esencia del Mal) ocupa el último lugar en la escala de los seres y es como un aborto de un ser divino.

De esta cosmología se deducen algunas consecuencias importantísimas para la antropología, la ética y la soteriología:

a) Existe una radical separación entre el mundo superior/espiritual (el Pleroma) y el mundo inferior material (el *kénoma*, o «vacío»).

b) La materia es degradación, el último escalón del ser, aunque proceda de Dios si se apura el razonamiento; la materia primigenia, e incorpórea, es el fruto de un «pecado», «deficiencia» o «falta» de un ser divino.

c) El mal está incluido ínsitamente dentro de la deficiencia que fue la «pasión» de Sabiduría. El universo que vemos, material, creado por el Demiurgo, es fundamentalmente perverso. El cuerpo del hombre, material, es la prisión del espíritu.

d) Existe un espacio intermedio, la «Ogdóada» inferior o mundo de las estrellas fijas, más los círculos planetarios (siete = la Hebdómada, que puede considerarse como un apéndice de lo anterior), o lugar del Demiurgo, de sus ángeles/arcontes (y de las almas justas, como veremos) que participa en cierto modo del mundo superior y del inferior. Ahora bien, este espacio desempeña un papel secundario en la soteriología.

Es digno también de señalarse el rechazo del mundo presente que supone la cosmología gnóstica. Esta idea, sin embargo, no es platónica ni plotiniana. Jamás, sobre todo en el caso de Plotino, se defendió la tesis en cualquiera de las fases del platonismo de que el mundo es el mal del que hay que liberarse, pues significa una oposición radical a la Divinidad.

Los gnósticos, salvo el hermetismo, apenas si se interesan por el universo, su descripción, propiedades, leyes, etc., ya que lo material les trae sin cuidado. La imagen del cosmos de los gnósticos se acomoda a la que existía en su época en ambientes filosóficos popularizados, y es una herencia de especulaciones griegas con un fondo astrológico de la antigua Babilonia y Persia. No hay una imagen unitaria del universo entre los gnósticos, pero en líneas generales puede decirse, sin traicionar demasiado el conjunto de los sistemas, que la tierra se concibe como un disco plano al que cubren por encima siete semicírculos, más un octavo. El último, la Ogdóada, es el ámbito y reino del Demiurgo, también llamado en diversos sistemas Yaldabaot. Éste —que ha creado el universo todo por medio de sus ángeles o «arcontes», o «jefes»— ha dejado a sus subordinados que reinen en los círculos inferiores, que son siete. Éste es el reino de los siete planetas y de los siete espíritus que los gobiernan (en algunos sistemas se añade el círculo de las estrellas fijas o Zodíaco, también gobernado por los arcontes del De-miurgo). Estos espíritus no son buenos en principio para el hombre, pues, como veremos, intentan controlarlo en pro de sus perversas intenciones. El rígido gobierno del mundo de estos siete círculos es lo que constituye el Hado (gr. *heimarméne*), que todo lo domina de tejas abajo. El hombre intentará librarse de este pesado yugo por medio de la gnosis, pero también por la astrología o el recurso a la magia.

C. ANTROPOLOGÍA

Aunque ya hemos indicado algunos aspectos que afectan a la creación del hombre y su destino, vamos a detenernos ahora con un poco más de calma en la creación del ser humano.

Los gnósticos se adscriben, sin excepción, a la tradición órfica-dionisíaca que distingue en el hombre un elemento corporal o «titánico» y un elemento incorporal (alma, espíritu, centella...). Dentro de esta gran corriente, los gnósticos pertenecen al subgrupo de los que introducen distinciones esenciales en la composición del elemento incorporal. Recordemos que Platón, en la *República* y en el *Timeo*, había distinguido tres estratos en el alma: el concupiscente, el irascible y el racional.

La antropología gnóstica, al igual que su cosmología, está subordinada a la soteriología. Los textos de Nag Hammadi describen la estructura del compuesto humano por medio de un análisis del proceso de su creación, sobre el fondo permanente de la narración del libro del *Génesis* interpretada en sentido más o menos literal. En consecuencia, para evitar inútiles repeticiones (aunque no siempre será posible en aras a una mayor claridad), nos ceñiremos a la descripción de las secuencias antropogónicas, dejando los demás aspectos para el apartado siguiente, dedicado a la soteriología.

De acuerdo con lo apuntado más arriba, la afirmación fundamental de la antropología gnóstica es: la creación del ser humano es efectuada por el Demiurgo asistido por una serie de ángeles ayudantes creados previamente por él, que se hallan a cargo del mundo planetario. En la mayoría de los sistemas la creación del hombre tiene lugar porque el Trascendente, o uno de los eones superiores, en un momento dado, envía a los ángeles del Demiurgo —o a este mismo directamente— la «forma» o «imagen» del Hombre Celeste o primordial (cf. *infra* p. 41: uno de los eones del Pleroma, el Salvador o, bien, el Pleroma completo), que se refleja en las aguas inferiores y desencadena el proceso de creación.

Respecto al hombre que se halla en este mundo, los gnósticos de Nag Hammadi distinguen en él tres principios antropológicos, cuya formación debe explicarse: el espiritual, el psíquico y el material o terrenal. Estos principios, como luego veremos, pueden dar lugar a tres clases de hombres, aunque no siempre se trata de clases incomunicables[51].

La reseña de la generación de estos tres principios se realiza, según hemos señalado, por medio de una exégesis literal de la antropogonía del *Génesis*, interpretada de acuerdo con las claves esotéricas propias del gnóstico. Las secuencias responden a dos modelos. El modelo *directo* se desarrolla del espiritual al material (así en el OgM); el modelo *inverso* va del material al espiritual (así en la HipA).

El modelo *directo* pretende ajustar los principios antropológicos gnósticos al octamerón genesíaco: «Ahora bien, el primer Adán de luz es espiritual, y se manifestó en el primer día. El segundo Adán es psíquico, y se manifestó en [el sexto] día, denominado de Afrodita. El tercer Adán es terrenal, esto es, el de la Ley, y se manifestó en el octavo día, [...] el reposo de la indigencia, llamado día del sol» (OgM 117,28-118,1).

El modelo *inverso* (HipA) se acomoda con más facilidad aún al modelo del *Génesis*: formación del hombre terrenal («tomaron barro de la tierra»: 87,29); luego, formación del hombre psíquico («y sopló en su rostro...»: 88,5) y, finalmente, plasmación del hombre espiritual («el Espíritu... descendió y habitó en él»: 88,16).

1. *El hombre primordial*

Es necesario insistir y precisar que en el Pleroma, lugar de las formas, existe una forma paradigmática del hombre: «Una voz provino del eón celestial superior: "Existe el hombre y el hijo del hombre". El primer eón Yaltabaot lo oyó y pensó que procedía de

---

51. «Establecen tres clases de hombres: espiritual, psíquico y terreno, correspondientes a Caín, Abel y Set, y a partir de éstos establecen las tres naturalezas, no en cada uno de los individuos, sino en el conjunto del género humano» (Adv. Haer. I 7,5).

su madre, pero en realidad no sabía su procedencia. El padre materno, santo y perfecto —la suprema inteligencia perfecta, imagen del Invisible, que es el padre del todo, por medio del cual el todo vino a existencia, el Hombre Primordial— les enseñó que la semejanza de él se había manifestado en figura humana» (ApocJn 14,12-24); «Cuando supo en verdad (el Demiurgo) que hay un hombre inmortal luminoso, existente antes que él, se trastornó profundamente» (OgM 107,27-28).

Este paradigma se identifica con el Pleroma todo o, en su caso, con el Salvador, que es una síntesis, o fruto común, del Pleroma.

2. *El hombre espiritual*

El paradigma del hombre primordial presente en el mundo inferior es denominado «luz», «hombre de luz», o «Adán de luz». El tratado *Sobre el origen del mundo* sitúa la aparición de este hombre luminoso en el primer día de la creación, en el que Dios (= el Demiurgo) dijo (= suplicó): «Haya luz» (Gn 1,3). «Acto seguido he aquí que una luz salió de la Ogdóada superior y atravesó todos los cielos de la tierra. Cuando el primer creador "vio que la luz era bella" en su resplandor, quedó maravillado y se avergonzó muchísimo. Una vez se hubo manifestado la luz, una semejanza de hombre apareció en la luz» (108,3-9).

Esta semejanza luminosa, de acuerdo con un tema conocido por otras tradiciones[52], se refleja en las aguas inferiores: «La Incorruptibilidad miró hacia abajo, hacia las regiones de las aguas, y su semejanza se manifestó en las aguas. Entonces las potestades de la oscuridad la desearon, pero no fueron capaces de captar aquella semejanza que se les había manifestado en las aguas» (HipA 87,12-17). Puesto que los arcontes no vieron directamente la luz, sino sólo su reflejo en el agua, lo que observaron es denominado «figura de la imagen» (ApocJn 15,8).

Junto al hombre espiritual existe, en virtud de la ley de la sicigía (véase n. 12), una mujer espiritual o Eva superior: «Envió una auxiliar para Adán, una intelección (*epínoia*) luminosa que procedía de él, la denominada Vida. Ésta es la auxiliadora de toda criatura, la que sufre con el (hombre) y lo establece en su Pleroma, instruyéndolo acerca de la caída de su [deficiencia], instruyéndolo sobre el camino del retorno, por el que ya había descendido. La intelección luminosa estaba escondida en Adán a fin de que los arcontes no la conocieran» (ApocJn 20,15-27; cf. HipA 89,11).

---

52. Cf. *Poimandres*, 14-15.

3. El hombre psíquico

Maravillados por la visión del reflejo de esa forma primordial (el «hombre de luz» o el «Adán de luz»), el Demiurgo y sus ángeles deciden crear un hombre reproduciendo esa imagen celeste en la materia. Modelan así al primer ser humano, Adán. El hombre creado en el sexto día es el hombre psíquico, es decir, el ser humano en cuanto tiene la misma esencia que los seres demiúrgicos. Los textos toman como referencia a Gn 1,26 según la versión de los LXX: «Hagamos un hombre según nuestra imagen (*eikón*) y según semejanza (*homóiosis*)». En general, los escritos gnósticos entienden la «imagen» referida a los arcontes, y la «semejanza» referida al reflejo de luz, el hombre primordial[53]. «Este Demiurgo comenzó a crear un hombre de acuerdo con su imagen, por una parte, y, por otra, de acuerdo con la semejanza de los que proceden del Primero» (ExpVal 37,32-37). Lo mismo se dice en un documento setiano: «Venid, creemos de la tierra un hombre de acuerdo con la imagen de nuestro cuerpo y de acuerdo con la semejanza de aquél» (OgM 112,234-113,1). Con otras palabras, Adán es creado a *imagen* del Dios trascendente (porque será el receptáculo de un espíritu/pneuma que es el reflejo del hombre primordial) y a *semejanza* del Dios secundario, o Demiurgo (por la materia psíquica, que es la misma que la del Demiurgo).

Esta imagen yacía sin vida, ya que no eran capaces los arcontes, los ángeles ayudantes del Demiurgo, de insuflarle la vida. Según otros sistemas, el ser humano serpenteaba por la tierra sin lograr alzarse, ya que tenía alma, pero carecía aún de espíritu.

La introducción del elemento espiritual en el hombre psíquico (que lo constituye en hombre completo y le permite «alzarse») responde a dos modelos literarios. El más simple es el de la *Hipóstasis de los arcontes*: «Después de estos sucesos, el Espíritu vio al hombre psíquico sobre la tierra. El Espíritu partió de la tierra adamantina, descendió y habitó en él» (88,11-14). El segundo modelo narra un astuto expediente del eón superior: entre los valentinianos es Sabiduría superior, quien, apiadada del serpenteo adámico, quiere dotarle del elemento espiritual. Aconseja entonces Sabiduría al Demiurgo que él mismo insufle su hálito en este ser recién creado. Al hacerlo, el Demiurgo le transmite sin saberlo el espíritu divino, que él tenía oculto dentro de sí,

---

53. *Eikón* aparece en griego en los textos coptos: *hikon; homóiosis* es traducido *eine* o *ine*. En nuestras traducciones vertemos siempre «imagen» y «semejanza».

recibido de su madre, Sabiduría. Pero, a la vez, desgraciadamente para él, al soplar queda el Demiurgo desprovisto, vaciado de ese espíritu divino. En ese aspecto, el Creador es inferior al ser humano, que *sí se halla provisto del espíritu divino*. Entre los documentos setianos, el *Apócrifo de Juan* narra algo muy parecido: el Demiurgo, por el hecho de ser hijo de Sofía (Sabiduría), detenta el poder de la madre, es decir, el elemento espiritual. El texto continúa: «Los luminares, con el propósito de recuperar la potencia de la madre, impartieron a Yaltabaot las siguientes instrucciones: «Sopla sobre su rostro tu propio aliento, y su cuerpo se levantará». Y él sopló sobre su rostro su aliento, que es la potencia de su madre; pero no lo sabía, porque era un ignorante. Entonces la potencia de la madre salió de Yaltabaot y penetró en el cuerpo psíquico que ellos habían elaborado según la semejanza del ser primordial. Y (Adán) se movió, se robusteció y resplandeció» (19,21-34). El Demiurgo y sus ángeles quedan, según la mayoría de los sistemas, envidiosos del hombre precisamente por este hecho, porque, aunque ha sido creado a través suyo, posee una parte del espíritu divino que ellos no tienen. La envidia se tornará de inmediato en enemistad, y ésta procurará por todos los medios que ese espíritu en el hombre sea inoperante.

Junto al Adán psíquico hace su aparición algo confusa una Eva psíquica. Los dos textos de Nag Hammadi que la mencionan, *La hipóstasis de los arcontes* y *Sobre el origen del mundo* (113,20-114,5), la conciben como «una viva semejanza» de la Mujer espiritual[54]. Su misión es vivificar (psíquicamente) al Adán creado por los arcontes.

4. *El hombre material*

El hombre psíquico, en cuyo interior mora oculto el elemento espiritual, es introducido por los arcontes en un cuerpo terrenal. El *Apócrifo de Juan* lo argumenta con toda claridad: «Entonces arrastraron a Adán hacia la sombra de la muerte a fin de modelarlo otra vez con (aquella mezcla de) tierra, agua y fuego y con el espíritu que procede de la materia —que es la ignorancia de la oscuridad y del deseo— y con su espíritu contrahecho» (21,4-9). Entre los textos de Nag Hammadi, el episodio al que antes hemos aludido —el de un Adán que no puede erguirse y se arrastra

---

54. «Viva semejanza»; copto, *schbreine*. Véase la nota 9 a *La hipóstasis de los arcontes*.

por los suelos, bien conocido por la tradición de los heresiólogos[55]—es situado en esta secuencia por *Sobre el origen del mundo* (116,1-10); *La hipóstasis de los arcontes* (88,2-11) lo coloca antes de la recepción del elemento espiritual.

5. El ciclo del paraíso

Una vez completado el hombre con sus tres elementos, los arcontes lo colocan en el paraíso. La narración más consistente es la de *Sobre el origen del mundo* (*La hipóstasis de los arcontes* y el *Apócrifo de Juan* mezclan el ciclo paradisíaco con el de la constitución de los diversos principios antropológicos).

La introducción en cuerpos terrenales había supuesto para Adán y Eva el olvido de su elemento espiritual. Para contrarrestar ese olvido y desvelar la conciencia dormida de Adán, comparece la serpiente, en la que se esconde la Eva superior, la «auxiliar» de Adán (cf. *supra* n.º 2): «Entonces se abrió el intelecto de ambos, pues cuando comieron brilló en ellos la luz del conocimiento. Una vez se hubieron revestido del pudor, se percataron de que estaban desnudos respecto al conocimiento» (119,13-15). A raíz de su accesión al conocimiento (realizada en contra de la voluntad de los arcontes), éstos expulsan a la pareja humana del paraíso.

6. La humanidad

Una vez fuera del paraíso, Eva concibe a Caín y a Abel. Tanto el *Apócrifo de Juan* (24,8-34) como el *Sobre el origen del mundo* (117,15-24) precisan que los dos hermanos son hijos de Eva y del Arconte, o de los arcontes. Se trata, por tanto, de hombres puramente psíquicos.

La generación de Set, por el contrario, tiene lugar en el ámbito de la ley de la sicigía: «Una vez hubo Adán conocido la semejanza de su propia prescencia, engendró la semejanza del hijo del hombre y le impuso el nombre de Set. De acuerdo con el modo de la generación entre los eones, la otra madre, igualmente, hizo descender su espíritu (sobre Set)» (ApocJn 24,35-25,4).

Set es el origen de la raza de los hombres espirituales. El *Evangelio de los egipcios* es uno de los escritos de Nag Hammadi que más se extiende en el ciclo de este personaje: «La raza grande, incorruptible, inamovible, de los grandes y poderosos hombres del

---

55. El episodio del hombre-gusano se halla en la noticia de Ireneo sobre Satornilo (Adv. Haer. I 24,1). Cf. ib. I 30,6 e Hipólito, Elen V 7,6.

gran Set» (EvE 59,13-15; cf. 51-68). Los setianos son los gnósticos, la «generación indómita» (ApAd 81,19-20)[56]. Incluso un escrito de escasas connotaciones bíblicas, el *Zostriano*, designa a los gnósticos como herederos de Set: «El hijo de Adamas, Set, adviene a cada una de las almas, siendo un conocimiento suficiente para éstas» (30,9-13). El tema de Set enlaza ya con la soteriología.

La creación de Eva, y con ella el deseo sexual, la procreación, el deseo de continuar generando materia, es parte del esfuerzo del Demiurgo y sus ayudantes para que o bien la «chispa» o «centella» divina (el espíritu), procedente de Sabiduría, no les toque en suerte a algunos humanos, como diremos a continuación, o bien ocurra entre los hombres algo parecido al olvido de Adán y Eva de su parte espiritual cuando estaban en el paraíso antes de la intervención de la serpiente. Es decir, para que la «centella» quede definitivamente encerrada —dormida o prisionera— en la materia y, consecuentemente, nunca aspire a volver al Trascendente y al Pleroma de donde procede en último término (como parte de Sabiduría).

La humanidad no es toda exactamente igual. Aunque en los textos gnósticos no se explique exactamente el proceso, de entre los hombres que se van creando por generación carnal se producen tres clases. Hay una, puramente material, los llamados «hílicos» (del griego *hýle*, «materia»), que no reciben ninguna insuflación del Demiurgo, y por ello ninguna parte de esa chispa divina (el pneuma). Hay una segunda clase que absorbe una semiinsuflación, es decir, recibe del Demiurgo el hálito de su propia y única sustancia, la «psíquica» o anímica. Y hay, finalmente, una tercera clase que recoge tanto la insuflación psíquica como la pneumática o espiritual.

Esta antropología gnóstica tenía una importante proyección social, pues era un reflejo de la situación de la época. En las ciudades del Imperio convivían paganos, judíos y cristianos. Los paganos eran los materiales, «hílicos», destinados, como indicaremos luego con más exactitud, a la aniquilación. Los judíos y los cristianos corrientes eran los «psíquicos» (del griego *psyché*, «alma»): vivían la fe y estaban sometidos a las reglas morales; podrían salvarse en un estado intermedio. En el seno de la comunidad cristiana, los gnósticos, «espirituales» («pneumáticos», del gr. *pneûma*, «aire», «espíritu») se contraponían a los «eclesiásticos», los cristianos corrientes, incluidos los obispos y presbíteros.

56. Cf. la nota 60 a *Sobre el origen del mundo*.

Los verdaderamente espirituales eran los únicos que poseían el conocimiento, gnosis, el desvelamiento de que tenían centella espiritual, divina. Los gnósticos observaban las leyes morales por amor, no por imposición. De hecho se salvarían por naturaleza, no por conducta.

De todo este mito, generado en torno al texto del *Génesis*, nos interesa recalcar, en síntesis, lo siguiente:

a) El ser humano, completo, está compuesto de tres partes: la material, el cuerpo; la anímica o vital, responsable del movimiento y de las funciones vitales; y la espiritual, divina, independiente de la materia, aherrojada en el cuerpo. Ésta es como una chispa, una centella de lo divino que ha descendido hasta la materia.

b) El desgraciado proceso por el que esa chispa divina se ve aherrojada en la materia (cuerpo) explica la situación actual del ser humano. Pero el yo verdadero es el espíritu, la chispa o centella, que no tiene su patria aquí, en este mundo, en la materia, sino en la divinidad.

c) No sólo hay una distinción verdadera entre alma y cuerpo, sino entre alma superior (el espíritu: objeto de la salvación) y el alma inferior, o alma simplemente (objeto de la salvación intermedia cabe el Demiurgo).

D. SOTERIOLOGÍA Y PRÁCTICAS DE VIDA

Todo el sistema gnóstico se halla orientado, en último término, a la soteriología, a la salvación, al rescate de esa chispa divina inmersa, desgraciadamente, en la materia. La divinidad es la primera interesada en que el espíritu retorne al lugar de donde procede.

Para conseguir este objetivo, necesario, el Trascendente, apiadado, envía al mundo el Salvador. Su acción tiene un modelo en el Pleroma: la salvación del eón Lapso (Sabiduría) por el eón Salvador. Este proceso se repetirá en la tierra. A pesar de que el ser humano «espiritual» esté predispuesto por naturaleza a la salvación, es dogma de la gnosis que ni siquiera esta clase de hombres espirituales puede procurarse por sí misma tal salvación. Ésta es pura gracia y debe venir de fuera, de la Divinidad. Normalmente adquiere la forma de una «llamada», que suscita en el espiritual el recuerdo de que la patria de su yo verdadero, «el sí mismo», no está en la tierra. La llamada externa, divina, despierta, excita el núcleo interno y superior del hombre, ebrio o adormecido por los encantos aparentes de lo material (PensGP 39,33-40,7; EVV 22,10), y lo dispone para la salvación.

79

El mito gnóstico en torno a la figura y acción del Salvador presenta los momentos generales siguientes: aun cuando la gnosis fue revelada al primer padre, Adán, al comienzo de la creación, y aunque la mayoría de los sistemas gnósticos defiendan que a lo largo de la historia humana esa revelación va repitiéndose en diversas figuras salvadoras, cuando llegue el culmen de la historia mundana el Salvador por antonomasia descenderá desde el Pleroma. Atravesará las distintas esferas de los cielos que circundan la tierra —sin que los arcontes del Demiurgo (sus ángeles) que las gobiernan lo conozcan y puedan impedirle o molestarle en su descenso— y llegará a la tierra con la misión primordial de recordar a los hombres espirituales que tienen dentro de sí un elemento divino, consustancial con la divinidad. Les exhortará a sacudirse su letargo, a eliminar la amnesia de su origen y hacer todo lo posible para retornar al lugar de donde ese elemento divino, esa chispa, procede. La salvación es una restauración del estado primitivo, una vuelta o retorno de lo espiritual al reino de lo espiritual. El modo de sacudir su adormecimiento es la revelación de la gnosis o el conocimiento verdadero de la esencia, origen y destino del ser humano.

En los textos de Nag Hammadi la gnosis es definida como libertad y salvación. Así lo afirma el *Evangelio de Felipe* (83 [131],1-11), porque la gnosis arranca del alma las malas raíces de la ignorancia que conduce a la perdición definitiva. El que consigue la sabiduría sabe de dónde viene y a dónde va (EvV 22,2-19). En el *Libro de Tomás el Atleta* dice Cristo a Tomás: «Examínate a ti mismo... porque aquel que se ha conocido a sí mismo ha llegado a conocer la profundidad del Todo» (138,8-18). El error, la maldad, la deficiencia quedan eliminados por el conocimiento: «Por medio de la gnosis el hombre logrará la unidad... aniquilando la materia en sí mismo como lo hace el fuego, como la oscuridad es eliminada por la luz y la muerte por la vida» (EvV 24,28-25,19). La revelación es redención (EnAut 27,25-26). El conflicto entre la gnosis y la ignorancia es universal, es deseado por el Padre para revelar sus riquezas y su gloria, de modo que quede de manifiesto la victoria de esta última. Gracias al conocimiento, el pneumático despreciará lo que existe aquí abajo y se afanará por unirse a lo que realmente existe (EnAut 3,26-8,32).

1. *La naturaleza de la redención*

Esta salvación, producto de la gracia divina, es provisional; no se consigue plenamente hasta el momento de la muerte. Hasta ese instante es necesaria la fortaleza y la perseverancia para vivir de acuerdo con las exigencias del conocimiento superior. Gracias a un entrenamiento adecuado, es decir, a ejercicios ascéticos apropiados, se purificará el gnóstico de toda adherencia psíquica o material y conservará intacto su espíritu (DSal 127 [175],16s; TrGSt 61,24-36).

2. Revelación continuada

También encontramos en Nag Hammadi la concepción de una revelación gnóstica que se va repitiendo en diversos estadios de la humanidad (ApocJn: tres descensos de Prónoia, la Providencia/Presciencia, luego identificada con el Cristo; la revelación o llamada desciende tres veces: PensTr), o que está continuamente activa (la Epínoia de la luz de HipA) en el mundo. Esta revelación continua no coincide en absoluto con la revelación del Antiguo Testamento que es expresamente desacreditada y ridiculizada (TrGSt 62,27-65,2).

3. La figura del Redentor

Por el principio de que la redención es gracia, la figura del Redentor, Liberador, o Iluminador es esencial en todo sistema gnóstico. Sin embargo, en los textos de Nag Hammadi no hay una concepción unitaria de tal figura, salvo en los escritos cristianos, o cristianizados[57], que señalan a Cristo como el revelador-redentor por antonomasia. Los conceptos que representan al redentor gnóstico se expresan por medio de figuras bíblicas o entidades tomadas del universo mítico referente a los primeros principios o el Pleroma. Así, aparecen como «redentores» el Adán celeste, Eva (ApocJn; HipA; OgM); Set, hijo de los primeros padres (ApAd; EvE); Melquisedec (Mel); el gran ángel Elelet (ApocJn), o las tres figuras angélicas que, según el *Apocalipsis de Adán*, visitaron no sólo a Abrahán, sino también al primer hombre (ApAd). Entre las entidades con una función soteriológica encontramos también a Sabiduría, al Espíritu (de vida o de san-

---

57. Por ejemplo, se ha señalado que en el tratado anónimo del códice II las pp. 151,32-152,6 y 171,24-173,32 rompen la unidad literaria del escrito introduciendo forzadamente a Cristo/Logos. Esos lugares serían una interpolación cristiana. Cf. S. Arai, «Zur Definition der Gnosis», en el Coloquio de Messina, *L'Origini dello Gnosticismo* (Studies in the History of Religions Supp. to Numen XII), Leiden, 1967, 182, n.º 7, donde el autor cita a A. Böhlig y P. Labib, *Die koptische-gnostische Schrift ohne Titel aus codice II von Nag-Hammadi*, Berlin, 1962, 20.49s.

tidad), al Pensamiento (Énnoia), la mente o Inteligencia (*noûs; epínoia; énnoia*); la Palabra (Logos/Voz), el portador de la luz o Iluminador (*phostér*)[58].

La idea de que la entidad divina que ejerce la función de salvadora necesita de algún modo ser salvada también (el «salvador salvado») sólo aparece con absoluta claridad en la religión maniquea. Sin embargo, la formulación general de esta concepción, aparentemente extraña a primera vista, pertenece al común de la gnosis, en el sentido de que cuando el Salvador desciende viene a rescatar unas centellas divinas, aprisionadas en la materia, que proceden del Pleroma, es decir, de él mismo en último término. En este sentido viene a rescatar partes de sí mismo para que retornen al lugar de donde proceden: el Salvador se salva, pues, de algún modo, a sí mismo. Los textos de Nag Hammadi son suficientemente explícitos a este respecto: el Redentor debe ser redimido también (*salvator salvandus* o *salvatus*), ya que salvador y salvado son de la misma naturaleza (TrGSt, 59,9-15). El *Tratado tripartito* y el *Evangelio de Felipe* lo expresan también con claridad: «Él, el hijo, que fue encargado de la redención de todos, necesitaba él mismo de la redención, al hacerse hombre» (TrTrip 124,32-125,2); «Jesús fue redimido y redimió» (EvFlp 71 [119],2).

El Salvador —o Cristo, en los sistemas gnósticos cristianos— es un ser puramente espiritual y divino. Pero para desempeñar su misión en la tierra se introduce en el cuerpo de un ser humano especial, que es Set o Jesús de Nazaret, nacido de una virgen. En concreto, este Jesús tiene un cuerpo de apariencia normal, pero en realidad es puramente psíquico, material sí, pero incorporal.

No hay ni puede haber en los sistemas gnósticos una encarnación verdadera, ya que lo divino de ningún modo puede mezclarse con lo material. El cuerpo de este Jesús es meramente apariencial. El momento de esa penetración del eón Salvador/ Cristo —en figura de Espíritu Santo o de Voz/Palabra divina— en el cuerpo de Jesús es la teofanía del Bautismo. Durante su vida terrena ese Jesús predicará la verdadera gnosis, que consiste exclusivamente en hacer caer en la cuenta a los hombres espirituales de dónde vienen, quiénes son y hacia dónde deben ir, incitándolos a que se despojen de su vestidura carnal para revestirse de la espiritual.

---

58. K. Rudolph, *Gnosis*, 131.

La figura de Cristo como redentor aparece en algunos textos de Nag Hammadi como una entidad introducida secundariamente en un texto judío que presentaba otra figura de Salvador, así en el *Apócrifo de Juan* y *Sabiduría de Jesucristo* (adaptación cristiana de *Eugnosto, el Bienaventurado*). En los tratados genuinamente cristianos la figura de Jesús-Cristo sufre una remodelación para acomodarla a los esquemas gnósticos. Se efectúa una clara separación entre el Jesús terreno, formado de elemento psíquico, y el Cristo celeste, eón del Pleroma, que desciende sobre ese Jesús. El resucitado (Cristo) es el revelador gnóstico en los días que van desde su resurrección a su ascensión (EvT, ApocJn, etc.). En el *Evangelio de los egipcios* y *El Pensamiento trimorfo* las figuras de Cristo y Set se superponen o, más bien, se identifican (51,20; 54,20/50,9-12).

En los sistemas gnósticos cristianos el Salvador recibe tormento. Como el Redentor arranca al hombre, en último término, del poder del Demiurgo y sus ángeles, aquél, irritado, intenta provocar su muerte por medio de los judíos. Pero, en realidad, a la hora de la crucifixión, el eón Salvador abandona a Jesús y vuelve al Pleroma. El único que permanece en la cruz es el Jesús psíquico, que en realidad tampoco padece, ya que su cuerpo es especial, como hemos indicado. Así quedan burlados los poderes de este mundo y terminado el proceso de la redención.

Mientras dure la vida del gnóstico en la tierra, su tarea consistirá en profundizar en esa sabiduría (gnosis) que ha venido a traer el Salvador. Todo su anhelo radicará en escaparse cuanto antes de esta vestidura carnal, y lograr que su parte superior, el espíritu, su verdadero yo, retorne al Pleroma para gozar allí de descanso y felicidad eternos. Para el gnóstico, el pecado es el abandono aquí en la tierra del ámbito celeste; es ignorar que el hombre es Dios, y Dios es el hombre. Prácticamente la gnosis afirma que se debe perseverar en el amor para que, con la muerte, se produzca el paso casi (¡la gnosis fue una gracia!) automático de acceso a Dios, una vez que el hombre se conoció a sí mismo y supo lo que debía saber.

La división de la humanidad en tres clases, que antes mencionamos, tiene su importancia a la hora de la venida del Salvador. Los de la clase puramente material, los hílicos, no son capaces de ninguna salvación. Los de la segunda, la de los psíquicos (recordemos: asimilada a los cristianos vulgares afectos a la Gran Iglesia), si prestan atención a los preceptos del Salvador y llevan una vida recta, obtendrán una salvación intermedia: a su muerte se despojarán de la materia y sus almas ascenderán al llamado cielo de las estrellas fijas, la Ogdóada inferior, es decir, a la región superior del universo —separada del Pleroma por Límite en el sistema valentiniano— y llevarán allí junto con el Demiurgo y sus ángeles buenos una vida bienaventurada.

Los de la tercera clase, la de los hombres que poseen la centella divina, los espirituales o pneumáticos, los gnósticos verdaderos, obtienen la salvación completa con tal de que, gracias al Salvador, hayan caído en la cuenta de que tienen esa «chispa» divina y hayan recibido la gnosis. Tras la muerte, su cuerpo carnal perecerá con la materia; su alma ascenderá junto con el resto de las almas de los hombres psíquicos cabe el Demiurgo y será allí feliz también. Su parte superior, el espíritu, traspasará el Límite, y uniéndose a su contrapartida celeste, es decir, a su espíritu gemelo superior que le aguarda en el Pleroma, descansará allí, haciéndose uno con la divinidad, a la que entonará himnos de alabanza y gloria por siempre jamás.

En síntesis: la soteriología gnóstica recoge los puntos más importantes de la cosmología y antropología que pueden resumirse en cuatro principios:

a) La parte mejor y más auténtica del ser humano es el espíritu. Es como una centella divina, consustancial con la divinidad, de la que procede.

b) Por un complicado, necesario y desgraciado proceso, esa chispa divina está prisionera en la materia, es decir, en el cuerpo del hombre y en este mundo material.

c) La chispa divina debe retornar allí de donde procede. Esta vuelta constituye la salvación.

d) Un ser divino desciende del ámbito superior; con su revelación recuerda al hombre que posee esa centella; le ilumina y le instruye sobre el modo de hacerla retornar al ámbito del que procede.

La *práctica de la salvación* gnóstica ha sido insinuada ya en lo que precede. Se concreta en la mayoría de los sistemas gnósticos en un modo de vida que permita al ser humano hacer que su espíritu se libere de la materia. En términos generales, puede decirse que la actitud del gnóstico que ha recibido la revelación de su origen y de su fin último se reduce a dos posturas antitéticas: o bien introduce en su modo de vida una renuncia, ya desde el momento de su iluminación, a todo lo que sea corpóreo o material, es decir, se decide por un modo de vida *estrictamente ascético*, o bien considera que el espíritu no es afectado de ningún modo por lo que haga la materia y lleva una vida mundana del todo *libertina*.

84

Lo normal en los sistemas gnósticos es la primera postura. Reina en la gnosis por lo general el más crudo *ascetismo encratita*, se condena la sexualidad, el matrimonio y la procreación, se prescinde de otorgar al cuerpo aquello de lo que necesita. En una palabra, se procede a llevar la vida más rigurosa y apartada del mundo. Consecuentemente, el gnóstico se olvidará de los negocios, de la participación en la vida ciudadana y política, y concentrará todas sus energías en prepararse para el momento dispuesto por la divinidad para que, liberado de la cárcel del cuerpo, el espíritu retorne al Pleroma. La cara exterior de la gnosis se manifiesta así como un rechazo de todos los valores de este mundo, un extrañamiento voluntario de todo valor terreno, un sentimiento profundo de no pertenecer a este mundo, una aspiración a un más allá, a un orden ideal que transciende todo lo mundano, un desinterés por lo político y por cualquier construcción o realización de algo bueno que implique lo material.

La *postura libertina* se dio muy escasamente entre los gnósticos. Los Padres de la Iglesia, sin embargo, señalan su existencia en algunos grupos, de los que critican —con grandes dosis de exageración— sus excesos, sobre todo sexuales. De los llamados ofitas cuenta Epifanio de Salamina (*Panarion* 26,4,3-8) por ejemplo, que se dedicaban al intercambio sexual libre en sus actos litúrgicos y que con el semen masculino en las manos, hombres y mujeres alzaban sus plegarias a Dios, de quien procede la vida verdadera. Ireneo (Adv. Haer., I 13,3ss) dice del maestro gnóstico Marcos que seducía a muchas mujeres a las que prometía que iba a convertir en profetisas, y que éstas le pagaban los favores espirituales con el don de su cuerpo.

Pero estos casos de libertinaje son los menos, y si hubiera habido en verdad un auténtico libertinismo entre los gnósticos, los Padres de la Iglesia les hubieran otorgado más espacio en sus refutaciones.

E. ESCATOLOGÍA

La escatología se halla íntimamente ligada a la soteriología, por lo que no es necesario repetir aquí algunos conceptos. Hemos indicado ya cómo se salvan las diversas clases de hombres o qué ocurre de modo general con las distintas partes del hombre gnóstico cuando éste muere. Nos interesa centrarnos ahora en el fin del universo y en el ascenso al mundo celeste del espíritu del gnóstico tras su apartamiento de esta vida, cuando por fin se ve libre de este mundo, de la presión del Hado (gr. *heimarméne*) y del acoso de la fuerza de los astros (dominados por los arcontes del Demiurgo).

1. *El ascenso al mundo superior*

Comencemos por lo segundo, más inmediato. El ascenso del alma superior del gnóstico al Pleroma, o cielo, se concibe como un viaje del «espíritu» (a veces denominado simplemente «alma») a través de las esferas planetarias. Como sus arcontes, o jefes, son enemigos acérrimos del gnóstico y no desean verse privados de su presa, se encargarán de poner las mayores dificultades posibles al espíritu que asciende al Pleroma. Para defenderse, el espiritual puede acceder a ciertos ritos y fórmulas mágicas que son como la llave para librarse de esos enemigos. Normalmente, se trata de advocaciones, plegarias o conjuros que contienen el nombre secreto del arconte en cuestión o el de sus delegados, o frases más amplias que al pronunciarse desarman toda resistencia de los adversarios. Otras veces son signos simbólicos que han de ejecutarse para conseguir el mismo propósito.

Según el tratado *Las tres estelas de Set* (127,20), «el camino del ascenso es igual al del descenso», es decir, del mismo modo que el Redentor ha de abandonar el Pleroma y descender a la materia atravesando cautelosamente las esferas controladas por los arcontes del Demiurgo, igualmente el espíritu debe ascender por esas peligrosas esferas.

En algunos sistemas gnósticos, como la religión mandea, se cree en la existencia de estaciones o etapas supramundanas, controladas desde luego por los arcontes, en los que el espíritu debe detenerse necesariamente y ser purificado antes de ir ascendiendo al cielo de un modo progresivo.

El castigo del impío, pagano por lo general, es total; significa la aniquilación (el olvido total), según el *Evangelio de Verdad* (21-34-37; también EnAut 32,16-33,3). En la parte final del *Libro secreto de Juan* (*Apócrifo de Juan*), en un diálogo entre este apóstol y el Revelador se trata el problema del salvamento de las «almas»: el gnóstico se salvará a ciencia cierta —se afirma— después de haber sufrido algunas purificaciones (el autor parece aludir a la transmigración de las almas: ApocJn [II 1] 26,12: si la frase debe interpretarse así), pero sólo si se mantiene firme en una vida conforme a la gnosis. Si cede a las insinuaciones de los espíritus adversarios, que también pueden intentar entrar en, o apoderarse de, su alma, puede ser condenado. El gnóstico apóstata irá al infierno, junto con los ángeles perversos, donde será castigo con penas eternas (ApocJn 27,21-27; igualmente, TAt 142,27-143,7).

El tema de las purificaciones del alma aparece también tratado en *El pensamiento trimorfo* y en *Zostriano*. Aunque no quede del todo claro, parece que tales purificaciones consisten en unas abluciones, o bautismos, que tienen lugar después de que el espíritu haya alcanzado el reino de la luz (PensTr 145,13-20 y 48,13-35). Igualmente, Zoroastro entra en el ámbito de los eones de la luz sólo después de algunos bautismos purificatorios (por ejemplo, Zos 23; 53,14).

2. *La resurrección*

Estrictamente hablando, no puede haber resurrección alguna en la gnosis. La resurrección de los cuerpos es impensable en un sistema gnóstico verdadero. No puede existir en realidad porque sólo el espíritu es inmortal (en cierto grado también el alma), pero lo corpóreo es pura materia, por tanto no apto para resucitar. Sin embargo, el concepto de la resurrección es aceptado y recibe algunas precisiones en los textos de Nag Hammadi por afán de no desviarse demasiado de la doctrina eclesiástica común. Algunos escritos, como la *Exposición sobre el alma* (134,9-15), defienden una teoría similar a la que encontramos en algunos gnósticos a los que se refiere el Nuevo Testamento (2Tm 2,18): la resurrección queda anticipada ya en esta vida. Al recibir la «iluminación», el pneumático ya ha resucitado. El rescate (resurrección) es caer en la cuenta de que se posee la naturaleza divina. La *Epístola a Regino* (NHC I 4) es un tratado que aborda específicamente el tema de la resurrección. De tres «resurrecciones» posibles (la del cuerpo, la del alma y la del espíritu), sólo la última es realmente la verdadera, y en la que hay que creer. La «resurrección» queda *anticipada* en este mundo con la adquisición de la gnosis. A la hora de la muerte, el gnóstico experimenta la separación de su parte espiritual (mente, pensamiento) del cuerpo externo, que perece. Pero (y esta enseñanza es original entre los gnósticos, quizás para acomodarse a la doctrina paulina del cuerpo espiritual: 1Co 15,50-53) el espíritu, en su ascenso al descanso, es acompañado de un «cuerpo pneumático» que es reconocible porque tiene rasgos que lo asemejan al cuerpo que ya pereció con la muerte. Una doctrina similar defienden la *Enseñanza autorizada* (32,32) y el *Evangelio de Felipe* (NHC II 3,68 [116,31-37]). Por consiguiente, la única «resurrección», si puede llamarse así, que verdaderamente interesa, la del pneumático, se efectúa en dos partes. La primera cuando, en este mundo, recibe y acepta la llamada o iluminación divina. En ese momento, al iniciar el proceso consciente de desembarazarse de la materia —por consiguiente, de su propio cuerpo— puede decirse que ya ha resucitado. La segunda sucede cuando, después de la muerte, el espíritu (¡que sigue viviendo, no resucita de hecho, es un mero juego de palabras!) entra en el Pleroma y se une a su contrapartida celeste que le espera allí.

El lugar paradisíaco, en el Pleroma, donde se congregarán los pneumáticos, aparece descrito como iluminación/luz, descanso, o como un reclinarse en la cámara nupcial (EnAut 34,32-35,18).

El universo, el mundo material, el cosmos, no tiene ningún futuro para el gnóstico. Una vez que el último de los elegidos haya entrado en el Pleroma, se completa el ciclo de retorno a la patria del elemento divino en el hombre. Entonces la existencia de la materia no tiene sentido; será definitivamente destruida. En ese momento se retornará a una posición del Pleroma anterior al lapso del Eón celeste que con su pasión provocó la generación del universo material.

3. *El final del mundo*

El final del mundo presente se concibe en los textos de Nag Hammadi siguiendo las pautas de la apocalíptica judía. Los gnósticos no participan de una concepción cíclica de la historia (al estilo de los iranios, o de las épocas del mundo, según los griegos) en la que la conflagración final daría origen a un mundo nuevo[59]. Por el contrario, la concepción gnóstica representa una noción de la evolución de la historia de desarrollo lineal (como la judía) que camina ineludiblemente, por voluntad del supremo Trascendente, hacia un único y definitivo final. Éste se va acercando de hecho, poco a poco, a medida que las centellas divinas, los espíritus de los gnósticos, van liberándose de las ataduras de la carne y retornan al Pleroma. Cuando el número previamente determinado de espíritus gnósticos llegue a su plenitud, vendrá el momento de la consumación. El fin del mundo visible, según el *Tratado tripartito* (123-129,30), será una realidad, y se iniciará el proceso de la «restauración» (gr. *apokatástasis*): cuando se hayan reunido en el Pleroma todas las partículas de luz, el universo será

59. Cf. K. Rudolph, *Gnosis*, 195ss.

entregado por la divinidad a la aniquilación y se «restaurará» al estado del Pleroma inmediatamente antes de la «deficiencia» que dio origen al ámbito material. Descripciones del fin del mundo, al más puro estilo apocalíptico (fuego, conflagración, cataclismos, etc.), pueden hallarse en el *Pensamiento trimorfo* (NHC XIII 1,43,4-17), *Pensamiento del Gran Poder* (45,29-47,26) y *Sobre el origen del mundo* (125 [173]7-32). La conflagración final tiene también como objetivo servir de purificación a las últimas partículas o centellas divinas aún presentes en el mundo (ParSm 45,14-31; 48,19-28)[60]. Los ángeles malos del Demiurgo serán también destruidos, junto con él, o bien se produce una suerte de rehabilitación del Demiurgo, como ya hemos indicado, que seguirá viviendo en la Ogdóada, junto con sus arcontes, también rehabilitados, y las almas de los «psíquicos» buenos («en su propio ámbito»: OgM 127,10).

F. COMUNIDAD Y CULTO. SACRAMENTOS. ÉTICA

De los aspectos sociales de los grupos gnósticos sabemos realmente muy poco, porque nuestras fuentes de información, tanto directas como indirectas, se han ocupado sobre todo de los rasgos ideológicos. Sólo detalles de pasada o dispersos, en especial referentes a grupos gnósticos cristianos, nos permiten formarnos una idea de cómo eran las comunidades gnósticas y su culto.

De acuerdo con el presumible origen de la gnosis —de lo que luego hablaremos—, la práctica comunitaria de los gnósticos (cristianos) es similar a la de la Gran Iglesia, con el añadido de algunos rasgos similares a los de las religiones mistéricas.

Un grupo gnóstico comienza casi siempre por una revelación divina a una personalidad religiosa sobresaliente, la cual, una vez iniciada, transmite al resto de sus seguidores la sabiduría revelada, que suele comprender los capítulos anteriormente expuestos en sus líneas más generales y con sus variantes peculiares. Esta transmisión acontece muchas veces, dentro de los grupos gnósticos, en ciertos ritos de iniciación que recuerdan a los de las religiones de misterio helenísticas[61]. En una comunidad gnóstica suele darse una

---

60. Es éste un bien conocido tema del estoicismo (la *ekpýrosis* universal).

61. Cf. G. Koffmane, «Die Gnosis nach ihrer Tendenz und Organisation», trabajo en 12 tesis de 1881, recogido por K. Rudolph, *Gnosis und Gnostizismus*, 120ss, aquí, p. 132. En el mismo artículo se precisa una gran diferencia de la gnosis respecto a las religiones de misterios; en la gnosis no ocurre, de ningún modo, un proceso parecido al de los ritos mistéricos, pues no se revive en el iniciado la muerte y resurrección de un Dios.

estricta división entre los conocimientos exotéricos (externos, no sustanciales, accesibles a los de fuera) y los esotéricos (internos, sustanciales, no accesibles a los externos). El conjunto de iniciados pueden formar una «Iglesia», pero, en general, los gnósticos cristianos aceptan la existencia de una Iglesia común, oficial, y se autoconsideran como un grupo de selectos dentro de la Gran Iglesia. En todo caso podrían formar sus grupúsculos apartados parcialmente en los que practicaban sus propias plegarias, himnos o sus «sacramentos».

Dentro del los escritos de Nag Hammadi, los textos cristianos aceptan sin problema especial el vocablo *ekklesía* (*ecclesia*) y su pertenencia a la estructura de la «Iglesia», aunque con la salvedad de que ellos, los pneumáticos, se consideraban los únicos y auténticos miembros de esa institución. La verdadera Iglesia es el conjunto de los elegidos, los espirituales, la semilla de la luz (OgM, 124 [172],25-32). Según el *Tratado tripartito* (57,34-59,5), esta «Iglesia» de aquí abajo no es más que la imagen de la «Iglesia» preexistente en el Pleroma.

En los grupos gnósticos que se formaban dentro de las iglesias cristianas se distinguían dos tipos de «fieles»: los principiantes y los totalmente iniciados. Según el *Libro de Tomás, el Atleta* (138,35-139,28), los principiantes son los «pequeños», aún no totalmente iluminados, y los «perfectos» son los definitivamente «escogidos» (ya verdaderos gnósticos). Aunque podamos suponer la importancia de la participación de las mujeres en los grupos gnósticos representados en Nag Hammadi, lo cierto es que en los pocos textos que se refieran a ellas predomina la tendencia general de la gnosis a denigrar a la mujer, como ser más material que el varón, y a rechazar el matrimonio. Para el *Evangelio de Felipe* hay dos clases de unión matrimonial, una «manchada» e imperfecta, la terrena (64 [112],34), y otra, la pura y espiritual que se practica en la cámara nupcial (65 [113],1-23). La separación de los sexos ha conducido a toda suerte de males (68 [116],22-26) y la misión de Cristo es volver a unir o, mejor, eliminar, esa separación (ib. 70 [118],9-17). El *Evangelio de Tomás* hace decir a Pedro que las «mujeres no son dignas de la vida». Jesús rechaza la propuesta, pero afirma que ha venido para «hacer de la mujer un varón»; sólo así podrá entrar en el reino de los cielos (log. 114).

La Iglesia de los gnósticos cristianos de Nag Hammadi no es un grupo jerarquizado ni estructurado, ni tampoco una organización con cargos y oficios, sino un conjunto de fieles unidos por el amor (EvV; ApPe; CaPeF; TestV, etc.). El culto que en ella pueda practicarse no se entiende como participación efectiva en un rito externo, que tenga validez por sí mismo, sino que tales ritos o ceremonias son siempre espiritualizadas o entendidas simbólicamente. Así, el hecho de procurar el conocimiento (gnosis) es más válido que participar en un sacramento determinado (por ejemplo, ApAd 85,22-28; o HipA 96 [144],33-97).

Apenas sabemos nada de la composición sociológica de las comunidades gnósticas, ya que los grupos se gobernaban por la disciplina del arcano (silencio frente a los externos). Probablemente existió entre los iniciados una división simple entre «inexpertos» (lat. *inexpertiores*), es decir, aquellos que no han recibido la plenitud de la revelación y los «perfectos» (lat. *perfecti*), que sí la han recibido. Normalmente los gnósticos eran gente ilustrada, y no debían de pertenecer a las clases más bajas, sino a las medias y superiores del mundo antiguo. Se deduce este extremo del hecho de que la mayoría de las confesiones gnósticas basan su doctrina en difíciles interpretaciones alegóricas —para las que se exige una cierta formación intelectual no fácilmente accesible a los pobres— de textos sagrados previamente aceptados como tales.

Es de destacar el papel que en las comunidades gnósticas desempeñaban las mujeres. Aunque, teóricamente, las féminas habían de ser mal vistas en los grupos gnósticos, puesto que, como indicamos, encarnan en el conjunto humano la representación más palpable de la materia (la generación de otros seres), sin embargo, en la práctica, es curioso percibir cómo las mujeres ocupan puestos destacados en las comunidades gnósticas. Observamos por los textos cómo desempeñaban cargos preeminentes como maestras, profetisas o misioneras, y participaban activamente en los ritos (bautismo, eucaristía, cámara nupcial, cf. posteriormente) y en las prácticas mágicas (exorcismos). Conocemos a una tal Marcelina, que hacia el 150 d.C. propagó en Roma las doctrinas del gnóstico Carpócrates. Un discípulo aventajado del gnóstico Valentín, Ptolomeo, consideró oportuno escribir una epístola a una «hermana» sobresaliente, Flora, conservada hasta hoy, en la que le instruye sobre la interpretación gnóstica de la ley mosaica. Sabemos también por los *Hechos apócrifos de los Apóstoles*, generados en gran parte en un ambiente gnóstico, que las mujeres desempeñaban un papel significativo y activo en las comunidades de creyentes.

En el centro de la práctica comunitaria gnóstica (cristiana) se hallan los sacramentos. A decir verdad, y al igual que ocurre con la resurrección, en un sistema gnóstico auténtico no puede existir el concepto de «sacramento» en estricto sentido (es decir, como acción que transmite por sí misma la salvación). Para un gnóstico, la salvación, como hemos indicado, es una acto eminentemente intelectual. Ahora bien, en los grupos gnósticos antiguos —cristianos, de los únicos que tenemos alguna información— los sacramentos servían para ayudar y garantizar de diferentes maneras el ascenso del espíritu al Pleroma. La escasez de textos en Nag Hammadi acerca de los sacramentos —salvo para la escuela valentiniana (EvFlp)— nos indica el poco o nulo aprecio de estos ritos que, según los ortodoxos, operaba por sí mismo un acto de salvación.

El *bautismo* servía en general para significar que el espíritu queda libre de los demonios que lo acechan, y que escapa también del poder agobiante de las estrellas y planetas (controlados por los arcontes); a veces, igualmente, a la hora de presentarse ante Dios, el bautismo es una marca o signo de haber sido elegido. En otros grupos, el bautismo se empleaba simplemente como símbolo de la admisión en la comunidad de los electos, lo que implicaba la inmortalidad. De un oscuro texto del *Evangelio de Felipe* (75 [123],21-25) parece deducirse que el bautismo era el símbolo de la inmersión en el conocimiento que Dios proporciona, gracias al cual el gnóstico se reviste del hombre nuevo. El *Tratado tripartito* (127,30ss) presenta el bautismo como una prenda de la recepción de la verdadera gnosis, gracias a la cual el iniciado comprende y aclama el «nombre» del Padre. El *Pensamiento trimorfo* (45,12ss) presenta también el bautismo como una acto iniciático que prepara, por la recepción de la gnosis, al ascenso gradual en el Pleroma.

La *unción* tenía una gran importancia entre los gnósticos. Normalmente se celebraba a la vez que el bautismo, antes o después, y se ungían diversas partes del cuerpo, principalmente la cabeza. Servía igualmente para la defensa contra los demonios (se empleaba a veces como exorcismo), para el alivio de las enfermedades del alma y del cuerpo, pero ante todo como símbolo de la redención y el don de la inmortalidad. En algunos grupos la unción era tan significativa que hacía superfluo el bautismo. En otros, tanto la unción como el bautismo eran entendidos de un modo peculiar y, los dos juntos, constituían un sacramento especial que llevaba el nombre de «redención». El ungido, o el bautizado, se asimilada al «ungido» por antonomasia, Cristo, recibiendo así como una prenda de la resurrección. La unción es, en el *Evangelio de Felipe* (73 [121],15-19 y 74,12-21), un signo de la futura resurrección y sirve, como auténtico acto preventivo, para defenderse en la lucha contra los arcontes en los momentos de la ascensión del pneuma al cielo tras la muerte.

Unida a la unción y al bautismo se hallaba también otra ceremonia, llamada del *sello*, en la que algunos estudiosos han querido ver un sacramento gnóstico con personalidad propia. Así, por ejemplo, los marcosianos acostumbraban a marcar el lóbulo de la oreja derecha de los fieles como signo de su pertenencia a Cristo (Adv. Haer., I 25,6; Epifanio, *Panarion* 27,5).

La *eucaristía* también está representada en los textos gnósticos, aunque muy raramente. En general parece que era una imitación del rito cristiano, espiritualizado o entendido simbólicamente. La ingestión de las especies sacramentales era comprendida como una recepción del «hombre perfecto», simbolizado por Jesús. Cuando se practicaba, y en consonancia con el sentido ascético de la mayoría de los grupos gnósticos, el vino era sustituido por agua. Para el *Evangelio de Felipe,* la eucaristía (57 [105],3-8), que representa la carne y sangre de Cristo, es una imagen del Logos y Espíritu Santo entendidos como eones del Pleroma, o bien significa la anticipación de la unión con el Cristo (es decir, la contrapartida pneumática del gnóstico en el Pleroma) en el mundo futuro (75 [123],14-21).

La ceremonia de la *cámara nupcial* es considerada también como una suerte de sacramento gnóstico, al menos en el importante grupo de los valentinianos. El iniciado era introducido en un aposento que significaba la cámara nupcial, y allí tenía lugar de modo místico la unión, ya en la tierra, del espíritu del pneumático con su contrapartida celeste. Tras esta ceremonia se percibe claramente la idea de que la perfecta redención sólo se consigue en el descanso del Pleroma, es decir, cuando el espíritu del ser humano se una a su réplica que le aguarda en el ámbito celeste para —al unirse los dos (ley de los conyugios o parejas)— formar un ser perfecto. No parece que este «sacramento» tuviera nada que ver con ningún acto de sexo físico entre dos creyentes, al estilo del «matrimonio sagrado», sino que era un acto puramente espiritual. El sacramento de la «cámara nupcial» aparece también en el *Evangelio de Felipe*. Es llamado también «redención» y supera en categoría a los otros sacramentos. Sirve para anticipar, aquí en la tierra, la unión final en el Pleroma, y, una vez realizado, es también una salvaguardia para los momentos de ascensión del pneumático al «descanso» (EvFlp 67 [115],9.18; 70 [118],5-9; 86 [134],4-9).

El *beso (o abrazo) cultual* no aparece como un sacramento, sino como acción cúltica que acompaña a otros ritos —bautismo, unción— y sirve en las reuniones de los gnósticos para expresar la fraternidad entre los «espirituales» (AcGra; OcNov; EvFlp).

Otra práctica sacramental era la comunicación al iniciando, en reuniones secretas de iniciación, de los nombres de los arcontes y demonios, de las fórmulas y signos a realizar que garantizaba en paso al Pleroma a través de las esferas, como hemos indicado.

La ética y los preceptos morales, que de vez en cuando se muestran en los textos de Nag Hammadi, van de acuerdo con sus principios teóricos. El verdadero gnóstico vive en libertad, sólo regido por el amor (EvFlp, 77 [125],15-35). El *Evangelio de Tomás* rechaza explícitamente el punto de vista judío de que el hombre debe regirse por la Ley (log. 14; 27; 45). El apartamiento efectivo de todo lo que desea el mundo hace del gnóstico un ser superior, una «raza que no tiene rey» (ApAd 82,20). El gnosticismo cristiano de Nag Hammadi, más que rechazar expresamente la ley mosaica (la *Torah*), da por supuesto que la revelación del Nuevo Testamento la ha superado.

Dentro de la ley del amor, al gnóstico se le exige una vida ascética, una vida de esfuerzo en pro de la virtud. Así, expresamente, en los *Hechos de Pedro* (19-6,8) y en el *Evangelio de Tomás* (log. 21b). La *Enseñanza autorizada* proclama expresamente el desprecio del mundo y de sus bienes (26,6-26), y el mismo texto indica que para el gnóstico nada valen las distinciones sociales y la riqueza de este mundo (27,6-25). El *Evangelio de Felipe* señala que el reino de los cielos significa una total inversión de los valores terrenos: «en el reino de Dios el esclavo no servirá al libre, sino éste al esclavo» (72 [120],17-20).

En resumen y de un modo gráfico: el mito gnóstico, que comprende una teodicea, una cosmología, una antropología, una soteriología y una escatología, es como un drama gigantesco que comporta cuatro actos[62]:

Acto I: La expansión de un primer Principio solitario (Dios) en un universo (espiritual), no físico.

Acto II: Creación de un universo material que incluye a las estrellas, planetas, tierra (e infierno, en algunos sistemas).

Acto III: Creación de Adán, de Eva y de sus hijos.

Acto IV: Historia subsiguiente de la raza humana.

Bajo este drama corre, subterránea, una trama secundaria de pérdida y recuperación de una parte de la divinidad. Se halla dividida también en cuatro actos:

---

62. Síntesis de B. Layton, *The Gnostic Scriptures. A new translation with annotations and introductions*, Londres, 1987, 13.

Acto I: Expansión del poder divino para completar un universo espiritual.

Acto II: Pérdida, o «robo» de una parte de este poder a cargo de un ser no espiritual (el Demiurgo).

Acto III: Engaño del Demiurgo (por el Salvador) y transferencia de ese poder a una parte de la humanidad (los «espirituales»).

Acto IV: Recuperación gradual de ese poder hacia el Pleroma cuando los gnósticos son llamados por el Salvador y van retornando (tras su muerte) a la divinidad.

VIII. ORIGEN DEL PENSAMIENTO GNÓSTICO

A. CONSIDERACIONES PRELIMINARES

Es mucho más fácil, en el estado actual de nuestros conocimientos, realizar un esfuerzo de síntesis para presentar los rasgos generales de la gnosis y del gnosticismo que dilucidar el complejísimo problema de los orígenes de este movimiento. Los textos gnósticos reflejan multitud de *motivos* religiosos que, como tales y de un modo aislado o por pequeños grupos, aparecen antes en otras religiones del Oriente o de la cuenca del Mediterráneo, es decir, presentan conceptos cuyos orígenes pueden trazarse en la historia de la religiones. Pero, a la vez, de los textos gnósticos que actualmente conservamos no podemos afirmar de un modo absoluto que tengamos al menos uno que sea *inequívocamente anterior al cristianismo*. Ni en los escritos de Nag Hammadi ni en los resúmenes de los heresiólogos hay indicaciones de tiempo, ni alusiones o citas expresas de filósofos o personajes históricos griegos contemporáneos, que puedan proporcionarnos una idea de fechas. Pero, a la vez, debe admitirse como posibilidad que las raíces del pensamiento gnóstico se hunden en movimientos religiosos anteriores al cristianismo, pues es también probable que el gran despliegue gnóstico de los siglos I y II necesitara una prehistoria para constituirse. ¿Es un fenómeno que se consolida *antes del cristianismo* o, por el contrario, sólo adquiere rasgos específicos en contacto con el movimiento cristiano?

Como indicamos al principio, hoy día ni siquiera se está absolutamente de acuerdo en pensar si la gnosis es una religión en sí, es decir, si en un principio hubo un movimiento gnóstico único, simple y esencial, de rasgos ideológicos escasos y definidos (H. M. Schenke), del que se derivaron más tarde, con inclusión de otros elementos y una evolución propia, las religiones que se pueden caracterizar como gnósticas, o si, por el contrario, ese tal grupo nunca existió y la «gnosis» no fue al principio más que una «atmósfera religiosa», o un «espíritu gnóstico» (A. D. Nock), en la que, por mutuas influencias o por una evolución colectiva, se concentraban ciertas ideas esenciales y comunes a diversos grupos religiosos. Si se considera bajo esta última perspectiva, una concretización de motivos gnósticos pudo aparecer en varios lugares y en tiempos diversos en el Mediterráneo oriental o en el Próximo Oriente.

Los mitos básicos de la gnosis, aunque puedan deducirse por medio de la alegoría de los textos del Antiguo o Nuevo Testamento, no se hallan en sus ideas esenciales en esos escritos ni son de origen judío o cristiano.

En conjunto, nos parece que no existen elementos suficientes en la historia de las religiones para hablar de la «gnosis» como una religión independiente, o como un grupo único, con unas concepciones determinadas, a partir de las cuales pueda percibirse una evolución. La gnosis es más bien *una atmósfera o un talante espiritual* que abraza ciertas ideas básicas.

Ahora bien, así considerada la «gnosis», sí existen indicios para suponer que como tal espíritu o talante gnóstico *es anterior al cristianismo* aunque su gran desarrollo sea paralelo a la formación de este último. Las figuras históricas que se hallan en los comienzos del movimiento gnóstico, como Dositeo, Simón Mago y Menandro, no tienen nada que ver con el cristianismo. Cuando Pablo, poco tiempo después de la muerte de Jesús, discute con sus adversarios de Corinto (1Co; 2Co 11 y 12) su nueva concepción del misterio cristiano, ya se encuentra con judeo-cristianos que interpretan este mensaje con un utillaje mental gnóstico que, por otra parte, el mismo Pablo asume en buena parte, como luego veremos. Además, otros grupos gnósticos posteriores se consolidan expresamente como adversarios del cristianismo, así los ofitas mencionados por Orígenes (*Contra Celso* 6,28) o los «arcónticos» de Epifanio (*Pan* 40,2), la gnosis hermética del *Poimandres*, la de los *Oráculos Caldeos* y, posteriormente, el *mandeísmo*, lo que parece indicar un origen independiente del seno cristiano. El «espíritu gnóstico» no sería una creación cristiana. La biblioteca de Nag Hammadi ha arrojado cierta luz sobre este problema al haber al menos dejado en claro que existen textos gnósticos no cristianos, judíos en concreto, que han sufrido claras interpolaciones cristianas[63]; son, por tanto, independientes y probablemente anteriores al cristianismo, aunque no podamos probarlo.

---

63. Así, por ejemplo, en la misma *Apophasis megale* de Simón Mago, el *Libro secreto de Juan*, *Eugnosto*, el *Apocalipsis de Adán*, el *Evangelio de María*.

Las hipótesis que intentan esclarecer el origen de la religiosidad gnóstica a partir de la determinación de su esencia y de un estudio de las tradiciones del cristianismo helenístico han ofrecido a lo largo de la historia de la investigación un gran abanico de posibilidades. Aunque, como afirmamos, no tenemos textos específicos que nos permitan derivar con certeza el conjunto del ideario gnóstico de cualquier religión antigua, se ha sostenido que la «gnosis» es:

— una reelaboración del cristianismo primitivo con esquemas mentales helénicos (los Padres de la Iglesia) (Harnack);

— una orientalización del cristianismo (J. L. Mosheim; H. Ch. Puech);

— una helenización de las religiones orientales antiguas (H. H. Schaeder);

— una desvirtuación o degradación de la filosofía griega (H. Leisegang);

— una forma de religiosidad irania, centrada en un misterio de la «redención», que se expande durante el helenismo por todo el Mediterráneo (R. Reitzenstein; W. Bousset; G. Widengren);

— una variedad de un judaísmo sincrético mitológico-dualístico (G. Quispel).

Igualmente, como *motivos* e *impulsos ideológicos* que coadyuvaron a la constitución de esas ideas centrales de la gnosis que hemos expuesto más arriba, se han señalado los siguientes:

— la escatología de la Apocalíptica judía;

— los mitos de salvación de los cultos de las religiones mistéricas;

— las concepciones sapienciales judías sobre la Sabiduría personificada y la posibilidad del conocimiento de la Divinidad, tal como aparece en ciertos textos de Qumrán;

— las doctrinas órfico-pitagóricas sobre la dualidad esencial del hombre, el más allá y la transmigración de las almas;

— la difusión del método de la exégesis alegórica de los textos sagrados;

— la popularización de las doctrinas aristotélicas sobre las entelequias;

— la especulación irania sobre las fuerzas espirituales que actúan en las esferas de lo divino y lo humano;

— la concepción cristiana del Redentor.

Ante semejante oferta de posibilidades, ¿pueden rastrearse los orígenes concretos del conjunto de ideas que arriba hemos expuesto, o al menos, los de las más significativas?, ¿tiene algún sentido esta investigación de los orígenes remotos del movimiento gnóstico?

En nuestra opinión, sí puede rastrearse y sí tiene sentido, en cuanto que el rastreo de motivos —aunque no valga por sí mismos para indicar un nexo de causalidad entre dos movimientos religiosos— nos permite adivinar o intuir el *medio* en el que los motivos, buena parte de ellos o los más importantes de una religión, surgieron.

En nuestra opinión, y restringiéndonos al ámbito de las concepciones fundamentales, el hontanar de las ideas gnósticas más comunes no puede encontrarse en un solo lugar. Hay que buscarlo tanto en el mundo indo-iranio, como en el griego, como en ciertas concepciones básicas de la mentalidad judía en época helenística.

B. MOTIVOS DE PROCEDENCIA IRANIA

En los documentos religiosos tanto antiguos (*Avesta*; *Upanisads* en la India; los himnos *gâthâs* en el mundo persa) como más recientes (tratados persas pehlevis como el *Bundahisn* y *Denkart*, reelaborados en los siglos IX y X d.C., pero que conservan restos de muy antiguas creencias) de la religión irania se nos ofrecen muchos de los temas gnósticos principales que luego veremos tal cual, o desarrollados en diversas direcciones, en el gnosticismo posterior. Aunque es verdad también que desconocemos el modo exacto como tales ideas religiosas indo-iranias llegaron a la cuenca del Mediterráneo —probablemente por el medio indirecto de los contactos comerciales, en concreto con Asia Menor, lugar ideal para la interacción de diversas corrientes culturales—, parece prudente postular una relación de dependencia entre lo que hoy contemplamos como doctrinas religiosas afines, siendo la fuente, naturalmente, las más primitivas, generadas entre la India y el Irán. Consideremos cuáles son estas nociones teológicas.

A partir de la especulación sobre la unidad de Dios y del mundo, con una base evidentemente panteísta, una rama de la religiosidad indo-irania llegó pronto —por un desarrollo espontáneo al considerar los defectos, males y problemas del mundo que nos rodea, sobre todo la muerte— a la plasmación de un profundo *dualismo* cósmico y religioso. Éste sostenía que el universo, el mundo material todo, incluida la parte carnal del hombre, se había generado por una desviación pecaminosa del Uno o Dios único. Entre ambas realidades, la superior, divina o espiritual, y la inferior, material, se daba, naturalmente, un antagonismo y una oposición radical. El zoroastrismo expresará esta oposición del bien-mal, divinidad-mundo por el triple par vida-no vida, luz-tinieblas y bueno-malo.

El ser humano es un resumen de todo el universo. Expresado con terminología griega, la doctrina del macrocosmos (universo) que se revela en el microcosmos (hombre) es primero irania antes que griega: a cada espíritu terreno corresponde un pneuma (*amesha spenta*) celeste. La parte superior del hombre procede de Dios; su parte inferior viene de la materia, y se halla sujeta a sus leyes. La parte superior —o espíritu— es consustancial con la Divinidad, y debe intentar retornar al Uno para fundirse con él y escapar de la perversión de la dualidad presente.

Esta liberación se produce por medio del recto conocimiento (*jñana*, de la misma raíz indoeuropea que gnosis) —proporcionado por la Divinidad misma— de esta dualidad y de la necesidad de volver al Bien. La ignorancia de esa unidad sustancial con lo divino hace que el ser humano quede preso de lo tenebroso inferior. Para ayudar o, mejor, para conseguir realizar este proceso, el mundo superior envía un Redentor. Con su revelación les recuerda de dónde proceden, logra sacarlas del adormecimiento y letargo que les ha producido la materia y les indica los medios —ascetismo, desprendimiento, etc.— para retornar allí de donde tiene su origen. Éste es el conocido tema del «ascenso del alma» tras su muerte, que es ya conocido en la antigua Babilonia y de la que pasa al Irán.

Es enormemente discutido entre los investigadores si la idea de un redentor/salvador, sobre todo la precisión de que este salvador ha de ser, a su vez, salvado (es decir, los espíritus que en este mundo son salvados por él, forman parte de él mismo, y, por tanto, salva a una parte de sí mismo, idea que no parece clara hasta el maniqueísmo) es una concepción de base que debe atribuirse a la religión irania, o si en ésta se halla aún muy diluida. Esta religión presenta, ciertamente, diversas figuras de salvadores, pero sólo se muestran con claridad en los textos pehlevis tardíos, con lo cual, teóricamente, han podido sufrir las influencias de las religiones judía y cristiana.

Se ha señalado también que la idea de un Dios absolutamente desconocido y trascendente no es griega ni tampoco judía, pero sí se halla en la base de las especulaciones iranias.

C. MOTIVOS DE PROCEDENCIA JUDÍA

En la forma que ha llegado hasta nosotros, gran parte de la especulación cosmogónica es el resultado de una reflexión sobre los primeros capítulos del *Génesis*. Nadie que no fuera judío, o no tuviera un contacto especial con esta religión, se habría basado en estos textos para construir su teoría sobre el origen del universo.

El interés por denigrar al Dios de los judíos en la figura del Demiurgo, necio y orgulloso, sólo puede proceder, igualmente, de un ambiente interesado por lo judío.

La concepción lineal de la historia propia de la gnosis, como un segmento que avanza rectilíneamente hacia un final desastroso planeado por la Divinidad, tan distinta de la irania o de la griega, sí encaja perfectamente en la concepción de la historia que se refleja en el Antiguo Testamento.

Se ha afirmado también que el concepto de Salvador gnóstico no es más que el desarrollo intrajudío (y luego cristiano) de la idea germinal de un mesías, transformado luego en el revelador gnóstico que, al convertirse sobre todo en el ejecutor de una llamada celeste, no es más que la simplificación de una idea más compleja, la mesiánica judía.

El mito del Hombre primordial, eón celeste, que tiene su reflejo luego en Adán y en sus descendientes, creados a imagen y semejanza de la Divinidad, no parece nacido en ámbito indoiranio, donde el concepto es muy tardío, sino de una reflexión y exégesis alegórica de Gn 1,26[64].

Por último, en la apocalíptica judía, que inicia su desarrollo ya a comienzos del siglo III a.C., se han visto los impulsos decisivos para la maduración del pensamiento gnóstico. Se han señalado, en concreto, los temas siguientes: *a*) la separación mental entre un Dios alejado y un Principio inmediato del mundo (Logos/Sabiduría)[65]; *b*) la aceptación y ulterior desarrollo de la dualidad alma/cuerpo; *c*) el dualismo entre las dos épocas de la historia (llamadas también «eones»: el eón presente, este mundo, y el eón futuro, el mundo celeste por venir); la denigración del eón presente, cuyo príncipe es Belial/Satán, junto con un profundo pesimismo (sapiencial) sobre la evolución del mundo actual; *d*) la formación de una disciplina del arcano, esotérica, según la cual la salvación es revelada sólo a unos pocos (Qumrán); *e*) fuerte interés por la cosmología y la angelología, unidas a una fuerte trascendentalización de Dios;

---

64. «Hagamos al hombre a imagen nuestra, según nuestra semejanza».
65. Es el conocido tema de los «dos poderes» en el cielo.

especulaciones sobre el «carro» descrito en el profeta Ezequiel, sobre el final del mundo o un «como hijo del hombre» del libro de *Daniel*; utilización del método alegórico en la exégesis de la Escrituras sagradas, que ayuda a conseguir un sentido radicalmente opuesto al original o al tradicional[66].

D. MOTIVOS DE PROCEDENCIA GRIEGA

Ya ha quedado patente en lo que hemos expuesto hasta el momento sobre los fundamentos filosóficos de las gnosis occidentales que es imposible entender el movimiento gnóstico sin un recurso constante al pensamiento platónico sobre los primeros principios y su evolución, y a la exégesis tardía de la cosmogonía contenida en el *Timeo*. Es evidente, pues, que la deuda del pensamiento gnóstico con la Hélade es sustancial.

Diversos investigadores han afirmado también que en la búsqueda de motivos gnósticos se debe retroceder a tiempos anteriores al de Platón. La concepción de un Demiurgo es muy arcaica. El dualismo alma-cuerpo y sus derivaciones proceden del orfismo. Uno de los temas esenciales del gnosticismo, la tragedia y el desgarro en el ámbito de lo divino, con sus consecuencias para el hombre de la postura negativa respecto al cuerpo y al cosmos, es un lugar común de la misteriosofía griega que recorre el orfismo, el pitagorismo. El tratamiento del mundo sublunar en la gnosis utiliza conceptos estoicos, como aparece claramente en el *Poimandres*.

La interpretación de textos que se consideran sacros por medio de la exégesis alegórica es un invento de los griegos. Ya en la Alejandría de época helenística se practicaba este método con los textos del *corpus* homérico, e igualmente los estoicos lo practicaron en su exégesis alegórica de los mitos. De este modo, de textos literarios o míticos venerados podían obtenerse todas las verdades divinas y humanas. Esta disposición hacia los textos sagrados sirvió para eliminar los antropomorfismos de la Biblia y, especialmente, para comprender el *Génesis* como teogonía y antropogonía a la luz de la física, metafísica y antropología del *Timeo*.

---

66. Cf. K. Schubert, «Jüdischer Hellenismus und die jüdische Gnosis»: *Wort und Wahrheit* 18 (1963), 455-461.

E. LA APORTACIÓN DEL CRISTIANISMO

Desde la época de A. von Harnack, una línea de la investigación ha venido defendiendo la tesis de que el gnosticismo, *tal como aparece en la historia,* es un fenómeno dentro de la historia del cristianismo. No niega esta tesis[67] que diversos temas y motivos no procedan de otros ámbitos, sino que mantiene que la gnosis es un compuesto cuyo contenido final es muy diverso de la mezcla de sus componentes, y que sólo con el cristianismo como catalizador pudo obtenerse el precipitado del pensamiento gnóstico totalmente conformado.

Sin el cristianismo es difícil imaginar, se argumenta, que en un medio puramente judío, o pagano, se haya podido, por una parte, mostrar tanto interés por las Escrituras judías y, por otra, se haya llegado al extremo de denigrar y demonizar al Dios de Israel y rebajarlo a la figura de un Demiurgo orgulloso y necio.

El concepto del Salvador cristiano ha desempeñado en esta función de catalización un papel de extrema importancia. Sólo el cristianismo, religión conformada también por elementos procedentes del paganismo, hace posible la creación del ambiente propicio para le génesis del gnosticismo: se conoce la Biblia; los nuevos cristianos aportan consigo una buena formación filosófica platónica; mantienen una doctrina que niega puntos fundamentales de la ideología judía, como la función salvífica de la Ley; tienen como propia la figura de un redentor, un mesías divino y humano, que puede actuar como revelador, etc.

Más allá de esta exposición de motivos y sus presumibles orígenes no podemos avanzar. Reafirmamos, por tanto, nuestra opinión de que la tarea de especificar el origen concreto de la gnosis y el gnosticismo que se refleja en los escritos de los gnósticos de los siglos II y III, y en concreto la que vemos plasmada en los textos de Nag Hammadi, es quizás imposible de realizar con absoluta precisión. Aunque hayamos podido rastrear los motivos que conforman la gnosis, aunque hayamos avanzado la hipótesis para muchos textos de Nag Hammadi de una reelaboración de documentos judíos helenísticos, debemos confesar que el *conjunto* del pensamiento gnóstico (que produce precisamente esa reelaboración)

---

67. Ni siquiera Harnack lo hizo, aunque definió la gnosis como «la extrema mundanización y helenización del cristianismo». Cf. «Die Versuche der Gnostiker, eine apostolische Glau-benslehre und eine christliche Theologie zu schaffen, oder: die akute Verweltlichung des Christentums», cap. de su libro *Lehrbuch der Dogmengeschichte,* Friburgo de Br. ¹I, 1886, 158-185 (reproducido completo en K. Rudolph, *Gnosis und Gnostizismus,* Darmstadt, 1975, 142ss).

no deriva *directamente* ni de la religión indo-irania, ni del judaísmo (Antiguo Testamento y Apocalíptica), ni de la filosofía o antroposofía griega, ni del cristianismo. Queda así claro, al menos, que el gnosticismo es un sistema de pensamiento *conscientemente sincrético* y que *no es una herejía intracristiana*.

Pero de entre el cúmulo de sugerencias al respecto apuntadas por la investigación a lo largo de este siglo sí podemos destacar algunas que nos sirvan, al menos, para la creación de un marco aproximado, espacial y temporal, donde podamos situar la gnosis y el gnosticismo dentro de la historia de las religiones.

Como indicábamos antes, las creencias o nociones fundamentales de la gnosis —en su forma más simple y fundamental— se extienden *ya antes de la era cristiana* por la zona oriental del Mediterráneo. Los motivos que conforman el ideario gnóstico son *precristianos*. En ellos se nutren muy diversas orientaciones religiosas, algunas que nada tienen que ver con el cristianismo o que pugnan con él. Por ejemplo, por citar un caso conspicuo, en las obras de Filón de Alejandría, más o menos contemporáneo de Jesús de Nazaret, se percibe ya con toda la claridad deseable cómo su autor, filósofo judío de la religión, emplea estas concepciones «gnósticas» que le sirven de maravilla para sustentar y propalar dentro del judaísmo heredado de sus padres una religión más espiritual, más mística, en la que el camino del espíritu hacia la Divinidad, el Dios de la Torá y de las promesas se encuentra por medio de la interpretación alegórica de los preceptos, las orientaciones y las historias de la Escritura.

En el marco formado por las regiones de Siria, Palestina y el Egipto helenizado, fecundado por las ideas centrales que hemos ya expuesto (componentes indo-iranios, judíos y griegos) vemos surgir antes de la era cristiana, pero poco antes, el germen primero de lo que llamaremos propiamente «gnosticismo». ¿Cómo y por qué nace aquí concretamente? No lo sabemos con exactitud. Pero podemos sospechar que en ciertos ambientes de judíos preocupados por problemas teológicos, abiertos a otras ideas religiosas, con un espíritu concorde con el ambiente sincretista del helenismo, capaz de buscar la verdad allá donde se encontrara, sin barreras ni límites previos, el gnosticismo, que luego aflora en los textos clásicos, comienza a brotar cuando se aplica a la exégesis de los textos sagrados —especialmente al *Génesis*, que expone el origen del mundo y del hombre— esas ideas religiosas centrales del mundo indo-iranio, más otros conceptos de la filosofía helenística popularizada, sobre todo del platonismo. No deja de ser interesante observar que ideas esenciales de la filosofía platónica popularizada —el Bien supremo y el mundo de las Ideas superiores, origen y ejemplo del mundo material, formado como copia de los arquetipos celestiales; el hombre compuesto de cuerpo, alma y espíritu; poca importancia del mundo material comparado con el verdadero de las Ideas; la inmortalidad del alma; la muerte como ejercicio filosófico para acceder al mundo superior, etc.— podía acomodarse perfectamente al ideario religioso indo-iranio, que aspiraba a conducir al espíritu del hombre hacia donde procede, hacia su contrapartida celeste.

El comienzo del gnosticismo antiguo sería, según esta hipótesis bastante verosímil, un movimiento fundamentalmente exegético que surge en la periferia de una gran religión de Libro, el judaísmo, como consecuencia de la introducción de elementos helénicos y orientales, ideas teológicas sobre todo —no propiamente mitos o narraciones míticas—, en la interpretación de los datos revelados.

Es verdaderamente importante caer en la cuenta de que la gnosis y el gnosticismo que influyen, directa o indirectamente, en el Nuevo Testamento, como veremos después, y contra el que los autores de este *corpus* se rebelan a veces, son con bastante probabilidad un producto de una religiosidad judía relativamente marginal. «El punto de partida no pudo ser otro que el momento en el que los hombres (judíos) creyeron conveniente establecer una distinción entre la Divinidad suprema (ultratrascendente, inalcanzable) y el creador fáctico de este bajo mundo. Este dualismo halló una de sus justificaciones en el doble preámbulo del *Génesis* (1,1-2,3; 2,4ss) en el que se presenta la creación de Adán bajo dos versiones distintas, la primera a cargo de Elohim (literalmente «los dioses») y la segunda atribuida a Yahvé (cf. también Jb 1, en donde aparece la misma dualidad de expresiones). Las investigaciones contemporáneas sobre las doctrinas judías no nos han permitido aún descubrir y localizar las huellas de este paso, aunque se vislumbra ya en algunos de los libros hallados en Qumrán» (J. Doresse). A los textos del *Génesis* pueden añadirse ciertos textos de la Escritura que hablan un tanto extrañamente del Dios creador de este mundo, por ejemplo Dt 4,24 (más Ex 20,5; 34,7: «Yahvé, tu Dios, es un Dios celoso...») o la insistencia continua, lo que denota inseguridad, en que fuera de él no hay ningún otro Dios, como en Is 45,5-6; 46,9. Se trata —dirían estos exegetas— de un Dios inferior. ¿De quién, si no, podría estar celoso?

Algunos otros investigadores apuran un poco más esta hipótesis y sostienen como más probable que el ámbito sociológico del nacimiento del gnosticismo no sea un estrato de fieles estrictamente judíos (la degradación de su Dios hubiera sido tarea muy ardua), sino «temerosos de Dios» o «semiprosélitos», es decir, paganos no convertidos totalmente al judaísmo, pero que frecuentaban la sinagoga y conocían las Escrituras, al menos el *Génesis*, a las que utilizan exclusivamente en griego. Este ambiente explicaría también la tesitura vital de la gnosis que, en el fondo, afirma la superioridad de su sistema teológico y cosmológico y de su filosofía en general sobre el judaísmo y su sistema de ideas. Según H. Maccoby[68], el gnosticismo pudo surgir como una reacción de esos grupos marginales ante otros estratos, más «ortodoxos», del judaísmo alejandrino que pretendían asimilar al Dios judío con el Dios platónico (Uno-Bien). Su reacción les llevó a dar el paso decisivo y a considerar al Dios del Antiguo Testamento una Divinidad inferior, el Demiurgo. Que el lugar de origen sea precisamente Alejandría es una hipótesis plausible, que se ve reforzada precisamente por la presencia de Filón en esa ciudad, cuyo pensamiento es similar en múltiples y variadas facetas al gnosticismo. Otros, sin embargo, prefieren Antioquía, ya que en esa ciudad cosmopolita la fusión con ideas procedentes del Irán era más fácil[69].

Como fecha probable del nacimiento del gnosticismo se piensa por lo general en el siglo I a.C., a finales de este siglo, o en los inicios de nuestra era. Esta datación coincide bastante bien con la que podemos suponer para las especulaciones del platonismo medio en torno al *Timeo* que conforman una buena parte del gnosticismo[70].

El gnosticismo estrictamente cristiano de los siglos II y III se abrevará de las especulaciones de este judaísmo helenizado, interpretando alegóricamente tanto el *Génesis* como los evangelios canónicos (especialmente los Sinópticos) dentro del contexto teológico y filosófico del platonismo y en particular del *Timeo*. Si algún contacto tiene este gnosticismo con las ideas de la mística indo-irania es indirecto y recibido a través del filtro del ideario aceptado por la sinagoga helenística. En nuestra opinión, y como veremos luego, el gnosticismo cristiano recibe otro impulso suplementario para su consolidación: el ejemplo del *Evangelio de Juan*, considerado por los heresiarcas gnósticos como un modelo parcial

---

68. *Paul and Hellenism*, Londres, 1991, 31-35.
69. Cf. W.C. van Unnik, «Die jüdische Komponente in der Entstehung der Gnosis»: VigChr 15 (1961), 65-82, espec. 79ss.
70. Cf. B. Layton, *The Gnostic Scriptures*, SCM, Londres, 1987, 5-8. No hay respuesta directa a esta cuestión de fechas. Sólo indirecta, considerando el carácter filosófico de los textos gnósticos clásicos dentro del contexto de la evolución de la filosofía griega.

a seguir, ya que este evangelista fue el primero en interpretar de un modo «pneumático» o espiritual la tradición sinóptica sobre Jesús.

IX. BIBLIA Y GNOSIS

A. LA UTILIZACIÓN DE LA BIBLIA EN LOS ESCRITOS DE NAG HAMMADI

El gnosticismo, tal como se nos presenta en los escrito del *corpus* de Nag Hammadi, es en mucho momentos una especulación teológica sobre un texto sagrado previamente aceptado, cuyo carácter de tal no se cuestiona. Incluso temas míticos gnósticos para los cuales no podamos hallar un texto literario antiguo pudieron muy bien basarse en tradiciones veneradas más o menos como sacras, luego reinterpretadas por los maestros del gnosticismo. Y es la Biblia hebrea, en algunas de sus partes, el libro sagrado del gnosticismo.

Un caso extremo de utilización masiva del texto canónico es el de la *Exposición sobre el alma*, cuyo uso de la Escritura no rebasa prácticamente los cánones de la Gran Iglesia ortodoxa. Incluso un escrito egipcio y hermético, como el *Poimandres*, contiene un claro influjo del primer libro de la Biblia judía, el *Génesis*. Que esto ocurra en un texto pagano es sorprendente, pero es una innegable realidad y apuntala con fuerza la hipótesis arriba mencionada de un origen judío del gnosticismo que mejor conocemos.

El libro bíblico más utilizado por los gnósticos es, con mucho, el *Génesis*. Luego, a gran distancia, los profetas, en particular *Isaías*, y prácticamente nada el conjunto de libros históricos y los llamados «escritos» por los hebreos (conjunto heterogéneo, desde *Rut* o *Crónicas* a los *Salmos*). En lo que respecta al Nuevo Testamento, y prescindiendo del caso especial del *Evangelio de Tomás* (que reelabora en sentido gnóstico un material «sinóptico» antiguo y genuino), es muy raro encontrar una cita de los evangelios canónicos puesta en boca de Jesús.

El método de utilización de la Biblia por los gnósticos es una mezcla de literalismo, a veces extremo, y alegoría[71], conforme a los cánones del método alegórico desarrollados desde antiguo tanto por los filólogos alejandrinos como por los filósofos estoicos para interpretar los mitos de Homero. Es también típica la

---

71. Un ejemplo típico en OgM 119,5: tras comer del fruto prohibido, Adán y Eva caen en la cuenta de que «están desnudos *respecto al conocimiento*».

106

utilización de terminología, pasajes enteros o el espíritu de la Biblia hebrea completa para describir un hecho o situación exclusivamente gnóstico. El caso más evidente es la descripción (y adscripción) del Demiurgo (una creación gnóstica a partir del platonismo) a la figura de Yahvé, y la aplicación a aquel personaje, el Demiurgo, de dichos, hechos y peculiaridades del Dios veterotestamentario.

Tanto dentro de la alegoría como fuera de ella, los gnósticos no tienen empacho en interpretar, corregir, glosar o alterar las secuencias del texto bíblico dándole un sentido divergente (a veces contrario) al pretendido por sus autores. Los ejemplos más clamorosos se hallan en *Sobre el origen del mundo,* el *Apócrifo de Juan* o la *Hipóstasis de los arcontes,* que tratan expresamente las cuestiones de antropogonía/antropología acomodando el texto del *Génesis* a las concepciones y cánones gnósticos. A veces las rectificaciones del texto sagrado son ostentosas (cf. la Introducción a HipA), en algún caso escandalosas, y hasta cierto punto insultantes, como en el *Segundo Tratado del gran Set* (62-64) o el *Apócrifo de Juan* (23-25). En otros casos, más que una rectificación paladina, hallamos un comentario esotérico particular a un texto bíblico, como ocurre con el *Pensamiento trimorfo* (cf. la Introducción a este escrito) que reinterpreta amplia y peculiarmente el Prólogo del *Evangelio de Juan.*

En este sentido es bien conocido que los primeros comentarios sistemáticos a textos del Nuevo Testamento, en especial al cuarto evangelio y a Pablo, nacieron de plumas gnósticas, como el de Heracleón a *Juan.*

B. GNOSIS Y NUEVO TESTAMENTO

Un intenso tema de debate en la investigación de este siglo y en especial en los últimos cincuenta años —más exactamente, desde que Rudolf Bultmann aclaró en su famoso *Comentario* el evangelio de Juan como la obra de un exgnóstico que en parte se opone a su antiguo sistema y en parte lo utiliza— ha sido la posibilidad de aclarar ideas teológicas del Nuevo Testamento recurriendo a teologuemas gnósticos. El problema reside en la cronología, pues, como hemos ya afirmado, no existe ningún *texto* gnóstico del que podamos afirmar con absoluta certeza que sea precristiano. Hay que reconocer que el Nuevo Testamento es el horizonte interpretativo para la mayor parte de los escritos gnósticos conservados hasta hoy —incluyendo bastantes de los de Nag Hammadi—, y no al revés. Por tanto, sería cometer un grave error metodológico, se argumenta, intentar aclarar concepciones cristianas, datables como anteriores al gnosticismo, con ideas de este último, cronológicamente posterior. Y, desde luego, la mayoría de los textos de Nag Hammadi que afectan al cristianismo presentan una tesis desarrollada y evolucionada a lo largo del siglo II d.C, es decir, cuando el cristianismo ya estaba consolidado.

El debate, sin embargo, no se sitúa en su justo punto si sólo se considera esta perspectiva cronológica. Si se admite la hipótesis como históricamente probable de que la atmósfera o el talante gnóstico es ciertamente anterior al movimiento cristiano, y si se considera que quizás también las primeras manifestaciones del gnosticismo —cuya primera cristalización, ya espléndida, aparece en Simón Mago— nacen antes o a la vez que el cristianismo, al menos no parecería metodológicamente incorrecto aclarar textos del Nuevo Testamento con la ayuda de motivos gnósticos, si es que esos textos cristianos presentan realmente ideas, concepciones o temas teológicos que se muestran paladinamente como «gnósticos» más tarde y que, en línea y evolución histórica independiente del cristianismo, se plasman también en escritos gnósticos *no cristianos* del siglo II.

La enorme riqueza que suponen los textos de Nag Hammadi nos invita, y es de una gran ayuda para mejor entender ciertos posturas intelectuales del Nuevo Testamento a la luz de lo que aparece en los escritos coptos. Nag Hammadi nos ofrece un panorama ideológico complejo. Prescindiendo de los posibles textos gnósticos paganos, los escritos coptos nos confirman en la visión de que el cristianismo de los siglos I, II y III distaba de ser simple. Junto a una corriente eminentemente ortodoxa (o que desembocará en lo que hoy es la ortodoxia) existía un buen número de grupos con notables diferencias teológicas entre sí. Y si eso pudo ser así en los siglos III y IV, ¡cuánto más en el I y II! Pues bien, estas discrepancias doctrinales se reflejan en los diversos estratos del Nuevo Testamento. Bajo esta perspectiva podemos preguntarnos: ¿en qué temas del Nuevo Testamento se han visto, por diversos investigadores, motivaciones gnósticas o unas concepciones o *interpretaciones* del mensaje de Jesús por sus seguidores que pueden considerarse como transidas de este «espíritu gnóstico»? Y si resulta que en la respuesta a esta cuestión el gnosticismo de Nag Hammadi, o la gnosis en general, puede ayudarnos retrospectivamente a mejor comprender el Nuevo Testamento, poseemos un argumento más para valorar positivamente estos escritos coptos que nos han devuelto las arenas y el seco clima de Egipto.

1. La antropología de Pablo de Tarso, que distingue tres partes en el hombre —cuerpo, alma y espíritu (cf. 1Ts 5,23)—, encaja muy bien con el espíritu de la gnosis. El Apóstol efectúa una clara división, además, entre los hombres espirituales y los psíquicos y carnales (1Co 2,14s; 15,21.44-49), que no captan las cosas del Espíritu, ya que son necedad para ellos. Este esquema responde a la división gnóstica de la humanidad (cf. 1Co 3,1 y a la exaltación de los valores «pneumáticos» o espirituales en 1Ts 5,19-22; en Ga 6,1, los pneumáticos, que se hallan por encima del pecado, deben corregir a los que hayan incurrido en alguna falta).

En el ámbito de la soteriología, la fe aparece en algún momento en Pablo como el despertarse de un sueño (Rm 13,11). Para el Apóstol la fe es ante todo un conocimiento del plan divino de la salvación. En 1Ts 4,5 Pablo contrapone al creyente con los gentiles «que no conocen a Dios». A este conocimiento, es decir, la comprensión del «misterio de Cristo» (1Co 2,6ss), precede la gracia (Ga 4,8-9). La ciencia de este mundo no tiene ni punto de comparación con la misteriosa ciencia de la cruz y la sabiduría divina (1Co 1,17; 2,6-16; 3,18). La fe, esa ciencia divina, es como la semilla del Revelador dentro del cristiano (1Ts 2,13). Los cristianos regidos sólo por el Espíritu, es decir, los «pneumáticos» (1Co 3,16; Rm 8,9), en poco se diferencian de los verdaderos conocedores, «gnósticos», igualmente espirituales. En ambos casos los pneumáticos son una nueva creación (2Co 3,18) y participan de la gloria divina (2Co 3,18). La estrecha relación del bautismo con la resurrección (incoada, no realizada, en el presente) es también un pensamiento que suena a gnóstico y que se explica bien en este contexto.

Para Pablo la existencia de otros «dioses inferiores», arcontes de este mundo, al servicio del que rige este universo (este mundo controlado por los arcontes o ángeles que dominan el reino planetario: 1Co 2,6-8; 2Co 4,4; cf. también Rm 8,38-39; Ga 4,3) no admite ninguna duda. La terminología que Pablo emplea para Satán es la misma que los gnósticos utilizan para hablar del «Dios de este mundo» (Demiurgo). Para Pablo, la función de Satán en el universo es muy superior y de mayor relevancia que la que le otorgan sus contemporáneos judíos. Es casi un auténtico poder intermedio, con una función cósmica de la que carece el Satán del Antiguo Testamento, de la Apocalíptica y el Belial de Qumrán. Esta función se aclara mucho mejor si la consideramos a la luz de la función del Demiurgo en la gnosis (cf. 1Co 6, 11-12; Ga 4,3.9).

Quizás lo más profundamente gnóstico en Pablo sea ese dualismo rígido y esencial que establece entre Dios y el mundo presente (1Co 2,12), ese radical menosprecio de la materia y el cuerpo (que, por ejemplo, no puede resucitar tal cual: 1Co 15,35ss), ese desinterés absoluto por lo terreno, perverso (Ga 1,4), que merece ser crucificado (Ga 6,14) para el hombre, que caracteriza el pensamiento paulino y que predetermina todo su ideología incluso cuando habla de la institución matrimonial (1Co 7; cf. posteriormente). Ello explica el desinterés paulino por cualquier acción constructiva de este mundo, por cualquier tipo de afecto por las cosas de la política o de la realización del ser humano en este universo. Así se explica la profunda contradicción entre los sobrios y despiertos, los espirituales, y sus contrarios, los carnales, es decir, entre la luz y las tinieblas (cf. la contraposición entre luz-tinieblas en Rm 13,11-13; 1Ts 5,4-6); la oposición entre «espíritu» y «carne» (Ga 3,3; 5,16), entre la conciencia recta y el «cuerpo de muerte» (Rm 7,24s; 8,8s). El que a Pablo no le interese para nada el Jesús carnal, el de la historia, y centre su atención únicamente en el Cristo resucitado, es decir, el preexistente, es un esquema que se corresponde también a la perfección con la mentalidad gnóstica, que atiende sólo al revelador gnóstico, que se manifiesta después de la resurrección.

Se ha señalado repetidas veces que la mística paulina del «vivir en Cristo» (cf. Ga 2,19; 3,23; etc.) no tiene sentido más que en la atmósfera de la creencia en una consustancialidad de la parte superior del creyente con su salvador celeste. El cuerpo místico de Cristo, la doctrina de la unión de los cristianos con Cristo, el que la Iglesia, el conjunto de los fieles, sea el cuerpo o los miembros, y Cristo, la cabeza (Rm 12,4ss) —idea que desarrollará con más amplitud la teología deuteropaulina— se comprende mucho mejor a la luz de las relaciones de consustancialidad del gnóstico con su redentor (1Co 12, 12-27; Rm 12,4s). Lo mismo pasa en el gnosticismo con el eón «Hombre» que contiene en sí la suma o imagen de todas las partículas divinas (espíritu) que luego quedarán encerrados en los cuerpos mortales; doctrina semejante se halla detrás de la similitud y desemejanza entre el Adán celeste y el Adán terreno de Rm 5,12-14; 1Co 15,22. Estas ideas se basan en concepciones caras a la gnosis: la *syggéneia* o igualdad sustancial entre el Redentor y los redimidos.

La actitud del Apóstol hacia la Ley, declarándola camino periclitado, no necesario para la salvación, no puede considerarse estrictamente gnóstica. Es posible incluso que la idea no sea original de Pablo, sino que proceda en germen del círculo de los primeros discípulos helenistas de Jerusalén. Pero, a la vez, es evi-

110

dente que esta actitud de reticencia[72], esta proclamación de la ley del amor a Jesús, contiene notables similitudes con el rechazo gnóstico-judío de la Ley y su rebajamiento a obra del Demiurgo. Pablo no es un gnóstico completo, ni mucho menos, por lo que llega admitir que la Ley, como un pedagogo, fue válida para una época de la humanidad, ya superada con la venida del Redentor. De este modo hay una diferencia con la gnosis, en el sentido de que Pablo no considera a la Ley corrupta en su origen.

Del resto de las diferentes nociones teológicas del *corpus* paulino auténtico se ha afirmado por muy diversos investigadores una concomitancia de Pablo con ideas gnósticas en los siguientes temas: la «caída» de la creación (Rm 8,19-22) y del Adán terreno (Rm 5,12-17), que se asemeja al lapso o caída de la Sabiduría que produce el mundo material; algunos estudiosos ven en el poco aprecio del matrimonio que demuestran las ideas del capítulo 7 de 1Co ciertos resabios gnósticos y encratitas. Aunque el argumento principal de Pablo contra un cambio de estado (por ejemplo, paso de soltería a matrimonio) sea el inminente fin del mundo (¡para qué casarse cuando el final es inminente!), probablemente sea cierta también la suposición de que el poco aprecio del matrimonio se deba en el Apóstol a la profunda dicotomía entre mundo espiritual y material, dualidad que domina su pensamiento: sólo el primero merece realmente la pena; el segundo es de por sí inferior, malo, transitorio y perecedero: no merece la pena casarse para seguir engendrando hijos para este mundo. En lo que se refiere a la doctrina del Salvador es concomitante con la gnosis la idea paulina de que éste es un ser celeste que desciende del cielo sin que los arcontes lo reconozcan (1Co 2,8) y luego retorna allá arriba (2Co 8,9; Flp 2,6-11).

En su conjunto puede decirse que un estudio del pensamiento gnóstico es prerrequisito indispensable para entender a Pablo. Su interpretación del mensaje y de la figura del Jesús «venido en carne», su concepción del cristianismo está moldeada por conceptos gnosticizantes y de las religiones de misterios, de modo que puede afirmarse con toda exactitud que ese utillaje intelectual paulino modifica de modo sustancial el mensaje del Jesús de la historia.

---

72. Según el Apóstol, la Ley divina, la *Torah*, ha sido promulgada por los ángeles (cf. Ga 3,19: los vocablos *diatageis di' aggelôn* tienen un contenido semántico bastante fuerte: indican quizás que los ángeles participan algo más que como meros transmisores). Esta opinión contribuye a distanciar la Ley de Moisés del Dios trascendente y a relativizar su importancia.

2. La teología *deuteropaulina*, es decir, aquellas epístolas compuestas con el nombre de Pablo, pero que, en realidad, proceden de su «escuela» o discípulos, sigue esta mismas ideas, en algunos casos modificándolas o reforzándolas. Así, el profundo dualismo que arriba hemos destacado aparece de nuevo en Col 1,13 y 3,9-12; en Dios, y no el mundo, se halla escondida toda sabiduría (Col 2,1-3). Cristo permite descubrir qué son en realidad los arcontes de este mundo: los «elementos» de este mundo —fundamento de la filosofía o ciencia terrenal: Col 2,9—, que son despojados de sus poderes por el Cristo triunfante que asciende al cielo a través de las esferas planetarias (Col 2,14s; Ef 1,21; 6,10-12; cf. 1P 3,22). Contra la exigencia de adoración de esos «elementos», el redactor de *Colosenses* afirma: Jesús es imagen del Dios invisible, primogénito y mediador de la creación y superior a todas las potencias divinas (1,15.19), lo que transforma al Jesús que andaba por los polvorientos caminos de Palestina en un eón del Pleroma gnóstico o, si se quiere, semejante al Logos de la filosofía platónica, sobre todo en su replanteamiento gnóstico.

Los hombres de este mundo («este eón») proceden aquí abajo «según el Príncipe del imperio del aire, el Espíritu que actúa ahora en los rebeldes» (Ef 2,1s). Por ello, el desprecio por la tierra, mundo presente, se exige a los discípulos del Redentor en Col 3,1-5, donde se contraponen «las cosas de arriba» a las de «esta tierra», en realidad ya muertas. Contra la necesidad de la circuncisión —postulada como imprescindible por los gnósticos colosenses como muestra del desprendimiento de la materia representada en el cuerpo mortal: 2,11—, el autor de la epístola contrapone los efectos del bautismo cristiano: éste hace al creyente partícipe de la muerte de Jesús; el cuerpo de éste, colgado de la cruz, representa al «hombre viejo»; al «desnudarse» Cristo de este cuerpo y quitarle su valor, vence a todas las potencias que tienen un dominio sobre la materia (2,11-15).

El conocimiento de Dios (gnosis) es un «misterio» comunicado al Apóstol por revelación (Ef 3,3); la ciencia (gnosis), por el contrario, de los adversarios combatidos en Col 2,4, son discursos capciosos y una vana filosofía, pero la sabiduría de Cristo es conocimiento y ciencia espiritual de la voluntad del Padre (Col 1,9-10; cf. también el contraste en St 1,16-18 entre sabiduría que viene de Dios y ciencia terrenal, demoníaca; cf. St 4,4). Se necesita poseer un espíritu de «sabiduría y revelación» (una gnosis revelada) para conocer al Salvador, Cristo (Ef 1,17; cf. también 4,13). En Ef 1,18 la fe se describe como un iluminación de los ojos del corazón que permite percibir «la esperanza de la llamada».

112

La elección de los espirituales desde el principio para la salvación aparece claramente testimoniada en 2Ts 2,13 y 1P 2,9 (epístola también de tendencia paulina).

La carta a los *Efesios* continúa el pensamiento del autor de *Colosenses* y procura retirar argumentos a los adversarios utilizando y cristianizando en lo posible conceptos gnósticos. Así, el del eón Límite; éste, como sabemos, impedía en el sistema valentiniano el acceso al Pleroma de la Sabiduría lapsa, y luego el paso a aquel de las almas. La idea es utilizada antes del valentinismo por el autor, en 2,14-16, para significar el muro separador entre judíos y paganos derribado por Cristo con su acción salvadora. En 4,8-10 se perciben restos, o adelantos, de la concepción del «Hombre primordial», que como Salvador desciende del cielo y vuelve a ascender; si en 2,15 era éste el «hombre nuevo», en 4,13 aparece como «hombre perfecto», que es la suma, como en la gnosis, de los creyentes espirituales con el Salvador. Esto mismo es lo que se significa con la reiteración del concepto de Cristo como cabeza del cuerpo místico (4,3s.12; 5,23); la Iglesia, en consonancia, tiene su contrapartida celeste, el Templo Santo en el cielo los que antecede también a la interpretación del eón Iglesia entre los gnósticos valentinianos (cf. 2,20-22).

En las *Epístolas Pastorales* el autor, o autores, se preocupan mucho más de prevenir el contagio gnóstico de sus ovejas, prohibiendo toda discusión y contacto (cf. 1Tm 6,20; 2Tm 2,16; Tt 3,9) con el gnosticismo, que de exponer y refutar los argumentos de la gnosis. Según los fautores de estas doctrinas, la resurrección ya ha tenido lugar (2Tm 2,18: puesto que afecta sólo a la parte espiritual del hombre, la única importante y trascendente); la ascética de desprecio hacia el cuerpo y la materia, alejados esencialmente de la divinidad, se manifiesta en la abstención del matrimonio y de algunos alimentos (1Tm 5,23). Las historias de las emanaciones en el Pleroma son designadas por los ortodoxos como «mitos» (1Tm 1,4; 4,7; 2Tm 4,4) y «genealogías inacabables» (1Tm 1,4). Contra ellos y contra este conjunto de doctrina se contrapone la «verdad» (cf. 2Tm 2,18) y la «recta doctrina» (1Tm 1,10; 2Tm 4,3), la ortodoxa, de la Iglesia.

Menos claramente aparece el concepto de «límite» en la *Epístola a los Hebreos*: «Tenemos un acceso nuevo y viviente (al santuario celeste y a Dios) que Jesús nos ha abierto a través de la cortina, que es su carne...»: aparte del significado normal de «velo del Templo» que impide el paso al *sancta sanctorum* del santuario, la cortina es el Límite que prohíbe acceder a la divinidad y que es

113

derribado con la oblación de la carne de Cristo. Igualmente gnóstica es la contraposición de «niños» y «perfectos» análoga a la de «hílicos y espirituales» en 5,14.

3. Respecto a los *Evangelios Sinópticos* no se suelen señalar concomitancias con la gnosis. Y es bastante natural en cuanto que tales textos reproducen, con las consabidas salvedades, la imagen de un predicador estrictamente judío, Jesús, cuya doctrina se enmarcaba dentro de la apocalíptica de su tiempo y de un fariseísmo *sui generis*, donde no siempre la atmósfera gnóstica había tenido expansión. Tan sólo en Mt 1,27; Lc 10,22 parece hablar Jesús como lo haría luego un revelador gnóstico: «Todo me ha sido dado por mi Padre. Y nadie conoce al Hijo sino el Padre, ni a éste le conoce bien nadie, sino el Hijo y aquel a quien éste se lo quisiere revelar».

4. La *Epístola de Judas* polemiza contra ciertos gnósticos de la comunidad que desprecian a los arcontes y se creen superiores a ellos (v. 8). En su contra, el autor contrapone el aprecio por los «señoríos» y «seres gloriosos», que son buenos. Critica también el libertinaje gnóstico de quienes no les importa «contaminar la carne-el cuerpo», pues pertenece al ámbito de lo inferior. Contra sus doctrinas se alza la fe en el único soberano y Señor que es Jesús, el mesías (v. 4). Los gnósticos no son en realidad «espirituales», sino, en contra de lo que ellos mismos creen, «psíquicos» (v. 19).

5. Mención aparte merece el *grupo de Juan*, en especial el *Evangelio* y la *primera Epístola*. Son sobre todo los comentarios de R. Bultmann, como anteriormente indicamos, los que han puesto de relieve las relaciones de la gnosis con la literatura del grupo joánico. Según este autor, la fuente que subyace a los discursos revelatorios de Jesús en el cuarto evangelio es gnóstica y su autor es un ex gnóstico. Puesto que el evangelista ha desmitologizado y cristianizado su fuente, Bultmann recorre el camino a la inversa para reconstruir esa fuente, lo que nos llevaría a un escrito puramente gnóstico anterior al evangelio. Bultmann lo califica como representante de una gnosis oriental temprana que se contrapone por sus características a la gnosis helenizada, más compleja, posterior.

En esta gnosis primitiva hay un dualismo de luz y tinieblas, pero no parece ninguna especulación sobre el origen de estas últimas (el mal). En la esfera de la luz hay seres sobrenaturales (los ángeles) además de Dios, pero no se habla todavía de emanación. Además, como este tipo de gnosis ha sido influido por el judaísmo, ese dualismo se modifica por medio de ideas del Antiguo Testamento: la supremacía divina es tal que la creación, por ejemplo, no necesita de una batalla entre la luz y las tinieblas, como en el zoroastrismo.

El punto más importante de la reconstrucción gnóstica bultmanntiana, que afecta esencialmente a la comprensión del sentido del cuarto evangelio, es el llamado «mito del Redentor». Este mito supone la existencia de un eón «Hombre primordial» (en alemán, *Urmensch*), una figura llena de luz y de bondad divinas que resulta desgarrada y dividida en pequeñas partículas —las almas humanas—, que han sido sembradas en un mundo de tinieblas. En él es misión de los demonios hacerles olvidar su origen divino. Para que esto no suceda, Dios envía a su Hijo en forma corpórea para despertar en esas almas el sentimiento de su origen divino, liberarlas de la oscuridad (el cuerpo y la materia) y conducirlas a su morada celeste. El redentor proclama esta verdad y concede el conocimiento (gnosis) de ella. Esta figura mítica se ha superpuesto a la del Jesús de la historia. En opinión de Bultmann, en la fuente gnóstica primitiva tal Redentor era preexistente (Jn 1,1), se hizo carne (Jn 1,4) y era la luz que venía al mundo (Jn 1,9).

Respecto a las cartas joánicas mantiene Bultmann fundamentalmente la misma tesis, aunque sus discípulos la han reformado en diversas direcciones. Todos ellos señalan como especialmente significativo el pasaje de 1Jn 3,9 («su simiente permanece en él»; cf. abajo) y E. Käsemann, en especial, opina que Diotrefes (3Jn 9ss) excomulgó al autor de las tres epístolas y a su escuela precisamente por sus resabios gnósticos, a pesar de que, de hecho, luchaban como ex conversos contra la gnosis constituida.

Respecto al primero de estos escritos joánicos, el cuarto evangelio, opinamos por nuestra parte que la correcta interpretación del origen y del transfondo ideológico de este evangelio fue intuida en la antigüedad por Clemente de Alejandría. Un texto de las *Adumbrationes* («Bosquejos»), obra perdida de este autor pero citada por Eusebio de Cesarea (*Historia Eclesiástica* 6,14,7), nos proporciona la pista segura para entender este escrito peculiar respecto a los otros evangelios, ya que presenta una imagen de Jesús, sobre todo en los diálogos y discursos, que se diferencia enormemente de la que se deduce de los tres Sinópticos. El texto de Clemente reza así: «Juan, el último (de los evangelistas), al ver que en los (demás) evangelios se mostraba lo material (de la historia de Jesús), animado por algunos conocidos y movido por la inspiración del Espíritu Santo, compuso (un evangelio) espiritual».

115

A partir de la hipótesis, históricamente fidedigna, de que Juan es el último de los evangelistas (compuso su obra entre el 90-100 d.C.) y de que conoce la tradición sinóptica (recogida por Marcos, Mateo y Lucas), opinamos que el anónimo autor del cuarto evangelio conoce y alegoriza en ocasiones el material sinóptico (comparar Jn 2,20-21 con Mc 14,58; 15,29-30; o el discurso del «pan de vida», 6,26ss, en los que Juan indica cómo debe entenderse la comida de la plenitud de los tiempos, que no es otra que la revelación del mismo Jesús: descendido del cielo es él el pan que otorga vida; su palabra, verdadera comida espiritual, es la que procura la salvación engendrando la fe en su misión; el pasaje de Jn 10,1-8, el Buen Pastor, como alegoría joánica sobre los textos sinópticos en torno a la oveja perdida, etc.).

Juan intenta interpretar en clave espiritual y de profundidad lo que los anteriores evangelistas, según él, han presentado en la superficialidad de los meros hechos. Este propósito lo ejecuta el evangelista sirviéndose de conceptos que pertenecen a un gnosticismo judío, primitivo, aún no evolucionado, carente del substrato filosófico platónico que más tarde tendrá el gnosticismo cristiano de los siglos II y III, pero gnosticismo al fin y al cabo.

El cristianismo de Juan y su interpretación de Jesús se entiende mucho mejor si aceptamos que el autor ha tomado nociones de la atmósfera o espiritualidad gnóstica, una de cuyas ramas había nacido en suelo judío —como hemos ya afirmado— y que se había extendido por todo el ámbito del Mediterráneo. Las ideas principales de este talante gnóstico, tal como se manifiesta en Juan, son las siguientes: dualismo secundario a ultranza (luz/tinieblas; verdad/mentira; arriba/abajo); salvador preexistente (descrito siempre en su actuación en este mundo bajo el prisma de los dos polos del «dualismo» gnóstico: relación con el Padre, relación con el mundo), *logos* divino que desciende, revela y asciende; unidad sustancial del enviado y sus seguidores con Dios; salvación por el conocimiento/fe que aporta la palabra de Jesús, etc. La fe que debe percibir no la apariencia terrena de Jesús, sino lo oculto, el origen supramundano del Salvador. Los «judíos», por el contrario, son mundanos, no espirituales. Por tanto sólo perciben el Jesús carnal; el «conocedor» percibe al Logos.

Junto con estos motivos existen otros en el cuarto evangelista que son no gnósticos (en especial su antidocetismo claro: el Salvador se encarnó de verdad; su cuerpo es real, no mera apariencia. Notemos, sin embargo, a este respecto que también es verdad, como compensación de este antidocetismo, que el Jesús que ha entrado en carne ni interesa, no es el «verdadero», sino el Cristo de la gloria o Logos) o poco gnósticos (cf. 3,16; 17,15 o 20,20), ya que Juan no es un gnóstico pleno, sino un judío de cuerpo entero que utiliza sólo en parte el utillaje de esa gnosis —que, no lo olvidemos, había nacido en el seno del judaísmo, como indicamos— porque cree que tal con-ceptualización es la más apropiada para explicar a sus lectores cómo fue y que representó de verdad Jesús de Nazaret.

Aparte de Pablo (cf. *supra* pp. 101ss), no hay autor dentro del *corpus* del Nuevo Testamento que se haya servido de conceptos gnósticos con más profusión que Juan. Casi nos atreveríamos a decir que toda la estructura de su teología se configura dentro de vectores que se explican muy bien a partir de esa atmósfera o talante gnóstico que tantas veces hemos mencionado. Pero con ello no queremos defender, ni mucho menos, que el autor del cuarto evangelio sea, a la vez, como sostiene R. Bultmann, el representante semi-gnóstico reconvertido, que corrige en su escrito un texto previo de otra gnosis primitiva, cuyos rasgos principales deducimos (razonando un tanto en círculo vicioso, como han puesto de relieve numerosos estudiosos) de los escritos mandeos, de las *Odas de Salomón* y del propio cuarto evangelio. Hemos indicado que, según Bultmann, Juan habría desmitificado en parte ese escrito previo gnóstico y lo habría cristianizado, oponiéndose parcialmente a él. En nuestra opinión, el posible gnosticismo de Juan es de otra guisa: Juan se comporta respecto a los Evangelios Sinópticos del mismo modo que los gnósticos posteriores lo harán con el Nuevo Testamento: Juan reelabora y reescribe la tradición sinóptica valiéndose también de otras tradiciones —algunas muy antiguas— y componiendo unos discursos de Jesús con un talante, unos motivos, y unos temas gnósticos que se hallan difusamente en la literatura sapiencial judía, en Filón de Alejandría, en el *Corpus Hermeticum* y en la religiosidad extático-mistérica del Helenismo. Tal talante, temas y motivos aparecerán claramente estructurados en el gnosticismo posterior, tanto cristiano como no cristiano, en los siglos II y III. Insistimos en que no es éste un razonamiento en círculo, sino el rastreo de unos temas que aparecen cronológicamente antes en Juan que en los escritos gnósticos subsiguientes. Tales temas pertenecen al acervo común de la gnosis, y se caracterizan con razón como gnósticos, porque giran en torno a un dualismo anticósmico y al concepto de Enviado-Redentor-Revelador preexistente, que desciende, revela y asciende al cielo. Estas ideas centrales, sobre todo la última, no hallan conveniente explicación ni se encuentran suficientemente

117

testimoniadas en el Antiguo Testamento o en sus derivados (Qumrán, Apocalíptica, otra literatura sapiencial), pero son absolutamente centrales y características de la gnosis.

Que esta interpretación gnóstica del mensaje y figura de Jesús existía como corriente pujante dentro del cristianismo primitivo, y que era contestada por otros que no participaban de estas concepciones se muestra bien a las claras por la polémica que se refleja en 1Tm 6,3-6: el cristiano de esa tendencia —la única «ortodoxa», «doctrina conforme a la piedad», según el autor de la epístola— debe evitar la ciencia de los que «están cegados por el orgullo... y padecen la enfermedad de las disputas y contiendas de palabras». El punto definitorio de esta actitud no recomendable es la doctrina de la resurrección («escatología realizada» del cuarto Evangelio, puesta en el punto de mira del ataque) interpretada como ya sucedida, entendida como autoconciencia pneumática y por tanto ya cumplida por el Espíritu (cf. 1Tm 2,2; 3,6; 6,20).

La *primera Epístola de Juan* manifiesta también su relación con la gnosis, a pesar de que se muestra contraria a ella, ya que ataca a adversarios que son estrictamente gnósticos (cf. 4,1-6: contra los docetas). No es segura tampoco aquí la tesis de Bultmann, que ve en el desconocido autor de la epístola a un escritor que toma un texto previo gnóstico y lo cristianiza. Pero aunque este extremo no sea seguro, sí parece claro que en 3,9 se recoge una idea sustancial de los sistemas gnósticos: «Todo el que ha nacido de Dios no comete pecado, *porque su simiente permanece en él*, y no puede pecar, ya que ha nacido de Dios». Pero el autor arremete contra los que opinan que el Redentor se manifestó en carne sólo desde el bautismo y tenía un cuerpo apariencial (cf. 5,6), apartándose así de un dogma fundamental gnóstico: el docetismo. Sólo posee al Padre quien reconozca que Jesús es el Mesías totalmente encarnado (2,23; 4,1ss). La tesis de Käsemann, arriba expuesta, es plausible.

X. EL GNOSTICISMO JUDÍO O CRISTIANO DE LOS SIGLOS II-IV

Los escritos gnósticos de Nag Hammadi se enmarcan dentro de la eclosión que las ideas gnósticas, que hemos intentado presentar en síntesis más arriba, experimentan durante los siglos II y IV. El mundo de la época contempló una eclosión importante de movimientos gnósticos relacionados con o nacidos del judaísmo o del cristianismo. En esta introducción no podemos más que mencionar los nombres de los grupos más importantes, remitiendo al lector a la obra de J. Montserrat (*Los gnósticos* I, 41ss) para una información más detallada. Las líneas generales del pensamiento de estos sistemas se enmarcan como variaciones, más o menos comprensibles por el lector no iniciado, en los temas ya conocidos por la síntesis arriba expuesta. Se puede establecer una división básica entre ellos, según el carácter del texto sagrado que les sirve de base para sus alegorías:

1. Grupos gnósticos basados en la exégesis del Antiguo Testamento. Son aquellos que encuentran o justifican el ideario gnóstico en una interpretación alegórica de textos veterotestamentarios, en especial el *Génesis*: Satornilo, barbelognósticos, ofitas, naasenos, peratas, setianos, cainitas.

2. Grupos gnósticos basados en una exégesis del Nuevo Testamento: Basílides, valentinianos, docetas, Taciano, Cerdón, Marción, Hermógenes.

Dentro de este grupo debemos mencionar los evangelios gnósticos apócrifos (ya sean los que se encuentran entre los textos coptos de Nag Hammadi o de otra procedencia), cuyas doctrinas, gnósticas, encajan más o menos dentro de estos grupos.

XI. EL FINAL DEL GNOSTICISMO ANTIGUO

¿Por qué feneció este movimiento que había gozado de tan pujante vida sobre todo durante el siglo II y comienzos del III? No lo sabemos con exactitud. En nuestra opinión, pereció por la conjunción de un doble movimiento antagónico y contradictorio. Entre las clases cultas, porque se aceptó al platonismo (en su versión media sobre todo) como sistema filosófico más acomodado al cristianismo. Entonces, a los ojos de los sabios, los gnósticos aparecían como los cultivadores de una filosofía platónica degradada, mítica, empobrecida y un tanto embrutecida. A la vez, confluyentemente, a los ojos de los menos cultos, con el triunfo pleno del cristianismo en la sociedad, toda filosofía pagana quedaba trasnochada y sin sentido. Los sistemas gnósticos aparecían entonces a la faz de los poco cultos como «demasiado filosóficos» y complicados, abstrusos ante la lisura y llaneza de la «sana y recta doctrina».

La conjunción de esta doble causa pudo acabar en unos doscientos años con una de las interpretaciones más curiosas y consistentes del legado judío, por un lado, y de la obra y misión de Jesús de Nazaret, por otro.

119

XII. LA PERVIVENCIA DE CONCEPCIONES GNÓSTICAS

En un excelente artículo que cierra la tercera edición de *The Nag Hammadi Library in English,* Richard Smith evoca ante sus lectores la pervivencia de ciertas ideas fundamentales del gnosticismo en los siglos XIX y XX. Ya al final de nuestra introducción deseamos sólo suscitar la atención del lector sobre algunos de los autores mencionados en este artículo, que son también bien conocidos del público en castellano.

Recuerda Smith que una valoración del gnosticismo antiguo comienza tan sólo en el siglo XVIII, aunque algunos personajes del Renacimiento, y posteriores, puedan ser considerados como gnósticos: así Giordano Bruno y Marsilio Ficino. Con el poeta inglés William Blake hallamos una primera muestra no sólo de una valoración de ideas gnósticas, sino de una auténtica asimilación que se plasma en el contenido de sus poemas y en el tenor de los pensamientos expresados en su correspondencia. Escribe el poeta a un amigo poco antes de su muerte: «Estoy muy cerca de las puertas de la muerte..., pero no en espíritu y vida, no en el hombre real, la imaginación, que vive por siempre. En esto soy cada día más fuerte, más fuerte, a medida que este cuerpo loco decae» (p. 534).

El moderno lector hará bien en hojear algún buen comentario de los poemas de W. B. Yeats, así como una traducción bien anotada de las poesías de Rimbaud o Baudelaire, donde se hallan notables citas implícitas del pensamiento gnóstico. Señala también Smith cómo los modernos estudiosos de la psiquiatría, en especial C. G. Jung, han explicado el enigma y la división, el drama del desgarramiento interno de nuestro subconsciente —el yo profundo, que no es otra cosa que una *complexio oppositorum*— en términos de la dualidad gnóstica. «El contenido intelectual de la gnosis, muy superior al de la Iglesia, no ha perdido, sino que ha ganado un considerable valor a la luz de nuestro desarrollo mental presente» (p. 538).

Novelas que han influido poderosamente en el hombre moderno, como *Demian* o *El lobo estepario* de Hermann Hesse, o las *Instrucciones para un descenso al Infierno* de Doris Lessing, emplean, según Smith y G. Quispel[73], una gran dosis de concepciones gnósticas para aclarar, en monólogos o descripciones, como ejemplos de la continua pugna del mundo exterior y la realidad inte-

---

73. Cf. «Hermann Hesse and Gnosis», en J. M. Robinson (ed.), *Gnosis. Festschrift für Hans Jonas*, Vandenhoeck, Gotinga, 1978, 492-507.

rior, la complicada figura o los conflictos interiores de sus mórbidos personajes. Carsten Colpe se ha ocupado, en un vigoroso artículo[74], de poner de relieve las implicaciones y los retos del pensamiento gnóstico para la filosofía y la literatura que se ocupa de los procesos internos de alienación: el tema del alma en la prisión del cuerpo, arrojada en el exilio de este mundo, ansiosa de reintegrarse en el mundo superior como parte de él, no puede tratarse sin una expresa apelación a la gnosis en su contexto histórico (pensamiento griego, orfismo, sistemas gnósticos orientales) y en sus semejanzas estructurales. En el campo de la novelística del siglo XX, Colpe ha puesto de relieve cómo la gnosis es un instrumento indispensable para entender grandes producciones de este siglo: Marcel Proust, *En busca del tiempo perdido*, el *Ulises* de James Joyce, *El hombre sin atributos* de Robert Musil y la obra en general de Thomas Mann, con especial hincapié en *José y su hermanos*.

Ciertas tesis del tratadista político Eric Voegelin (junto con Ernst Topitsch), que emplea nociones gnósticas para criticar las ideologías de nuestro tiempo[75] y conceptos vertidos por los novelistas Lawrence Durrell en el *Cuarteto de Alejandría*, Albert Camus en *El hombre rebelde*, o poetas como Jack Kerouac y Allen Ginsberg en diversos poemas, representan un recurso claro al ideario del gnosticismo. Es digno de señalarse, con Smith, que la contrapartida moderna del espíritu gnóstico se halla en el existencialismo, como ha puesto de relieve Hans Jonas.

Por último, y sorprendentemente, señala Smith la influencia de concepciones estrictamente gnósticas en las novelas de ciencia-ficción del prolífico Philip K. Dick, especialmente en su novela *Valis*, publicada en el ámbito inglés en 1981. El personaje principal, que es el mismo autor, en una suerte de desarrollo autobiográfico, comenta en una visita a su psiquiatra su creencia en un Creador que ha hecho al hombre a su imagen y semejanza, pero que no es el verdadero Dios, sino el Demiurgo Yaldabaot, el dios ciego y necio (p. 546). Otro personaje contemporáneo sobre el que ha influido el pensamiento gnóstico es el esoterista francés René Guenon[76].

---

74. «The Challenge of Gnostic Thought for Philosophy, Alchemy and Literature», en B. Layton (ed.), *The Rediscovery of Gnosticism*. Proceedings of the International Conference on Gnosticism at Yale New Haven, Conn., March 28-31, Brill, Leiden, 1978, 32-56.

75. Cf. también J. Taubes (ed.), *Gnosis und Politik*, Múnich, 1984.

76. Cf. sobre este tema, F. García Bazán, *René Guenon y el ocaso de la metafísica*, Obelisco, Barcelona, 1990, cap. III: «R. Guenon, la gnosis y el gnosticismo», 27-49.

En un exclente artículo sobre «Gnosis y psicología»[77], G. Quispel muestra detenidamente la influencia de las lecturas sobre el gnosticismo antiguo en la formación del famoso psicólogo y psiquiatra Carl G. Jung. Indica también Quispel cómo ciertas concepciones gnósticas pertenecen al acervo común del imaginario humano y cómo su estudio es importante para ayudar a los psiquiatras a desentrañar ciertas difíciles experiencias internas y a resolver problemas psicológicos en los pacientes. En concreto, introspecciones internas en las que el ser humano se enfrenta con su propio ser íntimo (el *Selbst* o sí mismo), la exploración de otros recovecos del alma, que se anuncia en sueños y visiones, o la segmentación entre razón e instintos son arquetipos del espíritu humano que pueden estudiarse ya en los textos gnósticos, puesto que la gnosis no es otra cosa que la expresión, o proyección, mítica de la experiencia del sí mismo y de su desgarro interno e insatisfacción en este mundo. Quispel se detiene también en el sorprendente interés que para una mentalidad moderna, analítica, científica, puede tener el buceo en el mundo simbólico, mítico y mágico de la gnosis como un complemento poético necesario para comprender la totalidad del universo, irreductible a la visión sobre él conseguida a través de los instrumentos de la mera ciencia cuantitativa y racionalista[78].

Son éstas una breves muestras, que debemos a la breve y sin duda incompleta recopilación de R. Smith y otros autores, que animan al lector de hoy a no considerar las versiones que ahora tiene entre sus manos como unos meros productos de un pasado ya irremisiblemente perdido y un tanto alocado intelectualmente. La publicación de los textos de Nag Hammadi por primera vez en castellano puede servir quizás como clave y guía para interpretar fenómenos de la cultura moderna que son también, disfrazados quizás con una veste aparentemente diversa, profunda y esencialmente gnósticos.

---

77. «Gnosis and Psychology», en B. Layton (ed.), *The Rediscovery of Gnosticism*, cit., 17-31.

78. Véase a ese respecto el artículo sobre gnosis y pensamiento filosófico y poético de Harold Bloom, titulado «Lying against time», en el mismo volumen señalado en nota anterior, pp. 57-52.

XIII. NUESTRA EDICIÓN

Como señalamos en el Prólogo, las versiones del presente volumen están realizadas sobre el texto copto de las más modernas ediciones críticas hasta ahora publicadas. En cada introducción particular a los diferentes tratados indicamos la edición del texto original utilizada. En caso necesario se ha consultado también el facsímil fotográfico de los manuscritos originales reproducido en la edición *The Facsimile Edition of the Nag Hammadi Codices*. Las traducciones pretenden ser lo más literales posibles, debido a las dificultades intrínsecas de los textos, aunque sin incidir en ofensas al castellano. A pesar de los inconvenientes que presenta la literalidad, hemos optado por ella con la intención de evitar, ya en la misma traducción, las interpretaciones personales del texto, que pueden confundir o guiar por caminos equivocados, o meramente subjetivos, al lector.

Como hemos indicado, el orden de la publicación de los tratados es temática, no papirológica, es decir, no sigue el orden de la numeración de los originales tal como fue establecida en el Museo Copto de El Cairo. Para que no resultara un volumen demasiado amplio, hemos dividido los tratados de la «biblioteca» de Nag Hammadi en tres partes. En esta primera presentamos textos de especulación teológica, cosmogónica y antropológica, mientras que dejamos para un segundo y tercer volumen los tratados que llevan un título más acomodado a los géneros del Nuevo Testamento (evangelios, Hechos, epístolas, apocalipsis). Ni que decir tiene que esta división es arbitraria y que en los escritos del segundo y tercer volumen se hallan también textos o pasajes cuyo componente abstracto es tan poderoso, o más, que los elegidos para esta primera entrega.

La mayoría de las introducciones particulares a cada tratado pretenden ser sobre todo descriptivas, sin entrar en debates meramente académicos entre los estudiosos. Igualmente, las notas desearían ser aclaratorias y de complemento informativo del texto, no simplemente eruditas, aunque, a veces, la erudición no pueda evitarse. Con la misma intención hemos limitado voluntariamente los signos convencionales en el texto recogiendo tan sólo los más importantes. Al final del volumen III se incluirán índices temáticos, de autores modernos y citas de textos antiguos que pretenden ser selectivos, no completos.

Aunque el editor haya intentado —no siempre conseguido— una normativa común y una cierta unificación de los caracteres de impresión como uso de mayúsculas, transcripciones, numera-

123

ción, signos textuales, no se han unificado de ningún modo las diversas versiones castellanas nacidas de la pluma de estudiosos diferentes, que quedan siempre bajo la última decisión y responsabilidad del traductor que aparece en la portadilla de cada tratado.

Para las transcripciones del griego seguimos la normativa general del libro *La transcripción castellana de los nombres propios griegos* de M. Fernández-Galiano (Sociedad Española de Estudios Clásicos, Madrid, 1966).

BIBLIOGRAFÍA

PLATONISMO TARDÍO

Berchmann, R. M., *From Philo to Origen. Middle Platonism in Transition*, Scholar Press, Chico CA, 1984.

Deitz, L., «Bibliographie du platonisme impérial antérieur à Plotin: 1926-1986», en H. Temporini y W. Haase (eds.), *Aufstieg und Niedergang der römischen Welt* II 36.2, 124-182. El más reciente panorama bibliográfico.

Dillon, J., *The Middle Platonist*, Duckworth, Londres, 1977. Un útil manual.

Dörrie, H., *Die geschichtlichen Wurzeln des Platonismus*, Frommann, Stuttgart, 1987. Es muy provechosa su síntesis «Der Platonismus als Philosophie und als Religion. Eine Skizze in dreissig Leitsätzen», pp. 16-32.

Krämer, H. J., *Der Ursprung der Geistmetaphysik*, Grüner, Amsterdam, 1964. Es fundamental el trazado de la línea de Jenócrates a Numenio de Apamea (pp. 63-126).

Merlan, Ph., *From Platonism to Neoplatonism*, M. Nijhoff, La Haya, ²1960. Ofrece líneas de evolución que pueden ser asumidas como hipótesis de trabajo. Igualmente la de H. J. Krämer.

Montserrat Torrents, J., *Las transformaciones del platonismo*, Universidad Autónoma de Barcelona, Bellaterra, 1991. En los capítulos dedicados a Orígenes y Plotino estudia comparativamente a los valentinianos.

GNOSIS EN GENERAL

Hay tres buenos instrumentos bibliográficos sobre la gnosis. El más importante es el de D. Scholer, «Bibliographia gnostica», publicado anualmente en la revista *Novum Testamentum* desde 1969. Del mismo D. Scholer, *Nag Hammandi Bibliography 1970-1994*, Brill, Leiden, 1997. En presentación historiográfica, la de J. Ries, *Les études gnostiques hier et aujourd'hui*, Centre d'Histoire des Religions, Louvain-la-Neuve, 1982. Muy completa y detallada es la de M. Tardieu y J. D. Dubois, *Introduction à la littérature gnostique*.

I. *Collections retrouvées avant 1945*, Cerf, Paris, 1986. Contiene biblografía del tema gnóstico en general y de los textos conocidos antes de Nag Hammadi.

Fuentes

Para la gnosis no documentada en Nag Hammadi, véase J. Montserrat Torrents, *Los gnósticos* I y II, Gredos, Madrid, 1983 (reimp. 1981). Presenta los testimonios patrísticos sobre las gnosis de los siglos II y III en traducción castellana con introducción y notas.

Estudios

Bianchi, V. (ed.), *Le origini dello gnosticismo. Colloquio di Messina, 13-18 aprile 1966*, Brill, Leiden, 1970.

Bousset, W., *Hauptprobleme der Gnosis*. Gotinga, 1907. Representa el punto de vista de la Escuela de la historia de las religiones. Es uno de los responsables, junto con Reitzenstein, de la introducción de la tesis de los orígenes orientales del gnosticismo.

Filoramo, G., *L'atessa della fine*, Laterza, Bari, 1983.

García Bazán, F., *Gnosis. La esencia del dualismo gnóstico*, Castañeda, Buenos Aires, ²1978.

García Bazán, F., *Neoplatonismo-Gnosticismo-Cristianismo*, Buenos Aires, 1986.

García Bazán, F., *Plotino y la gnosis*, Buenos Aires, 1981.

Hilgenfeld, A., *Die Ketzergeschichte des Urchristentums,* Leipzig, 1884. Sus estudios de diversas escuelas gnósticas, breves y precisos, son en ocasiones definitivos.

Jonas, H., *Gnosis und spätantiker Geist*, 2 vols., Gotinga, 1934. Es un estudio de orientación filosófica, marcadamente heideggeriana, universalmente citado, pero es mucho más útil su obra posterior, *The Gnostic Religion*, Beacon, Boston, 1958, en la que estudia diversas gnosis, no sólo la cristiana.

Leisegang, H., *Die Gnosis,* Stuttgart, 1924. A través de su traducción francesa, este precioso librito ha tenido enorme influencia entre los estudiosos de la gnosis de lenguas romances.

Orbe, A., *Introducción a la teología de los siglos II y III*, Univ. Gregoriana, Roma, 1988. Óptima para conocer el mundo teológico de los gnósticos.

Orbe, A., *Estudios valentinianos*, 5 vols., Univ. Gregoriana, Roma, 1955-1966. Son un monumento de probidad filológica y perspicacia interpretativa.

Orbe, A., *Cristología gnóstica*, BAC, Madrid, 1976.

Pétrement, S., *Le Dieu séparé*, Cerf, París, 1984. Sostiene el origen helenístico de la gnosis cristiana, tesis que parece plausible.

Rudolph, K., *Gnosis*, T. T. Clark, Edimburgo, 1983. Es una obra fundamental de introducción e iniciación. Muy completa, clara, precisa, presenta las ideas de la gnosis comentando textos gnósticos, según una ordenación temática.

Obras y artículos de alta divulgación en español

Churton, T., *Los gnósticos*, Madrid, 1987.
Doresse, J., «Gnosticismo», en C. J. Bleeker y G. Widengren (eds.), *Historia Religionum*, I. *Religiones del pasado*, Cristiandad, Madrid, 1973, 520ss.
García Bazán, F., «La concepción actual del gnosticismo y la posición cristiana heresiológica», en *Aspectos inusuales de lo sagrado*, Trotta, Madrid, 2000, 125-158.
Hutin, S., *Los gnósticos*, Buenos Aires, 1964.
Kuntzsmann, R. y Dubois, J. D., *Nag Hammadi*, Verbo Divino, Estella, 1988.
Montserrat, J., «Los fundamentos filosóficos de las gnosis occidentales», en *La gnosis o el conocimiento de lo oculto*. Curso de Verano de la Universidad Complutense en El Escorial, 1989, Universidad Complutense, Madrid, 1990, 39-52.
Montserrat, J., «Los evangelios gnósticos», en A. Piñero (ed.), *Fuentes del cristianismo. Tradiciones primitivas sobre Jesús*, El Almendro, Córdoba, 1993, 454-475.
Pagels, E., *Los evangelios gnósticos*, Crítica, Barcelona, 1982.
Piñero, A., «Cristianismo y gnosticismo. Fijando fronteras»: *Biblia y Fe* 54 (1992), 111-132.
Piñero, A. (ed.), *Orígenes del cristianismo*, El Almendro, Córdoba, 1992, 427-455.
Vidal Manzanares, C., *Los Evangelios gnósticos*, Martínez Roca, Barcelona, 1991.
Widengren, G., *Fenomenología de la religión*, Cristiandad, Madrid, 1976, cap. «La actitud gnóstica», 443ss.

TEXTOS GNÓSTICOS

TRATADO TRIPARTITO
(NHC I 5)

INTRODUCCIÓN*

El *Tratado Tripartito* es uno de los manuscritos más extensos (88 folios) y mejor conservados de la biblioteca de Nag Hammadi. Hasta que se llevó a cabo el descubrimiento de esta biblioteca era totalmente desconocido[1]. Cubre las páginas 51 a 138 del Códice I y está escrito en el dialecto subacmímico o licopolitano[2], habiéndose traducido del griego[3]. Su contenido confirma, además, que se trata del esfuerzo de un solo autor.

TÍTULO

El original encontrado carece de título y el de *Tractatus Tripartitus* le ha sido asignado por los editores de la *editio princeps*[4], respondiendo a las tres grandes divisiones en las que se reparte el escrito, que coinciden con las separaciones decoradas por el escriba y que representan tres momentos culminantes del drama del espíritu:

---

*   Introducción, traducción y notas de Francisco García Bazán (Universidad Argentina J. F. Kennedy-CONICET).

1.   El documento que más se le asemeja es ExpVal. El *De principiis* de Orígenes ofrece igualmente similitudes de género literario.

2.   Como el resto de los originales de este códice. Al dialecto se le suman otras características del sahídico y acmímico con algunas irregularidades morfológicas y ortográficas.

3.   Cf. 65,9-10: *peei ete abal hitootef = ho di'hoû*, que traduce el tecnicismo de la causa eficiente, según la clasificación de los filósofos postplatónicos, asimismo el empleo de *ge* (= *de*) para señalar la demarcación de párrafos, pero con sentido ilativo, que sustituye a *gar*.

4.   Cf. TrTrip I 7-9.

131

1. Descripción del Padre y de las emanaciones (51,1-104,3).
2. Plasmación del hombre y expulsión del paraíso (104,4-108,12).
3. Venida y encarnación del Salvador (108,13-138,27).

La doctrina se encuadra en líneas generales en el esquema valentiniano, con proclividad hacia el valentinianismo oriental, y la redacción de la obra revela afinidades con la producción intelectual del siglo III e incluso posterior[5]. La característica más llamativa, sin embargo, del documento es la de constituir una enseñanza fundamentalmente exegética de los mitologemas gnósticos corrientes. En este sentido se trata de una obra tan valiosa como específica para el entendimiento del gnosticismo en relación con su pensamiento metafísico y teológico. En síntesis, y desde el punto de vista técnico, nos encontramos con el escrito de mayor contenido filosófico del conjunto de los documentos gnósticos directos conocidos. Esta preciosa peculiaridad, se debe, como se tratará de demostrar más abajo, al hecho de que el escrito es de carácter básicamente expositivo, ya que el autor se ha visto obligado a explicar simultáneamente el sentido correcto de la doctrina gnóstica frente al antagonismo de filósofos neoplatónicos, y a deslindar su enseñanza de la profesada por teólogos del cristianismo eclesiástico.

CONTENIDO

1. La *primera parte*, que describe la naturaleza de las realidades en sí o trascendentes, la generación desde el Principio y la modalidad de esta generación eterna, que exige la estabilidad pleromática de la regeneración espiritual, adopta el siguiente orden:

1.1. Introducción: 51,1-8; 1.2. El Padre: 51,8-57,8; 1.3. El Hijo y la Iglesia: 57,8-59,38; 1.4. Emisión de los eones: 60,1-67,37; 1.5. Vida de los eones: 67,38-74,18; 1.6. Generación imperfecta del Logos: 74,18-80,11; 1.7. Conversión del Logos: 80,11-85,15; 1.8. Emisión del Salvador: 85,15-90,13; 1.9. Ple-

---

5. La atribución del documento al valentinismo occidental y a Heracleón es la postura de los primeros editores (*ed. princeps* I 37 y 311, siguiendo a H. Ch. Puech-G. Quispel en *VigCh* 9 (1955), 70, 83 y 100-102, que la justifican en la adopción de un cuerpo psíquico por el Salvador para la salvación de los psíquicos y en las noticias tardías sobre la escuela itálica y Heracleón del Pseudo Tertuliano y de Filastrio de Brescia. E. Thomassen demuestra la debilidad de los argumentos, admite como autor a un valentiniano oriental y pone como fecha de redacción la segunda mitad del siglo III (ver o.c., 17-18 y 20).

nitud del Logos: 90,14-95,38; 1.10. La organización dependiente del Logos: 95,38-104,3.

1.1. Introducción: 51,1-8

Es el prólogo del escrito. En él se aclara con piadoso respeto que es necesario que la enseñanza de los seres eternos comience por el Padre por tres motivos: es principio de generación del Todo, donador gratuito del discurso que el perfecto exprese sobre él, y anterior a toda existencia, o sea, ser existente en sí mismo[6].

1.2. El Padre: 51,8-57,8

Por consiguiente, el Padre, teniendo en cuenta el significado del vocablo «padre», puede caracterizarse como «Uno solo». Las consecuencias que se derivan de combinar el significado de esta última expresión con la de «padre» (51,8-13) llevan a la conclusión de que se debe admitir asimismo como Bien y como más allá de todo nombre.

El Padre es «Uno único», como lo es el concepto de número «uno», puesto que es el primero y «el que es solamente él mismo». Es decir, primero en la serie numérica, pero sólo uno en sí mismo, ya que los otros números son unidades numéricas determinadas como entidades diferentes, pero por participación previa en la unidad del uno[7]. El concepto de «Padre», por lo tanto, contiene las siguientes consecuencias implícitas: 1.°) Como «Uno solo», Padre en sí mismo, será inimitable e inmutable, pero, asimismo, Dios de los dioses y el generador y formador de todo y por nada engendrado, luego inengendrado. Finalmente, siendo inengendrado, es sin comienzo, pero también sin fin, porque no puede tener fin lo que carece de comienzo. Luego, infinito o en sí mismo sin límites. Pero siendo de este modo no puede ser de otra manera, por lo tanto, siempre igual e invariable, y tampoco puede ser captado por el pensamiento, que es diferente de esta naturaleza, producto, por lo tanto, de un cambio y distinción, así la naturaleza del Padre es intrínsecamente inconcebible e incomprensible[8]. 2.°) El «Bueno» o el Bien. Plenitud sin falta. Es todo. De este modo, quien algo posea lo debe a su donación, sin que sufra alteración o mengua. Porque es rico

---

6. Ver n. 1 de la traducción.
7. Ver n. 2 de la traducción.
8. Ver ns. 5 a 7 de la traducción.

permanece sin menoscabo respecto de lo que otorga. Todo lo que no sea él mismo, por lo tanto, queda excluido como coexistente, por esto de nadie ni nada necesita: persona, colaborador, paradigma de obra, materia externa o sustancia interior[9]. 3.º) Ningún nombre lo puede nombrar, por grande que sea la capacidad de quien lo honre o quiera expresar gloriosamente. Por eso, está igualmente por encima de todo nombre en sentido interior o proferido, y no es posible que el Intelecto lo capte con sus múltiples formas, porque lo circunscribiría, que la Palabra lo exprese, porque estallaría su continente discursivo a causa de su potencia, ni tampoco ninguna plenitud ponerle límite por imagen contemplativa o contorno corporal; por ello es incognoscible, incomprensible, inefable, invisible e impalpable[10]. Sólo el Padre, por consiguiente, tiene capacidad para conocerse a sí mismo como es. Se entiende que esta forma de percatarse debe ser inesciente y aperceptiva para que no constituya una modificación interna de su naturaleza. Saber libre de objeto e intención propia del Padre en su sublimidad oculta y que se identifica con su sustancia[11].

Pero, como se señaló (51,11-15), el Padre, al ser «padre en sí» y «uno solo», tiene su propia naturaleza, pero por ello mismo su significación íntrinseca lo cierra en sí, pero no lo aísla, sino que exige un «hijo»[12]. ¿Cómo aparece éste?

La suavidad (dulzura, amabilidad o bondad) paterna es sobre-abundante, por eso, cuando lo quiere por su voluntad benefactora, puede permitir ser conocido. Es decir, la dulzura del Padre es ilimitada con un natural movimiento a expandirse, pero sin merma, o sea, que se trata de una difusión implosiva, hacia adentro, y no hacia el exterior. Por lo tanto, siempre que quiere, y de acuerdo con su misma naturaleza siempre quiere, se ofrece para ser conocido.

La divinidad es dulzura en concentración intensa, consecuentemente le es connatural la posibilidad de expansión, la que se transforma en las disposiciones de voluntad y conocimiento que se lo permiten. Dulzura, potencia, voluntad y conocimiento son el Padre como posibilidad infinita, pero, una vez en actividad de distinción, llegan a ser su conocimiento silencioso, como Hijo autogenerado, pero no dicho o nacido. El deseo ilimitado del Hijo, que es potencia de conocimiento, intención del Padre, seno

9. Ver ns. 8 y 3-4 de la traducción que anunciaban el tema.
10. Ver n. 10 de la traducción.
11. Ver n. 11 de la traducción.
12. Ver n. 2 de la traducción.

autoproducido o capacidad de generación, se concreta plenamente como Hijo seminal, producto de su voluntad y pensamiento ahora distinguidos y fruto en reposo que resulta, por consiguiente, del ajuste pleno del deseo del Padre consigo mismo. Padre, Matriz paterna encinta y vástago concebido, es la tríada que se ofrece en el arranque de la generación perenne[13].

1.3. *El Hijo y la Iglesia: 57,8-59,38*

El Hijo, en consecuencia, es hijo en el Padre. Tensión de conocimiento alcanzado en el Pensamiento paterno, que es voluntad y conocimiento indiscernibles. El Hijo, así interpretado, coexiste eternamente con el Padre y es resultado de su propia concepción en su potencia de querer y conocer. El Hijo será, por lo tanto, tan necesario como diferente en relación con el Padre, así como su primogénito y único vástago, Padre e Hijo en sentido propio y en correlación indisociable.

El Hijo, sin embargo, concreta su existencia como multiplicidad una e ilimitada, ya que el intento filial que lo sustenta, como deseo del Padre necesariamente mediado por el Pensamiento o poder intencional, encierra una infinidad de actos que satisfacen de manera plena, pero gradual o parcialmente, el amor, que es amor del Padre hacia el Hijo y del Hijo hacia el Padre. Sucede como con el beso: un ósculo eterno, sin decaimiento, entre Padre e Hijo, sostenido según el ritmo múltiple de la expiración-inspiración, un deseo permanente que es salida y retorno, manteniéndose de este modo como vida propia. Ésta es la Iglesia o asamblea de los que aman a Dios propiamente dicha, eterna, en sí, y arquetipo previo al restablecimiento de los eones[14].

1.4. *Emisión de los eones: 60,1-67,37*

La Iglesia preexistente pertenece, por lo tanto, al seno o profundidad del Padre, porque en ella se posee la fuerza y potencialidad de la simiente y del embrión, conviviendo y alimentándose en la matriz, que concentran germinalmente la posibilidad del despliegue que es determinación más débil. Éste es asimismo el Nombre inefable que el Padre dice de sí mismo, cuya voz articulada, «Padre», permite por su poder significativo que el nombre —que es cada

---

13. Ver n. 12 de la traducción.
14. Ver ns. 13 y 14 de la traducción.

existente como nombre propio— se recupere autoconociéndose en el Nombre. En efecto, el infante en el útero conoce al padre inseparable e indisociablemente, como vástago que de él se origina y en el que permanece por el amor materno. Cuando conoce, una vez nacido, se particulariza y pierde capacidad de unión. De la bondad divina depende también el conocimiento de lo que es realmente el Todo. Porque, ampliando la comparación, el Todo eterno es como el infante. El conocimiento del niño fuera del seno materno va acompañado de su crecimiento humano y social, pero el Todo conoce lo que es realmente en el Padre, ya que se integra en él parte por parte, hasta completar su visión y gloria. Por sí mismas las totalidades o eones no podían conocer lo que son en el Padre, ya que son totalidades en el Todo, pero sí por medio del Hijo en el seno divino. Éste es la manifestación de la voluntad y el conocimiento paternos plenos, su Intelecto. Por consiguiente, en la actividad cognoscitiva gradual e integrativa de los eones en el Hijo se revela inversamente la gratuidad de la generosidad del Padre. El Hijo, por lo tanto, deseo satisfecho del Padre en su Pensamiento, ilumina con su perfección a sus vástagos o contenido desplegado. Él está inseparablemente unido al Padre y es diferente. Fin de existencia para sus aspectos o determinaciones, cada uno debe mostrar o glorificar al Padre, inmanifestable y oculto, perfectamente, como el Hijo, Todo implícito, del que surgen las totalidades explícitas. De este modo, el Hijo como Todo discriminado es Intelecto (*noûs*), pero un Intelecto que converge hacia el Padre, en el que la elevación al unísono de sus Totalidades, las torna fusión mutua. Porque en la inspiración que se confunde con la expiración (Espíritu) no reinan la discriminación de aspectos (Intelecto), ni las articulaciones espirituales (Palabra), ni la actividad; pero el Todo que se conoce de aquí proviene —como él viene del Inengendrado y es esta forma de generación— por emanación, la que permite el perfeccionamiento del Todo. Esta generación, movida por el deseo y el conocimiento, no es más que mostración del Padre como él lo quiere, la glorificación del Padre por el Hijo, sin interés particular. Actividad unificadora, unión con el Padre, acción de gracias expresada por gestos de admiración y silencio.

El Padre eminente se mantiene oculto y sellado, su grandeza o potencia es su misma naturaleza invariable, por eso su revelación no puede ser súbita, ya que con tal acto no se distinguiría de sí mismo. La manifestación divina se hace por momentos: primero como Hijo en su seno, que es el Progenitor y principio del Todo; después, progresivamente, como manifestación del contenido y organización regresiva del Hijo o Intelecto. Desde el punto de vista paterno se trata de un proceso de expansión, desde el filial, de un desplazamiento retrospectivo de retorno tras el logro de la satisfacción que aporta el descanso. Y la caracterización del Hijo preexistente, como el desarrollo múltiple de su generación, son sus nombres, productos naturales, huellas o glorias, puesto que son luces del Padre en la sola forma en que es posible que se muestre[15].

1.5. *Vida de los eones: 67,38-74,18*

Del Hijo, como su contenido explícito, pues, proceden las realidades eternas, «eones de los eones», totalidades emanadas —porque el Todo siempre subsiste íntegro en cada uno de sus aspectos— y engendradas gradualmente para poder existir en sí mismas próximas a la inagotabilidad del Padre. De este modo lo glorifican. Pero debe saberse que la primera gloria del Padre es la manifestación indisociable del poder, la voluntad y el conocimiento paternos, el Pensamiento del Padre; segunda gloria, la aparición consustancial en el Pensamiento como noción simple o Hijo germinal; la tercera gloria, la constitución del Intelecto, noción compleja o Hijo proferido. El Hijo/Intelecto, en consecuencia, como unidad distinta, crece y se completa de acuerdo con la voluntad paterna y la capacidad propia de cada uno de los eones que se orienta hacia la unión y concuerda en esta operación con todos los demás y así glorifican al Padre. Ahora bien, esta glorificación se realiza libremente por cada uno de los eones. Cada uno actúa por autodeterminación, según le place, ya que están dotados de libre albedrío (*autexoúsion*). La tercera gloria combina la emanación divina con un producto de esa misma emanación que es el libre albedrío propio de las existencias particulares en un todo, y que hace que el retorno de los aspectos del Hijo como fructificación o generación filial sea la consecuencia de actos libremente queridos. El Intelecto de este modo emanado, querido por Dios y aceptado por cada uno de sus miembros, es una estructura orgánica, con sus intelectos (*noûs*), sus palabras coordinadas que los reflejan (*lógos*), sus grados (*bathmós*) y sus dignidades jerárquicas (*presbýteros*). Los productos descritos son los nombres propiamente dichos, pronunciados para manifestar la naturaleza del Padre como una totalidad de atributos expresada por innumerables nombres que suenan al unísono. El Padre, en su fondo, permanece desconocido, pues

---

15. Ver ns. 16 a 18 de la traducción.

independiente de toda expresión no puede ser escrutado, siendo el motor impulsivo y la raíz de sus efectos, pero desde ellos, como camino y escuela que enseña realmente a convivir siguiendo la voluntad de Dios, se retorna al Principio. El Padre, por consiguiente, no puede ser conocido directamente por los eones, sino que el Padre por su querer, que es el Espíritu, reside en ellos, que por ese motivo lo buscan y lo buscan para perfeccionarse. Pero su acto de perfeccionamiento incluye el reconocimiento de la propia identidad. Si son efluvio del Padre son inseparables de él, pero hay que distinguir entre estar en él tendencialmente, que será de modo incomprensible y silencioso, y estar en él reconociendo la propia individualidad, que será estarlo como un Todo armónico que lo manifiesta en unión y no separadamente, lo que es imposible por incapacidad individual. Tampoco lo pueden revelar identificándose con lo que es intrínsecamente inmanifiesto por propia potencia, porque nada nombrarían. Si el Padre se ofrece a los eones a través del Espíritu, y esto les permite conocerlo como conjunto armónico de nombres atributivos envueltos en el Nombre único e impronunciable, la emanación eterna es inseparable de su punto de partida, pero asimismo es más real cuanto más concentra lo expandido remitiéndose al origen único. Sucede igual con el tiempo finito, la duración de la vida cósmica, que se divide en partes, pero manteniendo su unidad, por ser dispersión de la vida eterna, y las analogías de la raíz en el árbol, la fuente en los ríos y el cuerpo único en los miembros[16].

1.6. *La generación imperfecta del Logos: 74,18-80,11*

Esta sección comienza ratificando la naturaleza del «tercer fruto». Los eones se dan a luz, actualizan su estado potente de semillas en la semilla, en la medida en que haciendo empleo de su libre albedrío, siguen la voluntad del Padre, activa en ellos como sabiduría contemplativa o prudencia intelectiva (*sophía*), sin querer más, y aquí radica su límite superior, el seno paterno que alberga al Hijo con su fructificación, el Nombre eminente, ni tampoco menos, o sea, con un deseo reflejamente parcial o según el conjunto de los iguales. La comunidad filial no es suma de aspectos, sino unidad preformada según la voluntad del Padre. Con estas aclaraciones es posible interpretar el sentido de la acción incorrecta del Logos.

---

16. Ver ns. 19 a 25 de la traducción.

La Palabra, eón de la Plenitud, posee como los demás eones sabiduría y libre albedrío. Su elección deliberada (*proáiresis*), resultado de la aplicación del albedrío y la capacidad discriminativa, ha sido buena, puesto que fue una opción por el Padre, el Bien sumo, pero torcida, pues no actuó según su función comunitaria. Su conducta obstaculiza el conocimiento del Pleroma. De la Palabra surgió un pensamiento irreflexivo inspirado por el deseo amoroso, por lo tanto carente de discriminación, y así su tendencia a conocer avanzó descontrolada[17]. No contra la voluntad del Padre[18], lo que es imposible, porque hay un límite, insorteable, que deja al Padre y su voluntad intactos y que permite, graciosamente, el proceso de plenificación estable del Pleroma en el que el Logos fue generado. Lo señalado hasta ahora es la historia real, la trascendente y sagrada, por lo que carece de sentido «censurar el movimiento que es el Logos»[19]. El Logos, como eón filial, se genera como gloria del Padre, pero su tensión lanzada sin fundamento reflexivo, engendra una sustancia extraña: sombras, simulacros y semejanzas. Y esto es justificable. Los efectos aludidos los produce la Palabra, porque en su turbia tentativa de conocimiento no puede sostener la visión de la Luz. Forzosamente debe descender, mira entonces al seno de Dios, igualmente indiscernible para ella. El Logos, en ese momento, solo e inseguro, duda. Pero la duda implica división y separación de sí, y de aquí nacen el olvido y la ignorancia de sí mismo. La mismidad, lo que el Logos es, permaneció, pero su elevación impotente lo cubrió de debilidades, de los productos relajantes del desencanto que lo persiguen y oprimen mientras está alejado de sí[20].

Lo que el Padre produce es perfecto y permanece, pero oculto, por esto debe seguir un proceso de perfeccionamiento que elimina la deficiencia, pero lo deficiente en sí no se libera, es mera opresión, viene de la nada y volverá a la nada[21]. Se trata de meros nombres vacíos, encubridores de realidad, y aparecidos como apariencias asténicas, sin vigor, de la Palabra[22].

17. Ver n. 28 de la traducción.
18. Ver n. 29 de la traducción.
19. Lo que ha hecho equivocadamente Plotino. Ver *infra* y n. 31 de la traducción.
20. Ver ns. 32 y 33 de la traducción.
21. Ver ns. 34 y 35 de la traducción.
22. Ver n. 36 de la traducción.

1.7. *La conversión del Logos: 80,11-85,15*

La irreflexión del Logos es la causa última de los seres aludidos, que no proceden del régimen de la emanación, sino que son «criaturas», como dicen los eclesiásticos, o sea, seres sin fundamento sustancial[23]. Nada revelan, por eso no son «glorias», sino efectos del deseo de gloria vana. Son así no imagen pleromática, sino fantasías de la mente que actúan de acuerdo con esa naturaleza. Pero no es el reflejo, sino la semejanza del Logos con la voluntad y el conocimiento verdaderos, el origen de estos seres creados, que carecen de principio, ya que han aparecido de la nada, y a los que conserva en el desorden, hasta que él mismo dicte sentencia por medio de la mostración de su paradigma, distinguiéndolos y separándolos. Este juicio, por tanto, es consecuencia del giro o vuelta del Logos hacia su propia identidad pleromática, un retorno que lo aparta del producto del desvío y lo lleva a lo bueno, a lo que es, y permite de esta manera la conversión de lo deficiente. Vuelta la Palabra a su mismidad, promueve la gratitud de los eones que advierten la posibilidad de la recuperación de la plenitud del Todo jerarquizado y unido y del Padre mismo del que provienen, al cumplir libremente su voluntad.

Pero el movimiento cumplido por el Logos no es un impulso simple, sino complejo, por eso se debe ampliar su análisis. Por obra de la conversión del Logos se manifiesta la diversidad de sus efectos. Las criaturas psíquicas proceden del propósito (*gnóme*) bueno, porque la elección del Logos era buena y sostenida por un buen propósito. No se trató de un impulso ciego, sino de deseo o amor querido (*thélesis*), pero, enturbiado por la irreflexión, no advertía que era imposible sostenerse sin el enlace con sus hermanos, por eso, al no poder mantenerse, descendiendo generó la semejanza de lo real. Confundida con la semejanza quedó asimismo la consecuencia del buen propósito, la sustancia psíquica, la que una vez producida la conversión del Logos, su retorno a lo que es, que simultáneamente es arrepentimiento de lo que no es, siguió su proceso de maduración como una espera creciente sin contenido real. Son de este modo los psíquicos inferiores por su origen, pero superiores a los materiales, por eso pelean por sus lugares naturales, los de este mundo, aunque con una actividad que sin saberlo aboga por su desaparición, pero, coherentemente, no son reconocidos por los hílicos, que los combaten sin tregua, porque luchan para que el mundo se mantenga.

23. Ver n. 38 de la traducción.

Continuará el autor ocupándose de esta generación fallida, pero dentro del designio del Padre a través del Logos, pues el movimiento del Logos no ha ido contra la voluntad paterna[24].

1.8. La emisión del Salvador: 85,15-90,13

Ambos órdenes, movidos por los vicios y la ignorancia, consolidan la diversidad del mundo, pero el Logos eleva su núcleo inteligible esperando su manifestación. Este acto connatural lo distingue de los seres tenebrosos y, en contacto con los otros eones del Pleroma, aguarda la irradiación de la luz, porque el desarreglo del Logos deja imperturbables a los eones, pero los compromete a todos. Esto exige que el Pleroma ponga en acción su simpatía, es decir, sus disposiciones en correspondencia con lo caído, para que se alcance la perfección estable. El Logos, una vez enderezado y vuelto a sí mismo, inicia la obra de recuperación de lo deficiente con el apoyo de todos los eones, pues sólo la armonía de la comunidad eónica hace posible que se muestre lo que es marca del Padre: el Hijo paternalmente generado obediente a su voluntad y comienzo del tercer fruto. El Hijo confiere a la Totalidad el vestido de la perfección, confirmando a las totalidades en el Todo. De todos estos nombres eternos que se atribuyen al Padre y que son sus efectos, el más apropiado es el de «Hijo», por ser su conocimiento o la concreción de su voluntad/pensamiento llegado a ser Intelecto unificado. El Hijo ha revelado de este modo su contenido, y es la posibilidad o el gobierno de su organización, siendo anterior al Demiurgo como guía y télos (fin) del proceso de retorno. El Hijo se mostró, entonces, como rayo de luz perfecta e iluminó y perfeccionó al Todo y sus aspectos, entre ellos al Logos, que estaba en ordenación potencial al ser un saber discursivo en sí (epistéme).

Lo descrito es el modelo de la soteriología ejemplar, una obra que ha de imitar la actividad del Salvador en el mundo. La acción salvadora aleja a lo que es rebelde y se muestra con un doble aspecto: en sí misma a lo que le es propio y, engañadoramente, a lo que es desobediente. La aparición inesperada del Salvador, por lo tanto, produce un impacto al no poderse resistir la presencia súbita de la luz; ilumina la confusión, pero al mismo tiempo frena su desarrollo. Por esto los rangos inferiores, psíquicos e hílicos (materiales), se comportan diferentemente ante la obra

---

24. Ver ns. 37 y 39 a 45 de la traducción.

liberadora. Los primeros tienen una semilla de espera de lo trascendente al saber que es anterior a ellos, por ese motivo acogen la revelación de la luz y la declaran superior a las sombras materiales. Los hílicos, empero, caen presa del pánico y así fortalecen la ignorancia, quedando aislados en la región exterior. Por encima permanecen los psíquicos como efectos del buen propósito del Logos, que orienta el plan salvífico a cuyo servicio están. Ambos se diferencian del espiritual, pariente de la luz y que la transporta interiormente. Por eso, la luz se muestra súbitamente a los primeros y desaparece, mientras que con los últimos inicia el crecimiento del Logos despojándole de lo deficiente y liberándolo[25].

1.9. *La plenitud del Logos: 90,14-95,38*

Efectivamente, el Logos, al ascender por segunda vez, va despojado de pensamiento irreflexivo y se introduce entre sus hermanos inteligibles recuperando su esencia, ejercitando la prudencia y el saber que le corresponde, generando así imágenes, no simulacros, dispuestas para el ascenso hacia el Padre. Esta regeneración iniciada diluye a lo que lo quiere imitar, beneficia a los psíquicos e inaugura la maduración de las semillas espirituales. El Hijo, mostrándose integrado como sello del Padre, es vestido de gracia y también auxilio para los que perfeccionarán al Logos estabilizándolo. El Logos, así perfeccionado, recibe con propiedad los diversos nombres que el texto recuerda y que representan facetas de la definitiva reunión: «eternidad» y «lugar», como ajuste que supera lo espacial y temporal, «asamblea salvadora» y «almacén», ya que congrega y conserva inmutable la semilla dispersa, «desposada», por la alegría del fruto que nace del acuerdo, «reino», por el acuerdo firme, y «alegría del Señor», por el regocijo que lo impregna. El Logos reconstituido está sobre las sustancias hílicas y psíquicas, separaciones o intervalos.

El Logos es la Palabra del Hijo que participa del conocimiento del Padre discursivamente y del que cada simiente regenerada es rasgo paterno. De este modo, el Logos recibe el nombre de «Iglesia», como la imagen que una vez completa refleja al Pleroma. Pero porque se trata de aspectos pleromáticos con capacidad de captación diferente, progresivamente de acuerdo con la función que representan completarán el discurso inteligible. Para alcanzar este fin el Logos debe cumplir un plan gradual de

---

25. Ver ns. 46 a 50 de la traducción.

reunificación, puesto que le corresponde toda la organización inferior del Pleroma. Son dos los momentos propios de la acción restauradora, y ellos se revelan después de la conversión del Logos hacia sí: 1.º) todo lo tiene en sí en relación con el mundo y las semillas espirituales en él; 2.º) la administración del todo confuso le corresponde, por lo tanto, descartando, beneficiando o redimiendo, según que lo aparecido sean seres surgidos de la semejanza, del buen propósito o de su misma naturaleza. El orden liberador y soteriológico, pues, queda establecido por el Logos de acuerdo con la actividad de la conversión y del retorno[26].

1.10. *La organización dependiente del Logos: 95,38-104,3*

Confirmados por la plegaria, la conversión y el retorno, se descubre el plan del Logos, el que, imitando la actividad del Padre, descarta a los seres de la fantasía, dispone sus contenidos según el orden inteligible que les es propio y organiza a los seres que mantienen la esperanza en la venida del Salvador, como entidades extrapleromáticas, al servicio de las espirituales mediante la profesión de su fe, ya que como «seres del pensamiento» sólo representan al Pleroma a través de los nombres que los emplazan en la disposición que les corresponde, la intermedia. Es esta naturaleza la que los hace superiores a los seres materiales que son simple producto de la ilusión. Los seres materiales poseen también nombres, pero más irreales que los atribuidos a los psíquicos, pues son el producto del pensamiento vanidoso. Por esto hay una doble lista de nombres en contraposición: «psíquicos»/«hílicos», «los de la derecha»/«los de la izquierda», «los de fuego»/«los de la oscuridad» y «los del medio»/«los postreros», y el conjunto todo de la deficiencia queda dividido en tres grupos: seres noéticos, imágenes o pleromáticos, seres de la creencia, dóxicos, representativos y mediados por el pensamiento, y seres de la semejanza, conjeturales, sin ningún tipo de sustrato ontológico cognoscitivo, y una providencia o plan inferior, demónica, que los organiza, cósmica y naturalmente, en la que cada poder ocupa su puesto y cumple su función al servicio de la providencia superior por medio del plan del Logos. De este modo, el gran arconte, el creador, gobierna sobre el universo y recibe todos los nombres del Padre, generador del Todo, como un productor ficticio y su imagen invertida. Pero de hecho lo usa el Logos como su instrumento, un instrumento

---

26. Ver ns. 51 a 58 de la traducción.

ignorante del plan de su obra, y de este modo es su boca y sus manos, ya que por él profetiza y fabrica. El Demiurgo ignorante, tanto el Dios creador judío y cristiano como al artesano del *Timeo* platónico, arranca del hecho de que es el jefe de la sustancia psíquica y se origina en el buen propósito del Logos. Por eso, si bien quiere hacer la voluntad del Padre, impotente, pone sus productos frustrados al servicio del Logos. Ese arconte, entonces, a imitación del Padre que genera a los eones por medio del Hijo —que es su Nombre— y por él los regenera, crea la estructura cósmica y a sus colaboradores por medio de su nombre, síntesis de confusión, como impresiones e imágenes de sí mismo. Fabrica los cuerpos celestes a imagen de los lugares luminosos; crea las esferas de los arcontes a imitación del Pleroma y sus grados y prosigue del mismo modo con la esfera sublunar, aunque todo por inspiración del Espíritu invisible, combinando la buena intención con los productos de la fantasía. Quedando claro, por consiguiente, lo que es el movimiento del Logos como causa de la dispensación y de la creación, se puede concluir la primera parte señalando que la construcción material se compone de tres órdenes o disposiciones, lo espiritual, originado en el pensamiento irreflexivo del Logos, lo psíquico, que deriva del deseo de poder implícito en la sustancia señalada, que así gobierna compulsivamente a los hílicos, y estos últimos, que derivan de la envidia y los celos, fuentes de división y antagonismo, y que llegan hasta los lugares últimos de este universo incluido el reino de la generación. Desde aquí surgen las enfermedades, que destruyen rápidamente y que pujan por aparecer para ser algo, y asimismo el deseo de generar para que los existentes adquieran consistencia efímera en el devenir, ya que ésta es su gloria o posibilidad de manifestación. Porque la existencia de los seres del mundo material es fugaz y transitoria, pues se trata de concreciones de disposiciones que una vez que se actualizan se agotan con su aparición. La sustancia espiritual se perfecciona retornando gratuitamente a su origen, la anímica, sirviendo al designio superior, la hílica surgiendo y desapareciendo dentro del cambio. Todo fluye en este mundo y esta transitoriedad es máxima en la parte última del universo, el reino natural, el de la generación y la muerte incesantes[27].

27. Ver ns. 59 a 63 de la traducción.

144

2. Sigue de inmediato, separada por marcas, la *segunda parte*, breve (104,4-108,12), que se ocupa de la creación del hombre y que retoma el hilo del mismo razonamiento comenzado.

Puesto que todo fluye, la materia, sustrato del cosmos cambiante, es fluencia que circula en las formas y las infiltra con su inestabilidad. Su carácter propio es la invisibilidad, aunque se hace visible fingiendo lo que no es, la estabilidad pasajera de los seres, que son momentáneos, porque dependen de la causa material. Ésta se ofrece como el fondo oscuro, último, que permite que se visualicen las fantasías en él y los seres en el mundo, imágenes (espirituales), representaciones (psíquicos) y semejanzas (hílicos), productos del traspié del Logos, que son como las sombras de los cuerpos, que los acompañan, pero oscuramente, ocultando la luz que permite su visión proyectándose en lo invisible. Aunque si, dejando el ejemplo de la sombra, pasamos al de la imagen en el espejo, resultará al revés, que cuando el espejo se aproxima a la luz la imagen aumenta hasta desaparecer en presencia del modelo. De este modo la materia está igualmente al servicio del proceso de la manifestación de las imágenes en la luz pura que, al darse, hace que desaparezcan las sombras y la oscuridad totalmente[28].

El hombre, puesto que a su través se opera la liberación y es así el origen en el tiempo del restablecimiento del espíritu, es antropológicamente considerado un microcosmos, cumpliéndose una vez más la ley de las correspondencias; por eso llega al final de la creación. El Logos espiritual lo pone en movimiento y a su plasmación se agrega la actividad demiúrgica, aunque lo que lo representa es el «espíritu viviente» que proviene del Logos espiritual, bien que el Demiurgo, al venir a través de él, crea que él mismo es su origen. De este modo, el espíritu es «uno y múltiple», identidad y reunión, y debe ascender; el alma es doble, intermediaria que sirve de ayuda al ascenso; la materia es múltiple, antitética y opuesta; por tanto no tiene capacidad de reunión y no puede ascender. Con estos elementos antropológicos y la explicación de su fin, es posible, siguiendo el relato bíblico de la creación del hombre en el paraíso, mostrar su sentido espiritual. Hay tres tipos de hombres y el gnóstico los comprende a los tres, por eso hay tres árboles en el paraíso, como alimento propio de cada una de las razas. En realidad, la presencia del espíritu en los

---

28.   Ver ns. 64 y 65 de la traducción.

TEXTOS GNÓSTICOS. BIBLIOTECA DE NAG HAMMADI

pneumáticos no contraría a las otras razas, lo que quieren, sí, es someterlo como más valioso. Esto lo ensayarán los psíquicos movidos por el impulso que les es innato, el deseo de poder. La prohibición de comer de los frutos de los dos primeros árboles y la amenaza con la muerte de su transgresión persiguen esa finalidad, moviéndose en la esfera estrecha de las razas ignorantes que confunden placer con temporalidad, pues la intimidación implica la cesación definitiva del placer con la muerte. La serpiente, sin embargo, cabeza del género hílico y por eso expresión límite de las posibilidades finitas, hábil para el engaño, pero inconsciente de sus consecuencias, conjunción emblemática de muerte/ignorancia y conocimiento/vida, instiga a la desobediencia, lo que permite que el castigo se transforme en gracia, al experimentarse la pobreza del gozo temporal de los bienes hílicos y psíquicos frente a la eterna riqueza del reposo. El doble engaño de la serpiente a los poderes inferiores y al hombre subyugado, obra del Preconocimiento por medio de la acción del Logos, permite disolver lo efímero en el marco penoso de la historia del hombre verdadero[29].

3. Concluido el tratamiento antropológico y su inserción en la historia salvífica, se inicia la *tercera parte* y final, que se extiende sobre la actividad de las tres razas de hombres en la historia. Para evitar errores se describen, como en otros documentos[30], los modos de pensamiento que han tratado vanamente de proporcionar una explicación del mundo y de la humanidad.

3.1. *Diversidad de filosofías y de teologías: 108,13-114,30*

El tiempo histórico muestra la confusión de opiniones de los órdenes inferiores, que imitándose recíprocamente no pueden escapar del desorden, lo que es posible por la verdadera instrucción. En este ámbito se dan dos tipos de enseñanzas de comprensión diversa. Unas tesis, cinco en total, son de los hílicos, griegos y bárbaros, inspirados por la arrogancia y vanagloria arcóntica y están representadas por las siguientes concepciones: *a)* la estoica, que sostiene que hay una providencia cósmica, *b)* la epicúrea, que afirma que lo que existe es ajeno a la providencia, por oposición a la anterior, *c)* la concepción fatalista de los astrólogos,

---

29. Ver ns. 66 a 72 de la traducción.
30. Ver n. 74 de la traducción.

que afirma que lo que existe está destinado a ser así, *d)* lo que existe es así por naturaleza, o sea, mecánicamente, o bien *e)* por accidente; se trata de la enseñanza de los epicúreos atomistas. Del otro lado, los judíos helenistas son el resultado obvio del conflicto entre ambos órdenes, tienen inspiración psíquica, pero razonan según los griegos; y los judíos fieles, «justos y profetas», son los que, como psíquicos, reconocieron lo superior a ellos, velado por el Arconte. Su enseñanza está al servicio de la semilla espiritual. Estos judíos siguen la enseñanza de los padres, una tradición unitaria venida desde el Logos; sin embargo, según el origen de las imágenes ópticas y sonoras que interponen los poderes intermediarios, reciben las Escrituras y las interpretan de manera diferente, y de este modo hay diversas facciones o escuelas que sostienen: 1.º) Dios no proclama las Escrituras; 2.º) son varios los poderes divinos que las proclaman; 3.º) Dios es simple; 4.º) Dios es de doble naturaleza; 5.º) Dios, como artesano, crea solo, y 6.º) Dios crea por medio de los ángeles. De acuerdo, por lo tanto, con la actividad de las potencias inferiores que actúan en ellos, los profetas han interpretado de forma heterogénea la venida del Salvador entendida como un hecho en el tiempo, lo que es una ilusión, puesto que ella es la epifanía de la obra de salvación en el tiempo, que libera de él y sus efectos. Lo único cierto que han sabido es que el Salvador debe nacer y sufrir. Ellos han hablado, pues, de la encarnación del Salvador, pero no de su naturaleza oculta y verdadera, que implica la generación del Logos para rescatar a la Iglesia, sus simientes, adoptando la correspondiente forma corporal. Por eso el Salvador se ha encarnado por compasión (*sympátheia*) hacia sus congéneres. El Salvador ha tomado carne y alma, la «pequeñez» de lo inferior, además de lo que pleromáticamente le corresponde, el espíritu, para reconstituir la Iglesia preexistente. El Salvador reúne de este modo el movimiento total del Logos y adoptándolo lo rescata, instruye a lo visible invisiblemente y disuelve lo restante[31].

3.2. *Encarnación y sufrimiento del Salvador: 114,31-118,14*

El espíritu salvífico para realizar su obra es acompañado por la «Iglesia espiritual preexistente» al mundo, o sea, por los múltiples contenidos del Logos, su cuerpo espiritual, que se completará al reunir a las semillas espirituales o de una sola sustancia.

---

31. Ver ns. 75 a 80 de la traducción.

Pero, aunque la semilla sea única, la organización de la obra salvífica será variada, porque el resultado de la caída del Logos produjo consecuencias diversas. Por ese motivo, esta división y diversidad requerirá que su acción de enderezamiento sea también variada. Están los pneumáticos más hundidos, necesitados de cura, el mayor número; los menos son expresión del auxilio prestado por la oración del Pleroma (apóstoles y evangelistas), los que pueden curar, y los discípulos, maestros genuinos, necesitados de la instrucción que plenifica, porque son pasibles. El Salvador se diferencia de ellos. En correspondencia ha asumido alma y cuerpo, pero sin estar sometido a ellos, porque es imagen del uno todo, pero los espirituales, «Iglesia en la tierra», son sometidos a ellos, porque son individuos, todos en uno, que alcanzan la unidad descartando la divisibilidad. Son los discípulos, por tanto, los espirituales inmediatos que trasmiten la promesa de Jesús el Cristo Salvador a la raza espiritual, los «hijos», la que incluye la instrucción y el retorno al origen, ya que conservan un regusto que se puede reactualizar en deglución, y en esto consiste la redención o liberación que libera de la cautividad de la ignominia y permite la libertad del conocimiento, que es primero y un patrimonio eterno que ocultan los productos de la vanidad, los que persistirán hasta su consumación, es decir, hasta el agotamiento de sus capacidades limitadas de desarrollo, con lo que ratifican su utilidad para la salvación[32].

3.3. *La tripartición de la humanidad y el Salvador: 118,14-122,12*

Puesto que la humanidad por esencia o naturaleza es triple, al reproducir la triple disposición del Logos (buen pensamiento, buen propósito, pensamiento desordenado), cada raza se da a conocer por sus frutos ante la manifestación del Salvador que sólo salva a lo que puede ser salvado. La luz de luz se reconoce con la presencia de la luz, la luz de un fuego persiste hasta que el brillo de la luz luce con su propio esplendor y la tiniebla desaparece inmediatamente ante la luz. Por eso los espirituales se salvan totalmente, los materiales son aniquilados irremisiblemente y los animados persistirán hasta la consumación. Para éstos, como sostiene la Gran Iglesia, hay dos caminos, adherirse a la fe y a los mandamientos, lo que aporta la tranquilidad y la perdurabilidad cósmica, o rebelarse, lo que apareja perturbación y la destrucción[33].

32. Ver ns. 81 a 83 de la traducción.
33. Ver ns. 84 a 89 de la traducción.

3.4. *El proceso de restauración pleromática: 122,12-129,34*

Se explica ahora, por lo tanto, que la unidad o reconstitución de los elegidos, el cuerpo espiritual del Salvador antes aludido, es como una cámara nupcial, pues en ella se da la unión al fin, modelo o tipo al que aspira cada simiente espiritual y la reunión de todas ellas. El camino que se refiere a los psíquicos es, pues, anterior. El Cristo ha sido emitido fundamentalmente para los espirituales; los psíquicos, bien orientados, participan igualmente del advenimiento, como llamados, aunque permanecen fuera de la cámara nupcial, regocijándose por ella y en tranquila espera, puesto que la imagen de la eternidad no puede ir más allá. De este modo, la unión ficticia de cuerpo, alma y espíritu se disoció, y el hombre perfecto se unificó de nuevo con su *logos* y nombre, pero gradualmente se fueron recuperando las semejanzas en sus imágenes y modelos, como se dijo previamente en relación con la imagen en el espejo, su clasificación e identidad, hasta que la Iglesia se completó y fue la restauración de la plenitud. Armonía del Padre, que se manifiesta en cada miembro de la Iglesia como su señal paterna distintiva. Pero se aclara que la restauración de la Iglesia no es la redención o liberación plena, sino la integración de ella en el Pleroma y la confirmación gradual de éste hasta ser todos convergentemente unidad en el Silencio del Padre. Y éste es el verdadero camino, la vía de los perfectos que asciende espiritualmente en perfección. Despojo de lo impuro o cósmico, ingreso en el ámbito de la luz y progresivo ascenso o unificación pleromática. Progreso de los nombres particulares hacia una unificación que superando su individualidad nada dicen inteligiblemente. Por esto, no sólo el hombre, los ángeles y el Pleroma están necesitados de redención, sino también el Hijo, porque por este restablecimiento de todos en unidad es realmente hijo nacido y tornado a su situación primera de Hijo en el seno paterno, su primogénito y como él lo quiere. Por ese motivo, y por manifestación de la bondad del Padre, se ha conjugado ignorancia y conocimiento y simpatéticamente ha asumido todas las formas y deficiencias para atraerlas, consumirlas y restaurar la perfección filial, en la que alcanzado el verdadero conocimiento se está sin conocerse[34].

El bautismo verdadero, por lo tanto, como lo señalan otros documentos gnósticos, es diferente del preconizado por la Gran

---

34. Ver ns. 90 y 91 de la traducción.

Iglesia, es la «redención», porque es el estado final de liberación a que lleva la gracia del Padre, el ingreso o sumersión, extracósmica, de las Totalidades en el Dios Incomprensible (Padre), que se quiere comprender (Espíritu) y que se comprende analítica y silenciosamente (Hijo), en la declaración única de un nombre, el Nombre del Padre, que sólo se puede decir con muchas locuciones. Éste es el momento culminante de la iniciación cristiana que hace «cristianos» a los capaces de aclamar el Nombre, ratificándose que el comienzo del progreso iniciático sólo tiene razón en su final[35].

3.5. Reiteración sobre la restauración de los psíquicos: 129,34-138,27

Antes de ponerle el punto final al tratado, el autor vuelve a lo dicho previamente sobre los psíquicos y recapitula algunos aspectos. Se aclara a continuación que el reino que alcanzarán los psíquicos es el de Cristo, o sea, realizan su unidad en la voluntad del Cristo, superando divisiones y dualidades. Éste es su premio y su felicidad, haber contribuido a la recuperación de los espirituales y de la plenitud, como lo ha sostenido Pablo, por lo tanto los elegidos toman conciencia de inmediato de que el Salvador es el Hijo del Dios desconocido, del que nadie había hablado, reconocen que son sus hijos y se esfuerzan por recuperar su lugar primitivo. Los llamados psíquicos lo alcanzan sólo después de la «ascensión», lo reconocieron como Señor y se ponen al servicio de los elegidos juzgando y castigando la actividad cósmica hasta el fin del mundo; su gozo, ratifica el escritor, consiste en la participación exterior de la cámara nupcial[36].

Concluye el autor del texto alabando el amor de Dios, origen de la salvación, y que a través de la compasión del Salvador operará el retorno a la cámara nupcial o Iglesia preexistente[37].

La polémica antignóstica de Plotino y el Tratado tripartito. Fecha y autor

Muy pronto los críticos que leyeron el *Tratado tripartito* advirtieron materiales similares entre este escrito gnóstico y las *Enéadas*[38]. No le sacaron a la observación, sin embargo, el rédito que una

---

35. Ver n. 93 de la traducción.
36. Ver n. 94 de la traducción.
37. Ver n. 96 de la traducción.
38. Cf. J. Zandee, *The Terminology of Plotinus*, 6, 6 y 13, 8-12, 14, 16, 22, 23-24, 33-34 y 36; D. Devoti, «Una summa di teologia gnostica», 335-336 y n. 16, 339, n. 29

comparación sistemática puede reportar para precisar la época de la redacción y el posible autor del tratado. Desarmados ante la hipótesis de los estudiosos que serían sus primeros editores[39], pocos se animaron a contrarrestar la autoría del valentiniano Heracleón. La influencia llega hasta hoy[40].

En 1981, al confrontar la enseñanza del *Tratado tripartito* con la polémica antignóstica de Plotino (En III 8 [30]; V 8 [31]; V 5 [32] y II 9 [33]), se sostuvo la dependencia de este escrito del alegato plotiniano como la respuesta de un maestro gnóstico valentiniano, posiblemente el Aquilino mencionado por Porfirio en la *Vida de Plotino* XVI, en el año 267[41]. La tesis fue puesta en duda por Richard T. Wallis en el Congreso de Oklahoma sobre «Neoplatonismo y gnosticismo»[42], pero fue acogida en dos oportunidades por Antonio Orbe, por primera vez en 1983 en el Encuentro de Estudiosos de la Antigüedad Cristiana sobre los «Apócrifos cristianos y cristianizados», que anualmente se celebran en Roma[43].

El núcleo de la dependencia señalada está marcado por el empleo en el documento de la metáfora de la «fuente» y de la «raíz» para significar la facultad emanativa del principio que está por doquier sin sufrir mengua, ilustrando con ello la continuidad de la emanación completa, Dios-Pleroma, y su organicidad interna. Las imágenes se registran separadamente, como la del cuerpo y sus miembros, en otros contextos literarios, pero conjuntamente sólo en Plotino (En III 8 [30],10,1-12). Las reiteradas referencias del *Tratado tripartito* a la imagen de la raíz proliferan a partir de esta referencia[44], debiéndose agregar muchos otros paralelos alusivos: denominación del Principio primero como «padre» igual que en la «gran tetralogía» (En V 8,1,3 y V 8,12 y 13; II 9,2,4), aunque el acento peculiar que el maestro gnóstico pone sobre el sentido del vocablo, como se ha visto, es una diferencia que le permite distinguir su exégesis de la neopla-

---

y 353. Amplían los comentarios de Attridge/Pagels y Thomassen y los artículos de D. J. Good y J. P. Kenney.

39. Cf. H. Ch. Puech y G. Quispel, art. cit. en n. 5.

40. Difiere E. Thomassen (ver n. 5); pero cf. M. Simonetti, art. cit. en la bibliografía.

41. Cf. «Trascendencia y revelación divinas en los textos gnósticos de Nag-Hammadi», 244-250.

42. Cf. «Soul and Nous in Plotinus», 474, n. 14.

43. Cf. «Gli Apocrifi cristiani a Nag Hammadi», *Aug* 23 (1983), 1/2, 105, y A. Orbe-M. Simonetti, *Il Cristo. Testi teologici e spirituali dal I al IV secolo*, Milán, 1990, 129.

44. Cf. n. 1 de la traducción. Plotino ha aproximado en otras dos oportunidades los vocablos «fuente» y «raíz» en VI 9 (9),9 al comienzo y VI 6 (34),9 al final; el influjo, en última instancia, es de origen neopitagórico; cf. García Bazán, *Plotino. Sobre la trascendencia divina*, 291-292.

tónica, pero el Padre es: «uno solo» como lo es el «uno» aritméti-
co (En V 5,4 y V 5,5,1-13). Siendo único es inimitable, inmutable, inengendrado e infinito (En V 5,11,1-5), el Bien, plenitud
que lo otorga todo (En III 8, 11; V 5,13; II 9,1), donación que
no implica merma de la propia riqueza (En V 5,12) y de este
modo no necesita de nadie ni de nada: de lugar (En V 5,8 y 9 y
rápida alusión en 10), de modelo o colaborador para obrar (En
III 8,1 y 2 y V 8,7,11-12), materia externa o sustancia interior
(En III 8,10,30 y V 5,6,5), ningún nombre le puede nombrar (En
V 5,6) y sobrepuja al Intelecto, siendo invisible, intangible o sin
forma, etc. (En III 8,9,2; V 8,10,6-7; V 5,6,3)[45]. El tema de la
paternidad, medianamente familiar y de más fácil respuesta, se
ha expuesto de entrada con extensión. Los siguientes, para poder
ser justificados como dignos émulos del plotinismo, se aportarán
en el apartado que prosigue refiriéndose a la generación y vida de
los seres trascendentes: la generación eterna del Todo es una emanación, un proceso de extensión, no un efecto separado, para
que los que vienen del Padre puedan volver a él (En III 8,8,31-48
y la contrarréplica a III 8,7,8-11); siendo principio de la producción pleromática, el Pensamiento paterno interior aparece como
potencia o posibilidad productiva equivalente a la fuente que
mana y no disminuye su caudal (En III 8,10); la existencia
germinal del Todo se ofrece como más completa que el despliegue de sus miembros en tanto que potencia concentrada en la
Matriz, como sucede con un embrión, la palabra no dicha, un
niño pequeño, etc. (frente a la crítica plotiniana en En II 9,1,25-
30 y 6,19-21), los eones generan hijos que glorifican al Padre,
igual que aquellos de los que provienen (En III 8,4 al comienzo);
en el Padre no hay celo que limite su autodonación (contra la
censura de En II 9,3 y III 8,5), los eones o sus nombres son una
huella (*íchnos*) del Padre (En III 8,11,19-20; V 8,13,11-14; V 5,
2,5,6 y 12); el Hijo es unidad total, «uno y todo» simultáneo
según la voluntad paterna (En III 8,8 y 9, sobre el Intelecto como
«uno-todo»), deseo de los eones del conocimiento del Padre (En
III 8, 10,12-35); finalmente, el Hijo descansa sobre los eones,
como según Plotino el Padre descansa sobre el Hijo (En V 5,3,4-
10). Nuevo avance, por consiguiente, en la réplica del autor
gnóstico. El Hijo en el seno paterno con su prole, en su doble
naturaleza implícita y explícita o reunida, se ha expuesto de
acuerdo con las creencias valentinianas, pero ajustándose a una

---

45. Cf. ns. 8 y 9 de la traducción.

modalidad de exposición platónico-pitagorizante que el mismo Plotino observaba. De este modo basándose en la letra del alegato plotiniano y en la corriente filosófica que lo inspiraba, pero valiéndose de la exégesis gnóstica, era posible mostrar la corrección de lo que el filósofo neoplatónico consideraba un grueso error, la subdivisión del Intelecto en reposo o silencio y en movimiento o proferición.

Vendrán seguidamente las secciones más polémicas del escrito, las que dejando atrás al Padre, al Hijo y a la Iglesia en plenitud, se refieren al mundo de la deficiencia, al origen de este estado y a la restitución definitiva. De nuevo el autor del *Tratado tripartito* muestra la originalidad de su redacción comprometida con la controversia plotiniana, porque: no es conveniente reprochar (*kategoreîn*) el movimiento que es el Logos, sino comprenderlo como causa de la organización que lleva a la plenitud (contra En II 9,8,1-5 y 4,12-13); los resultados del traspié del Logos son producciones fantásticas (sombras y simulacros), nada que volverá a la nada (ratificación justificada contra En II 9,8, 15-20 y antes 4,23ss y V 8,8 al final), o con vocabulario del mismo Plotino: «criaturitas débiles» (En III 8,5,7ss); el Logos alterado se da vuelta hacia sí (*epistrophé*) y se arrepiente (*metánoia*) (En II 9,4,17 y 6 al comienzo), ignorancia y uso del Arconte (= Demiurgo) por el Logos (En II 9,6 al final y 10 al final); referencia al Logos encubierto como imagen pleromática (En II 9,5 y 11); los gnósticos como imágenes ocultas son lo pequeño que puede acrecentarse como la imagen en el espejo, pero no son como la sombra (explicación y corrección de En III 8,11, 29-30; V 8,8 y 12 al final; II 9,4 al final, 13 al final y 15 al comienzo); el fondo que hace posible las proyecciones confusas y pasajeras, como una pantalla que oscurece la luz, es la materia, naturaleza fluyente que deriva de los poderes invisibles e invisibilidad en sí, con una sobrecarga de sentido ilusorio que aproxima a la concepción plotiniana de la materia, pero que simultáneamente la distingue por el anticosmismo absoluto y la consumación final (En II 9,3 al final y II 4 [12],5,6-8), teoría paralela de la imagen ontológica que según los seres procedan de la emanación o de la fantasía torna diferente la interpretación: los pneumáticos son «luz de luz» y «espíritu de espíritu» y los psíquicos, «luz de un fuego» (En V 5,7 con IV 3 [27],17 y V 9 [5],6 al final), y tanto este nivel como el material están cortados o separados de la plenitud, tesis absurda para Plotino (En II 9,16,11-12 y V 8,12 al final); los pneumáticos son «miembros» del Pleroma (En II 9,10,22), «sellos» paternos y no mezclados o puros

(En V 8,7,18), por todo esto, devolviendo la cortesía, el mismo estilo de desdén intelectual hacia los adversarios que Plotino registra en En II 9,6 al final lo utiliza el autor del escrito al dirigirse contra los sabios griegos como hílicos en 109,24-110,22[46].

Resulta, por tanto, imprescindible advertir que si el autor del *Tratado Tripartito* ha prestado especial atención al movimiento propio del Logos y al significado de la conversión tratando de aclararlos, esta explicación no ha dejado indiferente a Plotino. Efectivamente, en un escrito posterior a la «gran tetralogía», en *Enéada* II 1 (40), 4,30-33, se escribe: «Pero la conversión (*metánoia*) del Alma se ha mostrado que es algo vacuo, porque su gobierno es sin trabajo y perjuicio, y aunque fuese posible que todo cuerpo pereciera, ella no tendría ningún cambio». La referencia es al comienzo de En II 9,6. Es lícito preguntar: ¿por qué se hace esta mención específica a la «conversión» y no a las otras afecciones anímicas puestas allí de relieve, «reflejos» y «exilios»? Sin duda, porque la lección quita autoridad al presupuesto comienzo del mundo según la doctrina valentiniana, pero, sobre todo, porque Plotino consideraba suficientemente refutado el asunto pese a los esfuerzos esclarecedores y ociosos del autor de este escrito, que el filósofo tanto parece conocer como, al menos en este punto, considerarlos desestimables.

Por lo tanto, si las lecciones «Sobre el cielo» pertenecen al período final del curso lectivo plotiniano de los años 266/267[47], es razonable sostener que el *Tratado tripartito* se redactó por obra de un solo autor en el año 267 y que él debe de haber sido uno de los grandes maestros gnósticos alejandrinos cuyos discípulos frecuentaban las clases de Plotino, persiguiendo, además, el mismo fin que el filósofo neoplatónico al profesar su tetralogía, o sea, esclarecer la doctrina propia, consolidar con ella a los seguidores y desautorizar al adversario. El maestro Aquilino de la *Vida de Plotino* de Porfirio (XVI) parece el más adecuado entre los conocidos, por sus inclinaciones aritmológicas pitagorizantes[48].

Finalmente, la posición del *Tratado tripartito* al final del Códice I tampoco parece ser arbitraria ni accidental. Los cinco escritos de este Códice leídos conjuntamente no sólo ratifican la doctrina básicamente valentiniana que los impregna[49], sino que

46. En las notas de la traducción pueden cotejarse otros aspectos.
47. Cf. J. Igal, *La cronología de la Vida de Plotino de Porfirio*, Bilbao, 1972, 104.
48. Cf. F. García Bazán, «Trascendencia y revelación divinas en los textos gnósticos de Nag-Hammadi», 245, n. 24.
49. Ver notas a la traducción en las que se hace hincapié en los paralelos valentinianos entre los escritos del códice.

asimismo existe entre ellos una ajustada relación de temas generales y particulares, de manera que a menudo, examinados uno a continuación de otro, constituyen un compendio de ratificaciones, ilustraciones y explicaciones por medio de las cuales los escritos posteriores consiguen esclarecer y vigorizar el significado de lo que se enuncia en los que están delante. Puede sostenerse, por consiguiente, que tanto la elección de los escritos que constituyen la parte primera del *Codex Jung* como su actual ordenación no se deberían al simple azar, sino a la voluntad sistematizadora del autor del último de los originales, el *Tratado tripartito*, quien ha compilado el códice como un todo coherente con fines específicos, es decir, para dar apoyo escriturario y base material dentro de la tradición gnóstica a su defensa magistral contra el alegato antignóstico de Plotino[50].

Para nuestra traducción hemos empleado el texto crítico de E. Thomassen (1989), y tanto el índice copto establecido por este autor como la traducción francesa en colaboración con L. Painchaud que incluye esta valiosa edición nos han sido de gran utilidad. Asimismo hemos echado mano de la versión inglesa de H. W. Attridge-E. H. Pagels (1985), esclarecedora en muchos puntos, igual que de la de G. Quispel de la *editio princeps* (1973) en la misma lengua, dotada de notable precisión.

BIBLIOGRAFÍA

Ediciones

Attridge, H. W. y Pagels, E. H., «The Tripartite Tractate», en H. W. Attridge (ed.), *Nag Hammadi Codex I. The Jung Codex, Intr., Texts, Transl., Indices* I-II, Leiden, 1985, 159-337 y 217-497.
Kasser, R., Malinine, M., Puech, H. Ch., Quispel, G. y Zandee, J., con la colaboración de Vycichl, W. y Wilson, R. McL., *Tractatus tripartitus. Pars*

---

50. 1.º) Los escritos reunidos en el códice son obras esotéricas rematadas por el TrTrip que es de la misma naturaleza (ver ApSant 1,8-32; EvV 42,39-43,19; TrRes 49,37- 50,16 y n. 82); 2.º) esta enseñanza revelada o tradicional es la que permite la experiencia de gnosis, pasaje de la ebriedad a la sobriedad, del sueño a la vigilia, etc. (cf. ApSant 2,33- 3,12; EvV 22,13-20; 24,28-25,19 y 29,7ss; TrRes 48,30-49,6 y ns. 49, 69, etc.); 3.º) una clara antropología tripartita (cf. ApSant 12,2-17; EvV 17,29-35; TrRes 45,39-46,2 y n. 69) y otras notas como: afirmación del libre albedrío y la libertad en relación con la voluntad de Dios, presencia de la doctrina del cuerpo sutil, expresión común «bienamados» o «amados», imágenes del «beso» y de la «escuela», distinción de «discípulos» y «apóstoles», etc.

I: De supernis. Pars II: De creatione hominis. Pars III: De generibus tribus,
Berna, 1973-1975.
Le Traité Tripartite NH I 5, texte établi, introduit et commenté par Thomas-
sen, E., traduit par Painchaud, L. et Thomassen, E., Quebec, 1989.
Moraldi, L., «Trattato Tripartito», en id., *Testi gnostici,* Turín, 1982, 333-
427.

Estudios

Böhlig, A., «Zum Gottesbegriff des Tractatus Tripartitus NHC I 5», en A. M.
Ritter (ed.), *Kerygma und Logos: Beiträge zu den geistesgeschichtlichen
Beziehungen zwischen Antike und Christentum: Festschrift für Carl Andresen
zum 70. Geburtstag,* Gotinga-Zúrich, 1979, 49-67.
Colpe, C., «Heidnische, jüdische und christliche Überlieferung in den Schrif-
ten aus Nag Hammadi VIII», *JAC* 22 (1979), 98-122.
Devoti, D., «Una summa di teologia gnostica: Il Tractatus Tripartitus», *RStLR*
13 (1977), 326-353.
García Bazán, F., «Trascendencia y revelación divinas en los textos gnósticos
de Nag Hammadi», *RBíbArg* 43 (1981), N. E. 4, 233-253.
García Bazán, F., *Plotino y la gnosis,* Buenos Aires, 1981.
García Bazán, F., «El "Nombre" según la enseñanza del Tractatus Tripartitus,
Códice de Nag Hammadi I,5 y su contexto gnóstico y hebreo-cristiano»,
RBíbArg 50, N. E. 30/31 (1988), 233-261.
García Bazán, F., «Arquetipo, imágenes e imaginación en el V.º Tratado del
Códice de Jung de Nag Hammadi», en G. García y otros, *El pensamiento
en los umbrales del siglo XXI,* Buenos Aires (Catálogos), 1994, 31-38.
Good, D. J., «Gender and Generation: Observations on Coptic Terminology,
with Particular Attention to Valentinian's Texts», en K. L. King (ed.), *Images
of the Feminine in Gnosticism,* Filadelfia, 1988, 23-40 y 41-46 (respuesta de
J. H. Sieber).
Kasser, R., «Les subdivisions du Tractatus Tripartitus. Codex Jung P. 51-
140», *Mus* 82 (1969), 101-121.
Kenney, J. P., «The Platonism of the Tripartite Tractate NH I 5», en R. T.
Wallis y J. Bregman (eds.), *Neoplatonism and Gnosticism,* Albany, 1992,
187-206.
Luz, U., «Der Dreiteilige Traktat von Nag Hammadi», *ThLZ* 33 (1977), 384-
393.
Myszor, W., «Le paradis perdu et retrouvé dans le "Tractatus Tripartitus" de
Nag Hammadi», *FolOr* 21 (1980), 149-180.
Orbe, A., «En torno a un tratado gnóstico», *Greg* 56 (1975), 558-566.
Puech, H. Ch., y Quispel, G., «Les écrits gnostiques du Codex Jung», *VigCh*
8 (1954), 151 y «Le quatrième écrit du Codex Jung», *VigCh* 9 (1955), 65-
102.
Rudolph, K., «Fragmente zu Plotin. Vorbemerkungen des Herausgebers»,
que constituye el capítulo 6.º de Jonas, H., *Gnosis und spätantiker Geist.*

Zweiter Teil: Von der Mythologie zur mystischen Philosophie, Gotinga, 1993, 224-327.

Schenke, H. M., «Zum sogenannten Tractatus Tripartitus des Codex Jung», *ZäSA* 105 (1978), 133-141.

Simonetti, M., «Eracleone, gli psichici e il Trattato Tripartito», *RStLR* 28 (1992), 3-33.

Thomassen, E., «The Structure of the Transcendent World in the Tripartite Tractate», *VigCh* 34 (1980), 358-375.

Zandee, J., *The Terminology of Plotinus and of Some Gnostic Writings, Mainly the Fourth Treatise of the Jung Codex*, Estambul, 1962.

TRATADO TRIPARTITO

I 51,1-138,27

PRIMERA PARTE
EL PADRE Y LOS SERES ETERNOS

Introducción

51 En cuanto a lo que nos sea posible decir sobre las cosas que son eminentes, es conveniente que comencemos por el Padre que efectivamente es la raíz del Todo, de quien hemos recibido el don para hablar sobre él. Él existía antes de que nada diferente de él existiera[1].

El Padre

El Padre es Uno solo, como un | número, puesto que es el   10
Primero y el que es sólo él mismo[2]. No es como un individuo

---

1. *Netaǵi/tà áno* es la realidad trascendente, lo firme, según la antítesis helenística *áno/káto*, que también adoptan los rabinos (cf. F. Büchsel, s. v. *áno*, ThWNT I 376). Los gnósticos enfatizan la oposición que se presenta así como lo exaltado y glorioso. Sobre el Padre como ser ver EugB 71,13ss, y como «Raíz del Todo», ExpVal 22,32-33; 23,19-32; 24,35-36. Hipólito (Elen VI 30,7) e Ireneo aplican la denominación a la Tétrada y la Ogdóada. Otros lugares del TrTrip atribuyen el vocablo «raíz» al Padre (51,17) o a las realidades eminentes (64,3; 68,9; 66,18; 74,6-7), lo que también sucede en EvV 41,17 y 42,34-35 y otros textos no valentinianos (*Libro de Baruc* del gnóstico Justino, V 26,2; *Apóphasis Megále* simoniana, VI 9,4; 17,3; HipA 93,13 y 97,15; ParSm 8,6; 24,22-23; DSal 134,1-4; 17-19; Pens 46,24-26).

2. Uno solo (*ouei en ouot/hen mónon*), Uno único, simple y separado, como un número (*epe/arithmós*, CRUM 527B). El número uno «primero» y «el que es solamente él mismo», porque es principio del que todos participan como mónadas numéricas ideales y el solo idéntico a sí mismo y diferente de los demás, otorgándoles, la unidad ideal y

solitario, de lo contrario ¿cómo podría ser un padre? Porque siempre que hay un «padre» sigue un nombre de «hijo»[3]. Pero el Uno solo[4], que es únicamente el padre, es como una raíz con un tronco, ramas (*kládos*) y frutos. Se dice | de él que es con sentido propio padre, puesto que es inimitable e inmutable. A causa de esto es único en sentido propio y es Dios, ya que ningún dios ni padre hay para él[5]. Puesto que es inengendrado, no hay ningún otro que lo haya engendrado, ni | ningún otro que lo haya producido. Porque el que es padre de alguien o su productor, también él tiene padre y productor. Indudablemente es posible que él sea el padre y productor del que ha nacido de él y del que ha producido, ya que no se trata de un padre en el sentido propio, ni de un | dios, porque tiene 52 quien [lo] engen[dró y] produjo[6]. Por consiguiente, en el sentido propio solamente es el Padre y el Dios aquel a quien ningún otro engendró, mientras que al Todo, él es quien lo ha engendrado y lo ha producido. No tiene principio (*arché*) ni fin. En efecto, no sólo no tiene fin (la causa de que sea inmortal es porque es inengendrado), | sino que también es indeclinable en lo que es eternamente, en su identidad, en aquello por lo que es estable y en aquello por lo que es grande. Ni por sí podría mudar de lo que es, ni ningún otro lo podría obligar a producir un fin que no haya siempre querido. No ha admitido | a ningún otro que diera comienzo a su ser. De este modo es inmutable, tampoco ningún otro podrá mudarle de su fundamento e identidad, ni de aquello en lo que es, ni su grandeza, de este modo no se le puede cambiar; tampoco es posible que cualquier otro lo transforme en una forma diferente, bien sea reduciéndolo o alterándolo | o disminuyéndolo, porque es (así) en el sentido propio de la verdad como es inalterable e inmutable, el

existencia múltiple, cf. Plotino, En V 5,4 y V 5,5,1-13. La precisión del autor puede tener en cuenta a All 48,20ss y 63,5,10. Sobre el Padre como «Uno Solo», ver EvV 23,15; 42,15 y Anón. Bruc. (*passim*). Cf. F. García Bazán, *Plotino. Sobre la trascendencia divina,* (Mendoza, 1992), 236.

3. El Padre es «uno solo» por naturaleza y origen de generación, pero su nombre es correlativo con el de «hijo», es así «único», pero no lo aisla la soledad. Ver Orígenes, *De principiis* I 2,10.

4. La fórmula se sigue repitiendo (ver n. 2). Sobre su presencia en contexto filosófico y religioso, ver García Bazán, o.c., 179-188.

5. El «Padre» implica poder de generación, pero es uno e incomparable como Padre en sí mismo. El autor conjuga el sentido filosófico (uno simple y separado) con el religioso (uno, singular e incomparable) de la fórmula «uno solo» valiéndose del nombre «Padre» que reclama al de «hijo».

6. El Padre en sí, en su nombre propio, carece de generador, los padres comunes, sin embargo, tienen sus padres que le dan el ser. El mismo razonamiento se usa para «Dios» y los «dioses». Ver 51,21 y 52,2-6. La distinción está en Filón, Ioseph. 265; Virt. 204.

que reviste la inmutabilidad. Porque no sólo es denominado «sin principio» y «sin fin», porque es inengendrado e inmortal, sino que como carece | de principio tampoco tiene fin y del 40 modo como es, es inalcanzable 53 en su grandeza, inescrutable en su sabiduría (*sophía*), incomprensible en su dominio (*exousía*) e insondable en su suavidad[7]. Pues en el sentido propio él es el único Bueno (*agathós*), el Padre inengendrado y el perfecto completo, es el que está pleno de toda su generación | y con toda 10 excelencia (*areté*) y con todo valor. Y tiene más, es decir, la carencia de todo celo, para que sea posible descubrir que quienquiera que posea [algo] se lo debe a él, porque lo da, no siendo mermado ni agotado por lo que da, puesto que es rico en los dones que obsequia y halla su reposo | en los favores que otorga. 20 Es, por lo tanto, de tal calidad, forma y grandeza, que nada otro hay con él desde el comienzo; ni un lugar en el que esté o del que haya venido, o al que retornará; tampoco existe una forma primordial que use como modelo cuando fabrica; tampoco ningún cansancio | le acompaña en lo que hace; tampoco hay ningún 30 material que esté a su disposición, a partir del cual produzca lo que produce; ni una sustancia (*ousía*) en su seno de la que engendre lo que engendra; tampoco un colaborador que, junto con él, fabrique lo que fabrica. Decir algo semejante sería ignorancia. Sino que (es pleno) en tanto que | es bueno, intachable, perfecto 40 y 54 completo, siendo él mismo el To[do][8].

7. El Padre, pues, es inengendrado (*atŁpa/agénnetos*) y sin principio (cf. 51,27ss; 52,9;53,7; 54,24ss, etc.; ExpVal 22,23-24; 37-38; EvV 38,32-33; Adv. Haer. I 1,1; I 2,5; Ptolomeo, *Carta a Flora* 33,7,6). El *Kérigma Pétrou*, en la versión eclesiástica, dice, sin embargo, que Dios es «increado» («el Increado, que lo ha creado todo»). Como inengendrado y sin principio, es sin fin e inmortal e igualmente inmutable, pues no puede alterarse por cambio interior ni influencia externa, en calidad ni cantidad y es inmodificable, naturaleza que no alcanza la mente que la cambia en cantidad, calidad, poder y dulzura (EvV 24,9, etc.). La argumentación se justifica en Parménides, fr. 8, tenido en cuenta por Numenio (frs. 6 y 13), y antes por EugB (ver n. 1) en la versión gnóstica del «Dios desconocido».

8. Sobre la grandeza (52,26) y suavidad (53,5) del Padre, cf. EvV 42,13-14, Adv. Haer. I 2,2, ExpVal 42,12-13 y 56,15, 57,29 y 72, 11-12. El Padre como Bueno o Bien reúne dos tradiciones: gnóstica (Mt 19,17; EvV 40,26-29 y 42,7; Valentín fr. 2; ExpVal 23,34) y platónica (Rep. 508D). La concepción del ser de Dios que sobreabunda y dona se confirma en 56,9-18; 59,36-38; 60,11-15; 93,27 (ver EvV 18,38 y TrRes 49,37). El origen de la idea está en Platón, Tim. 29E (cf. E. R. Dodds, *Proclus. The Elements of Theology*, Oxford, 1963, 213-214), pero que Dios sea rico, pleno y en reposo expresa otra convicción, basada en la inagotabilidad de su misericordia (cf. F. Hauck-W. Kash, s. v. *ploûtos*, en ThWNT VI 316ss). La singularidad paterna se repite de otro modo al afirmarse que desde el comienzo ningún otro ha existido con él. Dios «sin lugar» (53,24), ver asimismo EvV 22,25-28. La exposición se ordena según la polémica antiplotiniana (ver Int.).

Inadecuación de los nombres

Por lo tanto, ninguno de los nombres concebidos, dichos, vislumbrados o imaginados, ninguno de ellos se le atribuyen, aun cuando sean los más brillantes, venerables y honorables. Sin embargo, por una parte es posible proferirlos para su gloria | y honor, de acuerdo con la capacidad de cada uno de los que le glorifican[9]. Por otra parte, en cuanto a él mismo, tal como es, de la manera como es y de la forma que le pertenece, es imposible a ningún intelecto concebirle (*noeîn*) y tampoco podría ninguna palabra expresarle, ni ojo alguno verlo, ni cuerpo apresarlo, a causa de | su insondable grandeza, de su incomprensible profundidad (*báthos*), de su inconmensurable altura y de su ilimitada voluntad. Tal es la naturaleza del Inengendrado, él no opera por ningún otro, ni se acopla como si fuera algo limitado, sino que posee esta constitución sin poseer | rostro ni figura, cosas que son captadas por la sensación, motivo por el que también es el Incomprensible. Si es incomprensible, se sigue, entonces, que es incognoscible, pues el que es inconcebible para cualquier pensamiento, invisible en cualquier cosa, inefable para toda palabra e intangible para cualquier mano[10] | él sólo es el que se conoce como 55 es, con su forma, su grandeza y su medida. Y puesto que posee la capacidad para concebirse, para ver(se), para nombrarse y comprenderse, pues es para sí su propio intelecto (*noûs*), es para sí su propio ojo, su propia boca y su forma y es él mismo lo que | concibe, lo que ve, lo que dice, lo que capta, él mismo, el Inconcebible inefable, incomprensible e inmutable. Siendo alimento, gozo, verdad, alegría y reposo, lo que concibe, lo que ve, lo que dice, lo que tiene como | pensamiento, está sobre toda sabiduría y supera todo intelecto y supera toda gloria y supera toda belleza y toda suavidad y toda grandeza y toda profundidad y toda altura, así, pues, el que es incognoscible en su naturaleza, que posee todas las grandezas que | ya he mencionado[11], si

10

20

30

40

10

20

30

9.   Acerca del Nombre y la relación con EvV, EvFlp y otras corrientes valentinianas, cf. García Bazán, «El "Nombre" según la enseñanza del Tractatus Tripartitus», 255ss. La doctrina valentiniana y cristiana difiere de la platónica del *Parménides* 142A, que sigue Plotino en En V 5 [32],6,12 y en otras ocho oportunidades.

10.   Sobre la incomprensibilidad del Padre, cf. EvV 17,7-9; 17,22; 18,32; Adv. Haer. I 1,1; I 2,5; Ext. Teod. 29 y los testimonios platónico-pitagorizantes indicados en F. García Bazán, «El Evangelio de la Verdad», *RBíbArg* 51, N. E. 36 (1989/4), 205, n. 12. Sobre la «grandeza insondable», ver n. 8 y Heracleón, fr. 8; sobre «incomprensible profundidad», EvV 22,25; «inefable», ExpVal 24,39; 29,31-32 y sobre la intangibilidad divina, Filón, Spec. Leg. I 139, EvT 17 y Minucio Felix, *Octavio*, 18,8; 54,25-26. Se rechaza la inculpación gratuita de Plotino en En V 8 [31],7,8.

11.   Sobre el saber aperceptivo paterno, equivalente a la *katanóesis* plotiniana, ver EugB 71,15-18; 72,11-13, 19-20. La ortografía latina *phorme* (55,8-9) aparece en

quiere dispensar conocimiento para que pueda ser conocido, por la sobreabundancia de su suavidad, tiene capacidad (*hikanós*) para hacerlo así. Tiene su poder, que es su voluntad. Ahora, sin embargo, se mantiene en un silencio, que es el Grande y que es causa de la generación de las Totalidades en su | ser eterno. 56 **40** Pues es él mismo, en el sentido propio, el que engendra como inefable, puesto que (es) una autogeneración, ya que se concibe y se conoce como es. Lo que merece su admiración, gloria, honor y alabanza, lo produce | por la ilimitación de su grandeza, la **10** inescrutabilidad de su sabiduría, la inconmensurabilidad de su dominio y su insaboreable suavidad. Es él quien se expone en este modo de generación, para tener gloria y alabanza admirable y amable; el que | también se glorifica, el que se admira, se **20** alaba y se ama (-*agápe*). El que tiene un hijo, que permanece en él y que está silencioso respecto de él, que es el inefable en el Inefable, el invisible, el incomprensible, el inconcebible en | el Incon- **30** cebible. De este modo, existe en sí eternamente, el Padre, como hemos dicho antes, bajo un modo sin generación, aquel en el que se conoce, el que lo ha engendrado teniendo un Pensamiento, que es el Pensamiento de sí, o sea, la 57 sensación (*aísthesis*) de sí, que es [...] de su constitución eterna. Es decir, además, es él en sentido propio, (el) silencio, la sabiduría y la gracia (*cháris*), que también se designa propiamente en esta forma[12].

El Hijo y la Iglesia preexistente

Porque igual que [el Pa]dre es en el sentido propio | aquel **10** antes del cual no [existe ningún] otro y [aquel] des[pués del cual] no existe ningún otro inengendrado, así también el [Hijo] es en el sentido propio, aquel antes del cual no existe otro, y después del cual no existe otro hijo. Por este motivo, es un primogénito y

---

61,12 y EvV 27,20. Sobre la sustancia inteligible como alimento, cf. Platón, *Fedro* 247D 1, OrCald 17 y Plotino, En V 8 [31],4 al comienzo.

12. Ver asimismo 59,36-38. Plotino sostiene que lo Uno sobreabunda (*hyperplerés*) y, por eso, espontáneamente dimana, siendo lo difundido diferente (cf. En V 2 [11],1,6-9, etc.; García Bazán, *Plotino. Sobre la trascendencia divina*, 84ss). El maestro gnóstico se detiene en la exigencia racional que justifique analíticamente la salida del Uno/Posibilidad comprobada en la tensión de las disposiciones de la voluntad y el conocimiento en estado indiscernible. Se trata de la *Énnoia* o *Sigé* de otros testimonios valentinianos; esta actividad se ejecuta en silencio en consonancia con la separación paterna (cf. Hipólito, Elen VI 29,5 y ExpVal 22,21-24). Sobre la Voluntad del Padre (su poder o potencia), ver 54,23, 55,34-35 y 72,1. Véase EvV 22,10; 24,2; 30,36; 33, 34 y Heracleón, fr. 31, que identifica «voluntad y potencia». «Autoengendrado» (*euouⅅⅈof emmof/autogennétor-autogenés*), cf. Anón. Bruc. 1 (cf. MacDermot, p. 226), 7 (p. 237), 8 (p. 239), 13 (p. 253), 20 (p. 263) y 22 (p. 275), OrCald 39 y ExpVal 22,30-23,31.

20   un hijo único, | «primogénito», de una parte, porque ninguno existe antes que él, «hijo único», de otra, porque ninguno existe después de él. Además, tiene su fruto (*karpós*), que es desconocido a causa de su desbordante grandeza, y quería ser conocido, a

30   causa de la riqueza de su suavidad. Y su poder | inexplicable reveló y lo combinó con la sobreabundancia de su generosidad (*áphthonos*), ya que no sólo el Hijo existe desde el comienzo, sino que la Iglesia (*ekklesía*) también existe desde el comienzo. Ahora bien, si alguno considera que el descubrimiento de que el Hijo es hijo único es una afirmación contradictoria, empero, por

40   el misterio (*mystérion*) de la realidad, | no es así. Porque así como 58 el Padre es Uno solo y se ha revelado como padre para el sólo, así sucede también para el Hijo, se encontró que era un hermano para él mismo, de un modo sin generación y sin co-

10   mienzo. Es él, empero, el que se [ad]mira | [como] Padre, y [le] da glo[ria], honra y amor y también (en él) se concibe como Hijo, de acuerdo con estas disposiciones (*diáthesis*), por lo tanto, «sin comienzo» y «(sin) fin»[13]. Siendo así la realidad, porque es algo

20   establecido. Innumerable, | ilimitada e indivisible, no obstante, su prole, los que son, provenientes del Hijo y el Padre, como besos a causa de la sobreabundancia de quienes se besan entre sí con un pensamiento bueno e inagotable, este beso siendo único,

30   aunque envuelve una pluralidad de besos. Es decir, es la | Iglesia de muchos hombres que existe antes que los eones, que se denomina, en sentido propio, «los eones de los eones». O sea, la naturaleza de los santos espíritus imperecederos, sobre la que descansa el Hijo, puesto que ésta es su esencia (*ousía*), como el Padre descansa 59 sobre el Hijo. [...] la Iglesia existe en las disposiciones y excelencias con las que existen el Padre y el Hijo como he dicho, desde el comienzo. Por esto existe como innumerable generación de eones. También, en una forma incalculable, ellos

10   engendran asimismo, por [las] excelencias [y] | las disposiciones en las [que existen]. Éstos [son su co]munidad (*políteuma*) que [forman] entre sí y [con los] que provienen de [ellos y] con el Hijo, del que son la gloria. Por esto, no es posible para un intelecto concebir[los] —tal es la perfección de aquel lugar—,

13. Primogénito (šere emmise/*protótokos-protógonos*), cf. OrPb 24 y 36, en donde, como aquí y en Ext. Teod. 7,3 y 10,5, se asocia a «unigénito» (šera nouot/*monogenés*). ExpVal habla sólo de Unigénito 24,26-36 y 40,33-34. No hay influencia ortodoxa, sino deslinde, pues el Hijo es «único» en tanto que manifiesta al Padre como conocimiento interior y después desplegado y unido, realizando su Volun tad. En EvV 23,35ss la Palabra sale del corazón del Padre como su fruto (*noutah/karpós*), ver Hipólito, Elen V 9,1, pues entre los naasenos el Hijo es «fruto» del Padre. El Hijo, por consiguiente, como el Padre, es eterno, sin comienzo ni fin.

ni hay palabra que pueda | expresarlos, porque son inefables,   20
innominables e inconcebibles. Ellos solos, sin embargo, tienen la
capacidad para darse nombres y concebirse. Porque no son sem-
brados en estos lugares, ya que los que a aquel lugar pertenecen
son inefables, (e) innumerables en la estructura (sýstasis) que es |
al mismo tiempo el modo y la medida, la alegría y la felicidad   30
del inengendrado, sin nombre, innominable, inconcebible, invisible e incomprensible. Es la plenitud (pléroma) de la paternidad
de modo que su sobreabundancia ha llegado a ser una generación[14].

Expansión eónica

60 [...] de los eones; sin embargo, existía siempre en el Pensamiento del Padre, pero él era como un Pensamiento y un lugar
para ellos. Cuando, no obstante, las generaciones hubieron sido
establecidas, quiso el que tiene poder, conducir y elevar al Todo
[lo que] era deficiente, en la | [...] los que [estaban] en él. Pero   10
permane[ciendo como] es, [él] es [como] una fuente (pegé), que
no es mermada por el agua que mana abundantemente de ella.
Ciertamente mientras que estaban en el Pensamiento del Padre,
es decir, mientras que estaban en la Profundidad oculta, por una
parte los conocía | la Profundidad, pero ellos eran incapaces de   20
conocer a la Profundidad en la que estaban; tampoco podían
conocerse, ni podían conocer ninguna otra cosa. Es decir, estaban indudablemente con el Padre y no existían por sí mismos,
pero | sólo tenían existencia seminalmente (-spérma), de este   30
modo se ha descubierto que existían como un embrión. Como la
Palabra, por una parte, los engendró existiendo seminalmente,
antes de que lleguen a la existencia, por otra, los engendrará.

Formación de los eones en cuanto a la sustancia

61 Por este motivo, el Padre los pensó de antemano, no sólo
para que existieran para él, sino también para que existieran para

---

14. Sobre la ilustración de los ósculos, cf. EvV 26,30 y 41,23-34 junto con EugB
81,7-10. La Iglesia preexistente es anterior a los eones o eón por excelencia como modelo
providencial. Sobre la Iglesia anterior a los siglos, cf. 2Clem XIV 1-3, así como Adv.
Haer. I 5,6 y I 14,1-2. El tema del reposo se reitera, ver 70,18 y 131,21 así como EvV
38,25-32; TrRes 43,35-44,3; Heracleón, fr. 34. Por lo tanto, la Iglesia, como el Hijo,
existe desde el comienzo (57,33-35), sus eones son innumerables (59,28; Epifanio, Pan
31,6,1-2), constituyendo una ciudad cuyos ciudadanos lo son por hacer la voluntad de
Dios (políteuma: 59,11-12, rec. la metrapólis de Anón. Bruc. 7 —pp. 236-237—, ver
n. 21) y son innominables porque sólo ellos pueden nombrarse.

sí mismos, para que, entonces, existieran en [su] Pensamiento como sustancia pensable, y para que también existieran por sí mismos, sembró un pensamiento como un germen [...] para que
10 | entiendan sin duda lo [que es el P]adre [que exis]te para ellos; graciosamente (les) [concedió la pri]mera forma (*morphé*) para que re[conocieran] quién es el Padre que exis[te para ellos]; les dio, por una parte, el nombre «Padre» por medio de una voz que les proclama que el que es existe por medio de este nombre, que tienen por el hecho de que han venido a la existencia, porque la exaltación, por otra parte, está en el nombre, que los ha ignora-
20 do. | Sin embargo, el infante mientras que está bajo la forma de un embrión, tiene todo lo que es suficiente para sí, por más que todavía no haya visto al que lo inseminó. Por esto poseen esta realidad sólo para buscarla, entendiendo, por una parte, que existe, por otra, queriendo encontrar qué es el que es[15]. Puesto
30 que, sin embargo, el Padre perfecto es bueno, | igual que no les concedió que existieran (sólo) en su Pensamiento, sino que les permitió que asimismo pudieran existir, así también les hace la gracia para poder conocer qué es, o sea, al que se conoce eterna-mente, 62 [...] forma para [co]no[cer] que es el que es igual que se es engendrado en este mundo: cuando se nace, se está en la luz, de modo que se ve a los progenitores. Pues el Padre produjo el Todo, como un niño pequeñito, como una gota de una fuente,
10 como un brote | de un[a vi]d, como un [...], [co]mo un retoño nuevo, [...] con necesidad de recibir ali[mento], de crecimiento y de per[fec]ción, lo retuvo por un tiempo. El que lo ha pensado desde el comienzo, lo ha poseído desde el comienzo y lo ha visto,
20 pero lo ha ocultado a los que vinieran en primer lugar desde | él, no por celo (*phthónos*), sino para que no recibieran desde el co-mienzo su perfección los eones y no se elevaran en la gloria hasta el Padre, y pensaran que sólo desde sí mismos poseían esto.

15. Para el Pensamiento paterno, ver EvV 16,35; 19,36-37 y 37,7-14, tema relacionado con el de los dos *Logoi* en la primera Patrística (ver García Bazán, «Trascen-dencia y revelación divinas en los textos gnósticos de N. H.» 237, n. 9 y asimismo ExpVal 22,35-38; 24,31-33 y OrCald [16,18,19]). Sobre la noción de «lugar», cf. EvV 40,30-41,3. «Fuente» y «profundidad» en relación con la *Énnoia* van unidos en Anón. Bruc. 1 (p. 226), 2 (p. 228) y sólo «profundidad» en EvV 37,7-8. Filón (Spec. Leg. I 303) se refiere al Logos como «fuente». Se trata de un estadio anterior al Pleroma inteligible, por ello de desconocimiento de entidades o atributos eternos, sucede igual en EvV 17,4-11; 22,27-33. La esencia de Dios como Hijo, lo cognoscible del Padre, se ofrece en EvV 24,12-18; Adv. Haer. I 2,1; Ext. Teod. 7, 1-3; ExpVal 24,22-28 e incluso Diógenes Laercio VIII 9-11. Sobre el «Nombre», ver 66,32 y 67,29 con EvV 38,25- 40,6. Sobre la disposición de buscar para encontrar, ver EvV 17,3-4;27,22,-25; 27,34-28,4 y EugB 70,6-8.

Formación de los eones en cuanto a la gnosis

Pero como, por otra parte, quería permitirles que existieran, de la misma manera también, para que existieran como | perfec-   30
tos, cuando ha querido, les ha dado el pensamiento perfecto de beneficiencia hacia ellos[16]. Pues al que ha hecho levantarse como una luz para los que provinieron de él mismo, aquel del que toman su nombre, es el Hijo, que es pleno, completo y perfecto. Él lo ha producido unido, ciertamente, con el que ha salido de 63 él [...], [glorificando compartida]mente [...] el Todo, del modo co[mo] cada uno [lo] podrá recibir en sí. Sin embargo, no es su grandeza, puesto que todavía no la ha recibido, pero él (= Hijo) existe en cuantò a sí mismo bajo su medida, su propio modo, forma y grandeza, | aunque sea posible para [ellos] ver[lo]   10
y decir [lo] que conocen de él, ya que lo revisten mientras que él los reviste, [y] es posible para ellos comprenderlo. Él, además, es como es, pero inimitable, para que el Padre pueda recibir gloria por cada uno y revelarse, | porque en su inefabilidad se oculta,   20
siendo invisible, lo admiran en un intelecto. Por este motivo la grandeza de su elevación está en el hecho de que hablan de él y la ven que se manifiesta, (y) en tanto que pueden le elevan himnos por la sobreabundancia de su suavidad, en la acción de gracias. Sin embargo [...] y al modo de [...] | las admiraciones de los   30
silencios son generaciones eternas, pero son generaciones inteligibles, así también las disposiciones de la Palabra son emanaciones espirituales (*probolé pneumatikôn*). Por lo tanto, ambas, puesto que pertenecen a una Palabra, 64 son [...] y pensamientos [de] su generación y raíces que viven siempre manifestadas, ya que son una generación que proviene de ellos, siendo intelectos y generaciones espirituales para la gloria del Padre. Porque no hay necesidad de voz e[n el E]spíritu, de Intelecto y de | Palabra, ni   10
hay necesidad de [actuar] para lo que desean [hacer], sino que según el modo como es [él], así son los que de él han provenido, generando todo lo que desean.

16. La doctrina que coloca la potencia o semilla sobre el acto determinado es platónico-pitagorizante; aparece en Filolao y Espeusipo, entre los autores que interpretan la mónada como poder generativo de números (Nicómaco de Gerasa, Teón de Esmirna) y los gnósticos (Adv. Haer. I 14,2). Aquí se ratifica la enseñanza. La imagen del «niño pequeñito» (62,7) ya apareció en 61,20-24 (ver TrRes 47,17ss); la «gota de una fuente» tiene relación con Plotino (ver n. 44 de la Int.), pero ver Hipólito, *Contra Noeto* 11: «como agua de una fuente» dice de la generación del Verbo, y Tertuliano: «Dios emitió la Palabra como la raíz el brote, la fuente el río y el sol el rayo» (*Adv. Praxeam* 8,5). El Padre no es celoso (ver EvV 18,37-40 y contra Plotino II 9,3; III 8,5 y IV 8 [6],6; cf. García Bazán, *Plotino y la gnosis* 302).

El contenido desplegado del Hijo

Y lo que conciben y lo que dicen y hacia lo que se mueven y en
20 lo que residen y | lo que alaban glorificándolo, esto es para ellos el
Hijo, porque así es el poder generador de ellos, igual que el de los
que han provenido de él, de acuerdo con su asistencia mutua, puesto que se asisten entre sí como los inengendrados[17]. Pues el Padre
ciertamente, de acuerdo con su elevada posición sobre el Todo,
30 siendo | incognoscible e incomprensible, tiene grandeza de tal
modo y magnitud, que si se hubiera revelado súbitamente, con
rapidez, a todos los eminentes eones que han provenido de él,
habrían perecido; por esto ha retenido su poder y su inagotabilidad
en lo que él 65 es, [siendo] inefable [e] innominab[le] y sobrepuja
a todo intelecto y a toda palabra. Éste, sin embargo, se expandió y
se esparció; él dio un fundamento, un lugar (tópos) y una morada
10 al Todo, que es un nombre para él | por el que es Padre del Todo,
por su compasión por los que existen, habiéndose inseminado en
el pensamiento de ellos, para que lo busquen. La sobreabundancia
[...] de ellos cuando conciben que existe y busquen qué es el que
existía. Pero éste les fue dado a modo de deleite, alimento, alegría
20 y sobreabundancia | de iluminación, que consiste en su compasión, su conocimiento y su fusión con ellos, es decir, el que es
llamado y es, de hecho, el Hijo, puesto que es las Totalidades, del
que conocen tanto lo que era como que se reviste. Éste es por el
30 que es llamado «Hijo», y que es concebido como el | que existe y
que se buscaba. Éste es el que existe como Padre y del que no se
puede hablar y que tampoco se concibe. Es el primero que ha existido. En efecto, nadie le puede concebir, o pensarle, o aproximarse
hasta allí, junto al Eminente, junto al Preexistente en sentido propio. Pero todo nombre concebido 66 o dicho sobre él, es producido para su gloria, como su huella (íchnos), de acuerdo con la capacidad de cada uno de los que le dan gloria. Ahora bien, el que
surgió de él cuando se extendió para la generación y el conocimiento de las Totalidades, él, [sin embargo], [e]s todos los nom-
10 bres, sin | falsificación, y es en sentido propio, el solo primer Hombre del Padre, o sea, al que lla[mo] la forma (morphé) de lo carente

17. La luz expresa al mundo trascendente, cf. Adv. Haer. I 4,1 y en relación con la salvación EvV 28,29; 30,37; 35,5, etc. El «revestimiento» es común entre gnósticos, ver 66,31; 87,2-3; 90,4; 91,35; 128,4-129,5, ApSant 4,23-5,23 y Anón. Bruc. 16 (pp. 256-257). Sobre la asistencia mutua pleromática, cf. ExpVal 36,28-31, OcNov 57,18ss.; EsSt 120,29-32.

de forma, el cuerpo (*sôma*) de lo que no tiene cuerpo, el rostro de lo invisible, la palabra de [lo impronun]ciable, el intelecto de lo incon[cebible], la fuente que brotó de él, la raíz de los que son plantados, el dios, sin embargo, de los que están establecidos, la luz | de los que ilumina, la voluntad de los que ha querido, la   20
preconcepción (*prónoia*) de los que preconoce, la sabiduría de los que hizo sabios, el poder de a los que da poder, la asamblea [de] los que congrega con él, la revelación de las cosas que se buscan, el ojo de los que ven, el aliento de los que respiran, la vida de los que viven, la unidad de los que están unidos como las Totalidades.

El Padre oculto y sellado

Todos ellos están en el Uno solo, que se reviste completamen-   30
te de sí y por su nombre único jamás es llamado. Y según esta sola manera son igualmente el Uno solo y las Totalidades. Él no es ni dividido corporalmente ni separado por los nombres en donde está, de modo de | ser así, por una parte, 67 y de aquel modo,   40
por otra. Tampoco cambia en [...], ni es cambiado por [los nom]bres en que se encuentra y es ahora esto y ahora algo otro, siendo esto ahora una cosa y, en otro momento, algo diverso, sino que es todo entero siempre. [El] es cada una de las Totalidades siempre y al mismo tiempo. Es lo | que todos ellos son, en tanto que el   10
Padre de las Totalidades. Las Totalidades asimismo son él. Puesto que es conocimiento para sí mismo, y es cada una de las excelencias y potencias y [así] es el ojo por el que ve todo lo que conoce, puesto que lo ve en sí mismo completamente, teniendo un Hijo y forma. Por esto son | innumerables sus poderes y exce-   20
lencias e inaudibles, a causa de la generación (por la) que los engendra. Innumerables e indivisibles son las generaciones de sus palabras y sus mandamientos y sus Totalidades. Él las conoce, las cosas que son él mismo, puesto que están en el Nombre único y todas | hablan en él. Y las produce para que en la unidad sola se   30
descubra que existen de acuerdo con cada una de las excelencias[18]. Y la multiplicidad no las reveló a las Totalidades de un golpe, ni reveló su igualdad a los que han provenido de él.

---

18. Se ratifica la realidad eminente del Padre, como en 54,2-8, 38, etc.: «inefable», y «sobre todo intelecto y palabra» (cf. EvV 16,7-9). El carácter emanativo de la manifestación, próximo a la literatura platónico-pitagorizante, se ratifica en otras fuentes valentinianas (ExpVal 23,19-31; Adv. Haer. I 1,1-2; 2,5-6). El término *probolé* aparece en 63,36; 68,1; 70,25; 73,18. Sobre los nombres como huellas del Padre, ver EvV 37,25 que asimismo tiene en cuenta el tema del «Hombre», cf. también los marcosianos en Adv. Haer. I 14,3; TrRes 44,13-17 y *Carta dogmática* 31,5. Acerca del «rostro» en la doxología

La vida de los eones

Pues todos los que provinieron de él, o sea, los eones de los eones, **68** siendo ema[naci]ones, la prole de una naturaleza (*phýsis*) generadora, ellos también, por su naturaleza generadora, (generan) para gloria del Padre, como él fue para ellos la causa de su establecimiento. Es decir, lo que hemos dicho previamente, que pro-
10 duce los eones como raíces y como | fuentes y padres, ya que al que dan gloria lo han engendrado, porque tiene(n) ciencia (*epistéme*) y sabiduría. Y han sabido que han provenido de la ciencia y de la sabiduría las [To]talidades. Habrían producido una gloria semejan-
20 te al Padre, él que es las Totalidades, | si ellos se hubieran levantado para dar gloria según cada uno de los eones. Por esto, por el canto de himnos que dan gloria y por el poder de la unidad sola del que han provenido, fueron atraídos a una fusión, una combinación y una unidad de uno con otro. Produjeron una gloria digna del |
30 Padre por la plenitud de la reunión que es una imagen única, aunque múltiple, porque fue producción para gloria del Uno solo y porque vinieron hacia el que es él mismo las Totalidades. Ahora bien, ésta **69** era una honra por parte de los [eones] al que produjo a las Totalidades, siendo primicias (*aparché*) de los inmortales y eterna, porque habiendo provenido de los eones vivientes, siendo perfecta y plena a causa del que es per[fecto] y pleno, los abandonó, porque son plenos y perfectos, habiendo dado gloria de un modo
10 perfecto a causa de su | comunión (*koinonía*).

La «naturaleza» del Padre inescrutable

Porque como el Padre [per]fecto, cuando es glorificado (devuelve) la gloria a los que le glorifican, de modo que los haga manifiestos como lo que él es. Puesto que la causa de la segunda [glo]ria que les llega es lo que les fue devuelto desde el Padre cuando conocieron la gracia por la que produjeron fruto unos
20 con otros a causa del Padre. | En consecuencia, así como aparecieron para gloria delPadre, así también para manifestarse perfectos han aparecido obrando para dar gloria[19]. Porque eran pa-

ofrecida y su nexo con la Palabra, cf. EvV 19,27-37 y 23,33-24,3; «fuente» en 60,13 y 62,9 y ExpVal 24,18; «raíz», 51,3; «preconcepción» (= *prónoia*), cf. EugB 73,3-17.
19. Sobre la emanación, ver 65,4-6 y n. anterior. La capacidad generadora que hace del Hijo (= Todo) «padre» se expresa en las ls. 66,17-18, ver también 70,32-36 y lo que se dice de Marcos en Ireneo, Adv. Haer. I 14,2. Sobre la himnodia de los eones unidos, cf. Adv. Haer. I 2,6; I 14,1; EvV 43,14-19 y OctNov en n. 17. Sobre el fruto segundo, ver ExpVal 34,29-31.

dres de la tercera gloria de acuerdo con el libre albedrío (*autexoú-sios*) y el poder que fue engendrado con ellos, puesto que cada uno de ellos individualmente no es apto para dar gloria | de 30
modo uniforme a lo que quiere. Porque son la primera y la segunda y así ambas son perfectas y plenas, porque son manifestaciones del Padre que es perfecto y pleno, y de los que produjeron, que son perfectos por el hecho de que glorifican al que es perfecto. Pero el fruto tercero está constituido por glorias por la voluntad de cada uno de los eones | y cada una de las excelencias del 40
Padre y (sus) poderes. Él es 70 una [pleni]tud perfecta, en [la medi]da en que proviene de una unión, en tanto que es un acuerdo de cada uno de los eones; es lo que quiere, y lo que puede, cuando da gloria al Padre. Porque por este motivo son intelectos de intelectos, que se encuentran ser | palabras de palabras, digni- 10
dades (*presbýteros*) de dignidades, grados (*bathmós*) de grados, que se elevan unos sobre otros. Cada uno de los que dan gloria tiene su lugar y su elevación y su permanencia (*moné*) y su reposo (*anápausis*), que son la gloria que produce. | Pues todos los que 20
dan gloria al Padre tienen su generación eternamente. Engendran de acuerdo con una asistencia mutua, de modo que son ilimitadas e inconmensurables sus emanaciones y no hay celo de parte del Padre hacia los que han provenido de él respecto de alguna de sus generaciones, porque sea igual o semejante a la suya, puesto que él es el que | es 30
en las Totalidades, generando y revelándose y a cualquiera que quiera lo convierte en un padre, entre estos de los que es el Padre, y Dios, entre estos de los que es Dios, de la manera como los convierte en Totalidades, entre estas de (las que) es el Todo. Todos estos nombres 71 que son buenos se conservan allí en sentido propio, éstos, de los que participan los ángeles que han venido a la existencia en el cosmos junto con los arcontes, aunque no tienen semejanza con los seres eternos. Porque la estructura entera, ciertamente, de los eones desea y busca | el descubrimiento per- 10
fecto y completo del Padre y esto es su acuerdo sin obstáculos[20].
Aunque se revela el Padre eternamente no quiso que le conocieran, puesto que admite ser concebido en tal forma en tanto que se lo busca, mientras que conserva para sí lo preexistente y que es

---

20. Sobre el empleo de *autexoúsios*, ver asimismo 75,35-36. Se trata del libre albedrío (cf. Tertuliano, *De anima* 21,6) y sobre su relación con la concepción del «tercer fruto», cf. Marcos en Ireneo, Adv. Haer. I 14,7: «fruto... de la voluntad autónoma», y EvV 41,20-23. Sobre la falta de celo del Padre y sus efectos, ver n. 16, y sobre la comunidad jerárquica del Pleroma basada en la capacidad de glorificación del recipiendario, n. 17.

inescrutable. Porque es él, [el] Padre, el que ha dado impulso
20 (*aphormé*) | [y r]aíz a los eones, puesto que son lugares [en] el
camino que conduce hacia él, como hacia una escuela de conducta comunitaria (*politeía*)[21], cuando ha extendido [...] fe y oración hacia el que no ven y una esperanza firme en el que no
conciben y un amor fecundo que mira hacia el que no ven y un |
30 entendimiento aceptable del intelecto eterno y una bienaventuranza (*makarismós*) que es riqueza y libertad, y una sabiduría del
que quiere la gloria del Padre para el pensamiento de ellos[22].

En el seno del Padre

Pues, precisamente, al Padre, que es eminente, lo conocen 72
por su voluntad, es decir, al Espíritu que sopla en el Todo y que
les da una idea de buscar lo desconocido, como se es atraído por
un aroma a buscar el obje[to] desde el que surge el aroma, puesto
10 que el aroma | del Padre supera a los ordinarios. Porque su sua-
vidad sumerge a los eones en un indescriptible placer (*hedoné*) y
les da una idea de confundirse con aquel que quiere que lo conozcan conforme con la unidad y asistencia mutua en el Espíri-
20 tu que está sembrado en ellos, mientras que están | en una gran y
poderosa aspiración, renovados de una manera indecible, puesto
que no les es posible separarse de aquello en lo que están estable-
cidos de una manera que no comprenden, porque no hab[lan],
estando en silencio sobre la gloria del Padre, sobre el que tiene
capacidad para hablar, y adquieren forma en él. Él [se] reveló, |
30 pero es imposible hablar de él. Ellos lo poseen, oculto [en] un
pensamiento, de modo que por esto [...] están en silencio, por
una parte sobre la manera en que el Padre está en su forma, su
naturaleza y su grandeza[23], 73 mientras que, por otra parte, los
eones han sido hechos dignos de conocer por su espíritu, que es
un nombre indecible e inaccesible, pero a través de su espíritu,

21. Los vocablos *politeúo*, *políteuma* y *politeía* mantienen el significado del
tardojudaísmo y del NT, que entienden la *pólis* como comunidad ético-social y religiosa,
ciudad renovada, santa y celestial (cf. Eclo 36,12ss, 4Mac 8,7; 17,9; Pablo, Flp 3,20;
1Clem 54,4). La escuela con este cometido (cf. EvV 19,17-20) difiere y contrarresta a la
synousía plotiniana, de la que fueron segregados los gnósticos durante el alegato de
Plotino, y de su proyecto mundano de Platonópolis (Porfirio, Vita Pl 7-9 y 12).
22. Fe (*nahte/pístis*) (Hb 11,1), esperanza y caridad (1Co 13, 13ss), etc., pero
como medios que llevan a la gnosis paterna.
23. Sobre el espíritu ilustrado por el aroma, cf. EvV 33,39- 34,34 y ExpVal 25,39
y acerca de su siembra, cf. Numenio, fr. 13.

que es la huella de su búsqueda, les provee la capacidad para
concebirle y hablar de él. Pues cada uno de los eones es un nom-
bre, que es cada una de | las excelencias y poderes del Padre,   10
puesto que existe en múltiples nombres que están mezclados y en
armonía unos con otros, es posible que hablen de él a causa de la
riqueza de la palabra, lo mismo que el Padre siendo un Nombre
único, porque es Uno solo, sin embargo, es innumerable, en sus
excelencias y nombres. Pues la emanación de las Totalidades que
existen desde el que | es, no ha llegado al ser al modo de una   20
separación de los elementos entre sí, como una separación del
que los engendra, sino que como un proceso de extensión es su
generación, puesto que se extiende el Padre hacia los que quiere,
para que [los] que han provenido de él puedan también llegar a
ser. Porque igual que el eón presente es uno | solo, aunque está   30
dividido en edades, las edades están divididas en años, los años
están divididos en estaciones, las estaciones en meses, los meses
en días, los días en horas, y las horas en instantes, así 74 también
el eón de la Verdad es uno solo, aunque múltiple, dándole gloria
con pequeños y grandes nombres según la capacidad de cada uno
para captarle; a manera de [ana]logía, sin embargo, como una
fuente, siendo lo que es, fluye formando ríos, lagos, canales | y   10
ramificaciones; como una raíz que se extiende por medio de árboles y ramas con sus frutos[24]; como un cuerpo humano, que se
distribuye en forma invisible por miembros de miembros, miembros anteriores y posteriores, grandes y pequeños[25].

La producción imperfecta del Logos

Porque los eones, por otra parte, se han dado a luz de acuer-
do con el tercer | fruto por el libre albedrío de la voluntad y por   20
la sabiduría con que los favoreció por su Pensamiento. No quieren dar gloria junto [con] lo que proviene de un acuerdo producido por palabras de glo[ria] de cada uno de los Pleromas. Ni
quieren dar gloria con el Todo, ni tampoco | quieren con cual-   30
quier otro que anteriormente estuviera sobre la profundidad de
Aquél o su lugar, salvo por el que reside en el Nombre eminente y

24. Se amplía el símil del aroma con otras imágenes móviles, la raíz y la fuente (cf.
51,3; 62,6-11; 63,29-64,8; ver Int. para el alcance de la analogía en la polémica contra
Plotino), como EvV con la escarcha y el sonido. Para la imagen del tiempo, ver EugB
83,23-84,12 y En III 7 (45): «Sobre la eternidad y el tiempo».
25. La figura del cuerpo también está en Plotino (En VI 7,10), pero es de raigambre gnóstica y hebreocristiana.

en el lugar eminente, si no recibe (lo) que ha querido, 75 en tanto que aquél lo hace ascender al nivel superior hacia él, y no se engendra, por así decir, a sí mismo, y a través de aquél no se engendra con lo que es éste y no se engendra con lo que le ha venido de su hermano; lo ve y le implora sobre esto, que el que ha querido ascender hacia a él | pueda hacerlo así. Nada le dice sobre esto, al que le quiso dar gloria, esto sólo, ya que hay un límite (*hóros*) para hablar establecido en el Pleroma, de manera que guardan silencio ciertamente sobre la inaccesibilidad del Padre, pero hablan sobre la voluntad de comprenderlo[26]. Esto sucedió a uno de los eones que intentó comprender la inconcebibilidad | y darle gloria, y asimismo la inefabilidad del Padre, [y] era un Logos de la Unidad [y] era uno, aunque sin existir a partir del acuerdo de las Totalidades ni desde el que los produjo, pues el que produjo el Todo es el Padre. Porque este eón estaba entre aquellos a los que le fue dada la sabiduría [y] que existían previamente cada uno | en el Pensamiento, puesto que porque ha querido ellos han sido producidos. Por esto recibió una naturaleza sabia; para examinar el orden oculto, puesto que es un fruto de sabiduría; porque la voluntad libre que fue generada con las Totalidades era causa para éste para hacer 76 lo que quisiera, sin ninguna restricción para él[27]. Porque la elección (*proáiresis*), pues, de este Logos era buena. Una vez que se lanzó para dar gloria al Padre, aun cuando hubiera emprendido algo que superara su capacidad al querer producir un ser perfecto, a partir de un | acuerdo en el que no estaba y sin poseer el control. Pues este eón era el último al haber sido producido para asistencia mutua y era el más joven de edad. Y antes de que engendrara

---

26.   El «tercer fruto» (ver 69,24-70,14) lo permiten el libre albedrío (ver n. 20), el uso de la prudencia teórica que reina en el todo inteligible (cf. Espeusipo fr. 6) y la *proáiresis* (76,3), que completan la complejidad del acto libre y de respeto personal de los eones. El «Nombre eminente» o «exaltado» es el Hijo como Nombre del Padre. Ver los paralelos de EvV en García Bazán, «El "Nombre" según la enseñanza del Tratado tripartito», 253ss y antes 61,14 ss y 65,11-38. El «lugar exaltado» como el Hijo, 59,18, y el Hijo como «hermano único», 58,6. El documento se refiere tres veces al Límite: en 75,13, 76,33 y 82,12. El primero es el superior al Pleroma, los otros dos casos aluden al inferior, según doctrina valentiniana. Uno separa al Padre/Abismo de los demás eones, el segundo cierra el Pleroma, cf. Ireneo, Adv. Haer. I 2,2-4; I 3,3 y I 11,1; Elen VI 31,5 y ExpVal 27,34-35. El Logos es un eón (ver 76,3, 25; 77,7, etc.). Mientras que Ptolomeo (Adv. Haer. I 8, 5, etc.) y Heracleón, fr. 1, distinguen al Logos de Sofía, aquí se explica que le corresponden las funciones de Sabiduría. Plotino en En II 9,1 reconoce la distinción de Sofía/Logos. El aparente cambio toca a la réplica antiplotiniana.

27.   La voluntad (*ouoše/thélema*) del Logos posee libre albedrío.

algún otro para la gloria de la voluntad y de acuerdo, empero, con las [Totalida]des actuó irreflexivamente, | por un amor (*agápe*)   20 desbordante, y avanzó hacia lo que rodea a la gloria perfecta[28], porque no fue contra la voluntad del Padre por lo que este Logos fue engendrado, es decir, que tampoco contra ella iba a avanzar[29]. Pero el Padre lo había producido para que estas cosas que sabía que eran | necesarias sucedieran. Pues ciertamente el Padre y las   30 Totalidades se separaron de él, para que sea afirmado el límite que el Padre había establecido, porque éste no existe a partir de captar la inaccesibilidad, sino por la voluntad 77 del Padre, y además para que sucedan las cosas que han llegado a ser, para una organización (*oikonomía*) futura, pues no convenía que no existiera, en la manifestación del Pleroma[30].

«Felix culpa»

Por consiguiente, no es conveniente censurar (*kategoreîn*) el movimiento que es el Logos, [si]no que es conveniente que digamos sobre [el] movimiento del Logos que es causa | de una orga-   10 nización que ha sido destinada a existir[31]. Porque, de una parte, el Logos se generó como ser perfecto, como uno [so]lo para la gloria del Padre, que lo ha querido, y estaba satisfecho con él; por otra parte, lo que quiso retener y alcanzar lo engendró como sombras, imágenes (*éidolon*) y semejanzas[32], porque no fue capaz de sostener la visión de [la] luz, pero miró a | la profundidad y   20 dudó. A partir de aquí hubo una división y una desviación. De esta duda y división (nacieron) olvido e ignorancia de sí mismo y (de lo) que es. Pues su movimiento hacia arriba y su intento por comprender lo incomprensible quedó firme para él y estaba en él.

---

28. Literalmente, «con grandeza mental» o «con mente señorial» (*oumenetno̅Ï̈ mmeeue megaloprépeia dianoai*), ver CRUM 251A y Platón, Rep. VI 486A, el postrer eón avanza. La irreflexión lógica, imprudente, asciende mezclada con el deseo excesivo que la generó. La «audacia» de Sofía (Ireneo, Adv. Haer. I 2,2 y 3) parece ser una interpretación ajena al gnosticismo.
29. El Logos es discurso de Dios sobre sí, no puede contradecirlo, sólo deberá mostrarse ante lo que lo oculta. Cf. Parménides, fr. 6.
30. La acción del Logos mal orientada queda fuera del Límite superior y el Pleroma se dispone para entrar en acuerdo con él.
31. Cf. En II 9,8,1-5 y *Plotino y la gnosis*, 237-238. También II 9,4.
32. La satisfacción ilusoria del Logos, que no capta lo sustancial, produce sombras, imágenes falsas y remedos —como aclara 78,32-34—, seres de la fantasía, fantasmas. El fr. 6 de Parménides sigue rigiendo. Esta concepción de lo fantasioso o quimérico está de acuerdo con EvV 17,15ss; TrRes 48,6-33 parece más flexible.

175

30 Pero las debilidades que le persiguieron | cuando estuvo fuera de sí han tomado nacimiento de su duda, es decir, (de que no fue capaz de aproximarse) a las glorias del Padre, aquel cuya eminencia es ilimitada[33]. Pero no alcanzó a éste, porque no lo podía contener. Pues el que lo había producido 78 como un eón de unidad lo impulsó a subir hacia lo que es suyo, y su pariente (*syngenés*) en el Pleroma abandonó al que llegó a ser deficiente, lo que había provenido de él bajo una forma ilusoria (*phantasía*), puesto que no le pertenece. Por lo tanto después que lo produjo

10 como perfecto, en realidad, | lo que había producido se tornó débil como una naturaleza femenina a la que ha abandonado su masculinidad. Porque, ciertamente, de lo que era deficiente en él mismo nacieron aquellas cosas que existieron desde su pensamiento y de [su] arrogancia, por esto lo que es perfecto en él lo aban-

20 donó y se elevó hacia los que son suyos. [Perma]neció | en el Pleroma, siendo cier[tamente] como un recuerdo para él, de manera que [ha sido] salvado de lo que [...] Porque el que subió rápidamente y el que lo atrajo hacia sí no eran estériles, sino que produjeron un fruto en el Pleroma para invertir a los que están en

30 la deficiencia[34]. Pues los que han na[ci]do del pensamiento | arrogante se parecen ciertamente a los Pleromas de los que son semejanzas, pero son imágenes, sombras e ilusiones, faltas de palabra y de luz, que pertenecen al pensamiento vano, puesto que no son generados por nada. Por este motivo también 79 su fin será como su comienzo (*arché*): son a partir de lo que no [exis]tió para volver de nuevo a lo que no existirá[35]. Pero según ellos mismos son más grandes, más poderosos, y más [be]llos que los nombres [que] se les dan, [de los] que son las sombras, bellos por semejan[za], |

10 ya que el [rostro] de la imagen recibe su belleza de aquel del que es

---

33. La incapacidad para sostener el brillo divino se relaciona con la «luz sagrada» de los misterios (Filón, Opif. 71). Sobre la inseguridad del Logos y sus alteraciones, cf. EvV 17,9-24, en ambos casos el Logos es uno, pero en Ptolomeo la Sofía es doble (cf. Adv. Haer. I 4,1), tipo de valentinismo conocido por Plotino. La duda rompe la integridad (cf. Herm [Mand.], 10,1-2). Las «debilidades» o «enfermedades» son las pasiones (cf. EvV 33,1-5; 35,30-36,3; Heracleón, fr. 40).

34. El aspecto superior del Logos y el caído recuerdan los dos modos de Sofía (Adv. Haer. I 11,1; I 2,4; Ext. Teod. 23,2; 32,2-3). Sobre lo deficiente como naturaleza débil y femenina, cf. EugB 85,9-10, Adv. Haer. I 2,4; Ext. Teod. 67,4 y EvFlp.

35. «Pensamiento arrogante» o presuntuoso (ver 78,16-17): *meeue men ǵasihet/ hyperéphanos* (Prov 3,34; 1Clem 16,2; 30,1-2), el inmodesto se aleja de la voluntad de Dios. La crítica a las entidades cósmicas es doble, censura la creación desde el no ser (2M 7,28, etc.), pero también a los seres cósmicos como imágenes ontológicas (En V 5,8 al final; II 9,4,23ss y II 9,8,15-20).

una imagen[36]. Pues pensaban de sí mismos que existen solos y sin principio, de modo que nada otro veían que existiera antes que ellos. Por este motivo se [han mostrado] en desobediencia [y] alejamiento (-apostátes) sin someterse a aquel por el que llegaron a existir. | Porque querían gobernarse unos a otros, superándose   20
entre sí [por] su deseo de la gloria vana, mientras que la gloria que poseen contiene una causa [de] la estructura que iba a existir. Por lo tanto, [al] ser semejanzas de los que son eminentes se elevaron por el deseo de gobernar, cada uno de acuerdo con la grandeza del nombre | del que era una sombra, imaginándose cada uno   30
llegar a ser superior que los otros. Pero el pensamiento de éstos no era estéril, sino que de acuerdo con la semejanza de la que son sombras, lo que piensan todo lo tienen como hijos, 80 y lo que pensaban lo han tenido como generación. Por esto sucedió que una multitud provino de ellos como generación, siendo combatientes, guerreros, agitadores, apóstatas, díscolos, amantes del poder [y] | todos los otros de este tipo nacidos de ellos[37].   10

Retorno y conversión del Logos

Porque el Logos [ha] sido la causa de lo [que] llegó a ser, [pero] se desarrolló más y se angustió, sin saber qué hacer: en lugar de perfección vio deficien[cia]; en lugar de fusión vio división; en lugar de estabilidad vio desorden; en lugar de [reposo], agitación. Tampoco le era [posible] | hacer que cesaran en su   20
a[mor al] desorden, ni tampoco destruirlo. Carecía com[pletamente] de poder una vez que su Totalidad y su per[fec]ción lo abandonaron. Pues los que han nacido no se conocen a sí mismos y tampoco conocieron a los Pleromas de los que han provenido, ni conocieron al que fue la causa de | su existencia. Porque   30
el Logos, estando en esta inestable condición, no continuó produciendo al modo como las emanaciones, las que son en los Pleromas de gloria, que existen para la gloria del Padre, sino que produjo 81 criaturitas débiles, [impe]didas por las enfermedades por las que también él estaba impedido[38]. Fue la [se]mejanza de

---

36. Los seres cósmicos encubren su irrealidad con simples nombres, cf. Parménides, fr. 19, EvFlp 13, EvV 17,23-25; 28,14-24 y fr. 5 de Valentín (Strom. IV 89-6-90,1).

37. La arrogancia es movida por la gloria vacua (*kenodoxía*) (OgM 100,29-33; ApocJn [II] 11,19-23; HipA 86,27; 87,4; TrGSt 53,28-31).

38. Sobre la perplejidad (*aporía*) del Logos que otros textos atribuyen a Sofía, ver EvV 17,10-15. Los efectos frustrados como «criaturitas débiles» (*mentóob eysabek*) recuerdan la mención de *páignion* en En III 8,5,7ss, apoyada sobre III 6 [26],7,23-24, en donde

esta disposición, que era una sola, la que fue la causa de las cosas que no eran ellas mismas en el principio. Pues hasta que el que
10 produjo estas cosas que han existido así | en la deficiencia, y hasta que condenó a los que existieron por su causa contrariamente a la palabra (es esta condena la que fue un juicio), peleó contra ellos para su destrucción, es decir, los que se oponen al juicio (*krísis*), a los que la cólera persigue[39].

Arrepentimiento y plegaria

Sin embargo éste los acepta y redi[me] de su propósito
20 (*gnóme*) y alejamiento, porque de él | [viene] la conversión que se denomina también arrepentimien[to] (*metánoia*), [una] vez que el Logos se vuelve hacia [otro] propósito y otro pensamiento, apartándose de lo que es malo, se volvió hacia lo bueno[40]. Después de la conversión accedió al pensamiento de los seres existentes y a la plegaria por el que ha retornado sobre sí mismo, porque
30 es bueno. | Ahora bien, en primer lugar, oró al que está en el Pleroma y recordó después a sus hermanos individualmente y siempre junto con los otros, después todos juntamente; pero antes de todos ellos, el Padre[41]. 82 Esta plegaria de súplica, por lo tanto, era una ayuda para que retornara hacia sí y al Todo, porque fue causa del recuerdo de él que a los que habían existido desde el principio los recordara. Éste es el pensamiento que llama
10 de lejos, trayéndolo de vuelta. | Porque toda su plegaria y su recuerdo constituían poderes numerosos de acuerdo [con] el límite ya mencionado, porque nada estéril hay en su pensamien[to].

Crítica a los poderes cósmicos

Puesto que los poderes eran buenos y eran mayores que los de la semejanza, porque éstos que pertenecen a la semejanza pertenecen también a una sustancia tene[brosa]. A partir de
20 una ilus[ión] | de semejanza y un pensamien[to] arrogante va[no] han llegado a ser, pero se originan desde el pensamiento

---

la materia sensible es un «juguete efímero» y los seres sensibles «juguetes», como «reflejos en un reflejo». El autor gnóstico retomando la idea es aún más drástico.

39. Sobre el juicio del Logos, cf. EvV 25,35-26,15.

40. Aparecen unidos los términos «conversión» (*nouoh ahoun/epistrophé*) y «arrepentimiento», ver EvV 35,22-23; Ireneo, Adv. Haer. I 21,5. La alusión es central en la polémica contra Plotino (cf. En II 9,4,17 y II 9,6 al comienzo) y F. García Bazán, «Plotino y los textos gnósticos de Nag Hammadi», *Oriente-Occidente* 2 [1981], 185-203).

41. Ver el paralelo de la plegaria en ExpVal 34,25-34.

que de antemano [los] conoció[42]. Los seres anteriores, pues, son como olvido y un sueño pesado, siendo como los que tienen sueños agitados, a los que sucede | que se los persigue mientras 30 que están encerrados por un cerco[43]. Pero los otros son para él como criaturas de luz, como cuando se mira hacia el nacimiento del sol, sucede que se ven sueños que son verdaderamente suaves[44]. En cuanto a ellos, 83 ciertamente ya desde entonces [...] las emanaciones del pensamiento, no tenían más su sustancia ni tampoco tenían honra, [por]que no son iguales a los que anteriormente existieron, aunque sean superiores a [las] semejanzas. Lo único por lo que serían más elevadas que éstas | es porque 10 son a partir de un propósito bueno, ya que no provienen de la debilidad que comenzó a existir, o sea, que provienen del propósito bueno que ha buscado al que previamente existe, una vez que ha orado y se levantó hacia el Bien, y sembró en ellas una elección a buscar | y orar al que existe previamente glorioso, y 20 sembró en ellas un pensamiento [de] él y una idea, para que piensen que algo superior a ellas exis[te] con anterioridad, aunque no supiesen lo que era. Generando armonía y amor mutuo gracias a este pensamiento actuaron en | unidad y con un propósito solo, 30 de modo que de la unidad y el propósito único han recibido su mismo ser. Porque ciertamente, éstas las han atacado por el deseo de poder, porque eran más dignas de honor que 84 las primeras, que se habían levantado contra ellas. Éstas no se habían resignado. Se consideraban que eran seres que existían a partir de sí mismos solos y sin principio, generados primeros de acuerdo con su propio nacimiento. Los dos órdenes se atacaban, peleando por | dominar, de este modo fueron sumergidos en fuerzas y 10 sustan[cias] según la norma del ataque mutuo, puesto que tenían también deseo del poder y todas las otras cosas de este tipo. Por este motivo el deseo de vana gloria los lleva a todos ellos al | deseo apasionado (*epithymía*) de afán de poder, mientras que 20 ninguno de ellos tiene el conocimien[to] [...] ni lo profesan. Pues los pode[res] de este pensamiento estaban prepara[dos] por las acciones del que [previamente] existe, del que son las representaciones. Porque el or[den] de los que son de este modo | estaba en 30 armonía consigo y con los suyos, pero combatió contra el orden (*táxis*) de los que pertenecen a la semejanza, porque el orden

---

42. «... pensamiento arrogante vano» (... *efsoueit/... kenós*). Ver n. 35.
43. Cf. EvV 29,8ss.
44. «Seres de luz», opuestos a 82,18: «de sustancia tenebrosa», cf. EvV 30,4-6. Sueños del alba, cf. Jámblico, *De mysteriis* III 2.

de los de la semejanza hacía la guerra contra las representaciones y actuaba contra él mismo a causa de su ira[45]. 85 Po[r e]sto suce[dió] [...] ellos mismos [...] unos contra otros [...] la necesidad los señaló [...] para prevalecer [...] no quería caer, [...] y la envidia y la ojeri[za] (-*báskanos*) de ellos y su ira y violencia y

10 deseo apasionado e ignorancia los | dominan para producir materias (*hýle*) diversas y poderes diferentes, numerosos, mezclados entre sí, mientras que el Logos, que fue causa de su generación, abrió su inteligencia a la revelación de la [esp]era[nza] que le vendría de lo alto;

Aparición del Salvador

porque el Logos que se movió tenía la esperanza y la espera de lo que es elevado. Por una parte se separó de los de la sombra ab-

20 solutamente, | puesto que están contra él y para nada le son obedientes, por otra parte se consoló con los seres del pensamiento, y el que se ha ele[va]do de esta forma y que está en condición elevada, pensando en el que estuvo en deficiencia, el Logos lo engendró invisiblemente, entre los que han existido según el pensamiento, de acuerdo con el que estaba con ellos, hasta que la luz

30 irradió sobre él desde | arriba, como vivificador, engendrado por el pensamiento de amor fraternal, empero, de los Pleromas que anteriormente existían[46]. Porque el tropiezo que acaeció a los eones del Padre de las Totalidades que no han sufrido, lo asumieron como si fuese propio, solícita y bondadosamente y con inmensa suavidad, 86 [... el] Todo para que se instruya sobre [...] [...] por el Uno [...] [... confir]mar a todos por él para eliminar los defectos. Porque el or[den, que] existió para él, nació desde [el] que ascendió y que lo engendró desde él y desde la perfección entera. Por su lado el que ascendió se tornó en un mediador para

10 el que era deficiente frente a la | emanación de los eones que han nacido de acuerdo con lo que es. Pero cuando les rogó a éstos, consintieron gozosamente, de buena voluntad y con armonioso (-*symphonía*) consentimiento, para ayudar al deficiente. Se reunieron pidiendo al Padre con intención benefactora que la ayu-

---

45. Cf. asimismo 81,16 y 97,36.
46. Sobre la providencia infraliminal que rige los vicios y el apoyo a su consolidación, ver 77,37-78,19; 80,24-30 y el paralelo del origen en Adv. Haer. I 4,1-2. Sobre el término «ojeriza», cf. TestV 47,29. Sobre la esperanza y espera como disposición de cumplimiento del Pleroma y así motivo en la obra de quienes se deben salvar, ver 92,7,15; 97,11, etc., y EvV 17,3; 34,35-35,5.

da viniera desde lo alto, del Padre, para su gloria, puesto que no podría ser perfecto de otra forma | el deficiente, salvo que la   20 voluntad del Pleroma del Padre, que lo ha atraído hacia sí, se revelara y la diera al deficiente. Entonces, a partir de la armonía, en la volición gozosa que había nacido produjeron el fruto, una generación a partir de la armonía, uno solo, que pertenece a las Totalidades, que revela la marca del Padre, el que los eones han pensado | al haber dado gloria y haber rogado ayuda (*boétheia*)   30 para su hermano con un propósito en el que el Padre se contaba con ellos, de esta manera fue voluntaria y felizmente como produjeron el fruto. Y el acuerdo de la revelación de su unión con ellos, que es el Hijo, sin embargo, se manifestó[47] por su voluntad.

Restauración y complección del Pleroma

87 Pero el Hijo en el que el Todo se complace, se colocó sobre ellos como un vestido, por el que dio la perfección al deficiente y dio confirmación a los perfectos, el que es llamado propiamente «Salvador» (*sotér*) y «el Redentor», «el Complaciente» y «el Amado», «aquel al que las oraciones han sido ofrecidas», «el Cristo» y | «la luz de los elegidos», de acuerdo con aquellos desde los que   10 se produjo, puesto que ha llegado a ser los nombres de los Existentes. Porque, ¿qué otro nombre se le puede atribuir salvo el de «el Hijo», como previamente dijimos, puesto que es el conocimiento del Padre, el que quiso que se conocieran? Porque no sólo los eones generaron la marca del Padre al que dan gloria, como previamente fue escrito, sino que | también generaron el   20 que es propio de ellos; ya que los eones que dan gloria generaron su marca y su rostro. Fueron engendrados para él como un ejército, como el de un rey, puesto que los seres del pensamiento tienen una fraternidad de autoridad común y una armonía entreverada. Apareció bajo una forma múltiple, de manera que al que ayudara, viera a los que había pedido | ayuda y vea también al   30 que se la dio, ya que el fruto, del que hemos hablado antes, está sujeto al dominio de las Totalidades. Puesto que el Padre ha co-

---

47. El revés (*slate/sphálma* o quizás *olísthema*) difiere de otras noticias indirectas en donde el traspié de Sofía perturba a fondo al Pleroma (Hipólito, Elen VI 31,1), la aclaración es oportuna contra lo dicho por Plotino en En II 9,4, etc. El Logos fuera del Pleroma es también «hermano». Acerca del Logos elevado y el Pleroma como mediadores, ver, con otras explicaciones, Adv. Haer. I 2,3; Elen VI 31,2; Ext. Teod. 23,2. El tercer fruto (ver n. 20) brote de armonía y gozo único del consentimiento a la voluntad paterna es valentiniano, cf. Adv. Haer. I 2,6; Elen VI 32,1-2; Ext. Teod. 23,1; 35,1 y OrPb; EvV 30,32 y 40,24-25.

locado en las Totalidades tanto a los que preexisten como a los que son, como a los que serán[48]. 88 Era capaz (de hacerlo). Reveló a lo que había establecido dentro de sí. No se lo había dado, sino confiado. Gobernó la organización del Todo de acuerdo con el dominio que le fue dado desde el comienzo junto con el poder para la tarea. De este modo comenzó y llevó a cabo su
10 revelación. Por lo tanto, éste en el que el Padre está y en el | que el Todo está, existió antes que aquel al que le falta la vista. Se mostró a los que buscaban la vista, por medio del rayo de esta luz perfecta. Primero lo perfeccionó en alegría inefable. Lo perfeccionó en sí mismo como un perfecto y también le dio lo que es
20 propio según cada uno. Porque ésta es la determinación de | la primera alegría. Y sembró en él invisiblemente una palabra que está destinada a ser ciencia. Y le dio poder para separar y alejar de sí a los que le son desobedientes. De esta manera, por una parte se manifestó a sí mismo, por otra a los que nacieron a causa de él
30 se manifestó bajo una forma engañadora. | Él les ha producido un impacto apareciéndoseles súbitamente y retirándose a sí mismo como lo hace un relámpago. Y poniendo fin al enredo que mantenían entre sí, lo detuvo 89 por la aparición súbita, de la que no tenían noticia y tampoco esperaban, ya que no la conocían. Por este motivo sintieron miedo y se abatieron, puesto que no fueron capaces de resistir la aparición de la luz que los impresionó[49]. Para los dos órdenes, sin embargo, fue la aparición un choque, como, no obstante, a los seres del pensamiento les ha

---

48. Cf. el envío del Salvador para afirmación del Pleroma con Adv. Haer. I 3,1; I 4,1; I 12,3. «Hijo amado» es el que cumple la obra fuera del Pleroma y que, manifestando al Todo, está sobre él como vestido (ver asimismo 63,12-13 y 87,12-13). El «Hijo» como Nombre del Padre y la función soteriológica del nombre se da en EvV 16,37-39; 20,38; 24,3. Sobre el tema valentiniano del Hijo como conocimiento del Padre, basado en Mt 11,27, ver EvV 18,4-5 y Ext. Teod. 7,1-3. La idea de restauración se vigoriza con la ilustración del «ejército», equivalente a la multitud angélica masculina que acompaña al Salvador en otros testimonios (cf. Adv. Haer. I 2,6,4-5; Elen VI 34,3; Ext. Teod. 35,1; ExpVal 36,20-33) y que se relaciona coherentemente con el motivo iniciático de la «cámara nupcial» (ver 122,12-17; 128,33-36), presente con el mismo sentido en Ext. Teod. 64,1 y EvFlp. Sobre el «fruto» y su relación con el Salvador, ver 78,23-28 y n. 47 (cf. Adv. Haer. I 12,3; ExpVal 33,22; Ext. Teod. 23,2; Elen VI 32,1-4). Las «marcas» son las facciones del Padre, que están en su rostro, el Hijo (cf. 54,30; 87,18-20; 91,33-34; 100,22; EvV 19,31 y 24,5). Sobre la corte angélica, ver EugB 88,11ss.
49. Todo está en el Salvador para que realice la liberación. El arconte principal carece de luz (119,19) y no ve la acción espiritual (ver 100,37-101,5), representando la suma de las fantasías del Logos (ver asimismo EvV 17,13-14 y 30,14-16, a lo que subyace la historia de Samael [«dios ciego»]; cf. García Bazán, *Gnosis* 2, 85, n. 30 y 166). El Salvador como resplandor de la luz eónica llena de gozo al Logos, lo que equivale a la primera formación de Sofía de otras versiones (cf. Ireneo, Adv. Haer. I 4,5 y Ext. Teod.

[sido] dado el nombre | de «pequeños», así tenían una débil no-   10
ción, puesto que algo eminente existía antes que ellos y tenían
sembrada en ellos la expectativa de lo eminente que se va a manifestar. Por consiguiente, saludaron su revelación y la adoraron.
Fueron sus testigos convencidos y declararon la luz que había
surgido como | más fuerte que los que los combatían. Los seres   20
de la semejanza, sin embargo, se asustaron muchísimo, puesto
que no habían oído hablar desde el principio que existiera una
figura de este tipo. Por consiguiente cayeron en la sima de la
ignorancia que se denomina «la tiniebla de afuera», «el Caos»,
«Hades» y «Abismo». Colocó por encima el orden de «los | seres   30
del pensamiento», puesto que era más fuerte que los otros, eran
dignos de gobernar (*árchesthai*) sobre la oscuridad indecible, a la
manera de lo que es suyo y la parte que se les asigna. Se les con-
cedió para que también sean útiles en la organización que estaba
por venir 90 a la que ignoraban. Pues hay una gran diferencia
entre la revelación al que existió y es deficiente y los que llegaron
a la existencia a causa de éste. Porque a éste se reveló dentro de
él, puesto que está con él, es un amigo que sufre con él, le da
reposo poco a poco, le hace crecer, lo eleva y se entrega a él final-
mente para complacencia (*apólausis*) desde | su visión. Pero a los   10
que son exteriores se revela rápida y bruscamente y se retira súbitamente, sin permitirles que lo vean[50].

La plenitud del Logos

Pues cuando fue iluminado el Logos que era deficiente, tomó
comienzo su pleroma. Huyó de los que lo habían perturbado
anteriormente. Se desligó de ellos. Se despojó de este pensamien-

---

44,1; 45,1-46,2), pues se trata de la semilla que podrá crecer. El tema de la alegría se
ratifica en EvV 16,31, Adv. Haer. I 2,6; Heracleón, fr. 35; Ext. Teod. 65,1-2 y 83, como
en los misterios y el hermetismo y de la semilla en Heracleón, fr. 2 y Elen VI 34,3-6, pero
el autor hace hincapié en la Palabra y la gnosis salvadora que va en aumento (ver 90,1-
13). La obra salvífica abre el juicio que distingue a cada uno (cf. EvV 25,35-26,32). La
confusión de hílicos y psíquicos se ofrece en Ext. Teod. 45,3; Adv. Haer. I 5,2. El
impacto de la aparición súbita (*exaíphnes*, cf. Plotino, En V 5,7 y Platón, *Carta VII* 341D)
de la luz que sólo se puede captar progresiva y connaturalmente se relaciona con el juicio
que distingue como en el pasaje del EvV.

    50. Los psíquicos se denominan «pequeños» o «inmaduros» con el lenguaje de los
rabinos, porque poseen el conocimiento indirecto que identifica con la espera (cf. Mt
18,6 y Heracleón fr. 40, en el que se interpreta al Demiurgo como un reyezuelo). A los
materiales, aterrorizados por el fin que trae la presencia de la luz (cf. EvV 26,4ss), se les
aplican las denominaciones de Mt 8,12; 22,13; 25,30. Su utilidad, empero, se señala en
100,12-18 y 102,27-104,2. La acogida a la luz también aparece en EvV 26,30.

20   to arrogante. | Recibió la fusión del reposo cuando se inclinaron y sometieron ante él los que antes le habían desobedecido. Y se regocijó con la visita (*episkopé*) de sus hermanos que lo habían visitado. Dio, empero, honra y alabanza a los que se han manifestado como una ayuda para él, dando gracias, porque se había liberado de los que se habían rebelado contra él, y admirando y

30   honrando la | grandeza, y a los que se habían manifestado por un decreto. Generó imágenes (*eikón*) visibles de figuras vivientes y que son bellas entre lo que es bueno, existiendo entre lo que existe ciertamente, asemejándoseles en belleza, pero diferentes a ellos en verdad, puesto que no existen a partir de un acuerdo con él que los ha producido 91 y el que se le revela. Pero con sabiduría y ciencia actúa, fundiendo al Logos consigo enteramente. Por este motivo, los que nacieron de él son grandes, como lo que es verdaderamente grande. Ahora bien, después que admiró la belleza de los que se le habían manifestado, declaró (*homologeîn*)

10   agradecimiento por su | visita. Llevó a cabo esta obra el Logos gracias a aquellos de los que había recibido ayuda, para la estabilidad de los que habían existido a causa de él y para que recibieran algo bueno, puesto que pensaba pedir para que la organización determinada alcanzara a todos los que provinieron de él[51]. Por este motivo, los que produjo intencionalmente (*katà proáiresin*)

20   están en carros, | como los que vinieron al ser, que se han manifestado, para que puedan atravesar todos los lugares de lo que es inferior, de modo que a cada uno le pueda ser dado el lugar fijado según lo que es[52]. Esto, por una parte, es destrucción para los seres de la semejanza, pero un acto de beneficiencia para los seres del pensamiento y una revelación [ditografía] de los que

30   son a partir | del decreto uno solo y compasivo, mientras que son semillas, que no han llegado a ser por sí mismas[53].

---

51.   Similar concepción del «reposo», en TrRes 43,34-44,3. De nuevo (ver 87,26-30; 88,14, 26-27) el motivo de la visita hace presente al Salvador con su séquito. Como el Logos aquí, Sofía honra a los auxiliadores en Ext. Teod. 44,1. La manifestación de las imágenes del Logos es paralela con la del relato de Sofía en Adv. Haer. I 4,5; 5,1; 13,6 y Ext. Teod. 40. Sobre «imagen», ver 78,32-34. La estabilidad alcanza ahora no sólo al Pleroma de arriba, sino asimismo al Logos como palabra proferida, que se recupera en la organización superior (ver 77,3).

52.   Sobre los «carros» o vehículo sutil, cf. ApSant 14,34 y García Bazán, *El cuerpo astral*, 66ss.

53.   Ver 90,1-10; 14 y 15.

El Logos es la manifestación del Hijo

Puesto que el que apareció era una marca del Padre y de la armonía. Era un vestido de toda gracia, y un viático para los que el Logos produjo mientras oraba y recibió la gloria y el honor 92 por los que glorificó y dio honor, pero mirando a los que rogaba para poder perfeccionar las imágenes que había engendrado. El Logos aumentó de este modo mucho más la asistencia mutua y la esperanza de la promesa, puesto que comparten alegría y reposo copioso y placeres | puros. Generó a los que recordó primeramente cuando no estaban con él, los que poseen la perfección. [... ditografía...] Ahora lo ha engendrado con lo que pertenece a la visión ante él, existiendo con esperanza y fe en el Padre perfecto hasta las Totalidades. Se le manifiesta por una parte, pero no se ha fundido todavía con él para que los que han llegado a la existencia no perezcan al mirar | la luz, porque no podrían soportar su imponente estatura por su elevación, porque el pensamiento, empero, que el Logos retornó a su estabilidad y que domina sobre los que han llegado a existir por su causa, fue denominado «eón» y «lugar» de todos los que había engendrado de acuerdo con el decreto y también es llamado «sinagoga de | salvación», porque lo ha salvado de la dispersión, que es el pensamiento múltiple, y lo devolvió al pensamiento único. Del mismo modo, también es denominado «almacén» (apothéke) a causa del reposo que obtuvo, dándo(selo) a sí mismo. 93 Y es también llamado «desposada», por la alegría del que se le entrega ante la esperanza de un fruto a partir del acuerdo que se le manifestó. Se le llama también «reino», por la estabilidad que recibió, mientras que se regocija de su dominio sobre los que litigan contra él. Y se le llama «la alegría del Señor», por el regocijo con el | [que] se revistió cuando la luz estaba junto a él, recompensándole por el bien que hay en él y el pensamiento libre[54]. Porque el eón, del que previamente hemos hablado, está sobre los dos órdenes de los que luchan entre sí. No es amigo de los que aferran el poder, ni tampoco se mezcla con las enfermedades ni las pequeñeces que pertenecen a los del pensamiento y a la semejanza. | Porque aquel en el que el Logos se ha afirmado, completo de

10

20

30

10

20

---

54. Sobre «marca», ver 86,28, y para los nombres «eternidad» (eón), cf. EugB 75,12ss; para «reunión», concepto incluido en «sinagoga», ver Ext. Teod. 36,1-2. Sobre «almacén» o «granero», cf. Heracleón fr. 32. La imagen de la desposada seguirá apareciendo (cf. 122, 15-24; 128,33; 135,31-33; 138,9-10). «Pensamiento libre» equivale a «irreprochable», que sigue por entero la voluntad del Padre.

alegría, era un eón que tiene la forma de la realidad, pero que asimismo tiene la constitución de la causa, que es la que se reveló, porque es una imagen de los que están en el Pleroma, los que existieron a partir de la sobreabundancia de la complacencia del que existe alegremente. Éste, sin embargo, está ante la | marca del que se reveló, en la satisfacción cordial, en la atención y la promesa de las cosas por las que preguntó. Poseía la palabra del Hijo, su esencia, su poder y su forma, que es la que quiso y en la que se complació, 94 la que fue implorada de manera amor[osa]. Era luz y era voluntad de ser erguido y apertura a una instrucción y un ojo de visión, lo que tenía a partir de los eminentes. Era también sabiduría por su pensamiento en oposición a los que son inferiores a la organización. Era asimismo una palabra para hablar y la perfección de las cosas | de este tipo.

El Logos cumple un plan gradual de reunificación

Y son éstos los que tomaron forma con él, pero según la imagen del Pleroma, teniendo por padres a los que se manifestaron, siendo cada uno una impresión (*charactérion*) de cada uno de los rasgos, que son formas de masculinidad, puesto que no existen desde la debilidad, o sea, de la feminidad, sino que son a partir del que ya ha dejado detrás de sí | la debilidad[55]. Tiene el nombre de «la Iglesia», porque en armonía reproducen la armonía de la asamblea de los que se han revelado, ya que éste ciertamente que vino a la existencia a imagen de la luz, también es perfecto, en la medida en que es una imagen de la luz única que existe que es las Totalidades. Ciertamente era inferior a aquél del que era una imagen, sin embargo, tenía | su indivisibilidad, porque era la marca de la luz indivisible. Sin embargo, los que vinieron a la existencia a la imagen de cada uno de los eones en esencia son ciertamente lo que previamente hemos dicho, pero en poder no son iguales, porque éste está en cada uno de ellos, pero individualmente. En la fusión de unos con otros, (por cierto), | poseen la igualdad[56]. 95 Pero cada uno de ellos, sin embargo, nada desecha de lo que le es propio. Por este motivo son

---

55. El Logos, en deficiencia y encubierto, al descubrirse muestra que es «eterno», o sea, «el modelo del mundo» o la «nueva tierra» de los gnósticos de Plotino (cf. En II 9,5). La imagen del Logos recupera su masculinidad irguiéndose de la caída (cf. Nor 27,17).

56. Sobre la designación de «Iglesia» para los vástagos del Logos reunidos, las semillas pneumáticas sembradas por Sofía de otras fuentes, cf. Adv. Haer. I 5,6; Ext. Teod. 40,1 y 41,2.

pasiones (*páthos*), porque la pasión es enfermedad, ya que no son productos del acuerdo del Pleroma, sino de éste, prematuramente, antes de que recibiera al Padre. Por esto el acuerdo con su Totalidad y voluntad era algo beneficioso para la organización que iba a llegar, puesto que se les permitió | atravesar los lugares   10 inferiores, pero eran incapaces los lugares de aceptar su travesía súbita y rápida, salvo que (lo hagan) en orden uno por uno. Pero su venida es nece[sa]ria, puesto que todo deberá ser por ellos cumplido[57]. Por lo tanto, en resumen, el Logos recibió enseguida todas las cosas, las que preexisten, las que existen ahora y las que existirán, | puesto que ha sido encargado de la organización de   20 todo lo que existe. Algunas están ya ciertamente en realidades que están listas para llegar a ser, pero las semillas que deberán venir las tiene dentro de sí, a causa de la promesa que fue por la que concibió en vista de las semillas que llegarán a existir. Y generó su vástago, es | decir, la manifestación de lo que concibió.   30 Sin embargo, la semilla de la promesa se conserva por un tiempo para que los que han sido designados para una misión puedan ser elegidos por la llegada del Salvador y los que están con él, los que son primeros en el conocimiento y gloria del Padre[58].

La economía del Logos

Pues es conveniente que, 96 por la plegaria que dirigió y la conversión que tuvo lugar a causa de [ella], que algunos ciertamente perezcan, mientras que otros se beneficien, y que incluso otros sean puestos aparte. Primero preparó el castigo de los que fueron desobedientes, haciendo uso de un poder del que se manifestó, del que recibió | la autoridad sobre todas las cosas, de   10 manera que sea separado de él [lo] que es inferior y también se mantenga apartado de lo que es eminente, hasta que prepare la organización de todas las cosas que son externas, y dé el lugar que le es asignado a cada una. Por lo tanto, el Logos se estableció primeramente ordenando el universo, como principio, causa | y   20 administrador (*hegemón*) de lo que ha llegado a ser, al modo del Padre, que fue la causa del establecimiento, que fue el primero en existir después de él. Dispuso las imágenes que previamente existían, que produjo en una acción de gracias (*eucharistía*) y glorificación. Después dispuso el lugar de los que había pro-

---

57. Sobre la voluntad del Padre, recuérdese 76,24; 76,35-77,11 y ver ExpVal 23,26-29 y 35,21-35.
58. Para el sentido de este resumen, cf. Int., 1.9, al final.

30 ducido gloriosamente, el que es llamado «paraíso» (*parádeisos* y | «complacencia» y «la delicia plena de alimento» y «la delicia que primero existe». Y de todo bien que existe en el Pleroma produce la imagen.

La disposición de los espirituales

Después dispuso el reino como una ciudad (*pólis*), llena con todo lo agradable, que es amor fraternal y la gran generosidad, plena 97 de los santos espíritus y de [los] poderes fuertes que los gobiernan, los que el Logos produjo y estableció con poder. Des-
10 pués dispuso el lugar | de la Iglesia reunida en este lug[ar], teniendo la forma de la Iglesia que existe en los eones que glorifican al Padre. Después de esto dispuso el lugar de la fe y obediencia sali[da de] la esperanza, la que recibió el [Log]os cuando apareció la luz; después dispuso la disposición, que es la plegaria [y] la súplica, que son seguidas por el perdón y la palabra tocante al que aparecerá. Porque todos los lugares espiritua-
les (*tópon pneumatikón*) están por el poder separados de los del
20 pensamiento, puesto que su poder está establecido en | una imagen, que es la que separa al Pleroma del Logos, poder que actúa en ellos para profetizar sobre las cosas futuras, dirige a los del pensamiento que han llegado a ser, separados de lo que previamente ha existido y no les permite mezclarse con las cosas que han llegado a la existencia por una visión directa de los que estaban con él.

La disposición de los psíquicos

Pues los seres del pensamiento que es exterior son subordina-
30 dos; reproducen la representación | pleromática (*pleromatikón*), pero especialmente a causa de la participación (*koinonía*) de los nombres por lo que son bellos. Porque la conversión está subordinada a los del pensamiento, y la ley (*nómos*), también está subordinada a ellos, (la ley) del juicio que es la condenación y la cólera. Pero les está subordinado también el poder que separa a los que están debajo de ellos, rechazándolos lejos y no permitiéndoles 98 [el]evarse hacia arriba contra los del pensamiento [y] la conversión, es decir, el miedo, la perplejidad (*aporía*), el olvido, el estupor y la ignorancia y lo que ha llegado al ser de acuerdo con la semejanza, por medio de la fantasía. Y éstos también son llamados con nombres eminentes. Éstos que son viles y

188

(no tienen) conocimiento de los que han nacido por un pensa-
miento arrogante | y por deseo de dominación, desobediencia y   10
false[dad]. Porque a cada uno dio un [nom]bre, puesto que a
cada uno de los dos órdenes se llama con un nombre ciertamente.
Los del pensamiento y los de la representación son llamados «los
de la derecha», «psíquicos», «los de fuego» y «los del medio». Pero
los del pensamiento arrogante y los de la semejanza son denomi-
nados: «los de la izquierda», | «hílicos», «los de la oscuridad» y   20
«los postreros». Porque después que el Logos estableció a cada
uno en su orden, tanto a las imágenes como a las representaciones
y las semejanzas, ciertamente mantuvo al eón de las imágenes
puro de todos los que combaten contra él, puesto que es un lugar
de júbilo. Sin embargo, reveló a los del pensamiento el pensa-
miento del que se había despojado, deseando que él los atraiga |
en una comunión material, a causa de su estructura y lugar de   30
residencia y para que pudieran también producir un impulso para
debilitación de su atracción hacia el mal, para que no se regocijen
por el exceso de la gloria de su entorno y permanezcan exiliados,
sino para que puedan tomar conciencia de la enfermedad de la
que sufren 99 para que generen el amor y la búsqueda continua
del que les puede curar de esta debilidad[59]. Pero sobre los que
pertenecen a la semejanza, estableció también la palabra que dispone, para conducirlos a una forma. También estableció sobre
ellos la ley del juicio. De nuevo, estableció asimismo sobre ellos
[los] | poderes que las raíce[s] habían producido [por] su deseo   10
de poder. Los [establec]ió para gobernar sobre ellos, de modo que

---

59. El poder del Logos para estas operaciones lo otorga el Salvador con su
instrumentación compasiva (ver 87,7; 88,23-27 y 91,33-34). Los nombres del eón de las
imágenes son homólogos a los aludidos del orden pleromático (92,22-93,10): «eón» y
«lugar» (92,26), «alegría» (93,8), «reino» (93,5), «ciudad» (ver Adv. Haer. I 5,3: «Jerusalén», y n. 21), «iglesia» (94,21), «fe... esperanza» (71,24-26), «disposición» (81,4). Sobre
el don profético, ver 100,34-35 y 110,22-114,30. Acerca del uso de los nombres por los
psíquicos, cf. 79,4-11, y sobre las pasiones, 80,14 y n. 38. Para «pensamiento arrogante»
y «deseo de dominación», cf. 78,30; 80,20-21 y 79,20-32, etc. Los hílicos son «viles»
por una inferioridad que no admiten, por eso se ornan con nombres ilusorios. La lista de
denominaciones: «derecha»/«izquierda» (cf. Adv. Haer. I 5,2; Ext. Teod. 47,2; EvV 32,4-
15; EvFlp 67,25, etc.); «de fuego»/«de la oscuridad» (el carácter ígneo se ofrece en Elen
VI 32,7 [ver asimismo 118,28-38]. Al ser «luz de un fuego», como admite Plotino, no son
luz, sino con luminosidad prestada y así son efímeros, cf. En V 9 [5], 6 al final); «los del
medio»/«los postreros» es designación valentiniana que aparece en EvV 17,34-35;
Ptolomeo, *Carta a Flora* 7,4-5; Heracleón, fr. 40. La tripartición en «imágenes» verdade-
ras, «representaciones» y «semejanzas» se inspira en la alegoría de la línea de la República de Platón. La «comunidad material» (*koinonía hyliké*) y el fondo subyacente de la caída
del alma se registra en EvV 17,28-35 y rechaza las alusiones de Plotino en En II 9,6. La
debilidad de los psíquicos es indicada en 83-22-84,17 y 93,18-20 y 94,28.

bien por el apoyo del Logos, que es sabio, o por la amenaza de la l[ey], o por el poder del deseo de poder fue conservado el orden de los que lo han reducido al mal en él, mientras que el Logos se complace con ellos, puesto que son útiles para la organización.

20 Porque el acuerdo | en el deseo de poder de los dos órdenes lo conoce el Logos. A éstos y a todos los demás graciosamente les acordó su deseo. Dio a cada uno el orden apropiado y de gobier-no para que cada uno sea el arconte de un lugar y de una activi-

30 dad, dejando el lugar del superior a él, para que gobierne | los otros lugares por su acción, que es la actividad dentro de su lote que le corresponde controlar según su modo de ser.

Los arcontes. La providencia demónica

Como resultado están los que gobiernan y los subordinados, en posiciones de dominio y de subordinación entre los ángeles 100 y los arcángeles (*archángelos*), en la medida en que sus acti-vidades son de tipos diversos y diferente[s]. Cada uno de los arcontes con la raza (*génos*) y la dignidad que corresponden a su lote de acuerdo con la forma como aparecieron, cada uno está alerta, puesto que están encargados ciertamente de la organiza-ción y a ninguno le falta un gobierno y ninguno es sin realeza

10 desde | [el lími]te de los cielos a los límites de la [tierra] y hasta las regiones habitadas de la [tierra] y hasta los lugares subterrá-neos, [hay] [r]eyes y hay señores y los que gobiernan, algunos ciertamente para administrar castigo; otros para administrar jus-ticia, otros también para dar reposo y curación, otros para ense-ñar y otros, finalmente, para vigilar[60].

El Demiurgo

Ahora bien, sobre todos los [ar]contes estableció un Arconte 20 | sin nadie que lo mande, pues es el señor de todos ellos, o sea, la marca que el Logos engendró en su pensamiento según la repre-sentación del Padre de las Totalidades. Por esto, por consiguien-te, está adornado con todos los (nombres), para parecérsele, pues-to que está caracterizado por todas las excelencias y todas las

---

60. Ley de juicio (ver 81,10-21 y 97,33-35), utilidad más alta de los poderes (89,35 y 102,27-104,2). La descripción abarca a los seres animados y materiales, se reconoce una providencia doble: la inferior gobierna al mundo, la superior sigue la voluntad de Dios, cf. Ext. Teod. 74 y 75; ApocJn 39,1-45,5 y OrCald 153.

glorias. Porque es llamado también «padre», «dios», «demiurgo», «rey», «juez» (krités), «lugar», | «morada» (moné) y «ley». Puesto que el Logos lo ha usado como una mano, para ornar y fabricar las cosas de abajo y lo ha usado como una boca para decir lo que se debía profetizar. Ahora bien, cuando vio que lo que había dicho y fabricado eran cosas grandes, admirables y buenas, se complació y fue feliz, como **101** si él mismo por sus propios pensamientos hubiera sido el que las dijera e hiciera, ignorando que el movimiento en su interior existía a partir del Espíritu que lo movía de una determinada manera hacia lo que quería. Pues las cosas que existieron por él las profirió y comenzaron a existir según representación de los lugares espirituales de los que hemos hablado anteriormente en el discurso sobre las imágenes. Pues no sólo | fabricó, sino que tam[bién él] mismo engendraba en tanto que es designado como padre de [su] organización de acuerdo consigo mismo y las semillas, [por el Es]píritu; empero, también sucedía que es elegido y que descenderá por medio de él a los lugares inferiores. N[o só]lo profiere palabras espirituales propias, (sino asimismo) invisiblemente por el Espíritu que proclama y produce cosas mayores que su propia esencia. | Ahora bien, puesto que en su esencia es como un «dios» y «padre» (y) todo el resto de los nombres de gloria, pensaba que eran elementos de su misma esencia. Estableció un reposo para los que le obedezcan, pero para los que desobedezcan fijó castigos también. Asimismo con él | hay un paraíso y un reino y todo lo demás que hay en el eón (aión) que existe antes que él, realidades que son superiores a las impresiones, a causa del pensamiento que les está unido, que es como **102** una sombra y un velo, por así decir, de tal modo que no ve de qué forma lo que realmente es existe[61]. Estableció, pues, operarios y siervos para que lo asistieran (hypourgía) en lo que quería hacer y quería decir, ya que en todo lugar en el que fabricó a través de su nombre dejó su marca de | [be]lleza, al realizar y decir las cosas que pensaba. Estableció, en efecto,

30

10

20

30

10

61. El Arconte es el Demiurgo valentiniano (Adv. Haer. I 4,5-5,2; Ext. Teod. 33,3-4 y 47,1-3; ExpVal 35,10-35; 37,32ss y Heracleón, frs. 1, 40 y 48, en donde es instrumento del Logos). Es representación (eine), no del Padre para los psíquicos, lo que es el Logos, sino para el mundo material. Los nombres del Arconte se registran en otras fuentes: «padre» (Ext. Teod. 47,2-3; Adv. Haer. I 5,2, igualmente es «dios»); «demiurgo» (Ext. Teod. 47,2; Adv. Haer. I 5,1; I 11,1; ExpVal 37,33; 39,16, subyace Tim. 28A); «lugar» (Ext. Teod. 34,1-2; 38,1; Elen VI 32,7, Ptolomeo, Carta a Flora 3,6; 7,4,5). La ignorancia del Demiurgo también es frecuente en estos testimonios (Adv. Haer. I 5,3-6; I 7,3; Ext. Teod. 49,1; 53,2; Elen VI 33; 34,8), incluso siembra inconscientemente las semillas (Adv. Haer. I 5,5).

imágenes en sus lugares de la lu[z] que se manifestó y de los [lugares] espirituales surgidos de su propia esencia, porque así eran adornados por él en todo lugar, puros, a partir de la marca del que los estableció. Y fueron | constituidos paraísos, reinos, reposos, promesas y multitudes de servidores de su voluntad, y aunque sean señores de principados (*arché*), están bajo el que es señor, el que los estableció. Porque después que le escuchó de esta manera apropiadamente sobre las luces que son el principio | y la estructura, los estableció sobre la disposición de las cosas inferiores. Lo movió de esta manera el Espíritu invisible para que quisiera **103** administrar (*oikonomeîn*) también por su propio servidor, al que usó también como una mano y como una boca y como si fuese su rostro. Lo que produce es orden, amenaza (*apeilé*) [y] miedo para que los que fueron ignorantes [... ten]gan | derecho (al) orden que [les] fue [encargado] conservar, puesto que están encadenados [...] [el] Arconte que los domina en su lugar[62]. Pero el edificio total de la mate[ria] está divi[dido] en tres. De un lado los poderes prime[ros] que el Logos espiri[tual] produjo según la fanta[sía] y arrogancia, [los] estableció en el primer orden espiritual (*pneumatikón*). Después los que éstos produjeron por | su deseo de poder, los estableció en el lugar (*chóra*) medio, puesto que son poderes de deseo de poder, para que dominen y gobiernen [la] construcción que está debajo de ellos con compulsión (*anánke*) y violencia. Pero los que llegaron a la existencia por la envidia y los celos y todos los demás vásta-gos de disposiciones, los estableció en un orden servil que | con-trola los extremos, gobernando a todos los que existen y a todo (el reino de) la generación, del que vienen las enfermedades rápida-mente destruyendo, las que impacientemente desean generarse para ser algo en el lugar desde el que han salido y al que retorna-rán. Y por esto estableció sobre ellos poderes con gobierno que actúan sobre la materia, para que **104** la generación de los que existen pueda llegar a existir también sin interrupción. Porque ésta es su gloria[63].

---

62. La creación por el Nombre (Jub 36,7; Hen(et) 69,4-21; ApAbr 10, 3-9 y F. García Bazán, «El "Nombre" según la enseñanza del Tratado tripartito», 241).
63. Sobre el sentido antropológico del pasaje, cf. Int. 1.10 y n. 69.

SEGUNDA PARTE

Sobre la creación del hombre

Por lo tanto, la materia que fluye a través de su forma es una causa que es invisibilidad que existe por los poderes [...] todos en ella [...] generan con ellos y pere[cen][64]. Pues el pensamiento que está establecido | entre los de la dere[cha y] los de la izquierda es 10 un poder de [...] (para) todo lo que los [...] quieren fabricar, de m[od]o que los producen, por decirlo así, como una sombra se proyecta por un cuerpo, al que sigue. Tales son las raíces de las plasmaciones visibles. Pues la preparación completa de la disposición de las imágenes, representaciones | y semejanzas ha llega- 20 do a la existencia a causa de los que necesitan instrucción, enseñanza y formación para que lo pequeño crezca poco a poco igual que sucede con el reflejo de un espejo[65]. Por esto, en efecto, plasmó al hombre al final, habiendo previamente preparado y con anterioridad provisto para él lo que había plasmado | por su 30 causa, porque la plasmación del hombre es como la de lo demás. De igual modo, también lo puso invisiblemente en movimiento el Logos espiritual, lo completó, empero, por medio del 105 Demiurgo (demiourgós) y de sus ángeles servidores, al que se han asociado en la plasmación (plássein) el antes mencionado pensamiento con sus arcontes de modo que es como una sombra terrestre, para que fuera como [los que] están apartados de las Totalidades y [una] preparación para todos ellos, los de la derecha y los de la izquierda, cada uno de [los órde]nes contribuyendo a la formación d[el hombre según] | lo que propiamente es[66]. 10 Ahora bien, la [forma que] produjo el Logos [que era] deficiente, de modo que est[aba] enferma, no lo representaba, porque la

---

64. Sobre la materia que fluye (hete/ryo), invisible (timenetatney/aorasía), cf. Platón, Tim. 49A6-52D6; la doctrina remonta a Jenócrates y prosigue entre platónicos, cf. F. García Bazán, *Neoplatonismo y Vedânta*, Buenos Aires, 1982, 121-128. Hay similitud con Plotino, pero la interpretación difiere. En el neoplatónico la materia es el límite de la emanación; en el autor gnóstico, el resultado de una ruptura en la cadena emanativa, lo que genera un mundo ilusorio que desaparecerá. Se corrige así a En II 9,3 al final, y 4.

65. «Como una sombra que se proyecta» (ver Adv. Haer. I 4,1). Se responde a En II 9,8,16ss con el anticipo de V 8,12 al final que con VI 4 (22),10,12-13 sostiene que la imagen en sentido ontológico estricto queda ilustrada por el reflejo en un espejo, en el agua o en la sombra. Sobre la imagen del espejo propia de este escrito y no de otros testimonios valentinianos, ver asimismo 123,14-16 y su relación con la exégesis de la semilla que crece como desde un punto.

66. Sobre los servidores angélicos, ver igualmente 99,36-37 y 102,3-5, así como Ireneo, Adv. Haer. I 24,1 y ApocJn 49,9-50,14.

produjo olvi[dada], ignoradamente y [... mente] y con todas las demás enfermedades, cuando dio la primera forma el Logos por medio del demiurgo en la ignorancia, para que | supiera que lo eminente existe y tomara conocimiento de que [lo] necesita. O sea, a la que el profeta llamó «Espíritu Viviente» y [...] del Eón Eminente» y [el] «Invisible» y ésta es el al[ma] viviente que ha dado vida a la au[tori]dad que estaba muerta anteriormente. Lo que está muerto, en efecto, es la ignorancia. Por lo tanto ciertamente es conveniente que sostengamos | acerca del alma del primer hombre que proviene del Logos espiritual, mientras que piensa el creador que fuera suya, puesto que desde él viene, igual que sucede con una cánula a través de la que se sopla[67]. También envió el creador hacia abajo almas salidas de su sustancia, puesto que también él tiene poder para engendrar, 106 porque es una existencia salida de la representación del Padre. También produjeron los de la izquierda hombres a la manera propia, puesto que tienen la semejanza del [...]. Pues la sustancia espiritual es un [nom]bre y una sola representación [y su en]fermedad es su condición [multi]forme. Pero la sustancia | de los psíquicos, su condición es doble, puesto que tiene (el) conocimiento de lo Eminente y lo confiesa (*homología*), y se inclina al mal a causa de [la] inclinación del pensamiento. Finalmente la sustancia material, su tendencia es opuesta y multiforme. Era, empero, una enfermedad que llegó a ser con muchos tipos de inclinación[68]. Porque, no obstante, el primer hombre es una modelación (*plásma*) mixta y una plasmación | mixta, y un depósito de los de la izquierda y de los de la derecha y de un Logos espiritual, cuyo propósito se divide entre cada una de las dos sustancias de las que recibe su existencia.

El paraíso

Por esto se dice que fue plantado un paraíso para él, para que coma del fruto de tres tipos de árboles, puesto que se trata de

---

67. La «primera forma» facilitada por el Demiurgo es «espíritu de vida», la sustancia espiritual innata, que se completará con la formación según la gnosis (Heracleón, fr. 2; Adv. Haer. I 4, 1 y I 4,5; Ext. Teod. 45,1). «Espíritu viviente» lee a Gn 2,7 (Adv. Haer. I 5,4-5; Ext. Teod. 50,3). Sobre la ignorancia demiúrgica, cf. n. 61.

68. El «poder para engendrar» del Demiurgo se trata en 102,3-26, el carácter doble o intermedio de los psíquicos en 119,20-121,38, Adv. Haer. I 5,6; 6,2 y Ext. Teod. 56,3. Para la multitud de los hílicos, ver EvV 25,7-19; TrRes 49,14; Ptolomeo, *Carta a Flora* 7,7.

un jardín de | triple orden, el de las delicias[69]. Ahora bien, la sus-   30
tancia bien generada (*eugenés*) que hay en él era muy elevada.
Compartió la plasmación y no les chocó. Por esto erigieron un
mandamiento, amenazándole y encerrando contra él un gran
107 peligro, que es la muerte. La degustación sola le dejó de los
malos, de los que, sin embargo, podría gustar, y del otro árbol de
doble (fruto) no le sería posible comer, y mucho menos del de la
vida, para [que] no adquiriera una honra [igual a] la de ellos y
para que [...][70] | por el poder malo [que es] denominado «la   10
serpiente», más astu[ta] (*panoûrgos*), sin embargo, que todos los
poderes ma[los], engañó al hombre [por] la determinación de los
que pertenecen al pensamiento y a los deseos apasionados. Lo
hizo transgredir el mandamiento, para que muera. Y de toda
delicia de aquel lugar ha sido excluido[71]. Ésta es la expulsión que
resultó | para él cuando fue excluido de las delicias de los que   20
pertenecen a la semejanza y a la representación. Pero es una obra
del preconocimiento (*prónoia*) para [que] se comprenda que hay
un tiempo breve para que el hombre goce de las cosas que son
buenas comparadas con lo que está en el lugar del reposo, que ha
determinado el Espíritu habiendo previamente planeado que el
hombre debía experimentar | el enorme mal que es la muerte, es   30
decir, la ignorancia completa de todo y que debía experimentar
también todos los males que provienen de esto y después las pér-
didas y ansiedades que resultan de éstos, para poder recibir el
máximo **108** bien que es vida eterna, es decir, el conocimiento
pleno de las Totalidades y la recepción de todos los bienes. A
causa de la transgresión (*parábasis*) del primer hom[br]e dominó
la muerte. Ha acompañado a todos los hombres para que mue-
ran durante la manifestación de su [dominio], el que le ha sido
dado | [como] un reino a causa de (la) organización de la que   10
previamente hablamos, y que es la voluntad del Padre[72].

69. Ver 118, 14-58. El fondo de la composición tripartita humana es platónico
(Tim. 30B y 90A; Albino, *Didascálico* 5,2 y Plutarco, *De facie in orbe lunae* 943A-B)
diferente de San Pablo, 1Ts 5,23 y Ef 4,23. El autor precisa el aspecto antropológico en
relación con ApSant 11,37-12,8. Ver Adv. Haer. I 7,5; Ext. Teod. 51-53 y 2,1-2 y
Orígenes, *De principiis* III 4,1.
70. La exégesis de los árboles del paraíso es peculiar del autor; lo más próximo
se halla en EvFlp 71,22-72,1 y OgM 110,2-34 (ver también el *Libro de Baruc*, de Justino,
en Hipólito, Elen V 26,5-6).
71. Cf. Gn 3,13ss.
72. Cf. OcNov 56,17-22. La restauración total se torna posible por la correspondencia de los hechos.

TERCERA PARTE

LA ACTIVIDAD DE LAS TRES RAZAS

Diversidad de doctrinas filosóficas y teológicas

Ahora bien, puesto que ambos órdenes, los de la derecha y los de la izquierda, se conducen juntamente uno con el otro por el pensamiento que está colocado entre ellos, que les da su organización común, sucede que ambos actúan según una riva-
20 lidad | única en sus acciones, los de la derecha copiando a los de la izquierda, y los de la izquierda igualmente copiando a los de la derecha. Y así a veces comienza el orden malo a hacer el mal de manera insensata, y el orden (sensato) rivaliza con él, bajo la forma de quien por hábito delinque haciendo también
30 lo que es malo, | como si fuese un poder de un delincuente. Otras veces, en cambio, también el orden sensato intenta hacer el bien y lo imita el orden insensato rivalizando asimismo por hacerlo. Así resulta con lo que es establecido de es[ta manera] por sus **109** obras, pues han llegado a la existencia trayendo la semejanza de las obras desemejantes de modo que no pudieran comprender la caus[a] de los hechos que existen, los que no han sido instruidos[73].

Doctrinas de los hílicos

Por esto también se han introducido diversos tipos de opinión: algunos dicen qu[e] lo que hay existe por [una] providen-
10 cia (*prónoia*), éstos son los que consideran | la estabilidad del movimiento de la cr[ea]ción y su obediencia. Otros dicen que es algo extraño (*allótrion*), son los que observan la diversidad y la ilegalidad de los poderes y del mal. Otros dicen que lo que está destinado a existir es lo que existe. Éstos son los que se han ocupado de este asunto.
20 Otros dicen que es algo según la naturaleza (*phýsis*). | Otros sostienen que es algo accidental. Pe[ro] la mayoría, todos los que han permanecido en los elementos (*stoicheîon*) visibles, no los conocen, sino a ellos[74]. Porque los que han sido sabios al modo

---

73. Sobre el sentido de esta explicación, cf. Int. 3.1.
74. EugB 70,16-21 anticipa tres de las opiniones aquí vertidas.

de los griegos y bárbaros han avanzado hasta los poderes que han nacido por la fantasía y un pensamiento vano (y) los que proceden de éstos de acuerdo con su confrontación | mutua y el estilo sedicioso, activo entre ellos, y han hablado de manera semejante y arrogantemente y con un pensamiento fantasioso en cuanto a lo que han pensado que es sabiduría, aunque los engañó la semejanza, ya que pensaron que habían alcanzado la verdad, 110 [cuan]do no han obtenido sino el error, no sólo por los nombres pequeños, sino porque los poderes producen una semejanza para impedírselo como si fuesen el Todo. Por lo tanto, sucedió que este [or]den mezclado litigó contra sí mismo a causa de la hostilidad arrogante de [...] el arconte que | es [...] que existe antes que él. Por esto nada hay de acuerdo con nada, ni filosofía, ni en medicina, ni en retórica, ni en música, ni en mecánica (-*organón*), sino que son opiniones y especulaciones. Sucedió que reinó la verborrea, | por confusión a causa de la imposibilidad de explicar de los que los dominan y les aportan estos pensamientos[75].

El pensamiento de los judíos

Porque lo que ha sido producido por algunos judíos, esto está escrito por los (poderes) hílicos (*hýle*) que hablaban según el modelo de los griegos, los poderes de los que han pensado atribuir todo esto a los poderes de la derecha que los mueven a todos a pensar con sus palabras y su representación. Y | comprendieron de qué modo alcanzar la verdad y fueron utilizados por los poderes mixtos que actúan en ellos. Después alcanzaron el orden, sin embargo, de los no mezclados, el que está establecido como único, que existe según la representación del Padre. No es invisible 111 en su naturaleza, sino que u[na] [sa]biduría lo envuelve, para que reproduzca el modelo del invisible verdadero. Por esto, muchos ángeles no han sido capaces de verlo, y otros hombres de la raza de los hebreos, de los que ya hablamos, que son los justos y los profetas, nada pensaron | ni dijeron [ditografía] según la fantasía o por medio de la semejanza o por un pensamiento oscuro, sino que cada uno por el poder que actuaba en él y en tanto que atendía a las cosas que veía y escuchaba, habló

---

75. El desacuerdo de los filósofos es un argumento común de la apologética cristiana (cf. EugB 70,8-16 y n. 5), le han precedido los mismos gentiles (cf. Sexto Empírico, Hyp. I 5). La filosofía griega obra de los poderes inferiores se registra también en TrRes 43,25-37. Para el «pensamiento vano», cf. EvV 17,15-16 y 19,24-25.

20 [fiel]mente, poseyendo una armonía que los reunía entre sí de
acuerdo con [el] modelo de los que actuaban en ellos, | puesto
que reproducían su (unidad) y acuerdo mutuo sobre todo por la
profesión de lo más elevado que ellos. Y existe lo que es mayor
que ellos, que fue establecido, ya que tenían necesidad de ello, lo
que el Logos espiritual sembró en ellos como lo que estaba nece-
sitado de lo eminente, como una esperanza y espera de acuerdo
30 con el pensamiento, es decir, la semilla de salvación, y | una
palabra que ilumina, o sea, el pensamiento, sus generaciones y
sus emanaciones son los justos (díkaios) y los profetas, que previamente hemos dicho⁷⁶. Éstos preservan la confesión y el testimonio de sus padres tocante a lo que es grande, los que han
venido a la existencia 112 [pen]dientes de la [es]peranza y la
audición, por lo que está sembrado en ellos como semilla de plegaria y de búsqueda, que está sembrada en muchos que han bus-
cado fortalecerse. Ella aparece y los atrae para desear lo eminente, a proclamar ciertamente cosas como pertenecientes a uno solo.
10 Y era uno solo el que | actuaba en ellos cuando hablaron. Difie-
ren, empero, sus visiones y palabras a causa de la multitud de los
que les han dado sus visiones y palabras. Por este motivo los que
han oído lo que han dicho no rechazan nada de esto, pero de
manera diversa han recibido las Escrituras. Al interpretarlas han
20 constituido muchas | facciones (háiresis) que subsisten hasta el
presente entre los judíos. Algunos ciertamente dicen que hay un
solo Dios que ha proclamado las Escrituras (graphé). Otros sostienen que hay varios. Algunos dicen ciertamente que Dios es
30 simple y que era un espíritu único | en su naturaleza. Otros dicen
que su actividad es doble y relacionada con el origen del bien y
del mal. Otros incluso dicen que es el artesano de lo que existe.
Otros, empero, dicen que por 113 medio de los ángeles creó.
Pues [...] muchas suposiciones de este tipo, es la multiplicidad y
múltiples modalidades de las Escrituras que les han dado [...]
doctores de la Ley⁷⁷. Pero los mismos profetas no dijeron nada de

76. La asimilación de los judíos a los psíquicos confirma la voluntad valentiniana
de unir ambos Testamentos (cf. Adv. Haer. I 7,3). Sobre «justos y profetas», ver Mt 13,17;
10,41; 23,29. Ext. Teod. 24,1, 50,3, etc., ratifica la admisión de lo superior.
77. La armonía de los psíquicos hebreos contrasta con el desorden de opiniones
de los griegos hílicamente inspirados. Sobre el espíritu uno actuando en los profetas, cf.
Ext. Teod. 24,1 y 5,2. El término «herejía» no es excluyente, sino como «escuela» u
«opción», sentido genuino del vocablo, por eso se enumera el monoteísmo junto con una
doctrina sospechosa para los rabinos y atribuida a los minim, como la de los «múltiples
poderes en el cielo» (Sanedrín 4,5); se señala la simplicidad de la naturaleza divina (cf.
Filón, Spec. Leg. II 2; Mutat. 184), de cuyo poder puede venir el bien y el mal y, por lo

su propio parecer, sino que cada uno de ellos (habló) de lo que había visto y oído | de la proclamación del Salvador. Esto es lo 10 que cada uno proclamó sobre el tema principal de su proclamación, lo que cada uno dijo sobre la venida del Salvador, que es su venida.

Los profetas, proclamadores imperfectos

A veces, sin embargo, hablan de él los profetas como si fuera a venir, a veces, igualmente, como si el Salvador hablara por la boca de ellos, y que el Salvador vendrá y mostrará favor a los que no le han |conocido, de modo que al confesar algo, en nada 20 están todos de acuerdo uno con otro, sino que cada uno a partir de la acción que lo mueve para hablar de él y sobre la base del lugar que vio piensa que es de ahí que él será engendrado, y que vendrá desde aquel lugar, pues ninguno de ellos ha sabido | des- 30 de dónde habría de venir o por quién sería engendrado, sino lo único de que son dignos para hablar, esto es, que habrá de nacer y sufrirá[78]. Pero en cuanto a lo que era antes y lo que es eternamente, como inengendrado e impasible, que no es el Logos que ha nacido carnalmente (*-sarx*), **114** esto no ha estado contenido en su pensamiento. Y ésta es la palabra de la que han tomado impulso para hablar sobre su carne que estaba por aparecer. Dicen que es una producción de todos ellos, pero ante todo, que es a partir del Logos espiritual, que es la causa de los que han llegado a existir. Éste, del que recibió el Salvador | su carne, lo había 10 ciertamente concebido seminalmente por la revelación de la luz según la palabra de la promesa, prometiendo su revelación en el estado seminal. No es semilla efectivamente, sin embargo, de los que existen, puesto que ha sido generado, por el contrario, al final, sino al que el Padre designó para la manifestación de la salvación, o sea, el cumplimiento de la promesa, al | que perte- 20 necen todos estos instrumentos por los que ha descendido para entrar en la vida natural (*bíos*) mientras que su Padre es uno y el que es solo verdaderamente Padre para él, el invisible por cierto,

---

tanto, de adjudicarle una duplicidad de espíritus, como es familiar con el *Spenta Mainyu* y *Angra Mainyu* iranios (cf. Is 45,7 y entre los esenios, 1QS 3,18ss), o hacer de Dios el creador absoluto o con ángeles como colaboradores (lo registra Filón y Justino en Diál. 62). La teoría sobre los diversos orígenes y niveles de expresión de la Escritura es valentiniana, y se expone en *Carta a Flora de* Ptolomeo. Ver asimismo Adv. Haer. I 7,3.

78. La proclamación del Salvador por los profetas difiere, pero hay unanimidad en la espera bajo la confusión de la inspiración de los poderes (cf. Justino, 1Apol. 36).

incognoscible e incomprensible por naturaleza, que es Dios por su voluntad sola y su gracia, que ha permitido que pueda ser
30 visto, | conocido y comprendido.

Encarnación y pasión del Salvador

Pues lo que ha llegado a ser nuestro Salvador por compasión voluntaria, es lo que llegaron a ser aquellos por cuya consideración se manifestó por una pasión (*páthos*) involuntaria. Llegaron a ser carne y alma, es decir, el eón que los domina y con lo corruptible, mueren[79]. Pero los que [nacie]ron **115** como un hombre invisible de modo invisible, los instruyó también invisiblemente sobre sí mismo, ya que no sólo asumió por ellos la muerte de los que pensó salvar, sino que tam[bién] su pequeñez, a la que han descendido cuando nacieron en cuerpo y alma, la asu[mió] igualmente para esto, porque permitió ser concebido |
10 y engendrado como un infante en cuerpo (*katà sôma*) y alma (*psyché*). Ahora bien, en todo lo demás que compartía con éstos, que son caídos y que recibieron la luz, vino siendo eminente, porque sin pecado, sin mácula y sin desdoro se sometió a ser concebido. Fue engendrado en la vida natural estando en la vida natural, porque fue establecido que unos y otros, por causa de |
20 una pasión y propósito cambiante surgidos del Logos que se movió, llegarían a ser cuerpo y alma. Pero él ha tomado también para sí lo que vino de los que anteriormente hemos dicho, que llegó a ser desde la visión irradiante y el pensamiento inmutable del Logos que se ha vuelto hacia sí mismo, después de su movi-
30 miento, en vista de la organización[80]. De este modo, | los que vinieron con él tomaron cuerpo y alma, confirmación, estabilidad y discernimiento de las cosas. También se previó ciertamente que vendrían cuando se previó (la venida) del Salvador, pero vinieron cuando se lo avisó; también ellos ciertamente vinieron como eminentes en la emanación según la carne, en comparación con los que habían sido generados en la deficiencia, porque **116** de [esta] ma[ne]ra también recibieron su emanación corporalmente junto con el Salvador, por medio de la revelación de ellos y la fusión con él.

79. Sobre la producción de la carne del Salvador por el Logos, cf. Ext. Teod. I 1. Los «instrumentos» (*órganon*) pueden referirse antropológicamente a los «vehículos» de 91,19 (ver n. 52).
80. «Asumió la muerte» (cf. EvV 20,28-30), la «pequeñez» se comprende en relación con 104,23-24.

Diversas clases de espirituales

Estos otros eran los de la esencia única y ésta es sin duda la espiritual[81]. Pero la organización es compleja. Ésta es una cosa, | aquélla, otra. Algunos ciertamente provienen de una pasión y 10 división, estando necesitados de curación. Otros provienen de la oración para que se curen los enfermos, y han sido designados para cuidar (*therapéuein*) a los caídos. Éstos son los apóstoles y los evangelistas. Ellos, empero, son los discípulos (*mathetés*) del Salvador y maestros, pero que | necesitan ellos mismos instruc- 20 ción. ¿Por qué, entonces, también ellos compartieron las pasiones en las que igualmente participan los que han sido generados de una pasión, si de acuerdo con la organización y (el) Salvador son producciones corporales, siendo que él no participó de las pasiones? Porque el Salvador era una imagen de uno solo, es decir, | el Todo bajo forma corporal. Por esto reprodujo el tipo 30 de la indivisibilidad por la que existe la impasibilidad. Ellos, sin embargo, son imágenes de cada uno de los que llegaron a ser manifiestos. Por lo tanto, recibieron la división desde el modelo, habiendo tomado forma para la plantación que existe en el lugar inferior, la [que] asimismo 117 parti[cipa] del mal (-*kakía*) que existe en los lugares que han alcanzado, porque la voluntad estableció al Todo bajo el pecado para que por esta voluntad pueda tener misericordia del Todo y se salven, pues uno solo está destinado a dar la vida, mientras que el resto todo está necesitado de salvación. Por lo tanto, fue por razones de esta especie por lo que | comenzaron a recibir la gracia para dar los honores que fueron 10 proclamados por Jesús, que eran considerados dignos por él para proclamar a los demás, puesto que está colocada en ellos (la) semilla de la promesa de Jesús el Cristo del que hemos recibido el ministerio de la revelación y de la fusión[82]. Ahora bien, la promesa poseía la instrucción y el retorno de ellos que son desde el |

81. Sobre la «Iglesia preexistente» (97,5-9 y ns. 14,56), cf. ApSant 16,8-11; Hen(et) 38,1; 1Clem 50,3. En cuanto a los compañeros del Salvador como imágenes de los eones (ver 94,32-38), cf. Ext. Teod. 36; 35,2 y 44,1; Adv. Haer. I 4,5 y Heracleón, fr. 22, pero no son ángeles, sino los modelos de la salvación.
82. Hay acuerdo entre la doctrina de Marcos (Adv. Haer. I 13,3) y el esoterismo profesado por ApSant, EvV y TrRes. La plantación de espirituales o Iglesia en la tierra (Ignacio de Antioquía, Filad 3,1; Tral 11,1; Hen(et) 10,16 y su fondo en Is 60,21) está sometida a las pasiones, y debe instruirse, pero el plantel sólido de la tradición se forma con Jesucristo, la «semilla» de 117,14 que comprende a los discípulos-maestros (cf. ApSant 1,25; 3,2; 15,28ss). Sobre los espirituales que alcanzarán la unidad, cf. Ext. Teod. 36, y sobre la vida única que da vida, n. 77.

20 comienzo, del que poseen un sabor, para así poder retornar allí, esto es lo que se denomina «la redención». Y es la liberación de la cautividad (*aichmalosía*) y la adquisición de la libertad, la cautividad de los que eran esclavos de la ignorancia que reina en estos lugares. La libertad, sin embargo, es el conocimiento de la verdad 30 que existía, empero, antes que | existiera la ignorancia; ella reina siempre, sin comienzo y sin fin, siendo algo bueno y la salvación de las cosas y la liberación de la naturaleza servil en la que han sufrido los que han sido engendrados por un pensamiento inferior de la vanidad, o sea, que inclina al mal, 118 por medio del pensamiento que los precipita hacia el deseo de poder. Pero han adquirido la posesión que es la libertad, por la sobreabundancia de la gracia que tuvo en consideración a los hijos. Sin embargo es una inversión de la pasión y destrucción de los que separó al 10 comienzo el Logos cuando los apartó de sí mismo, ya que era | la causa de que estén destinados a la destrucción, aunque reservándola hasta la consumación de la organización, permitiéndoles existir, porque también eran útiles para lo que estaba ordenado[83].

La tripartición de la humanidad y la salvación

Porque la humanidad llegó a ser de tres tipos esenciales (*katà ousían*), el espiritual, el psí[qui]co y el material, reproduciendo el modelo de la triple disposición del Logos, por la que, sin em- 20 bargo, | se produjeron los materiales, los psíquicos y los espirituales. Cada una de las esencias de las tres razas (*génos*) se conoce por su fruto y, sin embargo, no fueron conocidas de entrada, sino sólo con la venida del Salvador, que iluminó a los santos y reveló lo que cada uno era[84]. Pero la raza espiritual, ciertamente,

83. La instrucción manifiesta en Jesucristo Salvador y trasmitida a los primeros compañeros es experiencia de gnosis, que redime, y facilita la ciencia plena del origen, medio y fin (ver 117,18-23 y EvV 22,2 ss; Ext. Teod. 78,2), permitiendo recuperar la filiación (cf. EvV 19,28-30) con el retorno al origen (ver Adv. Haer. I 21,5; ExAl 134,6ss). La relación entre conocimiento y libertad como bien eterno se encuentra también en EvFlp 13; 77,15-30; 87; 110; 114; 123; 125; Exal 134,13, Ext. Teod. 57; EvV 17,33-35. A la libertad se adapta el libre albedrío (75,35; 124,3-10; 132,31-133,1), de modo que dejando funcionar a la prudencia eónica haga una elección (*proáiresis*) completa. Sobre el «pensamiento inferior de la vanidad», ver ns. 37 y 42 y sobre la «consumación de la organización», n. 95.

84. Sobre la constitución triple de la humanidad, cf. n. 69; el conocimiento por los frutos se ofrece en Mt 7,16; 12,33; EvV 33,37-39; OgM 127,14-15; Orígenes, *De principiis* I 8,2; la presencia no oculta del Salvador en EvV 34,4-35,2; 20,6-9; Hen(et) 49,4-50,1; 104,2; Mt 13,43. Sobre los «santos», ver ApSant 1,18-20; 16,8-11.

siendo | como luz de luz y como espíritu de un espíritu, cuando   30
su cabeza apareció, corrió hacia él inmediatamente. Llegó a ser
de inmediato un cuerpo de su cabeza. Recibió el conocimiento
súbitamente por la revelación[85]. La raza psíquica, sin embargo, es
como luz de un fuego, puesto que dudó en aceptar el conocimiento **119** del que se le apareció, todavía más en correr hacia él
con fe, por medio de una voz fue instruida preferentemente, y
esto para ellos era suficiente, puesto que no está alejada de la
esperanza de acuerdo con la promesa, ha recibido, por así decir,
como una gracia la seguridad de lo que está por venir[86]. La raza
material, por su parte, es extraña bajo | todo respecto; es como   10
tinieblas, que evitan la irradiación de la luz, porque su manifestación las disuelve, de modo que no ha aceptado su manifestación que es superior y odia al Señor por su manifestación[87]. La
raza espiritual recibirá una salvación completa por entero, pe[ro]
la material recibirá la destrucción absoluta como | el que es refrac-   20
tario.

Los psíquicos

Pe[ro] la raza psíquica, puesto que está en el medio, por su
modo de producción y porque su constitución igualmente es
doble de acuerdo con su disposición tanto para el bien como
para el mal, recibe la emanación dispuesta al mismo tiempo para
ser rechazada y admitida totalmente respecto de los bienes. De
una parte, los que el Logos produjo de acuerdo con el modelo de
lo que es anterior y que es de su | pensamiento, cuando pensó al   30
eminente y pidió salvarse, alcanzan la salvación, [s]in ser rechazados. Se salvarán totalmente [a causa] del pensamiento salvífico.
Del modo como ha sido lo producido, así tam[bién] es el de los
producidos p[or] él, **120** ya sean ángeles u hombres. De acuerdo
con la confesión de que existe el que es más elevado que ellos y
de acuerdo con la plegaria y la búsqueda de él, también ellos
alcanzarán la salvación de los que los han producido, puesto que

85. Sobre «luz de luz», «espíritu de espíritu» (cf. Adv. Haer. II 17,4 y En IV 3 [27],17), que retornarán como «cuerpo espiritual», ver n. 90 y Pablo, Ef 1,22-23; Col 18,2; 10,19; Ext. Teod. 42,2; 43, 2 y Plotino, oponiéndose a la doctrina, En III 6 [26] 6,12-15.
86. Sobre los psíquicos como «luz de un fuego», cf. 98,17; En V 9 (5), 6 al final y nota anterior.
87. Los hílicos como «extraños», cf. EvV 31,1-4 y Heracleón, fr. 11. La relación de materiales y oscuridad se confirma en 89,26; su antagonismo con la luz en EvV 24,37-25,1; 25,17-18; TrRes 48, 38-49,6; Jn 1,5; 7,7, etc.

203

10 son a partir de la disposición que es buena. Fueron designados para el servicio de proclamar la venida | del Salvador que estaba por llegar y de su revelación que había venido. Tanto ángeles como hombres, cuando les fue enviada como un servicio, recibieron, en realidad, la esencia de su ser.

Los hílicos

Los que, sin embargo, existen a partir del pensamiento del deseo de poder, que han llegado a la existencia por la confrontación de los que luchan contra él, los que el pensamiento |
20 engendró, por esto, puesto que son mezclados, recibirán su fin, como los que son rechazados, producidos, por una parte, a partir del deseo de poder que les es dado por un tiempo y por ciertos períodos, y que darán gloria al Señor de gloria, que renunciarán a su ira, recibirán la recompensa por su humildad, que consiste
30 en permanecer hasta el fin; por otra, los que | se enorgullecen por el deseo apasionado del deseo de gloria, que aman la gloria pasajera y que no tienen conciencia de que fue sólo por ciertos períodos y tiempos que les pertenecen que les fue confiado el poder y que por esta causa no han confesado que el Hijo de Dios
121 es el Señor del Todo y el Salvador, y no se despojaron de la iracundia ni de la semejanza con los malos, recibirán juicio por su ignorancia y su despropósito, que es el sufrimiento, junto con los
10 que se extraviaron, todos los cuales se han desviado. Y | peor todavía, de modo que también realizaron actos contra el Señor que eran inconvenientes, los que llevaron a cabo contra él los poderes de la izquierda hasta su muerte. Perseveraron diciendo: «Seríamos gobernadores del Todo, si fuese suprimido el que ha sido proclamado rey del Todo», y se han encarnizado en esto los
20 hombres y los ángeles | que no provienen de la disposición buena de los de la derecha, sino de la mezcla. Y prefirieron para sí mismos voluntariamente los honores que pasan y el deseo apasionado[88]. Existe, empero, el camino hacia el reposo eterno que lleva
30 por medio de la humildad a la salvación de los que serán salvados, los de la derecha. Después que confesaron | al Señor y el pensamiento de lo que es agradable a la Iglesia y el canto de los humildes por todo lo que pueden hacer que le sea agradable de

---

88. Sobre el destino de los tres tipos de humanidad, ver 85,8-33, la suerte de cada uno se perfila en 119,16-27. El primer grupo descrito corresponde a los espirituales (119,28-120,14); el segundo, a los psíquicos (120,15-29), y el tercero, a los materiales (120,29-121,25), cf. Ext. Teod. 56,3.

modo que comparten sus sufrimientos y sus p
ra de los que son fieles (*eugnómon*) a lo que es
Igle[s]ia, ellos participarán en [u]na esperanza, y es
se **122** sobre los hombres y los ángeles, como el ca
que provienen del orden de los de la izquierda que lle
no sólo porque han negado al Señor y han conspirado c
sino asimismo porque han dirigido contra la Iglesia su c
envidia y su celo | y ésta es la causa de la condena de los qu
impulsado y levantado por sí mismos las aflicciones (*péira*) d
Iglesia[89].

La restauración pleromática progresiva

La elección, empero, que tiene cuerpo y esencia común con
el Salvador, es como una cámara nupcial a causa de su unidad y
de su unión. Porque antes de todo camino por su causa vino el
Cristo. La llamada, sin embargo, | ocupa el lugar de los que se   20
regocijan por la cámara nupcial y que están gustosos y son felices
con la fusión del esposo y la desposada. La llamada, pues, tendrá su lugar en el eón de las imágenes, en el lugar, empero, en
donde el Logos no ha alcanzado todavía la unión con el Pleroma.
Y puesto que está feliz y gustoso con esto, ya que esperaba por |
ello el hombre de la Iglesia, se separó espíritu, alma y cuerpo en   30
la organización del que lo pensó, pero uno solo es el que está en
él, el hombre que es el Todo y que es todos ellos. Y que tiene la
emanación a partir del Padre que **123** recibe los lugares y tiene
los miembros de los que ya hemos hablado. Cuando se proclamó
la redención recibió ciertamente el conocimiento inmediatamente el hombre perfecto para retornar de prisa a su estado unitario,
el lugar desde el que vino, para retornar jubilosamente al lugar |
del que provino, al lugar del que fluyó. Sus miembros, sin em-   10
bargo, necesitaban un lugar de instrucción como hay en los lugares dispuestos para que reciban desde ellos la semejanza de las
imágenes y arquetipos (-*típos*), como un espejo, hasta que todos
los miembros del cuerpo de la Iglesia (estén) en un único lugar y
reciban la restauración (*apokatástasis*) a un | tiempo, cuando   20
hayan sido manifestados como el cuerpo total, (es decir), la restauración en el Pleroma. Éste posee un acuerdo unificador pre-

---

89. Sobre los dos caminos aquí corregidos en su versiones pagana, rabínica y
cristiana, ver F. García Bazán, «La derecha y la izquierda como categorías religioso-
políticas tradicionales», en *Filosofar Cristiano* 25-28 (1989-1990), 27-41 (esp. 34-36).

vio, que es el acuerdo que pertenece al Padre, aunque las Totalidades reciben de él una marca[90]. Pero la restauración final será
30 después que el Todo se haya revelado en el que es el Hijo, | que
es la redención, o sea, el camino hacia el Padre incomprensible,
es decir, el retorno hacia el preexistente, y después que se haya
revelado a las Totalidades en la forma más propia en el que es el
[in]concebible y el inefable **124** y el invisible y el incomprensible,
de manera que él reciba la redención. Ésta no es sólo una liberación del dominio de los de la izquierda, ni sólo una liberación de
la autoridad de los de la derecha de cada uno de los que hemos
10 pensado que éramos esclavos e | hijos, de los que nadie escapa
sin que rápidamente llegue a ser de nuevo de ellos, sino que la
redención también es un ascenso, y los grados (*bathmós*) que
están en el Pleroma y los que han recibido nombre todos y que se
conciben según la capacidad de cada uno de los eones, y una
20 puerta en ese lugar que es silencioso, en donde no hay | necesidad de voz ni de conocimiento ni intelección, ni de iluminación,
sino que todas las realidades son luz, sin que necesiten ser iluminadas.

La redención

Porque no sólo los seres humanos necesitan redención, sino
que los ángeles asimismo necesitan redención junto con la imagen
30 y el resto del Pleroma de | los eones y los maravillosos poderes
luminosos. De manera que no podemos estar en duda en cuanto a
lo demás[91]. Por el contrario, hasta el Hijo que está establecido como

90. La elección referida a los pneumáticos se encuentra igualmente en Ext. Teod.
58,1 y Heracleón, frs. 27 y 37, distinguiéndose de la llamada. La participación de los
espirituales en cuerpo y esencia con el Salvador indica la consustancialidad (cf. Ext.
Teod. 42,3). Se señala el carácter metafísico y escatológico de la «cámara nupcial» en
relación con 87,22 (ver n. 48), cf. Ext. Teod. 63-64; Adv. Haer. I 7,1; ExpVal 31,37 y
39,9-35 y Heracleón, fr. 18; pero asimismo contrástese con 128,33-34. Sobre el lugar
exterior a la «cámara» de los que se regocijan, ver Adv. Haer. I 7,1-5; Ext. Teod. 63,1 y
65,1. Se comprende que el «eón de las imágenes» (122,25-26), al quedar sin las imágenes perfectas, se complete con imágenes en sentido estricto, los psíquicos, que ocupan la
función de la Ogdóada de otros textos valentinianos (cf. Ext. Teod. 63,1-2). El Demiurgo
es el que pensó al hombre como una unidad tricotómica, pero ésta se descompone
quedando el verdadero hombre, «el hombre que es el Todo», que es el que se integra con
el Salvador en el «estado unitario» de Logos pleromático (sobre el «Hombre», cf. EugB
76,21-78,24). El «retornar de prisa» a la patria es gnóstico, medioplatónico y caldaico
(OrCald 6,115,116,134). Sobre «fluyó», «espejo», etc., en relación con la polémica
antiplotiniana, ver ns. 64 y 65.
91. Sobre la restauración, ver Basílides, en Elen VII 26,2; 27,4,11; y más afín con
nuestro tema TrRes 44,30-36; Adv. Haer. I 8,4; I 21,3; Ext. Teod. 61,5; OcNov 57,26-61,17.

modelo de redención del Todo [ha necesita]do redención, **125** también él que ha llegado a ser hombre, habiéndose sometido a todo lo que necesitamos los que somos en la carne su Iglesia. Por lo tanto, cuando recibió el primero la redención desde la palabra que había descendido sobre él, todo el resto recibió redención por él, los que la han recibido para sí. | Porque los que recibieron al 10 que ha recibido, han recibido también lo que estaba en él. Pues entre los hombres que están en la carne él vino para dar la redención, su primogéni[to] y su amor, el Hijo que se encarnó, mientras que fueron juzgados dignos (*axíon*) los ángeles del cielo de ser ciudadanos (*politeúesthai*), para poder formar un gobierno (*políteuma*) con él sobre la tierra. Por esto se la denomina la redención | de los ángeles del Padre, consuelo de los que han 20 sufrido por el Todo para su conocimiento, porque le fue dada la gracia antes que a cualquier otro. Puesto que el Padre previamente lo conocía, ya que existía en su pensamiento antes de que nada llegara a ser y tenía también (en él) a aquellos por los que se ha manifestado. Estableció la deficiencia sobre lo que | dura por 30 algunos períodos y tiempos como una gloria para su Pleroma, puesto que el hecho de que sea desconocido encierra una causa de su producción por su benevolencia [haciéndo]se [conocer], **126** de modo que la recepción de su conocimiento sea una manifestación de su falta de celo y la revelación de la sobreabundancia de su dulzura, o sea, la gloria segunda; así se encuentra, por una parte, ser causa de ignorancia, por otra es asimismo generador de conocimiento.

La gnosis

Porque en una | sabiduría oculta e incomprensible conservó 10 el conocimiento hasta el fin, hasta que las Totalidades se cansaron en su búsqueda de Dios, el Padre, al que ninguno ha encontrado por su propia sabiduría y poder. Se da él mismo para que puedan recibir conocimiento del más alto pensamiento para su mayor honra, el que él ha dado, y la causa que ha facilitado, que es la acción de gracias | incesante hacia él; éste que desde la in- 20 movilidad de su deliberación, empero, eternamente se revela a los que han sido dignos del Padre, que es incognoscible, para que reciban su conocimiento por su voluntad, de manera que lleguen también a experimentar la ignorancia y sus pesares. Porque aquellos que previamente pensó que alcanzarían el conocimiento y | 30 las cosas buenas que están en él, eran reflexión de la sabiduría del

Padre para que pudieran experimentar las cosas malas y adies-
trarse en ellas como un [...] por un tiempo [...] recibir el go[zo]
(*apólausis*) [de las cosas buenas] para la eternidad. **127** Y tienen
en sí la diversidad y el rechazo persistente, y la causa de los que
combaten contra ellos como un ornato y una nota admirable de
los eminentes, de manera que se torne manifiesto que la ignorancia de los que son ignorantes del Padre era, sin embargo, algo que
les es propio. El que les dio su conocimiento era uno de sus pode-
10 res | para posibilitarles comprender que este conocimiento, por
una parte, en el sentido propio se llama «el conocimiento de todo
lo que se puede pensar», «el tesoro», y, por otra parte, como agregado a esto, para aumento del conocimiento, es la revelación de
los que fueron conocidos de antemano, y el camino hacia la ar-
20 monía y hacia el preexistente, o sea, el | crecimiento de los que
han abandonado la grandeza propia en la organización de la
voluntad, para que el fin sea como el comienzo[92].

El bautismo

En cuanto al bautismo (*báptisma*) que existe en el sentido
propio, en el que las Totalidades descenderán y en el que serán,
30 no hay otro bautismo aparte de este único, | el que es la reden-
ción en Dios, el Padre, el Hijo y el Espíritu Santo, cuando se hace
presente la confesión por la fe en estos Nombres, [que] son un
Nombre solo, del Evangelio, **128** una vez que han creído en lo
que se les ha dicho, o sea, que son. A partir de esto obtienen su
salvación los que creen que son. O sea, alcanzan, por una parte,
de una forma invisible, al Padre, al Hijo, y al Espíritu Santo con
10 una fe, por otra parte, inquebrantable, porque | le han rendido
testimonio, y con una firme esperanza los comprenden, de modo
que pueda llegar a ser la perfección de lo que han creído que sea
el retorno hacia ellos y que el Padre sea uno con ellos, el Padre, el
Dios, que han confesado con fe y que les ha otorgado unirse con
20 él en el conocimiento. El bautismo, pues, que | hemos previa-
mente mencionado se denomina «vestido de los que no se despo-
jan de él», porque los que lo revestirán y los que han recibido la

92. Todos necesitan la redención, pues ella es consentir a la voluntad de Dios con
permanencia. Sobre los ángeles (124,27), ver Ext. Teod. 22,5-6 y 35,4. Acerca de la
Palabra que vino en el Salvador, cf. EvV 26,4-8 y en nexo con el preconocimiento (*rešarep
apisayne/proginóskein*) coincidente con la voluntad paterna, cf. 76,24-30; 77,6-11. El
Padre como causa del desconocimiento y su conocimiento como resultado de su gracia
(126,7-14), ver EvV 17,4-11; 18,1-9; 19,21-25;24,16-17. Sobre «tesoro», ver Mt 19,21.

redención lo llevan. Y se lo llama «la confirmación infalible de la verdad»; inflexible e inconmovible, comprende a los que, en tanto que lo comprenden, | han recibido la (restauración). Se le llama 30 «silencio» a causa de la quietud y la tranquilidad. También se le llama «cámara nupcial», por el acuerdo y la inseparabilidad de los que [han] conocido, porque lo han conocido. Y se lo de[nomi]na, **129** también, «la luz que no declina y es sin llama», puesto que no da luz, sino que los que la llevan son luz, que son también a los que revistió. Y también se lo llama «la vida eterna», o sea, la inmortalidad y se lo llama según todo lo que es grato, absolutamente, | en el más propio sentido, inseparable e inamoviblemente, 10 perfecta e imperturbablemente, incluido lo que se haya dejado de lado. Porque, ¿qué otra cosa hay para nombrarle, salvo la denominación «las Totalidades»? Es decir, que incluso si se le llama con nombres innumerables, se dicen simplemente como una | referencia a él, porque supera toda palabra, supera toda voz, 20 supera todo intelecto, supera todo y supera todo silencio. Así es [ditografía] con lo que es lo que él es. Es lo que se encuentra ser en un | inefable e inconcebible rostro para llegar a ser en los que 30 conocen por medio de él al que han comprendido, que es al que dan gloria[93].

Nuevas explicaciones sobre la restauración de los psíquicos

Aun cuando sobre el tema de la elección (*eklogé*) **130** hay todavía muchas más cosas para decirles, en el modo conveniente, sin embargo, en cuanto a lo que tiene que ver con los de la llamada, porque así son denominados los de la derecha, es necesario volver de nuevo a hablar de ellos y no nos sería beneficioso olvidarlos. Hemos hablado | sobre ellos como si fuese suficiente 10 lo que precedentemente se escribió con cierta amplitud. ¿Cómo, (entonces), hemos hablado de manera incompleta? Porque he

---

93. Sobre el bautismo entre valentinianos, cf. Ireneo, Adv. Haer. I 21,3-5, que combina fórmulas iniciáticas con el Nombre (cf. Epifanio, Pan 36,2; Ext. Teod. 78,2 y ExpVal 40,30- 43,19). El sentido iniciático del bautismo y la polémica entre cristianos se confirma en PensTr 45,12-20; 48,15-35; TesV 55,8-18 69,7-32. Para la tríada Padre, Hijo, Espíritu Santo y el Nombre, cf. junto a Mt 28,19, Ext. Teod. 80,3; EvFlp 67,9-30 y Adv. Haer. I 21,3 (con Madre = Espíritu Santo) y García Bazán, «El "Nombre" según la enseñanza del Tratado tripartito», 260-261. El uso del «vestido» es similar a TrRes 45,24-39. La «cámara nupcial» vinculada al bautismo tiene asimismo características iniciáticas que integra, finalmente, en la «Iglesia anterior a los eones». La «Iglesia», por lo tanto, se ofrece en tres niveles: «terrestre», «pleromática» y en unidad preinteligible (ver ns. 14, 55, 81 y 82).

dicho que todos los que provinieron del Logos, bien sea de la condena de los malos, o de la cólera que los combate, y del hecho 20 de separarse de ellos, que es, empero, el retorno a | los eminentes, y de la plegaria y del recuerdo de los que anteriormente han existido y de una esperanza y de una fe en recibir su salvación de la acción buena han sido dignos, porque son seres a partir de las disposiciones buenas que tienen, como causa de su generación, 30 un propósito, empero, del que | es.

Los psíquicos se salvan por la fe en Cristo

Además también (dije) que antes que el Logos se interesara en ellos de manera invisible, voluntariamente, el eminente (les) agregó también su pensamiento, porque le habían sido [obedien]tes, **131** a éste que era la causa de su ser. Ellos no se exaltaron, cuando eran salvados, como si nada existiera antes que ellos, sino que confiesan que tienen un principio de su existencia y desean conocer al que existe antes que ellos. Más todavía, (dije) que saluda-10 ron | la revelación de la luz como un relámpago y testimoniaron que apareció para su salvación. Ahora bien, no sólo sobre los que han provenido del Logos hemos dicho que alcanzarían la realidad buena, sino también los que han sido generados asimismo de 20 acuerdo con las disposiciones | buenas compartirán igualmente el reposo por la sobreabundancia de la gracia. Y los que han sido producidos a partir del deseo apasionado del ansia de poder, teniendo en ellos la semilla que es el deseo de poder, recibirán la recompensa de los buenos, especialmente los que actuaron con 30 ellos y los | que tienen la elección (*proáiresis*) hacia el bien, si intencionalmente tienen el propósito y quieren abandonar el deseo de la vana gloria pasajera y obs[ervan] los mandamientos del Señor **132** de la gloria, en lugar de los honores pasajeros heredarán (*kleronomeîn*) el reino eterno. Pero ahora, es necesario que agreguemos las causas y las influencias (*enérgeia*) sobre ellos de la gracia y los motivos, pues es conveniente que volvamos a hablar sobre lo que hemos dicho previamente de la salvación de todos 10 los de la derecha, | de los no mezclados y de los mezclados todos, para unirlos entre [sí], y en cuanto al reposo, [que] es la revelación de [la] forma como han creído. Del modo como (lo hacemos) aquí en un apropiado discurso, es conveniente que profesemos realmente el reino que está en el Cristo para la disolución de 20 lo multiforme, | la desigualdad y el cambio. Porque el fin recibirá del mismo modo una existencia única, igual que uno solo era el origen, lugar en el que no hay macho ni hembra, ni esclavo, ni libre (*eléutheros*), ni circunciso ni incircunciso, ni ángel, ni hombre, sino que todo es en todo, el Cristo. De la forma como el que no existía previamente | se encontraría que existe, a no ser que [...] la naturaleza del que no es un esclavo, puesto que tomará lugar con un 133 hombre libre. Porque recibirán la visión aún más por naturaleza y no por una palabrita sola en la que crean sólo por medio de una voz. Porque es de este modo, ya que, empero, es una sola la restauración en lo que era. Incluso si algunos han sido exaltados a causa de la organización, puesto que han sido establecidos | como causa de lo que ha llegado a existir multiplicando las influencias naturales (*enérgeia physiké*) y se complacen por ellas, recibirán el reino, la confirmación [y] la salvación ángeles [y] hombres. Éstas son las causas, entonces, de que los que aparecieron en carne crean sin duda que es el Hijo del Dios desconocido, del que | no se habló antes y que no habría podido verse. Y abandonaron a sus dioses, a los que habían previamente adorado y a los señores que están en los cielos y a los que están sobre la tierra. Antes ciertamente de que ascendiera y mientras que era, empero, todavía un niño, testificaron que ya había comenzado a predicar, | y cuando yacía en la tumba (*táphos*) c[omo un] muerto, los án[geles], sin embargo, sabían que estaba vivo, [recibiendo] la vida 134 del que había muerto. Pero sus múltiples servicios anteriores y sus gestos simbólicos que se realizaban en el templo los dedicaron a otro. Semejante confesión les da poder de hacer esto gracias a que se han apresurado hacia él, ya que para apartarse han recibido | esta preparación, a causa del que no fue (honrado) en este lugar, pero [aceptaron] al Cristo, del que han pensado que era de [arriba], del lugar del [que] han venido junto con él, un lugar de dioses y de señores a los que rindieron adoración, dieron culto (*therapéuein*) y sirvieron | bajo los nombres que habían recibido en préstamo, los atribuyeron al que es designado por ellos en sentido propio, sin embargo, después de su ascensión (*análepsis*), tuvieron la experiencia de que él es su Señor, del que ningún otro es señor. Le dieron sus reinos; se levan[ta]ron de sus tronos; depusieron sus | coronas. Sin embargo, él se les reveló, por las razones que hemos previamente explicado, de salvación y de re[torno al] buen pensamiento hacia [...] 135 [...] compañero y los ángeles [...] y los abundantes bienes que cumplieron por ella. De es [ta manera] fueron encargados de los servicios para el bien de los elegidos, haciendo subir las injusticias de los que han sufrido hasta el cielo para que

211

10

20

sean juzgadas eternamente, [jui]cio inagotable e incontrastable, y
permanecieron a causa de | ellos hasta que todos llegan a la vida
natural y dejan la vida, en tanto que sus c[uer]pos [permanecen]
sobre la tierra, sirviendo a todos sus [...], compartiendo sus sufrimientos, persecuciones y [tri]bulaciones, que son sobrellevadas
[p]or los santos en [to]do camino[94]. Pero los servidores del [m]al,
en tanto que es digno de destrucción | el mal [...].

Los psíquicos participan del exterior de la cámara nupcial

30

10

20

Con [firme]za a causa del go[bier]no que está sobre todo el
mundo, que es su pensamiento bueno y su amistad, los estimará
la Iglesia como buenos amigos y fieles servidores, una vez que
haya recibido la redención y [les dará] la recompensa, | que es la
a[le]gría que está en la [cámara nup]cial y la [...] [... que] está en
su casa [...] [...] en el pensamien[to] [...] y lo que debe [...] **136** el
Cristo que está con ella [...] espera del Pad[re del] Todo, puesto
que ella producirá para ellos los [án]geles como guías y servidores. Pues ellos pensarán ideas gratas de servicio para ella. Ellos le
darán su recompensa por todo lo que los eones piensan. | Es una
emanación de ellos, de modo que como el [C]risto [...] la voluntad que produjo [...] las grandezas eminentes de la I[g]l[e]sia [y]
las dio a ella, así [t]ambié[n] ella será un pensamiento para és[tos]
y la que les da [sus] lugares de residencia eterna, en los que residi-
rán, [renun]ciando a la atracción de | la deficiencia, mientras
que el poder del Pleroma los impulsa, empero, hacia la grandeza
de la generosidad y [la] suavidad del eón que, no obstante, existe
antes. Ésta es la naturaleza de la generación entera de los que él
tenía con ellos cuando irradió sobre ellos [con] una l[uz] que

---

94. Se vuelve sobre 118,37-119,8; 119,20-122,12 y 19-27 (ver ns. 86 a 90). De
la salvación de los psíquicos por las buenas obras, por la voluntad libre, habla Adv. Haer.
I 6,2 y Heracleón, fr. 40. El «reino eterno», también denominado «reino» en 93,5 y
96,35, es el «eón de las imágenes». Sobre la unidad/multiplicidad, aunque teniéndose en
cuenta el plano de que aquí se trata, el de la perdurabilidad, cf. EvV 25,10-19; TrRes
49,9-16; Ext. Teod. 36,2; Adv. Haer. II 12,3. En el estado de acuerdo anímico se diluyen
oposiciones y distinciones inferiores, porque reina el espíritu del Cristo salvador como
en Ga 3,28; 1Co 12,13 y Col 3,11. Sobre la comprensión gradual por visión en
intensidad del Pleroma, que supera a la de la simple audición (133,1-7), ver asimismo
Heracleón, frs. 5 y 39. El abandono de las creencias y falsos ídolos puede resumirse
como alejamiento del dios demiúrgico y sus obras (Heracleón, fr. 22) al descubrir al
Salvador. EvV 19,17-20 se refiere también a la niñez del Salvador. Sobre los «nombres
de préstamo», ver F. García Bazán, art. cit., 261 y n. 115. Obsérvese que la ascensión
marca el origen de la constitución del eón de las imágenes para los psíquicos, como la
distinción de los apóstoles en pneumáticos y psíquicos se da entre la resurrección y la
ascensión (ver ApSant 2,10-35). Sobre la persecución, ver 122,4-12.

reveló [...] Como su [...] | que será [...] como su [...] la sola   30
diversidad qu[e] [e]s en los que han sido [...] 137 [...] los que [...
por] medio de [...] valor como [y]a [lo] dije, mientras que los
materiales quedarán hasta | el fin para la destrucción, puesto   10
que no darán a ellos [...], si retornan de nuevo a lo que ellos [...]
como ellos [...] mientras que no existen [...], sino que han sido
útiles [... para el] tiempo que han esta[do] entre ellos, aunque
ellos [...] anteriormente, si [...] para hacer algo diferente | se[gún]   20
el [p]oder que retienen en la creación, [para oponer]se a ellos⁹⁵.
Porque aunque emp[le]e yo, en efecto, continuamente estas palabras [...] su pensamiento. Algunos [...] [gran]deza 138 [...] ángeles [...] palabras [al sonido de] la trompeta proclamará el gran
| perdón (*amnésteia*) perfecto en el oriente resplandeciente, en   10
[la cámara] nupcial que [es] el amor de Dios el [...] de acuerdo
con el poder que [...] de la grandeza [...] la suavidad de [...] a él,
puesto que él se revela a las grandezas [...] su bondad [...] | la   20
alabanza, el dominio [y] la [gloria] por medio de Jesú[s], [el]
Cristo, el Señor, el [Salva]dor, el Redentor de todos los que pertenecen a la compasión, empero, del Amor por medio del Espíritu Santo desde ahora por todas las generaciones (*geneá*) de las
generaciones por los siglos de los siglos. Amén⁹⁶.

95. Sobre la «cámara nupcial», ver ns. 90 y 93, y sobre la «consumación», n. 83
y Pens 50,6-20.
96. Cf. EvFlp 76, que asimismo asocia el Oriente, el Santo de los Santos, la
cámara nupcial y el bautismo.

EXPOSICIÓN SOBRE EL ALMA
(NHC II 6)

INTRODUCCIÓN*

EL DOCUMENTO COPTO

Este breve tratado (once páginas) sigue en el Códice II al grupo de los textos gnósticos fundamentales de Nag Hammadi (*Apócrifo de Juan*, etc.). El manuscrito se halla en buen estado. La lengua es la de todo el Códice II: sahídico con influjos subacmímicos. El título aparece en el *incipit* y en el *explicit*, en grecocopto: *texegsis etbe tpsyche*.

EL ORIGINAL GRIEGO

El escrito es obra de un solo autor cristiano. Sus destinatarios no eran necesariamente iniciados gnósticos, sino que podían ser simples cristianos o incluso paganos simpatizantes. El autor pertenece a una tendencia muy próxima a la ortodoxia eclesiástica, pues acepta la autoridad del Antiguo Testamento como cualquier exegeta ortodoxo. Se trata de un escritor culto y muy competente en la preceptiva literaria.

Los diversos temas y géneros literarios reflejados en la obra no exigen, para ser explicados, la hipótesis de varios estratos redaccionales. Con respecto al género literario, el autor se sitúa en la confluencia de dos corrientes: la novela helenística y los textos narrativos judíos protagonizados por personajes femeninos (Rahab, Tamar, Rut, Ester, Judit, Susana...). Presenta paralelos notables con la novela de *José y Asenet*, y, en el *corpus* de Nag Hammadi, con la

---

*   Introducción, traducción y notas de José Montserrat Torrents.

217

Enseñanza autorizada (*Authentikos Logos*). En cuanto al contenido, el autor recoge las concepciones comunes sobre el alma en el contexto del platonismo medio (Numenio de Apamea, *Oracula Chaldaica*, Máximo de Tiro, *Corpus Hermeticum*...) y los traspone a una dogmática cristiana de corte alejandrino.

La hipótesis de la pertenencia del autor al gnosticismo se basa en la presencia de términos «técnicos» valentinianos, tanto griegos como traducidos al copto. Ahora bien, se debe observar que algunos de estos términos son en realidad comunes a toda la filosofía cristiana prenicena, mientras que no aparecen los términos realmente específicos del valentinismo, como eón, pleroma, ogdóada, demiurgo, arconte... La única expresión propiamente valentiniana que encontramos en este escrito es la de la «cámara nupcial». Pero se trata, en último término, de una metáfora, perfectamente asimilable por un autor no hostil a la gnosis. Por otra parte, la doctrina fundamental teológica y antropológica se acomoda sin estridencias a la tradición alejandrina de Filón, Clemente de Alejandría, Orígenes y su epígono el asiático Metodio de Olimpo (en el *Banquete*), línea de pensamiento divergente de la predicación episcopal, pero no por esto declaradamente gnóstica.

Hay un aspecto de la *Exposición sobre el alma* que hace incongruente su adscripción a la gnosis valentiniana: el uso autoritativo del Antiguo Testamento. Ni con la más condescendiente de las interpretaciones de Ptolomeo en su *Carta a Flora* puede un gnóstico poner en pie de igualdad los textos del Antiguo Testamento con la revelación neotestamentaria. El lector u oyente de este escrito tiene que ser un cristiano en cuya comunidad se leen ambos testamentos como libros sagrados. Y esto no sucedía en ningún grupo gnóstico.

En consecuencia, creo que puede afirmarse que *Exposición sobre el alma* es una obra no heterodoxa que juega intencionadamente con ingredientes religiosos y filosóficos procedentes del platonismo, del judaísmo y del cristianismo, sin rehuir ocasionalmente contactos con el valentinismo.

ESTRUCTURA Y CONTENIDO DOCTRINAL

El tema de la exposición es el alma humana. Este alma ha tenido una preexistencia como ente divino y ha caído al mundo inferior. No hay indicios de una distinción entre seres humanos de origen pneumático y seres humanos de raigambre meramente psíquica.

En este primer argumento conviene no entremezclar el tema de la caída del alma con el del lapso de Sofía, aunque los contactos de índole literaria puedan ser frecuentes entre ambos temas.

En una primera parte (La caída del alma), el autor utiliza la figura de la prostitución para describir el estado del alma del individuo humano en este mundo. Esta caída no es el resultado de una ley física necesaria, sino que implica responsabilidad. Por esto el alma es descrita como culpable.

La segunda parte trata de la reintegración del alma a su estado primordial. Este proceso se inicia con una acción moral: el arrepentimiento. Pero rápidamente el tratadista recuerda que no son las acciones humanas las que salvan, sino las divinas. La operación divina consiste en el envío de la gracia del Salvador. Éste actúa como esposo para reintegrar al alma a su lugar primordial.

Una vez el alma ha recibido ya en este mundo la salvación en forma de iluminación, inicia su «retorno» al origen. La vida de los seres humanos sobre esta tierra es un viaje de retorno al Padre. Por esto el autor cierra su tratado con una oportuna cita de la *Odisea*.

El desarrollo se presenta esmaltado de citas de ambos Testamentos, reproducidas con gran fidelidad. No es necesario suponer un florilegio temático detrás de estas citas.

NUESTRA TRADUCCIÓN

Nuestra traducción se basa en el texto transcrito y reconstruido por B. Layton en *Nag Hammadi Codex II,2-7* (The Coptic Gnostic Library, vol. 21-2), 1989. Hemos cotejado la traducción de Maddalena Scopello en *L'exégèse de l'âme*, Nag Hammadi Studies 25, 1985.

EXPOSICIÓN SOBRE EL ALMA

II 127,18-137,27

La caída del alma

Los antiguos sabios dieron | al alma nombre de mujer, y es   20
realmente una mujer según su naturaleza.

El alma tiene su propia matriz. Mientras estaba sola con el
Padre era virgen y tenía figura andrógina[1]. Pero cuando se precipitó en un cuerpo y accedió a esta vida mundana, cayó en poder
de muchos bandidos, personajes violentos que se la fueron pa-
sando del uno al otro y la [...]. Algunos abusaron | de ella [por la   30
fuerza], mientras otros la persuadieron con el engaño de un regalo. Dicho con simplicidad, la mancillaron y ella [...] su **128** virginidad. Y se prostituyó en su propio cuerpo y lo entregó a todos,
pensando que aquel al que se adhería era su esposo. Cada vez
que se entregaba a adúlteros violentos e incrédulos para que abu-
saran de ella, gemía intensamente y se arrepentía. Pero al apar-
tarse de aquellos adúlteros corría de nuevo hacia otros, los cuales
la forzaban | a estar con ellos y a servirlos como a señores sobre   10
su cama. De pura vergüenza ya no se atrevía a abandonarlos.
Ellos, por su parte, la engañaban durante largo tiempo a guisa de
esposos fieles y gente sincera, como si la respetaran muchísimo.
Al cabo, sin embargo, la abandonaban y se iban. Entonces ella
pasaba a ser una viuda pobre y sola sin ayuda alguna. Ni un poco
de grano | retuvo en su penalidad, pues no arrancó nada de ellos,   20

1. Virginidad y androginismo son características de las realidades superiores, cf. PensTr
42,2-6; EvTom 22; naasenos, en Hipólito, Elen V 5,15; 8,4. La femineidad afecta a toda alma
mundana, tanto de mujer como de varón.

221

sino las poluciones que le transmitían al copular con ella. Y los (vástagos) que ella parió de los adúlteros eran mudos, ciegos y enfermizos, y su mente estaba alterada.

Pero cuando el Padre que está en el lugar superior la visita, baja su mirada hasta ella y ve cómo se lamenta con sus pasiones y su torpeza, | y cómo se arrepiente de la prostitución que había obrado y comienza a [invocar] su nombre para que la socorra [...] de todo corazón diciendo: «Sálvame, Padre mío, pues he aquí que voy a pronunciar palabras [dirigidas a ti, ya que abandoné] mi casa y **129** huí de mi estancia de doncella, hazme volver a ti». Pues bien, al verla en este trance, el Padre la juzgará digna de piedad, pues muchas son las aflicciones que acarrea por haber abandonado su casa.

Primer cuaderno de citas: la prostitución del alma

Acerca de la prostitución del alma, el Espíritu Santo profetiza en muchos lugares. Dice, en efecto, en el profeta Jeremías: | *Si el esposo repudia a su esposa y ella se va y toma otro hombre, ¿volverá a él de nuevo? ¿Acaso esta mujer no se contaminó en su contaminación? Y tú te has prostituido con muchos pastores y has vuelto a mí, dice el Señor. Levanta tus ojos a la derechura y mira donde te prostituiste. ¿No estabas sentada en los caminos mancillando la tierra con tus fornicaciones y con tus vicios? Y tomaste muchos pastores que te obstaculizaron. Perdiste la vergüenza con todos.* | *No me invocaste como familiar o como padre o como autor de tu virginidad*[2].

También hallamos escrito en el profeta Oseas: *Venid, pleitead con vuestra madre, pues ella no será mi esposa y yo no seré su marido. Apartaré su prostitución de mi presencia, apartaré su adulterio de entre sus pechos. La dejaré desnuda como en el día en que la parieron* | *y la dejaré sola como una tierra sin [agua] y la dejaré sin hijos [...]. No me apiadaré de sus hijos, porque son hijos de prostitución, puesto que su madre se prostituyó y llenó [de vergüenza a sus hijos].* **130** *Dijo efectivamente: fornicaré con mis amantes, los que me daban el pan y el agua, y mis vestidos, mi ropa, mi vino, mi aceite y todo lo que necesitaba. He aquí por lo que los encerraré para que ella no pueda perseguir a sus adúlteros. Y cuando los busque y no los halle, dirá: volveré a mi primer marido, pues* | *en aquellos días estaba mejor que ahora*[3].

Dice también en Ezequiel: *Sucedió que, después de muchas mal-*

2. Jr 3,1-4.
3. Os 2,4-9.

222

dades, dijo el Señor: Te construiste un burdel y te levantaste un
lugar agradable en las calles. Y te construiste burdeles por todos los
caminos y marchitaste tu belleza y te abriste de piernas en todos los
caminos y aumentaste tu prostitución. Te prostituiste con los hijos
de Egipto, | *que son tus vecinos, hombres de carne fornida*[4].   20

La expresión *los hijos de Egipto, hombres de carne fornida*
significa el elemento carnal y sensible y las cosas de la tierra con
las que el alma se contaminó en este lugar al recibir de aquéllos
pan, al recibir vino, al recibir aceite, al recibir ropa y los demás
perifollos que envuelven el cuerpo, cosas que ella considera necesarias. Respecto a esa prostitución, los apóstoles del Salvador
prescribieron: | *Guardaos de ella, purificaos de ella*[5], refiriéndose   30
no sólo a la prostitución del cuerpo, sino sobre todo a la del
alma. Por esto los apóstoles escriben [...] de Dios a fin de que
[una prostitución] de este tipo no tenga lugar entre [nosotros].

Ahora bien, el mayor [combate] es el concerniente a la prostitución 131 del alma; de ahí arranca la prostitución del cuerpo.
Por esto Pablo, escribiendo a los corintios, dijo: *Os escribí en la*
carta: no os mezcléis con fornicarios, no absolutamente con los
fornicarios de este mundo o los codiciosos o los ladrones o los
idólatras, ya que entonces tendríais que abandonar este mundo[6].
De este modo está hablando espiritualmente: *Pues nuestro com-*
bate no tiene lugar | *contra la carne y la sangre*; y prosigue de   10
esta manera: *sino contra los poderes mundanales de la oscuridad*
y los espíritus del mal[7].

El arrepentimiento

Así, pues, mientras el alma corre de un lado para otro copulando
con todo el que se tercie y mancillándose, sufre y acarrea lo que
mereció. Pero cuando adquiere conciencia de las penalidades en
que se halla, llora ante el Padre y se arrepiente, entonces el Pa-
dre se apiada de ella y gira | su matriz desplazándola del lugar   20
exterior y volviéndola de nuevo hacia el interior, y el alma recibe
su particularidad. No es que suceda de este modo con las mujeres,
pues la matriz corporal se halla dentro del cuerpo al igual que las
demás entrañas, mientras que la matriz del alma está vuelta al
exterior como las partes naturales de los varones, que son exteriores. De esta manera, cuando la matriz del alma, por el querer del

4. Ez 16,23-26.
5. Cf. Hch 15,20-29; 21,25; 2Co 7,1.
6. 1Co 5,9-10.
7. Ef 6,12.

30 Padre, se vuelve hacia el interior, recibe un bautismo y | queda inmediatamente purificada de la contaminación externa que la había marcado, como [vestidos] sucios colocados sobre [...] y sacudidos hasta eliminar la suciedad y quedar limpios. Así, la purificación del alma consiste en recuperar la [juventud] 132 de su primera naturaleza y regresar de nuevo. En esto consiste su bautismo.

Las nupcias del alma

Entonces comenzará a irritarse contra sí misma como las parturientas en el momento de parir el hijo, que se revuelven airadamente contra sí mismas. Pero como es una mujer, no puede engendrar un hijo por sí sola. El Padre le envió desde el cielo a su esposo, que es el hermano de ella, el primogénito[8]. Entonces el

10 novio | descendió hasta la novia. Ella depuso su anterior prostitución y se purificó de las contaminaciones de los adúlteros, y se rejuveneció como para un noviazgo. Se purificó en la cámara nupcial, la llenó de perfume y se sentó en ella aguardando al verdadero novio. Ya no deambula por la plaza para copular con quien le apetezca, antes bien permanece en la espera del día de su

20 venida, temiéndolo, pues no sabe cuál será su aspecto. | Ya no lo recuerda desde el día en que resbaló de la casa de su Padre. Pero por la voluntad del Padre [...] ella lo imaginó en sueños como las mujeres enamoradas de los hombres. Entonces, el novio, según el querer del Padre, descendió hasta ella y entró en la cámara nupcial ya preparada. El novio fue el adorno de la cámara nupcial[9].

Puesto que este connubio no es como el matrimonio carnal, los

30 que se unen mutuamente quedan satisfechos | con la unión, y abandonan, como un lastre, el tormento de la concupiscencia y se vuelven [...] el uno al otro. Pero este [...] connubio. Pero si se unen [el uno al otro], se vuelven una sola vida. 133 Por esto dijo el profeta, respecto al primer hombre y a la primera mujer: *Serán una sola carne*[10]. Pues en el origen, junto al Padre, estaban unidos el uno al otro, antes de que la mujer descarriara al varón, que era su hermano. El mencionado connubio los reunió de nuevo el uno

10 al otro, y así el alma se unió con su verdadero amante, su señor natural, tal como está escrito: *El señor | de la mujer es su marido*[11]. Ella lo fue reconociendo paso a paso y se alegró otra vez,

---

8. Para el novio-hermano, cf. Ct 4,9; Ireneo, Adv. Haer. I 28,6. Isis y Osiris eran hermanos.
9. Para el tema valentiniano de la cámara nupcial, véase EvFlp 69,27-28, con sus referencias.
10. Gn 2,24.
11. Cf. Gn 3,16.

llorando ante él al recordar la torpeza de su anterior viudedad. Y se adornó todavía más a fin de que le pluguiera permanecer con ella. Cabe citar al profeta, que dice en los salmos: *Escucha, hija mía, mira e inclina tu oído, olvida a tu pueblo y a la casa de tu Padre, pues el rey deseó tu belleza; | él es tu señor*[12]. Así pues, la juzga digna de apartarse de su pueblo y de la multitud de los que adulteraban con ella, en cuyo contubernio vivía anteriormente; de consagrarse sólo a su rey, su señor natural, y de olvidarse de la casa de su Padre terrenal, pues bajo su férula estuvo mal, y de acordarse de su Padre que está en los cielos. Esto es lo que fue dicho a Abrahán: *Sal de tu | tierra y de tu familia y de la casa de tu Padre*[13]. De esta manera, una vez el alma [se ha adornado] de nuevo con su belleza, [...] se complació en su amado, y él también la amó. Y cuando se unió con él, recibió 134 de él la simiente que consiste en el Espíritu vivificante, para engendrar de él hijos buenos y nutrirlos. Pues ésta es la magnífica y perfecta maravilla de la generación. De modo que este connubio se hizo perfecto por el querer del Padre[14].

El retorno del alma

Conviene, pues, que el alma se engendre por sí misma y regrese a su forma anterior. Entonces el alma se mueve a sí misma. Y recibió del Padre el don divino del | rejuvenecimiento a fin de regresar al lugar donde se hallaba al principio. Ésta es la resurrección de entre los muertos, éste es el rescate de la cautividad, ésta es la ascensión, el camino hacia el cielo, éste es el camino que asciende hasta el Padre. Por esto dijo el profeta: *Alma mía, loa al señor, y todo mi interior, a su santo nombre. Alma mía, loa a Dios, que perdonó | todas tus transgresiones, que curó todas tus dolencias, que rescató tu vida de la muerte, que te coronó con piedad, que satisface con bondades tu deseo. Tu juventud se repristinará como la de un águila*[15].
Al rejuvenecerse (el alma) ascenderá loando al Padre y al hermano por el que fue rescatada. De esta manera, el alma será rescatada por medio de la regeneración. Esto | no tiene lugar gracias a expresiones ascéticas ni por medio de artes ni por prescripciones escritas, sino que la gracia [...], sino que el don de [...]. Esta cosa es algo [celestial]. Por esto el Salvador clama: 135

12. Sal 45,11-12.
13. Gn 12,1.
14. Exégesis nupcial muy parecida en Metodio de Olimpo, *Banquete* III 8-14.
15. Sal 102,1-5.

Nadie viene a mí, si mi Padre no lo conduce y no lo trae a mí, y yo lo resucitaré en el último día[16]. Conviene, pues, orar al Padre e invocarlo con toda nuestra alma, no con los labios, externamente, sino con el espíritu que se halla en el interior, que asciende de lo profundo, mientras gemimos[17] y nos arrepentimos de la
10 vida que llevamos y confesamos | nuestros pecados, mientras nos damos cuenta del error vacío en el que nos hallábamos y de la hueca preocupación, llorando por encontrarnos en la oscuridad en medio del oleaje, afligiéndonos por nosotros mismos para que él se apiade de nosotros, y odiándonos por nuestro estado actual.

El Salvador dijo también: *Bienaventurados los afligidos, porque serán objeto de piedad; bienaventurados los que tienen ham-*
20 *bre, porque serán saciados*[18]. Dice también: | *Si uno no odia su alma no podrá seguirme*[19]. Pues el principio de la salvación es el arrepentimiento. Por esto *antes del advenimiento de Cristo vino Juan predicando el bautismo de arrepentimiento*[20]. El arrepentimiento viene con dolor y con contrición interior. Pero el Padre es humanitario y bueno y escucha al alma que lo invoca y le envía la
30 luz de la salvación. Por | esto dijo por medio del Espíritu profético: *Di a los hijos de mi pueblo: [Aunque vuestros] pecados abarquen [la tierra y el] cielo y se vuelvan [rojos] como la escarlata y se ennegrezcan más que [...] y* **136** *volvéis a mí con toda vuestra alma y me decís: «Padre mío», yo os escucharé como a un pueblo santo*[21].

Y en otro lugar: *Así habla el Señor, el santo de Israel: si te conviertes y gimes, te salvarás y sabrás donde estabas cuando confiabas en vanidades*[22].
10 Dice también en otro lugar: *Jerusalén | lloró amargamente: piedad para mí. Él tendrá piedad del ulular de tu llanto, y cuando se percató te escuchó. El Señor os dará pan de aflicción y agua de opresión. Desde ahora ya no volverán a acercarse a ti los embusteros. Tus ojos verán a los que te engañan*[23].

Por lo tanto, conviene orar a Dios noche y día, levantando nuestras manos hacia él como navegantes en medio del mar, que
20 ruegan a Dios | de todo corazón sin hipocresía. Pues los que

16. Jn 6,44.
17. Cf. Rm 8,26.
18. Mt 5,4-6.
19. Lc 14,26.
20. Mc 1,4.
21. Apócrifo de Ezequiel, citado por Clemente Romano, 1Clem 8,3. Epifanio conoce la obra, cf. Pan 64,70,6-17.
22. Is 30,15.
23. Is 30,19-20.

oran con hipocresía se engañan sólo a sí mismos. Pues Dios escruta las entrañas y examina el fondo del corazón para discernir quién es digno de salvación. Pues nadie es digno de salvación si ama todavía el lugar del error.

Por esto está escrito en el poeta: *Odiseo estaba sentado en la isla llorando, y sufría y | rehuía las palabras de Calipso y sus engaños, deseando ver su ciudad y el humo del lugar. Y a menos [de recibir] ayuda del cielo [no podía regresar] a su ciudad*[24]. Además, decía Elena: *Mi corazón se ha apartado de mí. 137 Quiero regresar a mi casa*. Pues ella gemía diciendo: *Afrodita, ella me engañó y me arrastró fuera de mi ciudad. Abandoné a mi hija única y a mi marido, que es bueno, sabio y hermoso*[25]. Pues cuando el alma abandona a su perfecto esposo a causa del engaño de generación, recibe un buen azote. Pero cuando gime | y se arrepiente, es devuelta a su casa.

Efectivamente, cuando se trataba de sacar a Israel de la tierra de Egipto y de la casa de la esclavitud, al comienzo no recibió visita alguna, y sólo la recibió cuando gimió ante Dios y lloró ante la dureza de sus trabajos. Nuevamente está escrito en los salmos: *Me conmoví intensamente en mi lamentación. Mojaré mi cama y mis sábanas noche tras noche con mis lágrimas. He envejecido en medio de todos mis enemigos. Apartaos de mí | todos los que obráis la iniquidad, porque he aquí que el Señor ha escuchado el clamor de mi llanto, el Señor ha escuchado mi plegaria*[26]. Si nos arrepentimos sinceramente, Dios nos escuchará, pues es paciente y en extremo misericordioso. De él es la gloria por los siglos de los siglos. Amén.

La exposición sobre el alma.

30

10

20

24. Cf. *Odisea* I 48; IV 555.
25. Cf. *Odisea* IV 261.
26. Sal 6,7-10.

APÓCRIFO DE JUAN
(NHC II 1)

INTRODUCCIÓN*

LOS DOCUMENTOS COPTOS

El *Apócrifo* («libro secreto») *de Juan* ha sido conservado en cuatro testigos coptos: *a)* el tratado primero del Códice II de Nag Hammadi, pp. 1,1-32,9; *b)* el tratado 1 del Códice III, pp. 1,1-40,11 (faltan las pp. 19 y 20); *c)* el tratado 1 del Códice IV, pp. 1,1-49,28; *d)* el tratado 2 del Papyrus Berolinensis 8502 (BG), pp. 19,6-77,7.

El soporte papiráceo se halla notablemente bien conservado en el Códice I y en BG, y bastante deteriorado en los Códices III y IV.

El título aparece en el *incipit* de III y en el *explicit* de III y BG bajo la formulación *El apócrifo de Juan*, es decir, *El Libro secreto de Juan*. En el *explicit* de II aparece como *(Libro) secreto según Juan*.

La lengua de las cuatro versiones es un copto sahídico (S) con contaminaciones subacmímicas (A 2) distintas en II-IV, en III y en BG. En el caso de II (texto en el que se basa la traducción castellana que ofrecemos) los subacmimismos configuran una especie de segunda lengua debajo del sahídico usual adoptado por el traductor (juicio que puede extenderse a todo el Códice II y al XIII, de la misma mano). Puede concluirse que se trataba de un hablante de Assiut (zona del dialecto denominado subacmímico) que utilizaba el sahídico como lengua franca culta. Por otra parte, es

*   Introducción, traducción y notas de José Montserrat Torrents.

231

característica de las versiones de III y BG la preservación de muchos términos griegos.

Las fechas y los lugares de las versiones son desconocidos. Los cuatro testigos del texto copto representan tres escritos distintos. II y IV son copias prácticamente idénticas de la versión copta de un original griego largo. III y BG representan versiones coptas distintas de un original griego corto.

LOS ORIGINALES GRIEGOS

La historia del escrito griego que dio lugar a las tres versiones coptas conservadas del *Apócrifo de Juan* puede reconstruirse conjeturalmente a partir del análisis de la estructura y del contenido de los textos coptos. Las etapas principales podrían ser las siguientes:

1. La obra de un autor gnóstico cristiano de mediados del siglo II, que conoce el Nuevo Testamento, pero cuya reflexión teológica esta todavía ligada a la exégesis de la Torá. Esta exégesis recoge temas del esoterismo judío comunes también a la *Hipóstasis de los arcontes* y al *Sobre el origen del mundo*. La doctrina teológica se inspira en el platonismo pitagorizante de la época del Alto Imperio, sin que sea posible adscribirlo a alguna corriente en particular. Ireneo de Lyon conoció este estrato del texto, y lo resumió en su *Adversus Haereses* I 29 (hacia el año 180).

2. Una segunda redacción de este tratado, realizada hacia el año 200. Esta revisión, quizás abreviadora, fue la base de las versiones coptas del Códice III y de BG (finales del siglo III o principios del IV).

3. Una revisión armonizadora realizada a mediados del siglo IIIcon la pretensión de adaptar el texto a un gnosticismo más mitigado teológicamente y más complicado ritualmente. Esta revisión armonizadora fue la base de la versión copta larga de los Códices II y IV.

ESTRUCTURA LITERARIA DEL TEXTO DEL CÓDICE II

Prólogo (1,1-2,26)

I. *Exégesis del Nuevo Testamento*
   La tríada divina: el Padre (2,26-4,10).

La tríada divina: la Madre (4,10-6,10).
La tríada divina: el Hijo (6,10-8,29).
El hombre primordial (8,30-9,24).

II. Exégesis del Antiguo Testamento
El lapso de Sabiduría: Gn 1,1-3 (9,25-10,19).
La creación demiúrgica: Gn 1,3-24 (10,19-13,13).
La Sabiduría inferior: Gn 1,2 (13,13-14,13).
El hombre primordial: Gn 1,3-5 (14,13-34).
El hombre psíquico: Gn 1,26-27 (15,1-19,10).
El hombre espiritual: Gn 2,7 (19,10-20,9).
La inteligencia auxiliadora: Gn 2,18 (20,9-28).
El hombre terrenal: Gn 2,7 y 3,21 (20,29-21,16).
Adán en el paraíso: Gn 2,8-9 (21,17-22,6).
La serpiente: Gn 3,1-5 (22,6-18).
Creación de la mujer: Gn 2,21-25 y 3,20 (22,19-23,35).
Expulsión del paraíso: Gn 3,17-24 (23,35-24,8).
Caín y Abel: Gn 4,1-2 (24,9-34).
Generación de Set: Gn 4,25-26 (24,35-25,15).

III. Cuestiones de escatología
Destinos diversos de las almas: (25,16-27,31).
El destino: (27,31-28,34).
El diluvio: Gn 6-8 (28,34-29,15).
Los gigantes: Gn 6,1-4 (29,16-30,11).

IV. El himno de la Suprema Inteligencia (30,11-31,27)

Epílogo (31,27-32,9)

DESCRIPCIÓN LITERARIA

El escrito pertenece al género evangélico en el sentido gnóstico, es decir, una reseña de la revelación comunicada por Jesús a un discípulo (en este caso Juan) después de la resurrección. La primera parte, coincidente con la exégesis del Nuevo Testamento, consiste en un discurso continuo de Jesús. La segunda parte aborda temas exegéticos del Antiguo Testamento y adopta la forma de preguntas y respuestas. El escrito incluye algunos himnos, siendo el principal el himno de la Suprema Inteligencia, literariamente desconectado de las respuestas de Jesús.

CONTENIDO DOCTRINAL

El *Apócrifo de Juan* es uno de los tratados doctrinalmente más completos del *corpus* de Nag Hammadi. De un modo general se adscribe a la rama setiana, dentro de la cual representa una orientación más próxima al valentinismo.

La doctrina de los primeros principios se desarrolla de acuerdo con los cinco estratos modales que hemos distinguido en la Introducción General. El autor introduce una declaración triádica con la fórmula «Padre, Madre, Hijo», cuyo alcance «trinitario» no resulta obvio en el texto, debido a la dificultad de inserir en esta tríada la figura de Sofía. El ciclo de Sofía sigue las pautas de la gnosis valentiniana clásica.

El ciclo cosmológico gira en torno a la figura del Demiurgo, presentado con trazos muy negativos. La creación demiúrgica se subsume narrativamente en la antropogonía, único tema que interesa al autor.

La antropología se articula sobre el tema gnóstico común de los tres elementos componentes del hombre: el espiritual, el psíquico y el terreno. Para cada uno de estos hombres existe un tipo de «mujer» concebida como «ayuda»; sin embargo, esta temática es tratada con una cierta oscuridad, aunque es posible dilucidarla por cotejo con los textos más claros del tratado *Sobre el origen del mundo*.

La soteriología gira en torno a la figura de Set, el hijo de Adán y Eva espirituales, y de la raza de sus descendientes. El autor da gran importancia a la presencia del Demiurgo y de sus arcontes en el mundo y a su acción maléfica (explicada a veces en términos astrológicos).

La escatología ocupa un lugar importante en el escrito, con precisas descripciones de los diversos destinos de las almas.

NUESTRA TRADUCCIÓN

Nuestra traducción se basa en el texto de la versión larga del Códice II,1 transcrito y reconstruido por M. Krause y P. Labib en *Die drei Versionen des Apokryphon des Johannes im koptischen Museum zu Alt-Kairo*, Wiesbaden, 1962. Para la versión corta nos hemos basado principalmente en el texto del Papiro de Berlín (BG 8502) editado por Till y Schenke (1972). Hemos cotejado las traducciones de Krause, o.c., y de M. Tardieu, *Écrits gnostiques. Codex de Berlin,* Cerf, París, 1984.

234

APÓCRIFO DE JUAN

Versión larga (II 1)
1,1-32,9

Prólogo

1 La enseñanza [del Salvador y la revelación] de los misterios y de las cosas escondidas en el silencio, que él enseñó a Juan, su discípulo.

Esto tuvo lugar un día en el que Juan, [el hermano] de Santiago —que son los hijos de Zebedeo— subió al templo. He aquí que se le acercó un fariseo llamado Arimanio y | le dijo: «¿Dónde está tu maestro, a quien tú seguías?». Él respondió: «Ha regresado al lugar de donde había venido». Le dijo el fariseo: «[Este nazareno] os ha engañado completamente y os ha llenado [...], y ha obstruido [vuestro corazón apartándoos] de las tradiciones [de vuestros padres]».

Al oír estas palabras [yo, Juan, me volví] del templo [hacia una montaña en el desierto]. | Estaba triste y [confundido], y me decía: ¿Por qué [fue elegido] el Salvador? ¿Por qué fue enviado [al mundo por su Padre?] ¿Quién es el Padre que [lo ha enviado?] ¿Cuál es este eón [hacia el que tenemos que ir?] ¿Qué es lo que [quería expresar cuando nos dijo] que el eón [hacia el cual tenemos que ir ha recibido] la impronta del eón [incorruptible]? Pues no nos aclaró [de qué clase de eón se trataba].

Mientras [reflexionaba sobre estas cosas, los cielos se abrieron y la entera] creación que está bajo el cielo refulgió y [todo el mundo] se conmovió. 2 [Yo temí y me incliné] al ver en la luz [a un niño[1] de

10

20

30

---

1. El Segundo Principio, en función de revelador o de salvador, aparece como un niño en diversos textos gnósticos, cf. Zos 2,9;13,6; All 59,15; Hipólito, Elen VI 42,2; VI 37,7.

235

pie] junto a mí. Mientras lo miraba [se transformó] en un viejo corpulento. Después [cambió] de forma y volvió a ser simultáneamente un niño pequeño ante mí. Era, pues, [un ser único] bajo diversas formas en la luz, y las [formas] se manifestaban unas a través de otras, de modo que, aun siendo uno, tenía tres formas.

10 Me dijo: «Juan, | Juan, ¿por qué dudas y por qué temes? Esta visión no te es del todo ajena». Esto significaba: no seas pusilánime. «Yo soy el que siempre [está con vosotros]. Yo [soy el Padre], yo soy la Madre, yo soy el Hijo. Yo soy el inabarcable (achóretos)[2] y el incorruptible. Ahora [he venido a enseñarte] lo que es, [lo que era] y lo que será[3], a fin de que [conozcas] las cosas invisibles [y las 20 visibles, y para explicarte quién es el hombre] | perfecto. Ahora, pues, [levanta tu rostro, ven y escucha], a fin de [captar] lo que hoy [te diré para que puedas relatarlo a los que] comparten tu espíritu, que proceden de la raza [inconmovible] del Hombre perfecto».

Yo le pedí que me [lo explicara para poderlo comprender, y entonces me dijo]:

I. EXÉGESIS DEL NUEVO TESTAMENTO

La tríada divina: el Padre

«La mónada es una monarquía sobre la cual no hay nada. Es el verdadero [Dios] y Padre del todo[4], [el espíritu invisible] que 30 está por encima | [del todo], el que existe en la incorruptibilidad, el que se halla en una pura luz que ninguna [mirada] puede sostener[5]. Puesto que es el [espíritu] invisible, no conviene [pensarlo] como un dios o algo parecido, pues es más que un dios, ya que nadie hay por encima de él, ni nadie 3 lo domina.

»BG: Pues nada existe antes de él, ni él tiene necesidad de otras cosas. No necesita vida, pues es eterno. No tiene necesidad de nada, porque es ya imperfectible, de modo que no tiene ninguna carencia que lo haga perfectible, antes bien en todo momento es una realidad perfecta y luminosa.

»Es [indefinible], porque nadie lo [precede] para poderlo de-10 finir. Es inescrutable, porque nadie | lo precede para [poderlo

---

2. «El inmaculado» según BG 22,1, equivalente al griego *amíantos*, pero explicando que es «sin mezcla», que equivaldría a *ámiktos*.
3. Cf. Ap 1,19; simonianos según Hipólito, Elen VI 12,3.
4. «El Todo» (gr. *ta hóla*, no *to pân*) suele ser un término técnico para designar la totalidad de los eones del Pleroma. El Dios Transcendente no es el padre del mundo, sino el padre de los eones.
5. Cf. 1Tm 6,16.

escrutar]. Es inconmensurable, porque nadie [lo precede para poderlo medir]. Es [invisible, porque] nadie lo ha visto jamás. [Es un eterno que existe eternamente]. Es [inexpresable] porque nadie lo abarca para poderlo expresar. Es innominable, porque [nadie lo precede] para poderlo nombrar.

»Es luz inconmensurable], simple, santa y [pura]. [Es absolutamente inexpresable], (no) por el hecho de poseer | incorruptibilidad, [perfección], felicidad y divinidad, sino porque sobrepasa todos estos (atributos). No es corpóreo ni incorpóreo, ni grande ni pequeño. Acerca de él no se puede expresar ni la cantidad ni [la cualidad], pues nadie puede [comprenderlo]. No es nada de lo que [existe, sino absolutamente superior, y aun no simplemente superior], sino que su ser no participa ni de los eones ni | del tiempo. Pues el que participa [del eón] ha sido hecho anteriormente. 30

»BG: No ha sido determinado por el tiempo, ya que nada puede recibir de otro que sea determinante.

»Efectivamente, [lo que se recibe es] un préstamo; ahora bien, el que existe antes que todo [no tiene necesidad alguna] que pueda ser satisfecha, pues este ser se contempla en su 4 propia pura luz. Él es una grandeza, una grandeza sin medida. Es un eón principio de eón, una vida que da [vida], una felicidad que da felicidad, un conocimiento que da conocimiento, un bien que da bien, una misericordia que da misericordia y salvación, una gracia que da gracia, y no porque posee todo esto, sino porque da [una misericordia] inconmensurable | e incorruptible. ¿Cómo te 10 podría hablar de él?[6].

La tríada divina: la Madre

»Su eón es incorruptible en su quietud, [reposando en silencio]. Preexiste [a todo] y es la cabeza de todos los eones y el que les otorga fuerza por medio de su bondad. Pues nosotros, [siendo ignorantes], no podemos conocer a aquel que es [inconmensurable]. Sólo puede hacerlo aquel que ha vivido en él, el Padre[7]; él es quien nos lo ha explicado.

»El (supremo) se contempla | en la luz que lo rodea, que es la 20 fuente de las aguas vivas que se entrega a todos los eones bajo

---

6. Esta lección de teología apofática, negativa, presenta paralelos literales con All 61,22ss.
7. Cf. Jn 1,18. «Padre», al igual que «eón», es un término genérico. Cf. 6,3-10.

múltiples formas. Él [contempla] su propia imagen reflejada en la fuente del [espíritu] y desea (habitar) en su agua [luminosa], que es la fuente del agua [pura] que lo rodea[8]. Su [Inteligencia (*énnoia*) entró] en acción y apareció, [irguiéndose][9] y manifestándose ante él en el [resplandor] de aquella luz.

Himno de la Inteligencia

30 »Ésta es | la [potencia] que existe antes que todos ellos, que [procedió] del pensamiento de aquél, la [suprema Inteligencia del todo], luz [semejanza] de luz, potencia [perfecta], imagen del Espíritu invisible, virginal y perfecto. Ella es [la potencia] y la gloria, Barbeló[10], gloria perfecta 5 de los eones, gloria de la revelación, gloria del Espíritu virginal. Ella lo alabó, pues gracias a él había llegado a la existencia. Éste es el primer pensamiento, la imagen de aquél. Ella fue la matriz del todo, pues existió antes que todos ellos, madre-padre, hombre primordial, espíritu santo, el triple varón, la triple potencia, el triple nombre, el andrógi-
10 no, el | eón eterno entre los invisibles, el primer principiado.

»Este eón, [es decir, Barbeló], pidió al invisible Espíritu virginal que le fuera concedida una presciencia (*prógnosis*), y el Espíritu accedió. Y cuando hubo [accedido], se manifestó la Presciencia y se irguió junto a la suprema Inteligencia, la que procede del pensamiento del invisible Espíritu virginal. Lo ensalzó, a él y a su
20 perfecta potencia, Barbeló, pues | a causa de ella había llegado a la existencia.

»Otra vez pidió que le fuera concedida la [incorruptibilidad], y él accedió. Cuando hubo [accedido], se manifestó la Incorruptibilidad y se irguió junto al Pensamiento y a la Presciencia. Y ensalzaron al Invisible y a Barbeló, a causa de la cual habían llegado a la existencia.

»Y Barbeló pidió que le fuera concedida una vida eterna, y el invisible Espíritu accedió. Y cuando hubo accedido, se manifestó

---

8. «Quien cree en mí, como dijo la Escritura, manarán de sus entrañas ríos de agua viva. Esto dijo del Espíritu que habían de recibir los que creyeran en él» (Jn 7,38-39). Cf. Ap 22,1.

9. El término copto *aherat* es técnico en la gnosis setiana, y corresponde al griego *hístanai*, estar (de pie), comparecer, estar erguido. Designa el acto de la aparición de una realidad transcendente, ya sea como mera noción, ya sea como subsistente. Cf. también Hipólito, Elen VI 12,3 (simonianos).

10. Barbeló: nombre semitizante de etimología insegura. Podría ser una composición sobre heb. *arbáh* (cuatro): «la tétrada divina» (Harvey), o provenir de aram. *barbal*: «el espíritu (el corazón) resplandece» (Tardieu); o de aram. *bar Baal*: «hijo del Señor» (Quispel); cf. n. 10 a Mar, Int.

la Vida eterna, | y [se irguieron] y ensalzaron al invisible [Espíri-   30
tu] y a Barbeló, pues a causa de ella habían llegado a la existencia. Nuevamente pidió que le fuera concedida la verdad, y el
invisible Espíritu accedió. La Verdad se manifestó, y se irguieron
y ensalzaron al invisible 6 y fragante Espíritu y a Barbeló, pues a
causa de ella habían llegado a la existencia.

»Éstos son los cinco eones del Padre, del Hombre Primordial
que es imagen del invisible Espíritu, es decir, de la suprema Inteligencia que es Barbeló: [Inteligencia], Presciencia, Incorruptibilidad, Vida eterna y Verdad. Ésta es la péntada de los eones
andróginos, lo que hace una decena de eones. Esto es | el Padre.   10

La tríada divina: el Hijo

»El (Espíritu) miró hacia dentro de Barbeló por medio de la
pura luz —la que rodea al Espíritu invisible y su resplandor— y
ella concibió de él. Engendró una centella de luz semejante a la
luz beata, aunque sin igualar su magnitud. Éste es un unigénito
(**BG**: *monogenés*) del Padre materno que se había manifestado,
su único vástago, el unigénito del Padre, la pura luz[11].

»El invisible Espíritu virginal se alegró | en la luz que había   20
sobrevenido, que se había manifestado en primer lugar por medio de la primera potencia de su suprema Inteligencia, es decir,
Barbeló. Y lo ungió con su bondad a fin de hacerlo perfecto y no
carente de bien alguno, pues lo había ungido con la bondad del
Espíritu invisible. Y se erguía delante de él cuando recibía la unción[12]. En cuanto hubo recibido el don del Espíritu, ensalzó al
Espíritu Santo | y a la suprema Inteligencia perfecta, gracias a la   30
cual se había manifestado.

»El (Hijo) pidió que le fuera concedido un colaborador, que
era el Intelecto (*noûs*). El (Espíritu) accedió. Una vez el invisible
Espíritu hubo accedido, 7 el Intelecto se reveló y se irguió junto
al Ungido (*christós*), ensalzándolo, y también a Barbeló. Todos
ellos llegaron a la existencia en silencio y en inteligencia.

»BG: El Espíritu invisible quiso producir una [realidad] por
medio de la palabra, y su querer se hizo realidad y se manifestó
junto al Intelecto y la luz, glorificando (al Espíritu). El Logos

11. Cf. Jn 1,14.
12. El tema de la unción queda algo desdibujado en este texto. Comparar con los
valentinianos, Adv. Haer. I 2,5-6.

10 siguió al querer, | pues por medio del Logos, Cristo, el divino Autoengendrado (gr. *Autogenés*), había producido al todo.

»La Vida eterna, el Querer, el Intelecto y la Presciencia se irguieron y glorificaron al Espíritu invisible y a Barbeló, pues a causa de ella habían llegado a la existencia.

»El Espíritu Santo perfeccionó al divino Autoengendrado[13], hijo [de] Barbeló, para que se irguiera ante la magnitud y el invi-
20 sible Espíritu virginal como | Autoengendrado divino, el Cristo, a quien él había honrado con voz poderosa y que se había manifestado por medio de la suprema Inteligencia. El invisible Espíritu virginal estableció al divino Autoengendrado como cabeza del todo y [como Dios de la verdad], y le sometió todas las potestades, a fin de que comprendiera al todo. Éste es el que ha sido llamado con un nombre que supera todo nombre[14]. Este nombre
30 será comunicado | a los que sean dignos.

Los cuatro luminares

»Ahora bien, los cuatro luminares que provienen del divino Autoengendrado salieron de la luz, que es el Cristo, y de la incorruptibilidad como un don del Espíritu, a fin de mantenerse erguidos 8 junto (al Cristo).

»La tríada es: Querer, Inteligencia y Vida[15].

»Las cuatro potencias son: Comprensión, Gracia, Percepción y Prudencia. La Gracia se halla junto al eón-luminar Armozel, que es el primer ángel. Con este eón hay otros tres eones: Gracia,
10 Verdad, Forma. El segundo luminar es Oriel, | establecido sobre el segundo eón. Con él hay otros tres eones: Intelección, Percepción, Memoria. El tercer luminar es Daveitai, establecido sobre el tercer eón. Con él hay otros tres eones: Comprensión, Amor, Idea. El cuarto eón ha sido establecido sobre el cuarto luminar,
20 Elelet. Con él hay otros tres eones: Perfección, | Paz, Sabiduría[16].

---

13. *Autogenés*: literalmente «el que se genera a sí mismo». Ahora bien, este eón aparece como generado por Barbeló. Los peratas ofrecen la clave del significado de este epíteto: «Lo primero es ingénito, esto es, bueno; lo segundo es el autogenés, también bueno; lo tercero es lo engendrado» (Hipólito, Elen V 12,3). Hay, pues, dos tipos de generación: la corruptible (ib. V 16,1) y la incorruptible o genuina: la autogénica. «Genuino» es, por otra parte, el significado clásico de la palabra *autogenés*.

14. Cf. Ef 1,20-22.

15. Probable glosa para introducir la «tríada neoplatónica».

16. Como en el valentinismo, Sabiduría es el último eón de la dodécada, cf. Adv. Haer. I 1,2.

»Éstos son los cuatro luminares que están erguidos ante el divino Autoengendrado (*Autogenés*). Y éstos son los doce eones que están erguidos ante el Hijo, el Autoengendrado, por el querer y el don del Espíritu invisible. Los doce eones pertenecen al Hijo, el Autoengendrado, y el todo fue consolidado precisamente por el querer del Espíritu Santo por medio del Autoengendrado.

El Hombre Primordial

»El hombre perfecto, primera verdadera manifestación, procedió de la presciencia del perfecto intelecto por medio de la revelación del querer del Espíritu invisible y del querer del Autoengendrado. El Espíritu invisible lo denominó [BG Adán][17] y lo estableció sobre 9 el primer eón con el gran Autoengendrado, el Cristo, junto al primer luminar, Armozel, y sus potencias estaban con él. El invisible le otorgó una potencia intelectual invencible. Él habló ensalzando y bendiciendo al Espíritu invisible y dijo: Gracias a ti ha existido el todo, y el todo retornará a ti. Yo te alabaré y te ensalzaré, y al | Autoengendrado junto con los tres eones, el Padre, la Madre y el Hijo, la perfecta potencia.

»(Adán) estableció a su hijo Set sobre el segundo eón, junto al segundo luminar, Oriel. La simiente de Set fue establecida sobre el tercer eón, sobre el tercer luminar, Daveitai. Allí fueron depositadas las almas de los santos. En el cuarto eón fueron establecidas las almas de los que ignoraron | El Pleroma y no se apresuraron a arrepentirse, antes bien se demoraron un tiempo y después se arrepintieron. Éstas quedaron junto al cuarto luminar, Elelet.

»Éstas son las criaturas que glorifican al Espíritu invisible[18].

30

10

20

II. EXÉGESIS DEL ANTIGUO TESTAMENTO

El lapso de Sabiduría (*Génesis* 1,1-2)

»La Sabiduría, que era un eón, concibió en su interior un pensamiento, una reflexión acerca del Espíritu invisible y de la presciencia. Deseó manifestarse en una imagen salida de sí mis-

17. La versión larga ofrece «Pigeradamas».
18. Primer tratamiento del tema del hombre primordial o eón arquetipo de los hombres espirituales. El segundo tratamiento, en contexto exegético, se halla en 14,12ss. Amplios desarrollos del tema adamítico en sentido setiano se hallan en *La hipóstasis de los arcontes* y en *Sobre el origen del mundo*.

30 ma sin el querer del Espíritu, | que no lo consentía, y sin su consorte[19], que no daba su aprobación. Y aunque no lo consentía su personificación masculina, y sin haber obtenido su acuerdo, y a pesar de haberlo premeditado sin el consentimiento del Espíritu y de no contar con el acuerdo (de su parte masculina), ella se hizo adelante[20]. 10 Puesto que había en ella una potencia invencible [BG: *proúneikos*], su pensamiento no permaneció inactivo, y a partir de ella se manifestó una obra imperfecta y distinta de su forma, pues la había producido sin su consorte. No se parecía en nada a la figura de su madre, sino que tenía otra forma.

10 »Una vez hubo visto la obra deseada, ésta se transmutó en la figura de un extraño dragón con rostro de león, de ojos | resplandecientes como relámpagos. Lo arrojó lejos de ella y de aquel lugar a fin de que no lo viera ninguno de los inmortales, pues lo había creado en ignorancia. Lo envolvió en una nube luminosa y (lo) colocó en un trono en medio de la nube[21] para que nadie lo viera excepto el Espíritu Santo, que es llamado «la madre de los vivientes»[22]. Y le puso por nombre Yaltabaot.

La creación demiúrgica (Génesis 1,3-24)

20 »Éste | es el primer arconte[23]. Recibió de su madre una gran potencia, y se alejó de ella y abandonó los lugares en los que había sido creado. Se robusteció y creó para sí otros eones resplandecientes de fuego luminoso. Allí se halla todavía.

»Se aferró a la necedad que lo habita y engendró potestades (*exousía*) para sí. El nombre del primero es Atot, que las razas huma-

19. Este «consorte» (gr. *sýzygos*) no es mencionado anteriormente. El ciclo de Sabiduría, por lo tanto, procede de una fuente distinta, mucho más próxima a los valentinianos (cf. Adv. Haer. I 2,2) y a los «antecesores» de los valentinianos (ib. I 30,2-4).

20. [«Lanzó hacia adelante»: probablemente: «alumbró a; dio a luz».] «Ésta, al ver que todos los demás estaban unidos en conyugios mientras ella estaba sin cónyuge, buscó a alguien para unirse. Y como no lo hallase se esforzaba y se extendía, y miraba hacia las regiones inferiores con la esperanza de hallar en ellas un consorte. Al no encontrarlo, saltó hacia adelante, fastidiada también porque se había adelantado sin el consentimiento del Padre» (Adv. Haer. I 29,4).

21. Inequívoca alusión a la nube en que se hallaba el trono de Yahvé, cf. Ex 16,10.

22. Cf. Gn 3,20. Este Espíritu Santo es el equivalente de la Sabiduría inferior, o Achamot, de los valentinianos y de sus «antecesores», cf. Adv. Haer. I 4,1 y I 30,1-2.

23. «Arconte». Del griego *árchon*, príncipe. Término gnóstico genérico para designar a los entes racionales intermediarios entre la divinidad y el hombre, responsables de la creación corporal. Cf. Jn 12,31; Ef 2,2; 6,12. Otras denominaciones son *exousía* (potestad), *dýnamis* (potencia) y ángel. Comparar con *La hipóstasis de los arcontes* y con *Sobre el origen del mundo*.

nas | llaman [...]. El segundo es Harmas, que es [el ojo] de la   30
envidia. El tercero es Calila-Umbri. El cuarto es Yabel. El quinto
es Adonaiou, denominado Sabaot. El sexto es Caín, que las razas
humanas llaman el sol. El séptimo es Abel. El octavo es Abrisene.
El noveno es Yobel. 11 El décimo es Armupiel. El undécimo es
Melquiradonin. El duodécimo es Belias, que preside los abismos
infernales[24].

»Estableció también siete reyes, uno para cada firmamento
del cielo, sobre la hebdómada celestial, y cinco sobre las profundidades del abismo para que reinaran[25]. Y les repartió su fuego,
aunque no los dotó del poder luminoso que había recibido de su
madre, | pues era una tiniebla ignorante.   10

»Cuando la luz se mezcló con la oscuridad indujo en la oscuridad una iluminación. Cuando la oscuridad se mezcló con la
luz, la luz se oscureció, y ya no hubo luz ni oscuridad, sino una
cosa débil[26]. El arconte débil tiene tres nombres. El primer nombre es Yaltabaot, el segundo es Saclas, el tercero es Samael. Es un
ser impío repleto de necedad. Dijo en efecto: | «Yo soy dios y no   20
hay otro dios fuera de mí[27]». Con lo cual se mostró ignorante de
su fundamento, el lugar de donde procedió.

»Los arcontes crearon seis potencias para sí, y las potencias se
crearon seis ángeles para cada una. [BG: En total, pues, hicieron
360 ángeles][28].

»Éstos son los nombres corporales (de los arcontes planetarios): el primero es Atot, que tiene aspecto de carnero. El segundo
es Eloeo, que tiene aspecto de asno. El tercero es Astafeo, con
aspecto de hiena. El cuarto | es Yaó, con aspecto de serpiente de   30
siete cabezas. El quinto es Sabaot, con aspecto de dragón. El sexto
es Adonín, con aspecto de mono. El séptimo es Sabbede, con aspecto de fuego centelleante. Ésta es la hebdómada de la semana.

24. Se trata de los doce signos del zodíaco (véase la Introducción general). Una
lista parecida, aunque incompleta, en EvE 57,7-22. Una lista distinta en el *Libro de Baruc*
de Justino, Elen V 26,4.
25. Se trata de los siete planetas (incluyendo sol y luna), y quizás de personifica-
ciones de los cinco elementos.
26. Rectificación gnóstica de Gn 1,4: el Demiurgo no consigue separar la luz de
las tinieblas.
27. Is 45,5; 46,49. Episodio muy difundido entre los gnósticos, cf. HipA 86,30;
Adv. Haer. I 5,4.
28. Según el siguiente cálculo: 12 arcontes + 84 potencias (siete por cada
arconte) + 252 ángeles (tres ángeles para cada una de las 84 potencias) + los siete cielos
planetarios + los cinco elementos = 360, o sea, el año zodiacal astrológico. En 19,2, sin
embargo, se dice que el número es 365 (año astronómico). Respecto a las listas de los
nombres de los arcontes, comparar con los ofitas, en Orígenes, *Contra Celsum* VI 30;
Adv. Haer. I 30,5; OgM 149,9-150,11.

»Yaldabaot tenía multitud de **12** aspectos además de los mencionados, de modo que puede adoptar cualquiera de ellos según le plazca. Hallándose en medio de los serafines, los hace participar de su fuego. Por esto los domina, a causa de la potencia de la gloria que le corresponde en la luz de su madre. Por esto se atribuye el
10   nombre de dios, sin respeto | por el lugar del que procedía.

»[Y juntó a] las potestades que estaban en torno a él con las siete potencias, a través de su pensamiento. Y por el solo hecho de decirlo se realizó. Dio un nombre a cada potencia, comenzando por arriba. La primera es bondad, con el primero, Atot. La segunda es providencia, con el segundo, Eloeo. La tercera es la
20   divinidad, con el tercero, Astafeo. La cuarta es | dominación, con el cuarto, Iaó. La quinta es el reino, con el quinto, Sanbaot. La sexta es la envidia, con el sexto, Adonín. La séptima es la comprensión, con el séptimo, Sabbateón. Poseen un firmamento por cada eón celestial, y han recibido nombres de acuerdo con la gloria de las cosas celestiales en orden a [la destrucción] de las
30   potencias. Los nombres que les otorgó su primer creador | parecían poderosos. En cambio, los nombres que recibieron de acuerdo con la gloria de las cosas celestiales son para ellos destrucción e impotencia. Por esto tienen dos nombres[29].

»Él ordenó toda cosa de acuerdo con la semejanza de los primeros eones que habían existido, de modo que **13** los creó con la figura de los incorruptibles, no porque hubiera visto a los incorruptibles, sino porque la potencia que reside en él, recibida de su madre, producía en él la semejanza del mundo[30]. Cuando vio la creación que lo rodeaba y la multitud de ángeles nacidos de él a su alrededor[31], les dijo: "Yo soy un dios celoso y no hay
10   otro dios fuera de mí". | Diciendo esto indicaba a los ángeles que lo rodeaban que había otro Dios, pues si no había otro, ¿de quién estaría celoso?

---

29.   Los dos nombres indican el carácter andrógino de los arcontes (cf. OgM 101,24ss). El significado de los dos nombres viene explicado con más claridad en la versión corta: «Todos ellos poseen otros nombres dobles, otorgados unos por la gloria celeste, otros de acuerdo con la verdad que su propia naturaleza revela. Saclas los nombró con estos (últimos) nombres, que son una ilusión respecto al poder de aquéllos, ya que en ciertos momentos declinan y se debilitan, y en otros se refuerzan y crecen» (BG 41,1-2). Los primeros nombres corresponden a las abstracciones; los segundos son los nombres propios míticos.
30.   «El Demiurgo estaba convencido de haber creado por sí mismo todas estas cosas, pero en realidad las había hecho impulsado por Achamot» (Adv. Haer. I 5,3).
31.   Gn 1,2.

La Sabiduría inferior (Génesis 1,2)

»Entonces la madre comenzó a agitarse. Había conocido la deficiencia al debilitarse el resplandor de su luz, y se oscureció porque su consorte no estaba en armonía con ella.

»Entonces yo (Juan) dije: "Señor, ¿qué quiere decir agitarse?".
Él me dijo sonriente: "No pienses que es como | dijo Moisés   20
'sobre las aguas', no, sino que cuando ella vio la maldad que había sobrevenido y la apostasía que su hijo había protagonizado, se acongojó y cayó en un olvido en medio de la oscuridad de la ignorancia. No tuvo la audacia de regresar, sino que comenzó a moverse. Y este movimiento es aquella 'agitación'".

»El arrogante recibió de su madre una potencia. Era ignorante y pensaba que no existía ninguna potencia más que | la de su   30
madre. Y cuando vio la multitud de ángeles que había creado, se glorió de ser superior a ellos[32].

»Cuando la madre se percató de la imperfección del [aborto] de la oscuridad, comprendió que su consorte no había estado en armonía con ella. Se arrepintió, 14 y rompió en un gran llanto. Los (eones) de todo el Pleroma percibieron la amargura de su arrepentimiento y pidieron un socorro para ella al invisible Espíritu virginal. El Santo Espíritu accedió y derramó sobre ella un don procedente de todo el Pleroma. Su consorte no se había acercado a ella, pero entonces se le aproximó por medio del Pleroma a fin de rectificar su deficiencia. Y no fue transportada | a su   10
propio eón, sino más allá de su hijo, a fin de que permaneciera en la enéada hasta la rectificación de su deficiencia[33].

El hombre primordial (Génesis 1,3-5)

»Una voz provino del eón celestial superior: "Existe el hombre y el hijo del hombre". El primer eón Yaltabaot lo oyó y pensó que procedía de su madre, pero en realidad no sabía su procedencia.

«El Padre materno santo y | perfecto —la suprema inteligen-   20
cia perfecta, imagen del invisible, que es el Padre del todo, por medio del cual el todo vino a existencia, el Hombre Primordial—

---

32. Este párrafo es un doblete de 13,7-12, procedente de otra fuente.
33. Los conceptos y la terminología coinciden con el ciclo de la Sabiduría valentiniana más que con el tratamiento del tema en los textos setianos. Cf. Adv. Haer. I 2,2-6 y paralelos. La «deficiencia» (cop. *schta;* gr. *hystérema*) es un término técnico de la gnosis de Nag Hammadi, y encierra los significados próximos de ignorancia, error, olvido. Cf. por ejemplo EvV 24-25.

les enseñó que la semejanza de él se había manifestado en figura humana[34].

»El eón del primer arconte tembló enteramente y los fundamentos del abismo se conmovieron, y por medio de las aguas que están sobre la materia fue iluminada la región inferior por una aparición de la semejanza de él que | había sido manifestada. Todas las potestades y el primer arconte se inclinaron y vieron que la entera región inferior resplandecía, y gracias a la luz vieron la forma de la semejanza en el agua.

El hombre psíquico (Génesis 1,26-27)

15 »Y dijo a las potestades que estaban con él: "Venid, hagamos un hombre según la imagen de Dios y según nuestra semejanza, a fin de que su imagen sea luz para nosotros". Y lo crearon por medio de sus respectivos poderes de acuerdo con las instrucciones que habían recibido. Cada potestad obró una marca distintiva en la figura de la imagen que él había entrevisto en su elemento psíquico. Creó | un ser según la imagen del hombre primordial y perfecto, y entonces dijeron: "Pongámosle por nombre Adán, a fin de que su nombre sea para nosotros una luz poderosa". Las potestades iniciaron la obra[35].

»La primera, la bondad, creó un alma ósea. La segunda, la providencia, creó un alma de nervio. La tercera, la divinidad, creó un alma carnosa. La cuarta, la dominación, creó un alma de médula. La quinta, el reino, | creó un alma sanguínea. La sexta, la envidia, creó un alma de piel. La séptima, comprensión, creó un alma de pelo.

»Ellos, la multitud de los ángeles, se irguieron ante él y recibieron de las potestades las siete substancias psíquicas destinadas a operar el ensamblaje de los miembros, la coordinación de los órganos y la composición ordenada de cada miembro.

»El primero | Eterafaope Abrón[36], comenzó por crear la cabeza; Menigestroet creó su parte superior; Asterejmén creó el cere-

---

34. «Él es la imagen del Dios invisible» (Col 1,15); «En él habita corporalmente la plenitud de la divinidad» (Col 2,9).

35. El autor se dispone a mostrar la correlación entre la estructura corporal y psíquica del hombre y los demonios, de acuerdo con la doctrina de la simpatía universal en la que se basaba la astrología antigua. El autor (19,10) se remite a una fuente, *El libro de Zoroastro*, que desconocemos. El recopilador de la versión larga abrevió la lista de las correlaciones, que tenía que sumar 365 (cf. 19,2-3), y ofreció sólo 116. Para el significado general, véase la Introducción.

36. Sintácticamente habría que distinguir entre «el primero» y «Esterafaope Abrón». Pero entonces, al final de la serie de pares (17,6) sobra un nombre, Labernium. Con Krause-

bro; el ojo derecho lo creó Taspomoján; el ojo izquierdo lo creó Jerónimo; la oreja derecha, Bisún; la oreja izquierda, Aquioreín; la nariz, Banen Efrún; **16** los labios, Amén; los dientes, Ibicán; las muelas, Basiliademe; las amígdalas, Ajcán; la nuez, Adabán; el cuello, Jaamán; la columna vertebral, Dearjó; la garganta, Tebar; el hombro izquierdo, Mniarjón; el codo izquierdo, Abitrión; el antebrazo derecho, Euantén; el antebrazo izquierdo, Cris; la mano derecha, Beliai; la mano izquierda, Treneu; | los **10** dedos de la mano derecha, Balbel; los dedos de la mano izquierda, Crimán; las uñas de las manos, Astrops; el seno derecho, Barrof; el seno izquierdo, Baún; el sobaco derecho, Ararín; el sobaco izquierdo, Arej; el vientre, Ftaué; el ombligo, Senafín; el abdomen, Arajetopi; el costado derecho, Zabedo; el costado izquierdo, Barias; el muslo derecho, Fnut; el muslo izquierdo, Abenlenarjei; el tuétano del hueso, Jnumeninorín; los huesos, Gesole; el estómago, Agromauma; | el corazón, Bano; el pul- **20** món, Sostrapal; el hígado, Anesimalar; el bazo, Topitro; los intestinos, Biblo; los riñones, Roeror; los nervios, Tafreo; la espina dorsal del cuerpo, Ipuspoboba; las venas, Bineborín; las arterias, Atoimenpsefei; le pertenecen los alientos que recorren todos los miembros, Entolle [...]; la carne entera, Beduc; la matriz derecha, Arabeei; el pene izquierdo, | Eilo; los testículos, Sorma; las **30** partes pudendas, Gormacaiojlabar; la pierna derecha, Nebrit; la pierna izquierda, Pserén; la articulación (?) de la pierna derecha, Asaclas; la articulación (?) izquierda, Ormaot; la rodilla derecha, Emenín; la rodilla izquierda, Cnix; **17** la tibia derecha, Tipelón; la tibia izquierda, Ajiel; el tobillo derecho, Fneme; el tobillo izquierdo, Fiutrón; el pie derecho, Boabel; los dedos del pie derecho, Trajún; el pie izquierdo, Ficna; los dedos del pie izquierdo, Miamai; las uñas de los pies, Labernium.

«Los que han sido puestos sobre todos éstos son siete: Atot, Armas, Calila, Yabel, Sabaot, Caín, Abel.

«Los que obran particularmente en los miembros son: | en la **10** cabeza, Diolimodra; en la nuca, Yammeax; en el hombro derecho, Yaquib; en el hombro izquierdo, Ouerton; en la mano derecha, Oudidi; en la mano izquierda, Arbao; en los dedos de la mano derecha, Lampno; en los dedos de la mano izquierda, Lecafar; en el seno derecho, Barbar; en el seno izquierdo, Imae; en el pecho, Pisandriaptes; en el sobaco derecho, Coade; en el

Labib prefiero forzar la sintaxis y emparejar personajes y miembros partiendo del final. Wisse y Tardieu difieren.

sobaco izquierdo, Odeor; en el costado derecho, Asfixix; en el
20 costado izquierdo, Sinogjuta; en el vientre, Arouf; | en la matriz,
Sabalo; en el muslo derecho, Jarjarb; en el muslo izquierdo, Jtaon;
en todas las partes pudendas, Batinot; en la pierna derecha, Joux;
en la pierna izquierda, Jarja; en el tobillo derecho, Aroer; en el
tobillo izquierdo, Toejea; en la rodilla derecha, Aol; en la rodilla
izquierda, Jaraner; en el pie derecho, Bastán; en sus dedos, Arjen-
Ctejta; en el pie izquierdo, Marefnount; en sus dedos, Abrana.
30   »Sobre | éstos dominan los siete siguientes: Miguel, Uriel,
Asme-nedas, Safasatoel, Aarmurián, Rijrán, Amiorps.

»Los que dominan sobre las sensaciones son Arjendecta; sobre la percepción, Deitarbatas; sobre la imaginación, Ummaa;
sobre [el azar] 18 Aajiará; sobre todo el impulso, Riaramnajo.

»El origen de los demonios que están en todo el cuerpo es
determinado por cuatro cosas: calor, frío, humedad, sequedad.
Pero la madre de todos ellos es la materia. El que domina sobre el
calor es Floxofa, el que domina sobre el frío es Oroorroto, el que
10 domina sobre lo seco es Erimajó, el que domina sobre | lo húme-
do es Aturo. La madre de todos éstos pone en medio de ellos a
Onortojrasaei, pues ella es indefinida y se mezcla con todos ellos.
Es verdaderamente la materia, puesto que los nutre a todos.

»Los cuatro principales demonios son: Efememfi, para el placer; Yoco, para el deseo; Nenentofni, para la pena; Blaomén, para
el temor. La madre de todos ellos es la sensación, Suj Epiptoe. De
20 estos cuatro | demonios provienen las pasiones. De la pena pro-
vienen la envidia, los celos, el dolor, la molestia, la prepotencia,
la negligencia, la preocupación, la aflicción y otras. Del placer
provienen muchos vicios, vanidad y cosas parecidas. Del deseo
provienen la ira, la irritación, el amor áspero, la avidez y cosas
30 semejantes. | Del temor vienen el estupor, la perplejidad, la an-
gustia, la vergüenza. Su manera de ser hace que puedan resultar
útiles o perniciosas. El concepto de su realidad, sin embargo, es
Anaio, que es la parte superior del alma material, 19 ya que se
halla con la sensación, que es Suj Epiptoe.

»El número total de ángeles es trescientos sesenta y cinco.
Todos colaboraron para completarlo, miembro por miembro,
tanto el cuerpo psíquico como el material. Hay otros, sin embargo, sobre el resto de las pasiones, acerca de los cuales no te he
10 hablado. Si quieres conocerlos, los hallarás descritos | en el *Libro
de Zoroastro*.

Insuflación del espíritu. El hombre espiritual (Génesis 2,7)

»Habían colaborado todos, ángeles y demonios, para poner a punto el cuerpo psíquico. Pero toda su obra permaneció inerte e inmóvil durante largo tiempo[37].

»La madre (Sabiduría) quiso recuperar la potencia que había comunicado al primer arconte, y se hizo suplicante ante el Padre materno del todo, el gran misericordioso. Él envió, por medio de un santo decreto, cinco luminares | hacia el lugar de los ángeles 20 del primer arconte. Los luminares, con el propósito de recuperar la potencia de la madre, impartieron a Yaltabaot las siguientes instrucciones: «Sopla sobre su rostro tu propio aliento, y su cuerpo se levantará». Y él sopló sobre su rostro su aliento[38], que es la potencia de su madre; pero no lo sabía, porque era un ignorante. Entonces la potencia de la madre salió de | Yaltabaot y penetró en el 30 cuerpo psíquico que ellos habían elaborado según la semejanza del ser primordial. Y se movió, se robusteció y resplandeció[39].

20 »Entonces las restantes potencias tuvieron envidia, puesto que ellas todas eran las que lo habían producido y habían dado su potencia al hombre, y ahora su inteligencia superaba a la de sus creadores, incluso la del primer arconte. Cuando se percataron de que era resplandeciente, que su pensamiento las sobrepasaba y que estaba libre de maldad, lo agarraron y lo precipitaron a la región inferior de toda la materia.

La Inteligencia auxiliadora (Génesis 2,18)

»Ahora bien, el bienaventurado, el Padre materno, | el benefac- 10 tor y misericordioso, se apiadó de la potencia de la madre, la que había provenido del primer arconte y luego iba a dominar el cuerpo psíquico y sensible. Entonces, por medio de su Espíritu benefactor y su gran misericordia, envió una auxiliar para Adán, una intelec-

37. El tema del «hombre inerte» es común a varias corrientes gnósticas. Cf. HipA 88,5-6; OgM 115,15: Satornilo, en Adv. Haer. I 24,1; los «ofitas», ib. I 30,6.
38. Gn 2,7.
39. La clave de este episodio se halla en la noticia de Ireneo sobre los «ofitas» en Adv. Haer. I 30,9: «Adán y Eva poseyeron primero cuerpos ligeros y luminosos, como etéreos, pues así habían sido creados; caídos acá abajo, se les cambiaron en oscuros, compactos e inertes. También el alma se les quedó deslavazada y lánguida, puesto que poseían únicamente el soplo mundano impartido por su artífice. Hasta que Prúnicos, compadecida de ellos, les devolvió el olor suave de la impregnación luminosa». Según este texto, el Demiurgo, al soplar sobre Adán, le comunicó dos potencias distintas: *a)* la vida psíquica; *b)* la centella espiritual o impregnación de luz.

ción (*epínoia*) luminosa que procedía de él, la denominada Vida.
20 Ésta es la auxiliadora de | toda la criatura, la que sufre con el
(hombre) y lo establece en su Pleroma, instruyéndolo acerca de la
caída de su [deficiencia], instruyéndolo sobre el camino del retorno, por el que ya había descendido. La intelección luminosa estaba
escondida en Adán a fin de que los arcontes no la conocieran y que
la intelección pudiera [rectificar] la deficiencia de la madre[40].

El hombre terrenal (Génesis 2,7 y 3,21)

30   »El hombre se manifestó a causa de la centella de luz | que
estaba en él. Su pensamiento era superior al de todos sus creadores. Cuando éstos miraron hacia arriba vieron que su pensamiento era superior. Entonces celebraron un conciliábulo con
todos los seres arcónticos y angélicos. Tomaron fuego, tierra 21
y agua, los mezclaron completamente con los cuatro vientos del
fuego e hicieron una masa compacta, originando un gran tras-
torno. Entonces arrastraron a Adán hacia la sombra de la muerte
a fin de modelarlo otra vez con (aquella mezcla de) tierra, agua y
fuego y con el espíritu que procede de la materia —que es la
ignorancia de la oscuridad y del deseo— y con su espíritu contra-
10 hecho. | Ésta es la tumba, la nueva plasmación del cuerpo, el
andrajo con que los facinerosos lo vistieron, la cadena del olvido. De esta manera fue ya un hombre mortal. Ésta es la primera
caída y la primera ruptura[41]. Sin embargo, la intelección luminosa que poseía se disponía a despertar su pensamiento.

---

40. Este pasaje es un doblete del episodio de la insuflación, procedente de otra
fuente. La intelección luminosa es el equivalente de la «potencia de la madre», de la
«impregnación de luz» del texto de Ireneo citado en la nota anterior y de la Eva espiritual
de OgM113,22ss.
    41. La creación del hombre psíquico por los arcontes tuvo lugar utilizando ele-
mento etéreo o celeste. Así lo enseñaban claramente los valentinianos: «Enseñan que el
Demiurgo, una vez creado el mundo, hizo al hombre terreno, no a partir de esta tierra
árida, sino tomando la substancia invisible, la confusión y la fluidez de la materia. Y en
éste infundió el hombre psíquico» (Adv. Haer. I 5,5). Después, este hombre psíquico es
modelado con los cuatro elementos del mundo sublunar, denominados por los valentinianos «túnicas de piel» (el «andrajo» de nuestro texto) en evocación de Gn 3,21. La
misma doctrina en Adv. Haer. I 30,9. Todo este teorema es una transposición mítica de
la estructura del *Timeo*, que trata separadamente de la formación del hombre en el mundo
inteligible (39 Ess) y de los cuatro elementos (53 Css). Cf. también Filón, Quaest. Gn. 53.

Adán en el paraíso (Génesis 2,8-9)

»Los arcontes lo arrebataron y lo pusieron en el paraíso, diciéndole: "¡Come!" —Pausa—. |
    Su alimento es amargo,   20
    su belleza es perversa,
    su alimento es engañoso,
    sus árboles son la impiedad,
    su fruto es un veneno mortal,
    su promesa es muerte.
»Ahora bien, el árbol de su vida lo plantaron en medio del paraíso. Voy a explicaros cuál es el secreto de su vida: viene del conciliábulo que convocaron, [es su espíritu contrahecho]. |
    »La raíz (de este árbol) es amarga   30
    sus ramas son muerte,
    su sombra es odio,
    sus hojas acarrean engaño,
    su savia es el ungüento de la perversidad,
    su fruto es la muerte,
    su simiente es un deseo que germina en la oscuridad,
    22 el infierno es el lugar de los que lo gustan
    y la oscuridad el lugar de su reposo.
(Otro es) el denominado por ellos "árbol del conocimiento del bien y del mal" —esto es, la intelección luminosa.

La serpiente (Génesis 3,1-5)

»Los arcontes vigilaron junto a él para evitar que Adán viera su pleroma y se percatara de la desnudez de su vergüenza[42]. Sin embargo, yo los incité a que comieran.
»Entonces yo (Juan) dije al Salvador: "Señor, ¿no fue la serpiente la que indujo a Adán a comer?". El Salvador contestó sonriendo: "La serpiente les enseñó a comer el vicio de la generación y la apetencia de la corrupción, a fin de utilizarlo en provecho de sí misma". Y Adán se dio cuenta de que había desobedecido al arconte a causa de la luz de la intelección que poseía, que rectificaba su pensamiento y lo hacía superior al del primer arconte.

---

42. Gn 3,7.

Creación de la mujer (Génesis 2,21-25 y 3,20)

20 »Entonces ˆéste quiso recuperar la potencia que había intro-
ducido | en Adán, y extendió sobre él un olvido».

«Entonces dije al Salvador: "¿Qué es el olvido?". Él contestó:
"No es como Moisés ha escrito y como tú has escuchado. Pues dice
en su primer libro: 'Lo hizo dormir'". Esto significa en realidad que
[el arconte envolvió sus sentidos con una especie de velo y lo agobió
con una insensibilidad]. A este respecto dice el profeta: "Llenaré de
pesadumbre sus corazones para que no comprendan y no vean[43]".

30 »Entonces la intelección luminosa se escondió en Adán, y el
primer arconte | pretendió hacerla salir por su costilla. Pero la
intelección luminosa es inaferrable; la oscuridad la perseguía y
no la podía alcanzar. Entonces el arconte tomó una parte de la
potencia de Adán y elaboró otra criatura en forma de mujer de
acuerdo con la semejanza de la intelección que se le había manifestado. De esta manera transfirió 23 la parte que había tomado
de la potencia del hombre a la plasmación de una entidad femenina. Y no sucedió según dijo Moisés: "Su costilla".

»Adán vio a la mujer junto a él, y al instante se manifestó la
intelección luminosa disipando el velo que cubría su mente, y se
purificó de la embriaguez de la oscuridad. Reconoció su semejan-
za[44] y dijo: |

10 "He aquí hueso de mis huesos y carne de mi carne; por esto
abandonará el hombre a su padre y a su madre y se unirá a su
mujer y serán los dos una sola carne". Efectivamente, le es ofrecida su cónyuge.

20 »Nuestra hermana, la Sabiduría, descendió con inocencia a
fin de rectificar su deficiencia. Por esto es llamada Zoé, que significa "la madre de los vivientes"[45]. Por medio de la suprema
Inteligencia de la verdadera soberanía superior y gracias a ella
misma gustaron ellos el perfecto conocimiento. Fui yo el que me
manifesté en figura de águila sobre el árbol del conocimiento.
Esto se refiere a la intelección que proviene de la Inteligencia
30 suprema, la luz | pura, para instruirlos y despertarlos de la pro-
fundidad del sueño, pues se hallaban ambos en decadencia y se
habían percatado de su desnudez. La intelección se les apareció
como una luz y despertó su pensamiento.

43. Is 6,10.
44. Probablemente «su consustancial» (*homooúsios*).
45. Gn 3,20. La Sabiduría había caído (cf. 9,25ss) por haber pretendido obrar sin
cónyuge. Ahora, descendida en Eva, halla su cónyuge y rectifica su lapso.

La expulsión del paraíso (Génesis 3,17-24)

»Cuando Aldabaot (sic) se percató de que se apartaban de él, maldijo su propia tierra. Entonces encontró a la mujer 24 que se preparaba para su marido. El (arconte) era su dueño, pero no conocía el secreto que dependía del santo decreto. Ellos, sin embargo, no se atrevieron a execrarlo y a poner de manifiesto la ignorancia del arconte delante de sus propios ángeles. Entonces él los expulsó del paraíso y los envolvió en una densa oscuridad.

Caín y Abel (Génesis 4,1-2)

»El primer arconte vio a la doncella | que estaba junto a 10 Adán y supo que la intelección luminosa se había manifestado en ella como vida. Y Aldabaot quedó sumergido en ignorancia. Pero cuando la suprema Inteligencia del todo se dio cuenta, procuró que le fuera arrebatada a Eva la vida que poseía. Entonces el primer arconte la mancilló y engendró de ella dos hijos, el primero y el segundo: Elohim y Yahvé[46]. Elohim tiene rostro de oso, Yahvé tiene rostro de gato. Uno es | justo, otro injusto. Estable- 20 ció a Yahvé sobre el fuego y sobre el viento, y a Elohim sobre el agua y sobre la tierra. A éstos les impuso los nombres de Caín y Abel. (Todo esto lo realizó) atendiendo a sus malas artes. Hasta el día de hoy ha persistido la copulación a causa del primer arconte, que implantó el deseo de la generación en la compañera de Adán. Por medio de | la copulación suscitó la generación de 30 la forma de los cuerpos, y los gobernó por medio de su espíritu contrahecho[47]. Estableció a los dos arcontes sobre los principados de modo que dominaran sobre la tumba.

Generación de Set (Génesis 4,25-26)   20

»Una vez hubo Adán conocido la semejanza de su propia presciencia, engendró la semejanza 25 del Hijo del Hombre y le impuso el nombre de Set. De acuerdo con el modo de la generación entre los eones, la otra madre, igualmente, hizo descender su Espíritu, que es una semejanza de sí misma y un modelo para los que pertenecen al Pleroma, a fin de preparar un lugar para los eones que iban a descender. Entonces (el Espíritu) les dio a beber,

46. Dos nombres del Dios de los judíos. Otras versiones del mancillamiento de Eva por los arcontes en HipA 89,18ss y OgM 117,1ss.
47. Dogma fundamental del encratismo que inspira la mayoría de escritos de Nag Hammadi.

por medio del primer arconte, un agua de olvido, a fin de que no pudieran saber de dónde procedían.

»[BG: Adán conoció a la que le era consustancial y engendró a Set. De acuerdo con el modo de la generación entre los eones, la madre, igualmente, hizo descender al que le pertenece. Éste, el Espíritu, vino sobre ella con el fin de despertar a la que le es consustancial (e instruirla) acerca del modelo de la perfección, para librarlos del olvido y de la malicia de la tumba.] |

10 »De esta manera [el Espíritu] se demoró un cierto tiempo en prestar auxilio [a la simiente], a fin de que cuando descendiera el Espíritu procedente de los santos eones fuera rectificada y curada de la deficiencia, de manera que todo el Pleroma fuera santo y sin deficiencia»[48].

III. CUESTIONES DE ESCATOLOGÍA

Diversos destinos de las almas

Entonces dije al Salvador: «Señor, ¿se salvarán todas las almas y entrarán en la pura luz?». Él respondió diciendo:

20 «Muy importantes son las cosas | que has alcanzado con tu pensamiento, y difíciles de explicar a otros, a no ser los que pertenecen a la raza inconmovible, los que recibirán el espíritu de vida que vendrá con poder, los que se salvarán. Ellos serán perfectos y dignos de la grandeza, y en aquel lugar serán purificados de toda maldad y de las apetencias de perversidad, pues no tendrán otra preocupación más que la | incorruptibilidad, en la cual

30 meditarán continuamente desde ahora sin ira, sin envidia y sin celos, sin apetencia y sin insatisfacción respecto a todo. No serán afectados por nada, a no ser en relación únicamente con la sustancia de la carne que han asumido. En el entretanto, estarán expectantes respecto al tiempo en que tendrá lugar 26 la visita de los que tienen que recibirlos. Ésta es la manera de ser de los dignos de la vida incorruptible y eterna y de la vocación, los que tienen paciencia y lo soportan todo a fin de perfeccionarse en el bien y heredar la vida eterna».

Yo le dije: «Señor, las almas que no han obrado estas cosas y
10 que sin embargo han recibido la potencia del Espíritu | de vida

---

48. El tema principal es el de la generación de Set por medio de una unión correcta entre dos consubstanciales. Pero el texto se resiente de la mezcla de diversas tradiciones, todas ellas encaminadas, sin embargo, a exaltar a Set y a su raza, los gnósticos.

¿serán rechazadas?». Él respondió y dijo: «Si el Espíritu desciende sobre ellas, se salvarán de todas maneras y seguirán adelante. Pues la potencia desciende sobre todo hombre, y sin ella nadie puede mantenerse erguido. Después de su nacimiento, el Espíritu de vida crece y viene la fuerza que robustece aquel alma, y ya no puede extraviarse en las obras de la perversidad. | En cambio, las 20 que han recibido el espíritu contrahecho son atraídas por él y se extravían».

Yo dije: «Señor, ¿a dónde van las almas cuando abandonan la carne?». Él me dijo sonriendo: «El alma en la que la potencia predomina sobre el espíritu contrahecho es fuerte y huye de la perversidad, y gracias | a la vigilancia (BG: *episkopé*) del Inco- 30 rruptible se salva y es recibida en el reposo de los eones».

Yo dije: «Señor, aquellos que no supieron a quién pertenecen, ¿adonde irán sus almas?». Y él me dijo: «En éstas 27 se ha robustecido el espíritu contrahecho a causa de su error. Él abruma al alma y la arrastra hacia las obras de la perversidad, arrojándola al olvido. Después de su partida es entregada a las potestades que procedieron del Arconte y entonces la atan con cadenas, la precipitan en la cárcel y deambulan con ella hasta que despierta del olvido | y recibe el conocimiento. Cuando todo esto 10 se ha cumplido, se salva».

Pero yo dije: «Señor, ¿y cómo puede el alma empequeñecerse y volver a la naturaleza de su madre o dentro del hombre?»[49]. Él se alegró de esta pregunta y me dijo: «Tú eres realmente feliz, puesto que has conocido. Aquel alma tiene que seguir a otra que posea el espíritu de vida, y se salvará | gracias a ésta y ya no será 20 arrojada a otra carne».

Y yo dije: «Señor, aquellas almas que han tenido conocimiento y luego se han desviado, ¿a dónde irán?». Él entonces me dijo: «Al lugar adonde irán los ángeles de la indigencia, allí serán recibidas, un lugar donde no cabe ya arrepentimiento y en el que serán custodiadas hasta el día en que sean torturados los que hayan blasfemado contra el Espíritu, | quienes serán castigados 30 con una pena eterna».

El destino

Pero yo dije: «Señor, ¿de dónde provino el espíritu contrahecho?». Entonces me dijo: «El Padre materno de gran misericor-

49. Jn 3,4.

dia, el Espíritu Santo, rico en toda forma de piedad y **28** de compasión, es decir, la intelección de la suprema Inteligencia luminosa, enderezó la simiente de la raza perfecta, el pensamiento [BG del hombre de luz para siempre]. Cuando el primer arconte se percató de que se situaban por encima de él y que le superaban en inteligencia, maquinó apoderarse de su mente, ignorando que

10 lo sobrepasaban | en inteligencia y que nunca los podría dominar. Entonces convocó una asamblea de sus potestades, que son sus potencias, y fornicaron de consuno con la Sabiduría, engendrando la amargura del destino, que es el último vínculo contrahecho, de tal manera que se hacen contrahechos unos a otros. Es

20 el vínculo más consistente y más fuerte que entrelaza | a los dioses, a los ángeles, a los demonios y a toda raza hasta el día de hoy. De este destino procede toda iniquidad, injusticia y blasfemia, vínculo del olvido y de la ignorancia, todo precepto insoportable, los pecados graves y los grandes temores. De esta manera toda la creación vino a ser ciega, a fin de que no conocieran al Dios que está por encima de todos ellos. A causa del vínculo de olvido |

30 fueron ocultados sus pecados, pues se hallan constreñidos por medidas, tiempos y momentos. El destino lo domina todo.

El diluvio (Génesis 6-8)

»El arconte se arrepintió de todo lo que había producido. Entonces decidió provocar un diluvio **29** sobre la creación humana. Sin embargo, la grandeza de la suprema Inteligencia luminosa alertó a Noé, y éste advirtió a toda la raza de los hijos de los hombres. Pero los que le eran ajenos no le hicieron ningún caso. No sucedió, pues, como lo narra Moisés, que dice: "Se escondieron dentro de un arca"⁵⁰. En realidad se escondieron en un lugar

10 no sólo Noé sino también | muchos hombres procedentes de la raza inconmovible. Penetraron en un lugar donde se escondieron en una nube luminosa. Noé se percató de su suprema soberanía, y estaba junto a él la entidad luminosa que los había iluminado, pues el arconte había difundido oscuridad sobre toda la tierra.

Los gigantes (Génesis 6,1-4)

»El arconte convocó una asamblea con sus potencias y envió a sus ángeles hacia las hijas de los hombres para raptarlas y susci-

---

50. Gn 7,7.

tar una simiente | para su placer. Al comienzo no se salieron con la   20
suya. En vista de su fracaso, se reunieron otra vez y decidieron
crear un espíritu contrahecho parecido al espíritu que había descendido, a fin de mancillar las almas por medio de él. Entonces los
ángeles se transmutaron hasta parecerse a los maridos, colmándo-
las del espíritu tenebroso que habían mezclado para ellas, y de |
perversidad. Trajeron presentes de oro y plata, de bronce y de hie-   30
rro, y metales y cosas parecidas. Y acarrearon a los hombres 30
que los habían seguido grandes cuitas, arrastrándolos a gravísimos
errores. Envejecieron sin gozo alguno y murieron sin haber hallado ninguna verdad y sin haber conocido al verdadero Dios. Y así
es como los arcontes esclavizaron a toda la creación para siempre
desde la constitución del cosmos hasta el presente. Entonces los
hombres tomaron mujeres y engendraron de la oscuridad hijos a
semejanza de su espíritu. Y cerraron sus corazones | y los endure-   10
cieron con la costra del espíritu contrahecho hasta el presente.

El himno de la suprema Inteligencia

»Yo, suprema Inteligencia perfecta del todo, me transformo
en mi simiente. Yo preexisto y voy por todos los caminos. Yo soy
la abundancia de luz, el pensamiento del Pleroma. Yo he penetrado en la magnitud de la oscuridad y he resistido hasta poner-
me en medio de la cárcel. Y los fundamentos del caos |
retemblaron y yo me escondí de ellos a causa de su perversidad, y   20
ellos no me conocieron. Volví por segunda vez. Me puse en camino apartándome de los seres luminosos —yo soy el pensamiento de la suprema inteligencia— y penetré hasta el fondo de la
oscuridad y hasta el interior del infierno para ocuparme de mi
designio. Y los fundamentos del caos retemblaron para precipi-
tarse sobre los que se hallan en el caos y aniquilarlos. | Y de   30
nuevo me remonté hacia mi raíz luminosa a fin de evitar que
fueran destruidos a destiempo.

»Por tercera vez me puse en camino —yo soy la luz en la luz,
yo soy el pensamiento de la suprema Inteligencia— para descender
hasta el fondo de la oscuridad y hasta 31 el interior del infierno.
Llené mi rostro de la plenitud del eón (superior) y penetré hasta el
fondo de la cárcel de aquéllos —que es la cárcel del cuerpo— y
dije: "Quien me oiga, que se levante del sueño profundo"[51].

51.   Este himno es un comentario esotérico del prólogo del Evangelio de Juan en
clave sapiencial. Probablemente es anterior al tratado que constituye el *Apócrifo de Juan*,
y por esto no coincide del todo con sus categorías teológicas.

»Entonces él lloró y vertió muchas lágrimas. Se restregó (los ojos) y dijo: "¿Quién es el que pronuncia mi nombre y de dónde 10 procede esta esperanza para mí, | mientras estoy encadenado a mi cárcel?". Yo le dije: "Yo soy la Inteligencia suprema de la pura luz; yo soy el pensamiento del Espíritu virginal que te eleva hasta el lugar del honor. Levántate y piensa que tú eres el que ha escuchado. Sigue a tu raíz; yo soy el misericordioso. Guárdate de los ángeles de la indigencia y de los demonios del caos y de todo lo que llevas adherido. |

20 Evita el sueño profundo y el lugar abismal del infierno".

»Yo lo he despertado y lo he sellado en la luz con cinco sellos, a fin de que a partir de ahora la muerte ya no tenga poder sobre él. Y he aquí que ahora regreso al perfecto eón. He terminado de decirte todo lo que tenías que escuchar. Te he dicho todas estas cosas para que las conozcas y las transmitas secretamente a los 30 que | participan de tu espíritu: éste es el misterio de la raza inconmovible».

Epílogo

El Salvador le comunicó todo esto para que lo escribiera y lo conservara en un lugar seguro. Y le dijo: «Maldito sea el que trueque estas cosas por un regalo, o por comida o por bebida o por un vestido o cualquier cosa por el estilo».

32 Esto le fue transmitido como un misterio. Y acto seguido desapareció de su presencia. Y (Juan) se acercó a sus condiscípulos y les anunció todo lo que el Salvador le había revelado.

Jesucristo. Amén.

El libro secreto de Juan.

LAS TRES ESTELAS DE SET
(NHC VII 5)

INTRODUCCIÓN*

Las tres estelas de Set son el último escrito del Códice VII de la biblioteca de Nag Hammadi.

Teniendo en cuenta que las copias 1 y 2 de este mismo códice (*Paráfrasis de Sem* y *Segundo tratado del gran Set*) se refieren también al tercero de los hijos de Adán y Eva, a los relatos que se relacionan con su descendencia y al carácter hímnico de las *Estelas de Set*, se tiene la impresión de que la colocación de este escrito al final del volumen no es casual. Vendría a cumplir la función de una «acción de gracias» paralela y similar a la desempeñada por la *Oración de Pablo* al comienzo del Códice I. En ambos casos los escritos estarían emplazados estratégicamente, al final y al comienzo de los respectivos códices, siguiendo la orientación de sus compiladores[1].

CONTENIDO

Las tres estelas de Set están redactadas en forma de himnos de bendición, aunque su contenido es sólidamente doctrinal. En cada una de las tres partes de la himnodia, cada una correspondiendo a una tableta, o estela, se desarrollan tres aspectos de la enseñanza sobre el nivel trascendente de la realidad. El primer

* Introducción, traducción y notas de Francisco García Bazán (Universidad Argentina J. F. Kennedy-CONICET).

1. Cf. Int. al TrTrip. El título del escrito está registrado completo al final del original, 127,27.

himno está dedicado a Adamas, el Hombre inmortal, pasible de caída. La tableta segunda canta a Barbeló, la *Prónoia* o Preconocimiento divino, en su doble poder generador y regenerador del Hijo o Intelecto. La tercera estela se refiere de nuevo a Barbeló, pero ahora exaltándola en su aspecto final, en el que habiendo reintegrado al Todo en su interior, se mantiene en la unidad del reposo. Ella comprende tanto la dualidad de naturaleza (igual que una madre que conserva en el seno a su hijo) como la estabilidad de la tríada (un útero paterno que produce como vástago el deseo sin decaimiento), manteniéndose inseparable del Padre/Uno inmanifiesto.

El autor eleva su reflexión sobre la realidad noética haciendo alardes de un privilegiado conocimiento de la enseñanza gnóstica y deteniéndose en los aspectos teosóficos[2], los más sublimes y posibles de experimentar en la esfera de lo divino, experiencia que desarrolla con entusiasmo como una bendición, un canto de los perfectos o iniciados que es la gloria de Dios; pero al mismo tiempo como una obra reflexiva que confronta, sin timidez, la sabiduría gnóstica, con las especulaciones más empinadas de la filosofía de Plotino.

La instrucción, bien perfilada, no toca a lo inefable en sí, sino que se despliega sobre lo que es descriptible de su profundidad o abismo, «el Intelecto en reposo», piedra de escándalo para el filósofo griego[3].

El problema planteado y resuelto, como hemos dicho, por medio de un himno de conocimiento que se ratifica así como la manifestación o gloria del Padre/Uno, consiste en revelar metafísicamente cómo es posible que lo Uno llegue a ser distinto y que esa necesaria multiplicidad cognoscitiva no traicione a su naturaleza en su voluntad de conocimiento.

El autor reconoce claramente que lo Uno supera a la unidad como su concepción, y que esta concepción apretada y vacía de determinaciones individuales es multiplicidad potencial con determinaciones, por eso, para que permanezca como es, es necesario tanto que el Uno se abra a la intención de conocerse, como que no decaiga esa intención en conocimiento inteligible. La

---

2. La teosofía es aquel tipo de interpretación que escruta los misterios de la divinidad, en tanto que la pansofía trata de los del universo (cf. A. Faivre, *L'ésotérisme*, París, 1993, 30).

3. Cf. En II 9 (33) 1, 26-29 y 6,19-21, y ver F. García Bazán, «The "Second God" in Gnosticism and Plotinus's Anti-Gnostic Polemic», en R. T. Wallis-J. Bregman (eds.), *Neoplato-nism and Gnosticism*, Albany, 1992, 70-72.

identidad cognoscitiva del acto generativo que es al mismo tiempo acto regenerativo da solución a la cuestión. La autoconciencia divina es, en realidad, tentativa autoconsciente: una y distinta en Dios mismo. Se vuelve, entonces, a través de la técnica filosófica del platonismo pitagorizante, al pitagorismo, para mostrar con esto las limitaciones del pensamiento de Platón y corregir la plana a la interpretación plotiniana.

LA REVELACIÓN

Dositeo, el recipiendario de la revelación que se ofrece en este escrito, está relacionado con la religión samaritana[4], cuya literatura y liturgia acoge a Set como el depositario de una tradición adámica ininterrumpida[5], y es presentado, al mismo tiempo, como coetáneo y rival en el magisterio de Simón samaritano[6]. Dositeo ha llegado a conocer los secretos primordiales custodiados desde Set por la «cadena de la pureza» de los «hijos de la luz», o setianos, en un antro de iniciación de especial santidad, «la cueva de los tesoros», lugar en el que fue sepultado y ungido el cadáver de Adán, depositario de las estelas encontradas por Noé en el Ararat después del diluvio y desde el que los magos aportaron sus ofrendas de reconocimiento al Salvador, puesto que a partir de Set llegó la ciencia astrológica conjuntamente con otros saberes a los caldeos, a los persas y a los magos[7]. De este modo, Dositeo ha podido enseñar fielmente el contenido de estas tabletas inmemoriales, que contienen las enseñanzas de Adán y Eva con anterioridad a la caída y en relación con el árbol del conocimiento a su hijo Set y que éste escribió para sus descendientes superando persecuciones y catástrofes cósmicas[8].

---

4. Cf. Epifanio, Pan 13, 1,3-4, y S. J. Isser, *The Dositheans*, 117-126 y 163-164.
5. Cf. A. F. J. Klijn, *Seth*, 29-32.
6. Cf. Orígenes, *Contra Celso* I 57; HomPsClem II 23; Rec. II,8ss; Focio, *Biblioteca* 230,285 a 32ss (ver J. E. Fossum, *The Name of God and the Angel of the Lord*, Tubinga, 1985, 55-61).
7. Ver *Evangelio de la infancia* en armenio y Klijn, o.c., 53-60.
8. Cf. ViAd (griega) 41; (latina) 25, 29, 52; TestAd 3, y Klijn, o.c., 22-28.

EL AUTOR

El autor de *Las tres estelas de Set,* por lo tanto, no sólo demuestra conocer y respetar la literatura sobre los «ciclos de Adán», en la que encuentra el respaldo de su postura tradicional, sino que al mismo tiempo ratifica que conoce con nitidez los complejos problemas de la organización del mundo inteligible de acuerdo con la filosofía de Plotino en lo referente a la producción del número ideal, la presencia en él de la tríada ser, vida, conocimiento, y la relación entre ésta, los grandes géneros del ser y las ideas. Pero al mismo tiempo aplica estos conceptos metafísicos a la experiencia trascendente gnóstica, mostrando de qué modo su explicación supera a la neoplatónica basada en la creencia del retorno cósmico[9]. De contragolpe sugiere que la declaración de Porfirio, de haber pretendido demostrar junto con Amelio Gentiliano el carácter reciente, espúreo y fabricado de los *Apocalipsis de Zostriano* y *Zoroastro*[10], estaba lejos de encontrarse justificada, puesto que lo que el discípulo de Plotino no podía comprender es que las raíces de la «filosofía tradicional» se remontan al Adán/Adamas, libre de las consecuencias de la caída, de las que el pensamiento griego y sus diversas manifestaciones eran las víctimas[11], pero que asimismo se había conservado secretamente en las enseñanzas de los magos zoroástricos, maestros del maestro de sus maestros, Pitágoras[12].

Este bello escrito pertenece a la corriente de los llamados barbelognósticos o setianos por los autores eclesiásticos[13] y es una muestra excepcional de la calidad espiritual e intelectual que caracterizó a los maestros gnósticos y a los miembros de las comunidades iniciáticas receptoras de sus enseñanzas.

FECHA DE COMPOSICIÓN

J. M. Robinson, al incluir *Las tres estelas de Set* en el grupo de los apocalipsis aludidos por Porfirio, pero no identificados, que cir-

---

9. Cf. ns. 22 y 23 a la trad.
10. Cf. VitaPl XVI y F. García Bazán, *Plotino y la gnosis,* Buenos Aires, 1981, 323-327.
11. Cf. TrTrip 109,24-110,22.
12. Cf. Jámblico, *Vida de Pitágoras* IV 19; XXVIII151; esto explica el contenido ecuménico del fr. 1a de Numenio de Apamea.
13. Cf. F. García Bazán, *Plotino. Sobre la trascendencia divina: sentido y origen,* Mendoza, 1992, 210ss.

culaban en la escuela de Plotino en Roma, y siguiendo mi sugerencia de datación para el *Allógenes* y el *Zostriano*, les da una fecha de redacción anterior a los años 265/266, período de la polémica antignóstica de Plotino[14]. No hay motivos claros para incorporar este escrito al grupo de apocalipsis anónimos aludidos. Por su contenido teosófico y filosófico bien diseñado, el escrito tiene que ser posterior a la redacción del *Tratado tripartito* que abre la historia de las contrarréplicas a Plotino y constituir un eslabón en la serie de la producción antiplotiniana posterior al alegato plotiniano, la que habrá de suavizarse con posterioridad, una vez que Porfirio haya capitulado con su tesis del ser como trascendente a la tríada inteligible, mediada por la filosofía caldaica, hecho que influirá en la teoría de las *hénadas* del neoplatonismo posterior. El *Marsanes* ratificará más tarde algunos rasgos del entendimiento[15].

NUESTRA VERSIÓN

Las tres estelas de Set, redactadas primitivamente en griego, están traducidas en sahídico. Se ha utilizado el texto crítico de P. Claude (Quebec 1984) y hemos cotejado nuestra versión al español con la alemana de M. Krause (1973) y las posteriores de M. Tardieu, J. M. Robinson, L. Moraldi y B. Layton.

BIBLIOGRAFÍA

Ediciones

Claude, P., *Les trois stèles de Seth. Hymne gnostique à la triade (NH VII, 5)*, Quebec, 1983.

Goehring, J. E.-Robinson, J. M., «The Three Steles of Seth (VII,5)», en J. M. Robinson (ed.), *The Nag Hammadi Library* (ed. rev.), Leiden, 1988, 396-401.

Krause, M.-Girgis, V., «Die drei Stelen des Seth», en F. Altheim-R. Stiehl, *Christentum am Roten Meer* II, Berlín-Nueva York, 1973, 180-199.

Layton, B., «The Three Tablets of Seth», en id., *The Gnostic Scriptures. A new translation with annotations and introductions*, Southampton, 1987, 149-158.

14.   Cf. «The Three Steles of Seth and The Gnostics of Plotinus», 132, n. 2; *The Nag Hammadi Library*, 1977, 362 y 1988, 397. La pertenencia a un grupo la sugería ya M. Tardieu, «Les Trois Stèles de Seth», 555-556.

15.   Cf. Mar 5,24-26.

Moraldi, L., «Le Tre Stele di Seth», en id., *Testi Gnostici*, Turín, 1982, 251-265.

Robinson, J. M.-Wisse, F., «The Three Steles of Seth (VII, 5)», en J. M. Robinson (ed.), *The Nag Hammadi Library*, San Francisco, 1977, 362-367.

Tardieu, M., «Les Trois Stèles de Seth. Un Écrit Gnostique retrouvé à Nag Hammadi»: *RScPhTh* 57 (1973), 545-575.

Wekel, K., «Die Drei Stelen des Seth. Die Fünfte Schrift aus Nag Hammadi Codex 7»: *ThLZ* 100 (1975), 571ss.

Estudios

Claude, P., «Approche de la structure des *Trois Stèles de Seth*», en B. Barc (ed.), *Colloque International sur les Textes de Nag Hammadi* (Quebec, 22-25 agosto 1978), Quebec-Lovaina, 1981, 362-373.

Colpe, C., «Heidnische, jüdische und christliche Überlieferung in den Schriften aus Nag Hammadi II»: *JAC* 16 (1973), 106-126.

García Bazán, F., *Neoplatonismo-Gnosticismo-Cristianismo*, Buenos Aires, 1986.

García Bazán, F., «Sobre el origen histórico y las transformaciones de la tríada ser, vida y conocimiento»: *PhMal* 5 (1992), 43-54.

Isser, S. J., *The Dositheans. A Samaritan Sect in Late Antiquity*, Leiden, 1976.

Jackson, H., «Geradamas, the celestial stranger»: *NTS* 27 (1980-1981), 384-394.

Klijn, A. F. J., *Seth in Jewish, Christian and Gnostic Literature*, Leiden, 1977.

MacDermot, V., *The Books of Jeu and the Untitled Text in the Bruce Codex*, edición de C. Schmidt, Leiden, 1978.

Pearson, G. A., «The figure of Seth in gnostic literature», en B. Layton (ed.), *The Rediscovery of Gnosticism* (Proceedings of the Conference at Yale March 1978) II, Leiden, 1981, 472-504.

Quispel, G., «Ezequiel I:26 in Jewish Mysticism and Gnosis»: *VigCh* 34 (1980), 1-13.

Robinson, J. M., «The Three Steles of Seth and the Gnostics of Plotinus», en *Proceedings of the International Colloquium on Gnosticism. Stockholm August 20-25 1973*, Estocolmo, 1977, 132-142.

Schenke, H.-M., «The phenomenon and significance of gnostic sethianism», en B. Layton (ed.), *The Rediscovery of Gnosticism*, II, 588-616.

Stroumsa, G. A. G., *Another seed: studies in gnostic mythology*, Leiden, 1984.

Tardieu, M., «Les livres mis sous le nom de Seth et les séthiens de l'hérésiologie», en M. Krause (ed.), *Gnosis and Gnosticism. Papers read at the Seventh International Conference on Patristic Studies (Oxford, September 8th-13 1975)*, Leiden, 1977, 204-210.

LAS TRES ESTELAS DE SET

VII 118,10-127,32

INTRODUCCIÓN

Conocimiento de las estelas por Dositeo

118 La revelación de Dositeo de «Las tres estelas de Set», | el [10] padre de la raza viviente e inmutable. Las que ha visto y ha conocido. Y habiéndolas leído las ha memorizado y las ha trasmitido, así como son, a los elegidos, de acuerdo a como estaban escritas en aquel lugar[1].

Información de Dositeo

Muchas veces he sido asociado para dar gloria junto con las [20] potencias y he sido considerado digno por ellas de las Grandezas inconmensurables. Por otra parte, de este modo es como presentan a: «La primera estela de Set».

---

1. Dositeo ha conocido los tres pilares escritos por Set, que sobrevivieron al diluvio en la montaña Seiris (= Ararat) (cf. Josefo, Ant. I 71; Jub 8,1-14; HipA 92,8-14) y transportados después hacia el Oriente a la gruta del monte Charaxios (cf. Josefo, Ant. I 76; EvEg III 68,10 y 22; Hipólito, Elen 9,13,1). En un mismo centro esotérico coinciden la sucesión de la tradición adámica y sus representantes, samaritanos, magos y gnósticos. Ver asimismo Numenio frs. 1a y 60. Se ilustra así All 68.20-26, conocido por los discípulos de Plotino (*Vita Pl* XVI).

267

LA PRIMERA ESTELA DE SET

Himno de Set a Adamas Inmortal

Bendígote, Padre Geradama[2], yo que soy tu propio hijo, Emmachá Set[3], al que has generado de manera no procreativa[4] para ala-
30 banza | de nuestro Dios, porque yo soy tu propio hijo. Y 119 tú eres mi Intelecto (*noûs*), Padre mío. Y yo, por una parte, he procreado y generado, pe[ro] tú has vis[to] las Grandezas, y eres [er]guido e inmortal.

Te bendigo, [Pa]dre, bendíceme, Padre. Por tu causa soy, por
10 causa de Dios eres, por tu causa soy próximo a él. Eres Luz | viendo Luz, has revelado las luces. Eres Mirotea, eres mi Miroteo[5]. Te bendigo como un Dios. Bendigo tu divinidad. ¡Grande es el buen Autoengendrado erguido[6]!, ¡El Dios primero erguido! Has veni-
20 do bondadosamente, te has revelado y te has | manifestado bondadosamente. Proclamaré tu Nombre, porque eres un primer Nombre[7]. Eres un no procreado. Te has revelado para revelar a los que son eternos. Eres el que es, por esto te has revelado a los que realmente (*óntos*) son. Tú que eres una Palabra por medio de
30 una Voz, pero que por el Intelecto eres | glorificado[8]. Tú que tienes dominio en todo lugar, por lo que hasta [el] mundo sensible (*kósmos aisthetós*) te conoce por tu causa y tu semilla. Eres compasión 120 y eres uno de otra raza (*génos*). Y ésta está establecida [so]bre otra raza. Pero ahora eres uno de otra raza y ésta

2. Dositeo ha participado de los ritos de iniciación y se ha identificado durante su celebración (con los poderes trascendentes (ver Mar 8,1-12 y OcNov 59,29-32) hasta alcanzar la culminación del Preconocimiento divino. Gedarama es el Adán Primordial (*gér(on)-Adam*) = *Adam Kadmón* o *Qadmaia* en hebreo y *Adaka* o *Adam Kasia* entre los mandeos (ver ApocJn II 8,34-35; Mel 6,6; Zos 6,23; 13,6; 30, 5 y 6).
3. Emmachá Set es el hijo de Adamas, interpretándose en espíritu Gn 4,25. Ver Zos 6,25 y 51,14-15; EvE III 62,2-4; 65,9, como Heli Machar Set.
4. *Atmise/ouk tíkto*, generado en la plenitud inteligible, no al modo humano, sino sin relación de sexos ni inseminación (ver abajo 119,22; 120,23-24; 123,28; 124,21-22), y según la voluntad de Dios, pues quien así produce no cae y se mantiene inmortal (ver 119,16-18; 121,1-10 y Nor 27,17).
5. La luz viene de la luz y viceversa, sólo puede ver la luz (cf. TrTrip 118,28-36 y n. 85). Mirotea / Miroteo (= gr. *Moirothea/Moirotheós*: «parte divina»: ver 120,15). El copista escribe iotizando según la pronunciación griega del momento. Igualmente *téleios* se transcribe *telios*. Cf. Zos 30,14; EvEg III 49,4; PensTr 38,15; 45,9-10.
6. Autoengendrado: *autogenés/autogénnetos* (ver 126,6-7 y Zos 6,24; 30,5.15; EugB 82,14; Anón. Bruc. 17, p. 259, etc., y OrCald 39 con Porfirio, *Hist. Phil.*, fr. 18).
7. El Hijo/Intelecto reintegrado como el Nombre. Cf. EvV 38,5ss y TrTrip 127,23-36 y n. 93.
8. Voz inarticulada anterior al logos (cf. PensTr 35,32-36,3; 37,4-23).

está esta[blecida] sobre otra raza. Eres [u]no de otra raza, porque no eres seme[jan]te, sino que ere[s com]pasión, porque er[es] eterno[9]; pero «estás establecido» sobre una raza, porque los hiciste crecer a todos «por | mi semilla», empero, puesto que sabes que 10 ella está establecida en lo generado, pero éstos provienen de otra raza, ya que no son semejantes; sin embargo se establecen sobre otras razas, ya que están establecidos sobre la vida. Eres una parte de Dios (*moirotheós*)[10].

Bendigo su poder que se me concedió, el que ha hecho a las masculinidades, que realmente son tres veces masculinas[11]. El | que se ha dividido en la péntada[12]; el que se nos ha concedido 20 triplemente como poder[13]; el que se ha generado de manera no procreativa; el que provino de la elección[14], a causa de lo que se cayó, yéndose al Medio[15]. Tú eres un Padre que procede de un Padre. Una Palabra que viene de un mandato. Te bendecimos, el Triple | Varón, porque reuniste al Todo con auxilio de todos, 30 porque dístenos poder[16]. Proveniste de lo Uno por medio de lo [U]no, saliste, has vuelto a lo Uno[17]. ¡Sal[vas]te! ¡Salvaste!, ¡nos has salvado! ¡Tú, que estás coronado!, ¡Tú, que coronas![18].

9. El mundo lo conoce por su causa y su semilla, es decir, porque para salvarla ha asumido los elementos cósmicos de manera simpática y correspondiente. Ésta es la «compasión» (*na/éleos*) que puede adoptar lo que siendo eterno no cambia (cf. EvV 36,13-19 y TrTrip 87,7; 88,23-29; 91,33-34 y n. 59).

10. Ver n. 5. Adamas está en la familia de los setianos por la semilla en ellos depositada, de la generación de Set, raza extraña entre las otras que carecen de semilla y que son producto de la semejanza (*eine/homóiosis*), obra demiúrgica a la que pertenece la vida natural (*ouneh/bíos*), cf. HipA 91,10.

11. Como en EvE III 13-21, etc., la producción superior es viril, porque no conociendo hembra es erguida e inmortal. Vida no resultado del deseo, sino mantenida como voluntad del Padre. En la tríada Padre-Madre-Hijo cada miembro implica sin mutación ni confusión a los otros dos, por esto cada uno es «tres veces masculino». El 3 entre pitagóricos es el primer número impar y modelo de estructura total estable. Ver OrCald 29.

12. La péntada (el 5 es igualmente impar y masculino) es la primera emanación noética como despliegue de la tríada, los cinco miembros del Padre (cf. EugB 78,2-16; Ireneo, Adv. Haer. I 24,3).

13. Tres veces en cada miembro de la péntada afirmándola y, al ser cada uno de ellos doble, daría lugar a la triacónta pleromática.

14. Del Pleroma todo para recuperarse. Es el Salvador. Ver 126,20-3.

15. Para atraer lo caído en deficiencia, con función mediadora. Cf. EvE III 49,15-16; 59,17-18 y 59,20-61.

16. Se bendice o dice como es al Autoengendrado, padre regenerador (= imagen del Padre) por su acción salvadora con auxilio de la Plenitud (cf. TrTrip 85,33ss; 90,23-91,14 y TrGSt 50,4-29).

17. El Autoengendrado viene del Padre por su voluntad y torna a lo Uno reuniendo a los salvados. Cf. EvV 25,3-19 y TrTrip 92,30-33.

18. Al Autoengendrado le pertenece la corona de gloria y la otorga con su función salvífica (cf. IntCon 21,33-34 y TrTrip 134,24ss).

121 Te bendecimos et[e]rnamente. Te bendecimos nosotros que hemos sido sepa[ra]dos de acuerdo con cada uno como perfectos (*téleios*). Perfectos por ti; llega[dos] a ser perfectos unidos a ti, el que es completo, el que da la plenitud, tú que eres perfecto mediante todos ellos, el que es semejante en todo lugar. El Triple Varón,

10   eres erguido, fuiste el primer | erguido, te has dado en todo lugar[19].
Persistes en ser uno. Y has salvado a los que has querido; pero quieres que se salven todos los que son dignos. ¡Eres perfecto! ¡Eres perfecto! ¡Eres perfecto!

«La primera estela de Set».

LA SEGUNDA ESTELA DE SET

Himno a Barbeló

20   Grande es el primer eón, ¡Barbeló, Virgen masculina!, ¡Gloria primera del Padre invisible, al que se llama perfecto![20].

Tú has visto al comienzo que el que realmente preexiste carece de esencia (*-ousía*), y que desde él y por él has preexistido |

30   eternamente. Inesencial proveni[ente] del Uno, indivisible triple [po]der, eres triple poder, ere[s una] mónada (*monás*) grande proveniente de [una m]ónada pur[a][21]. 122 Eres una m[ó]nada elegida, ¡Sombr[a] primera d[e]l Padre Sa[n]to, Lu[z] proveniente de Luz, te bendecimos, Generadora perfe[ct]a, Productora de eones![22]. Tú has v[is]to a los que son eternos, puesto que provienen de una sombra. Y te has hecho múltiple. Y, por una parte, te

10   has encontrado persistiendo | como una, por otra, haciéndote

---

19.   Concluye el himno a Adamas, Intelecto arquetipo y salvador, comienzo y fin, con una bendición recapitulativa, ya que es la acción de gracias de los perfectos en el Hijo.

20.   Final de la primera tableta.

21.   Sobre Barbeló, el Preconocimiento, cf. ApocJn 27,14-28; 28,5-21; PensTr 45,2-8 y 46,24-26 y EugB 73,3-17. El Padre invisible, perfecto, es el Padre en sí mismo (cf. TrTrip 51,8-26). El Padre está más allá de la esencia, por eso carece de ella (sobre ser «*epékeina tes ousías*», ver F. García Bazán, *Plotino*, Mendoza, 1992, 188ss); obsérvese que también Barbeló es «inesencial» (ver 124,26-29), al preceder al Intelecto, como «mónada grande» de una «mónada pura» (cf. Anón. Bruc. 7, p. 236 y 12, p. 240; All 47,34; 48,23-24; 53,31; 55,29-38 y Plotino, En VI 7 [38] 33-36).

22.   El Preconocimiento es «sombra del Padre», o sea, atado a él, como la sombra al cuerpo. Aquí y en 122,7-8; 14; 17; 24-25; 124,2-5 (ver asimismo, All 66,38; ExpVal 35,29; 36,10-16; ApAd 73,21-24) hay acuerdo con la teoría ontológica de la imagen de Plotino (cf. En V 1 [10] 6,52-53; VI 4 [22] 10,12-16), pero aplicada a las emanaciones divinas («luz de luz»). Cuando la teoría se atribuye a las realidades cósmicas (cf. En II 9,8,16ss; V 8 [31] 12 al final y VI 4 [22] 10 ya contra los gnósticos), se denuncia el error (cf. TrTrip 104,13-16 y n. 65).

múltiple por división eres doble triplemente. Eres doble, en verdad, tres veces. Ciertamente eres unidad del Uno y provienes de una sombra que le pertenece. Eres un Oculto, eres un mundo (*kósmos*) inteligible, sabiendo que los del Uno han provenido de una sombra y te llevan en su corazón. Por ellos has dado poder a los que son eternos | en la esencialidad; has dado poder a la 20 divinidad en la Vitalidad; has dado poder a la intelección en la Bondad (*agathós*); en la felicidad, has dado poder a las sombras emanadas del Uno. Has dado poder a uno en la intelección, has dado poder al otro en una creación. Has dado poder a lo que es igual y a lo que es desigual. A lo | que es semejante y a lo que es 30 desemejante. Has dado poder en [un] género y formas (*eîdos*) en el [que] es hasta en otros [...] [...] y un géne[ro][23]. Les has dado poderes. 123 Éste es el Oculto aquél en el corazón. Y [han sa]lido hacia ellos y [me]dian[t]e ellos te dispensas en e[llos] y llegas a ser un Pri[mer]manifestado (*protophanés*), Gran [Int]electo masculino. El Dios Padre, el Dios Hi[j]o. El generador del número, según división de todos los que realmente son. | Has revelado a 10 todos una palabra y los mantienes a todos de manera no procreativa y eternamente indestructible[24]. Gracias a ti ha venido hasta nosotros la salvación. De ti proviene la salvación. Eres Sabiduría de conocimiento. Eres la Verdad. Gracias a ti es la Vida. De ti proviene la Vida. | Gracias a ti hay Intelecto. De ti proviene el Intelecto. Eres Intelecto, eres un mundo de la Verdad. Eres 20 potencia triple, tú que eres doble triplemente, verdaderamente, eres doble tres veces. El eón de los eones, eres sólo la que ve pura-

---

23. Barbeló es el seno paterno no manifiesto (*kalyptós*) (cf. Anón. Bruc. 18, p. 263; 15, p. 254), posibilidad de manifestación del Intelecto, como dualidad andrógina (ver PensTr 45,2-11; Anón. Bruc. 2, p. 228). Implica tres poderes (*tridýnamis*: cf. 121,31-32; All, *passim*; Anón. Bruc. 1, p. 226, etc.) que estabilizan al orden inteligible (lo que siempre es como *ser*, lo que mantiene la composición como vida, lo que siempre se muestra como *conocimiento*); desde ellos se desarrollan los géneros del ser (*gpo/génos*): idéntico y diferente, semejante y desemejante (cf. Platón, *Parménides* 137C ss), que ordenan a las ideas. Ese poder llega también al mundo sensible en el que las semillas de lo desemejante aguardan su desarrollo. La ordenación gnóstica del Intelecto, contestando al platonismo, funde lo desemejante con lo semejante pleromático, el parentesco recíproco de los eones, y mantiene en el reposo sólo lo idéntico y lo diferente, principios de distinción individual, en los que opera la unidad trina dando estabilidad al número (ver 123,8) e impidiendo la dispersión. Estas ideas no contradicen al Zos y al All, sino que desarrollan lo implícito en ellos. El autor maneja la concepción de la Posibilidad o Potencia Universal distinguiéndola de la plotiniana (cf. García Bazán, *Plotino*, 239ss).

24. Barbeló inmanifiesta, es posibilidad de manifestación en cada miembro del Intelecto (cf. PensTr 45,21-25; 47,22-23, etc.) y origen de generación y regeneración, primera manifestación y tríada reunida, Padre, Hijo y Madre, fuente de la distinción inmortal.

mente a los primeros que son eternos y a los no procreados, pero
30 las primeras divisiones son según | el modo como eres dividida.
Reúnenos según el modo como has sido reunida. Enséñanos [lo]
que ves. Dan[os] poder para que seamos 124 salvados para la
vida eterna, porque [no]sotr[os, no]sotros somos una sombra
t[uy]a. Según [el modo] como tú eres una somb[ra d]el que e[s]
el preexistente primero. Escúchanos en primer lugar, somos los
que son eternos. Escúchan[os] de acuerdo a como cada uno so-
10 mos perfectos. Tú eres el eón de los eones, la perfección | total
(*pantélios*) reunida[25].
¡Escucha! ¡Escucha! ¡Salva! ¡Salva! ¡Te damos gracias! ¡Te
bendecimos en todo tiempo! ¡Te glorificamos!
«La segunda estela de Set»[26].

LA TERCERA ESTELA (*STÉLE*)

Himno a Barbeló en reposo

¡Regocijémonos! ¡Regocijémonos! ¡Regocijémonos! ¡Hemos
visto! ¡Hemos visto! Hemos visto al que realmente preexiste, al |
20 que realmente es, el que es el preeterno, ¡no procreado!, de ti provienen los que son eternos y los eones, los totalmente perfectos
reunidos y según cada uno perfectos. Te bendecimos. ¡No esencial! ¡Existencia (*hýparxis*) anterior a las existencias! ¡Presencia
30 anterior a las esencias! ¡El padre de | la divinidad y de la Vitali-
dad!, ¡El creador del Intelecto!, ¡Dispensador de bien, dispensador
de felicidad! Te bende-ci[mos] todos, conoced[or], con una bendición, dán[dote glo]ria[27]. Al 125 que, por[qu]e [...] todos. Tú [...]
[...], el que te conoce po[r ti mis]mo. No hay, [en] efecto, nada
que obre anterior a ti. Eres [un Es]píritu único y viviente y [que]
conoce a la Unidad, puesto que esta Unidad que es tuya de
10 ningún modo nos es posible decirla. | Luce, efectivamente, so-
bre nosotros su luz. Mándanos que te veamos para que nos sal-
vemos. Tu conocimiento es nuestra salvación para todos.

25. Se muestra la misma realidad invertida regenerativamente. Cf. Jn 14,6.
26. La bendición conclusiva es ratificatoria del análisis.
27. Esta bendición introductora reconoce en resumen la naturaleza prenoética de
Barbeló triplemente potenciada (ver n. 23 y PensTr 35,1; Mar 4,21-22; Zos 79,6-7; All 61,4-
66,32) y como meta de la elevación ritual (cf. OcNov 57,26-60,3).

¡Manda! Si mandas, estamos salvados. En verdad hemos sido salvados, te hemos visto inteligiblemente. Tú eres todos éstos, al punto que vas, efectivamente, a todos, tú que | no has sido salvado, ni has tenido que ser salvado por ellos[28]. Porque nos has mandado. 20

¡Eres Uno! ¡Eres Uno! de acuerdo con la manera como se dirá de ti que eres Uno, eres un Espíritu único viviente. ¿Cómo te daremos nombre? Nosotros no lo tenemos. Porque tú eres la Existencia de todos ellos. | Eres la Vida de ellos todos. Eres el 30 Intelecto de todos e[llos]. En ti to[dos] [ellos] se regocijan.

126 Tú les has manda[d]o a to[do]s que [se salve]n por tu pala[bra] [...] ell[os] [...] anterior a sí mismo![29] [¡El O]culto! (*Kalyptós*) ¡El Bie[na]venturado Senaón generado desde sí mis[mo! ¡Asi]neu! ¡Mefneu! ¡Optaón! ¡Elemaón, el gran poder! ¡Emuniar!, | ¡Nibareu! ¡Kandeforé! ¡Afredón! ¡Deifaneo!, ¡tú 10 eres para mí Armedón! ¡El generador de poder! ¡Talaneto!, ¡Antiteo! Eres tú el que eres en ti mismo. Tú que eres anterior a ti mismo. Y no hay después de ti nada que obre. ¿Cómo te bendeciremos? No tenemos poder. Pero te damos gracias | como humildes ante ti. Porque nos has mandado, en tanto que somos 20 elegidos para darte gloria, según como nos sea posible. Te bendecimos, porque hemos sido salvados para siempre, dándote gloria. Por esto dámoste gloria para ser salvados por una salvación eterna. Te hemos bendecido, porque nos es | posible. Hemos sido 30 salvados, porque siem[pr]e lo has querido.

¡Esto es lo que hacemos todos!, ¡es lo que [ha]cem[os] todos! [...] no mediante[30] [...].

---

28. La unidad de Barbeló es indecible para los eones separados, pero compartiendo su conocimiento, que es como el Padre se quiere y conoce a sí mismo, se posee la salvación, Espíritu y Luz, como participación de lo más puro (ver Plotino, En V 5 [32] 8 y VI 7 [38] 36). Ella, conservándose igual, no necesita salvación, pero sí el Hijo (cf. TrTrip 124,24-125,5 y n. 92) para que cada eón se conozca como Totalidad en el Todo filial.

29. Los eones reunidos incorporan la Voluntad paterna manifiesta en Barbeló y participan de su poderosa estabilidad trial, así sintonizados profieren el Nombre, indecible de a uno, pero no en la unidad del deseo indeclinable del Uno (ver ns. 7 y 23).

30. El seno oculto paterno expresado por su nombre sacro (*kalyptós* = abreviado KLS) —ver asimismo 122,14 y 123,1— se dice místicamente. Cf. All 54,12-35; Zos 86,13-20.

DESCRIPCIÓN DEL RITUAL DE LOS HIMNOS

El ascenso iniciático

127 [...] [...] [...] [...] el que tiene [...] nosotros y los que [...]
el que los recordará y dará gloria siempre, llegando a ser perfecto
10   entre los perfectos | y los impasibles, lejos de todo asunto, ya qué
bendicen todos ellos individualmente y en conjunto. Y después
de esto permanecerán en silencio.Y de acuerdo con el modo que
les ha sido fijado van ascendiendo. O, después del silencio, van
descendiendo de la tercera, bendicen a la segunda, después, a la
20   primera. | El camino para ascender es el camino para descender.
Sabed, por lo tanto, los vivientes, que habéis alcanzado el fin y
que habéis aprendido vosotros mismos lo que es ilimitado. Ad-
miraos de la verdad que hay en ellos y en esta revelación.
«Las tres estelas de Set»[31].

Bendición final de Dositeo

Este libro pertenece a la paternidad. El Hijo es quien lo ha
30   escrito. | ¡Bendíceme, Padre! Bendígote, Padre, en paz[32]. Amén.

31.   Dositeo describe el modo ritual como la comunidad canta los himnos: se
asciende gradualmente en la iniciación desde Adamas a Barbeló, profundizando en su
seno, hasta lograr estabilidad en el Padre. Experimentado el silencio en el Inefable se
baja desde la culminación de la gnosis «barbelognóstica» a sus virtualidades de generación y salvación, hasta llegar a Adamas, para reanudar el círculo, porque el verdadero
orden, «el camino hacia arriba y hacia abajo es el mismo» (cf. Heráclito, fr. 60 DK, OcNov
56,14-22). Éstas serían las tres hipóstasis, no las plotinianas.
32.   El libro trasmitido por Dositeo (ver n. 1) ha sido escrito por Set y revelado
por Adán/Adamas (cf. ApA 85,12-22), confirmándose en él la identidad de la voluntad
y conocimiento divinos y en aquellos que lo conservan regularmente: «Me bendices-Te
bendigo».

ZOSTRIANO
(NHC VIII 1)

INTRODUCCIÓN*

EL MANUSCRITO

Zostriano forma, junto con la *Carta de Pedro a Felipe* (VIII 2), el Códice VIII de la biblioteca de Nag Hammadi. Es uno de los tratados más extensos de esta biblioteca, si bien el manuscrito se encuentra muy deteriorado, por lo que el estado del texto presenta múltiples lagunas. Está escrito en copto sahídico, aunque son perceptibles influencias del dialecto bohaírico.

Ya las primeras cuatro líneas del manuscrito están muy deterioradas. En la tercera línea aparece, sin embargo, el comienzo del nombre «Zostriano»; la reaparición de este apelativo otras cinco veces a lo largo del texto y su mención en el colofón permiten concluir que el tratado, sea cual fuere su título exacto, está estrechamente conectado con él: Zostriano se muestra, en efecto, como su autor y personaje principal. Parece, por tanto, conveniente intitular el tratado con este nombre.

ZOSTRIANO Y LA ESCUELA PLOTINIANA

Resulta plausible identificar este tratado con el citado por Porfirio (*Vita Pl* 16) como uno de los apocalipsis conocidos por Plotino, y cuya crítica habría encomendado a sus discípulos (según la noticia de Porfirio, Amelio escribió cuarenta libros con objeto de refutar las doctrinas contenidas en *Zostriano*). Si bien el término «apocalipsis» no aparece como tal en el tratado, éste es en efecto un apocalipsis,

* Introducción, traducción y notas de Fernando Bermejo.

277

tanto en su forma como en su contenido: una serie de revelaciones hechas a Zostriano por seres celestes, en torno a la naturaleza de las realidades superiores. Los intereses filosóficos del tratado (en el que se hace corresponder los tres eones de Barbeló —Kalyptós, Protophanés y Autogenés [Oculto, Protoengendrado, Autoengendrado]— con la tríada neoplatónica Existencia, Mente y Vida respectivamente), así como otros detalles, abogan en pro de esa identificación.

CONTENIDO

La obra da comienzo con la descripción de las vicisitudes de la perpleja alma de Zostriano, a quien se le aparecen sucesivamente dos figuras: la del «niño perfecto» y la de un «ángel del conocimiento», acompañado del cual abandona la tierra, emprende la ascensión a través de las regiones celestes y recibe una serie de bautismos. Sigue una serie de cuatro revelaciones a cargo de diversos seres celestes: la de Autrunio (7,22-13,6) trata de la creación del mundo sensible; la de Efesec (13,7-57,12), a quien Zostriano plantea dos series de preguntas, versa en primer lugar sobre los primeros principios, los cuatro luminares, Adán y Set, y los distintos tipos humanos; en un segundo momento, sobre la salvación; la de Youel (57,13-63,17), cuyo contenido es difícil de precisar dado lo fragmentario del texto; y la de Salamex (63,17-128,18). El tratado concluye con el retorno de Zostriano al mundo sensible y un pasaje parenético en el que se exhorta a los elegidos —la «raza santa de Set»— a escapar de las ataduras del mundo sensible y a aspirar a las realidades superiores de donde su espíritu procede (130,5-132,5).

PROCEDENCIA. FECHA DE COMPOSICIÓN

Es una cuestión disputada la de la procedencia pagana o cristiana de la obra. Mientras algunos estudiosos (Sieber, Koschorke) la consideran un ejemplo de gnosticismo pagano, otros (como Abramowski o Pétrement) subrayan la presencia en ella de ideas y vocabulario típicamente cristianos. Una vez más, el carácter en exceso fragmentario del tratado deja abierto un amplio margen de indeterminación.

Zostriano presenta semejanzas en su contenido con otros tratados de la biblioteca de Nag Hammadi, especialmente *Apócrifo de Juan* (II 1), *Evangelio de los Egipcios* (III 2), *Allógenes* (XI 3), *Apocalipsis de Adán* (V 5) y *Las tres estelas de Set* (VII 5), que

278

parecen formar parte de una tradición gnóstica común, a saber, la que ha sido denominada «escuela setiana» (cf. Introducción general). Dado el carácter fragmentario del tratado, estas similitudes resultan especialmente significativas para su comprensión.

Cabe datar el texto griego —presumiblemente el original— de *Zostriano* entre finales del siglo II y mediados del III d.C. Si la identificación con el escrito citado por Porfirio es correcta, se tendría como *terminus ad quem* el año 270, fecha de la muerte de Plotino.

La traducción está basada en la transcripción del texto copto realizada por J. Sieber.

BIBLIOGRAFÍA

Sieber, J., *Nag Hammadi Codices VIII* (Nag Hammadi Studies), Brill, Leiden, 1988.

Sieber, J., «An Introduction to the Tractate Zostrianos from Nag Hammadi»: *NTS* 15 (1973), 232-240.

ZOSTRIANO

VIII 1,1-132,9

Introducción

1 [...] de las palabras [...] vive para siem[pre] estas cosas yo [...] Zostriano [...][1] y Yolao, cuando yo estaba en el mundo para aquellos que son mis coetáneos y para los que vendrán después de mí, los elegidos vivientes. ¡Por el Dios viviente! [...] la esencia de la verdad con conocimiento y luz | eterna.   10

Zostriano, maestro gnóstico

Cuando me separé de la tiniebla corporal que había en mí, no volví a a hacer uso del caos psíquico en el intelecto (*noûs*) y del deseo femenino [...] que está en la tiniebla. Descubrí lo infinito en mi materia; y rechacé la creación muerta que había en mí, y al cosmocrátor (creador) divino de lo sensible. Prediqué | con   20
vigor acerca del Todo a aquellos que poseen una parte (*merikón*) ajena[2]. Aun siguiendo sus obras durante un pequeño lapso de tiempo, del mismo modo que la necesidad del nacimiento me trajo al mundo de la apariencia, jamás me deleité en ellas; por el contrario, siempre me aparté de ellas, por proceder yo de una [pro]genie santa. Y, siendo esa progenie mezclada, | elevé mi   30
alma inmaculada y fortalecí 2 lo intelectivo (*noerón*) y yo [...] de

---

1. Una reconstrucción posible de este deteriorado comienzo es: «El libro glorioso de las palabras de aquel que vive para siempre, que yo —Zostriano— escribí».

2. La imagen de la «extrañeza» del *Sí mismo (selbst)* con respecto al mundo es una de las preferidas por los pensadores gnósticos, y la que mejor expresa el destino metafísico de una luz exiliada de la Luz.

mi Dios [...] poder en un espíritu santo que es más elevado que dios[3]; y él [...] únicamente sobre mí al levantarme, y vi al niño
10 perfecto[4] [...] | Y con el que [...] muchas veces y de muchos modos se me reveló en forma de un padre amoroso, mientras yo buscaba al padre masculino de todos ellos, los que están en el Pensamiento (*Énnoia*) y la sensación en forma, género, parte (*méros*), y un Todo, y aquel que contiene y que es contenido, y
20 un cuerpo y un incorporal, | una esencia y una materia, y todo lo que les corresponde. Y la Existencia está mezclada con ellos y con el Dios de este Oculto ingénito[5], y con el poder que está en todos ellos. Y respecto a la Existencia, ¿cómo es que los existentes, procedentes del eón de los existentes, provenientes de un Espíritu invisible[6], indiviso y Autoengendrado[7], siendo tres imágenes
30 ingénitas, tienen | un principio que es mejor que la Existencia? Y ellos preexisten a todos estos, pero han devenido, convirtiéndose en el mundo. ¿Cómo los que se le oponen y todos estos 3 [...]? ¿Cuál es el lugar de aquél? ¿Cuál es su principio? ¿De qué manera el que procede de él le pertenece a él y a todos ellos? ¿Cómo llega a ser simple (*haploûn*), al tiempo que difiere de sí mismo?
10 Existe como existencia, forma y | beatitud, y dando fortaleza vive en la vida. ¿De qué manera la existencia que no existe se manifestó en un poder existente?[8].

Estas cosas las sopesaba yo para comprenderlas, y las presentaba diariamente, según la costumbre de mi linaje, al Dios de mis padres[9]. Yo pronunciaba la alabanza de todos ellos. Pues mis antepasados y mis padres buscaron y encontraron[10].

Por lo que a mí respecta, no dejé de buscar un lugar de repo-

---

3. Es decir, más elevado que el dios que creó el mundo sensible. Esta elevación del «Dios detrás de dios» se produce con mucha frecuencia en los textos gnósticos, y es uno de sus rasgos más característicos; cf., por ejemplo, ApAd 64,16-19; All 46,18-20.

4. Es frecuente en textos gnósticos que el revelador o el salvador se manifieste bajo la apariencia de un niño; cf. *infra* 13,6; Elen VI 42, 2; All 59,15; ApocJn 2,1ss; ApPab 18,6ss.

5. Oculto = *Kalyptós*. Es el nivel más alto del triple eón Barbeló. Su nombre —«oculto»— podría derivar de la concepción del primer Límite que separa al Abismo (Espíritu Invisible) del ámbito eónico; cf. Adv. Haer. I 11,1; ExpVa 27,34-8.

6. La denominación «Espíritu invisible» para designar al Primer Principio es típicamente gnóstica, y se halla únicamente en los textos coptos.

7. Para la significación de Autoengendrado (*Autogenés*), cf. n. 9 al *Apócrifo de Juan*.

8. En estas líneas se plantea uno de los tópicos de la filosofía postplatónica: el del estatuto metaóntico, más allá del ser, del Primer Principio, así como el problema del tránsito desde este principio a las cosas de las que cabe predicar que «son».

9. «Dios de mis padres», expresión de claro sabor judío: Jdt 10,8; Dn 2,23; Sb 9,1; entre los apócrifos veterotestamentarios, JyA 8, 10.

10. Mt 7,7; Lc 11,9.

so[11] que fuese digno de mi espíritu, no habiendo sido yo ligado todavía al mundo sensible. Y entonces, estando yo enormemente afligido y triste a causa del desánimo que me rondaba, tuve la audacia (*tolmân*) de emprender algo y de entregarme a las fieras del desierto con vistas a un final atroz.

El ángel del conocimiento

Se irguió ante mí el ángel del conocimiento de | la luz eterna, 30
y me dijo: «Zostriano, ¿por qué actúas insensatamente, como si no conocieras las eternas grandezas 4 de arriba? [...] aquellos que conoces, para que salves a algunos otros que el Padre de los sublimes elegirá? ¿Piensas, además, que eres tú el padre de tu linaje | o 10
que Yolao es tu padre, un [...] ángel de Dios [...] a ti a través de hombres santos? Ven y cruza por cada uno de éstos, a los que volverás de nuevo para predicar a un linaje viviente, para salvar a los que son dignos y para fortalecer a los elegidos[12], pues grande es el combate del eón, y escaso el tiempo de | este lugar». 20

Ascensión de Zostriano

Cuando me hubo dicho todo esto, con gran celeridad y gozo subí con él a una gran nube luminosa. Abandoné mi figura (*plásma*) sobre la tierra para que fuera custodiada por glorias. Y fuimos sustraídos, salvos, del mundo entero, y los trece eones que hay en él y | sus seres angélicos no nos vieron, y su arconte 30
se vio trastornado a nuestro paso[13]. Pues la nube luminosa 5 [...] es superior a todo ser mundano: al ser inefable su belleza, ilumina; al poseer poder, guía a espíritus puros; al ser un espíritu salvador y una palabra intelectiva, no como aquellos que habitan en el mundo [...] de materia mutable | y palabra que induce a 10
confusión. Y entonces supe que el poder que había en mí se hallaba sobre la tiniebla, por poseer toda la luz.

---

11. «Reposo» (copto *mton*), término técnico en el gnosticismo para designar el estado definitivo del perfecto gnóstico tras la muerte (griego *anápausis*).
12. Que la enseñanza ha de ser transmitida sólo a un grupo escogido de dignos es un tópico en los escritos gnósticos: ApSant 1,17-25; All 52,15-28.
13. La descripción de estas psicanodias —viajes de ascenso realizados por las almas— es muy frecuente en los textos gnósticos, según un esquema que se encuentra ampliamente ilustrado en el *Poimandres* (C.H. I 25); pero a diferencia de los poderes planetarios de los textos herméticos, los arcontes son concebidos como controladores implacables, a los que es necesario sortear; cf. Adv. Haer. I 21,5; EvV 20,30-38; ApPab 23,1-24,1; 1ApSant 32,23-34,20.

Serie de bautismos

Fui bautizado en aquel lugar, y recibí la imagen de las glorias que había en aquel lugar[14]. Me convertí en uno de ellos; abandoné la tierra etérea[15] y atravesé los trasuntos (*antítypos*) de los 20 eones[16], habiéndome sumergido | allí siete veces en agua viva, una vez por cada uno de los eones. No cesé hasta haber visto una vez todas las aguas, y ascendí a la morada de allende (*paroíkesis*) realmente existente. Recibí el bautismo y [...] mundo. Ascendí al arrepentimiento (*metánoia*) realmente existente, y allí fui bautizado cuatro veces[17]. Atravesé el 6 sexto eón [...] Subí a los [...] Permanecí allí tras haber visto una luz de la verdad, realmente existente, originada en una raíz —ésta sí Autoengendrado— y grandes ángeles y glorias [...]. Y fui bautizado en nombre del divino Autoengendrado a manos de aquellos poderes que están 10 sobre | aguas vivas, Micar y Miqueo. Y fui purificado por el gran Barfaranges[18]. Y se me revelaron y me inscribieron en la gloria[19]. Fui sellado por aquellos que están sobre estos poderes: Micar, Miqueo, Seldao, Eleno y Zogenetlo. Y me convertí en un ángel 20 que ve la raíz, y permanecí sobre el primer eón, | o sea el cuarto, con las almas[20]. Alabé al divino Autoengendrado y al protopadre Pigeradamas[21] [...] el Autoengendrado, el Hombre Primordial perfecto y Set Emmachá, Set, el hijo de Adamas[22] [...] El linaje

14. Los bautismos enumerados desde 5,14 hasta 7,22 podrían reflejar los bautismos rituales del grupo gnóstico en cuyo seno fue compuesto el tratado.
15. Esta «tierra etérea» representa el nivel inferior del mundo celeste; cf. *infra* 9,2-6.
16. Para el tema de los paradigmas y antitipos cf., por ejemplo, *Epístola Dogmática valentiniana* 6,2.
17. *Antítypos, paroíkesis* y *metánoia* son vocablos citados en conjunto por Plotino en su crítica de los gnósticos: En II 9,6, 1-6. Son términos bíblicos: *paroíkesis*, Gn 28,4; 36,7 (el NT prefiere *paroikía*: Hch 13,17; 1P 1,17); *antítypos*, Hb 9,24; 1P 3,21; *metánoia*, Mc 1,4; Hch 13,24; Rm 2,4; Hb 6,1; etc.
18. Cf. EvE 64,15-20; PensTr 48,18-21; ApAd 84,5-6.
19. La inscripción del nombre en un libro celeste, preexistente —denominado a veces «Libro de la vida»— es una señal de salvación; cf. Sal 39,8; 138,16; Ap 17,8; EvV 19,34-20,3.
20. El eón del que se habla es el primero en la perspectiva del sujeto que asciende (sea física o espiritualmente), pero el último —el cuarto— en términos absolutos; representado gráficamente:

4 (1)
3 (2)
2 (3)
1 (4).

21. Cf. EvE 61,10.
22. Set, hijo de Adán (Gn 5,3) ocupa una posición privilegiada en las reflexiones teológicas de ciertos grupos del judaísmo intertestamentario, tanto del palestino como

inconmovible[23] y los cuatro luminares [...] | y Mirotea la madre   30
[...] y Profania [...] de las luces y De[...] 7 [...] Y fui bautizado
por segunda vez en nombre del divino Autoengendrado a manos
de estos mismos poderes. Me convertí en un ángel del linaje masculino; y permanecí sobre el segundo eón, o sea el tercero, con los
hijos de Set; alabé a cada uno de ellos y | fui bautizado por   10
tercera vez en nombre del divino Autoengendrado a manos de
cada uno de estos poderes. Me convertí en un ángel santo, y
permanecí sobre el tercer eón, o sea el segundo; alabé a cada uno
de ellos y fui bautizado por cuarta vez a manos de cada uno de
estos poderes. Me convertí en un ángel perfecto, y | permanecí   20
sobre el cuarto eón, o sea el primero; y alabé a cada uno de ellos.

Revelaciones de Autrunio

Entonces busqué [...] | a ellos de otro modo en los mensajes   30
8 de los hombr[es]; ¿y acaso son éstos sus poderes? ¿O éstos son
sus nombres, que difieren unos de otros? ¿Y es que hay almas que
difieren de almas? ¿Y por qué los hombres difieren unos de otros?
¿En qué y en qué medida son, por cierto, humanos?». Y el gran
dominador de lo alto, Autrunio, me dijo: «¿Buscas acaso aque-
llos (lugares) | que has atravesado? Respecto a esta tierra etérea   10
¿por qué tiene una figura mundana? Respecto a los trasuntos de
los eones, ¿cuántos hay? ¿Por qué no padecen? Respecto a la
morada de allende y al arrepentimiento, y respecto a la creación
de [...] y el mundo que [...] espíritu invisible [...].

Creación del universo

9 El gran dominador de lo alto, Autrunio, me dijo: «La tierra
etérea se produjo a través de una palabra[24]. Mas a los concebidos
y los corruptibles (él) los revela mediante la incorrupción. Respecto a la venida de los grandes jueces: tiene lugar para no pro-
bar la sensación y no ser encerrados en la creación. Pero cuando
vinieron | a este (mundo) y vieron, a través de aquella (palabra),   10
las obras del mundo, condenaron a su aronte a la destrucción,
por ser una figura del mundo, un [...] y principio de la materia

del de la diáspora (cf., por ejemplo, Filón, *De post.* 42); la figura del Set gnóstico,
convertido en padre de la raza espiritual —la «raza inconmovible» o «raza carente de
rey»—, hunde sus raíces en este medio; cf. HipA 97,4.
23. ApocJn 2,25ss; 25,23; 29,10; 31,30. El «linaje inconmovible» corresponde a
la «raza carente de rey» de otros textos (cf., por ejemplo, Elen V 8,2; ApAd 82,19-20).
24. La creación mediante la palabra es un motivo típico del pensamiento judío; cf.
Gn 1,3ss.

que nace de la tiniebla corrupta [...] Cuando la Sabiduría los
20 miró, produjo la tiniebla[25] [...] un modelo | [...] de la esencia [...]
forma [...] imagen [...] el Todo [...] oscuridad [...] eón de la
30 creación para | ver a uno de los seres eternos. 10 Él vio un reflejo,
y por el reflejo que vio en él creó el mundo. Mediante un reflejo
de un reflejo obró, produciendo el mundo. Y también el reflejo
de lo manifiesto fue tomado de él.

Arrepentimiento de Sabiduría

«Por su parte, a la Sabiduría le fue concedido un lugar de
10 reposo a consecuencia de su arrepentimiento[26]. Por | ello, no ha-
biendo en ella primer reflejo puro, nada preexistente en él o que
hubiera ya venido a ser por él, él usó su imaginación y produjo
los tiempos restantes, pues la imagen de Sabiduría, al estar co-
rrompida, tiene el rostro impostor. Pero el arconte [...] hizo un
cuerpo [...] 11 revelando él la destrucción del mundo mediante
una inmutabilidad.

Los trasuntos (antitipos) de los eones

«Es así como existen los trasuntos de los eones; ellos, empero, no obtuvieron una configuración de un único poder. Tienen
algunas glorias eternas y habitan en los tribunales no sólo de
uno, sino de cada uno de los poderes.
10   «Cuando las almas | son iluminadas por la luz que habita en
ellos y por la figura que a menudo viene a ser en ellos sin sufrimiento [...] de arrepentimiento. Algunas almas, 12 según el poder que tienen en ellas, así permanecen [...] son ejercitadas por
los trasuntos que reciben una figura de sus almas mientras aún se
hallan en el mundo. Después de la salida sucesiva de los eones,
10 vienen a ser y atraviesan | sucesivamente desde el trasunto de la
morada de allende a la morada de allende realmente existente;
del trasunto de arrepentimiento al arrepentimiento realmente
existente, y del trasunto del Autoengendrado al Autoengendrado
realmente existente, y así lo demás [...]».
13 Alabé al Dios que está sobre los grandes eones y al Oculto
no nacido, y al gran varón Protomanifestado[27], al niño perfecto

---

25. La construcción copta (*taouepekake*) es gramaticalmente equívoca; podría significar también «envió (o arrojó) a la tiniebla». Me inclino por la traducción de Sieber.
26. Cf. Adv. Haer. I 2,6. Esta secuencia de arrepentimiento y obtención del
reposo afecta en otros textos a Sabaot; cf. OgM 104,26ss (véase Introducción general,
p. 64).
27. Segundo estrato del eón Barbeló.

que es superior a dios y su ojo, Pigeradamas[28]. E invoqué al niño del niño, Efesec.

Revelaciones de Efesec

Él se irguió ante mí y dijo: | «El ángel de dios es el hijo del 10 padre, yo soy el hombre perfecto. ¿Por qué me invocas y buscas a aquellos que conoces, como si no les conocieras?». Por mi parte, dije: «Busqué la mezcla [...]»[29] 14 diciendo:

Barbeló, la fuente de los tres eones primordiales

«Zostriano, escucha estas cosas [...] pues tres son los primeros [...] principios: Ellos aparecieron, provenientes de un único principio [...] el eón Barbeló[30], no como ciertos principios y poderes, ni como provenientes de un principio y un poder. Ellos han revelado | todo principio y fortalecieron todo poder, y pro- 10 ceden de lo que es superior a ellos, es decir, la existencia, la beatitud y la vida [...] 15 Y un agua de cada uno de ellos [...] son aguas perfectas. El agua de la vida perteneciente a la vitalidad, aquella en la que ahora has sido bautizado en el Autoengendrado. El agua de la beatitud perteneciente al conocimiento, aquella en la que serás bautizado en el Protomanifestado. | El agua de la 10 existencia perteneciente a la divinidad, es decir, al Oculto[31]. Y el agua de la vida existe según un poder; la perteneciente a la beatitud según una esencia; la perteneciente a la divinidad según una existencia. Pues todos estos [...] 16 existencia [...] no sólo habitaba en un pensamiento, sino [...] que él es el que existe de este modo; él colocó un [...] sobre el existente para que lo que es no sea indefinido e informe, sino que los que eran una realidad reciente lo atravesaran[32] para poder existir como algo (concreto) [...] 17 Y el poder existe con la esencia y la existencia del ser, existiendo el agua[33]. El nombre en que es bautizado es una pala-

---

28. Ojo de Dios, antiguo motivo egipcio. Cf. Mel 6,6.

29. El texto subsiguiente, muy corrupto, parece ser la repetición de 8,1-7. Tal reiteración podría tener una función litúrgica o didáctica.

30. Para la significación de este nombre, cf. n. 10 al ApocJn.

31. Para la tríada Vida-Conocimiento-Existencia, cf. EsSt 125,28-32; All 49,26-38; 59,9-60,12; En VI 6,8,17-22.

32. Cf. All 49,2; OgM 100,12ss.

33. El agua representa el elemento material o substrato que tiene necesidad aún de ser determinado; el acto de determinación trascendental es descrito en el texto mediante la metáfora del bautismo (15,4-17). Es de este modo como lo que existe deja de ser informe y adquiere verdadera realidad (cf. 61,10; 14). El equivalente plotiniano de todo esto hay que buscarlo en el tema de la fase proódica, en la cual lo que procede no

bra del agua. Pues la primer agua perfecta del Autoengendrado tripotente es vida de las almas perfectas; pues es una palabra del
10 | Dios perfecto que da la existencia [...] pues es una fuente[34] de todos éstos el Espíritu invisible. Así pues, los restantes provienen del conocimiento, siendo imágenes suyas [...] 18 existe realmente, aquel que lo delimita, y los que se aproximan al agua de acuerdo con su único poder y la imagen del orden. Y el Protomanifestado, el gran intelecto varón, invisible y perfecto, tiene su
10 propia agua, como lo verás si llegas a su lugar. | Así también es el Oculto ingénito. De acuerdo con cada uno existe un particular (merikón) y una primera forma, para que así sean perfectos. Pues los eones pertenecientes al Autoengendrado son cuatro perfectos. Los individuos de los omniperfectos [...] existen [...] individuos perfectos[35] [...].

El eón autoengendrado

19 [...] «Aquellos que existen según una forma, un género, un todo y una diferencia particular. También así es la vía de ascenso, que es más que perfecta, y Oculto. El divino Autoengendrado es el arconte principal de sus eones y ángeles, que son como sus partes.
10 Pues los | que individualmente son cuatro están en él, y también pertenecen simultáneamente al quinto eón, y el quinto existe en unidad. El cuarto es en parte el quinto [...] son perfectos individualmente por tener un [...] intelecto masculino [...] 20 [...] Partes vivientes y perfectas. El todo y el linaje omniperfecto, y el que es más que perfecto y bienaventurado.

«El Oculto, que se ha engendrado a sí mismo, siendo un principio preexistente del divino Autoengendrado y primer padre, es
10 causa del Protomanifestado, padre | de aquellos que son partes suyas. Siendo un padre divino es preconocido, y ellos no lo conocían. Pues es un poder y un padre de sí mismo. Por ello es un no-padre. El triple poder invisible, el primer pensamiento de to-
20 dos estos, el Espíritu invisible [...] | Esencia [...] existencia [...] vida [...] 21 por todos ellos en una multitud de lugares. [Ellos] están en cada lugar que él desea y quiere, aun no estando en un lugar concreto[36]. Y ellos contienen espíritu, porque son incorpóreos

---

subsiste todavía, por lo que le es menester la fase epistrófica.
34. «Fuente» (pegé), metáfora usual para designar el origen: Jn 4,14; En III 8,10,5; All 48,20-21; TrTrip 66,18; Filón, Vita Mos. I 84.
35. Referencias a los «individuos perfectos» en All 45,6-9; EsSt 124,8; cf. n. 1 a All.
36. A la simultánea ubicuidad y atopía de las realidades incorpóreas se refiere a menudo también Plotino: En III 9,4; VI 4,3,17-19; cf. All 57,17-23.

y aun más que | incorpóreos. Indivisos son, y pensamientos vi- 10
vientes. Y un poder de la verdad con aquellos que son más puros
que éstos. Ellos existen respecto a éste siendo más puros; y no
son como los cuerpos, que existen en un solo lugar. Ciertamente
tienen necesidad o en relación a todo, o en relación a una parte.
Por tanto, la vía de | ascenso [...] 22 lo parcial de los eones. Y 20
dijo: «¿Cómo, pues, puede recibir una figura eterna? El intelecto
universal participa, al perfeccionarse el agua del Autoengendrado. Cuando uno lo conoce y conoce a todos estos, entonces es el
agua del | Protomanifestado. Cuando uno se une con él y con 10
todos éstos, entonces es lo que pertenece a Oculto. Esta imagen
también existe en los eones, para comprenderlos individualmente, y las partes son [...] Aquellos del Todo donde hay conocimiento. Y a aquel que es conocido lo segregaron, y tienen entre sí
| comunión. El Todo y todos éstos [...] lavar en el Autoengen- 20
drado [...] 23 él se le revela, es decir, al saber uno cómo existe
para él. Y él tiene comunión con los suyos, él se bautizó en el
bautismo del Protomanifestado. Si conoce el principio de éstos,
a saber, cómo todos surgen de un único principio, y cómo | to- 10
dos éstos, estando unidos, se dividen, y cómo los que están separados se unen de nuevo, y cómo las partes [se unen con] los todos, y las especies con los géneros, cuando uno comprende esto,
se ha lavado en el bautismo de Oculto, y en cada uno de los
lugares, tiene una porción de | los [seres] eternos y asciende [...] 20
puro y simple siempre [...] siendo puro simplemente, él es completado [...] en una existencia [...] y un Espíritu santo. 24 Nada
suyo hay fuera de él. Con un alma perfecta, ve a los pertenecientes al Autoengendrado; con su intelecto, al triple varón; con un
Espíritu santo, a los pertenecientes al Protomanifestado. Es instruido acerca de Oculto a través de los poderes del Espíritu del
que vienen, en una revelación mejor del Espíritu invisible; | y por 10
el pensamiento que existe ahora en silencio, y por el primer pensamiento, [es instruido] acerca del espíritu invisible tripotente[37],
al ser una escucha y un poder silencioso purificado en un Espíritu vivificado, perfecto [...] y omniperfecto. Existen, pues, glorias, que están fijadas sobre estos vivific[adores], los cuales reci-
bieron | el bautismo en verdad y conocimiento. 20
    «Y aquellos que son dignos son preservados, mientras que los
que no proceden de este linaje [...] y van [...] | Pero si uno se 30
despoja del mundo 25 y descuida el conocimiento, es uno que no
posee morada ni poder; y, al seguir las obras ajenas, él es un

---

37. Paralelos de la designación «Tripotente» (copto shmtchom, griego tridýnamos)
en All 45,13; EsSt 121,32; Mar 7,17-8.

289

morador [...]. Pero el que no cometió pecado alguno, por bastar-
le el conocimiento, no se acongoja cuando se arrepiente. Pues
10   hay bautismos destinados | para éstos al respecto.
     «En lo referente a la vía conducente a los (pertenecientes al)
Autoengendrado, aquel en que ahora has sido bautizado cada
vez, esa vía es digna de ver para los individuos perfectos: al proceder de los poderes de los (del) Autoengendrado, es un conocimiento del Todo que obtendrás cuando atravieses los eones
20   omniperfectos; cuando recibas el tercer | bautismo [...] escucha-
rás [...] realmente el lugar [...]. En lo referente a estos nombres,
son [...]. 26 Éste es un nombre que existe realmente [...] en ella. Y
los que existen en salvación [...] él se parece. Y su semejanza en el
linaje, en lo que es suyo. Él ve, comprende, entra en él y recibe su
semejanza. Hablar y escuchar sonidos (sí pueden), pero (de en-
10   tender) | lo que escuchan son incapaces, al ser perceptibles y cor-
póreos. Por tanto, así como ellos pueden acogerlos, así los acogen; y él es un reflejo, estando abrumado de este modo, por
provenir de la sensación y una palabra mejor que la naturaleza
material, pero inferior a la esencia intelectual.

Clasificación de las almas

20   «No te sorprendas de la diferencia | entre las almas, al pensar
que son distintas y que no se parecen [...] 27 sus almas existen
[...] sus cuerpos. Por su parte, aquellos que son totalmente puros, tienen cuatro especies, mientras que aquellos que están en el
tiempo son nueve. Cada uno de ellos tiene su especie y sus maneras, y sus imágenes difieren, al estar divididos, y ellos permane-
10   cen. Y otras almas inmortales | confraternizan con todas estas
almas a causa de la Sabiduría que miró hacia abajo[38].
     «Porque hay tres especies de almas inmortales: por una parte,
aquellas que recibieron su raíz sobre la morada de allende, por no
tener poder para engendrar, poder que tienen sólo los que siguen
20   las obras de (los) otros. Respecto al que es una | sola especie [...].
Por otra parte, aquellos que se hallan sobre el arrepentimiento
[...] pecado, siendo suficiente [...] conocimiento [...] siendo nuevo [...] diferencia [...] ellos pecaron con los otros [...] 28 Se arrepintieron con los otros [...] de ellos solos [...] pues [...] hay especies que existen [...] con aquellos que cometieron todos los
pecados y se arrepintieron. O son partes, o ellos desearon por sí
solos. Por ello, también sus eones son seis, según el lugar que les

---

38.   Cf. Adv. Haer. I 29,4.

tocó | a cada uno de ellos. Y la tercera (especie) es la de las almas   10
de los pertenecientes al Autoengendrado, por poseer ellos, por sí
mismos, una palabra de la verdad inefable, existente en conocimiento y poder, y [...] eterno. Ellos tienen cuatro diferencias, así
como también las especies de los ángeles existentes: | aquellos   20
que aman la verdad; aquellos que tienen esperanza; aquellos que
creen[39] y tienen [...] aquellos que [...] y existen [...] ellos existen
[...]. Los del Autoengendrado [...] es el que pertenece a una vida
perfecta [...] el segundo [...] conocimiento [...] el cuarto | es el   30
que pertenece a las almas inmortales.

Los cuatro luminares

29 «De este modo existen los cuatro luminares[40]: Armozel
está establecido sobre el primer eón [...] deseo de Dios [...] de
verdad y una unión del alma; Oroiael, un poderoso vidente de la
verdad, está establecido sobre el segundo; Daveité, una visión del
conocimiento, está establecido sobre el tercero; | Elelet, un ím-   10
petu y una preparación para la verdad, está establecido sobre el
cuarto[41]. Los cuatro existen como expresiones de verdad y conocimiento. Ellos existen, si bien no pertenecen al Protomanifestado,
sino que pertenecen a la madre, un pensamiento de la mente per-
fecta de la luz que permite a las almas inmortales | recibir conoci-   20
miento [...]

30 [...] «Adamas, el hombre perfecto, es un ojo del Autoengendrado, un conocimiento (suyo) que comprende que el divino Autoengendrado es una palabra de la mente perfecta de la verdad. Por
su parte, el hijo de | Adamas, Set, adviene a cada una de las almas,   10
siendo un conocimiento suficiente para éstas. Y por ello la generación viviente se originó en él. Mirotea es [...] el divino Autoengendrado [...] de ella y [...] siendo un pensamiento del intelecto perfecto, a causa de la existencia suya. ¿Qué es? ¿Acaso existía? ¿[...] de
qué modo? | ¿Existe? Por tanto, el divino Autoengendrado es pa-   20
labra y conocimiento, y el conocimiento [...][42].

---

39. La secuencia «amar, esperar, creer» podría ser una alusión a la tríada paulina
«fe, esperanza, caridad» de 1Co 13,13; el texto gnóstico añade a la serie un cuarto verbo,
ilegible en el manuscrito. En el *Evangelio de Felipe* (79,24-33), una obra de procedencia
valentiniana, se menciona el «conocimiento» junto a la fe, la esperanza y la caridad.

40. Paralelos en ApocJn 8,4-21; Adv. Haer. I 29,2; EvE 51,15-20; Mel 6,3-5.
Para una interpretación del significado de los términos que designan a los cuatro
luminares, cf. S. Pétrement, *Le dieu séparé,* Cerf, París, 1984, 531ss.

41. HipA 93,8ss; cf. n. 30 a HipA.

42. Pp. 31 a 41: gran laguna textual, en la que no es posible reconstruir ni una
sola frase completa.

Diferentes clases de personas

42 [...] «vive en el mundo perceptible con el que está muerto [...] obtienen salvación [...] el que está muerto. Pero todos éstos no necesitaron salvación [...] primero, sino que están salvados, aun siendo inferiores. | Y con respecto al tipo humano mortal: su alma, su intelecto y su cuerpo están todos muertos [...] **43** El segundo tipo humano es el alma inmortal, que existe en aquellos que mueren y está apesadumbrada por sí misma; pues entonces emprende la búsqueda de lo que es provechoso en relación a cada uno de ellos, y siente el sufrimiento corporal [...] | un Dios eterno. Ella[43] confraterniza con demonios. Con respecto al tipo humano que existe en la morada de allende: cuando llega a descubrir la verdad en sí mismo, se halla lejos de las obras de otros que viven en maldad y tropiezan. El tipo humano que se arrepiente, | si renuncia a lo que está muerto y anhela lo que existe, el intelecto inmortal y el alma inmortal [...] se apresura tras ellos, primeramente inquiriendo acerca de él, no acerca de la conducta (*prâxis*), sino de las obras [...] **44** El tipo humano que se salva es aquel que se busca a sí mismo y a su intelecto y encuentra ambos. ¡Cuánto poder tiene éste! El tipo humano que se salvó es aquel que no conoció a los que [...] como existen, sino que él mismo está en la palabra de tal modo | que existe [...] recibió [...] en cada lugar, habiéndose convertido en simple y uno; pues entonces este tipo se salva, ya que puede avanzar a través de todos éstos, y se convierte [...] todos éstos; si él lo quiere, de nuevo se separa de todos éstos y, en cambio, | se refugia en sí mismo. Pues éste se torna divino al refugiarse en Dios».

Cuando oí esto, elevé una alabanza al Dios viviente e ingénito que está en la verdad, y al Oculto ingénito, y al Protomanifestado, el Intelecto y varón perfecto, al | niño trimasculino invisible y al divino Autoengendrado.

Extravío y retorno del alma

45 Y dije al niño del niño que estaba conmigo, Efesec: «¿Tiene poder tu sabiduría para instruirme acerca de la dispersión del tipo humano que está salvado, y acerca de quiénes son aquellos que están mezclados con él, y quiénes son aquellos que lo dividen, para que los elegidos vivientes conozcan?». | Entonces el niño del niño, Efesec, me dijo en una revelación: «Si él[44] se refu-

43. El alma.
44. A saber, el tipo humano referido.

gia en sí mismo muchas veces y se aproxima al conocimiento de otros, el intelecto y el principio inmortal comprende. Entonces adolece de una deficiencia, pues se vuelve hacia él, | se separa de 20 él y permanece [...] existe gracias a un ímpetu ajeno. En vez de convertirse en uno, toma así una multitud de formas; y cuando se vuelve, aparece buscando las cosas que no existen. Y cuando las encuentra en la mente, no puede comprenderlas | de otra 30 manera. 46 A menos que sea iluminado, se convierte en naturaleza; de este modo llega al nacimiento a causa de ello, y carece de palabra a causa de los sufrimientos y la infinitud de la materia; aun teniendo un poder eterno e inmortal, está encadenado en el ir y venir del cuerpo; es hecho viviente | y encadenado en todo 10 tiempo con cadenas rigurosas y cortantes, siendo zaherido por toda clase de espíritus malos hasta que actúa de nuevo y de nuevo empieza a estar en él.

Las ayudas para las almas caídas

«Por esto ellos están establecidos en pro de la salvación de éstos, y cada uno de estos poderes habita en el lugar. Y dentro de los del Autoengendrado correspondiente a cada uno de los | eones 20 hay glorias, de tal modo que el que está en el lugar se salve junto a ellas. Las glorias, por su parte, son pensamientos perfectos que viven en los poderes; no son perecederas porque son modelos de la salvación que recibe cada uno de los que se salvan; [cada uno] recibe una figura, y poder de cada uno de estos, y tiene a la gloria en calidad de asistente (*boethós*), | de tal forma que atraviesa el 30 mundo y los eones [...]».

47 «Y éstos son los centinelas del alma inmortal: Gamaliel y Stremsujo, Acramas[45], Loel y Mnesino[46]. Éste es el espíritu inmortal: Ieseo-Mazareo-Iesedeceo[47]. [...] del niño [...]Or, el niño del niño, y [...]. Pero Ormos | es [...] sobre la generación vivien- 10 te, Cam[...]el es el dador de espíritu. Los que están ante ellos son: Seisauel, Audauel y Abrasax; las miríadas Faleris, Falses y Eurio; los centinelas de la gloria Stezeo, Teopemto, Eurumeneo y Olcén; sus asistentes en todo son Ba[...]mos, | [...]son, Eir[...]n, Lala- 20 meo, Eidomeneo y Autrunio; los jueces son: Sumftar, Eucrebo y Queilar; el heredero es Samblo; los ángeles que les conducen a las espesas nubes, Safo y Turo».

45. El grupo Gamaliel-Strempsujo-Agramas aparece en Anón. Bruc. 8.
46. ApAd 84,6.
47. Cf. EvE 66,10-15; ApAd 85,30-31. Según J. Sieber, «Yeseo Mazareo Yesedeceo» podría ser una corrupción del nombre «Jesús Nazareno».

Cuando dijo esto, me instruyó acerca de todos los que están
30 en | los eones del Autoengendrado. 48 Y eran luces, todas ellas
eternas y perfectas en cuanto perfectas individualmente. Y vi,
correspondiente a cada uno de los eones, tierra viviente, agua
viviente, aire luminoso y fuego que no se consume; todos éstos
10 son simples e inmutables, vivientes | simples y eternos que po-
seen un [...] de muchas clases; árboles imperecederos de muchas
clases, también plantas de esta clase, y todos los siguientes: un
fruto imperecedero, hombres vivientes y toda especie, almas in-
20 mortales, toda forma y especie | de intelecto, dioses de verdad,
ángeles que existen en una gran gloria, un cuerpo indestructible,
una concepción no nacida y una percepción inconmovible; y
también estaba el que sufre aun no sufriendo[48], pues era un poder
de un poder. 51 [...][49] y Pleista[50], la madre de los ángeles y el hijo
de Adamas, Se[t], Emmachá Set, el padre de la raza inconmovible y [...] los cuatro luminares: Armozel, Oroiael, Daveité, Elelet.
30 Alabamos según el nombre | [...], vimos a la gloria abarcadora, el
niño tri[...], trimasculino [...] una grandeza, diciendo nosotros:
«Tú eres uno, eres uno, eres uno, oh niño 52 del niño Iato[...] Tú
10 eres uno, eres uno Semelel [...] Telmaje [...] Omotén | [...] Acrón
20 [...] Eres espíritu procedente de espíritu; eres luz procedente | de
luz; eres silencio procedente de silencio; eres pensamiento procedente de pensamiento, oh hijo de Dios, Dios [...]

Quinto bautismo en el Autoengendrado

53 [...] El Prones trimasculino y la que pertenece a todas las
glorias, Youel[51]. [Cuando fui] bautizado por quinta vez en nombre del Autoengendrado por cada uno de estos poderes, me torné
20 divino. | Permanecí sobre el quinto eón, una mezcla de todos
estos. Vi a todos los que pertenecen al Autoengendrado, aquellos
que realmente existen, y fui bautizado cinco 54 veces [...] La que
pertenece a todas las especies [...] masculino, la que controla la
gloria, la madre [...] las glorias, Iouel y los cuatro luminares de la

---

48. Algunos estudiosos, como Schenke, Abramowski o Pétrément, ven en esta
expresión una referencia doceta a Jesús.
49. Las pág[inas 49 y 50 del manuscrito se encuentran en un estado lamentable:
imposible reconstruir ni una sola frase. A partir de la página 51, la parte superior de las
páginas se halla en un estado demasiado fragmentario como para permitir una reconstrucción.
50. Pleista o Plesitea, madre de los ángeles y las luces, procede de Set; cf. EvE
56,4-13.
51. Idéntica caracterización de Youel, como virgen masculina encargada de revelar ciertos misterios al iniciado, en EvE 50,2; All 50,19-20.

gran mente | Protomanifestado, Selmén y los que están cabe él, 20
los dioses reveladores Zajtos, Iajtos, Seteo y Antifantes, Seldao y
Eleno 55 [...] Éstos corresponden a cada uno de los eones: una
tierra viviente, un agua viviente, aire luminoso y fuego resplan-
deciente que no se consume, y vivientes y | árboles; y almas, 20
intelectos, hombres y todos aquellos que existen con ellos;
pero no dioses, potencias o ángeles, pues todos éstos 56 [...] al
Autoengendrado. Y yo recibí una imagen de todos éstos [...] los
eones del Autoengendrado [...] surgió una gran luz [...] de los
eones del trimasculino y ellos les glorificaron. Los cuatro | eones 20
se extendían en el seno de un eón [...] el niño del niño 57 [...]
Yeseo, Mazareo, Yesedeceo [...] cuatro linajes.

Revelaciones de Youel

Y la que pertenece a las glorias masculinas y virginales, Yoel
(sic), vino ante mí. Yo me fijé en las coronas, y ella me dijo: «¿Por
qué se fija tu espíritu en las coronas y los | sellos que están sobre 20
ellas? [...] son las coronas que fortalecen a todo espíritu y alma;
los sellos que están sobre los linajes triples [...] y [...] el espíritu
invisible 58 [...] los que pertenecen al Autoengendrado, al
Protomanifestado y al Oculto. El espíritu invisible es un poder
psíquico e intelectual, un conocedor y un | preconocedor. Y por 20
ello está con Gabriel, el dador de espíritu, para que cuando otor-
gue un espíritu santo, le selle con la corona y lo corone, habiendo
dioses [...] 59 [...] y no estaban en ellos, para que se hicieran
simples, y no pudieran duplicarse de ningún modo. Éstos son
individuos simples y perfectos [...] 60 [...] aquellos a quienes es-
cuches, a través de un pensamiento | de aquellos que son más 20
que perfectos y a los que conocerás en el alma de los perfectos».
Cuando ella hubo dicho esto, me bautizó 61 [...] recibí poder
[...] | recibí forma [...] recibí [...] que está sobre mi [...] recibir un 10
Espíritu santo; me convertí en alguien realmente existente. Entonces ella me hizo entrar en el gran eón, donde está el trimascu-
lino perfecto; y vi al | niño invisible dentro de su luz invisible. 20
Entonces ella me bautizó de nuevo en 62 [...].
La que pertenece a todas las glorias, Yoel, me dijo: «Tú reci-
biste todos los bautismos en que vale la pena ser bautizado, y te
hiciste perfecto [...] la escucha de [...]. Ahora invoca de nuevo a
Salamex y [...]⁵² y al omniperfecto Ar[...], | los luminares del eón 20
Barbeló y el conocimiento inconmensurable. Y los que revelarán
63 [...] virgen Barbeló y el espíritu tripotente invisible».

52. De All 56,24-5 puede deducirse que el nombre aquí ilegible es Selmén (cf. *infra*
63,19-21).

10   Cuando la que pertenece a todas las glorias —a saber, Youel— | hubo dicho esto, me abandonó y se fue, instalándose ante el Protomanifestado. Entonces yo me mantuve sobre mi espíritu, orando intensamente a los grandes luminares con el pensamiento.

Revelaciones de Salamex

20   Invoqué a Salamex y a Se[...]en y a la | [...]e omniperfecta. Y vi glorias mayores que poderes y me ungieron; pude 64 [...]

10 Salamex y aquellos que me revelaron | todo, diciendo: «Zostriano, escucha lo referente a las cosas que estás buscando [...] y uno solo es el que existe antes de todos estos que existen realmente en espíritu inconmensurable e indiviso [...] uno del todo que existe en él y [...] Únicamente él es quien atraviesa [...] 65 [...] Él es más elevado que cualquier inescrutable[53] y da [...] mayor que cualquier cuerpo, más puro que cualquier incorporal, que pene-

20 tra todo | pensamiento y todo cuerpo, por ser más poderoso que todos ellos, que todo género y especie 66 [...] que realmente existe, que es del espíritu que realmente existe, el único [...] pues son poderes de [...] la existencia, la vida y la bienaventuranza. Y en la

20 existencia existe [...] | un origen simple, una palabra suya y una especie. Y aquel que llega a encontrarla existe, y lo hace en la vitalidad, y vive [...] 67 [...] En lo que es suyo, que existe como una forma de una forma, la unicidad de la unidad. Y existe [...] él está en el intelecto; y está dentro de él, no saliendo a lugar algu-

20 no, por ser un espíritu único, | perfecto y simple, un lugar suyo [...] está en él y los todos, y el que [...] existe 68 [...] Bienaventurada es la forma [idea] de la actividad existente; al recibir la existencia, recibe poder [...] una perfección divina para siempre. En-

20 tonces | existe en calidad de perfecto. Por ello existe en calidad de perfecto, siendo indiviso y [poseyendo] su propio ámbito, pues nada hay que exista antes de él, a no ser la unidad perfecta. 73

10 [...][54] Este existe enteramente | en calidad de vida, y conoce en la beatitud; y cuando recibe las glorias, es un perfecto, pero si recibe dos o una, es un ebrio[55] como cuando él lo recibió.

---

53. «Inescrutable» (copto *atnratf*, griego *anexichníastos*), uno de los más significativos epítetos trascendentistas gnósticos; en efecto, pocos vocablos resultan tan pregnantes a la hora de indicar la completa alteridad del primer principio, del que no hay huella (copto *nrat*, griego *íchnos*) en el ámbito de lo sensible. Cf. Adv. Haer. I 2,2; TrTrip 53,1.

54. Las páginas 69-70 no se conservan; las dos siguientes están en blanco en el manuscrito.

55. La ebriedad es una de las imágenes predilectas de los pensadores gnósticos para designar metafóricamente el estado de perdición del alma; por ejemplo, ApSant 3,9-10.

«Por esto, existen aquellos que tienen en sí almas, y aquellos que carecen de alma. | Por esto existen aquellos que se salvarán y aquellos que se corromperán, si ellos no recibieron de él; por esto hay materia y cuerpos, por esto 74 [...] | Según la actividad que es [...] vida y en correspondencia con la perfección que es poder intelectual y una luz. Los tres están juntos, se mueven juntos; en todo lugar y en ningún lugar [...] 75 [...] En la | perfección y el conocimiento, la beatitud, todos éstos existían en la indivisión del Espíritu. El conocimiento [...]. A causa de ella es la divinidad y [...] Y la beatitud y la vida, el conocimiento y la bondad, | y unidad y unicidad. En una palabra, todos éstos son la pureza de la esterilidad [...] 76 [...] Y él existe, siendo uno y simple, siendo beatitud en perfección [...] perfecto y bienav[enturado], al estar ella falta de aquél[56], pues ella estará falta [...] porque él la seguía | con conocimiento. Y un conocimiento suyo habita fuera de él, y habita en él el que se escruta a sí mismo. Un reflejo y un [...] 77 [...] el pleroma [...] que ella no quiso| para sí. Ella [...] a éste fuera de la perfección. Ella dividió, pues es omniperfección de perfección, en tanto que existe como reflexión. Y con respecto a aquél, [ella] es un vástago que le sigue, y la que procede de su poder inefable | tiene un primer poder y la primera esterilidad después de aquél, pues con respecto a todos los restantes un primer eón [...] 78 [...] conocerle, al existir él verdaderamente como un eón [...] | en actividad [...] poder y un [...] ella no comenzó a [...] tiempo, sino que se manifestó eternamente, habiendo aparecido ante él eternamente. Y ella fue oscurecida por la grandeza de su [...]. Ella se irguió | contemplándolo y alegrándose por estar repleta de benignidad [...] 79 [...] | Del indiviso en relación a la existencia, mediante una energía y una perfección intelectual y una vida intelectual que se mueve, que era una beatitud y una divinidad. Y todo el espíritu perfecto, simple e invisible, se convirtió en unicidad | en existencia, actividad y un triple poder simple, un espíritu invisible, una imagen del que existe realmente 80 [...] preexiste, siendo conocido en calidad de tripotente. El espíritu invisible, por cierto, nunca | fue ignorante; conocía, pero existía en perfección y beatitud [...] 81 [...] y ella se hizo ignorante [...] para que no pudiera salir más ni convertirse en algo distante | de la perfección. Ella se conoció a sí misma, y a aquél; se mantuvo en pie, se extendió a causa de aquél. Y puesto que ella procedía del que realmente existe —ella procedía del que real-

56. Entiéndase: «mientras que ella era deficiente respecto a aquel elemento [la simplicidad o esterilidad] del eón perfecto».

20 mente existe—[57] y todos aquéllos, ella se abre y | conoce al que preexiste. Al seguirle, ellos llegaron a ser existiendo —llegaron a ser existiendo— y manifestándose a través de aquellos 82 que preexisten [...] aquel que previamente lo conoce, siendo un espa-

10 cio eterno, habiéndose convertido en su | segundo conocimiento, una vez más el conocimiento de su conocimiento —a saber, el Oculto ingénito—. Y ellos permanecieron sobre el que realmente existe; pues por esto ella lo conocía, para que los que la sigan

20 existan, tengan un lugar y los | que proceden de ella no puedan precederla, sino que devengan simples y santos. Es la comprensión del Dios 83 preexistente [...] salvación [...] luz que era pre-

10 viamente conocida. Fue denominada Barbeló por | el pensamiento, la de triple linaje: masculina, virginal, perfecta. Mas el conocimiento de aquélla a través de la cual llegó a ser para que no [...] hacia abajo y para que no continuase procediendo a través de aquellos que están en ella y de aquellos que la siguen. Por

20 el contrario, ella existe | en simplicidad para poder conocer al Dios preexistente, ya que surgió como algo bueno de aquel que [...] 84 [...] de la realidad que realmente existe [...] la bienaventuranza [...] del Espíritu invisible, el conocimiento de la primera existencia en la simplicidad del Espíritu invisible en la unidad,

20 asemejándose él | en la unicidad pura y [...] 85 [...] el primer Oculto [...] a todos ellos: existencia, actividad, divinidad, género y especie; pero ¿son uno los poderes? ¿Y de qué modo uno, es decir, no como un particular, sino como elementos de un Todo?

20 ¿Qué | es el uno que es unidad? Y a través de la actividad [...] 86 [...] Ella los alabó, diciendo: "Eres grande, Afredón; eres perfecto, Nef[...]"; diciendo a su existencia: "Eres grande, Deifa[...]". Suya

20 es la actividad, la vida y la divinidad. Eres grande, Harmedón; | el que pertenece a todas las glorias, Epif[...]; su bienaventuranza y la

10 perfección de la unicidad [...] 87 [...] | la virgen Barbeló a través de la simplicidad de la beatitud del espíritu invisible tripotente. Aquella que lo conoció se conoció a sí misma. Y aquel que, sien-

10 do uno por doquier, siendo indiviso [...] 88 [...] | Beriteo, Erigenaor, Orimenio, Aramén, Alfleg, Eliliufeo, Lalameo, Noeteo[58], tu nombre es grande [...] fuerte. El que conoce, conoce todas las cosas. Tú eres uno, eres uno, Sius. El [...] Afredón, tú

20 eres el eón de los eones de la | grandeza perfecta[59], el primer Oculto de la [...] actividad [...][60].

57. Ditografía.
58. Una casi idéntica secuencia de nombres aparece en All 54,17ss.
59. Paralelos de estas eulogías en All 54, 11ss.; EsSt 126, 12ss.
60. Las páginas 89 a 108 están muy deterioradas; tan sólo algunos breves períodos son reconstruibles en las páginas 92 a 98, los cuales detallo en el texto.

92 [...] «según el pensamiento que realmente existe [...] 93 otorgarle un nombre. Todos éstos son como si procedieran de aquel que es puro. Si tú lo glorificas a causa de él, si tú [...] 94 él no pudo verla. Por tanto, no es posible recibirlo así, en una pureza grandiosa, siendo uno perfecto de aquel que [...] 95 diferencias entre éstos y los ángeles, y diferencias entre éstos y los hombres, y diferencias entre éstos y la existencia, y [...] 96 se aproximará a él con conocimiento, él recibe poder; y el que estaba lejos de él es inferior?». Yo dije: «¿Por qué aparecieron los jueces? ¿Cuál es el sufrimiento de [...] 97 ... «masculino, siendo ella un conocimiento del gran espíritu invisible tripotente, la imagen del primer Oculto, la bienaventuranza que existe en el espíritu invisible [...] 98 [...] una unidad perfecta de una unidad completa. Y cuando ella dividió el Todo mediante el Todo [...]⁶¹.

Formas inteligibles dentro del Oculto

113 «Y ángeles, demonios, mentes, almas, vivientes, árboles y cuerpos, aquellos que son anteriores a éstos, aquellos de los elementos simples, de los orígenes simples, y aquellos que viven en la confusión [...] y sin mezcla; aire, | agua, tierra, número, 10 relación, movimiento [...] orden, aliento y todos los demás. Hay cuartos poderes que están en el cuarto eón, los que están en [...] ángeles de los ángeles, almas de las almas, vivientes de vivientes, árboles de árboles [...] 114 a sí mismo. Y hay, por un lado, algunos que son como concebidos, otros que provienen de una concepción ingénita, otros que son santos y eternos, [otros] que son los no cambiados con el cambio, una destrucción en la indestructibilidad; y algunos que existen como | Todos, otros que son 10 géneros y aquellos que están en un mundo y un orden; los que están en indestructibilidad, y los primeros que permanecen y los segundos en todos éstos; todos los que existen a partir de éstos, y los que existen en éstos y [...] los que les siguen [...] 115 [...] Ellos no ejercen mutua coerción, sino que viven en ellos mismos y se aprueban mutuamente, como conviene a los que existen procedentes de un único principio. Y están unidos porque están todos en un único eón, del Oculto | [...] divididos en poder. Pues exis- 10 ten en correspondencia con cada uno de los eones, permaneciendo de acuerdo con aquel que les obtiene. El Oculto es un eón único, que tiene cuatro eones diferentes. En correspondencia con cada uno de los eones, tienen ellos poderes, no a guisa de primeros y | segundos, pues todos éstos son eternos; difieren [...] 20

61. Las pp. 109-112 no se conservan.

116 [...] Todos éstos existen en uno, existen juntos e individualmente son perfectos en confraternidad, y están llenos del eón que realmente existe. Y, entre ellos, hay los que permanecen como si
10 viviesen en la esencia y aquellos al modo de la esencia | en la conducta o el padecimiento, por estar en un segundo. Porque la ingeneración de los ingénitos que realmente existen está en ellos; y cuando los ingénitos devinieron, su poder permanece —una esencia incorpórea y un cuerpo imperecedero—. El inmutable |
20 realmente existente está allí, y el que cambia a través del cambio; el fuego permanece con todos éstos [...] 117 Es allí donde existen individualmente todos los vivientes, unidos en un lugar. El conocimiento del conocimiento está allí con una comprensión de la ignorancia; el caos está allí, y un lugar perfecto para todos
10 ellos, siendo ellos nuevos; | una luz verdadera y una tiniebla iluminada y el que no existe realmente, que no existía realmente [...] el no ser que no existe en absoluto[62]. Mas él es bueno, de él procede lo bueno y lo que es bueno, y el Dios del que procede el
20 Dios, y el que | [...] que es grande [...] 118 Y no se mezcló con nada, sino que permanece solo en sí mismo, y reposa en su límite ilimitado. Éste es el Dios de los que realmente existen, un vidente
10 y un revelador de Dios. | El eón Barbeló —que es el conocimiento del Espíritu invisible, tripotente perfecto—, una vez hubo fortalecido a aquel que la conoce [...] diciendo: «Él [...] Yo vivo en [...] Tú, el Uno, vives. El que es tres, vive [...] 119 [...] una parte. ¿Qué intelecto?, ¿qué sabiduría?, ¿qué ciencia? (epistéme), ¿qué enseñanza?

Los cuatro luminares del Oculto

«Se les puso nombre a sus luminares: el primero es (H)armedón y la que está con él [...] el segundo es Difané [...] y la que está con él Deif[...], el tercero es Malsedón y la que está con él |
10 [...]; el cuarto es [...]s y la que está con él, Olmis. Y el Oculto existe [...] y su forma. Y él no se revela a todos éstos, para que todos sean fortalecidos por él [...] 120 conocerlo, y a aquel que está asentado sobre un segundo. El primero de los eones es Harmedón, la gloria del padre; el segundo luminar es aquel que no es conocido, pero todos los particulares, sabiduría [...] están
10 en el cuarto eón aquel que lo reveló | y todas las glorias; el tercer luminar es aquel [...] la palabra de todas las especies y aquella otra gloria, la ciencia que está en el tercer eón. Hay cuatro en él:

---

62.   Este empleo tan radical de la *via negationis*, o teología negativa, recuerda las expresiones utilizadas por Basílides, cf. Elen VII 20,2.

Malsedón y M[...]nio. El cuarto luminar es aquel que ve [...] |
de todas las formas [...] existiendo juntos [...] una enseñanza y   20
una gloria [...] y la verdad de los cuatro eones, Olmis [...] 121
quinto. Y el primero que es el segundo, o sea, él es el Oculto
omniperfecto, pues hay cuatro luminares. Oculto dividió de nuevo. Y éstos habitan juntos, y conocen a todos los que existen en
calidad de glorias, siendo todos perfectos. Éste [...] | sabe todo   10
de ellos, por ser omniperfecto. De él procede todo poder, cada
uno y todo su eón: aquel al que todos vienen, y del que todos
salen, el poder y el origen de todos éstos. Cuando él los conoció,
| se convirtió en [...] 122 se convierte en un Barbeló, él se con-   20
vierte en un primer eón, a causa de la eternidad del Espíritu invisible, la segunda ingeneración. Éstas son todas las glorias: los
Afredón ilimitados [...] inefables, los reveladores, los inmutables
[...] | Los reveladores de gloria, los Marxedones, los doblemente   10
reveladores, los Solmis ilimitados, los que se revelan a sí mismos,
los que están llenos de gloria, los que aguardan la gloria, los que
bendicen, los Marsedones; los Ocultos que [...] los limitados que
están sobre los limitados [...] | los que están en [...] 123 miríadas   20
de glorias en ellos. Así pues, es una gloria perfecta de modo que
cuando pueda vincularse y persistir, se haga perfecto; por esto,
incluso si entra en un cuerpo y un cambio procedente de la mate-
ria, a causa de su omniperfección no obtienen una dignidad |
mayor —[una omniperfección] de la cual todos éstos provienen,   10
siendo perfectos, y los que están con él—. Y, por cierto, cada uno
de los eones tiene miríadas de eones en sí, de modo que, al existir
juntos, llegue a ser un eón perfecto. Existe en la beatitud del
Espíritu | invisible, tripotente, perfecto [...] 124 un silencio del   20
segundo conocimiento; el primer pensamiento en la aprobación
del Tripotente, pues él le ordenó a ella que lo conociese, para
poder ser perfecto en sí mismo. Él es conocido por ella en simpli-
cidad y bienaventuranza. Yo recibí | bondad a través de aquel   10
que sigue al eón Barbeló, el que le da el ser [...]. No es de ella el
poder, sino que pertenece a aquél. Los eones que realmente existen, existen en silencio. La existencia era inactividad, e inefable
era el conocimiento del Oculto que se funda a sí mismo. Ha-
biendo venido del | cuarto [...] 125 Es su imagen, que es igual a   20
él en gloria y poder, pero es más elevada que él en lo relativo al
orden, no en lo relativo al eón. Él posee todas estas cosas del
mismo modo que las posee aquél: vivientes y existentes juntos en
uno; con el eón que está en los eones tiene una diferencia cuá-
druple, | y con todos los demás que están allí. El Oculto, por su   10
parte, existe realmente, y se halla en él la que pertenece a todas
las glorias, Youel, la gloria masculina virgen, a través de la cual

301

se ve a todos los omniperfectos. Aquellos que se yerguen ante él
son los tri[...] [...] **126** de miríadas de veces. El primer eón que
está con él, del cual procede el primer luminar, Solmis y el Dios
revelador, siendo infinito según el modelo (*týpos*) que existe en
10 el eón Oculto y Doxomedón[63]. El segundo eón es Acremón, | el
inefable, que tiene el segundo luminar, Zajto y Yajto. El tercer
eón es Ambrosio, el virginal que tiene el tercer luminar, Seteo y
Antifantes. El cuarto eón es el [...]genos que bendice, que tiene el
20 | cuarto luminar, Seldao y Eleno [...] **127** foe zoe zeoe ze[...] zosi
zosi zao zeooo zesen zesen[64]. Los particulares y los cuatro que son
óctuples, viven. Eooooeaeo. Tú que estás en presencia de ellos,
tú que estás en todos ellos. Y éstos están en el Protomanifestado
10 perfecto, Armedón masculino, la actividad | de todos los que
existen juntos. Debido a que todos los particulares existían en
calidad de seres perfectos, la actividad de todos los particulares
se reveló de nuevo. Por su parte, el divino Autoengendrado se
yergue en un eón, teniendo en sí cuatro diferencias de los eones
que están en él, de los [pertenecientes al] Autoengendrado. El
20 primer | eón existente en él es del primer luminar Armozel, Orneo,
Eutrunio (*sic*), al que denominan [...]. El segundo eón del segundo luminar, Oroiael [...] **128** Arro[...]. El tercero del tercer luminar, Daveite Saraneo Epifanio Eideo. El cuarto del cuarto luminar Elelet Coderé Epifanio Alogenio. Por lo que respecta a todos
los restantes que habitan en la materia, todos ellos permanecie-
10 ron. | Y a causa del conocimiento de la grandeza, de su audacia
y poder, existieron y se confortaron. Por no conocer a Dios, perecerán. He aquí, Zostriano, que tú has escuchado todas estas
cosas que los dioses ignoraron y que son infinitas para los ángeles»[65].
20 Yo, por mi parte, me atreví a decir: «Todavía | sigo inqui-
riendo acerca del Espíritu tripotente, invisible y perfecto, cómo
existe por sí mismo [...]» **129** me instalaron y se fueron.
Y Apofante y Afropais Partenofoto vinieron ante mí y me
introdujeron en el Protomanifestado, el gran intelecto varón perfecto. Y vi a todos los que allí están, tal y como existen en uni-
10 dad[66]; y me uní a todos ellos, alabé | al eón Oculto, a la virgen
Barbeló y al Espíritu invisible. Y me convertí en omniperfecto,

63. «Doxomedón» es otro nombre para Oculto-*Kalyptós*; cf. EvE 41,13-16; Mel 6,1.
64. Retahíla de invocaciones mágicas; cf. EvE 44,3-9; 66,8-22.
65. 1P 1,12; 2Hen XI. Esta atribución al iniciado de superioridad cognoscitiva
con respecto a los ángeles tiene, según Geo Widengren, un origen iranio.
66. En All 46,20-22 Protomanifestado es designado precisamente como «el pensamiento de todos aquellos que existen juntos».

fui fortalecido; fui inscrito en la gloria y sellado. Allí recibí una corona perfecta; avancé hacia los individuos perfectos; todos ellos me interrogaban y prestaban atención a la | vastedad de mi cono- 20 cimiento, se alegraban y eran fortalecidos. Y cuando, de nuevo, yo llegué a los eones de los [pertenecientes al] Autoengendrado recibí una imagen verdadera, pura, apropiada para el ámbito de lo sensible.

Retorno de Zostriano al mundo sensible

Descendí a los trasuntos de los eones y salí 130 a la tierra etérea. Y escribí tres tablillas de madera de boj y las dejé a modo de conocimiento para aquellos que van a venir después de mí, los elegidos vivientes. Y descendí al mundo de lo sensible y me reves- tí de mi recubrimiento⁶⁷. Al ser él ignorante, le fortalecí. Me puse en marcha predicándoles la verdad a todos ellos. | Ni los seres 10 angélicos del mundo ni los arcontes me vieron, pues resolví con éxito una multitud de condenas que me hicieron estar próximo a la muerte.

Discurso parenético

Desperté a una multitud que andaba desorientada, diciendo: «Aquellos que estáis vivos y sois la descendencia de Set, compren- ded. No os mostréis desobedientes para conmigo. Elevad vuestra divinidad hacia Dios⁶⁸, | fortaleced el alma escogida sin maldad, 20 contemplad el carácter perecedero del lugar⁶⁹ y buscad la ingene- ración imperecedera. El padre de todos éstos os invita. Aunque seáis rechazados y tratados con 131 violencia, él no os abando- nará. No os bauticéis en muerte ni os entreguéis a quienes son inferiores a vosotros como si fueran mejores; escapad de la locu- ra y la cadena de la feminidad, y elegid para vosotros la salva- ción de la masculinidad. No vinisteis a sufrir, sino | a liberaros 10 de vuestra cadena. ¡Liberaos!, y el que os ató será destruido. Sal- vaos para que la que está allí⁷⁰ se salve. El padre misericordioso os envió al Salvador y os dio la fortaleza. ¿Por qué os demoráis? Buscad al ser buscados; al ser llamados, escuchad; pues el tiempo

67. Este «recubrimiento» (copto *toyot*) evoca las «túnicas de piel» de los valenti- nianos; cf. Clemente de Alejandría, Ext. Teod. 55,1 (probablemente resultado de una reflexión sobre Gn 3,21).
68. Aquí se expresa la idea, típicamente gnóstica, de la consubstancialidad del pneuma humano y la realidad pleromática.
69. Es decir, el mundo.
70. Es decir, el alma.

20 | es escaso[71]. No permitáis que se os engañe. Grande es el eón del eón de los vivientes, así como el castigo de aquellos que no se persuaden. Os rodea una multitud de cadenas y de sancionadores. 132 Apresuraos, antes de que la corrupción os atrape. Mirad a la luz, huid de la tiniebla. No os dejéis arrastrar hacia el engaño»[72].

Zostriano. Oráculos de verdad de Zostriano. Dios de verdad. Enseñanzas de Zoroastro[73].

---

71. Cf. 4,19; 1Co 7,29.

72. El círculo se cierra, cumpliéndose lo anunciado por el ángel del conocimiento (4,14-17): Zostriano, que al principio se hallaba perdido y confuso (3,23ss) y necesitaba le fueran revelados los misterios divinos, se convierte ahora él mismo en consolador y exhortador, encarnando la figura del *salvator salvandus*.

73. Estas dos últimas líneas forman en el manuscrito un criptograma.

ALLÓGENES
(NHC XI 3)

INTRODUCCIÓN*

El *Allógenes* ha sido conservado en un único testigo copto, actualmente el tratado tercero del Códice XI de Nag Hammadi. Las cuatro primeras páginas están muy deterioradas. En la primera mitad del tratado faltan las primeras líneas.

El título aparece al final. «Allógenes» significa «el extranjero». Epifanio dice conocer varios escritos con este nombre (Pan 40,2,2; 39,5,1) atribuidos a los hijos de Set, denominados precisamente «extranjeros».

La lengua es el dialecto sahídico con elementos bohaíricos, como en el caso de *Zostriano*. Esto apuntaría a un traductor de la zona del Delta.

EL ORIGINAL GRIEGO

Porfirio (VitaPl 16) escribe que su maestro polemizó contra gnósticos que poseían revelaciones de Zoroastro, Zostriano, Nicoteo, Allógenes y Meso. Esta noticia no basta para concluir que nuestro escrito es efectivamente uno de los que conoció Plotino. Parece más bien que el *Allógenes* de Nag Hammadi refleja un estadio posterior del neoplatonismo. Junto con *Zostriano* y *Las tres estelas de Set*, se trataría de testimonios del influjo de Porfirio en

---

* Introducción, traducción y notas de José Montserrat Torrents.

307

la reflexión filosófica más inclinada a la teología. La fuente común de este tipo de escritos (que presentan un paralelo cristiano en Mario Victorino) podría ser el perdido comentario de Porfirio a los *Oráculos Caldaicos*.

Allógenes es un escrito proveniente de una sola mano, sin interpolaciones detectables. Pertenece al género «discurso de revelación» helenístico, próximo a los tratados herméticos. El receptor de las revelaciones presenta un nombre simbólico: «el extranjero», presente en otros textos de Nag Hammadi (por ejemplo, EsSt 120,5-6), así como también su «hijo» Meso, que significa «el intermediario».

El revelador es un personaje de la más alta constelación divina, Youel, ente femenino conocido también por *Zostriano* y por el *Evangelio de los egipcios*.

Las grandes coincidencias doctrinales de este tratado con otros del *corpus* de Nag Hammadi, principalmente con *Zostriano*, *Las tres Estelas de Set* y *Apócrifo de Juan* (sin olvidar *Marsanes* y el *Tratado sin título* del Codex Brucianus), invitan a suponer fuentes escritas anteriores. No aparecen influjos judaicos ni cristianos.

ESTRUCTURA LITERARIA Y CONTENIDO DOCTRINAL

El tratado se divide en dos partes. La primera consiste en seis (o cinco) revelaciones de Youel. La segunda parte describe una visión apocalíptica, explicada por entes divinos. Al final, el vidente recibe (probablemente de Youel) las sólitas instrucciones para escribir un libro sobre lo visto y oído.

En la primera parte, el autor parece inspirarse en fuentes de una gnosis mitológica común a los demás paralelos mencionados. A través de revelaciones sucesivas, la reveladora inicia al oyente en la comprensión del universo divino superior.

La doctrina protológica es, en lo esencial, la común a la rama «setiana» que hemos descrito en la Introducción general (pp. 48ss). El *Allógenes*, sin embargo, se detiene en el cuarto estrato; no presenta referencia alguna al ciclo de Sofía (Sabiduría). No creemos prudente, pues, hablar de un sistema «triádico», sino, de modo más general, de un proceso descendente gradual.

La primera revelación describe directamente a los eones masculinos del tercer estrato, e indirectamente a los eones femeninos del segundo estrato. Todos ellos son concebidos como partes integrantes del eón Barbeló.

La segunda revelación se remonta al primer estrato y explica sus relaciones de principialidad con los eones de Barbeló. En este lugar se incluye un primer pasaje de doctrina apofática.

La tercera revelación define la gnosis y su origen, que radica en el mismo Primer Principio.

La cuarta revelación vuelve a tomar el tema de la protología, pero introduciendo una modulación que estaba ausente en las dos primeras exposiciones: el concepto de «degradación» implícito en la procedencia de los estratos segundo y tercero.

La quinta revelación alude nuevamente al conocimiento.

La sexta revelación prepara al oyente para pasar a vidente. Los mediadores de la visión serán los «luminares», los entes divinos del cuarto estrato.

La segunda parte del tratado presenta mayor unidad, y podría representar una creación más personal del autor.

Allógenes accede a una visión, que le es elucidada por los luminares. Éstos comienzan por iniciarle en la técnica de la introspección mística, en uno de los pasajes más bellos y más notables de todo el *corpus* (pp. 59 y 60). Las expresiones de este texto recuerdan las de ciertos tratados herméticos (en particular C.H. I y XIII).

Seguidamente, los luminares le imparten una extensa lección de teología apofática, literalmente paralela del pasaje correspondiente del *Apócrifo de Juan*. Éste es el núcleo de la segunda parte.

NUESTRA TRADUCCIÓN

Nuestra traducción se basa en el texto transcrito y reconstruido por John D. Turner y Orval. S. Wintermute en *Nag Hammadi Codices* XI, XII, XIII (The Coptic Gnostic Library, vol. 28), 1990. La reconstitución introduce conjeturas extraordinariamente bien elaboradas, de modo que nos hemos limitado a traducirla del modo más fiel posible. También la introducción de Antoinette Clark Wire y las notas de Turner son de excepcional calidad.

BIBLIOGRAFÍA

Además de los citados:

Majercik, R., «The existence-life-intellect triad in Gnosticism and Neoplatonism»: *ClQ* 42 (1992), 475-488.

ALLÓGENES

XI 45,1-69,20

Primera revelación de Youel: Barbeló y sus tres disposiciones

45 [...] ... «Son [individuos perfectos] y todos ellos constitu-
yen una unidad[1] con [el Intelecto], el guardián [que yo te di] | y   10
que te instruyó. Y el poder que hay en ti es la que muchas veces
[se extendió como palabra] procedente del Tripotente[2], [aquel
que pertenece] a todos los que existen realmente con el [inmen-
so], la eterna luz del conocimiento (*gnôsis*) que se manifestó, el
[niño] varón virgen, [el primero] de los eones, que procede | [de   20
un eón] único y de triple [poder], el Tripotente que [existe real-
mente], pues cuando [se le impuso silencio se extendió y cuando
se extendió fue perfecto. Y] recibió poder de todos [ellos]. Se
conoce (a sí mismo y al) Invisible [Espíritu perfecto]. Y [habitó
en un] eón, sabiendo ella[3] | que ella conocía a aquél.   30

«Y ella vino a ser el Oculto[4], (la que) obró en los que ella
conoce. Es un Protomanifestado, intelecto perfecto e invisible,
Harmedón.

---

1. «Individuo» (cop. *kata oua*) puede verter el griego *kath' hèn (hékaston)*, y entonces su
correlativo sería la especie (*eîdos*). «Una unidad» (cop. *ne hiouma*, plural) puede verter el griego
tò kathólou , «el universal», y entonces su correlativo sería lo particular (*tò merikón*). Los términos
son aristotélicos, pero su función en este contexto es platónica.
2. «Tripotente»: griego *tridýnamos* (Anón. Bruc.). La expresión se halla en Mario Victorino: *tripotens in unalitate spiritus* (*Adv. Arium* I 50,1-5).
3. Ella: el eón de Barbeló, que es la designación común de las tres disposiciones del
Tripotente.
4. «Oculto», «Escondido», gr. *Kalyptós*. Protomanifestado, el primer manifestado:
gr. *Protophanés*. El texto copto utiliza estas denominaciones griegas como nombres propios.

311

»Al dar poder a los individuos, ella es un triple varón. 46 [...] [siendo por una parte individuos], por otra parte [constituyen una unidad, pues ella] es una existencia (*hýparxis*) [de ellos y los ve] a
10 todos también realmente[5]. | Ella posee al divino Autoengendrado[6]. Cuando ella [conoció] su propia existencia, y una vez se hubo erguido, [produjo] a aquel que contempló a [todos] aquellos que existen individualmente del mismo modo (como él) existe. Y al pasar a ser como él, contemplarán al triple varón divino, el
20 poder [que supera] a | dios. [Ella es la Intelección (*Énnoia*)] de todos los que constituyen una unidad. Si él [los escruta], escruta al [Protofanés], el gran varón, el [Intelecto, la procesión] de ellos. Cuando contempla (a la Intelección), [contempla también a los que existen realmente] y la procesión [de los que constituyen] |
30 una unidad. Cuando [él los contempló], contempló a Oculto. Y si contempla a alguno de los escondidos, está contemplando el eón de Barbaló (*sic*).

»Si alguien [contempla como vive] el vástago ingénito [de aquél]».

Segunda revelación de Youel

47 [...] «[has sido instruido ciertamente acerca del gran poder] de cada uno de ellos. Ahora, respecto al Tripotente, el Es-
10 píritu Invisible, escucha. [Existe] como | un invisible que es incomprensible para todos ellos, por cuanto los posee a todos en su interior, pues todos ellos existen a causa [de él]. Es un perfecto y más que perfecto, y un bienaventurado. Es siempre
20 uno y existe en todos ellos, inefable, innominable, | y existe a través de todos ellos. Si alguien intuyera (*noeîn*) [a éste, ya no desearía] nada de lo [que existe] antes que él entre las cosas [que poseen] existencia, pues él es la fuente [de la cual todos ellos procedieron]. Es un principio anterior a la perfección. Era
30 un principio anterior | [a toda] divinidad. Es un principio anterior a toda beatitud. Él administra a todas las potencias. Y es una sustancia insustancial, un Dios sobre el cual no hay divinidad alguna, este cuya excelsitud trasciende su grandeza y su belleza[7].

---

5. El editor del texto copto propone «todos (los que existen) realmente».
6. Gr. *Autogenés*. Para este nombre cf. n. 13 al ApocJn.
7. Primera lección de doctrina transcendentista y apofática. El tratamiento más completo comienza en 61,31ss.

48 [...] «[no es imposible para ellos] recibir una revelación sobre estas cosas si vienen a constituir una unidad. Puesto que es imposible para | los individuos comprender el Todo que se halla   10
en el lugar superior a la perfección, ellos comprenden por medio de una primera Intelección.

»No a la manera de un ser sujeto al devenir, [sino que] el (Primer Principio) otorga el devenir con aquel elemento secreto de la existencia, suministrando toda cosa, ya que es el que existe por el hecho de conocerse a sí mismo. Es el sujeto | que subsiste   20
como [causa] del ser, una fuente, una [materia (*hýle*)] inmaterial, un [número] innumerable], [una forma] informe, [una figura amorfa, una potencia y una impotencia, una substancia insubstancial, un movimiento inmóvil, un acto (*enérgeia*) inactivo. Sin embargo, | es un] suministrador [de provechos] y una divini-   30
dad de divinidad.

»Ahora bien, lo que reciben lo reciben[8] de la primera Vida en sí[9], un acto indiviso, una hipóstasis de la primera (hipóstasis) del uno que existe realmente. Y un segundo   49   acto [...] [posee] beatitud y bien, pues si es reconocido como el que atraviesa[10] la infinitud | del Espíritu Invisible que subsiste en sí mismo,   10
(la infinitud) hace que (el que atraviesa) se vuelva hacia (el Espíritu), a fin de que conozca lo que subsiste en él y cuál es su modo de existencia.

»Y él[11] vino a ser una salvación para todos, siendo causa de los que existen realmente, pues por medio de éste su conocimiento accedió a la contemplación, | puesto que éste es el sujeto que   20
conoce su realidad. Pero ellos no produjeron nada a partir de sí mismos, ni potencia, ni orden, ni gloria, ni eón, pues todos ellos son eternos.

»Él es vida en sí e inteligencia; él es el que es. Es decir, éste posee siempre su | vida y la inteligibilidad, y la vida posee la sus-   30
tancia y la inteligencia, y la inteligibilidad posee la vida y el ser. Y los tres son uno, siendo individualmente tres».

Entonces yo, una vez hube escuchado estas cosas, hijo mío

---

8. Estos receptores parecen ser los eones «individuales» del Autoengendrado (*Autogenés*), aquí concebidos en un estadio muy parecido a los eones del Logos valentiniano antes de su elevación o salvación. Cf. 49,15, y Adv. Haer. I 2,1 y 5.

9. «Vida en sí» (cop. *mntonh*). En griego, probablemente, *zoótes*. Se trata de un término abstractivo. La versión inglesa *vitality* no es aceptable, pues es una abstracción de «vital», no de «vida». Opto por una perífrasis que exprese la esencialidad de esta vida.

10. Acerca del que «atraviesa» véase Zos 16,5-14 y n. 5 a OgM.

11. El que atraviesa, el eón comunicador del conocimiento del Supremo, eón descrito bajo diversas modalidades en este tratado. Entre los valentinianos el eón salvador de los eones es el *Nous* devenido Cristo-Espíritu Santo, cf. Adv. Haer. I 2,1 y 5.

50 [Meso], temí y [me volví hacia] la multitud] [...] da potencia a los que son capaces de conocer estas cosas por una revelación superior.

10 Yo era capaz, por más que revestido de carne. | Escuché de ti estas cosas, y enseñanza sobre la ciencia que contienen, ya que el pensamiento que hay en mí discernía las cosas sublimes y las incognoscibles. Por esto yo temo, no sea que mi ciencia haya sobrepasado los límites de lo conveniente.

Tercera revelación de Youel

Entonces, Meso[12], hijo mío, la gloriosísima Youel me habló
20 todavía | y me hizo una revelación diciendo:
«Nadie puede oír estas cosas fuera de las grandes potencias, oh Allógenes. Sobre ti se ha colocado una gran potencia, puesta sobre ti por el Padre del Todo, el eterno, antes de que accedieras a este lugar, a fin de que disciernas las cosas que son arduas de
30 discernir | y que conozcas las que son desconocidas por la multitud, y de que te salves cabe el que es tuyo, que fue el primero en salvar y no necesita ser salvado.

51 »[...] una forma y [una revelación] del tripotente Espíritu
10 Invisible. Fuera de él existe | un conocimiento indiviso, incorporal y eterno, al modo como se da entre todos los eones. Existe el eón Barbeló, que posee también las figuras y las formas de los realmente existentes, la imagen del Oculto; posee la palabra inte-
20 lectiva de aquellos y genera al | Protomanifestado masculino e intelectual como una imagen. Él se pone a obrar entre los individuos con arte (*téchne*), con ciencia (*epistéme*) o con una naturaleza particular. Posee al divino Autoengendrado como una imagen; conoce a cada uno de ellos. Obra según lo particular y |
30 según lo individual[13], dedicándose a rectificar[14] las deficiencias de los que proceden de la naturaleza. Está revestido del triple varón divino, una salvación para todos ellos con el Espíritu Invisible. Es una palabra que viene de una disposición. Es el niño perfecto[15]. Esta hipóstasis es un...».

52 [...] Y yo me retiré y quedé muy transtornado. Entonces
10 me volví sobre mí | mismo y vi la luz que me rodeaba y el bien que estaba en mí, y me divinicé.

---

12. Aquí Meso es destinatario. Según Porfirio (VitaPl 16), circulaban revelaciones bajo el nombre de Meso.
13. Véase n. 1.
14. «Rectificar»: el término griego *diórthosis* (rectificación, enderezamiento) es técnico entre los valentinianos, cf. Ext. Teod. 30,2; 35,2.
15. «Niño»: véase n. 1 al ApocJn.

Cuarta revelación de Youel

Entonces la gloriosísima Youel me ungió otra vez y me dio poder. Ella dijo: «Puesto que tu instrucción ha terminado y has conocido el bien que está en ti, escucha, acerca del Tripotente, las cosas que | guardarás en un gran silencio y un gran misterio, 20 pues no se revelan a nadie sino a los que son dignos, los que son capaces de escuchar. No, no conviene hablar a una raza desconocedora del Todo más sublime que lo perfecto. Pero tú lo posees gracias | al Tripotente, aquel que existe en beatitud y bien, la 30 causa de todos aquellos. Una extraordinaria grandeza se halla en él. Él existe como uno 53 [...] de la [primera *Énnoia* (Pensamiento), el que] no declina [del lugar de los que se hallan] en comprensión, conocimiento y ciencia. | Él se movió en la inmovili- 10 dad en el seno del elemento rector[16], a fin de que, gracias a otro acto de la inteligencia, evitara ser absorbido en la sustancia indefinida. Entonces entró en sí mismo y se manifestó como absoluto limitador, el Todo más que perfecto. Siendo anterior al conocimiento, | no lo fue, sin embargo, por medio de mí. Puesto que la 20 comprensión perfecta no era posible, se conoció de esta manera gracias al tercer silencio de la inteligencia y al segundo acto indiviso que se manifestó en el primer Pensamiento (*Énnoia*), el eón de Barbeló con lo indivisible | de la semejanza divisible y el Tri- 30 potente y la existencia insustancial. El poder se manifestó por medio de un acto inmóvil y silencioso, aunque emitía un sonido como éste: zza, zza, zza.

»Pero cuando ella (Barbeló) se percató del poder y quedó repleta... 54 [...] Solmis [...] según la vida en sí [que hay en ti] con el primer acto | que procede de la divinidad. 10

»¡Tú eres grande, Armedón! ¡Tú eres perfecto, Epifaneu![17].

»Entonces, de acuerdo con el acto que está en ti, el segundo poder y la inteligencia que procede de la beatitud: Autoer, Beriteu, Erigenaor, Orimenio, Aramén, Alflegés, Eleliufeu, | Lala- 20 meu, Ieteu, Noeteu. ¡Tú eres grande! El que te conoce, conoce el Todo. Tú eres uno, tú eres uno, el que es bueno, Afredón. Tú eres el eón de los eones, el que existe sempiternamente».

---

16. «Elemento rector»: su función es idéntica a la del *Horos* (Límite) valentiniano, cf. Adv. Haer. I 2,2. El Límite (cop. *tosch*) es mencionado en la línea 17 de esta misma página.
17. La reveladora Youel invoca los nombres mistéricos de los eones, cf. Zos 88,16; EsSt 126,12ss.

30 Entonces ella glorificó al uno universal diciendo: «Lalameu, Noeteu, Senaón, Asineu, Orifanio, | Mellefaneu, Elemaoni, Smún, Optaón, el que es. Tú eres el que es, el eón de los eones, el ingénito más excelso entre los ingénitos, Iatomenos, tú el único, por ti nacieron todos los ingénitos, el innominable...».

12 55 [...] | Después de oír estas cosas, [vi las glorias de los perfectos] individuos y los sumamente perfectos [que constituyen] una unidad y los [sumamente perfectos] que preceden a los perfectos.

Quinta revelación de Youel

20 Y de nuevo me habló la gloriosísima Youel diciendo: «Allógenes, [con un conocimiento | que no conoce] conoces que el [Tripotente] existe antes [que los gloriosos]. Éstos no existen [con los existentes], ni constituyen [una unidad] con los existentes [ni con los que existen] realmente. [Antes bien, todos éstos] existen [en divinidad y en beatitud y] en existencia, [y también en insustancia-
30 lidad y en | una existencia] inexistente».

Sexta revelación de Youel

[Entonces yo] rogué que se me hiciera [una revelación. Y entonces la gloriosísima Youel] me dijo: «Allógenes, el triple varón es ciertamente [una realidad que está más allá] de la sustancia[18]. Sien-
10 do insustancial 56 [...] | los que existen [conjuntamente con la raza de los] realmente existentes. Los pertenecientes al [Autoengendrado existen junto con el triple varón]. Si buscas con perfecta búsqueda, conocerás [el bien que] está en ti. Entonces [te conoce-
20 rás a ti] mismo: [procedes] | del Dios realmente [preexistente]. Luego, pasados [cien] años tendrás una revelación de aquél por medio de [Salamex], de Selmén y de [Ar...], los luminares del [eón de] Barbeló[19]. Y [aparte de lo que] te conviene, al comienzo [no
30 tendrás conocimiento a fin de no perjudicar a tu] | género. [Si así sucede, cuando recibas] un concepto [de aquél, entonces] alcanzarás la perfección en la palabra [perfecta]. Entonces [quedarás divinizado y perfecto. Los recibirás]... 57 [...] Si uno [comprende
10 algo, es comprendido] por aquél y por el mismo | del que se comprende que es. Y con esto, el que comprende y conoce es superior al que es comprendido y conocido. Pero si se rebaja hasta su natu-

18. Cf. Platón, Rep. 509 b.
19. Cf. Zos 62,18-19; 63,19-21.

raleza, queda menguado, pues las naturalezas incorpóreas no exis-
ten asociadas con magnitud alguna. Poseyendo | esta potenciali-   20
dad, se hallan en todo lugar y no se hallan en ningún lugar, pues
superan a toda magnitud y están por debajo de toda pequeñez».

Intermedio

Una vez hubo dicho estas cosas, la gloriosísima Youel se apartó de mí y me abandonó. Yo, sin embargo, no me aparté de las
palabras que había escuchado. Me preparé | para ellas y estuve   30
reflexionando en ellas durante cien años. Y me alegraba muchísimo por hallarme en una gran luz y en un camino de felicidad,
porque los que yo era digno de ver y los que era digno de oír eran
los que sólo los grandes poderes convenientemente...

La visión apocalíptica

58 [...] [Cuando se aproximó el cumplimiento] de los cien
años, [me sobrevino] una beatitud | de la esperanza eterna re-   10
pleta de bondad. Y vi al Autoengendrado bueno y divino y al
salvador, esto es, al niño triple varón y perfecto, y al bien de
éste, el Protomanifestado Harmedón, intelecto perfecto, y la
beatitud del Oculto y | el primer principio de la beatitud, el eón de   20
Barbeló, repleto de divinidad, y el primer principio del
imprincipiado, el Invisible Espíritu tripotente, el todo más sublime
que la perfección. Entonces fui aferrado por la luz eterna y desnu-
dado del vestido que me recubría | y fui elevado hasta un lugar   30
santo tal que en este mundo es imposible revelar a qué se parecía.
Entonces, por medio de una gran beatitud, vi a todos aquellos
acerca de los cuales había oído hablar, y los alabé a todos y me
59 mantuve cabe mi conocimiento. Me [incliné] hacia el conocimiento de los pertenecientes al Todo, el eón de Barbeló. Y vi
[santos] poderes por medio de los luminares de Barbeló, la virgen
masculina, los cuales me dijeron que seré capaz de experimentar
lo que sucede en el mundo:
«Allógenes, | contempla tu beatitud, mira cómo habita en   10
silencio. Por ella te conoces a ti mismo interiormente. Remóntate
a la vida en sí mientras te buscas a ti mismo, y la contemplarás
en movimiento. De momento no puedes erguirte, pero no te-
mas; si deseas erguirte, remóntate | a la existencia, y la hallarás   20
erguida y en reposo según la semejanza del que realmente está en

317

reposo y abarca a todos aquellos en silencio y sin actividad[20]. Y recibirás una revelación acerca de él por medio de una primera revelación del ignoto, | éste que si (crees que) lo conoces, desconócelo, y allí temerás. Entonces, retrocede [en lo concerniente a] las actividades. Pero cuando pases a ser perfecto en aquel lugar, entonces guarda silencio, y de acuerdo con tu modelo interior, conoce así **60** que todos aquellas realidades tienen lugar de acuerdo con el mismo modelo. Y no te disperses ya más, a fin de que seas capaz de mantenerte erguido, y no desees tener actividad, a fin de que no decaigas de la inactividad que en tu interior induce el ignoto. No lo conozcas, pues esto es imposible. | Antes bien, si por medio de un pensamiento ilustrado llegas a conocerlo, desconócelo[21]».

Yo escuchaba todas las cosas que aquéllos me iban diciendo. Había en mi interior una quietud de silencio. Entonces oí a la beatitud, aquella por la cual me había conocido a mí mismo interiormente. Y me remonté a la vida en sí | mientras me buscaba, y entré en conjunción con ella y me mantuve erguido, todavía no con firmeza pero sí en quietud. Y contemplé un movimiento eterno, inteligible e indiviso, propio de todos los poderes informes, (un movimiento) al que no limita ninguna limitación. Y en cuanto quise erguirme con | firmeza, me remonté a la existencia, a la que hallé erguida y en reposo según imagen y semejanza del don que recibí por medio de una revelación del indivisible que está en reposo. Quedé repleto de revelación por medio de una revelación primordial **61** del ignoto. Por cuanto lo ignoré, lo conocí y recibí fuerza de él. Recibí una fortaleza eterna, y conocí al que existe en mi interior y al Tripotente junto con la revelación de lo que en él es inabarcable. Y por medio de una revelación primordial | del primer principio desconocido para todos ellos, el Dios más sublime que la perfección, lo contemplé junto con el Tripotente que existe en todos ellos. Yo buscaba al Dios inefable e ignoto. El que pretenda conocerlo tiene que ignorarlo absolutamente, (pero yo lo buscaba como) mediador (*mesítes*) del | Tripotente que se halla en reposo y silencio y que es ignoto[22]. Pero una vez estuve confirmado en estas cosas, los poderes de los luminares me dijeron:

---

20. El ascenso a la contemplación tiene lugar a través de una introspección espiritual. Los tres primeros estratos corresponden a las tres disposiciones de Barbeló: beatitud, vida y existencia. Después, el vidente tiene que mantenerse inactivo y dejar actuar los principios divinos.

21. Esta actitud ante el conocimiento del Uno es urgida por Plotino, cf. En V 8,5; III 8,9.

22. El texto copto atribuye incongruentemente el título de mediador (*mesítes*) al Primer

«Deja ya de dispersar tu inactividad interior con la persecución de objetos incomprensibles. Antes bien, instrúyete acerca de él según | la posibilidad que ofrece una revelación primordial   30
junto con una revelación[23].

El supratrascendente

«Pues bien, él existe como «algo»[24] en cuanto existente, sea que existe y existirá, sea que opera y conoce, por más que vive careciendo de intelecto, de vida y de existencia, aunque incomprensiblemente carezca de inexistencia. 62 Él existe como «algo» con lo que constituye su existencia. No cede ninguna forma cuando acrisola o cuando purifica, cuando recibe o cuando da. Y no queda disminuido en ninguna forma ni por su propio querer ni por el hecho de dar o de recibir por medio | de otro. No tiene   10
tampoco ningún deseo de sí mismo, ni causado por otro que no podría afectarlo. Ahora bien, en realidad, él no da nada de sí mismo de manera que quede disminuido en alguna otra forma —por lo cual no tiene necesidad ni de intelecto ni de vida— ni nada, efectivamente, | respecto al Todo. Él es superior a los que   20
constituyen el Todo, en la privación y en la incognoscibilidad, es decir, la existencia inexistente, puesto que posee silencio y quietud, a fin de no ser disminuido por los que no son disminuidos. No es ni divinidad ni beatitud | ni perfección, sino un   30
"algo" de él de lo que no hay conocimiento ni (tan siquiera), un algo de aquello que le pertenece. No, él es absolutamente otro, superior a la beatitud y a la divinidad y a la perfección. Pues no es perfecto, sino otra cosa 63 superior. No es ni indefinible ni delimitado por otro, sino algo superior. No es corpóreo, no es incorpóreo; no es grande, no es pequeño; no es un número, no es una producción. No es un "algo" | existente, una realidad que   10
pueda ser conocida, sino que es absolutamente otra cosa superior, imposible de ser conocida. Es una revelación primordial y un autoconocimiento, sólo él se conoce a sí mismo. Puesto que no es ninguna de las cosas existentes, sino absolutamente otra cosa, es

Principio. Creo que el sentido del párrafo es el reconocimiento de una búsqueda imperfecta por parte del vidente, que buscaba al Supremo como mediador, cuando no lo es en modo alguno. El reproche de los luminares (lín. 25) confirma esta interpretación.

23.   Se inicia una lección de teología transcendentista, negativa y analógica, paralela (a veces literalmente) de ApocJn 2,33-4,10 (BG 23,3-25,22). Véase la Introducción general, p. 49.

24.   «Algo» (gr. *tí*) es el género supremo según algunos estoicos, y abarca el ser y el no ser. Cf. Séneca, *Epístolas* 58,12-15; Plotino, En VI 1,25.

20 superior a las realidades superiores | y esto de manera que ni (participa) en lo suyo ni deja de (participar) en lo suyo[25]. No participa en la eternidad ni participa en el tiempo. No recibe nada de otro. No es disminuido ni disminuye nada, pero tampoco es indisminuible. Él es una realidad que es la única en comprenderse a sí

30 misma, | algo tan incognoscible que supera a los que detentan la suprema incognoscibilidad. Ciertamente, posee una beatitud y una perfección y un silencio, pero no la beatitud ni la perfección ni reposo, sino que es un «algo» de él que existe, un algo imposible 64 de conocer y que ciertamente está en reposo. Se trata de realidades de él incognoscibles para los pertenecientes al Todo[26]. Él supera en belleza a todos los que son buenos, de modo que es incognoscible para ellos

10 de todas formas. Y por medio de todos ellos | está en todos ellos, y no sólo como el conocimiento incognoscible que le es propio. Y él está en conjunción con la ignorancia que lo contempla.

»Pero tanto si (uno ve) de qué manera es incognoscible, como si uno ve su modo de existencia bajo todas las formas, o si uno lo

20 expresa como | una realidad parecida a un conocimiento, se ha mostrado impío respecto a él y es criticable porque no conoció a Dios. Sin embargo, no será juzgado por aquél, que no se preocupa por nada ni tiene deseo alguno, sino que provendrá de sí mis-

30 mo porque no encontró el | principio realmente existente. Estuvo cegado, ajeno a la visión reposada de la revelación.

»Él es aquel que se convierte en acto, el que procede del Tripotente de la primera *Énnoia* del Espíritu Invisible[27]. Él es aquel que de este modo existe a partir de [...] 65 [...] (línea 18) ... una [primer

20 nacimiento] de reposo, un silencio, | una quietud, una grandeza inescrutable. Al revelarse no tenía necesidad de tiempo (ni participaba) en la eternidad, sino que él procede solamente de sí mismo y es inescrutablemente inescrutable. Tampoco se hace pasar a sí mismo a acto, a fin de permanecer en reposo. Tampoco es una existen-

30 cia, a fin de | no tener necesidad. Ciertamente, cuando ocupa un lugar es un cuerpo, pero en realidad es incorporal. Posee una existencia inexistente. Es autoexistente para todos ellos y carece de querer alguno, pero es una grandeza sublime. Supera a su propio reposo, a fin de [...] 66 [...] (línea 16) ... [él los contempló y les otorgó poder a todos] , mientras ellos no se percataban de él en

---

25. Traduzco esta última sentencia apoyándome en el texto paralelo del *Apócrifo de Juan*.
26. El Todo (el Pleroma) no tiene capacidad natural para conocer al Supremo, cf. TrTrip 71,8ss; Adv. Haer. I 2,1.
27. Los epítetos trascendentistas son aplicados aquí al Segundo Principio, en un ejercicio de *communicatio idiomatum*. El soporte papiráceo vuelve a estar deteriorado.

ALLÓGENES

absoluto. Si un ente | recibe algo de él, no recibe poder. Tampoco   20
nada lo hace pasar a acto, de acuerdo con la unidad que está en
reposo. Pues es incognoscible, es un lugar de infinitud, fuera del
espacio aéreo. Puesto que es infinito, no está en potencia y carece
de existencia, no otorga el ser. Sin embargo, contiene en sí mismo a
todos aquellos, estando en reposo | y manteniéndose erguido ante   30
el que está siempre erguido. Una vida eterna se había manifestado.
El Espíritu Invisible y tripotente es el que existe en todos ellos y los
circunda a todos, pues los supera a todos[28]».

Una sombra [...].

67 [...] (línea 18) ... y se mantuvo erguido [ante ellos] otorgán-
doles poder, y los colmó | a ellos todos.   20

Epílogo

Respecto a estas cosas has sido ya instruido con certeza. No
indagues ya más, sino que sigue tu camino. Tampoco sabemos si
el ignoto tiene ángeles, ni si tiene dioses, ni si el que está en repo-
so contenía algo | en sí mismo además del reposo, es decir, ade-   30
más de sí mismo, a fin de no quedar disminuido. No conviene ya
malgastar más horas en la búsqueda. Era conveniente que vosotros solos conocierais y que ellos hablaran con otro. Pero tú los
recibirás [...].

68 [...] (línea 16) [...] [y me dijo]: «Escribe lo que te diré y lo
que te recordaré a causa de aquellos que serán hallados dignos |
después de ti. Y depositarás este libro sobre una montaña y dirás   20
al guardián: Ven, terrible».

Una vez me hubo dicho estas cosas, se apartó de mí. Yo me
llené de alegría y escribí este libro que me estaba destinado, hijo
mío Meso, a fin de revelarte las cosas que | fueron proclamadas   30
ante mí. En primer lugar las recibí en un gran silencio y me mantuve erguido ante mí mismo mientras me preparaba. Éstas son
las cosas que me fueron reveladas, hijo mío.

69 [...] (línea 14) ... [proclámalas, hijo mío Meso, como un
sello para todos los libros de] Allógenes.

Allógenes.   20

28. Conceptos próximos a Proclo, *Theol.* 103, texto clásico acerca de la denominada «tríada neoplatónica» de ser, vida e intelecto.

321

PENSAMIENTO TRIMORFO
(NHC XIII)

INTRODUCCIÓN*

EL MANUSCRITO

El *Pensamiento trimorfo* es el solo escrito que nos ha conservado el Códice XIII de Nag Hammadi. Los restantes que completaban el volumen, dos probablemente, se han perdido. Las hojas del escrito que nos ocupa aparecieron dentro del Códice VI. El proceso que lleva a su actual clasificación y foliación ha sido el siguiente:

En la última página del cuadernillo se lee el comienzo de un tratado conocido, *Sobre el origen del mundo* (NHC II 5); el Códice XIII, por lo tanto, debió de contener una versión de este escrito. Las hojas del *Pensamiento trimorfo* han aparecido sin paginación, un caso excepcional en la colección de Nag Hammadi y que sólo se repite en el Códice II. Al advertirse, sin embargo, que el centro del folleto que forman las ocho hojas del *Pensamiento trimorfo* no está entre las hojas 4 y 5 como se esperaría, sino entre las 3 y 4, el hecho sugiere que a la primera hoja del cuadernillo le debieron de preceder otros folios. Teniendo en cuenta, como se ha señalado, que la última página registra el comienzo de un tratado que es familiar, se confirma que el códice continuaba con OgM, que consta de 15 hojas (30 páginas) en el Códice II. Si el centro del Códice XIII está entre las páginas 6 y 7, se puede conjeturar que detrás y delante debía de haber habido 20 hojas y que en total debe haber estado formado por 80 páginas, correspondiendo 17 folios al primer escrito, 8 al *Pensa-*

---

* Introducción, traducción y notas de Francisco García Bazán (Universidad Argentina J. F. Kennedy-CONICET).

325

miento trimorfo y 15 al faltante *Sobre el origen del mundo*. La numeración del *Pensamiento trimorfo* abarcaría desde las páginas 35 a 50, orden que hemos adoptado, el tratado perdido que le precedió de las páginas 1 a 34 y la versión no hallada de *Sobre el origen del mundo*, las páginas 50 a 80[1].

El *Pensamiento trimorfo* está traducido en copto sahídico con escasos elementos del subacmímico. Las ocho hojas del manuscrito están bien conservadas, presentando algunos deterioros en los bordes superior e inferior, faltas que han sido restauradas por conjeturas.

TÍTULO

El título del escrito se registra al final (50, 22-24) y dice literalmente en griego: «"Primer pensamiento trimorfo" en tres partes. Escritura sagrada. Escrito del Padre en conocimiento perfecto»[2]. O sea, se trata de un *hierós lógos*, de una enseñanza sagrada autorizada y trasmitida regularmente[3] bajo la forma de un discurso de revelación. La frecuencia en el relato de la fórmula «yo soy» ofreciéndose como un mensaje de autoproclamación de su figura central es un rasgo del documento afín con las aretalogías de la época helenística[4].

CONTENIDO

La exposición doctrinal, por consiguiente, se centra en su totalidad sobre el Pensamiento aperceptivo o conato de conocimiento del Padre, la Madre, la Prónoia (Preconocimiento) o bien la Barbeló de los escritos barbelognósticos. Puesto que el conocimiento del Padre, encerrado germinalmente en el deseo o voluntad de conocer del Primer Pensamiento, no puede concretarse más que como conciencia total o Intelecto, la *Proténnoia* se presenta como triforme. Es decir, como un ser unitario que al tender

---

1. Cf. J. M. Robinson, en M. Krause (ed.), *Essays on the Nag Hammadi Texts in Honour of Alexander Böhlig*, Leiden, 1972, 74-87.

2. El manuscrito muestra dos gammas mayúsculas en 50,21-22, a interpretarse como «El discurso de la aparición», 3.ª parte, y «Primer pensamiento trimorfo» en tres partes, respectivamente. *Patográphos* quiere decir: «escrito del Padre». EvE registra: *peuangelion eneremenkeme tbiblos enshai ennoute thiera ethep*: «El evangelio de los egipcios. El escrito de Dios, libro sagrado, secreto» (69,6-8), y poco más abajo, *theographos tbiblos thiera...*: «Escrito de Dios, el libro sagrado...» (69,15-16).

3. Cf. W. Burkert, *Les cultes à mystère dans l'Antiquité*, París, 1992, 64-65, y EvE 68,2-69,20.

4. Cf. J. D. Turner, o.c., 375-377 y 384-385.

hacia el Padre incognoscible envuelve tres potencias: la del ser que se desea conocer, la del deseo de conocer y la del conocimiento del ser que se desea. La tríada de la *tridýnamis* del Preconocimiento, que se encuentra en el *Apócrifo de Juan, Zostriano, Tres estelas de Set, Marsanes, Anónimo bruciano*, etc., y en el texto, es aludida como «voz en silencio» del Primer Pensamiento. Esta tríada determinada o llegada a ser en acto subyace como tres constantes o detenciones (*moné*) en el Hijo o Intelecto como Voz pronunciada[5]. Enseña de este modo el discurso tres aspectos de la divinidad y tres modalidades de su posible manifestación: Padre-Madre-Hijo, en concentración y reposo, o bien en despliegue subordinado al reposo: Pensamiento indistinto (= lenguaje no dicho), Intelecto autoengendrado (= lenguaje proferido) y Discurso o Palabra (= *lógos* o relato lingüístico-racional).

Basado en este fundamento, el escrito se organiza en tres partes y cada una de ellas acentúa la naturaleza de *Proténnoia*, pareja aperceptiva que siempre acompaña al Incognoscible y que de este modo es principio y fin de la manifestación divina y eterna.

El conjunto del *Pensamiento trimorfo*, por lo tanto, cubre los tres descensos o manifestaciones del Primer Pensamiento en relación con el origen del Intelecto, su opacamiento y restauración luminosa. O sea, la aparición del conocimiento pleno (Pleroma) y estable, que es el fruto de la *Prónoia* divina, la historia de su eclipse parcial a causa de la deficiencia u ocultamiento de la gnosis (el dominio del destino ignorante), y la recuperación definitiva del conocimiento por la actividad liberadora en el mundo de la Palabra. De este modo, las tres divisiones del escrito, sin interrupción justificadas por la mediación necesaria de la *Prónoia* paterna, se explican por sus subtítulos:

I. «El discurso del Primer Pensamiento», que discurre sobre su primera manifestación como Voz o Palabra inteligible. La Voz plenamente pronunciada del Padre a través del deseo materno como autoconocimiento explícito (35,1-42,3).

II. «Sobre el destino», cuyo contenido se refiere al ostracismo de *Proténnoia*, a su segundo descenso, en el abismo de la ignorancia. Se trata de la declinación de la Sabiduría o la dispersión del Logos, como un discurso oculto e inaudible en el seno del lenguaje ilusorio, aunque capaz de llegar a decir lo único que se puede realmente expresar, el conocimiento del Padre. De la

---

5. La distinción de palabra interior y proferida, o Pensamiento (*Énnoia*) e Intelecto (*Noûs*), es un tecnicismo gnóstico que utiliza categorías propias para la distinción platónica, aristotélica y estoica. Cf. ns. 6 y 14 de la traducción y EugB n. 17.

palabra mundana, sin sentido ni raíz, producida por la ignorancia y vanidad del desconocimiento, tiene que liberarse el Logos verdadero (42,4-46,4).

III. «El discurso de la aparición» que ilustra sobre el Primer Pensamiento como Palabra, el Logos que ha brillado en la oscuridad, cuya misión es levantar y reunir al lenguaje impotente para que pronuncie al Padre según su propia capacidad uniéndolo con el resto de los Eones o atributos del Padre, que predican su voluntad eternamente. Es el Logos-Salvador (46,5-50,21). Porque la Palabra no es más que representación o reflejo subsistente del Todo y así es tanto otro aspecto del Primer Pensamiento como su Eón postrero. De este modo puede, inconsciente de sí misma, prorrumpir en lo irreal o decir lo ilusorio, pero, siendo consciente reivindicar su función peculiar unida a los Eones de los que no debió separarse, en el Hijo o Intelecto reconstituido para siempre. La empresa de salvación, rescate, recuperación y conservación consiste, precisamente, en el retorno a la situación original, una y distinta, que es lo que se dice a sabiendas de acuerdo con la voluntad de Dios[6].

Pero la doctrina señalada contenida en el molde de un *hierós lógos* es afín asimismo a una comunidad que se experimenta iniciática en tanto que es parte de la obra salvífica, y a cuya maduración se destina la instrucción.

Efectivamente, con su concurso el adepto gnóstico actualiza en sí lo que el Cristo ha cumplido prototípicamente tanto al dominar con su descenso a las potencias cósmicas ineficaces asumiendo su semejanza, como su exaltación gloriosa manifestada en el ascenso y la revelación gradual de la Totalidad en el Padre. La celebración del rito reitera de este modo eficazmente el modelo del descenso y ascenso en cada gnóstico, por el despojo de las vestiduras que revelan la naturaleza ilusoria de lo psíquico y carnal, y la gradual adquisición del estado de plenitud logrado por el cumplimiento de los «Cinco Sellos» o etapas de la iniciación ascendente. Se trata de la versión gnóstica de los misterios menores y mayores helenísticos, ratificando el contenido de lo que en ámbito estrictamente bautismal san Pablo registra como un eco: «Fuimos, pues, con él sepultados por el bautismo en la muerte, a fin de que, al igual que Cristo fue resucitado de entre los muertos por medio de la gloria del Padre, así también nosotros vivamos una vida nueva» (Rm 6,4).

El rito iniciático en cinco etapas, que el documento menciona y describe en dos oportunidades (45,12-20; 48,15-35), ratifica

6. Sobre el *Lógos* ver TrTrip.

esta verosimilitud. Es la iniciación progresiva la que hace posible la gnosis, experiencia de conocimiento que aporta la realización espiritual. La iniciación se muestra como un proceso de ascensión del individuo en comunidad que es simultáneamente derrota del cosmos y consolidación pleromática, abarcando la investidura del vestido luminoso, la purificación y reanimación por inmersión en el agua viviente, la entronización celestial, la coronación gloriosa y la integración, finalmente, en el reino de la luz que no declina. El cumplimiento de cada una de las etapas rituales convoca la presencia de cada una de las ternas de «auxiliadores» pertenecientes a las cuatro grandes «luminarias» del Pleroma y gracias a esto se cumple la progresiva realización del paradigma pleromático: revestimiento de luz, participación en el agua de vida que fluye de la fuente de la vida, logro del trono celestial, participación de la morada de quienes glorifican y, por último, identificación con la luz inteligible[7]. Como insinúan los *Extractos de Teodoto* 78,2: «No sólo es el bautismo el que libera, sino también la gnosis[8]».

EL AUTOR

Los elementos descritos sobre la naturaleza del Primer Pensamiento como base de la manifestación del Dios Invisible, la aventura del ocultamiento del espíritu caído fuera de sí y la exégesis de la actividad salvífica del Logos en la que se integra el iniciado, descubren el carácter gnóstico y cristiano íntimo de este documento. Además, la proximidad de su estilo de exposición a fuentes barbelognósticas, como el *Apócrifo de Juan* y el *Anónimo bruciano*[9], y setianas, como el *Evangelio de los egipcios*[10], muestra su afinidad con estas corrientes, así como el apoyo especulativo extraído de la metafísica del lenguaje platónico-pitagorizante apunta a un medio de creyentes cultivados en la filosofía más espiritualista de la época. El estilo de *hierós lógos* que adopta la exposición, la familiaridad del autor con los usos mistéricos y el entendimiento del rito bautismal como un proceso iniciático gradual son rasgos que abogan a favor del carácter arcaico de las creencias referidas por el documento. La

7. Cf. G. Schenke, art. cit., p. 40, y J. M. Sévrin, o.c., 49 ss; 269ss; 291-294. Así como ns. 38, 45 y 46 a la traducción.

8. La imitación completa del rito sintoniza con la realidad: «qué éramos, qué somos...», la que sólo es posible exponer por un relato. Se advierten los ecos del «bautismo verdadero» proclamado por TestV 69,23-24 y las semejanzas con la teurgia caldaica como lo ratifica el *Marsanes*.

9. Cf. Y. Janssens, *La Prôtennoia Trimorphe*, Int., 1ss, y asimismo J. D. Turner, *Nag Hammadi Codices XI, XII, XIII*, 386ss.

10. J. D. Turner, ib., 386 y referencias.

enseñanza que imparte el texto no se preocupa por atenerse a las tendencias doctrinales protocatólicas y explicarlas gnósticamente como lo hacen las escuelas de Valentín, Basílides y otros conocidos maestros, sino que conserva en forma más independiente notas de lo que debió ser la transmisión del gnosticismo primitivo.

PENSAMIENTO TRIMORFO Y EVANGELIO DE JUAN

A lo largo del *Pensamiento trimorfo* se encuentran esparcidos gran parte de los versículos del Prólogo al *Evangelio de Juan*. Muy pronto y con insistencia se formularon hipótesis sobre la derivación del *Pensamiento trimorfo* a partir del Prólogo[11], la autonomía de ambos escritos como dependientes de una misma trayectoria[12], o la subordinación del Prólogo al escrito gnóstico[13]. La cuestión de las relaciones entre ambos testimonios se complica, sin embargo, en tres sentidos: 1.º) el prólogo johánico es una pieza literaria autárquica en relación con el Evangelio. Un himno al Verbo que se ha adaptado con ajuste al sentido evangélico[14]; 2.º) los nexos de Jn con el gnosticismo y el problema de su precedencia desde la difundida tesis de R. Bultmann a favor de la anterioridad del movimiento gnóstico[15], han suscitado encontradas opiniones[16]; 3.º) las dificultades del entendimiento histórico de Jn y sus consecuencias no son ajenas a las de la existencia, transformaciones e influjos de la comunidad johánica con el medio eclesiástico, debiéndose comprender al Evangelio dentro del desarrollo de los escritos joánicos y sus contactos con las tendencias gnóstica y protocatólica (Jn, 1Jn y 2Jn, Apéndice del Jn y 3Jn)[17], hasta integrarse en esta última en el siglo II, a finales[18].

---

11. Cf. Y. Janssens, «Une Source», 355; «Trimorphic», 235 y 243; J. Helderman, «In ihren Zelten», 208-211; E. M. Yamauchi, «Jewish Gnosticism», 480-484, y P. Hofrichter, *Im Anfang*, 215-221.
12. G. W. MacRae, «Gnosticism», 91; C. E. Evans, «Prologue», 398; J. E. Ménard, «Le Logos», 128-129.
13. G. Schenke, «Trimorphic», 47-50; C. Colpe, «Heidnische», 122, 124; J. M. Robinson, «Sethians», 661-662.
14. Cf. R. A. Culpepper, en *NTS* 27 (1981-82), 395-400, y A. Dettwiler, en J. D. Kaestli *et alii* (eds.), *La Communauté johanique et son histoire*, Ginebra, 1990, 185-203.
15. Cf. Cf. «Die Bedeutung der neuerschlossenen mandäischen und manichäischen Quellen für das Verständnis des Johannesevangeliums», *ZNW* 24 (1925) 100-146.
16. Cf. G. Filoramo, *Il risveglio della gnosi ovvero diventare dio*, Laterza, 1991, y J. M. Sévrin, «Quatrième», 251-268.
17. Cf. F. Vouga, «Jean et la Gnose», en A. Merchadour (ed.), *Origine et postérité de l'Évangile de Jean*, París, 1990, 107ss.
18. Cf. J. D. Kaestli, «Remarques sur le rapport du Quatrième Évangile avec la gnose et sa réception au IIe. siècle», en *La Communauté johannique...*, 351-356.

Puesto que la mayor parte de los versículos del Prólogo figuran en el *Pensamiento trimorfo* dentro de una exposición armónica sobre el misterio de la Palabra que salva, su sentido real y oculto, y, además, la autonomía lingüística del Prólogo se impone sobre el Evangelio, sin ser incompatible con el desarrollo de su mensaje[19], es razonable sostener que se trata de dos versiones exegéticas, gnóstica y johánica, emergentes de una tradición sapiencial cristiana sobre el Logos, previa a la redacción de ambos textos[20].

El *Pensamiento trimorfo*, por consiguiente, debe de haber sido redactado en el medio cristiano alejandrino, próximo a la comunidad johánica, y antes de la exégesis del Prólogo del Juan del valentiniano Teodoto[21]. Puede haber sido escrito hacia mediados del siglo II.

Nuestra traducción ha utilizado el texto crítico establecido por J. D. Turner (NHC XIII, 1990). El cotejo de la versión inglesa con la francesa de Y. Janssens, Quebec 1978, y la alemana de G. Schenke, Berlín 1984, nos ha aportado inapreciables beneficios.

BIBLIOGRAFÍA

Ediciones

Janssens, Y., *La Prôtennoia trimorphe* (NH XIII,1). Texte établi et présenté par Y. J., Quebec 1978. (Ver antes *Mus* [1974], 341-413.)

Schenke, G., *Die dreigestaltige Protennoia (Nag Hammadi-Codex XIII), herausgegeben, übersetzt und kommentiert*, Berlín, 1984. (Ver antes *ThLZ* 99 [1974], 731-746.)

Turner, J. D., «NCH XIII 1: Trimorphic Protennoia 35,1-50,24», en Ch. W. Hedrick (ed.), *Nag Hammadi Codices XI, XII, XIII*, Leiden, 1990, 359-454.

Layton, B., «First Thought in Three Forms», en idem, *The Gnostic Scriptures. A New Translation with Annotations and Introductions*, Londres, 1987, 86-100.

Estudios

Colpe, C., «Heidnische, jüdische und christliche Überlieferung in den Schriften aus Nag Hammadi III», *JAC* 17 (1974), 109-125.

Evans, C. A., «On the Prologue of John and the Trimorphic Protennoia», *NTS* 27 (1980-1981), 395-401.

---

19. Cf. J. Mateos-J. Barreto, *El Evangelio de Juan*, Madrid, 1979, 39-80.
20. Cf. A. Dettwiler, art. cit., 191-193, y J. D. Kaestli, art. cit., 351-352. El himno de la *Prónoia* de ApocJn II 30,11-31,18 y CaPeF 136,16-28 son pruebas paralelas.
21. Cf. J. D. Kaestli, art. cit., 323ss.

Helderman, J., «"In ihren Zelten...": Bemerkungen zu Codex XIII Nag Hammadi p. 47.14-18 im Hinblick auf Joh. 1.14», en T. Baarda-A. F. J. Klijn-W. C. van Unnick (eds.), *Miscellanea neotestamentica*, Leiden, 1978, I 181-211.
Hofrichter, P., *Im Anfang warder 'Johannesprolog'. Das urchristliche Logos-bekenntnis- die Basis neustestamentlicher und gnostischer Theologie*, Regensburgo, 1986.
Janssens, Y., «Une source gnostique du Prologue», en M. De Jonge (ed.), *L'Évangile de Jean*, Gembloux-Lovaina, 1977, 355-358.
Janssens, Y., «The Trimorphic Protennoia and the Fourth Gospel», en A. H. B. Logan y A. J. M. Wedderburn (eds.), *The New Testament and Gnosis. Essays in honour of R.McL. Wilson,* Edimburgo, 1983, 229-244.
Kaestli, J.-D., «L'exégèse valentinienne du Quatrième Évangile», en J.-D. Keastli y otros (eds.) —ver J.-M. Sevrin—, 323-350 y 351-356.
Ménard, J. E., «Le Logos de la Protennoia Trimorphe et Celui du IVe Évangile», en *Études Coptes III*, Lovaina-París, 1989, 128-129.
MacRae, G. W., «Gnosticism and the Church of John's Gospel», en Ch. W. Hedrick-R. Hodgson (eds.), *Nag Hammadi, Gnosticism and Early Christianity,* Peabody MA, 1986, 89-96.
Poirier, P. H., «La Protennoia Trimorphe (NH XIII, 1) et le Vocabulaire du *descensus ad inferos*»: *Mus* 96 (1983), 193-204.
Robinson, J. M., «Sethians and Johannine Thought. The Trimorphic Protennoia and the Prologue of the Gospel of John», en B. Layton (ed.), *The Rediscovery of Gnosticism. Proceedings of the International Con-ference on Gnosticism at Yale New Haven, Connecticut, March, 28-31, 1978*, Leiden, 1981, II 643-662 y 662-670.
Schenke, G., «The Trimorphic Protennoia and the Prologue of the Fourth Gospel», en J. E. Goehing-Ch. W. Hedrick-J. T. Sanders-H. D. Betz (eds.), *Gnosticism & the Early Christian World. In Honor of James M. Robinson,* Sonoma CA, 1990, 37-50.
Sevrin, J. M., *Le Dossier Baptismal séthien. Études sur la sacramentaire gnostique*, Quebec, 1986.
Sevrin, J. M., «Le Quatrième Évangile et le gnosticisme: questions de méthode», en J. D. Kaestli y otros (eds.), *La communauté johanique et son histoire. La trajectoire de L'évangile de Jean aux deux premiers siècles*, Ginebra, 1990, 251-268.
Wilson, R. McL., «The Trimorphic Protennoia», en M. Krause (ed.), *Gnosis and Gnosticism. Papers read at the Seventh International Conference on Patristic Studies (Oxford, september 8th-13th 1975)*, Leiden, 1977, 50-54.
Yamauchi, E. M., «Jewish Gnosticism? The Prologue of John, Mandean Parallels, and the Trimorphic Protennoia», en R. van den Broek-M. J. Vermaseren (eds.), *Studies in Gnosticism and Hellenistic Religions presented to G. Quispel on the Occasion of his 65th Birthday*, Leiden, 1981, 467-497.

PENSAMIENTO TRIMORFO

XIII 35,1-50,24

Manifestación del Primer Pensamiento como Voz

35 [Yo] soy la Pro[ténnoia¹, el P]ensamiento que e[xis]te en [la luz]. Soy el movimiento que está en el [Todo, aquella en la que el] Todo se mantiene, [el primo]génito entre los que han llegado [a ser, la que e]s antes que el Todo. Se [me] designa con tres nombres, aunque soy sola [perfec]ta. Soy invisible en el pensamiento del Invisible, ma[ni]fiesta en lo inconmensurable | e 10 inefable. Soy inaccesible, puesto que existo en lo Inaccesible, moviéndome en toda criatura. Soy la vida de mi Epínoia² que es[tá] en todo poder y en todo movimiento eterno y en las luces invisibles y en los arcontes, los ángeles, los d[e]m[o]nios y toda alma que está en el T[árt]aro y en toda alma material (*hyliké*), puesto

---

1. El «Primer Pensamiento». Cf. 38,8-9 y 42,3. En otras ocasiones se denomina *Prónoia*, como primera revelación divina. Ver ApocJn 27,1-18. El *Anónimo de Turín* —considerado un fragmento del *Comentario al Parménides* de Porfirio— habla de la «prenoción (*proénnoia*) indecible» como «imagen de lo Indecible, porque es lo Indecible indeciblemente». Se trata de un reflejo gnóstico a través de los OrCald que también se encuentra en C.H. IV 12a.

2. La *Epínoia* es la exteriorización del Pensamiento, el Intelecto o alguna de sus manifestaciones (cf. ApocJn 53,1ss [García Bazán, *Gnosis²*, 277; Anón. Bruc. 7,18; 11, 20; 22,11; 52,7-8; 53,2; 57,13-14), pensamiento sobre algo (*epi-noéo*). Por eso (ver 35,13-22 y EugB 88,55ss), el primer Pensamiento es vida, que como potencia de conocer que sale y torna sobre sí es movimiento (cf. Platón, *Sofista* 249Ass). La invisibilidad e inaccesibilidad corresponden a su carácter de intención preinteligible. Es manifiesta respecto de Dios, el Invisible (ver ApocJn 23,1-25; EvE 44,11; 49,23-24; All 47,8-11; 49,9-10; Zos 17,12; 20,18; EsSt 125,6 y 25; Mar 4,15-18; 6,3-5). Compárese 35,4-6 con Jn 1,1-2, y 12-13 con Jn 1,4.

20 que existo en los que llegan a ser y me muevo en | cada uno e inquiero en ellos todos, ya que camino rectamente y a los que duermen los despierto, también soy la vista para los que están en el sueño[3]. Soy el invisible en el Todo, yo soy la que reflexiona sobre los que están ocultos, pues conozco el Todo que existe en él[4]. Soy innumerable, más allá de todos. Soy inconmensurable e

30 inefabl[e]; sin embargo si quie[ro], me manifesta[ré] | sola[5]. Soy [la cabeza] del Todo, porque existo antes que [el Todo y] soy el Todo, ya que s[oy en cada] uno. Soy una vo[z] [que habla silen]-ciosamente (*hesyché*) existiendo des[de el principio. Porque exis-to] en el silen[cio que rodea a cada] uno de ellos. 36 Y es la [v]o[z ocul]ta que hay en mí, [en el Pensamiento] inacces[ible], incon-mensurable, [en el s]ilencio sin medida[6].

Primer descenso *del Pensamiento primero*

He [descendido en] medio del Hades. He brillado [sobre la] oscuridad. Soy la que ha hecho fluir el a[gua], yo que estoy ocul-ta en las aguas ra[dian]tes[7]. Soy la que según sus partes produce el Todo por mi pensamiento[8]. Soy quien está cargada con la Voz.

10 De | mí proviene el conocimiento (*gnôsis*), porque existo en lo inefable e incognoscible. Soy la percepción (*aísthesis*) y el conoci-miento, emi[tiendo] una Voz desde un pensamiento. Soy la Voz real[9] que clama en cada uno y la conocen, puesto que en [ellos] hay una semilla[10]. Soy el pensamiento del Padre y de mí provi-no primeramente [la] Voz, es decir, el conocimiento de los que

3. Busca en todos el deseo ínsito de Proténnoia y aporta lucidez.
4. En l. 24 *Proténnoia* es masculino. Refleja invisiblemente al Padre que quiere conocer.
5. Es anterior respecto al Todo; por tanto, sin medida e indecible, y de su tensión paterna depende la revelación de todas las cosas.
6. «Cabeza del Todo» como su principio, por eso anterior, y él mismo y sus miembros, como manifestación de su posibilidad. «Voz (*hroou/phoné*) que habla silencio-samente», o sea, interior o no dicha, porque es origen del lenguaje inteligiblemente proferido. Así, es Voz no expresada, inmanifiesta en el Pensamiento y el Silencio (*karos/Sigé*). Los paralelos abundan (cf. EugB ns. 17 y 44), OrCald 17 y 18 y en el neoplatonismo posterior, ver Proclo, *Com. a la Filosofía Caldaica* IV (30) 20-25 y 1-5.
7. Para 36,4 y 5, cf. Jn 1,11 y 5. Sobre la Voz silenciosa oculta en «las aguas radiantes», ver ApocJn 26,1-27,4. La Prónoia baja tres veces en la versión larga del ApocJn (cf. 30,11-31,25).
8. El Pensamiento es instancia mediadora entre el Invisible y el Intelecto (ver 35,3).
9. Si la Voz silenciosa es el pensamiento del Invisible, la «Voz real» es su expresión articulada y fiel, el intelecto de Dios.
10. La Voz deficiente, intelecto caído en los espirituales o semillas del Logos (ver 50,18 y 1Jn 3,9), es la «Voz que clama en el desierto» (Jn 1,15. 23), Juan el Bautista como pneumático (cf. Heracleón fr. 5, y ver también los frs. 4, 7 8 y 10).

no tienen fin. | Puesto que soy pensamiento del [To]do, estando   20
unida al pensamiento incogn[os]cible e inaccesible, me manifiesto en todos los que me han conocido. Pues soy, efectivamente, la
que está unida con todos en el pensamiento oculto y en una Voz
eminente y una Voz proveniente del pensamiento invisible. Y es
inconmensurable, puesto que existe en lo inconmensurable. Es
un misterio (*mystérion*); es [incompren]sible a partir | de [lo   30
inaccesi]ble. Es invisible [para cuantos son ma]nifiestos en el
Todo. [Es l]u[z q]ue está en la Luz.

La Voz oculta en los gnósticos

Somos nosotros [asimismo los que] solos nos [hemos separa-
do] del [mundo visi]ble, puesto que so[mos] salvados por la
sa]biduría oculta, [por la Voz] 37 inefable e [in]conmensurable.
Y el que está oculto en nosotros paga los tributos de su fruto
(*karpós*) al Agua de la Vida.

La Voz como Palabra salvadora

Entonces el Hijo que es perfecto totalmente, es decir, la Palabra (*lógos*) que nació de la Voz, que fue la primera en salir de la
altura, que tiene en sí al nombre, siendo luz, manifestó a los
ilimitados y todos los incognoscibles fueron conocidos[11]. | Y lo   10
que es difícil de interpretar (*hermenéuein*) y lo que es oculto lo
manifestó y a los que existen en el silencio con el primer Pensamiento los proclamó[12] y a los que están en la oscuridad se manifestó y a los que están en el abismo se mostró y a los que están en
los tesoros ocultos díjoles misterios inefables y enseñó doctrinas
irrefutables a cuantos llegaron a ser hijos de | la luz[13].   20

11. Con la distinción Voz en silencio (= Pensamiento) y Voz de la Voz (= Intelecto) se explica cómo la Voz proferida es «el conocimiento de los que no tienen fin». Al
Intelecto pertenece el pneuma escondido, la «semilla», hecha «fruto» se reintegra al agua
de vida, brotante. El Intelecto así recuperado, o Hijo perfecto, llamado vida y luz (ver
48,15ss) y ahora Palabra de la Voz, al incluir la obra sotérica cumplida, revela en sí el
orden divino total, reflejo de la Voz inefable o Nombre (EvV 38,6-7ss) y de la Luz.
Compárese 37,4-9 con Jn 1,7 y 1,18 con las 36,17-22 y 36,30.
12. La Palabra manifiesta lo difícil de interpretar (cf. Jn 1,18) y conocer lo que en
el Pensamiento era inconsciente de sí.
13. Así se reveló en su función salvadora a los pneumáticos que están en el
abismo (*nooun/hádes*, ver 40,22), pero que participan de los misterios encubiertos de
Dios. Ellos son generados por irradiación paterna («hijos de la luz» [ver 41,1 y 16;
42,16 y 49,25-26; SabJC 126,14 ss; 1ApSant 25,17-18; HipA 97,13-14; Jn 12,36,
etc.]). La expresión es qumránica (1QS II 16). Compárese 37,18-20 con Jn 1,12.

Vínculo entre la Voz y la Palabra

Y la Voz que se originó de mi pensamiento existe como tres permanencias (*moné*): el Padre, la Madre y el Hijo, como un lenguaje que es perceptible[14], ella tiene en sí una Palabra que posee toda [gl]oria y tiene tres masculinidades y tres poderes (*dýnamis*) y tres nombres. Existen a la manera de tres⊏⊐(que son cuadrángulos), secretamente e[n] el silencio | del Inefable[15]. [Es el] solo que llegó a ser, es de[cir, el Cristo. Y] fui yo quien lo ungió con la gloria [del Espíritu In]visible con un [poder espiritual[16]. Ahora bien, [al Tr]es lo establecí so[lo en gloria] eterna sobre [los eones en el Agua] Viviente, es de[cir, la gloria que lo circunda]. [...] 38 el que fue primero en irradiar la luz de los eones eminentes y está en la Luz gloriosa con constancia firme[17], y él se sostuvo en su propia luz que lo rodea, es decir, el ojo de la [l]uz que gloriosamente brilla sobre mí. Él hizo eterno al Padre de todos los eones que soy [y]o[18], el pensamiento del Padre, la Proténnoia, es decir, Barbeló, la gloria perfe[cta] | y al Invisible inconmen[surable] que está oculto[19].

14. El lenguaje perceptible (*lógos aisthetós, prophorikós* de los estoicos o *eso lógos* o *en phoné* de Aristóteles [2Anal 76B]) es palabra significativa (*semantikón*). Se compone de tres aspectos: acción significativa (la noción), sustrato (el aire) e impresión (afección en el sustrato), cf. Plotino, En VI (42) 5,1-5 y *Asclepio*, 20. Siguiendo el símil, el Padre es la acción, la Madre el sustrato y el Hijo la afección. Tres paradas que constituyen la Voz distinta o Intelecto (la tríada está en ApocJn 21,20; Anón. Bruc. 49,13-17; 53,14-18; 61,10; EvE 41,8-9; 42,3-4; 43,4-5; 44,9-10; 55,9-10) y representan las precondiciones de su distinción. Otros textos hablarán de ser-vida-conocimiento jerarquizados como expresión de un proceso generativo: padre, madre, hijo (Zos, All, EsSt, Mar). Son los prolegómenos de la tríada neoplatónica ser, vida y conocimiento que también se da en los OrCald, en su esbozo original como una exégesis del Unigénito de Dios (ver 48,1ss).
15. La Voz/Intelecto incluye la Palabra (*lógos*) que lo refleja como discurso y así es su gloria. La Voz completa, tiene, pues, tres masculinidades, los tres hombres: Hombre, Hijo del Hombre e Hijo del Hijo del Hombre (cf. EugB, Int.), tres nombres (Padre-Madre-Hijo) y tres potencias (paterna-materna-filial) en disposición en el deseo del Pensamiento, la *tridýnamis* de la Madre en el Anón. Bruc. 7,16, etc., y el Invisible (ib. 12,20-13,21 y 13,4-6); Zos 17,6-7; 20,15-18; All 64,34-36; Mar 4,5-16; 6,19; 7,17-28; 8,5-11; 18-20; 9,8-10; 20-25; 15,1-3 y n. 11. Los 3 cuadrángulos sugieren a las 3 potencias en silencio: tres que son cuatro, ya que el Pensamiento subyace a cada una.
16. Cf. 38,22: «Hijo perfecto, al Cristo». El Unigénito de Dios, el Cristo, ungido por el Pensamiento con la eficacia del Espíritu Invisible (cf. ApocJn 30,1-31,1).
17. El Hijo, Cristo como potencia completa del Espíritu, es engendrado con todos sus atributos y en conocimiento perfecto.
18. «Ojo de Luz», la imagen genuina de la Luz, como la pupila (Platón, I *Alcib.* 132A-133C). De él vienen «las luces sin sombra», eones o «hijos de la luz» (cf. EugB 81,6 y 12, y EvE IV 61,10).
19. Se designa la identidad de Proténnoia, Pensamiento o Barbeló.

Identidad y enseñanza del Primer Pensamiento

Yo soy la imagen del Espíritu Invisible y por mí el Todo adquirió imagen, y soy la Madre, la luz que puso como virgen, que es
llamada Mirotea[20], la matriz inaccesible, la v[o]z incomprensible e
inconmensurable[21]. Entonces el Hijo perfecto se manifestó a sus
eones, los que llegaron a ser por él. Los manifestó, los glorificó y |
les dio tronos. Se sostuvo en la gloria con que se le glorifica. Bendi-   20
jeron al Hijo perfecto, al Cristo, al Dios que llegó a ser solo[22] y ellos
han dado gloria diciendo: «¡Es!». «¡Es!». «¡El Hijo de Dios!». «¡El
Hijo de Dios!». «¡Es el que es!». «¡El eón de los eones!» considerando los eones que engendró. Porque ¡Tú has engendrado por tu
propio deseo a ti solo. Por ello te glorificamos a ti: *MA MO O O O
EIA EI ON EI!* ¡El | [E]ón de los e[ones]! [¡El] Eón que él dio![23].   30

*Establecimiento de los luminares
y manifestación de Sabiduría y de Saclas*

Entonces, él, el di[os que fue] engendrado, les dio un poder
de [vida con el que contar] y [los] estableció. De una parte [el]
pr[i]mer eón lo estableció [sobre el prime]ro: Armedón, Nusa[nio,
Armozel. El se]gundo lo estableció [sobre el segundo eón]: 39
Feonio, Enio, Oroyael. El tercero sobre el tercer eón; Melefanea,
Loyón, Daveitai. El cuarto, sobre el cuarto: Musanio, Ametés,
Elelet. Ahora bien, estos eones fueron engendrados por el Dios
que fue engendrado, el Cristo. Por otra parte recibieron gloria y
dieron gloria también los eones. Fueron los primeros en manifes-
tarse, eminentes en su pensamiento, y cada | uno de los eones   10
dio miríadas de glorias en grandes luces inescrutables y todos
ellos juntos alabaron al Hijo perfecto, al Dios que fue engendrado[24]. Entonces surgió una palabra de la gran luz Elelet y dijo:
«¡Soy el Rey! ¿Quién pertenece al caos y quién al Hades?». Y en

---

20. Proténnoia es reflejo del «Invisible inconmensurable» o Espíritu Invisible (cf.
ApocJn 22,20ss) y mediadora para el Todo reflexivo. Es Madre (ver n. 14) como
tensión y sustrato del Hijo, «Luz virginal», inalterable (ApocJn 26,19), y Mirotea (parte
de Dios) o Prónoia. Ver EsSt 119,12-13; 120,15 y n. 4. Cf. 38,12 con Jn 1,3.
21. *Tote = toote = métra*, el seno paterno (TestV 31,5 y Crum, 275A).
22. El Intelecto como Hijo completo (ver 37,30-31 y 38,31) revela a sus miembros, eterno contenido, con lo que los exalta y honra.
23. Los eones glorifican, manifiestan unidos con nitidez al Hijo como «el que es»
(Ex 3,14; Is 43,11), revelándole como el Hijo de Dios, con su nombre: «Yo soy» (cf. Jn
8,24, 18,58; 13,19) y le exaltan como «Eón de los eones», eternidad en sí, con términos
de los PMG (IV 1164, 2200; XIII 71, etc.) y EvE 43,10.
24. Los eones de la divinidad que se engendró (*pnoute ntaygpot/theós gennetheís*:
Justino, *Diálogo*, 61,3), se subdividen en los cuatro poderes de vida cada uno con sus tres
luminarias (ver ApocJn, Zos, All, EsSt, EvE, Mel y Adv. Haer. I 29,2).

aquel instante su luz se manifestó, brillante, provista de la Epínoia.
20 No le imploraron | los poderes de los poderes y en el instante
también se manifestó el gran Demonio (*daimónion*) que gobierna
sobre la parte ínfima de Hades y el caos. Éste carece de forma y
perfección, por el contrario posee la forma de la gloria de éstos
engendrada en la oscuridad. Por lo tanto es llamado Saclas, es
decir, Samael, Yaltabaot[25], el que había adquirido un poder, que
lo había arrebatado a aquella irreprochable a la que había domi-
30 nado | primero, es decir, la Epínoia de la luz que había descendi-
do, de la que él había venido primero. Ahora bien [cuando] supo
la Epínoia de la luz que la había implorado por otro or[den
(*táxis*), aunque era inferior] a ella, le dijo: «Dame [otro orden
para que] llegues a ser para mí [un lugar de naci]miento, no vaya
a ser que esté desordenada [para siempre». Y el orden de la mora-
da] entera de 40 la gloria estu[vo de acuer]do con su palabra. Una
bendición le fue dada y el orden superior se la dejó[26].

Creación del mundo y recuperación del espíritu

Y comenzó el gran Demonio a producir eones sobre el modelo
de los eones reales, los producía, sin embargo, por su poder solo.
10 Entonces yo también manifesté mi Voz secretamente | dicien-
do: «¡Cesad!». «¡Cesad, vosotros que camináis en la materia!»[27].
«Porque ve ahí que desciendo al mundo de los mortales a causa de
mi parte (*méros*) que está en ese lugar desde el día en que la irreprochable Sabiduría fue dominada, la que descendió para que yo
impidiera su fin, que ordena el que se manifiesta por ella».

Generación de Adán y victoria de Proténnoia

20 Y se turbaron todos | cuantos están en la morada de la luz
que no conoce. Y el abismo tembló y el Archigenerador de la ignorancia reinó sobre el caos y el Hades, y produjo un hombre

25. De la postrer luminaria surge un logos atípico («¡Soy el Rey!») cuya exteriorización inteligible (*Epínoia*) es una imagen brillante y confusa, que no despierta la admiración de los seres noéticos. Los eones saben que no es palabra del Pleroma y no lo
refleja; pero como actividad desordenada e ignorante origina al Demonio (cf. EvE
57,17-58,18), Demiurgo cósmico. Él, como imagen que emerge no en sustrato de luz,
sino tenebroso, es informe, deficiente y conocido como Saclas, Samael («dios ciego») y •
Yaldabaot (OgM 150,11; 151,1-33; HipA 142,7s).
26. Epínoia es la Sofía desviada, sin falta, y Saclas le arrebata el poder debilitado
(cf. ApocJn 38,15-39,1; Adv. Haer. I 29,4). Al confundírsela con el desorden, pide el
orden, para no quedar oculta. La Plenitud toda responde al pedido y le otorga una
palabra correcta para poder reingresar en el orden superior.
27. El «gran demonio» (39,21-22) genera eones a imagen, pero impotentes, porque no es de la Epínoia. La Voz condena la actitud y la obra (cf. Hipólito, Elen V 8,22).

según mi modelo. Pero no supo que aquello sería para él una sentencia (*kríma*) de destrucción, ni conoce el poder que hay en él. Pero he descendido | y he alcanzado el caos. Y estaba [con] los 30 que son míos que estaban en [aquel] lugar. Estoy [ocul]ta en ellos, dándoles poder [y dán]doles imagen. Y des[de el primer día] hasta el día [en que concederé potente poder] a los que son míos [me manifestaré a] los que han oí[do mis misterios], **41** es decir, los hi[jos] de [la] luz. Soy su Padre y les diré un misterio inefable e indivulgable por [cual]quier boca. He desatado vuestros lazos y he roto las cadenas de los demonios del Hades, las que se ligan a mis miembros (*mélos*), esclavizándolos[28]. Y he abatido los altos muros de la oscuridad, y he roto las puertas seguras de | los 10 despiadados, y sus cerrojos he quebrado. Y la mala influencia (*enérgeia*) y al que os golpea y al que os obstruye y al tirano y al adversario y al que es rey y al enemigo real, a todos éstos, por lo tanto, los he señalado a los que son míos, es decir, a los hijos de la luz, para que se liberen de todo esto y se salven de todos estos lazos y entren en el lugar en donde estaban | primero[29]. Soy la 20 primera que descendió por motivo de mi parte que queda, es decir, el espíritu que está en el alma (*psyché*), llegado a ser desde el Agua de la Vida y de la inmersión de los misterios (*mystérion*). He hablado conjuntamente a los arcontes y autoridades, ya que he descendido al fondo de su lenguaje y he dicho mis misterios a los que son míos, un misterio oculto. Y fueron liberados de los lazos y del olvido eterno. | Y he producido fruto en ellos, es decir, 30 el pensamiento del Eón inmutable, y mi morada y su [Pa]dre. He descendido hacia [los que son] míos desde el comienzo y [los he rescatado y he roto el] primer cabo que [los esclavizaba. Enton]ces han brillado cada uno de [los que están] en mí y **42** he preparado un mo[de]lo para las luces inefables que están en mí. Amén.
«El [discur]so de la Proténnoia» (I)[30].

28. Epínoia vaticina el descenso para rescatar a la sustancia espiritual caída (41, 21ss; 44,7; 47,32ss y 49,21-22) e impedir su confusión con lo mortal, organizado a su servicio. La obra ignorante se turba desconociendo la raíz de la proclamación y el Demiurgo, señor de la construcción caótica, plasma al hombre, a imagen de Epínoia, sin saber que con esta acción decreta su fin (cf. 49,14; HipA 135,10- 136,19; OgM 160,34-165,36 y ApocJn 48,1-54,14), pues la obra plasmada a imagen del Hombre que ve en las aguas puede atraer por correspondencia al arquetipo y así Epínoia iluminar a sus imágenes ocultas (cf. F. García Bazán, *El cuerpo astral*, Barcelona 1993). Desde ahora, hasta el final del mundo, Epínoia se irá manifestando en los «hijos de la Luz» (37,19), receptores de un misterio que no se puede divulgar (cf. 1Co 15,51 y ver 42,27-28).
29. Conocida la acción liberadora los pneumáticos tornan al origen.
30. Proténnoia concluye la primera parte explicando que descendió la primera para rescatar a su «parte» (*méros-mélos*), el *pneûma* en el alma, que renace por el rito iniciático bautismal (45,12ss y 48,7ss). Ha dicho el misterio oculto a los «suyos» y ha diluido así el falso lenguaje arcóntico. Se opera, pues, la liberación, y se produce el fruto o la recuperación en el Pensamiento.

DISCURSO SOBRE EL DESTINO

*El primer Pensamiento como lenguaje espiritual
y los tiempos escatológicos*

Yo soy la Voz que se manifestó desde mi pensamiento, porque soy el cónyuge, puesto que se me llama «el pensamiento del
Invisible», puesto que se me llama «el lenguaje inmutable», puesto que se me llama «la cónyuge». Soy algo [ú]nico, puesto que
soy inmaculada.

10   Soy la madre [de] | la Voz que habla de muchas maneras,
completando el Todo. El conocimiento está en mí, el conocimiento de los que no tienen fin. Yo soy la [que] habla en toda
criatura y soy conocida por el Todo. Soy la que da el lenguaje de
la Voz a los oídos de los que me han conocido, es decir, a los hijos
de la luz. Pero he venido por segunda vez bajo el aspecto de una
mujer y les he hablado. Y les hablaré sobre el fin del eón que |
20   llega y los adoctrinaré sobre el comienzo del Eón que está por
venir, el inmutable, en el que se cambiará nuestra apariencia, ya
que seremos purificados en aquellos eones en los que me he manifestado por el pensamiento con la semejanza de mi masculinidad.
Me he establecido entre los que son dignos con el pensamiento de
mi Eón inmutable. Porque os diré un misterio de aquel eón y os
30   hablaré de las energías (*enérgeia*) que están en | él[31]. La generación
es un eco: la ho[ra] engen[dra] a la hora y el dí[a] engendra al dí]a.
Los meses hacen conocido al me[s. El tiempo] ha gi[ra]do suce-
diendo al [tiempo]. Aquel Eón 43 se completó de [esta] manera y
se lo estima y es pequeño, puesto que es un dedo que ha liberado
a un dedo y una unión que fue separa[da] de una unión[32].

Conflagración celeste

Ahora bien, cuando supieron [las] grandes autoridades que el
tiempo del cumplimiento se había manifestado (a la manera de
los dolores de la parturienta éste se ha aproximado, así también
se ha aproximado la destrucción) todos juntos temblaron los ele-
10   mentos (*stoichéon*) y los cimientos del Hades y las bóvedas | del

---

31.   De 42,4 a 16 la Voz se presenta como Hijo o Intelecto, Voz que habla de múltiples
maneras (Hb 1,1), Totalidad que es pareja del Padre, «el cónyuge y la cónyuge», y Madre de
la Voz proferida. «Lenguaje inmutable», es decir, en reposo. Enseguida se relata el segundo descenso de la Voz/Pensamiento, o sea, como pneuma deficiente, lo femenino de la
Proténnoia extraviada. Este eón, el mundo presente, forjado por Saclas, concluirá, cuando se muestre el eón pleno, inmutable, al fortalecer lo masculino al espíritu debilitado.

32.   Analogía de la escatología realizada y el tiempo. Del tiempo intenso procede
el disgregado; de lo pequeño, lo grande y extendido; aquel eón libera, desatando a la
luz, uniendo y separando, de una composición ilusoria. Cf. HipA 142,28-33.

caos se sacudieron y un gran fuego brilló en medio de ellos y las rocas y la tierra se sacudieron como una caña sacudida por el viento[33]. Y los lotes (*kléros*) del Destino (*heimarméne*) y los que miden las casas se turbaron internamente por un gran trueno. Y los tronos de las potencias se turbaron puesto que eran volteados y su rey tuvo miedo. Y los que siguen al Destino dieron su asignación de giros sobre el camino y dijeron a las potencias[34]: «¿Qué significa este disturbio | y esta sacudida que ha venido sobre nosotros por una Voz que pertenece al lenguaje eminente? Y nuestra morada entera se ha sacudido y el circuito total de nuestro camino de ascenso ha chocado con la destrucción y el camino sobre el que vamos, que nos lleva hacia el Archigenerador de nuestra generación, ha dejado de ser firme para nosotros».

Las potencias acusan a Yaltabaot

Entonces las potencias respondieron diciendo: «También nosotras estamos en la ansiedad (*aporeîn*) por esto, puesto que ignoramos de quién es. | Pero, vayamos hasta el Archigenerador y preguntémosle». Y todas las potencias subieron hacia el Archigenerador. Le [di]je[ron]: «¿[De dón]de proviene tu jactancia, de [la que alar]deas?, ¿No [oímos que dijiste]: "Soy Dios [y soy vuestro] Padre, 44 y soy yo el [que] os engendró y no hay ot[ro] más que yo?". Ahora, pues, ve ahí, se ha manifestado [una] Voz que pertenece al lenguaje invisibl[le] del Eó]n que no conocemos. Y nosotros no hemos conocido a aquel al que perten[ecemos], porque aquella Voz que hemos oído nos es extraña y no la conocemos. Tampoco supimos de dónde provino[35].

33. Cuadro apocalíptico: con la creación del hombre se entra en la *syntéleia* («consumación») del cosmos sensible, pero la llegada de la Palabra salvadora la acelera (44,33-34 y cf. Mt 24,3; ApocJn 48,2; OgM 173,32ss; EvE 63,3, 62,21, etc.). El repertorio de signos bíblicos lo anuncia (Is 13,8; Os 13,3; Mt 24,7-8; Jn 16,21).

34. La descripción de los tiempos últimos alcanza a las esferas celestes. Los signos astrológicos denuncian la proximidad del desenlace: las «partes» del destino de los individuos señaladas por las posiciones del sol y de la luna y el signo ascendente del horóscopo en el momento del nacimiento, así como las casas del Zodíaco se han turbado por el «gran trueno» que ha roto la serenidad de las zonas celestes. Igual sucede con los planetas y con los giros de las estrellas, pues se llega al límite marcado por el destino demiúrgico. No hay diferencias de fondo con *Marsanes*.

35. El sistema celeste se declara ignorante del fin de un mundo que creía existente por infinitos períodos de acuerdo con la acción productiva de un Archigenerador (ver 41,23; 43,25.30-32; 44,27; 49,13, el término es irónico y patente el rechazo de la cosmología griega). Yaldabaot, dios creador de cristianos y judíos, es igualmente condenado. Es un falso productor, generador de ilusiones, que provienen de la vanidad sin raíz (cf Is 44,6; Adv. Haer. I 30,6; I 29,4; ApocJn 11,18-22; 13,5-9; OgM 160,28-29; HipA 142,21-22; 2ApSant 56,25-57,3). La Voz es extraña para ellos (ApocJn 47,10-20). Un lenguaje ajeno al del Demiurgo.

10   Sembró el miedo en nuestro medio y ha relajado | los miembros de nuestros brazos. Ahora, por lo tanto, illoremos y lamentémonos con gran clamor! En cuanto al resto, hagamos nuestro curso completo antes de que seamos esclavizados por la fuerza y llevados al fondo del Hades. Porque ya se aproxima la relajación de nuestra servidumbre y los tiempos (chrónos) se acortan y los días se abrevian y nuestro tiempo se ha cumplido y el llanto de nuestra destrucción se nos ha aproximado para que seamos llevados

20   al lugar que no conocemos. | Porque nuestro árbol desde el que crecimos, un fruto de ignorancia es lo que tiene y también sus hojas, lo que en ellas hay es muerte y oscuridad hay bajo la sombra de sus ramas. Y lo hemos cosechado en el engaño y la codicia, por el que el caos ignorante fue para nosotros morada. Porque, ve ahí, también él, el Archigenerador de nuestra generación, del que nos jactamos, tampoco ha conocido este lenguaje»[36].

Llamada de liberación y advenimiento del primer Pensamiento

30   Ahora, | pues, Hijos del Pensamiento, oíd al lenguaje de la Madre de vuestra misericordia, porque vosotros habéis llegado a ser dignos del misterio oculto de los eones, para que po[dáis] recibir]lo. Y la consumación de este eó[n y] de la vida de injusticia se [ha aproximado y alborea] 45 [el co]mienzo de[l eón por veni]r que es [siempre inmutable]. Yo soy andr[ó]gino. [Soy madre, so]y padre, puesto que [llego a ser] sola conmigo. [Llegan]do [a ser] conmigo sol[a y con los que] me aman [y] el Todo por mí so[l]a [permanece firme]. Soy la matriz [que da la imag]en al Todo al dar nacimiento a la luz que [brilla] esplendorosa[mente]. Soy el eón por [venir]. S[oy] la perfección del Todo, es decir, |

10   M[i][rot]ea, la gloria de la Madre, emitiendo un lenguaje [de la V]oz en los oídos de los que me conocen[37].

36.   Son efectos del lenguaje que no entiende: miedo, impotencia, llanto, ayes y apremio por cumplir su curso antes de diluirse por la brevedad de los tiempos. El cosmos es como un árbol sin raíz (cf. ApocJn 56,17-57,5, parodia de Platón, *Timeo* 90A-B), apariencia que produce seres ignorantes y lleva a la muerte y oscuridad.

37.   Comprobada la inanidad de los poderes inferiores, emerge el lenguaje real que expresa el misterio oculto de la Madre clemente (ApocJn 71,5ss) revelada por los eones. Termina el mundo, porque se revela la eternidad (EvV 24,28-25,3). El primer Pensamiento es andrógino: Madre-Padre, tensión de conocimiento de sí del Padre que se abre en lo uno, desde él y en él, para conocerse. Dos que son uno (cf. Hipólito, Elen VI 18,1-7), concluyendo en la distinción una de los que la aman, los «hijos del Pensamiento». Así «Matriz» (ver 38,15), que conforma al Todo, al generar la luz, y el eón futuro al perfeccionar al Todo, como Mirotea (= Prónoia) (ver n. 20), Totalidad perfecta. Lenguaje idéntico con su ser (cf. Parménides fr. 6; Plotino, En V 3 [49] 5,2ss, y 6,23ss) sólo apto para ser oído por quienes poseen la predisposición, germen de la misma Proténnoia.

342

El bautismo iniciático trascendente y el desvelamiento del Pensamiento primero

Y os invito en la Luz, eminente perfecta. Respecto de ésta, pues, cuando entréis, seréis glorificados por los que dan gloria y los que entronizan os entronizarán. Recibiréis túnicas de los que dan la túnica y os bautizarán (*baptízein*) los que bautizan y estaréis en gloria con las glorias del modo como estabais | primeramente cuando erais imagen[38]. Y me he ocultado en cada uno y me he manifestado en ellos y me han deseado buscándome todos los pensamientos, puesto que yo soy la que dio imagen al Todo cuando de forma (*morphé*) carecía. Y he transformado sus formas en formas hasta el momento en que se dará una forma al Todo. Por mí la v[o]z ha llegado a ser y soy yo la que puse el aliento en los que son míos y al Espíritu Santo| eterno lo he difundido en ellos[39] y he ascendido al cielo y entrado en mi luz. He as[cendido] sobre mi brazo, me senté [allí entre los] hijos de la luz, san[tos][40]. Pero [retirándome] (*anachoreîn*) a su morada 46 que [...] llega a ser glo[rioso] [...]. Amén.

«Sobre el destino (*heimarméne*)» (II). 20 30

DISCURSO SOBRE LA APARICIÓN COMO PALABRA

Los dos momentos de la Palabra

Soy la [Pala]bra (*lógos*) que existe [en la Voz] inefable. Existiendo en [luz] inmaculada. Y un pensamiento se [reveló] sensiblemente por el [gran] lenguaje de la Madre, aunque [el que me sostiene] es un vástago masculino, | como mi fundamento. Y 10

---

38. Se describe la experiencia gnóstica como un ascenso gradual en el Pleroma (ver Int. y cf. OcNov). La contrapartida práctica con la iniciación por los cinco sellos se da en 48,15-35.

39. Esta sección encierra doble contenido: ratificación del ocultamiento del pneuma y rescate de la imagen total de Proténnoia por difusión del Espíritu Santo en el soplo débil (cf. EvV 27,15.33 y ExpVal 33,21-23) y la enseñanza de que la fortificación de lo caído exigía el ascenso previo de Sabiduría y su permanencia en la Plenitud (cf. ApocJn II 30,30).

40. La Palabra (= «el gran Lenguaje de la Madre») rescata a la Voz oculta, pneuma caído. Palabra ya estaba en la Voz inefable, en Prónoia, pues el intento de conocer al Padre implica al Nous completo, sin los defectos de la división y la caída. Por esto el Pensamiento que baja es un «vástago masculino», como derivado del Pleroma. Del Silencio (ver 36,3), base de todo movimiento (47,10), etc., procede el fruto de vida, la Voz (= Intelecto) o Hijo. Es la Palabra dicha, noética, que viene al mundo (Is 9,2; Mt 4,16; Jn 1,5) para hacer conocer lo secreto a sus hermanos (vocablo mistérico) en la sombra. Cf. 46,16-19 y Jn 1,16.

existe desde el comien[zo] en el fundamento del Todo. Pero hay
una Luz [que] existe oculta en silencio y que fue primera en s[a]lir.
Ella sola, sin embargo, es silencio. Yo soy la Palabra, inefable,
inmaculada, inconmensurable e inconcebible, luz oculta, que
produce un fruto de vida derramando agua viviente de la fuente
(*pegé*) invisible, inmaculada e inconmensurable, es decir, la Voz
20 de la gloria | de la Madre irrefutable, la gloria del vástago de
Dios; una virgen masculina de un Intelecto oculto, es decir, el
silencio oculto del Todo, que es irrefutable e inconmensurable
luz, la fuente del Todo, la raíz del eón total, el fundamento (*básis*)
que sostiene todo movimiento de los eones que pertenecen a la
gloria poderosa. Es el fundamento de todo fundamento. Es el
aliento de las potencias. Es el ojo de las tres permanencias, que
30 existe como Voz | de un Pensamiento. Y es una Palabra del len-
guaje; fue enviada a iluminar a los que existen en la os[curi]dad.
Ve ahí, pues, os re[velaré] [mis misterios] puesto que sois mis
her[manos y] los [conoceréis] todos[41] [...] 47 [...] Yo [los instruí a
todos ellos sobre] [mis misteri]os que existen en [los eones] [in-
comprensibles] e inexpresables. Les en[señé los misteri]os de la
10 v[oz que] [existe] en un Intelecto perfecto [y] | llegué a ser un
fundamento para el Todo y les [di poder]. La segunda vez vine
en el [lenguaje] de mi Voz. Di imagen a los que to[ma]ron imagen hasta su consumación.

Manifestación sensible de la Palabra

La tercera vez me manifesté a ellos [e]n sus tiendas (*skené*)
siendo Palabra[42] y me manifesté con el aspecto de su imagen y
llevé el vestido de cada uno y me oculté en ellos y no [co]nocieron
20 al que me da poder. Porque existo | en todos los principados y
poderes y en los ángeles y en todo movimiento [q]ue existe en
toda la materia. Y me oculté en ellos hasta que me manifesté a
mis herma[nos][43]. Y ninguno de ellos me conoció, aun[que] soy

41. Los misterios aludidos implican la enseñanza sobre los tres descensos del
Primer Pensamiento: en el Intelecto como Voz expresada y completa (40,8-42,2), el
segundo como lenguaje de la Voz que estará reunido con la conclusión del mundo
(45,23-27; 42,17-18), el tercero como Palabra que salva (35,12-26).
42. La Palabra de Proténnoia se reflejó en el mundo transitorio («en sus tiendas»)
en aspecto humano, así fue ignorada (Jn 1,14; comparar también 38,20-22 y 41,15-16
con Jn 1,10-11; Hen[et] 42,2; ApocJn II 31,3-4; CaPeF 136,16-7). Tomando el perfil de
las potencias logró la disolución de su estabilidad ilusoria.
43. La Providencia superior (Proténnoia = Prónoia) actúa en el mundo. Lo
ignoran los poderes, aunque cooperan con ella y por el destino finito de la generación
fabrican un medio apto para su venida. Ellos son un sustrato sin futuro ni capacidad de
crecimiento cósmico, ya que el designio inferior llega a su fin; pero la semilla espiritual
secreta renacerá y es la sola que se salva. Es posible así el despojo del hombre viejo,

quien actúa en ellos. Per[o] [pensa]ron que el Todo fue creado por [ellos], puesto que son ignorantes, no conociendo [su] raíz, el lugar del que han crecido. Y[o] soy la Luz que ilumina al Tod[o]. | Soy la luz que se alegra e[n mis] hermanos, porque he   30
bajado al mundo [de los] mortales a causa del Espíritu que permanece [en] lo que [descendió] que provino de la Sofía [irreprochable. Vine] y liberé [...] y f[ui] a[...] 48 [...].

Bautismo, conocimiento y liberación

[...] que tenía [previamente y] [le di] del agua [viviente, que] lo [libera] del caos que [existe] en la extrema [oscu]ridad existente [den]tro | del [abis]mo total, es decir, el pensamiento de [lo   10
cor]poral y psíquico. Todo esto yo lo he revestido. Pero lo he despojado de él. Lo he revestido de una luz brillante, es decir, el conocimiento del pensamiento de la paternidad. Y lo he entregado a los que dan la túnica —Yammón, Elaso, Amenai— y ellos lo cu[brie]ron con una túnica (*stolé*) de las túnicas de la luz; lo he entregado a los que bautizan, lo han bautizado —Miqueo, Mijar, | Mn[e]s[i]no—, pero lo han sumergido en la fuente del   20
a[gu]a de vida. Y lo he entregado a los que entronizan —Bariel, Nután, Sabenai—, ellos lo han entronizado con el trono de gloria. Y lo he entregado a los que glorifican —Arión, Elión, Fariel— ellos lo han glorificado con la gloria de la Paternidad. Y los que toman posesión han tomado posesión de él —Camalie[l] [...]anen, Samblo— los servidores de las grandes [l]uminarias (*phostér*) santas, lo recibieron en el | lugar luminoso de la Paternidad. Y re[ci]bió los cincos sellos (*sphragís*) de la [lu]z de la Madre, la Proténnoia, y se le per[miti]ó compartir [el mister]io del con[ocim]iento y [se tornó lu]z en la l[u]z[44]. Ahora, pues, [...] 49   30

revestir el nuevo (Col 3,9-10) y que la «Luz del Todo» traiga la liberación brillando en las tinieblas que no la dominan (Jn 1,4-5).
    44.   El iniciado imita al prototipo salvífico dentro de la obra de liberación universal operada por la Palabra, «Padre de la generación incorruptible» (ver EvE 54,9-11), y la prosigue. Cumpliendo las etapas iniciáticas que reflejan con fidelidad el misterio del descenso y ascenso crístico, reactualiza el modelo noético. Se describe así el rito de iniciación anticipado en los misterios de la gnosis (45,12-20). El pneumático por la acción refleja se libra de la ilusión psíquica y somática y recupera gradualmente la luz esplendorosa del Intelecto (= «conocimiento del Pensamiento de la paternidad»). El logro de la gnosis completa exige el cumplimiento de los «cinco sellos» (ApocJn II 31,22-25; EvE 55,12; 63,3) que marcan convocando a los «cinco sellos del Intelecto», auxiliadores e iluminadores que permiten al pneuma recuperar su función eterna; lo disperso se reúne bajo el sello noético y el caos se disipa (cf. EvV 24,30-25,6). Compárese 47,28-29 y 49,25-28 con Jn 1,9 y 13.

[...] esta[ba] en ellos [bajo el as[pecto de cada] uno. [Los arcontes] pensaron [que yo] era su Cristo. Realmente existo [en cada] uno. Indudablemente en aquellos a los que me he ma[nifestado] |

10 como luz. [He sorteado] a los arcontes. Soy su amado, [por]que en aquel lugar me he vestido c[omo] el hijo del Archigenerador, y he sido semejante a él hasta el fin de su juicio, es decir, de la ignorancia caótica.

Jesús, Palabra liberadora

Y entre los ángeles me manifesté a su sem[ej]anza, y entre los poderes (*dýnamis*) como si fuese uno de ellos, pero entre los hijos de hombre como si fuese un hijo de hombre, aunque soy |

20 Padre de cada uno. Me he ocultado en ellos todos hasta que me manifieste en mis miembros, que son míos, y les he enseñado acerca de los decretos inefables y los hermanos. Ellos son inexpresables, empero, para todo principado (*arché*) y para todo poder que gobierna (*archontiké*), excepto para los hijos de la l[u]z solos, es decir, los decretos del Padre. Éstas son las glorias superiores a toda gloria, es decir, los c[in]co s[el]los cumplidos por un Intelecto. El que posee los Cinco Sellos de estos |

30 nombres se ha despojado de la túnica de la ignorancia y revestido una luz brillante. Y nada se le manifestará que pertenezca a los pode[res] de los arcontes. En los que son de esta especie se des[vane]cerá la oscuridad y perecerá la igno[rancia] y el pensamiento de la criatu[ra] que es[tá dispersa] presen[tará] un solo aspecto y [el caos oscuro] se disolverá y 50 [...] y el [...] inaccesible [...] [...] en la [...] hasta que me manifies[te a mis hermanos] y hasta que reúna a todos mis [her]manos en mi [reino]

10 [eterno]. Y les he proclamado los [cinco] | [se]llos inefables pa[ra] poder estar en ellos y que ellos también estén en mí. Yo me he revestido de Jesús. Lo he tomado del madero maldito y lo he establecido en los lugares en donde está su Padre y no me han conocido los que vigilan sus moradas, porque yo, incomprensible, llego a ser con mi simiente (*spérma*) y mi simiente,

20 que es mía, la esta[ble]ceré en la luz santa en un | silencio inaccesible. Amén[45].

45. El lenguaje habitual no capta los efectos iniciáticos. Se explica que la Proténnoia en su obra liberadora ha adoptado la apariencia de Jesús (ver 49,12-13; Adv. Haer. I 30,3; EvE 63,24-64,3; IV 75,15-17; TrGSt 57,7-11, dándole preferencia a Set). La envoltura mundanal ha quedado en la cruz, en el mundo, pero el espíritu se ha elevado hasta el Padre, sin que los poderes puedan obstaculizar lo que para ellos es inapresable (47,18ss). Como en Jesús la semilla débil se ha fortalecido por la fuerte y ascendido, sucederá con el resto de las simientes (40,34ss) hasta que todas se unan en la Luz

«El discurso de la aparición» (III).
«Pensamiento Primero Trimorfo» en tres partes. Escritura sagrada. Escrito del Padre en conocimiento perfecto (*en gnósei teleía*)[46].

inteligible según el deseo de conocimiento de la Madre (= «Silencio inaccesible»). Compárese 50,15-16 y 38, 16-18 con Jn 1,10.
46. Sobre el título del escrito cf. Introducción, n. 2.

MARSANES
(NHC X 1)

INTRODUCCIÓN*

El *Marsanes* es el único escrito que contiene el Códice X de la biblioteca de Nag Hammadi. Es muy probable que este códice haya estado formado por este solo documento[1].

Se conserva solamente el 41% del total del *Marsanes*. La parte que ha subsistido, si bien no permite interpretar aspectos fundamentales de la obra, sí admite comprender el género apocalíptico al que pertenece y el núcleo de la doctrina y familia gnóstica a la que debe haber representado.

El *Marsanes* es una revelación similar a la del *Allógenes* y *Zostriano*. Durante su transcurso un personaje de privilegiada espiritualidad y reconocida maestría profética, Marsanes[2], al ser protagonista de la profundización progresiva de la experiencia de gnosis a la que acompaña el ascenso espiritual del alma, relata el conocimiento visionario o mapa de la interioridad que su viaje le proporciona. De este modo facilita en el comienzo la composición estructurada de la realidad trascendente (1-10), pero asimismo se detiene en describir el método, vinculado al rito bautismal, que posibilita el logro y repetición de la experiencia en el contexto iniciático apropiado (25-42).

---

* Introducción, traducción y notas de Francisco García Bazán (Universidad Argentina J. F. Kennedy-CONICET).

1. Cf. B. A. Pearson, en *Nag Hammadi Codices IX and X*, 229ss.

2. Nombre de posible origen sirio a partir del vocablo «señor» (*mar/a* en arameo-siríaco). Ver asimismo las alusiones a esta figura en Anón. Bruc. 7 (Cf. MacDermoth, 235). Epifanio (Pan 40,7,6) se refiere entre los arcónticos y setianos a los profetas Martiades y Marsiano, que fueron arrebatados al cielo y descendieron a los tres días. Cf. asimismo Eusebio, H.E. VI 12,5. Nuestra revelación explica con claridad el fundamento del ascenso y descenso por la escala de los mundos.

CONTENIDO

El documento, por lo tanto, se compone de dos partes, que en atención al material conservado pueden detallarse así:

I. 1,11-13,19, en donde se describe la ascensión de Marsanes y la constitución de la realidad. Ésta se compone de trece niveles, cada uno correspondiente a un «sello» (*sphragís*), al mismo tiempo marca ontológica y ritual, que se mencionan de abajo hacia arriba de acuerdo con la siguiente organización jerárquica:

a) El universo sensible, material y psíquico, que comprende hasta la hebdómada. Cosmológicamente se trata del mundo lunar y las esferas del sol y los cinco planetas[3].

b) El orden inteligible que comprende los sellos que caracterizan a la ogdóada y la enéada, o sea, la esfera de las estrellas y el fuego exterior que envuelve al universo, el mundo inteligible por oposición al sensible, según la formulación del platonismo pitagorizante difundida por lo menos desde la época de Filón de Alejandría[4].

c) El orden de Barbeló o preinteligible, como la esfera de partida y retorno definitivo del gnóstico, la realidad tripotente o bien el Nombre de Dios, según se aluda a la perspectiva de partida o a la regeneración. El análisis abarca a la tríada permanente en su expresión final o escatológica (= Anti-tierra de la cosmología pitagórica), la década[5]; al Espíritu invisible, equivalente por su poder al fuego invisible, que, como Hestia, permanece en el centro del cosmos, la endécada[6]; al Inesencial (*atousios/anoúsios*), por ser pura alteridad sin presencia de materia inteligible, ya que es principio de distinción, pero no de multiplicidad. Su poder es semejante a la agrupación completa de las divinidades olímpicas, la dodécada; al silencio que toca al Padre y lo conserva oculto, lo infinito inexpresable de la tradición pitagórica o tridécada[7] que enseñan estos «partidarios de la filosofía tradicional»[8].

II. La instrucción, también reservada, de las fórmulas que combinan números, letras, figuras y sonidos (la disciplina del cuadrivio: aritmética, astronomía, geometría y armonía), que tienen la capacidad de ser eficazmente operativas, ya que encierran el

3. Cf. ns. 3 y 8 de la traducción.
4. Cf. Filón, *Opif.* 15-17 y 24, y ver ns. 9 y 10 de la traducción.
5. El décimo cuerpo celeste invisible.
6. «El Hogar del mundo» (Aecio II 7,7) y «fortaleza de Zeus» (Aristóteles, *De caelo* 293b).
7. Cf. Aristóteles, *Fís.* 213b.
8. Porfirio, VitaPl XVI.

conocimiento de las proporciones intrínsecas de los intervalos que enlazan a los seres entre sí según sus características y posiciones a través de la progresión cósmica ininterrumpida. El descenso y ascenso del alma y el espíritu se llevan a cabo de acuerdo con este orden cosmológico, y de este modo el ejercicio apropiado de las técnicas que acompañan al conocimiento contemplativo son apoyos efectivos para la liberación[9].

Los mundos espiritual y sensible son incompatibles por naturaleza, pero, como enseña el *Tratado tripartito*, su organización no está fracturada, puesto que el Logos está al servicio de la Providencia superior, igual que, sin saberlo, el Demiurgo. El gnóstico puede de esta manera dominar la técnica espiritual del ascenso, que es igual que la realidad organizada que se cumple en el descenso.

Se comprueba, por lo tanto, en la redacción del *Marsanes* un claro esfuerzo por recuperar las fuentes de inspiración provenientes del pitagorismo antiguo, que ha sido la raíz de las enseñanzas cosmológicas y rituales de la tradición mantenida por la filosofía platónico-pitagorizante y que estos conocedores del seno de Dios, de Barbeló, dicen convenientemente al pronunciar el Nombre[10].

Si el escrito es de origen barbelognóstico, simultáneamente se presenta como una respuesta que se endereza tanto a corregir la enseñanza de la filosofía platónica de Plotino y su intelectualismo reacio al ritual, como a la particular teúrgia practicada por los caldeos. Mientras que los *Oráculos Caldaicos* son tenidos en cuenta por el autor[11], siendo asimilados a los ritos iniciáticos gnósticos que constituyen una teúrgia, o «acción de Dios», más antigua y en la que es fundamental el bautismo[12], el filósofo neoplatónico es tenido en cuenta al considerarse que para el gnóstico el mundo debe salvarse por completo, porque está al servicio del ascenso y retorno de la semilla inmortal[13]; que, por el mismo motivo, los astros y sus movimientos son también de utilidad[14], que las almas no bajan obligadas, sino que descienden por la libre elección del

---

9. Cf. Nicómaco de Gerasa en *Musici Scriptores Graeci*, ed. y compilación de C. von Jan, Hildesheim 1962, 276-8ss. y nuestro comentario en OrCald, Int. 17-18.
10. «Barbeló», del siríaco *barbá' eló*, o sea, primitivamente en hebreo, *be-arba-Eloha*, «Dios en cuatro», el Tetragrámaton o Nombre de Dios. Cf. García Bazán, *Gnosis. La esencia del dualismo gnóstico*, San Antonio de Padua 1978, 112, n. 39. Ver EvV 36,33ss y TrTrip 127,30-34.
11. Cf. ns. 3, 16, 33 y 39 de la traducción.
12. Véanse ns. 3 y 48 de la traducción.
13. Cf. n. 13 de la traducción.
14. Cf. n. 43 de la traducción.

Logos[15] y que la verdadera comprensión de la realidad inteligible está con ellos y no con Platón y las interpretaciones neoplatónicas[16].

FECHA DE COMPOSICIÓN

El *Marsanes*, por consiguiente, como posterior al *Tratado tripartito*, y al presentar elementos de doctrina filosófica comunes con las *Tres estelas de Set*[17], documentos que pertenecen al mismo ciclo posterior a la polémica antignóstica de Plotino, debe de haber sido escrito por la misma época que estas últimas y tiene que ser anterior al capítulo 6 del *Anónimo Bruciano* que lo tiene en cuenta[18].

El presente escrito ha sido traducido del griego al subacmímico, rasgo de lenguaje que es también peculiar a la totalidad del Códice I y que entra de lleno en la respuesta del alegato de Plotino contra los gnósticos[19].

Hemos utilizado el texto crítico de Birger A. Pearson (Leiden 1981). Tanto las sucesivas versiones al inglés del estudioso norteamericano como sus interpretaciones del escrito nos han resultado sumamente valiosas.

15. Véase n. 20 de la traducción.
16. Cf. n. 12 de la traducción.
17. Cf. EsSt 122. 14-34 con la n. 23.
18. B. A. Pearson en la introducción a la edición crítica del Mar (Leiden 1981, 234), basándose en afinidades de doctrina y género literario con el All y Zos, incluía a nuestro escrito en el grupo de apocalipsis leídos en la escuela de Plotino en Roma, comprendidos bajo la expresión de Porfirio: «y otros semejantes» (VitaPl XVI). Lo sostenido haría que la redacción del Mar fuera anterior al año lectivo 265/266, probable fecha de la polémica antignóstica de Plotino. Justificados en contenidos internos del documento confrontados con la polémica plotiniana, rechazamos esta cronología en «Plotino y los textos gnósticos de Nag Hammadi» (1981, 187-195). R. T. Wallis se adhería poco después a las dudas por nosotros planteadas (Congreso de Oklahoma 1984, ver ahora «Soul and Nous in Plotinus, Numenius and Gnosticism», en *Neoplatonism and Gnosticism*, 1992, 474, n. 14). En «Gnosticism as Platonism», artículo escrito con anterioridad a 1984, publicado en 1986 y reeditado en 1991, B. A. Pearson no parece haber cambiado su opinión, a la que agrega, además, a continuación de M. Tardieu, que EsSt también pertenecerían al mismo conjunto de revelaciones (155, n. 28). Pero en 1994, al tener en cuenta nuestras críticas, el autor parece ser más cauto (cf. «Theurgic Tendencies in Gnosticism» [1992] , 270, n. 22).
19. Cf. TrTrip, Int., al final.

BIBLIOGRAFÍA

Ediciones

Pearson, B. A., «Marsanes», en id. (ed.), *Nag Hammadi Codices IX and X* (*contributors B. A. Pearson-S. Giversen*), Leiden, 1981, 229-347.
Pearson, B. A., «Marsanes (X 1)», en J. M. Robinson (ed.), *Nag Hammadi Library*, ed. revisada, Leiden, 1988, 460-471.

Estudios

Burkert, W., *Lore and Science in Ancient Pythagoreanism* (Cambridge-Mass. 1972) (trad. inglesa de E. L. Minar Jr. con revisión del original alemán).
Colpe, C., «Überlieferung IX», *JAC* 23 (1980), 124-127.
García Bazán, F., «Plotino y los textos gnósticos de Nag Hammadi», *Oriente-Occidente* II/2 (1981) 185-203, ahora en *Neoplatonismo-Gnosticismo-Cristianismo,* Buenos Aires, 1986, capítulo VIII.
García Bazán, F., *Oráculos Caldeos con una selección de testimonios de Proclo, Pselo y M. Itálico. Numenio de Apamea, fragmentos y testimonios*, introducciones, traducciones y notas de F. García Bazán, Madrid, 1991.
Jackson, H. M., «The Seer Nikotheos and His Lost Apocalypse in the Light of Sethian Apocalypses from Nag Hammadi and the Apocalypse of Elchasai»: *NT* 32 (1990), 250-277.
Mattei, J. -F., *Pythagore et les pythagoriciens,* París, 1993.
Pearson, B. A., «The Tractate Marsanes (NHC X) and the Platonic Tradition», en B. Aland (ed.), *Gnosis. Festschrift für Hans Jonas,* Gotinga, 1978, 373-384.
Pearson, B. A., «Gnosticism as Platonism: With Special Reference to Marsanes (NHC 10. 1)»: *HThR* 77 (1984) V5-72, reeditado en *Gnosticism, Judaism, and Egyptian Christianity*, Minneápolis, 1990, capítulo 10 (pp. 148-164).
Pearson, B. A., «Theurgic Tendencies in Gnosticism and Iamblichus's Conception of Theurgy», en R. T. Wallis-J. Bregman (eds.), *Neoplatonism and Gnosticism*, Albany, 1992, 253-275.
Turner, J. D., «Sethian Gnosticism: A Literary History», en Ch. W. Hedrick and R. Hodgson (eds.), *Nag Hammadi, Gnosticism, and Early Christianity*, Peabody Mass, 1986, 55-86.

MARSANES

X 1,1-68,19

La experiencia del ascenso gnóstico

1 [...] | y una re[com]pen[sa]. Co[nocie]ron. Encontráronle[1]   10
con un corazón puro, tampoco son afligidos por él con males.
Los que os han recibido se les permitirá elegir su recompensa a
causa [de] la constancia y él quitará de ellos los [ma]les. [Pero]
que ninguno de | vosotros se aflija [y] piense [en su] corazón que   20
[...] el gran Padre [mi]ra, efectivamente, sobre el Todo [y] cuida
de todos ellos y les ha manifestado su [...] Los que [...][2] 2 | [...]   10
primeramente.

Los sellos, o diversos niveles de la realidad

Pero en cuanto al décimo tercer sello (*sphragís*) lo he establecido junto con [el] ápice del conocimiento (*gnôsis*) y la certeza
del [re]poso[3]. Ciertamente el primero y [el] segundo y el ter[ce]ro
son los mun[danos] y los materiales. Os he | in[forma]do sobre   20
éstos que debéis [...] sus cuerpos. Y [una] po[ten]cia sensible [...] a los

---

1. A Dios, el «gran Padre» (cf. 1,23 y 68,17).
2. Marsanes se refiere a sus seguidores y prosélitos a los que Dios no abandonará, como seres pleromáticos que son (= Todo: 1,24).
3. Los «sellos» (*sphragís*) se refieren al rito bautismal, cf. Pens 49,27-38 entre
otros textos. El sello décimotercero corresponde a la experiencia más eminente para el
gnóstico, el seno paterno en tanto que inseparable de la divinidad. Cf. OrCald 1 y 2.

que reposarán y observarán [la ausencia de] pasión y la división [de la] unión[4].

El universo sensible

Pero el [c]uarto [y el] quinto, que son superiores, [éstos] los han conocido [...] [divi]no. 3 Existe después el [...] y la natu[ra]leza del [...] es decir, el que [...] tres. Y os he [informado de [...] en el tres [...] por estos d[os]. Os he [in]formado [sobre éste, que es
10   in]corpóreo[5] [...] | [...] y después [...] dentro [...] todo que [...] su [...]. El [quinto], empero, so[bre la] conversi[ón] (*metánoia*) [de] los que existen dentro de mí y sobre los que residen en aquel lugar[6]. El
20   sexto, sin embargo, sobre los autoengendrados (*autogénnetos*), | sobre la sustancia (*ousía-sóma*) incorpórea que existe por partes y los que exis[te]n en la verdad del Todo [...] para ciencia (*epistéme*) y certeza[7]. Y el sép[timo] sobre la potencia [auto] engendrada, es [decir el] tercero per[fecto] [...] 4 [cuar]to, sobre la salvación y la sabiduría[8].

El universo inteligible

Pero el octavo sobre el intelecto que es [mas]culino, [que] se manifestó [des]de el [comienzo] y la sustancia [que es incor]pórea y el
10   cosmos [inte]ligible[9]. El noveno | [...] del poder [que apa] reció des[de] [el comienzo[10].

El reino de los eones superiores

El] décimo so[bre] [Barbeló, la] virgen [...] del Eón. [El décimo-primero] y el [décimo]segundo hablan del [Invi]sible que posee tres

---

4.   Los tres niveles inferiores del mundo sensible, la zona lunar, solar y venusina que se domina mediante la carencia de pasiones.

5.   El cuarto nivel en relación con Mercurio es incorpóreo.

6.   La quinta esfera de Marte es el ámbito de la conversión de los psíquicos que están fuera de sí y retornan. Cf. los paralelos de Zos 5,24-27, Anón. Bruc. cap. 20 (MacDermoth 263), la censura anterior de Plotino en En II 9(33),6 y TrTrip 81,20-25.

7.   El sexto nivel bajo el dominio de Júpiter se refiere a los pneumáticos divididos en la deficiencia.

8.   El séptimo nivel vinculado a Saturno apunta al poder salvador y su obra.

9.   El octavo «sello» corresponde a la Ogdóada, la esfera de la estrellas, pero asimismo el Intelecto no sometido al dominio de lo femenino que lo encierra en la deficiencia (cf. OcNov 55,23 a 57,25, TestV 40,28-29 y 44,2-3).

10.   El «sello» noveno, la «enéada», es el Intelecto recuperado en el Pensamiento de Dios, como fue «desde el comienzo».

poderes y el Espíritu que carece de esencia al pertenecer a la primera
Inengendrada. El | décimotercero habla sobre [el] Silente que no se   20
con[oc]ió y el principio [del q]ue no se diferenció (diakrínein)[11]. Porque yo soy el que en[tendió] lo que es verdaderamente, [bi]en sea por
partes o [totalmen]te de acuerdo con la diferencia [e identidad] que
existen desde el [comienzo en el] lugar total que es 5 eterno (aiónion),
(o sea), lo que ha llegado a ser todo, bien sea carente de esencia o
esencialmente, los que son inengendrados y los eones divinos junto
con los ángeles y las almas que carecen de doblez y los v[estidos]
anímicos, la semejanza d[e los sim]ples. Y | después han sido mezcla-   10
dos con [sus semejantes]. Pero todavía [... la esen]cia toda [... que
imi]ta a la inesen[cia] [incorpórea] y a la inesen[cia][12].

Visión positiva del cosmos

Por [lo demás], sin embargo, la impureza tod[a fue salva]da junto
con la inmortalidad de la anterior. He distinguido y he alcanzado los
límites del mundo sensible. (He conocido) parte | por parte el lugar   20
total de la esencia incorpórea y el cosmos inteligible (kósmos noetós) he
conocido. (He conocido), al distinguir, que absolutamente el mundo
sensible (aisthetós kósmos) es [digno] de salvarse [to]do. [Puesto que] no
he cesado de hablar [del Au]toengendrado, o [...] llegó a ser [...] 6 parte
por parte el lugar total[13]. Descendió. De nuevo descendió desde el
Inengendrado que carece de esencia, que [e]s el Espíritu. El que exis[te]

11. Los sellos décimo, undécimo, décimosegundo y décimotercero, se refieren a
Barbeló (ver ApocJn 27,1ss; EsSt 121,21, Zos 63,7, PensTr 35,1ss, etc.), el Preconocimiento. Modelo implícito invisible como década del Todo manifestado, pero también
producto de las disposiciones entrelazadas que equilibran: poder trial estabilizador, que
posee y pertenece a los tres poderes (pa tšamte encam/tridýnamis) = 11 (ver 6,19; 7,17-
18, 23-24, 27-28; 8,5, 11, 19-20; 9,8, 20-21, 25; 10,10-11; 14,23-24; 15,1-2 y ApocJn
(BG) 27,19-28,2; All 45,13, etc.; EsSt 121,31-32, con n. 21; Anón. Bruc. cap. 3 (p. 231),
5 (233), 6 (234), 7 (235 y 236), 12 [249]), soplo o impulso carente de esencia (anoúsios),
porque no tiene sustrato inteligible (cf. EsSt 121,30-31; 124,26-29 y Ext. Teod. 10,2),
que es principio de expansión y concentración (= 12), y reposo, paz o silencio, incognoscible (como preinteligible) e indiscriminado (puesto que carece de distinciones
inteligibles) en el interior del «gran Padre» (=13).
12. Marsanes, con su experiencia completa del lugar inteligible inseparable del
Preintelecto, ha cumplido la tarea del verdadero dialéctico respondiendo a Plotino (cf.
En I 3 [20],3-4). La postura ya está adoptada en EsSt 122,14-34. Ver asimismo n. 11.
Sobre los «ángeles» y el «vestido anímico», cf. F. García Bazán, El cuerpo astral, Barcelona, 1993, 67ss.
13. El conocimiento que permite distinguir entre lo que se salva por naturaleza
(«luz de luz») y lo que le es incomparable («luz de un fuego», «tinieblas», cf. TrTrip 104,13-
16), aporta un beneficio para ambos al comprenderse que la disolución de la mezcla o
impureza libera y salva a cada uno de los componentes al hacerlos retornar a su propia
naturaleza, la luz inmortal a la luz y la nada mortal a la nada. Desde este punto de vista

antes que todos ellos alcancen al Autoengendrado [divi]no. El que tiene
10 [esencia] busca | [...] y existe [... y] es similar a [...] y desde [...] divi-
diendo [...] he llegado a s[er] [...] para muchos, como es manifiesto a
una multitud[14].

El tres veces poderoso. Preguntas sobre el mundo inteligible

Pero después de todo esto busco el reino del que posee tres po-
20 deres, | que no tiene comienzo. ¿Desde dónde se manifestó y actuó
para llenar el lugar total con su poder? Y ¿de qué modo los inengendrados [llega]ron a ser, sin ser engendrados? Y [¿cuá]les son [las]
diferencias de los eones? [Y] respecto de los inengendrados, ¿cuántos
[son]? Y ¿sobre qué [se diferencian] entre sí?[15]. 7 Una vez que hube
preguntado sobre esto, advertí que él había actuado desde un silencio.
Exist[e] desde el principio entre los que son verdaderamente, que
pertenecen al que es. Hay otro que es desde el principio, que pertene-
10 ce al que actúa en el Sil[en]te. | Y el silencio [...] lo acciona (*energeîn*),
porque el [...] es hermano. El que a[ctúa] [desde] el si[lencio] que
pertenece al inengendrado en los eo[ne]s [y desde] el principio carece
de es[encia]. Pero la acción de aquél (es) el que posee tres poderes
20 (*dýnamis*), el inengendrado ante[rior a] los eones | que carece de
esen[cia].

El silencio

Pero la superioridad del silencio del que está en silencio se puede contemplar. Es decir la superioridad de la acción del que tiene
tres poderes. Y el que es, que está en silencio, que está sobre los
cie[los] manifestó [al que tiene tres] pode[res], [Primer per]fecto.
[Cuando se manifestó] 8 a los poderes, se alegraron los que están
dentro de mí. Fueron perfeccionados junto con los otros todos. Y
bendijeron todos al que tiene tres poderes, uno por uno, el que es
[el] Primer perfecto, bendiciéndo[le] con pureza, [por todas] partes
10 bendicen al Señor, el | [que es] anterior al Todo [... el que] tiene tres
poderes. [...] su adoración [...], [y avanzaré todavía] [buscan]do

el mundo sensible no merece censura, ni su destino final es una condena. Se trata de una
simple y justa separación. Otra manera de responder a Plotino y demás neoplatónicos,
como lo ensayó previamente el TrTrip 77,15-17; 78,32-79,4.

14.   La obra de salvación del Autoengendrado procede de la voluntad que actúa
en el Preconocimiento divino (cf. Pens 42,4-30). Fin y comienzo del Todo.

15.   Marsanes se pregunta sobre el mundo inteligible ya logrado o en reposo, que
es eterno, como generación sin concurso seminal (ver EsSt 118,28-29 y n. 4) y que es
inseparable de Barbeló.

cómo habían llegado a ser en silencio. Comprenderé (*noeîn*) un poder que tengo honrosa[mente]. El tercer poder del que tiene tres | poderes, cuando lo hubo percibido me dijo: «Permanece en silencio para que puedas conocer. Corre y ven ante mí. Pero entiende que éste era Si[len]te y alcanza su entendimiento». Porque [el poder] me asiste [guiándo]me dentro [del Eón que] es Barbeló, [la virgen] varón. 9 A causa de esto llegó a ser la virgen varón, porque había sido dividida desde el varón. Se mantuvo fuera de él el conocimiento, porque le pertenece. Pero la que existe, la que buscó, (lo) posee, como posee el que tiene tres poderes. Ella se ale[jó] | de ellos, de [estos] dos [poderes], puesto que existe [fuera] de aquel Grande, ya que ella [...] que está sobre [...] que está en silencio, [que] tiene este man[damiento] de estar en silencio. Su conocimiento y su rea[li]dad y su actividad son aquellas cosas de las que el [po]der | del que posee tres poderes (dijo): «Todos nosotros nos hemos retirado (*anachoreîn*). Hemos [llegado a] ser en silencio [y] cuando hemos llegado a conocer[le, es decir], al que tiene tres [poderes], nos inclinamos [...], le bendecimos [...] sobre nosotros [...] el [... el Espíritu] 10 invisible (*aóraton*) hizo subir hacia su lugar».

Nueva revelación del tres veces Poderoso

El lugar entero se manifestó. El lugar todo se abrió hasta que alcanzó la región superior. De nuevo se apartó; motivó que el lugar entero se iluminara. Y el lugar [en]tero se iluminó. Y se os ha dado la tercera parte del [Espíritu] del poder del | [que] posee los tres [poderes]. Bienaventurado es [...], dijo: «Oh [tú que existes en] estos lugares, es necesario [que entien]das a los que son más elevados que éstos y comunicárselo a los poderes. Ya que llegarás a ser [ele]gido con los elegidos [en los úl]timos tiempos, [como] hace subir el Espíritu (*pneûma*) | invisible. Y vosotros [mismos] con él [vais hacia arriba], puesto que te[néis la] gran corona que [...]. Pero en el día [...] señalará [...] hace su[bir] [...] y el sensi[ble] [...] visible [...] y ellos 13 la intelec[ción]. Él existe eternamente, careciendo de esencia, en el que es, que está en si[len]cio, el que es desde el co[mienzo], [el que] carece de esencia[16] | [...] parte (*méros*) de [...] [... i]ndivisible. Los [...] piensa un [...] [... no]veno [...] porque 14 [...] [existí] entre los eones [que] han sido engendrados. Como se me permitió he llegado a ser entre los que no fueron [engendrados]. Pero existí en el [gran] | eón, puesto que [...] Y

---

16. Se trata de la respuesta. En el Silencio (cf. TrTrip 57,3-8 y n. 12) que supera a la esencia. Tres capacidades en equilibrio (ser/realidad, actuar/actividad, manifestar/

[...] [los] tres poder[es] [...] el que [pos]ee los tre[s po]deres. Los [tres] po[deres] y [...]. 15 [El] que está en silencio y el que posee tres poderes [...] [el] que [carece de] soplo (*pnoé*). Tomamos nuestra posición [...] en el [...] entramos [...] soplo [...] 16 [que] carece de soplo, [y e]xiste en un [...] [... to]talmente. Y vi [...] le a la gran [...] conociéron[le] [...] límite [...] y [yo...] [...] solo 17 [...] actúa [...] porque de nue[vo] conocimiento [...] ignorante y [...] peligra [...] que

10 llegue a ser [...] y [...] a causa de | [...] en [...] Aquellos [...]. Pero es necesario que un [...] no tiene semejanza [...] a este [...] existe antes

20 que | [...] el pensamiento [... des]de el comienzo [...] el que [...] 18 Estos [...] Miran [...] en el nueve [... el] mundo de la hebdómada [...]

10 en un día de [...] por siempre [...] [...] [...] | [...] y [... después de] muchos a[ños] [...] cuando vi al [Padre llegué a] conocerlo y [...] mu-

20 chos [...] parcial [...] | por siempre [...] los materi[ales] [...] munda[no] [...] sob[re] [...] por [lo de]más [...].

El destino astral

19 «[...] él [...] [... f]uera de [...] en los que [...] les en [...] denomína[los. Y] en cuanto a su denomina[ción] (*onomasía*) |

20 [dais] testimonio vosotros mismos [que sois] inferiores a [su] [...] y su rea[lidad] (*hypóstasis*)[17]. Pero [por lo de]más cuando [...] 20 oculto [...] [... el] tercer [po]der. [Pero] la Autorid[ad] [biena]venturada dijo [...] en éstos y [...] como la que [no tiene]

20 [...] | Porque no hay gloria [...] ni el que [...] Porque ciertamente el que [...] Porque [...] 21 [...] y los signos del Zo[díaco] [...] y los [...] y [...] [... q]ue no tienen [...] engendran [... re]volución astral

20 (*klísis*) | [...] Pero alma [...] allí [... c]uerpo de este [...] alma del cielo [...] alrededor [...] figura [...] que es [...] 22 [...] los que [...].

conocimiento (cf. EsSt 125,28-32; Zos 15,2-12 y PensTr 45,2-8; OrCald 16, 22, 23, 27, 28, 29) que participan de su misma naturaleza supranoética. Cuando se revelaron inteligiblemente en el conocimiento como manifestación o Primer Perfecto, los eones se alegraron por su recuperación, el Todo se elevó, se abrió y dejó iluminar y mostró o bendijo a Barbeló, expresándose como el Señor o Nombre divino, «el que es» (Ex 3,14), silenciosamente y sin declinación («virgen varón», ver también n. 15, y rec. Ext. Teod. 21,1-3; 79; Heracleón, fr. 5) y recibiendo la corona, al residir el fin en el comienzo (cf. EsSt 120,35-36). Barbeló como seno de Dios está alejada de los eones, pero asimismo fuera del Padre (= «aquel Grande»), no se confunde con él (cf. OrCald 3,4 y 5).

17. El texto es fragmentario, parecería indicarse que la pronunciación correcta de seres intermediarios, ángeles y dioses posibilitaría superar el destino astral.

Los poderes dominadores de los intervalos

«Pero allí [...] [... las se]mejanzas to[das] [...] | [...] les [...]   20
las formas todas [...] fi[guras], de modo que e[llos] [y llega]ron
a ser [...] [... a ellos] mismos [...] y los [...] de animales [...] y la
[...][18] 25 [...] allí. Pero sus [po]deres, que son los ángeles, son
bajo la forma de bestias y animales. Algunos de entre ellos son
[polimor]fos y contra [natu]raleza tienen [...] por sus nombres
que [...] Están | di[vididos] y [...] [de a]cuerdo con el [...] y   10
[...] bajo la for[ma] [...] Pero éstos que son [seme]janzas de
sonido de acuerdo con el tercero a partir de (la) esencia y sobre
éstos, todas estas (observaciones) son suficientes, ya que hemos
hablado sobre ellos, e[sta] división, en efecto, llega a ser tam-
bién en estos lugares según | hemos hecho referencia desde el   20
[comien]zo[19].

Formas de las almas

«Sin embargo, el alma, del otro lado, tiene diferentes figuras.
Pero de [esta] forma es la fi[gura] [del] alma (psyché) que llega a
existir por propio acuerdo. La [figu]ra, empero, es [la segunda]
26 parte esfé[rica] en tanto que la primera [la] sigue, eeioy, el
alma autoengendrada, aeeioyo. [La] segunda figura, eeioy, por
los que [tienen] dos [so]nidos, el prime[ro] siendo colocado des-
pués de ellos [...] | y [...] la luz[20].   10

Relación del lenguaje con los elementos espirituales

«Gober[naos] a vosotros mismos, recibid [la] [se]milla inmortal, dad fruto, y no os atéis a vuestras posesiones[21]. [Pe]ro sabed
que las oxítonas existen entre las vocales | y los diptongos que   20
son próximos a ellas. Las bre[ves] (brachý), [em]pero, son infe-

18. Al texto muy dañado se agrega la falta de casi 2 folios.
19. Referencias a los poderes dominadores de los intervalos sobre los que actúa
el lenguaje. La «división» anticipa las formas que adopta el alma en el mundo, como
enseguida se verá.
20. El alma humana en el descenso adquiere diversos perfiles esféricos al adap-
tarse al vehículo que la transporta y a cuya conformación contribuyen los astros (cf.
García Bazán, o.c., 32ss). A cada planeta corresponde una de las vocales (ecos en Adv.
Haer. I, 14,7). El descenso del alma es querido, no coactivo, como suponía Plotino,
puesto que es la consecuencia de la elección o proáiresis del Logos (cf. TrTrip 72,2ss).
21. Sobre la «semilla inmortal», cf. ApAd 76,7 y EsSt 119-34-120,18. La «semilla» con la instrucción alcanza el conocimiento y fructifica (cf. TrTrip 91,31ss; 95,24ss).
La adhesión, empero, a lo perecedero obstaculiza su elevación (cf. TestV 67,28ss).

riores y [...] son [...] por ellos[22]. Los que [...] puesto que son intermedios [...]. Los sonidos de [las semivoca]les (*hemíphonon*) son 27 superiores a las consonantes[23]. Pero las que son dobles son superiores a las semivocales que no cambian[24]. Pero las aspiradas son mejores que las no aspiradas entre las consonantes. Pero las que son intermedias acep[tarán] su combinación en la que es-
10 tán[25]. Ignoran | lo que es bueno. Ellas se [com]binan, sin embargo, con las inter[medias] que son menos[26]. De acuerdo con la semejanza (forman) la denominación de los [dio]ses y los ángeles [n]o [por]que estén mezcladas entre sí de acuerdo con toda for-
20 ma, si[no] sólo (porque) tienen una función buena[27]. | No llegó a [ser] revelada (su) voluntad.

Denominación de astros y ángeles

«No continuéis pe[cando] ni os atreváis a hacer uso del peca-do[28]. Te hablo, empero, so[bre las tr]es fi[guras] [...] del al[ma]. [La ter]cera [figura del alma] es [...] 28 es algo esférico, puesto detrás de ella, a partir de las vocales simples, *eee, iii, ooo, yyy, ooo*. Los diptongos han sido de este modo: *ai, au, ei, ey, ey, oy, oy, oi, ei,*
10 *yi, oi, ayei, eyey, oioy, ggg, ggg, ggg, aiay,* | [*eiey*]*, ey, oioy, oy, ggg,* [*ggg*]*, ayeiey, oioy, ey,* tres veces para un alma masculina[29]. La tercera figura es esférica. La segunda figura puesta detrás de ella tiene
20 dos sonidos. Del alma masculina tiene la tercera figura de | vocales simples: *aaa, eee, eee, iii, ooo, yyy, ooo, ooo, ooo*. [Y] esta figura es diferente [de] la primera, pero se parecen entre sí [y pro]ducen algunos [sonidos or]dinarios como [éstos]: *aee]oo*. Y a partir 29 de

22. Hay un orden entre las vocales («las que tienen voz», *nete ountou sme cmmey phonénta*) y diptongos agudos (*netjasi/oxýtona*) y vocales breves (*e-o*). B. A. Pearson ha mostrado que la distinción de vocales breves, largas (*ē-ō*) y duales o de dos tiempos (*díchrona*), *a, i, y*, y lo que sigue sobre las demás vocales y consonantes se registra en el *Ars Grammatica* de Dionisio Tracio.
23. Según los gramáticos antiguos, las semivocales son 8: *z, x, ps, l, m, n, r, s*. Las consonantes son «las que no tienen voz» (*nete mentou sme emmey/ta áphona*), son 9: *b, g, d, k, p, t, th, ph, ch*.
24. Las consonantes dobles, o sea, *z, x, ps*.
25. Las consonantes se clasifican en: aspiradas (*th, ph, ch*), no aspiradas (*k, p, t*) e intermedias (*b, d, g*).
26. Las vocales se combinan con las consonantes intermedias que son más débiles que las aspiradas.
27. Las combinaciones antedichas forman las denominaciones de dioses y ángeles, que como reflejo sonoro de las proporciones de los intervalos entre sí, hacen posible el ascenso.
28. Ver 26,16-17; 41,16ss y n. 43.
29. Se prosigue la descripción de las partes del alma iniciada en 25,21-26,9, refiriéndose a la tercera y a las letras que le son propias, vocales y diptongos.

éstos (se forman) los diptongos. De este modo también el cuarto y
el quinto[30]. En cuanto a ellos, no se les permitió revelar el lugar
total, sino sólo lo aparente. Vosotros fuisteis instruidos sobre ellos
de modo que los debéis entender para que también | busquen y   10
encuentren todos [quiénes] son, o solos por sí mismos, o por cada
uno de los otros, o revelar los desti[nos] que han sido determinados
desde el comienzo, o con referencia a ellos solos, [o] con referencia
a cada uno de los otros, como existen con cada uno de los otros
[en] un sonido, bien sea en | parte o según semejanza[31]. [Son] man-   20
dados [a] someter o su [par]te es generada y [se]gún semejanza. O
(son mandados) por [las lar]gas o [por] las de [doble t]iempo [o]
por [las breves] que son pequeñas [...] 30 o las oxítonas o las intermedias o las barítonas. Y (las) consonantes (*sýmphonon*) existen
con las vocales. Y en parte son mandadas y se someten. Constitu-
yen (la) denominación [de] los ángeles[32]. Y | [las c]onsonantes son   10
autoexistentes [y] cuando se cambian se [so]meten y se someten
a los dioses que están ocultos por golpes y sonidos y silencio e
impulso[33]. Convocan a las | semivocales, a todas las cuales so-   20
meten con un acorde; puesto que es sólo la doble inmu[table] con
las semi[vocales]. Pero las aspiradas [y las no aspi]radas y las [inter-
medias] constituyen [las sin] voz. De nue[vo] se combinan | [entre   30
sí y] se separan 31 entre sí. Son mandadas, empero, y se someten,
pero constituyen [una] denominación ignorante. Pero llegan a ser
uno o dos o tres o [cuatro] o cinco o s[eis] hasta siete, poseyendo
un sonido [sim]ple (con) los que tie[nen] |dos [soni]dos... el lugar   10
[de las] diecisiete [con]sonan[tes][34].

Relación de las letras con números, figuras, entidades

«[Entre] los nombres primeros al[gunos] son menores. Y
é[stos], puesto que carecen de esencia, o son una semejanza [de]

30. Las figuras anímicas se ordenan sucesivamente tanto hacia abajo como hacia
arriba. La parte masculina (noética) del alma tercera tiene la combinación de vocales
simples que le es propia.
31. Los ángeles, que intermedian entre el mundo sensible e inteligible, pertenecen a la apariencia no a éste (= «lugar total», ver 4,29; 5,20; 6,1, 23). Para entender, el
gnóstico (movido por el impulso pneumático: «buscar y encontrar»: cf. Pr 8,17, EvV
17,34, TestV 69,1-4) necesita la instrucción; así puede distinguir lo que pertenece al
designio de este mundo y del otro, incluidas las proporciones armónicas.
32. Combinación de letras con la altura de los tonos (agudo [*oxýs*], medio [*mésos*]
o *perispómenos*]) y bajo [*barýs*]), los nombres angélicos, y que al pronunciarse permiten su
superación.
33. Las denominaciones se combinan de modo armónico para permitir el ascenso. Sucede igual en la teúrgia (cf. OrCald 110).
34. Ver 26,6-7; 27,9-10, 13-14; 28,2-3; 30,6-9 y ns.

20 [la] esencia [o] se dividen [de] la naturaleza del intelecto que [es] mascu[lino] (y) que es inter[mediario]. Y p[o]nen | los que se parecen a cada uno de los [otros con] las vocales [y] las consonantes. Algunos ciertamente son semejantes: *bagadazatha, begedezethe, [begede]zethe, [bigidizithi, bogo]dozotho, [bygydyzythy], bogo-dozotho.* [Y] los de-más [...] *ba[bebebibobybo].* 32 Pero los demás son diferentes: *abebebibob*, para que puedas reunirlos y separarte de los [á]ngeles. Y habrá algunos productores conclusivos (*apotelistikón*)[35]. La primera

10 ciertamente que es buena es a partir de [la t]ríada. Ella [...] | [...] tiene necesidad de [...] sus figuras. (La) día[da], sin embargo, y la mónada no se parecen a [n]ada, sino que exist[en pri]meramen[te]. La díada ciertamente, estando dividida, se divide [desde la] mónada [y] perte-

20 nece a la hipóstasis (*hypóstasis*). Pero [la] tétrada recibió | (los) ele[men]tos y la péntada recibió concordia. La éxada se completó por sí misma. La heb[dómada, empero], recibió disposición [y la og]dóada re[cibió] [...] [... l]isto [...] grandemente. 33 Y la d[éca]da re[veló] el lugar total. La undécada, empero, y la do[déca]da han atravesado [...] no teniendo es supe[rior a] la h[ebdó]mada[36] [que...]

10 [...] | desde [...] [nom]bres [...] promete que [...] comien[za] [a apartar]se
20 de ellos por medio de | una marca [y] un punto (*stigmé*), el [que...] [combates] desde el que es [un ene]migo. Así [...] de esencia [...] las le[tras] [...] Pero en [un] 34 [san]to o de acuerdo con un la[zo] que existe separadamente. [Y] existen con cada uno de los [otros] en ge-neración o [en] [naci]miento. [Y] de acuerdo con [...] genera[ción] no

20 tienen[37] [...] estos [...] diciendo [el e]nigma. Porque dentro | [del] mundo sensible [e]xiste el templo [que mi]de setecientos [codos], y un río que [...] en [... por] siempre, ellos [...] tres [...] al cuatro [... se]llos [...] nubes[38]. 35 [y las] aguas y las seme[janzas de las] formas de cera [y] algunas semejanzas de esmeralda. El resto sobre ellos [te (lo)

---

35. Estos «nombres» como semejanzas de lo inteligible (el *nous* es masculino, n. 16) son «menores» (TrTrip 79,4-11) y su eficacia depende del correcto aprendizaje técnico. La enseñanza de los PMG es similar, pero diferente por su contenido e intención.

36. Relación de los números con las figuras, las letras y los sonidos que interpreta la aritmología platónico-pitagorizante con fines gnósticos. La mónada y la díada son elementos componentes, la tríada, primer número, formado de impar y par; la tétrada, los cuatro elementos; la péntada, armonía (*homónoia*) que divide y distribuye; la héxada, la perfección y la hebdómada, el orden del conjunto. La ogdóada y la enéada introducen y revelan al mundo inteligible, en tanto que la década, la undécada, la dodécada (recor-demos los doce sonidos de la gama cromática) y la tridécada (por sobre todo sonido y silencio) pertenecen al seno divino superando a la hebdómada (cf. Focio, *Bib.* 187; Aristóteles, *Met.* 985b, 986a, 989b; Espeusipo fr. 4; Platón, *Fedro* 247A).

37. Las líneas podrían referirse a la separación por la familiaridad con los lazos naturales.

38. *Aínigma* es vocablo pitagórico. El mundo sensible se considera «templo» por Filón, *Spec. Leg.* I 66 y Macrobio, *Somn. Scip.* I 14,2.

enseñaré]. Ésta es [la] generación [de los] nombres. La que no [fue]
generada [... desde el] comienzo[39] [...] | sobre [...] Pero [...] veces,　　10
cuando [con]finó, cuando se extendió, cuando dis[minuyó]. | Pero　　20
existe la pa[labra] (*lógos*) apacible. Por lo tanto otra [pa]labra existe, sin embargo, ella [apro]xima a lo carente de esencia [...] de este
[modo][40]. [...] y el [...] la diferen[cia] [...] y él [...] 36 el todo y un
[...] la esencia indi[visa] y el poder teniendo [una] comunidad en
[la] ale[gría] separadamente y [un] [...] bien sea [...] poder [... el]
existe [en] todo lugar [...] a ellos siempre [él] existe con los corpora-
les | y los incorpóreos. Ésta es la palabra de las hi[pós]tasis que [...]　　20
de este modo. Si [...] con sus [...] ayu[dar] a los que a[gitan] las [...]
manifiestan [...] si uno 37 lo conoce, él lo lla[ma]rá. Existen palabras, sin embargo, algunas de las cuales [cierta]mente son dos, pero
otras que existen [sepa]radamente[41] | [...] [...] y ellos [...] o los que　　10
[...] o de acuerdo con [los que] tienen duración. Y [és]tos o se sepa-
ran de e[llos] | o están unidos entre sí, o consigo mismos, o [los]　　20
diptongos, o las (vocales) simples, o [...] todo, o [...] o [... exis]te de
acuerdo con [... exis]te, sin embargo, [...] las c[onsonantes] 38 existen separadamente hasta que son divididos [y] doblados. Algunos,
sin embargo, tienen el poder [...] de acuerdo con las l[e]tras [que son
consonan]tes [...] Pero [...] llega a ser [...] intelecto (*noûs*) [...]. Pero
[...] [... sepa]radamen[te] [...] y tres de acuerdo con [las] vocales y
dos veces de acuerdo con las consonantes | [y] una vez de acuer[do　　20
con] el lugar total, e ignorantemente de acuerdo con [los que] existen en el cambio [... que] han llegado a ser [...] junto con el lu[gar]
[total] finalmente. Y [...] todos ellos [... s]on ciertamente 39 ocultos, pero han sido pronunciados abiertamente. Tampoco se detuvieron sin revelarse, ni se detuvieron sin nombrar a los ángeles. Las
vocales, [sin] embargo, [un]en a las [con]so[nantes] [bien s]ea afue-
ra o [aden]tro | [...] ellos dijeron [...] en[señas] [...] de nuevo eterna-　　10
mente. Fueron [conta]dos cuatro veces, fueron en[gendra]dos tres
veces y llegaron a ser [...].

La salvación. El rito

A causa de esto ciertamente adquirimos suficiencia, ya que con-
viene que | cada uno adquiera poder para sí mismo para dar fruto　　20
y que nunca arrojemos aspersiones des[pués de] los misterios (*mys-*

39. Referencia al uso de objetos rituales, igual que en la teúrgia (cf. OrCald 110).
40. Sobre las denominaciones está el Logos, la palabra inteligible, que lleva hasta
el preconocimiento.
41. Quizás las referencias estén dirigidas a la elevación del Logos en el Pleroma
con el auxilio de sus componentes.

*térion)*⁴² [...] el [...] porque que [es...] [... las al]mas [...] [...los] signos del Zod[íaco] **40** una hipóstasis nueva. Pero la recompensa que será prevista para éste de este modo es salvación. O bien, lo contrario llegará a ser al que peca. [El que] peca por sí mismo [...]

10 estará [en un... en] un | [...] [... pa]ra que antes de que examines al que (...) uno no pueda de[cir] a otro [sobre un po]der eminente y un conocimiento divino y un poder que no puede resistirse.

El pecado impide el conocimiento

20 Pero examinarás a quien es digno de que deba revelarlos, sabiendo que [los que] hacia abajo [...] hasta [...] pecaron. Ellos [...] [el Pa]dre [...] **41** lo que conviene. No quieren dar poder al mundo sensible. ¿No me prestáis atención los que habéis recibido la salvación del cosmos inteligible? Pero [sobre] estas (palabras), vigilad

10 vosotros mismos [no] ellas como un [...] | [...] entien[de] y toma [...] [... el] res[to...] Les ha[blaré]. La per[fección] [...] para que [no] pueda crecer [...] el que peca [...] no los entendieron las almas

20 incorporadas. Las que están sobre | la tierra y las que están fuera del cuerpo, las que están en el cielo son más que los [áng]eles. El lugar del que hemos [hablado] en [todo] discurso, estos [...] astros

30 [...] libros [...] si ya [...] en el [...] | es bendito [...] **42** o bien contempla a dos o contempla a los siete planetas o a los doce signos del

10 Zodíaco o a los treinta [y seis] Decanos *(horóskopos)* [...] | [...] és[tos alcan]zan a [...] y [es]tos números, o [aquéllos en el cielo], o

20 bien éstos sobre la tierra con los que están bajo la [tierra] | de acuerdo con la comunidad y las divisiones entre éstos, en lo demás [...] partes de acuerdo con el género *(katà genós)* y según las [espe]cies

30 [...] some[terán], ya que ella poder [tiene...] sobre | [... exist]en

20 aparte **43** [...] todo [...] | cuerpos [...] [un] lugar [...] Barbe[ló] divi[na]⁴³. [...] **44** [...] los revela [...] de este modo [...] este [...] |

20 ánge[les inteli]gibles *(noetós ángelos)*, como ella [...] inteligible [...] sob[r]e [...] sal[vado de...] les [...] **45** [...] mundo [...] y [...]

---

42. Se vuelve al rito, cuyo aspecto noético, nivel superior, oculto e interior, que amplía la capacidad para dar frutos inteligibles, no debe difundirse a los profanos (cf. Numenio, fr. 55).

43. Se distingue el noético del mundo inteligible que se instruye para alcanzar el conocimiento que lo recompensa, y el atado al pecado (ver 1,11,16 y 27,21-23) que no la tendrá. El logro de un poder elevado e irresistible es propio de los primeros. Marsanes entiende que la selección para la instrucción debe ser cuidadosa, para no impartir equivocadamente el poder. Porque las almas incorporadas, bien estén en la tierra, en el aire o en el cielo, son más numerosas que los ángeles y deben superarse incluso por la contemplación de los cielos, para organizarse, tomar contacto con todo el mundo inteligible y poder de este modo alcanzar el reposo del silencio (cf. EsSt 122,26ss).

[m]un[do] | [...] vinieron [...] Pero [...] y [...] los que [...] 46 [...] es 20
[...] [... c]omo [...] | la voz [de] [...] nombres [y] [...] [... por] siem- 20
pre [... nom]bres ciertamente 55 [...] (después) estuve en silen[cio,
dije]: «Di[me], qué es el poder[44] [...] | lavará [...] [gene]ración 20
(*geneá*) comple[ta...] [...] 56 [...] grandemente, | la [...] mucho [...] 20
él es y [...] todo [...] en la [...] 57 [...] cono[cimiento] | [...] persiste 20
[...] el gran [...] porque ha llegado [a ser...] | 58 [...] huesos de la 20
[...] pero en lo cós[mico] [...] 61 [que está] bajo [...] sus hijas [...] de
acuerdo con [... el] reino de [...], pero éste [...] todo [...] 62 [...] en
el que [...] no [y...] Porque es [...] quien [...] no conocéis el [...]
porque el [...] | [en] part[e...] [...] 63 [...] Pero en [lo de] más abajo 10
[...] [la] tierra. Y han hablado como los ángeles [...] fue como los
[...] [animales sal]vajes». Y dijo [...] «[... por siem]pre [...] | [...] 10
desde [...] el número [...] vi [...] | y su [...] una vo[z...] y [...] su [...] 20
64 Yo [...] porque vi las [lu]ces todas en torno a mí, ar[dien]do
[con] fuego. [Y] a mí en medio de ellas [...] ángeles que [...] junto a
mí. [Y] [...] el uno [...] | Gamaliel [el][45] que es sometido por [los 20
es]píritus que [...] 65 [...] pero los ángeles [...] que los reciben a
todos [ellos...][46] [...] con los que ellos [...] [... y] me to[mó] [...]
com[ple]tó [...] [...] miembros [de ella] [...] el invi[sible...] [...]
jui[cio] [...] arrojado [...] todo [... que es colo]cado | [...] fu[ent]e 20
de [inmortalidad] que vive[47] [...] los dos [... que es]tá en silencio [...
dios]es 66 la lava de D[ios...] al que se[llaron] (*sphragízein*) ha sido
dispuesto [con el se]llo del cielo[48] [...] | [...] a su [...] grande [...]». Y 10
v[i...] [...] no [mez]clado [...] | los que [...] 67 [...] llegarán a ser 20
[...] de Dios [...] una mujer [...] mientras está en tra[bajo] [...] cuan-
do da a luz [...] | [...] con [...] [... t]odo [...] cosa [...] hombres [...] 10
muje[res y] hom[bres de este] modo [...] [ningu]no de los que [es-
tán sobre la] tierra [han sa]bido que [...] todo [...] a ellos, | [y 20
tendrán] piedad de éstos jun[to con el] domésti[co], porque éstos
pa[garán] [...] Dios [...] eones [...] 68 con los que [...] que han [...]
Dios [...] desde el comien[zo...] en [el...] te[mor...] [...] nom[bres...]
[...] | [... mis]ter[ios...] [...] en [...] Dios [...] revelan [...] a los que 10
[le] conocerán. [M]ARSANES.

---

44. Cf. Zos 1,10.
45. Cf. Mel 5,18.
46. Las potencias pleromáticas que reciben a los espirituales cuentan entre ellas a
Gamaliel (ver ApocJn III 33,16-19; PensTr 48,27; EvE III 64,26; IV 76,17; ApAd 75,23;
Anón. Bruc. 8 [239]).
47. Cf. TestV 72,27.
48. Posible referencia al bautismo paradigmático (ver 2,12-13; 34,28), cf. PensTr
45,13-20 y n. 38; EvE III 66,3-4, IV 78,3-5.

LA HIPÓSTASIS DE LOS ARCONTES
(NHC II 4)

INTRODUCCIÓN*

EL DOCUMENTO COPTO

La hipóstasis de los arcontes se ha conservado en un único testigo copto, constituyendo el tratado 4 del Códice II de Nag Hammadi, pp. 86,20-97,23. El soporte papiráceo se halla notablemente bien conservado.

El título aparece en el *explicit*: *thypostasis nnarchon*. La traducción castellana *La hipóstasis de los arcontes* se limita a reproducir los términos griegos del título copto, de acuerdo con la costumbre de la mayoría de los editores. Una traducción según el significado de esos vocablos griegos sería *La realidad de las potestades*.

La lengua de la versión copta es el sahídico con fuertes contaminaciones subacmímicas, como en todo el Códice II. La fecha de la traducción no consta, por lo que menciono la datación general de toda la Biblioteca: el siglo IV.

EL ORIGINAL GRIEGO

La mayoría de comentaristas aceptan que el escrito griego subyacente al texto copto presenta varios estratos redaccionales, el último de los cuales, por lo menos, es cristiano.

---

* Introducción, traducción y notas de José Montserrat Torrents.

Los estratos más antiguos son, por lo menos dos: el antropogónico y el teogónico, y podrían derivar de fuentes comunes al *Apócrifo de Juan* y sobre todo al tratado *Sobre el origen del mundo*. Estos dos estratos consisten en exégesis esotéricas del *Génesis*, interpretado en sentido literal. Las fuentes comunes mencionadas podrían ser judías si se confirma la hipótesis de un judaísmo helenístico antiyavista y antinomista (véase la Introducción general, pp. 97ss). En todo caso, se trata de una especulación teológica estrechamente ligada a la revelación bíblica y a los métodos midrásicos.

El último redactor griego se apoya ya secundariamente en el Nuevo Testamento (Pablo), y probablemente agudiza los trazos negativos del universo arcóntico.

ESTRUCTURA LITERARIA DEL TEXTO

El escrito se presenta como una instrucción sobre el tema de los dominadores de este mundo mencionados por San Pablo. Después de una breve alusión al primer arconte, el tratadista pasa a la antropogonía. El argumento teogónico (origen de los arcontes) es abordado en segundo lugar y presentado como una revelación del ángel Elelet a Norea.

Prólogo (86,20-27)

I. *Antropogonía*
   El arconte (86,27-87,11).
   Formación del hombre terrenal (87,12-88,3).
   Formación del hombre psíquico (88,3-11).
   Formación del hombre espiritual (88,11-17).
   Adán en el paraíso (88,18-91,11).
   Las dos razas humanas (91,11-92,4).
   El diluvio (92,4-18).

II. *Teogonía*
   El revelador (92,18-94,2).
   Origen de la materia (94,2-19).
   El gran arconte (94,19-95,13).
   El arconte Sabaot (95,13-96,3).
   Origen de la muerte (96,4-17).
   El Salvador (96,17-97,21).

CONTENIDO DOCTRINAL

El objetivo del tratadista cristiano es elucidar la condición del hombre gnóstico (la raza de Set) y su conflictiva relación con los «príncipes de este mundo». A este fin, el autor procede a una rectificación de la historia sagrada.

La creación del hombre es explicada a partir de los textos del *Génesis* interpretados con una técnica midrásica y ostentosamente rectificados. Los arcontes crean primero al hombre terreno como una copia de su propio cuerpo y según la imagen divina (terminología distinta de la usual: véase n. 54 de la Introducción general y n. 9 al texto). En este hombre terreno insuflan el elemento psíquico. El resultado es un ser humano incapaz de levantarse. El teólogo conoce una especulación sobre la «ayuda» femenina que auxiliará a Adán, pero la desarrolla confusamente. El cotejo con *Sobre el origen del mundo* permite reconstruir las secuencias de la fuente original. La Eva psíquica levanta a Adán, y después la Eva espiritual, «viva semejanza» de la divinidad, lo convierte en hombre espiritual.

Como espirituales, Adán y Eva engendran a Set, que es el antepasado común de la raza gnóstica. Esta raza es salvada de la extinción por el arconte Sabaot, bajo cuyo poder quedará hasta la venida del Salvador (judaísmo recuperado).

El ciclo teogónico explica el origen del arconte a partir de la materia (véase n. 32 al texto). La doctrina más importante de este pasaje (coincidente únicamente con *Sobre el origen del mundo*) es la distinción entre un arconte maligno, Yaldabaot, y un arconte converso, Sabaot, el Dios de los judíos (véase n. 37 al texto). El tratado concluye con una evocación cristiana de la obra del Salvador.

NUESTRA TRADUCCIÓN

Nuestra traducción se basa en el texto transcrito y reconstruido por B. Barc en *L'Hypostase des Archontes* (Bibliothèque Copte de Nag Hammadi, 5), Québec y Lovaina, 1980. También hemos acudido ocasionalmente a la edición de B. Layton en Nag Hammadi Studies XX-2 (1989). Hemos cotejado las traducciones de los autores citados y la inédita de J. Magne, comunicada por el autor.

LA HIPÓSTASIS DE LOS ARCONTES

II 86,20-97,23

Prólogo

86 | La realidad de las potestades.   20

Hablando bajo la inspiración del Padre de la verdad, el gran apóstol nos transmitió la siguiente enseñanza acerca de las potestades (*exousíai*) de la oscuridad[1]: *Nuestra lucha no es contra la carne y la sangre, sino contra las potestades del mundo y contra los espíritus del mal*[2]. Puesto que me has interrogado acerca de la real existencia de las potestades, [te lo revelo].

I. ANTROPOGONÍA

El arconte

Su jefe es ciego. [Impulsado por su] potencia, por su ignorancia y por su orgullo [...] dijo: | «Yo soy dios, y ninguno hay   30
[fuera de mí»][3]. Al decir esto, pecó contra [el todo]. Y esta palabra llegó hasta 87 la Incorruptibilidad. Entonces, de la Incorruptibilidad surgió una voz que dijo: «Erras, Samael»[4] —es decir, «el dios de los ciegos».

---

1. Col 1,13. El redactor cristiano prefiere la expresión paulina «potestades» (gr. *exousíai*); el redactor judío aduce «arcontes».
2. Ef 6,12. Cf. ExAl 131,4ss.
3. Is 45,5; 46,49. Cf. Ireneo, Adv. Haer. I 5,4.
4. Samael: deformación (ya atestiguada en AscIs 1,11) de la palabra hebrea *semel*, que a partir de Ezequiel (cf. 8,3-6) designa el ídolo antagonista de Yavé («*semel* de la envidia»).

Sus pensamientos se volvieron ciegos. Arrojó su potencia —es decir, la blasfemia que había dicho— y fue perseguido por Pistis Sofía hacia abajo, hacia el caos y el abismo, que es su madre. Y ella instaló a cada uno de los hijos de él de acuerdo con aquella 10 potencia y de acuerdo con la figura del | eón superior[5]. Pues hay que saber que las cosas manifiestas han surgido de las cosas escondidas.

Formación del hombre terrenal

La Incorruptibilidad miró hacia abajo, hacia las regiones de las aguas, y su semejanza se manifestó en las aguas[6]. Entonces las potestades de la oscuridad la desearon, pero no fueron capaces de captar aquella semejanza que se les había manifestado en las aguas. (Esto fue) a causa de su debilidad —es de saber que los psíquicos no pueden captar a los espirituales—, puesto que (las potestades) per-20 tenecen | al lugar inferior, mientras que (la semejanza) pertenece al lugar superior. Por esto (he dicho que) la Incorruptibilidad miró hacia abajo, hacia las regiones (de las aguas), a fin de unir el todo con la luz de acuerdo con la voluntad del Padre.

Los arcontes se reunieron en asamblea y dijeron: «Vamos, tomemos tierra y creemos un hombre de barro»[7]. Y modelaron su criatura haciéndola completamente de tierra. Ahora bien, el cuerpo que tienen los arcontes es de mujer, es un [aborto] de rostro de 30 animal[8]. Así pues, tomaron [barro] | de la tierra y modelaron [a su hombre] de acuerdo con el cuerpo de ellos mismos y [de acuerdo con la imagen] de Dios que se les había aparecido en las aguas. Entonces dijeron: «Vamos, apoderémonos (de esta semejanza) por medio de nuestra hechura, de manera que ésta vea a su viva semejanza[9] ... 88 y que la capturemos en nuestra hechura», sin comprender, a causa de su impotencia, el poder de Dios.

5. Para los hijos de los arcontes, cf. 95,13-96,11. Cf. Adv.Haer. I 30,4-5; I 11,1: *secundum memoriam meliorum.*
6. Tema común a varias gnosis, cf. ApocJn 14,30-34; OgM 108,28-31; C.H. *Poimandres* 14-15.
7. Cf. Gn 2,7.
8. Entiéndase «es *también* de mujer». Los arcontes son andróginos, cf. 94,18. El hombre terrenal primordial es también andrógino; su aspecto de mujer viene de los arcontes, su aspecto de varón viene de la imagen reflejada en las aguas.
9. «Viva semejanza»: cop. *schbreine*, literalmente «imagen correlativa». El sentido de esta expresión ha sido elucidado por Vycichl en su *Dictionnaire Étymologique...,* p. 257: se trataría de «imagen viva» en el sentido de las estatuas paganas, resultado de una teúrgia y no de una simple copia. Pero los arcontes son malos teurgos y no logran imprimir en este hombre la imagen de Dios.

Formación del hombre psíquico

Y *sopló en su rostro*[10]: entonces el hombre pasó a ser psíquico sobre la tierra por muchos días, y ellos no pudieron ponerlo de pie a causa de su impotencia[11]. Como vendavales, perseveraron en el propósito de capturar aquella semejanza que se les había manifestado en las aguas, pero ignoraban | la potencia de la semejanza.   10

Sin embargo, todo esto sucedió de acuerdo con la voluntad del Padre del todo.

Creación del hombre espiritual

Después de estos sucesos, el Espíritu vio al hombre psíquico sobre la tierra. El Espíritu partió de la tierra adamantina[12], descendió y habitó en él. Aquel *hombre pasó a ser un alma viviente*[13]. Y le puso el nombre de Adán, puesto que fue hallado arrastrándose sobre la tierra.

Adán en el paraíso

Una voz surgió de la incorruptibilidad acerca de la *ayuda*[14] de Adán. Entonces los arcontes juntaron | a *todos los animales de la*   20 *tierra y a todos los pájaros del cielo* y los llevaron *a Adán para ver cómo* Adán *los iba a llamar,* y para que él impusiera un nombre a cada uno de los pájaros y a todos los animales[15]. Luego tomaron a Adán y lo colocaron *en el paraíso para que lo laboreara y lo custodiara*[16]. Y los arcontes le dictaron un mandamiento dicien-

---

10. Gn 2,7. El redactor suprime «un aliento de vida». Los agentes del párrafo anterior eran «los arcontes». Ahora, en este párrafo, es un agente individual. El texto paralelo que mejor explica esta diversidad es Adv. Haer. I 30,6: «Entonces Yaldabaot, para reunirlos y convencerlos, les dijo: "Venid, hagamos un hombre a imagen". Las seis potencias escucharon esa invitación, y la Madre les suministró una imagen del Hombre para de este modo vaciarles de la primera potencia. Entonces se reunieron y confeccionaron un hombre inmenso en altura y longitud. Pero como únicamente se arrastraba serpenteando, lo llevaron a su padre».
11. Tema común a varios autores, cf. OgM 115,5; ApocJn 19,13-14; Satornilo, en Adv. Haer. I 24,1; véase la nota anterior.
12. El mundo supracelestial.
13. Gn 2,7. «Viviente» es aquí sinónimo de espiritual.
14. En el texto bíblico, el término «ayuda» se refiere a Eva. En la rectificación gnóstica se refiere a la vida espiritual que Adán ha recibido, cf. ApocJn 20,14-20.
15. Cf. Gn 2,19-20, modificado.
16. Gn 2,15.

do: «*De todo árbol que está en el paraíso comerás, pero del árbol
del conocimiento del bien y | del mal no comas* y [no lo toques],
pues el día en que comiereis [de él] moriréis de muerte»[17]. Esto [se
lo dicen] sin conocer lo que [le han dicho]. Tales cosas le dijeron
de esta manera precisamente por la voluntad del Padre, a fin de
que comiera, y también a fin de que Adán los viera siendo ya
totalmente material[18].

89 Los arcontes se reunieron en consulta y dijeron: «Ea, infundamos *un letargo sobre Adán. Y se durmió*»[19]. Ahora bien, el
letargo es la ignorancia; (éste es el significado) de estas palabras
«Infundámoslo sobre él. Y se durmió».

Entonces hendieron su costado, que era como una mujer vi-
viente, y luego rellenaron su costado con carne. | Y Adán pasó a
ser enteramente psíquico. Y se le acercó la mujer espiritual, habló
con él y le dijo: «Levántate, Adán». Y cuando la vio, él dijo: «Tú
eres la que me ha dado vida; serás llamada madre de los vivientes»[20]. (Queriendo significar:) «Ella es mi madre, ella es la coma-
drona, y la madre, y la paridora».

Entonces las potestades se acercaron a su Adán, pero cuando
vieron a su viva semejanza conversando con él | entraron en gran
agitación y la desearon. Y se dijeron unos a otros: «Ea, arrojemos
nuestra simiente sobre ella». Entonces la persiguieron y ella se
mofó de ellos a causa de su demencia y de su ceguera, y se trans-
formó en árbol ante ellos, dejando caer delante de ellos su sombra, que es una semejanza de sí misma. Los arcontes mancillaron
abominablemente (a esta sombra) y mancillaron el signo de su
voz. (Esto sucedió) a fin de que se condenaran | a sí mismos en
su hechura y en la semejanza [de ella][21].

La espiritual penetró en la serpiente, el instructor. Entonces
la serpiente instruyó (a la mujer) diciendo: «¿Qué [os ha dicho]?
¿Acaso que *de todo árbol que está en el paraíso comerás*, pero [*del
árbol*] 90 *del conocimiento* del mal y del bien *no comas?*»[22]. Res-

---

17. Gn 2,16-17 y 3,3.
18. Adopto la lectura de Barc, basada en *Génesis* 3,5: vuestros ojos se abrirán.
Según Barc, este «Adán material» es una glosa errónea del segundo redactor.
19. Gn 2,21.
20. Gn 3,20. Obsérvese que es la segunda vez que el elemento espiritual yergue al
Adán psíquico.
21. Identificación de los agentes del último párrafo: *a)* La «mujer espiritual» es el
elemento espiritual de Adán, sustancialmente idéntico a la Sabiduría superior; *b)* su «viva
semejanza»; hay que entender: la viva semejanza de Dios que estaba en Adán; *c)* «sombra»:
la copia de la mujer espiritual es la Eva terrena.
22. Gn 2,16-17, con inversión de términos.

pondió la mujer carnal: «No dijo solamente "no comer", sino también: "No lo toques, *pues el día en que comiereis de él moriréis de muerte*"». Y dijo la serpiente, el instructor: «*No moriréis de muerte*; esto os lo ha dicho porque es envidioso. Más bien *se abrirán vuestros ojos* y seréis | parecidos a dioses, *conocedores del mal y del bien*»[23]. Y la instructora se retiró de la serpiente y la abandonó como cosa ya puramente terrestre. Entonces la mujer carnal tomó del árbol y comió, y ofreció a su marido junto con ella. Y los psíquicos comieron.

Y su malicia se disipó (al desaparecer) su ignorancia, y comprendieron que estaban *desnudos* de elemento espiritual. Y *tomando hojas de higuera se ciñeron los lomos*[24].

Entonces se acercó el gran arconte y dijo: «*Adán, ¿dónde estás?*», pues no sabía lo que había sucedido. Adán respondió: «*Oí tu voz, y temeroso por estar desnudo, me escondí*». Dijo el arconte: «*¿Por qué te escondiste si no es porque comiste del árbol del que te ordené: "de él solo no comerás". Y comiste?*». Dijo Adán: «*La mujer que me diste, ésa [ofrecióme] y comí*». Y el arrogante arconte | maldijo a la mujer. *Y dijo la mujer: «La serpiente es la que me engañó, y comí»*[25]. (Y los arcontes) [se volvieron] hacia la serpiente y maldijeron su sombra [...] impotente, sin percatarse de que era hechura de ellos. Desde aquel día 91 la serpiente quedó bajo la maldición de las potestades. Hasta la venida del hombre perfecto esta maldición ha ido cayendo sobre la serpiente.

Los arcontes se volvieron hacia su Adán, lo agarraron y lo arrojaron del paraíso con su mujer, pues (los arcontes) no tienen bendición alguna, puesto que ellos mismos están bajo la maldición.

Entonces los arcontes arrojaron a la humanidad en medio de grandes perplejidades y de los azotes de la vida, a fin de que sus hombres andaran atareados | y no tuvieran tiempo adecuado para adherirse al Espíritu Santo.

23. Para todo el pasaje, comparar con Gn 3,2-7.
24. El «árbol del bien y del mal» representa la moralidad psíquica, que la pareja Adán y Eva desconoce. Al comer del árbol, descubren el bien y el mal morales, y por ende su propia sexualidad y su capacidad procreadora. Para evitar una degradación del elemento espiritual, éste desaparece una vez más de Adán. La clave de este pasaje se halla en Ireneo, Adv. Haer. I 30,8: «Yaldabaot hubiera deseado que Eva engendrara hijos a Adán, pero no lo consiguió porque su Madre se le oponía en todo vaciando subrepticiamente a Adán y Eva de la impregnación de luz para evitar que el espíritu que procedía de la Suprema Potencia participara en la maldición y en el oprobio».
25. Cf. Gn 3,9-13.

Las dos razas humanas

Después de esto (la mujer carnal) engendró a Caín, el hijo de ambos. Caín cultivaba la tierra. (Adán) conoció de nuevo a su mujer y ella concibió y engendró a Abel. Abel era pastor de ganado. Caín aportó frutos de su campo, mientras Abel ofreció sacrificio con sus corderos. El dios reposó su mirada sobre las ofren-
20 das de Abel, pero no aceptó las ofrendas | de Caín. Y el Caín carnal persiguió a su hermano Abel. Entonces el dios dijo a Caín: *«¿Dónde está tu hermano Abel?»*. Él respondió y dijo: *«¿Acaso soy yo el guardián de mi hermano?»*. Dijo el dios a Caín: «He aquí que *la voz de la sangre de tu hermano clama a mí.* Has pecado por tu boca. (Esta sangre) se volverá contra ti. Todo aquel que matare a Caín dejará sueltas siete venganzas. Tú, por tu par-
30 te, [gemirás] y | temblarás sobre la tierra»[26].
Luego Adán [conoció] a su viva semejanza Eva. Ella concibió y engendró a [Set] para Adán. Y dijo ella: «Yo engendré a otro hombre por medio de Dios, en lugar de [Abel]»[27].
Otra vez concibió Eva y engendró a [Norea], diciendo: «Él engendró para mí [una virgen] 92 de ayuda [para] muchas generaciones de la humanidad»[28]. Ésta es la virgen que las fuerzas no mancillaron. Entonces los hombres comenzaron a multiplicarse y a tener aspecto agradable.

El diluvio

Los arcontes se reunieron en consulta y dijeron: «Vamos, hagamos un diluvio con nuestras manos y destruyamos toda carne, tanto hombres como animales». Pero cuando el arconte de las
10 potencias supo de su contubernio dijo a Noé: | «Constrúyete un arca de una madera que no se pudra y escóndete en ella tú con

---

26. Ciclo bíblico de Caín y Abel: Gn 4,1-15. Según los paralelos OgM 117,15-24 y ApocJn 24,8-34, Caín y Abel no son hijos de Adán sino del arconte principal y de sus potestades. El mismo redactor de HipA conoce esta trama, pues ha recogido el episodio en el que los arcontes mancillan a Eva (13,20-30).

27. Set es hijo del hombre espiritual, es decir, del hombre unido a la viva semejanza de Dios que está en él, representada también por Eva. Set es el antepasado común de los hombres espirituales («otro hombre») o gnósticos.

28. Norea viene probablemente del hebreo *Na'ara*, virgen. Ejerce junto a Set la misma función que la mujer espiritual ejercía junto a Adán; cf. n. 3 a Nor.

tus hijos y los animales y los pájaros del cielo, tanto pequeños como grandes, y erígela sobre el monte Sir»[29].

Entonces se le acercó Orea (sic) con el propósito de entrar en el arca. Él no se lo permitió, y ella sopló sobre el arca y le prendió fuego. Él construyó el arca por segunda vez.

II. TEOGONÍA

El revelador

Los arcontes se acercaron [a Norea] con el propósito de engañarla. | Su jefe supremo le dijo: «Tu madre Eva vino hacia nosotros». Pero Norea se volvió hacia ellos y les dijo: «Vosotros sois los arcontes de la oscuridad, estáis malditos. Realmente no habéis conocido a mi madre, sino que la que habéis conocido es a vuestra viva semejanza. Yo no soy de vuestra progenie, antes bien procedí del mundo superior». El arconte arrogante se revolvió con toda su potencia y su rostró tomó el aspecto de un [...] negro. Haciendo gala de audacia se dirigió a ella en estos términos: | «Es necesario que nos sirvas como lo hizo tu madre Eva, pues me ha sido dado [...]». Entonces Norea acudió a la potencia de [...] y clamó con fuerte voz hacia el santo, el Dios del todo: 93 «Auxíliame frente a los arcontes de la injusticia y sálvame de sus manos».

En éstas descendió de los cielos el ángel y le dijo: «¿Por qué clamas a Dios? ¿Por qué exhibes audacia hacia el Espíritu Santo?». Dijo Norea: «¿Quién eres?». Entretanto los arcontes de la injusticia se habían apartado de ella. El ángel dijo: «Yo soy Elelet, la sabiduría, el gran ángel que esta erguido | ante el Espíritu Santo. He sido enviado para hablar contigo y para librarte de las manos de los que no tienen ley. Yo te revelaré cuál es tu raíz»[30].

No podría, por mi parte, describir la potencia de este ángel; su figura es como la del oro fino y su vestimenta como la nieve;

20

30

10

---

29. Ciclo bíblico de Noé: Gn 6-9. Interpretación: los arcontes (de Samael) quieren destruir la raza de Set. Interviene «el arconte de las potencias» (Yavé Sabaot) para salvar a los setianos, que quedan entonces bajo su poder: origen de la religión hebrea. Norea, como representante de la religión espiritual, no es admitida. El elemento espiritual queda una vez más en suspenso.

30. En ApocJn 7,31-8,18 y en Zos 29,12, Elelet es el cuarto de los cuatro luminares que constituyen el último estrato del Pleroma. Cf. también EvE 56,22 y PensTr 39,13-40,24.

sin embargo, mi boca no podría resistir el intentar describir su potencia y la figura de su rostro.

Me dijo el gran ángel Elelet: «Yo —dijo— soy la inteligencia, 20 | yo soy uno de los cuatro luminares, los que están erguidos delante del gran Espíritu invisible. ¿Piensas que estos arcontes tienen potencia contra ti? Ninguno de ellos tendrá potencia contra la raíz de la verdad —pues a causa de esto se ha manifestado él al final de los tiempos— y estos poderes serán dominados, y estas potestades tampoco podrán mancillar ni a ti ni a esta raza, 30 puesto que vuestra morada está en la incorruptibilidad, | en el lugar del Espíritu virginal, el que es superior a las potestades del caos y de su mundo».

También yo dije: «Señor, instrúyeme acerca de [la fuerza] de estas potestades, por qué vinieron a existir [...], de qué realidad procedieron y 94 de qué materia, y quien fue que los creó y (les dio) su potencia».

El origen de la materia

El gran ángel, la inteligencia, me respondió: «En el seno de los eones infinitos en los que se halla la incorruptibilidad, la sabiduría, la denominada Pistis, quiso producir una obra ella sola, sin su cónyuge[31]. Su obra resultó como una (mera) semejanza del cielo.

(Es de saber que) hay un velo entre las realidades superiores | 10 y los eones de la parte inferior, y que una sombra vino a existir más abajo del velo, y esta sombra pasó a ser materia, y esta sombra fue arrojada a un lugar particular. Pues bien, la hechura (de la Sabiduría) fue una obra realizada en la materia, una especie de aborto. Recibió figura a partir de la sombra. Era una bestia arrogante parecida a un león. Era andrógino, pues, como ya dije, provino de la materia»[32].

31. OgM 98,11-14 distingue dos personajes: Pistis y Sofía, que procede de Pistis. El tema de la partenogénesis de Sofía es propio de la gnosis cristiana, cf. ApocJn 9,28 (con la nota).

32. El proceso de degradación es el siguiente: a) Sabiduría, eón del Pleroma; b) su obra, un velo entre el Pleroma y el mundo inferior; c) una sombra debajo del velo: el caos; d) una parte concentrada del caos, que es la materia; e) un personaje configurado por Sabiduría a partir de la materia: el gran arconte.

El gran arconte

(Esta criatura) abrió lo ojos | y vio una enorme extensión de   20
materia infinita. Entonces se exaltó orgullosamente y dijo: «Yo
soy dios y no hay otro fuera de mí»[33]. Al decir esto pecó contra el
todo. Entonces una voz surgió de arriba, de la suma potestad,
diciendo: «Erras, Samael» —es decir, «el dios de los ciegos—. Él
dijo: «Si existe otro ser ante mí, que se me revele». Al momento la
Sabiduría extendió su dedo | e introdujo la luz en la materia y la   30
persiguió hacia abajo hasta las regiones del caos, remontando
luego hacia su luz. De nuevo la oscuridad [...] en la materia[34].
Este arconte, por ser andrógino, produjo para sí un gran eón, 95
una grandeza infinita[35].

El arconte discurrió crear hijos para sí, y se creó siete hijos,
que eran andróginos como su padre. Y dijo a sus hijos: «Yo soy el
Dios del todo». Entonces Zoé, la hija de Pistis Sofía, clamó y le
dijo: «Erraste, Saclas» —cuya interpretación es «Yaldabaot»—.
Luego sopló en su rostro y su soplo se le convirtió | en un ángel   10
de fuego. Y este ángel ató a Yaldabaot y lo arrojó al Tártaro, al
lugar que está bajo el abismo[36].

El arconte Sabaot

Sucedió que cuando Sabaot, el hijo de (Yaldabaot), vio la potencia de este ángel, se arrepintió y condenó a su padre y a su
madre la materia, asqueándose de ella. En cambio, entonó himnos a la Sabiduría y a su hija Zoé. Entonces la Sabiduría y Zoé lo
exaltaron y lo | instalaron sobre el séptimo cielo, debajo del velo,   20
entre el lugar superior y el lugar inferior. Y fue denominado «dios
de las potencias, Sabaot», porque está por encima de las potencias
del caos debido a que fue la Sabiduría quien lo instaló[37]. Cuando
estos acontecimientos tuvieron lugar, él se construyó un gran ca-

33. Is 45,5; 46,49. Yaldabaot une en su configuración mítica los trazos del Dios
del Antiguo Testamento y los del cabecilla de los ángeles caídos, Samael.
34. Episodio paralelo a 86,27ss. Aquí se precisa que el elemento precipitado al
caos es la luz, es decir, una centella o impregnación de luz.
35. El gran arconte crea el mundo material.
36. El redactor da por supuesto que su lector conoce la tradición de las siete
potestades arcónticas y sus nombres. Cf. n. 28 a ApocJn.
37. Sabaot une en su configuración mítica los trazos del Dios bíblico, los del jefe
de los ángeles divinos (Miguel) y los del objeto de la visión del carro divino típica de la
apocalíptica judía. El lugar en el que se instala es la Ogdóada o círculo de las estrella fijas,
como en el valentinismo clásico (cf. Adv. Haer. I 7,4). Las potencias del caos, los arcontes
planetarios, están por debajo de Sabaot.

30 rro de querubines, dotado de cuatro rostros, con una innumerable multitud de ángeles para hacer de | servidores, y arpas y cítaras.

La Sabiduría tomó a su hija Zoé para sentarla a la derecha de (Sabaot), a fin de que lo instruyera acerca de las realidades de la ogdóada. Luego colocó al ángel de la ira a la izquierda (de Sabaot). [Desde aquel día] [su diestra] fue denominada 96 «vida», y la izquierda se configuró como la injusticia, (figuración de la idea) de la suma potestad del lugar superior[38].

Estos seres existieron antes de ti, (Norea).

Origen de la muerte

Sucedió que cuando Yaldabaot vio (a Sabaot) en esta gran gloria y en esta elevación tuvo envidia de él. Y la envidia fue una obra andrógina.

Éste fue el origen de la envidia. La envidia engendró la muerte, y la
10 muerte engendró sus hijos e | instaló a cada uno (de los ángeles) sobre su propio cielo; todos los cielos del caos quedaron repletos de su multitud. Todo esto sucedió precisamente por voluntad del Padre del todo a fin de que se completara el número del caos.

He aquí, (Norea), que te he enseñado la figura de los arcontes y de la materia en la que aquella figura fue generada, así como te he instruido acerca del padre de los arcontes y de su mundo.

El Salvador

Entonces yo, (Norea), dije: «Señor, ¿también yo misma formo parte de su materia?».
20 (Respondió:) «Tú, (Norea), y tus hijos, formas parte | del Padre que existe desde el principio. Las almas (de tus hijos) proceden del lugar superior, de la luz incorruptible. Por esto las potestades no podrán aproximarse a ellas a causa del Espíritu de verdad que se halla en ellas. Todos cuantos han conocido este camino existen como inmortales en medio de una humanidad mortal. Pero esta simiente no se manifestará todavía. Sin embargo, después de tres generaciones se manifesta-
30 rá | y extirpará de ellas la cadena del error de las potestades»[39].

---

38. Esta distribución de derecha e izquierda es atípica. Los comentaristas no han acertado a ofrecer una explicación plausible. Podría ser una desformación del tema del doble aspecto del Dios bíblico, justo e enjusto, cf. ApocJn 24,16-26. Comparar con Hipólito, Elen V 14,7-8.
39. La primera generación es la de Adán y Eva. La segunda es la de Set. La tercera es la de los setianos. La cuarta es la de la revelación, cuyo agente es el hombre verdadero, Cristo.

Entonces yo dije: «Señor, ¿cuánto tiempo todavía?». Él me dijo: «Cuando el hombre verdadero, en la forma de una criatura, manifieste [al Espíritu de] verdad que el Padre 97 ha enviado. Entonces éste les instruirá por entero y les ungirá con el crisma de la vida eterna que le ha sido dado por la raza indómita[40]. Entonces expulsarán de sí mismos el pensamiento ciego y pisotearán la muerte, la de las potestades, y avanzarán hacia una luz infinita; allí es donde habita esta simiente. | Entonces las potestades abandonarán sus tiempos   10 y sus ángeles llorarán por su destrucción, y sus demonios se lamentarán por su muerte. Entonces todos los hijos de la luz conocerán con certeza la verdad junto con su propia raíz, y al Padre del todo junto con el Espíritu Santo. Todos clamarán con una sola voz: "La verdad del Padre es justa, y el Hijo está sobre el todo". Y que por los siglos de los siglos todos clamen: santo, santo, santo. Amén».

La realidad (hipóstasis) de los arcontes.

40. Los setianos son la raza indómita e inconmovible. Véase n. 60 a *Sobre el origen del mundo*.

SOBRE EL ORIGEN DEL MUNDO
(NHC II 5)

INTRODUCCIÓN*

EL DOCUMENTO COPTO

El quinto escrito del Códice II de Nag Hammadi es un documento extenso y relativamente bien conservado. Las siete primeras líneas aparecen también entre los fragmentos recogidos en el Códice XIII. Se conservan además fragmentos de una versión subacmímica (British Library Or. 4926 [1]; unas cincuenta líneas aprovechables).

La obra aparece sin título, por lo que al comienzo fue denominada *Escrito sin título*. Luego se le otorgó el de *Sobre el origen del mundo*, a partir del propósito expresado por el autor en las primeras líneas.

La lengua es la común de todo el Códice II: un sahídico literario, artificioso, con abundantes contaminaciones subacmímicas. En el caso de este tratado puede suponerse incluso que la primera versión del original griego fue al subacmímico y que el texto del Códice II es un primer ensayo imperfecto de adaptación al sahídico.

EL ORIGINAL GRIEGO

El texto griego subyacente a las versiones coptas presenta todas las trazas de un escrito unitario, proveniente de una sola mano. Constatación que no excluye la eventualidad de algunas interpolaciones o manipulaciones posteriores.

---

* Introducción, traducción y notas de José Montserrat Torrents.

391

La obra se inscribe en el género helenístico del tratado doctrinal, con claras intenciones apologéticas. El autor es obviamente gnóstico, probablemente no cristiano y muy inserto en el mundo espiritual de la Biblia judaica e incluso de la literatura extra-canónica (*Henoc, Jubileos...*). Las únicas referencias claras al Nuevo Testamento aparecen en las cinco últimas páginas, probablemente manipuladas por un editor cristiano.

Sus fuentes son variadísimas. Por una parte, presenta notables paralelos con *La hipóstasis de los arcontes*, que se explican por el uso de una fuente (escrita) común. Denota además influjos de la mitología y de la filosofía griegas, de la magia y la astrología e incluso del maniqueísmo. No es posible adscribirlo a una corriente gnóstica en particular, aunque su pensamiento ofrece importantes trazos valentinianos.

El autor es desconocido. Se trata, sin embargo, de una persona muy culta y evidentemente perteneciente a la comunidad de la «raza indómita» o gnósticos. El intermedio que dedica a los animales de Egipto invita a sospechar que se trata de un helenoegipcio. La datación podría ser finales del siglo III, si es que las alusiones al maniqueísmo proceden del autor original.

ESTRUCTURA LITERARIA

La obra se articula en torno a una triple temática: *a)* El origen de los arcontes (teogonía); *b)* La composición del hombre, descrita antropogónicamente; *c)* La escatología, que incluye la soteriología.

El autor asume ingredientes de muy distinta procedencia, que cita en ocasiones. Estos componentes no siempre son armonizables, dando lugar a un discurso con frecuencia incoherente (a no ser que el defecto se deba a la impericia del traductor copto). Con todo, el escrito presenta una notable unidad, y, al término, el mensaje que propone a sus oyentes es fácilmente comprensible. El esquema de la obra es el siguiente:

Prólogo

I. *Teogonía*
El lapso de Sofía.
El Demiurgo.
Los arcontes planetarios.
La entronización de Sabaot.
La rebelión de Yaldabaot.

II. *Antropogonía*
   El hombre espiritual.
   Intermedio: Eros y el paraíso.
   El hombre espiritual.
   El hombre psíquico.
   El hombre terrenal.
   La mujer terrenal.
   Síntesis de la antropogonía.
   El ciclo del paraíso.
   Intermedio: los animales de Egipto.
   La humanidad.

III. *Escatología*
   El salvador.
   La consumación.

CONTENIDO DOCTRINAL

El autor plantea en netos términos filosóficos el problema del caos y lo resuelve de acuerdo con la doctrina monística de la gnosis: el caos no es originario, ya que procede de seres anteriores.

La doctrina de los primeros principios se da por supuesta. El tratadista evoca únicamente la última secuencia: el lapso del eón Sofía (Sabiduría). La Sofía exterior constituye un espacio intermedio (un «velo») entre el Pleroma y el mundo sensible. De este velo emana una entidad imperfecta, como un aborto, una sombra que se condensa y pasa a ser la materia caótica (las aguas primordiales del *Génesis*). De estas aguas, Sofía hace emerger la figura del Demiurgo Yaltabaot. Éste se dota de auxiliares de acuerdo con el modelo que en la Introducción general hemos denominado mixto (zodiacal y planetario). El autor gnóstico conoce bien la ley de las sicigías (véase Introducción general, p. 61 y n. 38) y suele mencionar la consorte femenina de todos los agentes.

Al igual que en *La hipóstasis de los arcontes*, un hijo del Demiurgo, Sabaot, se aparta de su padre y se acerca al mundo espiritual. Recibe como consorte al eón femenino Zoé y queda constituido en el Dios del pueblo de Israel.

El ciclo antropológico es muy complejo, y el autor parece perder el hilo de sus fuentes. La secuencia fundamental parece ser la que proyecta las tres «naturalezas» valentinianas sobre la narración del octamerón. El esquema podría ser el siguiente:

Día primero: manifestación del Hombre de Luz.
Día segundo: Instalación de su consorte Prónoia en el cielo.
Día tercero: regreso del Hombre de Luz.
Día cuarto (y quinto): creación de los luminares.
Día sexto: creación del hombre psíquico y de Eva psíquica.
Día séptimo: reposo.
Día octavo: manifestación del hombre terreno y de Eva terrena.

El elemento femenino aparece siempre como «auxiliar» o perfeccionador del masculino.

El ciclo del paraíso sirve para introducir la historia de la humanidad. En el mundo conviven hombres procedentes de Adán y Eva terrenales, sometidos a los arcontes, y hombres espirituales, cuya procedencia queda oscura en el texto. En todo caso, no aparece el tema de la raza de Set. Tampoco resultan claras las figuras soteriológicas (los mismos hombres espirituales, Sofía, el Logos...). En la consumación, los perfectos regresarán a su origen, mientras los que no hayan alcanzado la perfección recibirán una gloria inferior. No consta quiénes son estos imperfectos. Podría tratarse del resto de la humanidad, que de esta manera se salvaría diversamente en su totalidad; idea más maniquea que valentiniana.

NUESTRA TRADUCCIÓN

Nuestra traducción se basa en el texto transcrito y reconstruido por B. Layton en *Nag Hammadi Codex II,2-7* (*The Coptic Gnostic Library*, vol. 21), 1989. Hemos cotejado la traducción de H. G. Bethge, B. Layton y la Societas Coptica Hierosolymitana (ib.) y la de M. Tardieu, *Trois Mythes Gnostiques*, 1974.

SOBRE EL ORIGEN DEL MUNDO

II 97,24-127,17

Prólogo

97 (l. 24) Puesto que todos, tanto dioses del mundo como seres humanos, dicen: «Nada existe antes del caos», voy a demostrar que todos se equivocan al ignorar [la composición] del caos y su raíz. Ésta es, pues, la demostración[1].

Si bien resulta 98 que todos los hombres están de acuerdo, respecto al caos, en afirmar que se trata de una cosa oscura, (hay que decir que) lo que ocurre en realidad es que proviene de una sombra y ha sido denominado así: oscuridad. Ahora bien, la sombra es un ser que procede de una obra que existe desde el comienzo, de modo que es bien claro que (esta obra) existía antes de la génesis del caos y que el caos es posterior a la primera obra.

Penetremos ahora en la verdad, lo que equivale a examinar la primera obra, aquella de la cual | procedió el caos. De esta manera se hará manifiesta la demostración de la verdad.

30

10

---

1. No se debe confundir el concepto mítico de caos con el concepto filosófico de materia. La concepción prefilosófica de un caos primigenio persistía en los primeros siglos de nuestra era en el orfismo renovado. Véase también el fragmento perático reproducido por Hipólito en Elen V 14,1-2.

I. TEOGONÍA

El lapso de Sofía

Una vez que la naturaleza (*phýsis*) de los seres inmortales hubo terminado su proceso de procedencia del que es infinito, sucedió que una semejanza emanó de Pistis; la llaman Sofía (Sabiduría). Esta semejanza experimentó una voluntad y pasó a ser una obra semejante a la luz primordial. Acto seguido su voluntad se manifestó como una semejanza del cielo que poseía una inconcebible grandeza. | Se hallaba en el espacio intermedio entre los inmortales y los seres que vinieron después de ellos, con figura [de cielo]. Era como un velo que separaba al género humano de las realidades superiores[2].

El eón de la verdad no tiene sombra alguna en su exterior, pues la luz sin límite está en él omnipresente. Pero su exterior es una sombra, a la cual llaman oscuridad. A partir de ella una potencia | se manifestó sobre la oscuridad. A esta sombra, las potencias que vinieron posteriormente la llamaron «caos infinito». [Todo tipo] de divinidad fluyó de este caos [...] con el lugar entero, de modo que también [la sombra] vino después de la primera **99** obra. En el abismo precisamente [se] manifestó, a partir de la Pistis que hemos mencionado.

Entonces la sombra se percató de que había alguien más poderoso que ella, y tuvo envidia. Y después de haberse preñado ella sola a sí misma, acto seguido engendró a la envidia. Desde aquel día se manifestó el principio de la envidia entre todos los eones y sus mundos. Esta envidia resultó | ser un aborto carente de espíritu. Fue como las sombras inmersas en una extensa substancia acuosa. Entonces la hiel que había surgido de la sombra fue arrojada a un lugar particular del caos. Desde este momento se manifestó una substancia de agua, y lo que había fluido dentro de ella se desparramó manifestándose en el caos. Algo parecido a la partera de un niño: todo lo excedente se desparrama. De esta manera, la materia vino a existir a partir | de la sombra y fue

---

2. El autor distingue aquí entre Pistis (= la Sabiduría superior de los valentinianos) y Sofía (la Sabiduría Achamot de los mismos valentinianos). Pero más adelante designa a este segundo personaje «Pistis Sofía», como en *La hipóstasis de los arcontes* (94, 5-6) o simplemente «Pistis». Cf. también ApocJn 25-35. El «velo» no debe identificarse con el Horos o Límite valentiniano, sino con la región de la Ogdóada o «mediedad», cf. Adv. Haer. I 5,3.

arrojada a un lugar, y no se salió del caos, antes bien la materia estaba en el caos, ocupando una parte de él[3].

Una vez acaecidas estas cosas, acudió Pistis y se manifestó sobre la materia del caos, la que había sido expulsada como un aborto y carecía de espíritu. Era, efectivamente, una oscuridad infinita y un agua sin límites[4].

El Demiurgo

Ahora bien, una vez Pistis se hubo percatado del resultado de   30
su deficiencia, se conmovió, y esta conmoción se manifestó como una obra de temor, y anduvo errante [en torno a ella] en el caos, pero ella se inclinó hacia (esta obra) y [sopló en] su rostro, en el abismo [que está] debajo 100 de todos los cielos.

Pistis Sofía deseó que aquel ser carente de espíritu se configurara como una semejanza y que señoreara sobre la materia y todas sus potencias. Acto seguido se manifestó en primer lugar un arconte salido de las aguas, parecido a un león y andrógino, poseedor de un gran poder, | pero ignorante de dónde procedió.   10
Cuando Pistis Sofía lo vio en el fondo de las aguas, moviéndose, le dijo: «Muchacho, atraviesa (*diaperân*) hasta aquí»; ésta es la interpretación de «Yaldabaot»[5]. Desde este día se manifestó el principio del lenguaje, que alcanzó a los dioses, a los ángeles y a los hombres. Y lo que comenzó a existir por medio de la palabra lo completaron los dioses y los ángeles y los hombres.

El arconte Yaldabaot, ignorante como era de la potencia de   20
Pistis, no vió su rostro, pero sí que vio en el agua la semejanza, que habló con él. Y a causa de esta voz se denominó a sí mismo Yaldaot (Yaldabaot). Sin embargo, los perfectos lo llaman Ariel[6], porque era semejante a un león. Una vez hubo éste adquirido potestad sobre la materia, Pistis Sofía se remontó a su luz.

El arconte veía | su propia grandeza; en realidad se veía úni-   30
camente a sí mismo y a ninguna otra cosa, fuera del agua y oscuridad. Entonces pensó que él era el único existente. Su [pen-

---

3. El pasaje paralelo de *La hipóstasis de los arcontes* es más breve y más claro: «Una sombra vino a existir más abajo del velo, y esta sombra pasó a ser materia, y esta sombra fue arrojada a un lugar particular. Pues bien, la hechura de la Sabiduría fue una obra realizada en la materia, una especie de aborto» (94,10-15).

4. Alusión a Gn 1,2.

5. «Atraviesa» (*diaperân*): El que atraviesa es el gnóstico según los peratas, Elen V 16,1-4. Según Filón, «hebreo» significa «el que atraviesa» (De Migr. 20); de aquí se seguiría que Yaldabaot es el Dios de los hebreos. Cf. también Zos 16,5-14 y All 49,2.

6. Ariel: hebreo, «el león de Dios».

samiento] se completó con la palabra. **101** (Y esta palabra) se manifestó como un espíritu que iba y venía sobre las aguas[7]. Y cuando este espíritu se manifestó, el arconte separó a un lado la substancia de las aguas, poniendo lo seco al otro lado[8].

Y a partir de la materia se construyó un habitáculo propio y lo llamó cielo.

Y a partir de la materia el arconte construyó un escabel y lo llamó tierra[9].

Los arcontes planetarios

10   Después | el arconte reflexionó en su naturaleza y por medio de la palabra
> creó un andrógino, abrió su boca y se glorió frente a él.
> Cuando sus ojos se hubieron abierto vio a su padre
> y le dijo: «I».
> Y su padre lo llamó «Iaó».
> Luego creó al segundo hijo y se glorió frente a él.
> Y cuando sus ojos se hubieron abierto
> dijo a su padre: «E».
> Y su padre lo llamó Eloai.

20   Luego creó | al tercer hijo y se glorió frente a él.
> Él abrió sus ojos
> y dijo a su padre: «As».
> Y su padre lo llamó Astafeo.

Éstos son los tres hijos de su padre.

Siete fueron los que se manifestaron a partir del caos, y eran andróginos. Tenían su nombre masculino y su nombre femenino.

> (Yaldabaot) [... su nombre femenino] es Prónoia Sambatas, es decir, la hebdómada.
> En cuanto a aquel hijo (del arconte) llamado Iaó, tiene como nombre femenino Dominación (probl. Kyriótes).

30 | Sabaot: su nombre femenino es Divinidad.

Adoneo: su nombre femenino es Realeza.

Eloeo: su nombre femenino es Envidia (o Celo).

Oreo: su nombre femenino es Riqueza.

Astafaeo: su nombre [femenino] es **102** Sofía[10].

---

7. Nueva alusión a Gn 1,2.
8. Gn 1,9.
9. Iteración poética. Para «escabel», cf. Is 69,1 y Sal 98,5.
10. Véanse la n. 29 de ApocJn y la Introducción a este escrito.

Éstas [son las siete] potencias de los siete cielos del [caos].
Eran andróginos, de acuerdo con el modelo inmortal existente
frente a ellos según la voluntad de Pistis, a fin de que la semejanza existente desde el principio llegue a dominar hasta el fin. Hallarás la efectividad de estos nombres y la potencia de los mascu-
linos en el *Arcangélico del profeta Moisés*. Los | nombres de las   10
femeninas (los hallarás) en el primer *Libro de Norea*.

El primer creador Yaldabaot al poseer grandes poderes creó
cielos para cada uno de sus hijos por medio de la palabra. Eran
unos bellos habitáculos, y para cada uno (creó) grandes glorias
siete veces superiores, tronos, habitáculos, templos, carros y espíritus virginales por encima de un invisible, con sus respectivas
glorias; cada cual | las posee en su cielo, ejércitos de potencia,   20
dioses y señores y ángeles y arcángeles en innumerables miríadas,
a fin de que sean servidores. La reseña de todo esto la hallarás
exactamente consignada en el primer *Tratado de Orea*. Así pues,
fueron completados desde este cielo hasta el sexto cielo, que es el
de Sofía[11].

El cielo y su tierra fueron subvertidos por el trastornador que
se hallaba debajo de todos ellos. Y los seis cielos retemblaron, |
pues las potencias del caos [no] conocían quién era el que había   30
destruido el cielo que está debajo de ellos. Pero cuando Pistis se
enteró del desastre del trastornador, envió su soplo, lo ató y lo
arrojó al Tártaro[12]. [Desde aquel día], el cielo, junto con su tierra,
fue consolidado 103 por la Sofía de Yaldabaot, la que está debajo de todos ellos.

Cuando los cielos se consolidaron junto con sus potencias y
todo su gobierno, el primer creador se ensoberbeció, y recibió
honor por parte de todo el ejército de los ángeles. Y todos los
[dioses] con sus ángeles lo bendijeron y le tributaron honor. Él se
alegraba en su interior y se vanagloriaba sin cesar, diciéndoles:
| «No tengo necesidad de nadie». Y dijo: «Yo soy dios y no hay   10
otro fuera de mí»[13]. Al decir esto pecó contra todos los inmortales [que lo habían concebido] y lo habían custodiado.

Cuando Pistis vio la impiedad del gran arconte se irritó. No
se la podía ver. Y dijo: «Erras, Samael», esto es, dios ciego. «Hay

---

11. Esta Sofía, mencionada también en 103,1, es la consorte de Astafeo, no Pistis
Sofía.

12. En *La hipóstasis de los arcontes* es Yaldabaot el que es arrojado al Tártaro
(95,10-12). Aquí es una potencia anónima.

13. Cf. Is 45,5; 46,49. La blasfemia del Demiurgo es un episodio común, cf. HipA
86,30; Adv. Haer. I 5,4.

20 un hombre inmortal, un hombre de luz | que está delante de ti; éste es el que se manifestará en vuestra creación. Él te derribará como estas vasijas de cerámica se rompen. Y junto con los tuyos descenderás hasta tu madre, el abismo. Pues en la consumación de vuestras obras será destruida toda la deficiencia que se ha manifestado desde la verdad, y será destruida como aquello que 30 nunca ha existido». Al decir esto Pistis reveló | en las aguas su semejanza y su grandeza. Y así se remontó a su luz.

Entronización de Sabaot

Cuando Sabaot, el hijo de Yaldabaot, oyó la voz de Pistis, entonó himnos en su honor y pronunció una condena del padre [...] **104** a raíz de la palabra de Pistis. Y la glorificó porque ella los había instruido acerca del hombre inmortal y de su luz. Entonces Pistis Sofía extendió su dedo y vertió sobre él una luz procedente de su luz, una condena de su padre. Al recibir luz, Sabaot recibió una gran potestad contra todas las potencias del 10 caos. Desde aquel día fue llamado | «señor de las potencias»[14]. Odió a su padre, la oscuridad, y a su madre, el abismo, y se asqueó de su hermana, el pensamiento del primer creador, que iba y venía sobre las aguas[15].

Todas las potestades del caos tuvieron envidia de él, se trastornaron y seguidamente iniciaron una gran guerra en los siete cielos. Cuando Pistis Sofía se percató de la guerra envió a Sabaot 20 siete arcángeles procedentes de su luz. | Ellos lo arrebataron hasta el séptimo cielo y se mantuvieron erguidos ante él a guisa de servidores. Nuevamente le envió otros tres arcángeles y estableció para él la realeza por encima de todos, de modo que estuviera sobre los doce dioses del caos[16].

30 Una vez hubo recibido Sabaot el lugar del reposo en compensación de su arrepentimiento (*metánoia*), Pistis le dio todavía su hija Zoé junto con una gran potestad para que ella lo instruyera acerca de todas las realidades de la ogdóada.

Dado que poseía potestad, (Sabaot) creó para sí en primer lugar un habitáculo. Es grande, muy suntuoso, [siete] veces superior a todos los de los [siete] cielos. Delante **105** de su habitáculo creó un trono grandioso colocado sobre un carro de cuatro ros-

---

14. Título de Yahvé, cf. Is 42,13.
15. Cf. 101,1.
16. Los doce poderes zodiacales, no mencionados anteriormente, cf. ApocJn 10,28-11,4.

tros llamado «querubín»[17]. El querubín tiene ocho formas para cada uno de los cuatro (dobles) ángulos: formas de león, formas de toro, formas de hombre y formas de águila, de modo que todas las formas suman sesenta y cuatro formas. | Hay además 10 siete arcángeles que están erguidos ante él. (Sabaot) es el octavo y tiene potestad. Las formas suman en total setenta y dos. Pues a partir de este carro es como los setenta y dos dioses recibieron configuración. Recibieron configuración para gobernar sobre las setenta y dos lenguas de las naciones. Sobre este trono creó todavía otros ángeles de forma de serpiente llamados serafines, que lo glorifican continuamente.

Después creó una iglesia (ekklesía) angélica, miles y miría- 20 das sin número, parecida a la iglesia que está en la ogdóada, y un primogénito llamado Israel —es decir «el hombre que ve a Dios»— y todavía a otro, Jesús, el Cristo, parecido al salvador que está arriba en la ogdóada sentado a su diestra sobre un magnífico trono, mientras a su izquierda | se sienta sobre un trono la 30 virgen del Espíritu santo, glorificándole. Y las siete vírgenes están erguidas ante ella; en sus manos hay treinta cítaras y salterios y 106 trompetas, y le glorifican y todos los ejércitos angélicos le glorifican y le bendicen. Él está sentado en un trono luminoso en una gran nube que lo recubre. Y no había nadie con él en la nube, a no ser la Sofía (de) Pistis, que lo instruía acerca de todas la realidades de la ogdóada a fin de que fueran creadas las semejanzas de aquellas realidades, de modo que su reino persistiera | con 10 él hasta la consumación de los cielos del caos y de sus potencias. Pistis Sofía lo separó de la oscuridad y lo convocó a su diestra, pero al primer creador lo colocó a su izquierda. Desde aquel día la diestra es llamada justicia, y la izquierda es llamada injusticia[18]. Por esto todos ellos recibieron un mundo en la iglesia de la justicia y de la injusticia, [permaneciendo erguidos] todos sobre una creación[19].

La rebelión de Yaldabaot

Cuando el primer creador del caos | vio a su hijo Sabaot y su 20 gloria, que superaba a todas las potestades del caos, tuvo envidia

17. El carro divino (cf. Ez 1,5-6 y 10,1ss) es un tema preferido de la apocalíptica post-exílica.
18. Hay confusión, aquí y en otros textos (cf. HipA 95,31ss), de varias tradiciones sobre los personajes «a derecha» y «a izquierda».
19. «Permaneciendo erguidos»: reconstrucción a partir del fragmento de la British Library (cf. Layton ad locum). Pero el sentido sigue incierto.

de él. Y se encolerizó y engendró a la muerte a partir de su muerte. Ésta fue instalada sobre el sexto cielo, ya que Sabaot había sido expulsado de allí. De esta manera se reintegró el número de las seis potestades del caos. Entonces la muerte, que era andrógina, se mezcló con su propia naturaleza y engendró siete hijos andróginos. | Éstos son los nombres de los masculinos: Envidia, Irritación, Llanto, Suspiro, Duelo, Lamento, Llanto amargo. Y éstos son los nombres de los femeninos: Ira, Dolor, Placer, Suspiro, Maldición, Amargura, Discordia. Se unieron unos a otros y cada uno engendró a siete más, de modo que al final se contaron **107** cuarenta y nueve demonios andróginos. Hallarás sus nombres y su efectividad en el *Libro de Salomón*[20].

Entonces Zoé, que estaba con Sabaot, creó frente a éstos siete potencias andróginas buenas. Éstos son los nombres de los masculinos: El que no tiene envidia, El feliz, El gozoso, El verídico, El que no odia, El amado, | El fiable. Respecto a los femeninos, éstos son sus nombres: Paz, Gozo, Alegría, Felicidad, Verdad, Amor, Fe. Y de éstos proceden multitud de espíritus buenos e inocentes. Hallarás sus influjos y sus efectividades en *Las figuras del destino del cielo que está sobre el zodíaco*.

II. ANTROPOGONÍA

El hombre espiritual

Una vez hubo visto la semejanza de Pistis en las aguas, el primer creador se apenó muchísimo, | cuanto más al escuchar su voz, que se parecía a la primera voz que lo había llamado (para hacerlo surgir) de las aguas. Y cuando se percató de que ésta era la que le había dado nombre, gimió y se avergonzó de su transgresión. Y cuando supo en verdad que hay un hombre inmortal luminoso existente antes que él, se trastornó profundamente, puesto que antes había dicho a todos los dioses con sus ángeles: | «Yo soy dios y no existe otro antes de mí»[21]. En efecto, temió que llegaran a saber que había otro existente antes que él y llegaran a condenarlo. Sin embargo, como era necio, despreció la con-

---

20. Ente los *Apócrifos del Antiguo Testamento* existe un *Testamento de Salomón* que trata, efectivamente, del poder de ciertos demonios. Cf. A. Piñero, *Testamento de Salomón* en la serie *Apócrifos del Antiguo Testamento* (ed. A. Díez Macho), Cristiandad, Madrid, 1985.
21. Segunda blasfemia del Demiurgo, véase n. 13. Esta segunda edición del mismo tema está ahora en conexión con la fuente antropogónica.

dena y en un acto de audacia dijo: **108** «Si alguien existe antes de
mí, que se haga manifiesto de modo que veamos su luz».

Acto seguido he aquí que una luz salió de la ogdóada superior y atravesó todos los cielos de la tierra. Cuando el primer
creador «vio que la luz era bella»[22] en su resplandor, quedó maravillado y se avergonzó muchísimo. Una vez se hubo manifestado
la luz, una semejanza de hombre apareció en la luz. Era en extre-
mo admirable, | y nadie la vio sino el primer creador y la Prónoia   10
que está con él[23]. La luz (de la semejanza), sin embargo, se manifestó a todas las potencias de los cielos; por esta razón todas ellas
fueron trastornadas por la luz.

Entonces Prónoia vio al ángel y lo amó. Pero él la odiaba
porque ella estaba en la oscuridad. Ella deseaba adherirse a él,
pero no pudo. Al no poder satisfacer su amor, vertió su luz sobre
la tierra. Desde | este día este ángel fue llamado «Adán de luz»,   20
cuyo significado es «el luminoso hombre de sangre». Y la tierra
[sobre la cual la luz] se desparramó fue llamada «santo Adamas»,
cuyo significado es «santa tierra adamantina» (o de hierro). Desde aquel día todas las potestades honraron la sangre de la virgen
(Prónoia). La tierra, por su parte, fue purificada por la sangre de
la virgen. Además, el agua fue purificada por medio de la seme-
janza de Pistis | Sofía, la que se había manifestado al primer   30
creador en las aguas. Con propiedad, pues, se dice «por medio de
las aguas»[24], ya que el agua santa, al dar vida al todo, **109** lo
purifica[25].

Eros y el paraíso

A partir de esta primera sangre se manifestó Eros, que era
andrógino. Su masculinidad es Himireris, un fuego que proviene
de la luz. La feminidad que está en él es un alma de sangre que
proviene de la substancia de Prónoia. Es bellísimo en su hermo-
sura y supera en gracia a todas las criaturas del caos. Entonces,
cuando todos los dioses y los ángeles vieron | a Eros, lo amaron.   10
Él se hizo manifiesto en todos ellos y los encendió, tal como de
una sola lámpara se alumbran otras muchas: la luz es una sola y
en la primera lámpara no se debilita. Así es como Eros se dispersó
entre todas las criaturas del caos sin debilitarse.

22. Gn 1,4, en el mismo orden de palabras que los LXX.
23. Prónoia (Presciencia/Providencia) es la cónyuge de Yaldabaot, cf. 101,25.
24. ¿Cita de Gn 1,2 o 1,6?
25. Este elenco de títulos de Adán procede del bazar común del esoterismo de la
época.

403

Como si se tratara de surgir en el lugar intermediario entre la luz y la oscuridad, Eros se manifestó en el lugar intermediario 20 entre los dioses y los hombres, y así es como se consumó | la cópula erótica, de tal modo que de la tierra brotó el primer placer. La mujer siguió a la tierra; entonces el matrimonio ha seguido a la mujer y la generación ha seguido al matrimonio; la disolución siguió a la generación[26].

Después del mencionado Eros, de la sangre que había sido esparcida sobre la tierra brotó la vid. Por esta razón los que beben de ella hacen nacer en sí mismos la concupiscencia de la cópula. 30 | Después de la vid brotaron de la tierra la higuera y el granado junto con el resto de los árboles *según su especie, teniendo en sí mismos su simiente*[27], que procede **110** de la simiente de las potestades y de sus ángeles.

Seguidamente la justicia creó el hermoso paraíso, que estaba fuera de la órbita de la luna y de la órbita del sol, en la tierra de la delicia, *al oriente*[28], rodeado de piedras. La concupiscencia estaba en medio de los árboles, hermosos y altos, y el árbol de la vida inmortal, tal como se había manifestado según la voluntad 10 de Dios, | estaba en la parte septentrional del paraíso, a fin de hacer inmortales las almas de los santos, las que provendrán de las configuraciones de pobreza en la consumación del siglo. El color del árbol de la vida es como el sol y sus ramas son hermosas. Sus hojas son como las del ciprés. Su fruto brilla como los racimos de uva. Su altura alcanza el cielo.

Junto a él se halla el árbol del conocimiento, que posee la po- 20 tencia | de Dios. Su gloria es como la luna resplandeciente, sus ramas son hermosas, sus hojas como hojas de higuera. Su fruto es como los dátiles, sabrosos en extremo. Se halla en la parte septentrional del paraíso, a fin de levantar las almas que estaban sumidas en el letargo de los demonios para que puedan acercarse al árbol de la vida y comer su fruto, condenando a las potestades y a sus ánge- 30 les. La efectividad | de este árbol está consignada en el *Libro sagrado* con estas palabras: «Tú eres el árbol del conocimiento que está

---

26. Esta últimas líneas denuncian el carácter encratita del ciclo de Eros en este tratado. La inspiración filosófica hay que buscarla sin duda en el *Banquete* de Platón (Eros mediador). Su función teológica es confusa. El autor ha interpolado esta melopea brillante en la narración original acerca del Adán de Luz, que ha quedado así dispersada en el texto. Los episodios de Adán de Luz son los siguientes: *a)* aparición (108,6-109,1); *b)* ascensión (111,30-112,1); *c)* instalación en su cielo (112,11-25). Estos episodios tienen lugar en los tres primeros días de la creación (hexamerón).
27. Gn 1,11-12.
28. Gn 3,23 y 2,15; Gn 2,8. Cf. Ez 28,14.

en el paraíso, del cual comió el primer hombre; su inteligencia se abrió y amó a su viva semejanza al tiempo que condenó 111 a las otras semejanzas extranjeras y se asqueó de ellas».

Después de éste brotó el olivo, destinado a purificar a los reyes y a los sacerdotes de justicia que se manifestarán en los últimos días, puesto que el olivo se manifestó en la luz del primer Adán en orden a la unción que reciben.

La primera alma amó a Eros, que estaba con ella, y derramó su | sangre sobre él y sobre la tierra. De esta sangre brotó la rosa sobre la tierra, primero a partir del espino, gozo de la luz que iba a manifestarse en el matorral.

A continuación brotaron de la tierra las flores hermosas y perfumadas según sus especies, a partir de las vírgenes de cada una de las hijas de Prónoia, las cuales amaron a Eros y derramaron | su sangre sobre él y sobre la tierra. Después brotaron de la tierra todas las plantas según su especie, teniendo la simiente de las potestades y de sus ángeles. Luego las potestades crearon de las aguas todos los animales según sus especies, y también los reptiles y los pájaros según sus especies, teniendo la simiente de las potestades y de sus ángeles.

El hombre espiritual (continuación)

Ahora bien, antes de todos estos seres, cuando él | se hubo manifestado en el primer día, permaneció sobre la tierra alrededor de dos días. Estableció a la Prónoia inferior en el cielo y ascendió a su luz. Y en un instante la oscuridad cubrió todo [el mundo][29].

112 La Sofía[30] que se halla en el cielo inferior tuvo un deseo y acto seguido recibió de Pistis un poder y creó grandes luminares junto con todas las estrellas. Y los puso en el cielo para que brillaran sobre la tierra y cumplieran (la función) de signos de tiempo: de momentos, de años y de meses, de días y de noches, de instantes y así sucesivamente. Y de esta manera todo el lugar debajo del cielo fue ordenado.

Cuando Adán de luz quiso entrar en su luz, que es la ogdóada[31], no pudo, a causa de la pobreza que se había mezclado con su luz.

29. En el día segundo establece a Prónoia (cf. Gn 1,8). En el tercero asciende a su luz.

30. Se trata de la cónyuge del último arconte planetario, la que ocupa el cielo inferior (cf.102,1). Crea los astros en el cuarto día para substituir a la luz desaparecida, cf. Gn 1,14-19.

31. Se trata de la Ogdóada pleromática o trascendente, no del cielo de las estrellas fijas.

Entonces creó para sí un gran eón, y en el seno de este eón creó seis eones con sus mundos, que eran seis y superaban siete veces a los cielos del caos y sus mundos. Todos estos eones con sus mun-
20 dos existen en la indeterminación | que se extiende entre la og- dóada y el caos que está debajo de ella, perteneciendo al mundo integrado por la pobreza[32]. Si quieres saber su disposición, la ha- llarás en el escrito titulado *El séptimo mundo de Hieralías, el profeta.*

El hombre psíquico

Pero antes, cuando Adán de luz no se había retirado todavía del caos, las potestades lo vieron y se burlaron del primer creador porque había mentido al decir: «Yo soy dios y ninguno existe antes
30 de mí». Entonces se dirigieron a él | diciendo: «¿No es éste el Dios que destruyó nuestra obra?». Él respondió y dijo: «Así es. Si queréis que él no pueda destruir nuestra obra, venid, creemos de la tierra un hombre de acuerdo con la imagen de nuestro cuerpo y de acuer- do con la semejanza 113 de Aquél[33], y pongámoslo a nuestro servi- cio, a fin de que al ver su semejanza la ame. Y ya no destruirá nuestra obra, antes bien, a aquellos que nacerán de la luz, nosotros los esclavizaremos por todo el tiempo de este eón».

Todo esto sucedió según la presciencia de Pistis para que el hombre se manifestara de acuerdo con su semejanza y condenara a las potestades por medio de su propia criatura. Y su criatura |
10 pasó a ser una trampa para la luz.

Entonces las potestades recibieron conocimiento para crear al hombre, pero Sofía Zoé, la que está con Sabaot, se les anticipó y se burló de su propósito diciendo: «Son unos ciegos, lo han creado inconscientemente contra sí mismos e ignoran lo que van a hacer». Por esto se les anticipó y creó antes a su hombre: a fin de que instruyese a la criatura de ellos acerca del modo de despre-
20 ciarlos | y así librarse de ellos.

---

32. Entre el lugar supercelestial y el caos, el autor ha situado un «velo» (98,20ss) que he identificado con la Ogdóada o mediedad valentiniana (el círculo de las estrellas fijas); véase n. 2 y la *Epístola dogmática valentiniana* en Epifanio, Pan 31,6,6.

33. Rectificación del texto bíblico de Gn 1,26 LXX. El hombre psíquico está hecho a imagen del cuerpo astral de los arcontes y a semejanza del hombre primordial cuya imagen se les había aparecido en las aguas (cf. 109,30 comparado con HipA 87,30ss). Es evidente, entonces, que esta plasmación tiene lugar en el sexto día. Este hombre no posee todavía materia crasa o sublunar (cf. Adv. Haer. I 30,9). Los tiempos verbales coptos utilizados en este pasaje excluyen que se trate de la descripción de un mero proyecto de los arcontes.

La generación del instructor tuvo lugar del siguiente modo. Cuando Sofía (Zoé) hubo arrojado una gota de luz, ésta se desparramó sobre el agua, y acto seguido se manifestó el hombre andrógino. Sofía configuró la gota en primer lugar como un cuerpo de mujer, luego la configuró en el cuerpo de la semejanza de la madre (Pistis Sofía) que se había manifestado. Esto lo completó en doce meses.

Nació un hombre andrógino, al que los griegos llaman hermafrodita. A su madre los hebreos la llaman Eva de Zoé, esto es, la instructora de la vida. Su hijo es el vástago que tiene el señorío. Después, las potestades 114 lo llamaron «bestia» (*theríon*), de modo que pudiera engañar a las criaturas de ellos. La interpretación de «la bestia» es «el instructor», puesto que resultó ser más inteligente que todos ellos[34].

Eva es la primera virgen; engendró sin el concurso de su cónyuge y sola, siendo su propia comadrona. Por esto se dice que dijo: «Yo soy la parte de mi madre, yo soy la madre, yo soy la esposa, yo soy la virgen, | yo soy la que está encinta, yo soy la comadrona, yo soy la que imparte consuelo por las penas; mi esposo es quien me engendró y yo soy su madre y él es mi padre y mi señor, él es mi potencia; lo que desea lo dice convenientemente. Yo voy pasando, pero engendré un hombre, un señor»[35].

Estas cosas [fueron reveladas por deseo de Sabaot y de su Cristo a las almas][36], las que tenían que entrar en la criatura [de] las potestades. A causa de ellas dijo la santa voz: «Multiplicaos y creced, y dominad | sobre todas las criaturas»[37]. Y éstas son las que fueron esclavizadas por el primer creador según sus respectivas suertes y de este modo fueron encerradas en las prisiones de las criaturas [hasta] el cumplimiento del eón[38].

En aquel momento, el primer creador, junto con los suyos, concibió un propósito respecto al hombre. Entonces cada uno de ellos arrojó su simiente en medio del ombligo de la tierra. Desde aquel día los siete | arcontes plasmaron al hombre (por medio de

---

34. Adán de luz tenía como compañera a Prónoia. Adán psíquico tiene como compañera o «ayuda» una entidad procedente de la luz, la Eva superior. Los títulos de esta Eva son comunes a varias tradiciones esotéricas. «Instructora» indica la función principal que le asigna el texto en 113,17ss. «Bestia» (griego *theríon*) es la designación de la serpiente en Gn 3,1 LXX (cf. HipA 89,32).
35. Himno aretalógico de Eva superior. Las expresiones son paralelas a las de *Trueno y Pensamiento trimorfo*.
36. Sigo la enmienda de Bethge.
37. Gn 1,28.
38. Pasaje explicativo debido al redactor cristiano.

una doble operación): su cuerpo se asemejaba al cuerpo de ellos, y esta semejanza suya se asemejaba al hombre que se les había aparecido. Su creación procedió tomando partes de cada uno de ellos. Fue su príncipe quien se encargó del cerebro y de la médula, y después se manifestó como el que le precedía. El hombre pasó a ser 115 psíquico, y fue llamado Adán, que significa «padre», de acuerdo con el nombre del que le precedía[39].

El hombre terrenal

Cuando (los arcontes) hubieron terminado a Adán, (el príncipe) lo colocó en una vasija[40], pues había tomado la forma de un aborto carente de espíritu. A causa de esto, cuando el gran arconte se acordó de la palabra de Pistis, temió que el hombre verdadero penetrara en su criatura y se constituyera en señor (del arconte).

10 Por esta razón | dejó a su criatura cuarenta días[41] sin alma, y se retiró, abandonándolo. Pero al cabo de cuarenta días, Sofía Zoé insufló su aliento en Adán, que no tenía alma, y éste comenzó a moverse sobre la tierra, aunque no podía tenerse de pie[42]. Entonces, cuando llegaron los siete arcontes y lo vieron, se trastornaron muchísimo. Se le acercaron y se apoderaron de él. Entonces (el príncipe) dijo al aliento que estaba en él: «¿Quién eres y |

20 desde dónde has venido acá?». Él respondió y dijo: «Es por la potencia del hombre por lo que yo vine, para la destrucción de vuestra obra».

Una vez que los arcontes hubieron oído todo esto, glorificaron (¿al príncipe?), pues había hecho cesar su miedo y su inquietud. Entonces llamaron a aquel día «reposo», pues habían descansado de un trabajo. Y cuando vieron que Adán no podía tenerse de pie, se alegraron, lo agarraron, lo pusieron en el paraí-

30 so y | se remontaron a sus cielos[43].

Después del día del reposo, Sofía envió a su hija Zoé, la llamada Eva, en calidad de instructora para poner de pie a Adán, ya que éste carecía de alma, a fin de que los que iban a ser engen-

---

39. Este pasaje es un doblete de la narración de 112,26ss, debido al redactor, que emplea la terminología valentiniana de «hombre psíquico».

40. Alusión a Gn 2,7: vasija = «polvo del suelo». Según 117,34, esto ocurre en el octavo día.

41. Es obvio que esta fuente no especula sobre los días genesíacos, que son sólo ocho.

42. Cf. Gn 2,7. La flaqueza de Adán es un tema común, cf. HipA, n. 6.

43. Este párrafo y el siguiente vuelven a proyectarse sobre los días genesíacos. «El reposo» es el día séptimo. El episodio siguiente tiene lugar en el día octavo, cuando Adán «se ha manifestado» en el paraíso.

drados por él fueran recipientes de la luz. Cuando **116** Eva vio al
que era su viva semejanza tirado por los suelos, sintió pena por él
y dijo: «Adán, vive, levántate de la tierra». En un instante su
palabra se convirtió en obra, y, efectivamente, Adán se levantó y
enseguida abrió los ojos. Cuando la vio, dijo: «Tú serás llamada
madre de los vivientes, pues tú me has dado vida»[44].

Entonces las potestades se enteraron de que su criatura vivía
y andaba erguido, | y se trastornaron muchísimo. Enviaron siete   10
arcángeles para averiguar lo que había sucedido. Llegados cabe
Adán, cuando vieron que Eva hablaba con él, se dijeron unos a
otros: «¿Qué es esta cosa luminosa? Pues se parece a la semejanza
que se nos manifestó en la luz. Ea, capturémosla y vertamos
nuestra simiente en ella, a fin de que quede mancillada y ya no
pueda regresar a su luz. Además, los que nazcan de ella quedarán
bajo nuestra obediencia. |

Sin embargo, nada digamos de esto a Adán, pues no procede   20
de nosotros, antes bien infundamos un letargo en él y durante su
sueño hagamos que imagine que ella procede de su costilla, de
modo que la mujer le obedezca y él sea su señor»[45].

La mujer terrenal

Entonces Eva, que era una potencia, se mofó de su propósito.
Puso una niebla en sus ojos y dejó subrepticiamente su semejanza
junto a Adán.

Eva entró en el árbol del conocimiento y permaneció allí. |
Ellos la persiguieron, y ella les reveló que había entrado en el   30
árbol y que era un árbol. [Los ciegos] concibieron un gran temor
y huyeron. Después, cuando despertaron del sueño, se acercaron
[a Adán], y viendo que estaba con la semejanza de aquélla **117**
quedaron trastornados, pues pensaron que era la verdadera Eva,
y tuvieron la audacia de asaltarla, capturarla y arrojar su simiente sobre ella. Lo hicieron con astucia, pues la contaminaron no
sólo físicamente, sino con algo vergonzoso, pues contaminaron
el sello de su primera voz, aquella que les había dicho: «¿Quién es
el que existe antes de vosotros?». De esta manera intentaron con-
taminar también a los que dicen | que nacen por una palabra en   10

---

44. Cf. Gn 3,20. La Eva que actua aquí es el «hombre andrógino» descrito en
113,30ss.
45. El cotejo con HipA 89,5ss permite interpretar que la Eva superior abandona
a Adán durante su letargo (Gn 2,21) y deja junto a él a la Eva inferior o terrena, que es
una semejanza de la superior.

la consumación que tiene lugar por medio del verdadero hombre. Sin embargo, (las potestades) erraban, por cuanto ignoraban que era su propio cuerpo lo que habían mancillado. La semejanza era lo que las potestades habían mancillado completamente junto con sus ángeles.

(Eva) concibió primero del primer arconte a Abel[46], luego engendró al resto de los hijos por obra de las siete potestades con 20 sus ángeles. Todo esto sucedió de acuerdo con la presciencia | del primer creador, a fin de que la primera madre generara en su propio seno toda simiente, mezclada y adaptada a la fatalidad del mundo, a las figuras de esta fatalidad y a la justicia. Respecto a Eva fue tomada una disposición: que las criaturas de las potestades fueran prisiones de la luz; entonces (la luz) condenará (a las potestades) por medio de sus propias criaturas.

Síntesis de la antropogonía

Ahora bien, el primer Adán de luz es espiritual, y se manifestó 30 | en el primer día. El segundo Adán es psíquico, y se manifestó en [el sexto] día, denominado de Afrodita. El tercer Adán es terrenal, esto es, el de la Ley, y se manifestó en el octavo día, [...] el reposo **118** de la indigencia, llamado día del sol.

La prole del Adán terrenal fue numerosa y alcanzó su acabamiento, y produjo en su seno toda clase de ciencia del Adán psíquico. Pero el todo se hallaba en ignorancia.

A continuación seguiré narrando.

El ciclo del paraíso

Cuando los arcontes lo vieron junto con la que estaba con él, errando en su ignorancia como bestias, se alegraron mucho. 10 | Cuando supieron que el hombre inmortal no iba a transgredir[las], antes bien ellos tendrían que temer a la que se había transformado en árbol, se trastornaron y dijeron: «¿Acaso no será éste el verdadero hombre, el que puso una niebla en nosotros y nos hizo saber acerca de la que fue mancillada y se parecía a él, de modo que acabe dominándonos?». Entonces los siete se confabularon. Se acercaron con temor a Adán y Eva, y les dijeron: 20 «Todos los árboles que hay en el paraíso | han sido creados para vosotros, para que comáis su fruto; pero el árbol del conoci-

---

46. Según ApocJn 24,15ss, Caín y Abel (= Elohim y Yahvé) son hijos del primer arconte.

miento, guardaos y no comáis de él. Si coméis, moriréis»[47]. Después de haberlos atemorizado, regresaron a sus potestades.

Entonces se acercó el que es más inteligente que todos ellos, el que ha sido llamado «bestia», y cuando vio a Eva, que era la semejanza de la madre de ellos, le dijo: «¿Qué es lo que os dijo Dios? ¿Acaso "no comáis del árbol | del conocimiento"?». Ella   30
contestó: «No dijo solamente "no comáis de él", sino también "no lo toquéis, para [no] morir"». Él prosiguió diciéndole: «No temáis, no moriréis en una muerte. [Él sabe] que si coméis 119 del árbol vuestro intelecto se despertará y seréis como dioses al conocer la diferencia entre los hombres malos y los buenos. Fue de hecho por envidia por lo que os habló de aquella manera, para evitar que comierais del árbol». Eva confió en las palabras del instructor, dirigió su mirada al árbol y vio que era bello y alto, y lo deseó; tomó de | su fruto y comió, luego dio a su   10
esposo y él también comió[48]. Entonces se abrió el intelecto de ambos, pues cuando comieron brilló en ellos la luz del conocimiento. Una vez se hubieron revestido del pudor, se percataron de que estaban desnudos respecto al conocimiento. Al despertarse vieron que estaban desnudos y se amaron el uno al otro. Y cuando vieron a sus creadores bajo forma de bestia se asquearon de ellos. Tenían conocimiento ya en alto grado[49].

Cuando los arcontes supieron que ellos habían| transgredido   20
su mandamiento, entraron violentamente en el paraíso profiriendo graves amenazas, y se dirigieron a Adán y Eva para ver en qué pararía lo de la «ayuda». Entonces Adán y Eva se trastornaron mucho y se escondieron debajo de los árboles del paraíso. Los arcontes no sabían donde estaban, y dijeron: «Adán, dónde estás?». Él dijo: «Estoy aquí, pues por temor a vosotros me escondí cuando sentí vergüenza». Le dijeron en | ignorancia: «¿Quién te   30
habló de la vergüenza con la que te revestiste, si no es porque has comido del árbol?». Él respondió: «La mujer que me diste es la que me ofreció, y comí». Entonces [ellos dijeron a ella]: 120 «¿Qué has hecho?». Ella contestó y dijo: «El instructor me incitó y comí». Entonces los arcontes se dirigieron al instructor. Sus ojos quedaron nublados a causa de él y fueron incapaces de hacer nada contra él, y lo maldijeron a causa de esta impotencia. Después se acercaron a la mujer y la maldijeron, a ella y a sus hijos.

47. Cf. Gn 2,16-17.
48. Todo el pasaje es una glosa rectificadora de Gn 3,1-6.
49. Adán y Eva terrenales recuperan su condición espiritual o lumínica.

Luego pasaron de la mujer a Adán y lo maldijeron junto con la tierra, a causa de él, y a los frutos[50]: maldijeron todo lo que ha-
10 bían | creado. No cabe en ellos bendición alguna. No se puede engendrar el bien a partir del mal.

Desde este día, las potestades supieron que de verdad había uno más poderoso que ellas. No sabían otra cosa sino que su mandamiento no había sido obedecido. Introdujeron en el mundo una gran envidia, a causa solamente del hombre inmortal.

Cuando los arcontes vieron que su Adán se había instalado
20 en otro conocimiento quisieron tentarlo. Congregaron | a todos los animales y a las fieras de la tierra junto con los pájaros del cielo y los llevaron cabe Adán para ver cómo los iba a llamar uno por uno. Cuando Adán los vio impuso nombres a sus hechuras[51].

Los arcontes se transtornaron al comprobar que Adán se hallaba alerta ante toda prueba. Se reunieron en consulta y dijeron: «He aquí que Adán se ha vuelto como uno de nosotros, discernidor de la diferencia entre la luz y la oscuridad. Ahora
30 podría ser que nos lo engañen con un asunto | parecido al del árbol del conocimiento, y luego podría acercarse al árbol de la vida y comer de él, con lo cual sería inmortal y se haría [señor] y acabaría maldiciéndonos y [menospreciándonos] con toda nuestra gloria. Luego todavía nos condenaría [a nosotros y a nuestro mundo]. Para evitar esto, venid, expulsémoslo **121** del paraíso, sobre la tierra misma de la cual lo sacaron, para que desde ahora no sea ya capaz de conocer nada superior a nosotros». Así que expulsaron del paraíso a Adán y a su mujer. Y no les bastó con lo que habían hecho, antes bien temieron. Se acercaron al árbol de la vida y lo rodearon de cosas tremebundas, vivientes ígneos, los
10 llamados querubines, y pusieron | entre ellos una espada ardiente que giraba sin parar espantosamente, de modo que jamás pudiera ningun ser terreno penetrar en aquel lugar[52].

Después de todo esto, los arcontes envidiaron a Adán, y de resultas desearon abreviar el tiempo de ambos, pero no pudieron, a causa de la fatalidad fijada desde el principio, pues los tiempos de cada uno de ellos habían sido limitados a mil años de acuerdo con el curso de los astros. Los arcontes, ciertamente, no pudieron
20 | hacer esto, pero cada uno de los malignos arrebató diez años, y

---

50. Glosa rectificadora de Gn 3,1-19.
51. Cf. Gn 2,19-20. Este narrador altera libremente la secuencia de los hechos en *Génesis*.
52. Glosa rectificadora de Gn 3,22-24.

este tiempo quedó en novecientos treinta años[53], que transcurren en dolor, debilidad y perplejidad. Desde aquel día la vida decayó de esta manera, hasta el fin de los tiempos.

Cuando Sofía Zoé vio que los arcontes de la oscuridad habían maldecido a sus semejanzas se indignó, | descendió del primer cielo con todas las potencias y expulsó a los arcontes de [sus propios] cielos, precipitándolos a la parte inferior del [mundo] pecador, a fin de que estuvieran sobre la tierra a guisa de demonios malos.

Intermedio: los animales de Egipto

[...][54] **122** a fin de que durante los mil años en el paraíso surgiera en el mundo de ellos un viviente animado llamado fénix. Se mata a sí mismo y se devuelve la vida, un testigo en el juicio de ellos, pues se comportaron injustamente con Adán y con su raza hasta el fin de los tiempos.

[...] son tres hombres, y la raza de él hasta el fin del mundo: el espiritual del Eón, el psíquico y el terreno. Y lo mismo respecto a | los tres fénix del paraíso: el primero es inmortal, el segundo es de mil años, el tercero se halla descrito en el *Libro sagrado*: es el que se destruye.

Del mismo modo hay tres lavatorios: el primero es el espiritual, el segundo es un fuego, el tercero es un agua[55].

Así como el fénix se manifiesta como testigo contra los ángeles, así los reptiles acuáticos que hay en Egipto sucede que dan testimonio para los que descienden al lavacro | de un verdadero hombre.

Los dos toros que hay en Egipto tienen un misterio, el sol y la luna, y son testigos de Sabaot, porque encima de ellos recibió Sofía el mundo; desde el día en que ella creó el sol y la luna, selló su propio cielo hasta el eón.

El gusano que surgió del fénix es también un hombre. Está escrito respecto a él: *El justo germinará como un fénix*[56]. Y | el fénix se manifiesta primero viviente, y muere y se levanta de nuevo, lo cual es un signo de lo que se manifestó en la consumación [del eón]. Estos grandes signos se [manifestaron] solamente en

---

53. Cf. Gn 5,5: Adán vivió 930 años.
54. Laguna en el manuscrito. Traduzco literalmente la frase siguiente.
55. Cf. Mt 3,11; Lc 3,16.
56. Sal 91,13 LXX.

Egipto; en ningún otro lugar **123** se significó que es una imagen del paraíso de Dios[57].

Volvamos a los arcontes a los que nos referíamos, a fin de ofrecer una demostración acerca de ellos.

La humanidad

Una vez que los siete arcontes hubieron sido precipitados de sus cielos sobre la tierra, se hicieron unos ángeles en gran número, demonios para servirles. Pero éstos fueron los que instruyeron a los hombres en multitud de yerros, magia y pócimas, y en vene-
10 ración | de ídolos, efusión de sangre, altares, templos, sacrificios y libaciones a todos los demonios de la tierra, que tienen como colaboradora a la fatalidad, la que vino a existir conforme a un acuerdo entre los dioses de la injusticia y la justicia. De esta manera, una vez hubo comenzado a existir, el mundo anduvo perplejo y errante a través del tiempo, pues todos los hombres sobre la tierra veneraron a los demonios desde la fundamentación has-
20 ta la consumación, y esto tanto los ángeles | de la justicia como los hombres de la injusticia. De esta manera el mundo existió en perplejidad, en ignorancia y en estupor[58]. Todos erraron hasta la aparición del verdadero hombre.

Basta ya sobre este tema. Pasemos ahora a nuestro mundo, a fin de terminar con exactitud lo concerniente a su constitución y a su administración. Entonces se pondrá de relieve de qué manera hallaron la fe en las doctrinas secretas que se van manifestan-
30 do | desde la fundamentación hasta la consumación del eón. Así pues, paso a recapitular [lo concerniente] al hombre inmortal. Me referiré a todos [los que son] suyos, explicando la razón por la que están en estos lugares.

[Una multitud] de hombres procedió [de Adán] **124** el que fue creado, y a causa de la materia, una vez el mundo se llenó, los arcontes lo dominaron, es decir, lo aferraron en ignorancia. ¿Por qué causa? Hela aquí: puesto que el padre inmortal sabe que una deficiencia provino de la verdad difundiéndose entre los eones y su mundo, por esto, cuando quiso anular a los arcontes de la

---

57. Véase el encomio de Egipto en Ascl 70,4ss. El autor de este intermedio mítico es el redactor cristiano filovalentiniano.

58. El párrafo se inicia con una glosa de Gn 6,1-4 (corrupción de la humanidad post-adámica). Prosigue con una atribución a la fatalidad (*heimarméne*) de un acuerdo entre los arcontes de la justicia (Sabaot) y de la injusticia (Yaldabaot). Finalmente, anuncia el tiempo escatológico con la venida del hombre verdadero (Cristo).

corrupción por medio de sus propias criaturas, precipitó hacia el
mundo | de corrupción a vuestras semejanzas, espíritus inocen-   10
tes, niños bienaventurados, no ajenos al conocimiento. Pues todo
conocimiento se halla en un ángel que se manifiesta ante ellos,
no carente de poder delante del padre (para) darles la gnosis[59].
Ahora, al manifestarse en el mundo de la corrupción, revelarán
ante todo | la figura de la incorruptibilidad para condenación de   20
los arcontes y sus potencias.

Cuando los bienaventurados se manifestaron como criaturas
las potestades los envidiaron. A causa de la envidia las potestades
mezclaron su simiente con ellos a fin de mancillarlos, pero no
pudieron[60]. Por su parte, los bienaventurados, cuando se manifestaron luminosamente, lo hicieron en diferentes formas, y cada
uno de ellos, a partir de su tierra, reveló su conocimiento a la
iglesia que se había manifestado | a partir de las criaturas de la   30
corrupción. Resultó que contenía todas las simientes, a causa de
la simiente de las potestades que se habían mezclado [con ella].

III. ESCATOLOGÍA

El salvador

Entonces el salvador creó [...] a partir de todos ellos, y tales
espíritus [manifiestan que] son superiores, son bienaventurados
125 y han resultado diferentes en sus elecciones, y todavía muchos otros carentes de rey y superiores a todo ser existente antes
de ellos. De manera que hay cuatro razas. Tres de ellas pertenecen a los reyes de la ogdóada, mientras que la cuarta raza carece
de rey, es perfecta y aventaja a todas. Pues éstos entrarán en el
lugar santo de su padre y descansarán en reposo | y en gloria   10
para siempre, de modo inefable y con un gozo sin fin. Son reyes
en lo mortal, en calidad de inmortales. Condenarán a los dioses
del caos con sus potencias[61].

Ahora bien, el Logos es superior a todos y fue enviado con un
solo objeto, a saber, para anunciar una enseñanza acerca del desconocido. Dijo: «No hay cosa alguna escondida que no sea reve-

59. Cf. Mt 18,10, sobre niños y ángeles.
60. Cf. Gn 6,1-4.
61. La raza elegida, que en otros escritos se considera descendiente de Set, es la
raza «carente de rey», correspondiente a la raza «indómita» (*abasíleutos*) (cf. Hipólito, Elen
V 8,2; HipA 97,4; ApAd 82,19-20) y a la raza inamovible (ApocJn 25,23) de otros textos.

20 lada, y lo que no fue conocido será conocido»[62]. Estas palabras fueron transmitidas | para revelar lo que está escondido y las siete potestades del caos con su impiedad. De este modo fueron condenadas a morir.

Cuando todos los perfectos se hubieron manifestado por medio de las criaturas de los arcontes y hubieron revelado la verdad que no tiene comparación alguna, se mofaron de toda la sabiduría de los dioses. Su fatalidad resultó ser una condenación, 30 y su potencia | se extinguió. Su dominio fue destruido, y su presciencia vino a parar en [vacuidad junto con] su gloria.

La consumación

Antes de la consumación [del eón], el lugar entero temblará con un gran trueno. Entonces los arcontes se apenarán [...] **126** su muerte. Los ángeles se lamentarán por sus hombres y los demonios llorarán por sus tiempos, y sus hombres se desharán en llanto y quejidos por su muerte. Entonces comenzará el eón y ellos quedarán trastornados. Los reyes del eón andarán ebrios con la espada de fuego y guerrearán los unos con los otros, de modo que la tierra quedará ebria con la sangre que se verterá y 10 los mares se conmoverán | por estas luchas. El sol se oscurecerá y la luna perderá su resplandor. Las estrellas del cielo abandonarán su curso y un gran trueno saldrá de una gran potencia superior a todas las potencias del caos donde se halla el firmamento de la mujer[63]. Una vez ésta haya creado su primera obra, se despojará del sabio fuego de la inteligencia revistiéndose de necia ira. | 20 Luego perseguirá a los dioses del caos, los que había creado con el primer creador, y los precipitará al abismo, y desaparecerán a causa de su injusticia. Serán como esas montañas que arrojan fuego, devorándose los unos a los otros hasta extinguirse por obra del primer creador. Cuando los haya arrojado se volverá contra sí mismo y se destruirá hasta la aniquilación. Sus cielos 30 caerán unos sobre otros, | sus potencias arderán y sus otros eones serán devastados.

El cielo (del primer creador) caerá y se partirá en dos. Su [...] caerá sobre la tierra [...] sostenerlos. Se precipitarán en el abismo, y el abismo será devastado. La luz [...] la oscuridad y la aniquilará como **127** algo que no ha existido, y la obra que precedía a la

---

62. Mt 10,26 y par.
63. Cf. Ap 6,12-16; 11,19; 18,9-11; 8,8-9; 16,3; 6,12-13.

oscuridad se disolverá. La deficiencia será arrancada de raíz y precipitada en la oscuridad, mientras la luz volverá a su raíz.

La gloria del Ingénito se manifestará y colmará a todos los eones. Cuando la profecía y la narración de los que poseen la realeza se manifieste y se cumpla la profecía en los denominados | perfectos, los que no llegaron a ser perfectos en el Padre ingéni-   10
to recibirán sus glorias en sus propios eones y en los reinos de los inmortales, pero no entrarán jamás en el lugar sin dominio. Pues es necesario que cada cual vaya al lugar de donde salió. Cada uno revelará su naturaleza por medio de su conducta y de su conocimiento[64].

64.   Esta doctrina del destino final de los psíquicos es netamente valentiniana, cf. Adv. Haer. I 6,2; 7,1 y Ext. Teod. 37 y 62.

HIPSIFRONE
(NHC XI 4)

INTRODUCCION*

Hipsifrone es el último escrito del Códice XI de Nag Hammadi. Se trata de un corto fascículo del que se han conservado solamente cuatro páginas con numerosas lagunas y dos breves fragmentos ilegibles.

El autor del libro, cuyo nombre registrado en la primera página como epígrafe le da título, es un personaje femenino, Hipsifrone («la de elevada sensatez»), quien relata el contenido de una revelación experimentada en el lugar de la virginidad, o sea, en el reino de lo incorruptible. De este orden participan con ella otros hermanos o congéneres.

El tema de la revelación lo constituye la historia de la actividad de Hipsifrone fuera del lugar virginal, de cuyo alejamiento o abandono es advertida por sus hermanos. Fainops («el de ojos brillantes»), padre de la generación cósmica («el que respira en su fuente de sangre»), ignora esta circunstancia, pero alertado por las palabras de los seres virginales, intenta seducir a Hipsifrone, aunque sin conseguir someterla. Ésta, sin embargo, debilitada por su situación de exilio, estado de abandono que se traduce en un sentimiento de temor, parece haberse subordinado al dominio del señor de la generación transitoriamente, o sea, durante el período que ha durado su cautiverio.

El escrito trae a la memoria la función central desempeñada por otras figuras femeninas dentro del mito gnóstico, como

---

* Introducción, traducción y notas de Francisco García Bazán (Universidad Argentina J. F. Kennedy-CONICET).

421

Norea (NHC IX 2), la Elena de los simonianos (HomPsClem, II 25, 2ss [García Bazán, *Gnosis,* ²1978, 258], Ireneo, Adv. Haer. I 23,2) y las vicisitudes acaecidas al alma en la *Exposición sobre el alma*[1]. No obstante el alambicamiento del relato volcado hacia la cultura pagana, subyacen en él rasgos que son propios de la aventura de la Sofía valentiniana.

El texto redactado en sahídico, a diferencia de los restantes manuscritos del Códice XI, ha sido copiado por el mismo escriba del *Allógenes* que le precede inmediatamente. Se trata de un texto tardío que supone en los receptores el conocimiento de diversos estratos del tecnicismo gnóstico. De este modo nos inclinamos a colocar la redacción de este manuscrito entre gnósticos residentes en Egipto a fines del siglo III.

Hemos utilizado el texto crítico establecido por John D. Turner (*Nag Hammadi Codices XI, XII, XIII*, 1990).

BIBLIOGRAFÍA

Ediciones

Turner, J. D., «Hypsiphrone (XI 4)», en J. M. Robinson (ed.), *The Nag Hammadi Library*, ed. rev., Leiden, 1988, 501-502.
Turner, J. D., «Hypsiphrone», en Charles W. Hedrick (ed.), *Nag Hammadi Codices XI, XII, XIII* (Nag Hammadi Studies XXVIII), Leiden, 1990, 269-279.

Estudios

Según nuestro conocimiento no existen; cf. la aclaración de un error en: Puech, H. Ch., *En quête de la Gnose,* París, 1978, I 111-112.

---

1. Véase, brevemente, M. Scopello, «Jewish and Greek Heroines in The Nag Hammadi Library», en K. L. King (ed.), *Images of the Feminine in Gnosticism,* Filadelfia, 1988, 81-82, y de la misma autora, «Titres au féminin dans la bibliothèque de Nag Hammadi», en Tardieu, M. (ed.), *La formation des canons scripturaires,* París, 1993, 237-244.

HIPSIF[RONE]

XI 69,21-72,33

REVELACIÓN DE HIPSIFRONE

El exilio de la virgen

69 El libro [sobre lo] que fue visto [por Hipsi]frone[1], sien- 22
do re[velad]o en el lugar de [su] virgini[dad]. Y [ella escucha] a
sus hermanos [...] Fainops[2] y [...] y hablan c[on otro] | en 30
un mi[sterio]. Yo, sin embargo, [era] pri[mera de la] enumeración in[dividual][3] [...] **70** [...] a mí. Vin[e] [al][4] [lu]ga[r] de mi
[vir]gi[ni]dad y descendí al [mun]do. Entonces me habla[ron
so]bre ellos los que habitan en el [lug]ar de mi | virgi[ni]dad. Y 20
descendí [al mundo]. Y me dijeron: [«De nuevo] Hipsifrone [se
ha alejado] [f]uera del lugar [de su] virginida[d] (*parthénos*)».

---

1. Hipsifrones = *hypsi-phronos* (*phronís*: sensatez, inteligencia): «de elevada
sensatez», recuérdese la Elelet de PensTr 39,15. Sobre el «lugar virginal», cf. ExAl
127,22-24 y 128,1ss; HipA 141,29ss.

2. Fainops = *phaíno-ops, ho phainóps* (*ops*, ojos, mirada; *phainós*, brillante): «de
ojos brillantes», «el resplandeciente». Cf. ApocJn 38,1ss (García Bazán, *Gnosis*[2], 274).
Por transferencia de poder, ver 40,6ss y 42,6ss y el comentario de M. Tardieu, *Écrits
gnostiques*, París, 1984, 289.

3. *Op* es el acto de contar. Aquí *op* = *epe*, la primera de un conjunto jerarquizado.

4. *Ei ebol e/exérchomai epí* y enseguida paralelamente: *ei ehrai e/katabaíno* (ver
asimismo *infra* 20-21). Cf. Crum 71B y 73A.

El acoso de Fainops

Entonces el [que] oyó, Fain[ops el que res]pira en su [fuente
30 de] sangre se extendió por ella. Y dijo: [«Soy Fai]n[o]ps⁵ | [...] 71
20 erra [...] | deseo (*epithymía*) [...] [el] nú[me]ro de los remanentes
justos de [homb]re o que pueda ver un hom[bre la se]mejanza de
sangr[e]⁶ [...] o [...] de un [...fue]go y un [...e]n sus manos. Entonces le di[je de mí]: «No ha veni[do so]bre mí F[ainops, él no
30 ha] | errado⁷ [... ve]n un [h]ombre [...] le [...] 72 [...]. En efecto
20 [...] el que dijo [...]. Fainops | este [...]. Le vi y me [dijo]:
«Hipsifrone, ¿por [qué existes] fuera de mí? Sí[gueme] y [te] hablaré [de ellos]». Y [lo] seguí, porque estaba en un gran temor⁸. Y
[me habló] de una fuente de sangr[e] que se re[vela] ardiendo⁹.
30 [...] él dijo [...] | [...].

5. Se trata de la potencia del fuego, el poder de la generación, glosando siempre
a Yahvé como «un fuego que devora»: Dt 4,24. Sobre el tema entre los valentinianos, cf.
F. García Bazán, en *Conoscenza Religiosa* 1/2 (1979), 52.
6. El hombre a la semejanza de sangre equivale a los miembros de la «generación
de Adán», o mortales de otros documentos. Ver TestV 67,9ss.
7. Al parecer, a diferencia de HipA; ExAl 140,29ss; 128,9-10 etc., el Arconte
no trata de violentar a la Sofía caída, sino de seducirla con buenas razones.
8. En ExAl 128,12-16 sucede algo parecido. La función que allí representa la
«vergüenza» aquí la desempeña el temor.
9. La «fuente de sangre que arde» es el poder de la vida generativa de la que el
Demiurgo es principio ver 70,26-28.

EL PENSAMIENTO DE NOREA
(NHC IX 2)

INTRODUCCIÓN*

El presente escrito es uno de los más cortos de la biblioteca de Nag Hammadi, pero esto no le quita autonomía ni unidad.

El manuscrito es una traducción del griego al dialecto sahídico con ligeras influencias de otros dialectos del copto.

La obra adopta la forma de una breve oda o himno, ofreciendo rasgos característicos de la poesía semítica (paralelismo de miembros, repeticiones y estructura equilibrada). La figura central del escrito es Norea, pero el original carece de título, siendo el aquí adoptado simplemente indicativo.

CONTENIDO

El desarrollo de la construcción hímnica, sin embargo, está bien organizado, distinguiéndose cuatro momentos[1]:

1.º) Una invocación dirigida a la tríada del Padre, el Pensamiento y el Intelecto. Son los seres supremos e inalterables y los protagonistas de la procesión superior. El Padre inefable, la Madre, Pensamiento que desde siempre descansa junto a él, y el reflejo o vástago que de ambos deriva como totalidad discriminada, sin desvío ni deficiencia, el Intelecto o *Noûs* (27,11-20).

2.º) La aclaración de que la invocación proferida bajo la forma del grito, reconocimiento patético de la existencia anterior

---

*   Introducción, traducción y notas de Francisco García Bazán (Universidad Argentina J. F. Kennedy-CONICET).
    1. Cf., brevemente, B. A. Pearson-S. Giversen, *The Nag Hammadi Library*, 445.

427

de un conocimiento extraviado, pertenece a Norea. Al reconocimiento del error le corresponde su contraparte objetiva, la imagen del «escuchar», y la reincorporación de Norea en el lugar inteligible, junto con aquellos que son inmortales como ella (27,21-28,12).

3.º) La descripción de la actividad propia de Norea como miembro del Intelecto. Se trata de una participación completa en la plenitud, puesto que con el retorno toda deficiencia se ha desvanecido. El estado de plenitud del Todo es resultado del conocimiento del Padre invisible, que como su imagen plena o resplandor es acción de gracias. Se trata, pues, de un estado independiente y anterior al mundo, puesto que éste ha surgido por una desviación del conocimiento (28,13-23).

4.º) Finalmente, se señala que la restauración de Norea, precedida por la admisión turbadora de un extravío cognoscitivo, implica dos momentos: el ya descrito retorno inmediato de Norea y el progresivo o gradual por el que los hombres inteligibles o espirituales emergidos débilmente de su intelección impura irán alcanzando la salvación. Se concluye con la aclaración de que los espirituales pueden denominarse alternativamente «adamitas» o «poseedores de la intelección de Norea», ya que, realmente, pertenecen al arquetipo unitario Adamas. La reintegración salvadora resulta de la colaboración del Pleroma total, pero en forma directa actúan los cuatro «auxiliadores», cuya actividad se vincula con la «imagen perfecta» de Hombre.

Pese a la aparente veste setiana (la tríada superior, la figura de Norea, los cuatro «auxiliadores» o «iluminadores»)[2], el himno deja entrever la doctrina valentiniana subyacente original, o inspiradora. En su redacción, sin embargo, se han evitado las alusiones cristianas (la figura del Salvador ha sido eliminada), puesto que su centro lo constituye el personaje de Norea con arraigo en la *haggadá* judía y en reemplazo de la habitual Sofía.

El marco redaccional que se impone es el de la historia sagrada judía en el contexto del *Génesis*, procedimiento que aquí se ensaya con éxito y que está de acuerdo con la flexibilidad de adaptación del método de enseñanza gnóstico y la universalidad de su mensaje esotérico.

---

2. Sobre la hipótesis de que el setianismo represente una variedad de gnosticismo, cf. H. M. Schenke, «The phenomenon and significance of Gnostic sethianism», en B. Layton (ed.), *The Rediscovery of Gnosticism*, Leiden, 1981, II 588-616 y 634-640.

FECHA DE COMPOSICIÓN

El escrito, posterior al *Apócrifo de Juan* en el que las funciones de la formulación «cuaternaria» están bien establecidas, pero asimismo posterior a los grandes sistemas valentinianos de Ptolomeo y Heracleón, parece haber asumido la lección de la polémica antignóstica de Plotino al referirse explícitamente al «Intelecto derecho»[3]. *Norea* puede haberse redactado a fines del siglo III para un medio de judíos alejandrinos.

Para la versión castellana se ha utilizado el texto crítico de Birger A. Pearson-Soren Giversen (Leiden, 1981) y nos ha sido asimismo de gran utilidad la traducción francesa y el comentario de M. Rober-ge (Quebec-Lovaina, 1980).

BIBLIOGRAFÍA

Ediciones

Berliner Arbeitskreis für koptisch-gnostische Schriften, «Die Bedeutung der Texte von Nag Hammadi für die moderne Gnosisforschung», en K.-W. Tröger (ed.), *Gnosis und Neues Testament*, Berlín, 1973, 69-70.

W. Myszor, «L'ode de Norea (NHC IX,2). Introduction, traduction, commentaire»: *SThV* 1 (1986), 197-203.

B. A. Pearson-S. Giversen, «The Thought of Norea», en B. A. Pearson (ed.), *Nag Hammadi Codices IX and X* (The Coptic Gnostic Library XV), Leiden, 1981, 87-99.

B. A. Pearson-S. Giversen, «The Thought of Norea (IX,2)», en J. M. Robinson (ed.), *The Nag Hammadi Library*, ed. rev., Leiden, 1988, 445-447.

M. Roberge, «Norea», en *L'Hypostase des Archontes par B. Barc suivi de Noréa par M. Roberge* (Bibliothèque Copte de Nag Hammadi 5), Quebec-Lovaina, 1980, 149-171.

3. El Intelecto es «derecho» en doble sentido, porque no sufre desviación en su conocimiento y porque es intelecto del Padre inmutable y así regenerador permanente. Es lo que simbolizan las dos estatuas de hombres desnudos de los samotracios y el Hermes cilenio de los naasenos de Hipólito, Elen V 8,10. El fondo mistérico dionisíaco es asimilado gnósticamente (cf. M. L. Freyburger-Galland, G. Freyburger, J. C. Tautil, *Sectes religieuses en Grèce et à Rome dans l'Antiquité païenne*, París, 1986, 46-47. Ver EugB 75,12-23.

Estudios

Colpe, C., «Heidnische, jüdische und christliche Überlieferung in den Schriften aus Nag Hammadi IX»: *JAC* 23 (1980), 108-127.

Pearson, B. A., «The Figure of Norea in Gnostic Literature», en G. Widengren (ed.), *Proceedings of the International Colloquium on Gnosticism, Stockholm August 20-25 1973* (Estocolmo, 1977), 143-152, reeditado en B. A. Pearson, *Gnosticism, Judaism, and Egyptian Christianity*, Minneápolis, 1990, 84-94.

Pearson, B. A., «Revisiting Norea», en K. L. King (ed.), *Images of the Feminine in Gnosticism*, Filadelfia, 1988, 265-275.

Sfameni, G.-Gasparro, «L'invocazione dal basso: il disordine del mondo e il grido dei perseguitati», en U. Bianchi (ed.), *Studi di Storia Religiosa della Tarda Antichità*, Messina, 1968, 93-107.

Stroumsa, G., *Another seed: Studies in Gnostic Mythology*, Leiden, 1984.

EL PENSAMIENTO DE NOREA

IX 27,11-29,5

Invocación a la tríada

27 ¡Padre del Todo, Pensa[miento] (*Énnoia*) de la luz, Inte-   11
lecto [que habi]ta en las alturas por enci[ma] de las (regiones)
infe[riores][1], luz que reside [en] [las] alturas, voz de l[a] [ver]dad,
Intelecto (*noûs*) derecho, Logos [intangible] y voz | inefable, Pa-   20
dre incom[prensible][2]!

El grito de Norea

Norea[3] es quien cla[ma] hacia ellos. Escucha[ron][4], la recibieron en su lugar para siempre[5]. Diéronle al Padre de Intelecto,

---

1. Es la tríada coeterna primordial: Padre, origen de la totalidad inmutable;
Madre, conciencia que le acompaña en silencio; por lo tanto, cuando él quiere, es
sustrato del deseo; Hijo, producto que es total autoconocimiento, distinción permanente
o *Noûs* en el Padre. El ser es siempre el material del pensamiento, y en el proceso
generativo es determinante la voluntad gratuita, o amor desinteresado; así la tríada
Padre-Madre-Hijo explica la procesión. Cf. EugB 71,13-73,17.
2. Ls. 15-20 son denominaciones expletivas. El Intelecto es luz de arriba que por
la *Énnoia* viene de la luz paterna («luz de luz» es propio de la esfera espiritual, ver TrTrip
118,28-36). «Voz de la verdad», «voz inefable» o no dicha (ver PensTr 44,3 y *passim*).
3. Este personaje es también protagonista en HipA. La hija virgen de Eva perse-
guida queda sin mancilla por su incorruptibilidad. Norea lleva diversos nombres (Noraia,
Orea, Oraia, Horaia, Nora, Nuraita) entre gnósticos y mandeos como hija de Adán y Eva,
hermana y esposa de Set y esposa de Noé, rebelde al Demiurgo. Su prehistoria es rica.
La seducción de los ángeles por las hijas de los hombres (Gn 6,2) induce a caracterizar a
Naamá (la descendiente de Caín) —Gn 4,22—, como la joven seductora de los *haggadot*.
El nombre hebreo (la «complaciente»), traducido en griego por *Horaia* (de aquí Norea),
la hace apta para la lectura gnóstica. Una explicación paradójica por su valor invertido,
pues la «seducción» engaña a quien cree dominar a la actriz del galanteo.
4. Otros testimonios ratifican el grito del eón caído: ApocJn 74,1-2; PSofía cap.

431

Adamas, junto con la voz de los santos[6], **28** para que pudiera reposar en la Epínoia inefable[7], para que pudiera heredar del Primer Intelecto que había recibido y para que pudiera reposar en el Autoengendrado[8] divino y para que pudiera generarse, en la medida en que también ella misma ha heredado del Logos viv[ien]te
10 | y para que pudiera unirse a los inmortales todos y [permanecer] en el Intelecto del Padre[9].

Actividad inteligible de Norea

Y [comenzó] a hablar con palabras de [vid]a y prosiguió en presen[cia d]el Eminente, te[niendo] lo que había recibido antes del [día] [en que] el mundo existiera. [Tiene] al gr[an] [Inte]lecto
20 del Invisible (*aóratos*) y | [da] gloria a su Padre y está entre los que [...] en el Pleroma [y] contempla al Pleroma[10].

Retorno de los adamitas

Vendrán a ser días en que [contemplará] al Pleroma y no estará en la deficiencia; tiene, sin embargo, a los cuatro santos
30 auxiliadores que interceden por ella[11] junto al Padre del | [T]odo,

32ss; Adv. Haer. I 30,12. Se interpreta como toma de conciencia del estado de extravío y restauración (Adv. Haer. I 2,3). El motivo persiste en el mito maniqueo.

5. *Tópos* es el Intelecto, lugar incorpóreo de Dios. Cf. C.H. II 3-16. Según Filón, Dios lo abarca todo y por nada es abarcado, siendo el lugar de refugio de todo (cf. Fug. 75; Somn. 1,63; Confus. 136), y Plotino habla de *tópos noetós* (cf. En VI,4 [22], 16, 19; etc.), ver TrTrip 60,5; 74,35; 101,8; 123,1 y 13.

6. «Padre de Intelecto, Adamas», con Pearson-Giversen. Ver 28,30. Es el Hombre Primordial, también denominado *Ger-Adamas*. Cf. EsSt 118, 26ss y EugB 81,12. La «voz de los santos» se refiere a los «cuatro santos» a que se alude más abajo (28,27-28).

7. Es decir, en la *Énnoia* o Pensamiento silencioso.

8. El primer intelecto es el Primogénito, primer engendrado, *Autogenés* o *noûs* perfecto, proferido por *Énnoia* (ver TrTrip 57,18-23 y n. 13).

9. La restauración noética permite descubrir y participar en la autogeneración de todos los aspectos del Intelecto. El Logos se reincorpora en el Viviente y convive con los demás eones, como conocimiento y honra del Padre (ver 28,20); cf. TrTrip 76,2-78,37.

10. Estos dísticos describen la actividad preanunciada en el *Noûs*. Palabra que es vida, porque coincide con la profundidad de la palabra que revela al Padre (= Eminente). Posee así al Intelecto del Padre (= Invisible), pues lo es, lo honra como gloria y lo ve en sí.

11. La escatología realizada de Norea se distingue de la de los hijos de Adamas, en realización. Una, inmediata, corresponde al retorno de Norea (= Sofía); la otra, gradual, es la de los adamitas o espirituales. Con la recuperación se diluye la deficiencia y luce lo que resta sin ella, la plenitud, Intelecto del Padre. En la obra salvífica de Norea coopera el Pleroma todo, acción reivindicadora de Adamas, que cumplen los cuatro iluminadores y guías (Harmozel, Oroiael, Daveité, Elelet) en el rescate de lo extraviado.

432

Adamas, el **29** que es interior a los de Adamas todos, ya que poseen la intelección de Norea, que se expresa respecto a los dos nombres que constituyen un nombre único[12].

12.   Ahora es Adamas el que recibe el nombre de «Padre del Todo», conjunto de los pneumáticos u hombre perfecto. Sus vástagos lo poseen oculto, pues retienen la intelección de Norea, que implica ser «Hombre» en el Padre, del solo modo que puede ser querido y pensado plenamente por él, el hombre que Norea está contemplando como realidad del Intelecto paterno: el «Hombre inquebrantable». Hay dos designaciones: «los de la estirpe de Adamas» y «los que poseen la intelección de Norea», que expresan un solo significado o nombre único, la imagen perfecta del hombre, Adamas.

DISCURSO SOBRE
LA OGDÓADA Y LA ENÉADA
(NHC VI 6)

INTRODUCCIÓN*

EL *CORPUS HERMETICUM*

EL *CORPUS HERMETICUM*

Cosme de Médicis encargó a Marsilio Ficino en 1462 la traducción al latín de un manuscrito griego conseguido por el religioso Leonardo de Pistoia en Macedonia. El original (el *Códice Laurentino* 71,33), un florilegio de 14 tratados sobre las enseñanzas de Hermes Trismégistos dirigidas principalmente al escriba Tat y a Asclepio, se difundió entre los humanistas bajo el título de *Poimandres*. El nombre le fue adjudicado por Ficino al conjunto, aunque en realidad le correspondía sólo al primero de los escritos.

La aludida antología, recopilada en el período bizantino, un escrito en latín conocido desde el siglo III como el *Asclepio, Las definiciones de Asclepio al rey Amón* (tratado XVI), descubiertas y traducidas por L. Lazzarelli poco después, por una parte, y los fragmentos y testimonios conservados por Estobeo en sus *Eclogae* (*ca.* 500), así como las informaciones transtimitidas por autores cristianos y las noticias de algunos neoplatónicos tardíos, constituyen un conjunto de literatura de contenido espiritual y de género homogéneo que se conoce con la denominación amplia de los *Hermetica*[1].

La versión de M. Ficino tuvo efectos inmediatos entre los humanistas, en Pico de la Mirándola y la Escuela de Florencia. La primera edición de 1471 se multiplicó, se tradujo en diferen-

---

* Introducción, traducción y notas de Francisco García Bazán (Universidad Argentina J. F. Kennedy-CONICET).
    1. Cf. J.-P. Mahé, *Hermès en Haute-Égypte,* II 3-8.

tes lenguas modernas y se extendió rápidamente por Europa. Los autores renacentistas no sospecharon la atribución inauténtica de estas Escrituras a Hermes Trismégistos. Aconsejados por un espíritu concordista, lo reconocieron como el más antiguo profeta de la humanidad, inspirador de paganos (Orfeo, Pitágoras, Filolao y Platón) y contemporáneo de Moisés, representando para ellos la garantía de la reconciliación entre la sabiduría pagana y la doctrina cristiana. La famosa representación de la catedral de Siena (1488) en la que Trismégistos entrega a Moisés una tableta encabezada por las primeras palabras del *Asclepio* 8, ilustra gráficamente el intercambio y ratifica sugestivamente la posición[2]. Isaac Casaubon, con perspicacia filológica, denunció los excesos de la fábula al refutar en 1614 los *Anales Eclesiásticos* del cardenal César Baronio, pero el enigma hermético, cristiana y cabalísticamente cultivado desde hacía un siglo y medio por M. Ficino, Pico de la Mirándola, L. Lazzarelli, Juan de Corigio, Francisco de Foix y otros personajes[3], persistirá alimentando los anhelos de trascendencia que traducen la teosofía, la adhesión a la *philosophia perennis* y la teúrgia propios de las corrientes esotéricas de Occidente, conservadoras de una sabiduría fragmentaria, pero a menudo más inclinadas a la credulidad que al examen de los testimonios[4].

Tras las diversas tentativas de edición y traducción del *Corpus Hermeticum* (C.H.) de los años 1554, 1591 y 1593, 1781, 1854 y 1866, nuestro siglo ha conocido las dos grandes ediciones críticas de W. Scott-A. S. Ferguson (Oxford 1924-1936) y de A. D. Nock-A. J. Festugière (1954-1960), siendo esta última la más autorizada[5]. Los estudios de la filología y la ciencia de las religiones han tejido las más diversas hipótesis[6] sobre los libros herméticos. Dos han prevalecido por su solidez. La de R. Reitzenstein, quien sostuvo que esta literatura es el resultado de la reflexión sobre unos cultos de misterio herméticos que existieron con anterioridad[7]. A. J. Festugière, en contraposición, difundió la tesis de que el C.H. no es la expresión de creencias y doctrinas unitarias,

---

2. Cf. A. J. Festugière, *Hermétisme et mystique païenne,* París, 1967, 28ss.
3. Cf. J.-P. Mahé, ib., 5-9, y los artículos de A. Faivre, M. Allen y C. Vasoli, en *Présence d'Hermès Trismégiste,* París, 1988, 24ss, 110ss y 120ss.
4. El ejemplo de dos posiciones contrapuestas: G. Fowden, *The Egyptian Hermes,* Cambridge ²1987, XIII-XVII, y F. Bonardel, *L'Hermétisme,* París, 1985.
5. En este aspecto son unánimes los críticos.
6. Ver el útil resumen de Mahé, ib., 9-32.
7. Cf. W. C. Grese, *Corpus Hermeticum XIII and Early Christian Literature,* Leiden, 1979, 47ss y A. J. Festugière, *La révélation d'Hermès Trismégiste,* I 81ss.

sino un conglomerado de reflexiones escolares de carácter místico religioso que respondían a las preocupaciones espirituales genéricas de una época y que como tales eran tratadas reflexivamente en las escuelas del helenismo grecorromano. Lo que otorga unidad a esta diversidad, en opinión del sabio dominico, es un estilo de presentación: figura central de Hermes como maestro, diálogo entre éste y un discípulo, referencias difusas a la religiosidad egipcia y recurrencia a la magia, alquimia y astrología, debiéndose distinguir, por lo tanto, un hermetismo sabio de otro popular.

El descubrimiento de la biblioteca de Nag Hammadi transforma sustancialmente el panorama de interpretación de los *Hermetica*. Efectivamente, el Códice VI de Nag Hammadi, compaginado en la segunda mitad del siglo IV, incluye tres obras del género hermético dentro de las ocho que forman su unidad. Ellas cierran el códice en el siguiente orden: *Discurso sobre la Ogdóada y la Enéada*, *Oración de acción de gracias* y el *Asclepio*.

En primer lugar, desde el punto de vista cronológico, nos encontramos con los manuscritos más antiguos sobre los *Hermetica* hasta ahora manejados[8], pero debe agregarse que la terna de escritos aludida manifiesta autonomía propia frente a los que la anteceden en el códice, de extracción heterogénea, y que su posición correlativa parece obedecer al propio contenido hermético gnóstico de cada uno de los escritos.

El orden de estos escritos se organiza de acuerdo con una escala de interés que con la primera obra representa el tipo de interpretación que los gnósticos podían hacer de la tradición hermética; con el segundo, la prueba ratificatoria emanada del mismo hermetismo, y, con el tercero, la confirmación de la relación íntima de los dos anteriores escritos mediante un texto de proveniencia hermética más extenso[9]. La tríada de escritos constituye en su conjunto un compendio de hermetismo gnóstico y, aunque la selección de los escritos la haya realizado el copista dentro de

8. La antología bizantina era conocida por M. Pselo y remite al siglo XI. A los escritos herméticos de Nag Hammadi se deben agregar media docena de textos fragmentarios también excluidos de las dos ediciones del C.H.; entre ellos descuellan las *Definiciones de Hermes Trismegisto a Asclepio*, en armenio.

9. Cf. AcGra, Int. El *Asclepio* tuvo una gran difusión desde la antigüedad y la versión en copto es superior a la latina conocida. Las etapas de su desarrollo invitaban a una lectura gnóstica, puesto que su núcleo es el conocimiento de la imagen de Dios en el hombre mediante la gnosis y la ciencia. Colocando delante de él dos textos como el OcNov y la AcGra, Ascl ratificaba la naturaleza gnóstica de los dos anteriores y tornaba patente la propia.

un material más vasto[10], su criterio ha debido de ser fiel a la visión hermético gnóstica ya reconocida que le ofrecían los manuscritos sometidos a su elección.

El *Discurso sobre la Ogdóada y la Enéada* describe una experiencia gnóstica de iniciación configurada bajo la forma de la tradición espiritual hermética. En ella la relación Hermes-Tat, Asclepio, etc., se ha generalizado en la de maestro-discípulo, la *Hebdómada* se ha identificado con el estadio primero de la iniciación, equivalente al aprendizaje y la reflexión sobre las enseñanzas preliminares que purifican al espíritu de la envoltura psíquica, ya despojada de la influencia de lo carnal por el cumplimiento de las normas éticas y religiosas, la *Ogdóada* se ha cambiado en el grado propiamente dicho de la regeneración noética o del autoconocimiento propio del gnóstico y pneumático, y la *Enéada*, por naturaleza indiscriminada o secreta, a la que el Nous manifiesta, el momento más elevado de la iniciación, el inefable de la unión sin intermediarios, el del reposo, en el que el iniciado, como miembro de la comunidad o todo noético, se confunde con sus hermanos o vástagos eternos, se verifica como un himno o manifestación de gloria silenciosa a la Divinidad suprema, cumpliendo plenamente la voluntad paterna, que nada dice, pero todo lo entiende, como Logos interior, intencional o preenunciativo. La experiencia sobre Dios Padre/maestro se hace realidad en el Hijo/discípulo. El gnóstico dirigido por la Palabra de Hermes, una vez que es intelectualmente liberado, puede cumplir el ascenso de las tres dimensiones o instancias de la trascendencia o divinidad, internándose en la experiencia del Padre, que incluye la filiedad, y es el fin de la búsqueda y el reposo eterno.

CONTENIDO

El *Discurso sobre la Ogdóada y la Enéada* describe la experiencia señalada en forma sistemática y progresiva, en el marco de un diálogo que encierra esclarecimientos de índole metafísica y con breves interrupciones narrativas que perfilan el entorno cultural

---

10. Dice el fragmento colocado en este códice entre AcGra y Ascl: «He copiado este discurso suyo. Me han llegado, sí, muchos más. No los he copiado, porque he pensado que les han debido llegar. Incluso dudo en copiarles éstos, porque quizás les han llegado y la cosa les podría fastidiar. Puesto que los discursos de éste que me han llegado son numerosos...» (cf. *Nag Hammadi Codices V 2-5 and VI*, 392-393).

egipcio y el medio hermético de profundidad espiritual que debe de haber sido el destinatario normal del escrito.

El diálogo entre maestro y discípulo, la descripción de la experiencia que lo remata y la enumeración de las condiciones que deben permitir la conservación de su riqueza espiritual abarcan cinco partes[11].

1. Desde 52,1 a 55,22 el diálogo comprende el primer peldaño, o sea, el nivel preparatorio de la iniciación. El discípulo ha comprendido en su mente, es decir, intelectual y racionalmente, las verdades suprarracionales que corresponden a la realidad del Intelecto y el Preintelecto. Se trata de un conocimiento discursivo y reflejo, de un conocimiento regularmente transmitido que enseña el maestro, que se representa en la psique del aspirante a la iniciación y que merced a la guía magisterial adquiere una suficiente información de verdades que le son todavía exteriores y una conciencia doctrinal de ellas completa, pero mediata. Se trata de un paso necesario, para que el estado de la conciencia del discípulo, que ahora es virtual, se pueda convertir en efectivo. Éste es el tesoro del saber preliminar comprendido en los libros de los «Estudios generales» y los «Estudios detallados» dentro de la tradición hermética, como se ratifica más adelante (62,33-63,8)[12].

2. 55,23 a 57,25 abraza la oración que le es posible enunciar al iniciado una vez que ha ingresado en la Ogdóada o Intelecto. El estado virtual se transforma en un conocimiento real. Se trata del seguimiento de un método retrospectivo, de profundización o interiorización, que conduce desde lo exterior a su móvil interior, de lo superficialmente formado a lo profundamente formante. En este momento, anulada y superada la deficiencia que separa, el iniciado percibe la imagen en la plenitud del paradigma. Se trata de la instancia de la actividad intelectiva, de la operación en la que conocedor y conocido se identifican, aunque la forma creativa, siendo revelada, se manifiesta como una exteriorización múltiple, por más que total y completa de la simplicidad del Dios supremo a través del deseo omnipotente del Padre que lo puede todo. Por ese motivo, si bien el himno que entona el iniciado es inarticulado e inaudible para el pensamiento discursivo del alma, representa una totalidad global, cognos-

---

11. Cf. J.-P. Mahé, *Hermès en Haute-Égypte*, I, 31-33, y especialmente, R. Valantasis, *Spiritual Guides*, 87ss.

12. Cf. 62,31-63,3 y n. 51 a la traducción.

citivamente articulada, con comienzo y fin circular y coincidente: *Zothaxathoz*, como irrumpe el himno noético[13].

3. La siguiente sección (57,26-58,22) presenta la experiencia del reencuentro del maestro o Padre consigo mismo. Llevado por la exigencia de expresar, interpretar o ser mediador del mensaje, Hermes «Tres veces el más grande» (*tris-mégistos*)[14], el Padre, está volcado hacia el vástago o generación. Pero el Hijo, al tornar sobre sí mismo, se ha unido al mismo tiempo a la naturaleza del Padre, ya que es el efecto de su deseo. Por ese motivo, Padre e Hijo, maestro y discípulo, alcanzada la iniciación, se abrazan o besan, puesto que el Espíritu esparcido o debilitado recupera ahora su estadio de concentración, y así el hálito paterno se une con el filial y viceversa[15]. El Padre, entonces, ampliada o liberada su potencia, fortalecida la intensidad cognoscitiva, se percibe no como totalidad múltiple o generación filial, sino como intención de conocer, como Intelecto del Intelecto, sin desaparecer en la unidad simple de la Divinidad, sino manteniéndose con ella por el deseo, distinguiéndose, porque tal es la ambivalencia propia de la naturaleza del Padre que puede engendrar hijos. Se trata, con vocabulario conocido, del «principio» y «fuente» de la vida inteligible de que goza la generación filial. La intuición del origen de la existencia divina separada y subsistente en el que coinciden los opuestos y al que se refieren los gnósticos y diversas corrientes espiritualistas de la época se encuentra aquí bien representada[16]. De este modo el Inengendrado supera al Autoengen- drado como experiencia de la propia actividad, la que se percata como conocimiento aperceptivo carente de palabras.

4. Llegado a este punto, el iniciado ha alcanzado lo que perseguía, la figura del maestro se desvanece y el interés del documento se centra en descubrir la calidad silenciosa del auténtico himno que cantan los hijos y la justificación que funda al canto sin palabras (58,22-59,14). El Padre, el Pensamiento o Intelecto considerado en sí mismo, como facultad originaria renacida, iniciada

---

13. Cf. n. 25 a la traducción.
14. Sobre el origen egipcio, véase F. Daumas, «Le fonds égyptien de l'hermétisme», 7-10.
15. Sobre el significado de la imagen del beso, cf. TrTrip n. 14 a la trad., y aquí n. 29 a la traducción de OcNov.
16. Cf. F. García Bazán, Plotino. *Sobre la trascendencia divina: sentido y origen*, Mendoza, 1992, 291ss.

o reconquistada en su principio, antecede por prioridad a sus representaciones o despliegue interpretativo. En el Padre, como indeclinable iniciador, no hay palabras, aunque sí actitud de contento. El preconocimiento (*prónoia*) paterno es, en realidad, el que sostiene eternamente a la totalidad inteligible, por eso es «eternidad de los seres eternos», o sea, «eón de los eones», «gran Espíritu divino», es decir, la primera revelación divina o del Espíritu y origen inagotable de la vida espiritual y también el silencio, condición previa de la fragmentación verbal.

5. 59,15 a 61,17. Cumplida, por lo tanto, la experiencia descrita del seno silencioso del Padre, el Hijo está verdaderamente iniciado, reinstalado o regenerado en el origen. Ha llegado a comunicarse y a convivir en el umbral más eminente del deseo del conocimiento y de la generación del ser, aquel en el que el deseo permanece en su intensidad más pura de simple conato indeterminado, exclusivamente asido a lo en sí mismo Incognoscible e Inengendrado, sin desfallecimiento ni descenso de la pureza de la intención, esfuerzo y tensión elevadas, que no se inclina ni enfría en un objeto determinado de deseo, semilla, vástago o resultado objetivo. Se ha palpado en esta instancia la contextura de una naturaleza andrógina capaz de generar por sí misma a un hijo y que es simultáneamente su esencia genética. Éste es el momento de la paz, porque, libre de inquietudes, el pensamiento queda ceñido al ser del pensamiento, sin determinaciones, en el seno de una actividad interminable que nada puede proferir. La culminación de la experiencia de gnosis y el estado de iniciación completa son la misma realidad. La Ogdóada, reflejo o manifestación de la Enéada, se ha visto en su intimidad, como el ser eneádico mismo y, al experimentarla, el gnóstico no es más que el instrumento dócil y armonioso que ejecuta con su invocación una música total, cuya inflexible tensión hacia Dios realmente nada dice[17]. También para el gnóstico hermetista hay tres hipóstasis (Inengendrado, Autoengendrado y Engendrado; Prepadre, Padre, Hijo; o bien, Padre, Seno Paterno e Hijo), pero la auténtica emanación se detiene en el Intelecto convertido; lo demás, careciendo de subsistencia, dibuja diferentes formas de la ilusión perecedera[18].

17. Cf. PensTr, n. 1 a la traducción.
18. Las hipóstasis gnósticas son los tres estados de la naturaleza divina en relación consigo misma. Las hipóstasis neoplatónicas, sin embargo, están abiertas al mundo en devenir perpetuo. Cf. Plotino, En V 1 (10).

6. Conclusión del texto (61,18-63,32). El libro que narre la historia de esta experiencia real y de la enseñanza iniciática guiada por el maestro, en la que se ha puesto de manifiesto que la generación filial eterna es la revelación del deseo paterno de lo divino, debe observar las normas esotéricas que permitan que la trasmisión del mensaje en el medio religioso egipcio no se malogre y cumpla su función reveladora de la naturaleza divina ante la que toda ilusión se desvanece. Se detallan, por consiguiente las instrucciones y recaudos: a) Requisito de redacción en la lengua sagrada de Egipto, «en caracteres jeroglíficos», que sólo conocen pocos, los preparados sacerdotal o espiritualmente. Se evita con esto el acceso vulgar al simple signo o significante. b) El libro, además, debe seleccionar los materiales sobre los que se graben los jeroglíficos: la sustancia de la piedra, el color, el número y la forma, ya que su espacio sacro ha de ser el atrio del templo de Dióspolis, templo de Tot-Hermes, y allí el libro/monumento ha de mostrarse incon- fundiblemente como símbolo del Intelecto/Ogdóada. Por eso la piedra de la inscripción (azul turquesa) será reflejo del cielo inteligible, los guardianes de la obra de la Ogdóada serán ocho y estarán, a la derecha que asciende y a la izquierda que desciende, sobre cada uno de los ocho vértices del cubo que sirve de pedestal a las estelas. Éste, de «piedra de leche», será la base desde la que es posible la ascensión gradual del alma hacia el Espíritu. La obra se deberá ejecutar igualmente en el tiempo conveniente, cuando las condiciones astrológicas sean más favorables. Hermetismo práctico, cosmología, alquimia (representada por el lapidario) y astrología se corresponden con el sabio y la interpretación gnóstico-iniciática. c) Por último, el monumento sacro, posiblemente un obelisco, debe llevar inscrito en su cúspide el *tetragrámaton* (Nombre de Dios en hebreo), impronunciable, la identificación con el seno o intención paterna, la inserción de la Ogdóada en la Enéada. Pero es necesario inscribir un anatema que evite la profanación del testimonio, ya que el *tetragrámaton* es utilizado por la magia operativa, lo que puede inducir a error, pues el libro es relato fidedigno de hechos sagrados y orienta hacia la iniciación por grados cuando se posee la disposición conveniente. Las prácticas mágicas, sin embargo, desvían hacia la eficacia física. Por esto la imprecación que cierra la conclusión abarca a las fuerzsas cósmicas y a los poderes trascendentes, porque las primeras, aunque lo ignoran, están al servicio de los últimos[19].

19. Cf. PGM I 1,15-40; III 1,75-80; 4,265-270; 7,570-575; IV 8,1190-1200; 24,3020-3025; V 4,130-135 y particularmente el XIII, en donde se utiliza la fórmula *Zothaxathoz* y hay similitudes con el hermetismo y nuestro texto.

444

EL TÍTULO

La traducción del escrito del griego al sahídico se conserva en buen estado, aunque la escritura está dañada en las primeras líneas de algunas páginas. En el manuscrito quedan indicios de que el escrito tenía título, que ha desaparecido. Tanto el tema central sobre el que versa el diálogo como las aclaraciones de 53,24-26: «Comienza, oh Padre mío, el discurso sobre la Ogdóada y la Enéada», y de 61,21-22, en la que el Padre amonesta a escribir el libro de la experiencia: «denominándole "La Ogdóada revela a la Enéada"», justifican el título convencional adoptado por las ediciones de Leiden y Quebec: «Discurso sobre la Ogdóada y la Enéada» (o sobre «el Octavo y el Noveno»). Si bien esta terminología puede haberse extraído de la astronomía[20], puesto que la hebdómada estaría en relación con las esferas planetarias, la ogdóada con la esfera de las estrellas fijas, y la enéada con el universo supraceleste que las mueve ordenadamente, la significación que les da la enseñanza es trascendente al universo sensible y su organización, un modo de transferencia significativa del lenguaje de la astronomía, que se ocupa de apariencias (*phainómena*), al ámbito de las verdades inmutables, el auténtico cosmos. Este método de transposiciones de sentido no era desconocido de los gnósticos alejandrinos[21] y la identificación del ascenso *psyché/noûs* al dominio o liberación del cosmos se encuentra entre los magos anatolios, los misterios de Mitra y los gnósticos[22]. La década es modelo de la capacidad generativa completa de los números y representaría al Dios supremo[23].

El escrito constituye un ejemplo sobresaliente de la tendencia gnóstica a reinterpretar otras creencias metafísicas y religiosas con su propia exégesis espiritual, ratificando su convicción del carácter universal y trascendente de la postura del gnóstico frente a las restantes tradiciones particulares. El gnosticismo no sólo superaría a otras corrientes de espiritualidad dominantes en el mundo grecorromano con las que ha entrado en contacto (metafísica

---

20. Cf. J.-P. Mahé, *Hermès en Haute-Égypte*, I 37ss.
21. Cf. EugB 83,10-85. 9 y ns. 37 a 39 a la traducción.
22. Cf. O. Cattedra y F. García Bazán, «La concepción del "camino de los padres y de los dioses" en la India Antigua y en el mundo helenístico», *Epimelia* 2 (1993), 43ss.
23. Cf. EugB, Int., aunque con el sentido invertido de que la interpretación en el marco de la teología egipcia estaba exigiendo, cf. fr. 28 de Cirilo de Alejandría y *Definiciones de Hermes* VIII 5; C.H. I 26 y ApPb 24,1ss. Mar ratifica lo mismo con un pitagorismo más acentuado.

platónico-pitagorizante, mitos y religiones judía y cristiana católica), sino asimismo al hermetismo como un síntoma de la perdurabilidad de la religión egipcia en el mundo helenístico[24]. Este tipo de hermenéutica ya la habían utilizado Filón de Alejandría y Plutarco de Queronea[25]. Los gnósticos, por su impulso espiritual y su ilimitada cultura, también se habrían adelantado en la adopción de Hermes a los eclesiásticos. En efecto, mientras que Clemente de Alejandría en torno al 200-210 (*Stromata* VI 4,35) conoce los libros de Hermes y proporciona un informe descriptivo cuya fuente se ignora, y las alusiones de Tertuliano y Arnobio de Sica al Mercurio egipcio son ocasionales, Lactancio, igualmente africano y a horcajadas entre los siglos III y IV, copiando, igual que Mani, el hábito gnóstico de exégesis, ganaría a Hermes para la causa cristiano-romana, poniendo en ejecución las pautas de interpretación de la preparación evangélica, peculiares de la gran Iglesia[26].

FECHA DE COMPOSICIÓN

D. M. Parrot hace al *Discurso sobre la Ogdóada y la Enéada* contemporáneo de Albino, basándose en una afinidad de pensamiento que juzgamos insostenible[27]. J.-P. Mahé admitiría que *Eugnosto el Bienaventurado* depende de la literatura hermética de la que procede nuestro escrito, lo que tampoco nos parece acertado[28]. Nosotros, teniendo en cuenta las semejanzas de este escrito con C.H. I y XIII y la proyección de la mentalidad gnóstica en IV, VI, VII y los *Extractos* de Estobeo XXIII (*Kóre kósmou*), consideramos que este trabajo, que arroja sobre el hermetismo la experiencia de iniciación gnóstica presente en otros documentos (*Pensamiento trimorfo, Tres estelas de Set, Testimonio de la Verdad*, etc.) y su estilo de interpretación espiritual y tipológica, debe haberse escrito en el medio alejandrino a fines del siglo III en el momento en que floreció este tipo de literatura gnóstica posterior al *De anima*, al *Adversus valentinianos* de Ter-

---

24. Cf. G. Fowden, *The Egyptian Hermes*, 13ss.
25. Ver n. 22.
26. Cf. G. Fowden, o.c., 203ss.
27. Cf. «Discourse on the Eight and Ninth: Introduction», 345.
28. Cf. J.-P. Mahé, «*Palingenesía* et structure du monde supérieure dans les *Hermetica* et le traité d'*Eugnoste* de Nag Hammadi», en *Deuxième Journée d'Études Coptes*, Lovaina-París, 1986, 147-148, y EugB, Int., al final.

tuliano y al *Adversus nationes* de Arnobio y anterior a las *Institu-ciones divinas* de Lactancio.

Se ha utilizado para nuestra versión el texto copto de Dirkse-Brashler-Parrott. La versión francesa de J.-P. Mahé con sus pos-teriores correcciones (1978, 1982 y 1991) nos ha sido de gran utilidad así como otras discusiones de especialistas que aclara-mos en las notas de la traducción.

BIBLIOGRAFÍA

Ediciones

Dirkse, P. A.-Brashler, J.-Parrott, D. M., «The Discourse on the Eighth and Ninth», en D. M. Parrott (ed.), *Nag Hammadi Codices V,2-5 and VI with Papyrus Berolinensis 8502, 1 and 4*, Leiden, 1979, 341-373.

Keizer, L. S., *The Eighth Reveals the Ninth: A New Hermetic Initiation Discourse* (Tractate 6, Nag Hammadi Codex VI): Translated and Inter-preted, Seaside CA, 1974.

Krause, M.-Labib, P., *Gnostische und hermetische Schriften aus Codex II und Codex VI*, Glückstad, 1971, 54-57, 170-184.

Mahé, J.-P., *Hermès en Haute-Égypte. Les textes hermétiques de Nag Hammadi et leurs parallèles grecs et latins*, Tome I, Quebec, 1978.

Parrott, D. M.-Brashler, J.-Dirkse, P. A., «The Discourse on the Eighth and Ninth (VI, 6)», en J. M. Robinson (ed.), *The Nag Hammadi Library*, ed. rev., Leiden, 1988, 321-327.

Tröger, K.-W., «Die hermetische Gnosis», en id., *Gnosis und Neues Testament*, Berlín, 1973, 97-119.

Estudios

Camplani, A., «Alcune note sul testo del VI Codice di Nag Hammadi. La predizione di Hermes ad Asclepius»: *Aug* 26 (1986), 349-368.

Daumas, F., «Le fond égyptien de l'hermétisme», en J. Ries-Y. Janssens-Sevrin J.-M. (éds.), *Gnosticisme et Monde Hellénistique. Actes du Colloque de Louvain-la-Neuve (11-14 mars 1980)*, Lovaina la Nueva, 1982, 3-25.

Delatte, L.-Govaerts, S.-Denooz, J., *Index du Corpus Hermeticum*, Roma, 1977.

Derchain, Ph., «Sur l'autenticité de l'inspiration égyptienne dans le *Corpus Hermeticum*»: *RHR* 161 (1962), 175-198.

De Santis, C., «Gli scritti ermetici del sesto codice di Nag Hammadi»: *Studi e materiali di storia delle religioni* 11 (1987), 57-65.

Doresse, J., «El hermetismo egipcianizante», en H. Ch. Puech (dir.), *Historia de las Religiones*, vol. 6., Siglo XXI, Madrid, 1979, 82-163.

Festugière, A. J., *La révélation d'Hermès Trismégiste* I-IV, París, 1949-1954.

González Blanco, A., «Hermetism. A Bibliographical Approach», en Haase, W.-Temporini, H. (eds.), *Aufstieg und Niedergang der römischen Welt,* Vol. II 17,4, Berlín, 1984, 2240-2281.

Mahé, J.-P., *Hermès en Haute-Égypte II. Le fragment du Discours Parfait et les Définitions Hermétiques arméniennes (NH VI 8.8a),* Quebec, 1982.

Mahé, J.-P., «Générations antédiluviennes et chute des éons dans l'hermétisme et dans la gnose», en R. van den Broek, T. Baarda, J. Mansfeld (eds.), *Knowledge of God in the Graeco-Roman World,* Leiden, 1988, 160-177.

Mahé, J.-P., «La voie d'immortalité à la lumière des *Hermetica* de Nag Hammadi et des découvertes plus récentes»: *VigCh* 45 (1991), 347-375.

Nock, A. D.-Festugière, A. J., *Hermès Trismégiste* I-IV, París, 1950-1960.

Quispel, G., «Hermes Trismegistus and the origins of gnosticism»: *VigCh* 46 (1992), 1-19.

Sfameni Gasparro, G., «L'Ermetismo nelle Testimonianze dei Padri»: *RStLR* 7 (1971), 215-251.

Tröger, K. W., *Mysterienglaube und Gnosis in CH XIII,* Berlín, 1971.

Valantasis, R., *Spiritual Guides of the Third Century. A Semiotic Study of the Guide-Disciple Relationship in Christianity, Neoplatonism, Hermetism, and Gnosticism,* Minneápolis, 1991.

DISCURSO SOBRE LA OGDÓADA Y LA ENÉADA

VI 52,1-63,32

Diálogo preparatorio

52 [...][1] «[¡Oh, Padr]e mío!, me prometiste ayer[2] [introducir] mi pensamiento en [la] Ogdóada y después introducirme en la Enéada. Dijiste: "Éste es el orden de la tradición (*parádosis*)"[3].

—¡Oh, hijo mío!, éste, sí, es el orden. Pero la promesa estuvo de acuerdo con lo | humano[4], porque te lo dije al comenzar la promesa. Dije, si tienes en mente cada uno de los grados (*bathmós*)[5]. Cuando hube recibido el Espíritu por la Potencia, deposité en ti la energía. Verdaderamente la intelección existe en ti. En mí existe como si la Potencia estuviese encinta. Porque cuando concebí por la fuente | que fluye en mí, engendré[6].

—¡Oh, Padre mío!, toda palabra me la has dicho convenientemente. Pero estoy asombrado por esa expresión que ahora has dicho. Ya que has dicho: "La Potencia que hay en mí". Respondió:

10

20

---

1. Esta primera línea en blanco podría haber consignado el título.
2. La promesa anterior de una enseñanza a profesarse es una formulación común del C.H. (cf. A. J. Festugière, *Rev. Herm. Trismeg.* II, 39).
3. El orden jerárquico de ascensión es «Ogdóada/Octavo» y «Enéada/Noveno». Ver C.H. XIII 1 y 22.
4. «Hijo mío» (*o pa šere/o téknon*) es estilo propio del diálogo hermético (p. ej., C.H. XIII 2,6,9, etc.). Cf. con *o paeiot/o patér*.
5. Los sucesivos «grados» iniciáticos se confirman en 62,32-63,14. Cf. C.H. XIII 1,9 y 10.
6. El pensar del Prepadre —ver 53,31—, es preinteligible, como una fuente que brota (cf. 58,13 y C.H. XI 3), el del iniciado, por su parte, se integra cuando ha ascendido en el Intelecto, como Hijo engendrado (cf. 57,11-18). El pensamiento paterno es de este modo una capacidad de producir andrógina (cf. PensTr ns. 1, 11, etc.).

—La he engendrado como los hijos se engendran[7].

—Entonces, ¡oh, Padre mío!, yo tengo muchos hermanos, si se me cuenta con la generación.

30 — | Correctamente, ¡oh, hijo mío!, este bien se cuenta por 53 y [...] [...en todo] tiempo. Por lo tanto, ¡oh, hijo mío!, [ne]cesario te es que conozcas a tus hermanos y que los honres[8]
10 bien | convenientemente, ya que pro[ce]den del mismo Padre, puesto que a cada generación la he llamado. Le he dado nombre, porque fueron engendrados como estos hijos.

—Entonces, oh, Padre mío, ¿tienen también sus madres?[9].

—¡Oh, hijo mío!, son espirituales, ya que son energías que
20 hacen crecer | a otras almas. Por eso digo que son inmortales[10].

—Tu palabra es verdadera, no admite réplica desde ahora. Comienza, ¡oh, Padre mío!, el discurso sobre la Ogdóada y la Enéada e inclúyeme también con mis hermanos[11].

Oración para alcanzar sabiduría

—Oremos, ¡oh, hijo mío!, al Padre del Todo, con tus herma-
30 nos, que son mis | hijos, para que me otorgue el Espíritu de palabra.

—¿Cómo se ora, ¡oh, Padre mío!, unido con las generaciones? Yo quiero obedecer, oh, Padre mío. 54 [p]ero [...] [n]o es. Ni una [...] [e]s, pero está satisfecho [con] ella [...] él[12]. Y es verdadero que tengas en mente el avance que has experimentado en la sabiduría por los libros.

10 —¡Oh, | hijo mío!, compárate con la edad infantil. Como los niños has formulado cuestiones absurdas e ininteligibles.

---

7. Se trata del poder del Padre, principio de los inteligibles. Se ha engendrado por reflexión, asexualmente, como se engendran los vástagos espirituales. Cf. García Bazán, *Plotino*, 248ss.

8. *Sneou/adelphoí*: «hermanos», hijos del mismo Padre (52,28) y espirituales de la misma raza (cf. C.H. I 32,5-6). La fraternidad de los iniciados en los misterios de la gnosis (ver PensTr n. 41).

9. Los miembros de cada prole inteligible tienen su nombre o intelección propia y así también sus «madres» (cap. *may*), ya que proceden de la reflexión del Padre grávido. La ecuación nombre = madre viene de la tradición egipcia (cf. A. Barucq-F. Daumas, *Hymnes et Prières de l'Égypte ancienne*, París, 1980, 321 y 199).

10. De los espirituales perfectos (cf. C.H. II 6,4; III 1,3, etc.; XII 20,6, etc.) las almas que son más (C.H. IV 11,8), y que desaparecerán como todo lo que sufre cambios. Inmortales son los seres espirituales (cf. C.H. VIII 1, etc.). La lectura gnóstica es anticósmica y así se interpreta la concepción hermética.

11. Satisfecha la duda, comienza la enseñanza del Intelecto.

12. La palabra eficaz es la que viene del Prepadre (= Espíritu), ver 52,14. La oración (54,22; 55,14; 58,27) perfecta es del Intelecto (52,28-29 y 53,12) como gloria del Padre.

—¡Oh, Padre mío!, el avance que he experimentado ahora junto con el preconocimiento, de acuerdo con los libros, que he experimentado, supera la deficiencia que había en mí primeramente[13].

—¡Oh, hijo mío!, cuando entiendas la verdad | de tus palabras, encontrarás a tus hermanos orando contigo, que son mis hijos.

—¡Oh, Padre mío!, no entiendo ninguna otra cosa, salvo la belleza que he experimentado en las generaciones. Es ésta la que llamas la belleza del alma[14].

—La edificación la has experimentado según los grados. ¡Ojalá experimentes la intelección | y tendrás sabiduría.

—He entendido, ¡oh, Padre mío!, cada uno de los libros[15]. Pero especialmente la 55 [... q]ue existe en [...].

—[...]. ¡Oh, hijo mío!, [...] en oraciones de los [que los] hacen crecer.

—¡Oh, Padre mío!, sobre la palabra que [di]rás, el po[der] lo recibiré de ti[16]. Como se dijo a ambos, oremos, | oh, Padre mío.

—¡Oh, hijo mío!, es conveniente que con nuestro pensamiento todo y con todo nuestro corazón y nuestra alma oremos[17] a Dios y le pidamos que el don de la Ogdóada se extienda hasta nosotros, y que cada uno reciba de él lo que es suyo. A ti ciertamente, te pertenece | entender; a mí igualmente poder entregar la palabra desde la fuente que fluye en mí[18].

13. La falta de preparación (*hystérema*) que impedía acceder a lo espiritual ha sido resuelta por el conocimiento lógico de lo inteligible mediante la instrucción desarrollada por el Padre (= *prónoia*) contenida en las «lecturas generales» (ver 63,2ss y C.H. X 1 y 7; XIII 1 y *Extractos* de Estobeo IV A 1; VI 1). Sobre el niño como símbolo de inmadurez, ver 1Co 13,11; Silv 84,5-6.

14. Las líneas 18-22 ratifican las de 53,27-30. Es lo mismo entender y elevar un himno. El Intelecto es brillo que honra al Padre y así belleza inteligible y anímica (cf. C.H. I 8,13; VI 4-5, etc.).

15. La elevación interior (*kot/oikodomé*) se ha cumplido según los grados de la instrucción iniciática. El maestro insta al discípulo hacia el grado inteligible. Éste ratifica que el contenido de las «lecciones preliminares» se ha realizado noéticamente.

16. Las lagunas dan incerteza al pasaje, pero se aclara con 52, 14-16 que por el Padre se recibirá el poder para comprender y orar.

17. Cf. 57,21-23 y ver AcGra 63,34-35 y C.H. I 30.

18. La Ogdóada viene al iniciado, que como hijo entiende, igual que el Padre trasmite la palabra desde su seno (ver 52,19-20).

La plegaria inteligible

—Oremos, ¡oh, Padre mío!: "Te invoco, al que domina sobre el reino poderoso, aquel cuya palabra llega a ser generación de luz[19].

Pero sus palabras son inmortales, son eternas e inmutables. |
30 Aquel cuya voluntad genera la vida de las imágenes en un lugar cualquiera[20]. Su naturaleza da forma a la esencia. Por 56 él se mueven las almas de la [Ogdóada] [y] los ángeles [...] los que existen. Su precono[cimiento] se [ex]tiende hasta cada uno [...] genera a cada uno[21]. Es el que [...] el eón entre los espíritus. Ha creado todas las cosas. Aquel que se posee solo en sí mismo,
10 sostiene | a todos los seres en su plenitud, el Dios invisible al que se habla en silencio[22]. Se mueve su imagen cuando es gobernada y gobierna[23]. El Poderoso de la potencia que es superior a la Grandeza, que es mejor que las glorias[24], *ZOXATHAZO, A O O E E O O O O E E E O OO O E E O O O O O O O O O O O*
20 *O O O O O O O | YY Y Y Y Y Y O O O O O O O O O O O O O O O O ZOZAZOTH*[25]. Señor, otórganos una sabiduría de tu Potencia que nos alcance, para que nos relatemos la contemplación de la Ogdóada y la Enéada. Nosotros ya hemos alcanzado la Hebdómada, puesto que somos piadosos y nos gobernamos en
30 tu ley | y tu voluntad la cumplimos siempre, porque hemos 57 caminado en [tu camino y hemos] renunciado [...], para llegar a ser [en] tu [contem]plación[26]. Señor, da[no]s la verdad en la ima-

19. Ambos pueden invocar (cf. AcGra 64. 12-13; *Extractos* de Estobeo XXIII 69) al Prepadre, origen de la luz inteligible (cf. C.H. I 5).

20. Las profericiones noéticas son realidades firmes como imágenes divinas de la Voluntad paterna. A la interpretación gnóstica subyace la religiosidad egipcia (cf. C.H. I 12; VIII 5, etc.).

21. El Padre otorga «lo que es» y la aspiración que lo mantiene en orden (cf. Silv. 93,26-27; C.H. XI 17 y ver 54,14), ya que preinteligiblemente residen en el poder de su *prónoia* («preintelección»).

22. La referencia es al Prepadre en sí, «Dios invisible» (cf. EugB 26,2-7 y *Extractos* de Estobeo XXIII 6-7 y XXVI 2-7), al que se habla superando las determinaciones eónicas (cf. C.H. XI 2) desde su umbral que es el Silencio (ver PensTr n. 1 a la trad. y C.H. XIII 2).

23. La imagen de Dios retorna cuando se deja gobernar (n. 20).

24. El Inengendrado sobre toda majestad. Cf. C.H. y EvV 42,14ss.

25. Aclamación mística del nombre oculto de Dios. *Zoxathazo = Zothaxathoz* de PGM XIII 493, que es palindrómico: *zoé* + *thánatos*, vida-muerte/muerte-vida. Cf. Heráclito, fr. 60 DK. Cf. EsSt 127,14-21 y Mar 25,1ss.

26. Grado de plenitud propio de los hijos inteligibles y el Padre. Previo a este ingreso, el ascenso por las zonas planetarias se ha logrado con la aplicación del entendimiento, el culto y servicio, actos que cumplen la voluntad de Dios. Ver ns. 13 y 15, y C.H. XIII 15; I 25ss, y TrTrip 71,22-23 y n. 21.

gen. Con[céd]enos por el Espíritu que veamos la forma de la imagen que carece de deficiencia; recibe de nosotros la impronta del Pleroma por nuestra | plegaria[27]. Y reconoce al Espíritu que 10 está en nosotros. Porque de ti recibió alma el Todo, porque de ti, el Inengendrado (*agénnetos*), el engendrado (*gennetón*) llegó a ser. La generación del autoengendrado (*autogénnetos*) es por ti, como la generación de todos los seres engendrados que hay. Recibe de nosotros los sacrificios verbales | que te elevamos con 20 nuestro corazón entero y nuestra alma y nuestra fuerza toda. Salva lo que hay en nosotros y danos la sabiduría inmortal"[28].

El Padre preinteligible

—Abrazémonos (*aspázein*) uno al otro, ¡oh, hijo mío!, amorosamente. ¡Alégrate de esto! Porque ya desde ellos la Potencia | que es luz, nos llega[29]. Porque veo, veo profundidades (*báthos*) 30 indecibles. ¿Cómo te lo diré, 58 ¡oh, hijo mío!, [...] desde la [...] los lugares[30]. ¿Cómo [te describiré] el Todo? Yo soy [el Inte]lec[to] [y] veo otro Intelecto que mu[eve] al alma. Veo al que arrebata en un santo éxtasis[31]. Dame poder. Me veo a mí mismo. Quiero hablar. Un temor (*phóbos*) me domina. | He encontrado el prin- 10 cipio de la potencia que está sobre todos los poderes, el que no tiene principio. Veo una fuente burbujeante de vida. He dicho, ¡oh, hijo mío!, que soy el Intelecto. He visto, es imposible a la palabra manifestar esto. La Ogdóada entera, efectivamente, ¡oh, hijo mío!, y las almas que están en ella, y los ángeles, | entonan 20 himnos en silencio. Pero yo, el Intelecto, entiendo[32].

---

27. A la realización aludida acompaña el rescate de la «imagen perfecta» y el cambio de la deficiencia por el Pleroma. Cf. n. 22.

28. El Espíritu en cada ser es su participación en el Dios supremo. De él procede la fuente de generación, Autogenerado o Autogeneración. La entrega de los miembros del Todo constituye una reunión íntegra de nombres invertida hacia el Prepadre. «Alma» es el principio de vida y movimiento (ver 56,23-24).

29. El beso, que expresa la verdadera y sólida unión trascendente (cf. EugB 81,7-10 y n. 35), se refleja en la acción ritual de los iluminados, llenos del poder divino.

30. El Padre instructor contempla su seno indecible.

31. Hay una palabra en paz o preinteligible, y otra dicha o inteligible; así hay también dos dimensiones del Intelecto. La más profunda es inenarrable. La tesis es gnóstica y ha influido en otras doctrinas. El hermetismo estricto (ver C.H. X 7, etc.) admite sólo el nivel proferido.

32. El Padre/maestro, o *noûs* profundo raptado hacia el abismo (ver F. García Bazán, OrCald 3), debe ampliar poder para sintonizar con lo Ilimitado, de ahí la necesidad del arrebato sagrado. El Intelecto, henchido de distingos, canta himnos silenciosos por el acuerdo total; pensar que es preinteligible (C.H. XIII 3 y 13).

La plegaria silenciosa

—¿De qué modo cantan himnos?
—A tal punto has llegado a ser que no hay que dirigirte.
—Permanezco en silencio, ¡oh, Padre mío!, quiero cantarte un himno permaneciendo en silencio.
—Pero elévamelo, porque soy el Intelecto.
—Entiendo al Intelecto, Hermes, que no se puede interpretar
30 (hermenéuein), | porque se mantiene en sí mismo, pero me alegro, ¡oh, Padre mío!, viéndote sonreír. Y el Todo 59 [se aleg]ra. Por lo tanto no hay cr[iatura] que pueda ser privada de [t]u vida[33]. Porque eres el se[ño]r de los ciudadanos en el universo[34]. Tu providencia custodia. Te invoco, Padre mío, Eón de los eones, gran Espíritu divino y que espiritualmente concede el agua de lluvia sobre todos.
10 —¿Qué | me dices, ¡oh, Padre mío!, Hermes?[35].
—Sobre esto no hay nada que decir, ¡oh, hijo mío!, es justo, en efecto, ante Dios, que guardemos silencio sobre lo que es oculto[36].

El reposo filial

—Oh, Trismégistos, no hagas que mi alma sea despojada de la gran contemplación divina, porque todo es posible para ti como maestro del universo[37].
20 —Vuelve a | la oración, ¡oh, hijo mío!, y habla en silencio. Pide lo que quieras en silencio[38].
Cuando hubo concluido de orar gritó:

33. El iniciado, logrado su ser inteligible, eleva un himno callado (cf. C.H. X 5) y querido por el Padre, Mensajero (= Hermes, ver 59,10) del Inengendrado y que de este modo no puede ser interpretado, porque fuera de sí es ya otro. Su satisfacción, empero, ya aporta felicidad, porque es fuente de vida.
34. Cf. 56, 29, y ver Hipólito, Elen V 6,6-7.
35. El Padre es Preconocimiento/Providencia, la eternidad sobre los seres eternos, y como participante primero del Espíritu, «gran Espíritu divino» (PensTr 37,32 y n. 16), dador de vida, indicada por la lluvia sobre los eones (cf. C.H. XIII 17 aquí espiritualizado).
36. La Divinidad, incomprensible e inimaginable, queda oculta, sellada por el silencio o deseo de captarla. Emergencia de lo divino y retorno es lo mismo: ausencia de articulación verbal. El silencio del culto de los misterios es su expresión comunitaria (cf. C.H. XIII 13, e Hipólito, Elen V 8,7).
37. Tris-mégistos («más que muy grande»), es Hermes/Tot, el Padre, maestro e iniciador del mundo superior (cf. Extractos de Estobeo XXIII 5, en sentido cósmico). El origen de la denominación es egipcio, según las pruebas en escritura jeroglífica y demótica.
38. Línea 20, «oración» (cop. smou en lugar de mou, «muerte»). El fin es alcanzar la naturaleza paterna (ver n. 36).

—¡Padre mío, Trismégistos!, ¿qué diré? Hemos recibido esta luz. Y yo mismo miro esta misma contemplación en ti. Y veo la Ogdóada y las | almas que están en ella y los ángeles entonando himnos a la Enéada y sus potencias. Y le veo provisto de todas sus potencias, que crea, **60** las (que están) en el Espíritu.

—Es mejor que desde [ahora] guardemos silencio apresuradamente. No hablar de la contempla[ción][39]. Desde ahora es conveniente cantar [himnos] al Padre, hasta el día de abandonar el cuerpo.

—Lo que expresas, ¡oh, Padre mío!, yo también lo quiero decir.

—Canto un himno en mi corazón. Puesto que has alcanzado el reposo, dedícate a la oración, | porque has encontrado lo que buscabas.

Culminación de la experiencia gnóstica

—Pero, ¿cómo es conveniente, ¡oh, Padre mío!, que ore, ya que me desborda el corazón?.

—Es conveniente, empero, que tu oración se eleve a Dios y que se escriba en este libro imperecedero[40].

—Elevaré mi oración en mi corazón, pues oro al fin del Todo y | al principio del principio, de la búsqueda (*zétema*) de los hombres el hallazgo inmortal, el generador de la luz y la verdad, el sembrador de la palabra, el amor de la vida inmortal[41]. Ningún discurso secreto podrá hablar de ti, Señor. Por lo tanto mi Intelecto quiere entonarte himnos a diario. Soy el instrumento | de tu Espíritu. El Intelecto es tu plectro; tu consejo, empero, ejecuta en mí[42]. Me veo **61** a mí mismo. He recibido poder de ti, ya que tu amor nos ha alcanzado.

—Bien, ¡oh, hijo mío!

—¡Oh, Gracia! Después de esto doy gracias entonándote un himno. Porque he recibido la vida de ti, cuando me hiciste sa-

39.   La elevación es una con la intención del Padre y sólo el silencio está de acuerdo con el seno silencioso (ver n. 38).

40.   La oración en el reposo, concluida la búsqueda (cf. EvV 42,10-43,24) y sintonizada con el Padre, nada dice, pero escribe el «libro de los vivientes» (cf. EvV 19,3ss en *RBíbA* 51 [1989], 212ss), intelectos que alaban al Prepadre por medio del Padre.

41.   En el ápice de la ascensión se palpa la sublimidad del Prepadre, «principio del principio», «sembrador de la palabra» (cf. C.H. XIV 10 con sentido traspuesto), etc.

42.   En el contacto con la Divinidad, el discurso iniciático cede por ineficaz. En el Todo congregado el iniciado es un arpa cuyo pensamiento (plectro) es movido por la voluntad del Padre.

10 bio. Te oro. Invoco tu Nombre que está oculto en mí. | A O E E O E
E E O O O I I I O O O O O O O O O O OO O O O O O O Y Y Y Y Y Y O O O
O O O O O O O O O O O O O O O O O O O O. Tú eres el que es con el
Espíritu. Te canto himnos divinamente[43].

El libro secreto

—¡Oh, hijo mío!, este libro escríbelo para el templo de Diós-
20 polis | en caracteres jeroglíficos, denominándole "La Ogdóada
(*ogdoás*) revela a la Enéada"[44].
—Lo haré, ¡oh, Padre mío!, como me lo prescribes ahora.
—¡Oh, hijo mío!, las palabras del libro escríbe(las) sobre estelas
de azul turquesa, ¡oh, hijo mío!, conviene escribir este libro sobre
30 estelas de azul turquesa, | en caracteres jeroglíficos, porque el Inte-
lecto mismo ha llegado a ser su guardián (*epískopos*). 62 Por lo
tanto ordeno que estas palabras sean grabadas sobre piedra y las
pongas en mi atrio[45]. Ocho vigilantes lo cuiden con [...] del sol. Los
varones de una parte, a la derecha, son de rostro de rana; de otra,
10 las hembras, a la izquierda, son de rostro | de gato[46]. Pero pon una
piedra galactita debajo de las planchas de azul turquesa, que sea
cuadrada (*tetrá-gonos*), y escribe el Nombre sobre la plancha de
piedra de zafiro[47] en caracteres jeroglíficos[48]. ¡Oh, hijo mío!, lo ha-
rás cuando yo esté en Virgo, y el sol en la mitad primera del día y
20 quince grados me hayan | pasado delante.
—¡Oh, Padre mío!, las palabras todas que has dicho las cum-
pliré diligentemente[49].

43. Cf. 58,8. El iniciado se contempla en la intención paterna, el Nombre de
Dios no dicho, expresado secretamente. Ver 56,17ss y n. 25 (cf. EvV 38,6ss, l.c., 239ss).
44. *Hen henshai nsahpraneš (sphruns)/hieroîs grámmasin*: «letras de un escriba de
la casa de la vida», igual que se lee en demótico. Sobre el recurso esotérico a la escritura
sagrada, cf. asimismo ApSant 1,8-16. Se trata de Dióspolis Parva. Acerca de los escritos
gnósticos en estelas, véase EsSt 110,10-19 y n. 1.
45. Es el atrio de los templos en donde se alzaban los obeliscos.
46. Los vigilantes son 8, imagen del control de la Ogdóada inteligible sobre la
sensible y su contenido cósmico, representado por el hexaedro de la base (cf. EugB 85,6-
9 y n. 39). La posición a la diestra de los guardianes con cara de rana (*krouorprosopon/
bratachouprósopon*) es de ascenso e invita a la metamorfosis; su correlativa, la de los de
cara de gato (*emouprosopon/ailorouprósopon*) a la izquierda indica el descenso, pero sin
desvincularse de la nutrición del sol (ver OgM 122,16ss).
47. Sobre los tres tipos de piedra, cf. L. Motte, «La vache multicolore et les trois
pierres de la régénération», en *Études Coptes III*, Lovaina-París, 1989, 130-149. El
Nombre es el *tetra-grámmaton*, cf. F. García Bazán en *RBíbA* 50 (1988), 233-261.
48. Ver 61,20-30 y n. 44.
49. Cuando Mercurio (= Hermes) esté en el cenit en su casa, o sea, elevado 15 ° en
Virgo. Su influencia se suma entonces a la del Sol, también en su posición más vigorosa.

Salvaguardas del libro

—Pero escribe en el libro un anatema, para que de ningún modo el Nombre induzca maleficiosamente a los que lean el libro, ni se opongan a los actos del destino (*heimarméne*). Sigan mejor la ley de Dios, | sin haberla transgredido de ningún modo, sino que con pureza pidan a Dios sabiduría y conocimiento (*gnôsis*)[50]. Y el que 63 no hubiera sido engendrado primeramente por Dios, llegue a ser(lo) por las "Doctrinas generales" y las "detalladas". Él no podrá leer lo que hay escrito en este libro, aunque su conciencia (*synéidesis*) esté pura en él y no haya nada que sea vergonzoso ni lo consienta; pero de acuerdo con los grados avanzará, | entrará en el camino de la inmortalidad y de este modo ingresará en la intelección de la Ogdóada que revela a la Enéada (*enneás*)[51].

—Así lo haré, oh, Padre mío.

—Éste es el anatema: "Conjuro a quien lea este santo libro por el cielo y la tierra y el fuego y el agua y los siete gobernadores de la sustancia (*ousiárches*) | y el espíritu demiúrgico que hay en ellos y el Dios inengendrado y el autoengendrado y el engendrado, que observe lo que Hermes ha dicho". A los que observen, sin embargo, el anatema, Dios les mostrará su misericordia y cada uno de los que hemos nombrado. Pero al que viole el anatema (*parabáinein*) la cólera | de cada uno se abatirá sobre él[52]. Éste es el perfecto (*téleios*) que es, oh, hijo mío»[53].

30

10

20

30

50. La reserva, eco de las fórmulas de execración egipcia, ataca el uso del Nombre en las prácticas mágicas (ver Int., n. 19). En esto concuerdan gnósticos y teúrgos que no temen al destino inferior, pues lo superan (Ext. Teod. 74 y 75 y OrClad 153).

51. Resumen de las etapas iniciáticas: 1.º) fase preliminar que dispone por las lecciones introductorias, generales (*lógos genikós*) y sistemáticas (*exodiakós* = *exodikós* = *diexodikós*, «recorrido completo»). 2.º) captación de lo inteligible, sólo para algunos (C.H. IV 3), permite ver todo en todos y se identifica con lo escrito en este libro. Se llega a este fin por una vía que torna transparentes las imágenes (cf. C.H. I 1 y 7; III 1, etc.). El método iniciático gradual (cf. C.H. IV 11 y XIII 9) lleva a la regeneración del Intelecto interior que manifiesta al Padre.

52. La fórmula de abjuración abarca a los 4 elementos, a los que los gobiernan, a los siete arcontes planetarios y los seres trascendentes (Inengendrado, Padre e Hijo). Así es maldición para los seres no inteligibles y auxilio para los espirituales.

53. El iniciado, lograda la plenitud, permanece firme ante Dios. Cf. Simón Mago en HomPsClem II 22,3 (F. García Bazán, *Gnosis,* ²1978, 257).

ASCLEPIO
(NHC VI 8)

INTRODUCCIÓN*

La traducción copta parcial del tratado hermético *Asclepio* ocupa trece páginas del Códice VI de Nag Hammadi. Las cuatro primeras páginas se hallan bastante bien conservadas. A partir de la página 69 el soporte se deteriora. No hay título ni al principio ni al final. La lengua es la común de todo el Códice VI: sahídico con fuertes influjos subacmímicos.

El texto griego original del tratado hermético *Asclepio, o Enseñanza perfecta*, no se conserva. Existe una traducción latina. El cotejo con los breves fragmentos griegos conservados (citados en las notas a nuestra traducción) pone de relieve que el traductor copto fue mucho más fiel al original que el traductor latino.

Para un análisis del contenido del *Asclepio* remitimos a la excelente edición de Nock y Festugière en la Collection Guillaume Budé (Les Belles Lettres), *Hermès Trismègiste*, vol II. Véase también la introducción al *Discurso sobre la Ogdóada y la Enéada*.

NUESTRA TRADUCCIÓN

Nuestra traducción se basa en el texto transcrito por P. A. Dirkse y D. M. Parrot en *Nag Hammadi Codices V,2-5 and VI* (The Coptic Gnostic Library, vol. 11), 1979.

---

* Introducción, traducción y notas de José Montserrat Torrents.

ASCLEPIO

VI 65,15-78,43
(ASCLEPIUS, 21-29)

El signo de la sexualidad

65 —... si deseas percibir la esencia de este misterio y percatarte de la maravillosa imagen que es el coito que se realiza entre el varón y la hembra.

Cuando | alcanza el orgasmo, el semen brota. En este mo-   20
mento, la mujer recibe la potencia del varón, y el varón recibe la potencia de la mujer. El semen es el que desencadena esta energía. Por esto el misterio del coito se realiza en secreto, a fin de que la pareja natural no tenga que sentir rubor ante muchos que no comprenden el sentido | de esta realidad.   30

Cada uno de los agentes contribuye a la generación. Si el acto tiene lugar ante los que no comprenden su sentido, resulta ridículo e increíble. Se trata, además, de santos misterios de palabras y de acciones, no sólo porque no son oídos, sino también porque no son escuchados[1].

Vicios y virtudes

Por esto, **66** los que se conducen de aquella manera son blasfemos, irreligiosos e impíos, mientras que los que observan la otra conducta no son muchos, al contrario, son bien pocos los que se pueden contar entre los veneradores de Dios. Por esto la maldad reina entre muchos, dado que entre ellos no se da la

---

1. Esta valoración positiva del acto sexual contrasta con el acentuado encratismo de la mayoría de textos de Nag Hammadi. Como acto simbólico, su significado mistérico es reconocido en el Nuevo Testamento, cf. Ef 5,3-32.

ciencia (*epistéme*) de las cosas establecidas. Pues el conocimiento
10 (*gnôsis*) de las cosas establecidas es | en verdad la curación de las
pasiones de la materia. Por esto la ciencia proviene del conocimiento. Pero si accede la ignorancia y no hay ciencia en el alma
del hombre, las pasiones se adhieren al alma y no tienen cura-
ción. Y otros males vienen con ellas en forma de un impacto sin
20 curación. | El impacto va devorando el alma, a la que la malicia
va agusanando hasta que se consume.

Sin embargo, Dios no es responsable de estas cosas, por cuanto envió a los hombres conocimiento y ciencia.

—Oh Trismégistos, ¿acaso los envió sólo a los hombres?
30 —Así es, Asclepio, los envió sólo a ellos. | Y es conveniente
que te expliquemos por qué sólo a los hombres hizo gracia del
conocimiento y de la ciencia, la herencia de su bondad. Escucha
ahora:

El Dios y Padre, el Señor, creó al hombre después de los dioses, y lo extrajo 67 de la región de la materia. [Dado que hay]
materia en la plasmación [del hombre...]; las pasiones residen en
ella². Por esto invaden su cuerpo, pues este viviente no iba a sub-
sistir más que tomando alimento (material), ya que es mortal.
10 En consecuencia, | habitan en él deseos inoportunos y pernicio-
sos, pues los dioses, ya que vinieron a existir a partir de una
materia pura, no tienen necesidad de ciencia ni de conocimiento,
puesto que la inmortalidad de los dioses consiste en ciencia y
conocimiento; en efecto, vinieron a existir a partir de una mate-
20 ria pura. (La inmortalidad) ocupa en ellos | el lugar del conoci-
miento y de la ciencia. Al hombre lo delimitó por necesidad y lo
situó en la ciencia y en el conocimiento.

Respecto a estas cosas a las que nos estamos refiriendo, les
dio acabamiento ya desde el principio, a fin de que por medio de
ellas pudiera contener las pasiones y los vicios según su voluntad.
30 Llevó esta obra suya mortal | a la inmortalidad. (El hombre)
pasó a ser bueno e inmortal, como ya he explicado. Pues Dios
creó para él una doble naturaleza, la inmortal y la que muere. Y
así sucedió por la voluntad 68 de [Dios], que el hombre superara
a los dioses, pues los dioses son inmortales, mientras que sólo los
hombres son inmortales y mortales. Por esto el hombre es congénere (*syggenés*) de los dioses, y tienen mutuo conocimiento de sus
10 cosas con toda certeza: | los dioses conocen lo concerniente a los

---

2. Idéntico punto de vista en EnAut 23,16ss.

hombres, y los hombres conocen lo concerniente a los dioses. Me refiero a los hombres, oh Asclepio, que han alcanzado la ciencia y el conocimiento. En cambio, acerca de los fatuos no conviene discurrir superficialmente, pues somos seres divinos y estamos discurriendo sobre materias sagradas.

La teúrgia

Puesto que hemos planteado el tema de la comunidad entre dioses y hombres, conoce, oh Asclepio, de lo que el hombre es capaz. Pues de la misma manera que el Padre, el Señor del universo, creó el ente divino, igualmente también el hombre, este ser mortal que vive sobre la tierra, este que no se puede parangonar | a un dios, él mismo crea un dios. [LATÍN: No sólo es producido, sino que produce.] No sólo hace de dios, sino que crea un dios. ¿Te maravillas, Asclepio? ¿También eres tú incrédulo como tantos otros?

69 —Oh Trismégistos, [...] las palabras pronunciadas. Yo, por mi parte, creo en tus palabras. Pero me ha sorprendido esta doctrina. Considero que el hombre es feliz, puesto que ha recibido este gran poder.

—Y lo que es más grande que todo esto, oh Asclepio, es digno de admiración. Se nos hace manifiesto, | acerca de la raza de los dioses, y lo confesamos, como todos, que provino de una materia pura, y sus cuerpos consisten sólo en cabeza. Pero lo que los hombres confeccionan es la imagen de los dioses. Unos elementos (de esta imagen) proceden exteriormente de parte de la materia, y otro elemento [reproduce la imagen exterior del hombre][3]. | No consisten sólo en cabezas, sino que tienen todos los demás miembros del cuerpo, a semejanza de ellos mismos. De la misma manera que Dios quiso crear al hombre interior según su imagen, así también el hombre crea lo divino sobre la tierra según su semejanza.

—Oh Trismégistos, ¿no estarás hablando acerca de los ídolos?

—Oh Asclepio, eres tú el que habla | de los ídolos. Mira cómo tú mismo, Asclepio, no crees en la palabra. Tú hablas acerca de los que tienen alma y aliento: los ídolos, esos que obran cosas maravillosas. Tú hablas acerca de los que profetizan: los ídolos, esos que dan 70 [LATÍN: enfermedad] y salud [...].

3. Texto oscuro. Traduzco *ad sensum*.

Ruina de Egipto

¿O es que ignoras, Asclepio, que Egipto es una imagen del cielo? Más todavía, es la morada del cielo y de todas las fuerzas que hay en el cielo. Si conviene que digamos la verdad, nuestra
10 tierra es un templo del mundo. | Te conviene no ignorar que vendrá un tiempo en el que parecerá que los egipcios sirvieron a la divinidad en vano, y todo su culto divino será despreciado. Pues toda divinidad huirá de Egipto y ascenderá al cielo, y Egip-
20 to | quedará como una viuda, abandonado por los dioses. Los extranjeros invadirán Egipto y lo dominarán.

¡Egipto!

Además, se prohibirá a los egipcios rendir culto a Dios, y aun serán condenados a la pena capital los que sean hallados dando
30 culto y venerando a Dios. | En aquel día, este pueblo, el más piadoso de los pueblos, se volverá irreligioso. Ya no rebosará de templos, antes bien de cadáveres.

¡Egipto!

Egipto entrará en el ámbito de los mitos. Y tus cosas divinas
71 maravillosas [...] y si tus palabras son lapidarias y sorprendentes. Y el bárbaro será mejor que tú en su religiosidad, oh egipcio, tanto el escita como el hindú como otro cualquiera. ¿Egip-
10 cio he dicho? | No se irán de Egipto. Y cuando los dioses hayan abandonado la tierra de Egipto y se hayan remontado al cielo, todos los egipcios morirán.

Y Egipto será un desierto de dioses y de egipcios.

Y tú, oh río, día vendrá en que por ti discurrirá más sangre
20 que agua, | hasta el punto que los cadáveres sobrepasarán los ribazos. Y no se hará duelo sobre el muerto como (no se hizo) sobre el vivo. Pues conocerán que es un egipcio por su lengua en el segundo intervalo. ¿Por qué lloras, Asclepio? (El egipcio) parecerá un extranjero por su conducta.

30 El divino Egipto | soportará males peores que éstos. Egipto, amante de Dios, morada de los dioses, escuela de religiosidad, será una imagen de impiedad. En aquel día el mundo no se maravillará 72 [...] e [inmortalidad], ni le rendirán culto [...] pues decimos que no es bueno [...] No ha venido a ser ni una unidad ni una contemplación, antes corre el riesgo de ser una carga para
10 todos los hombres. Por esto lo despreciarán, (este que fue) | el hermoso mundo de Dios, la obra incomparable, la fuerza que posee la virtud, la contemplación multiforme, la abundancia sin envidia, llena de contemplación. Las tinieblas serán preferidas a

la luz, la muerte será preferida a la vida, nadie mirará | hacia el   20
cielo. El hombre religioso será tenido por demente, el hombre
impío será tenido por sobrio, el cobarde será considerado fuerte y
el hombre virtuoso será castigado como un hombre vicioso. En
cuanto al alma y las cosas anímicas y lo concerniente a la inmor-
talidad y todo lo demás que os he explicado, | oh Tat, Asclepio   30
y Amón, no sólo serán consideradas cosas ridículas, sino también
vacuidades. Pero creedme, esta clase de gente peligrará en el trance final de su alma. Y se dictará una nueva ley 73 [...] [LATÍN: los
ángeles malignos] permanecerán entre los hombres y estarán con
ellos y los conducirán con descaro a las maldades | y a la irreli-   10
giosidad y a las guerras y a las destrucciones con una enseñanza
contra naturaleza. En aquellos días la tierra no será estable, y el
mar no será navegado, y no se conocerán las estrellas en el cielo.
Cada voz sagrada del Logos de Dios será silenciada, y el aire será
insano.

Ésta es la vejez del mundo: | la irreligiosidad, la deshonra, la   20
irracionalidad hacia las buenas palabras.

[GRIEGO⁴. Cuando todo esto sucede, oh Asclepio, entonces el
Señor y Padre y Dios, el demiurgo (bajo) el primero y único Dios,
observando lo sucedido, robusteció su voluntad, que es buena,
contra el desorden. Eliminó | el error y cortó el mal. A veces lo   30
inundó con abundantes aguas, otras veces lo hizo arder en un
fuego voraz, en ocasiones lo aplastó incluso con guerras y plagas
hasta traer] 74 [...] de la obra. Éste es el nacimiento del cosmos.
La restauración (apokatástasis) de la naturaleza de los piadosos y
buenos tendrá lugar en un | período de tiempo que jamás tuvo   10
un principio, pues la voluntad de Dios no tiene comienzo, de
acuerdo con su propia naturaleza, que consiste en su voluntad,
pues la naturaleza de Dios es voluntad, y su voluntad es el bien.

—Oh Trismégisto, ¿el propósito es la voluntad?

—Sí, Asclepio, por cuanto la voluntad se da con la | delibe-   20
ración, y no quiere deficientemente lo que ya posee en plenitud.
Posee todo bien, y lo que quiere, lo quiere, y posee el bien que
quiere. Por esto lo posee todo. Y Dios | quiere lo que quiere. Y el   30
mundo bueno existe como una imagen del bien.

—Oh Trismégistos, ¿es bueno el mundo?

—Es bueno, Asclepio, como voy a enseñarte⁵. Pues según 75

4. El texto griego de este pasaje ha sido conservado por Lactancio, *Divinae
Institutiones* VII 18,3-5.
5. Este optimismo cósmico contrasta con el característico anticosmismo de las
gnosis en general.

[...] [alma y] vida [...] del [mundo] procede de la materia [los que son buenos], la variación del aire, la belleza y la sazón de los frutos y las cosas de esta índole. Por esto Dios domina sobre el
10 cielo | superior. Está en todo lugar y vigila sobre todo. Su espacio carece de cielo y de estrellas. No tiene cuerpo.

Por su parte, el Demiurgo domina sobre el lugar que hay entre la tierra y el cielo. Se lo llama Zeus, esto es, vida. Zeus Plutonio es el que domina sobre la tierra y el mar, y no propor-
20 ciona | alimento a todos los vivientes mortales, pues es Coré la que trae el fruto. Estas energías son poderosas en el círculo de la tierra, pero respecto a todo el resto dependen siempre del Existente.

Los señores de la tierra serán desalojados y se establecerán en
30 una ciudad que está en un extremo de Egipto; la edificarán | de cara al sol poniente. Todos los hombres entrarán en ella, tanto los que vienen del mar como los que vienen de la tierra firme.

—Oh Trismégistos, a éstos, ahora, ¿dónde se les establecerá?

—Oh Asclepio, en la gran ciudad que está en la montaña 76 [LATÍN: de Libia] [...].

[GRIEGO[6]: conmueve... como el peor de los males], por ignorar el asunto. Pues la muerte tiene lugar como disolución de las fatigas del cuerpo. En cuanto al número, (la muerte) completa el
10 número del cuerpo, | pues el número consiste en la conjunción del cuerpo.

El cuerpo muere cuando ya no puede portar al hombre, y esta muerte es la disolución del cuerpo y la corrupción de la sensibilidad del cuerpo. Y no hay que temer esta realidad, ni (conmoverse) por ella; (el temor viene) [LATÍN: de la ignorancia y de la incredulidad].

Escatología individual

20 —¿Qué es lo que se ignora o no se cree?

—Óyelo, Asclepio. Hay un gran demonio. El gran Dios le ha asignado la tarea de ser el inspector (*epískopos*) o juez de las almas de los hombres. Dios lo colocó en medio del aire entre la
30 tierra y el cielo. Entonces, cuando el alma sale del cuerpo, | se encuentra necesariamente con este demonio. Acto seguido, éste

---

6. El texto griego de este pasaje ha sido conservado por Estobeo, *Eclogae* 14,52,47 (Nock-Festugière II, 333).

lo rodeará y lo examinará acerca de la manera como se ha conducido durante su vida. Y si halla que cumplió religiosamente todas sus obligaciones, a causa de las cuales vino a este mundo, le permitirá 77 [...] rodearlo [...] encaminó su vida hacia las malas obras. Entonces lo agarra cuando asciende a la región superior y lo precipita hacia abajo, quedando suspendido en el espacio intermedio, y es sancionado con un gran castigo. | Y será privado de su esperanza y experimentará un gran dolor. Esta alma no ha sido colocada ni en la tierra ni en el cielo, sino que se halla en el mar aéreo del mundo, donde hay un grandísimo fuego y agua en cristales y surcos de fuego y una gran conmoción. | Los cuerpos se trastornan, de modo distinto unos de otros. A veces son arrojados a aguas tumultuosas, a veces son precipitados al fuego para ser consumidos. No digo, sin embargo, que esto represente la muerte del alma, pues se ha librado de lo peor, pero subsiste una sentencia de muerte.

Es necesario, Asclepio, creer estas cosas, y debes temerlas, | a fin de que no nos encontremos con ellas. Los incrédulos son impíos y pecan. Después se les obligará a creer y no escucharán sólo una palabra pronunciada, sino que realizarán la obra. Habían pensado que no recibirían tales castigos. No sólo 78 [...] [LATÍN: en primer lugar, Asclepio, los seres terrenales mueren], y los corporales [...] del mal [...] con lo de este género. Pues los que son de aquí no se asemejan a los de allí. Al igual que con los demonios [...] de los hombres, que desprecian [...]. | Así que no es lo mismo. Pero lo cierto es que los dioses de este lugar castigarán más a los que aquí han ocultado algo cotidianamente.

—Oh Trismégistos, ¿cómo es la malicia que se da en este lugar?

—Piensas, Asclepio, que cuando alguien comete un robo en un templo es impío. Pues una persona de esta clase es un facineroso y un ladrón. En este caso, es un asunto que | afecta a los dioses y a los hombres. Pero no asimiles las cosas de este lugar a las del otro lugar.

Quiero declararte esta palabra a modo de misterio. No será creída en absoluto. Las almas abundantemente repletas de mal no vagarán por el aire, sino que serán relegadas a las regiones de los demonios, llenas de dolor y siempre repletas de sangre y de cadáveres. | Su alimento es llanto, lamento y gemido.

—Oh Trismégistos, ¿de quiénes se trata?

—Oh Asclepio, se trata de los denominados estranguladores, los que sumergen a las almas en la inmundicia, los que las azotan, los que las arrojan al agua, los que las precipitan al fuego y los que acarrean los sufrimientos y las calamidades de los hombres. Pues los seres de esta clase no proceden de un alma divina ni de un alma racional, antes bien surgen del peor de los males[7].

7.   El texto hermético prosigue tratando temas cosmológicos, que ya no interesaban al solicitante de la copia; de todos modos, al copista se le acabó el papiro.

ORACIÓN DE ACCIÓN DE GRACIAS
(NHC VI 7)

INTRODUCCIÓN*

Este corto escrito del Códice VI de Nag Hammadi se conserva asimismo independientemente en un papiro griego, el n.º 2391 de la Biblioteca Nacional de París, conocido como *Papiro Mimaut*. Se halla al final de una compilación de textos de magia, que constituye, asimismo, la conclusión del *Asclepio* latino.

Se trata de un texto hermético gnóstico anterior al *Discurso sobre la Ogdóada y la Enéada*, puesto que dice completarlo, aunque en realidad lo confirma, y que debe de haber gozado de prestigio especial, ya que se ha encastrado en diferentes contextos textuales.

CONTENIDO

Es una oración apta para los iniciados que han alcanzado la experiencia de la gnosis o iniciación completa. Como es habitual en la enseñanza gnóstica, este tipo de conocimiento implica la experiencia del misterio divino en la sola instancia en que es humana y metafísicamente posible, la del seno de Dios, que encierra en síntesis la totalidad de la existencia/sabiduría que de él procede, los momentos de exteriorización de la naturaleza divina. Entre gnósticos valentinianos, en polémica con la gran Iglesia, se afirma: «No sólo es el bautismo el que libera, sino también la gnosis, qué éramos y qué hemos llegado a ser... qué es la generación y qué la regeneración» (Ext. Teod. 78,2); igualmente, entre los mismos

* Introducción, traducción y notas de Francisco García Bazán (Universidad Argentina J. F. Kennedy-CONICET).

473

valentinianos se dice también en la enseñanza homilética: «Su nombre propio aparece. Quien llegue a poseer el conocimiento de este modo sabe de dónde viene y a dónde va» (EvV 22.12-15). Del mismo modo, nuestro texto, desarrollándose en un marco de ritual hermético gnóstico, manifiesta idéntica experiencia bajo la forma de la «acción de gracias»[1] o plegaria hímnica. Esta oración explica qué implican los momentos de la manifestación divina que constituyen el saber por excelencia y liberador: el contacto indecible de la *gnôsis* o sustancia del pensamiento paterno, la captación directa de su expresión como Totalidad (*noûs*) y el despliegue explícito de su conjunto, la Palabra o mensaje remitido (*hermenéuein*). Conocer y experimentar plenamente lo que se es en Dios, vivir la identidad de la divinidad y de lo divino encubierto y hecho efectivo en el iniciado a través de las diversas etapas de la iniciación hasta llegar al origen es el tema central de la eucaristía, o acción de gracias, hermético-gnóstica. Se explica, entonces, la manifestación del anhelo del mantenimiento en el reposo, pues de lo contrario el conocimiento desciende o se debilita, es decir, el refrigerio del deseo ardiente del espíritu no se consuma[2]. El beso ritual, reflejo de la comunión inalterable entre los eones y el Padre, manifiesta comunitariamente la experiencia de la gnosis[3] y el banquete puro compartido, la confirmación de una sabiduría satisfecha que aspira a conservarse bajo la tienda corporal[4].

FECHA DE COMPOSICIÓN

La *Oración de acción de gracias* debe ser contemporánea del *Discurso sobre la Ogdóada y la Enéada,* y provenir del mismo medio histórico. Hemos utilizado el texto en sahídico editado por D. M. Parrott, que ha sido cotejado con el de J.-P. Mahé y sus valiosas lecturas posteriores. En ambos casos se transcriben paralelamente el texto griego del *Papiro Mimaut* y el latino del *Asclepio.*

---

1. *Šep hmot/eucharistía, charis* escribe el *P. Mimaut,* y más inapropiadamente el *Asclepio, gratulatio,* pues se trata de una oración ritual que se confunde con la unión divina o experiencia de gnosis: «La acción de gracias del hombre que hasta ti llega es lo único que hace que te conozcamos» (64,20-22).
2. Cf. EvV 42,25-43,24 y F. García Bazán, «Educación sexual y sistemas gnósticos», en *Actas del VI Congreso Nacional de Filosofía,* Córdoba-Argentina, 1992, II, 93-104.
3. Cf. OcNov 57,26ss y n. 29.
4. Cf. Apuleyo, Mahé I, 151.

BIBLIOGRAFÍA

Ediciones

Brashler, J.-Dirkse, P. A.-Parrott, D. M., «The Prayer of Thanksgiving (VI,7)», en J. M. Robinson (ed.), *The Nag Hammady Library*, Leiden, 1988, 328-329.

Dirkse, P. A.-Brashler, J., «The Prayer of Thanksgiving», en D. M. Parrott (ed.), *Nag Hammadi Codices V, 2-5 and VI with Papyrus Berolinensis 8502, 1 and 4*, Leiden, 1979, 376-387.

Krause, M.-Labib, P., *Gnostische und hermetische Schriften aus Codex II und VI*, Glückstadt, 1971, 57-59, 185-186.

Mahé, J.-P., *Hermès en Haute-Égypte. Les textes hermétiques de Nag Hammadi et leurs parallèles grecs et latins. Tome I*, Quebec, 1978, 135-167.

Tröger, K.-W., «Die sechste und siebte Schrift aus Nag Hammadi-Codex II und VI»: *TLZ* 98 (1973), cols. 495-503.

Estudios

Véase la bibliografía señalada para el *Discurso sobre la Ogdóada y la Enéada*.

ORACIÓN DE ACCIÓN DE GRACIAS

VI 63,33-65,7

63 Ésta es la oración que dijeron: 33

«Te damos gracias todos nosotros. El alma y el corazón están
tendidos hacia ti[1], ¡oh Nombre imperturbable![2], | 64 honrado   36
con la denominación (*onomasía*) de Dios y bendecido con la
denominación de Padre[3]; ya que cada uno y el Todo comparte
la benevolencia paterna, el afecto, el amor y cuanta enseñanza
sea dulce[4] y simple, gratuitamente dándonos el intelecto, la pala-
bra | y el conocimiento (*gnôsis*). El intelecto para que podamos   10
entenderte, la palabra para que podamos interpretarte y el conocimiento para que podamos conocerte[5].
Nos regocijamos habiendo sido iluminados por tu conocimiento. Nos regocijamos, porque te has mostrado a ti mismo[6].

---

1. Cf. OcNov 60,4-61,17; lo que sigue sería el contenido doctrinal de la plegaria. Ver asimismo para la oración comunitaria 53,27-29; 54,20-22 y particularmente,
55,8-13 y n. 17.
2. El *P. Mimaut* registra *áphraston* (oculto, misterioso), y el Asclepio latino,
sanctum. La versión al copto, más ajustada al contexto original, se refiere al Nombre
como siendo refractario a las artes y técnicas mágicas: cf. OcNov 62,22-28.
3. «Dios» y «padre» no son el Nombre propio, sino un término común y otro
atributivo que lo designan dentro de un mismo género o por sus actos o atributos,
respectivamente. Ver F. García Bazán, *RBíbA* 50 N. E. 30/31 (1988), 236, n. 13.
Adviértanse las diferencias de matiz con TrTrip 51,15-52,6.
4. Cf. EvV 42,7-8.
5. El *lógos* (palabra, discurso) se subordina al intelecto y lo expone. El intelecto
capta directamente la realidad (cf. C.H. IX 10), la gnosis descubre la intimidad del poder
cognoscitivo poniendo en contacto con Dios (cf. C.H. IX 4).
6. *P. Mimaut* confirma: *hoti seautòn hemîn édeixas*.

Nos regocijamos, porque, estando en el cuerpo, nos has divinizado con tu conocimiento[7].

La acción de gracias del hombre que llega hasta ti es lo único que hace que te conozcamos. Te hemos conocido, oh luz inteligi- 20 ble, oh vida de la vida, te hemos conocido. Oh Matriz (*métra*) de toda generación[8], te hemos conocido, oh Matriz que concibe en la naturaleza del Padre[9], te hemos conocido, oh permanencia eterna del Padre que genera, de este modo hemos | rendido ado- ración al Bien (*agathón*)[10].

30 Te pedimos un solo deseo. Queremos ser guardados en el co- nocimiento. Pero una sola protección 65 deseamos, no decaer de este tipo de vida».

Una vez que hubieron dicho esta oración, se besaron entre sí y fueron a comer su alimento santo y que no contenía sangre[11].

7. Se trata del carácter inamisible de la gnosis que confirman otros textos. Ver F. García Bazán, EvV 22,13ss y n. 27.

8. *Go/génesis* y ver la reflexión sobre los textos paralelos de J.-P. Mahé, La voie hermétique d'inmortalité, n. 19.

9. *Et ğpo hen tphysis empiot/kyephóre en patrós phýsei*, como Madre-Padre.

10. O sea, en el Padre-Madre que es el reposo eterno.

11. Cf. Int., ns. 3 y 4.

ENSEÑANZA AUTORIZADA
O EL DISCURSO SOBERANO
(NHC VI 3)

INTRODUCCIÓN*

EL DOCUMENTO COPTO

Este breve tratado (trece páginas) pertenece a la familia de escritos del Códice VI no adscribibles a las corrientes gnósticas conocidas. El grupo podría ser descrito aproximadamente como filosófico-hermético.

El manuscrito presenta lagunas en el inicio de las siete primeras páginas. El resto está muy bien conservado. El título, en grecocop-to, aparece en el *explicit*. La lengua es la del resto del Códice VI: sahídico con influjos subacmímicos.

EL ORIGINAL GRIEGO

El texto presenta indicios de un doble substrato redaccional. El apunte más significativo es un nuevo arranque a partir de la página 25,28, donde el discurso pasa a la primera persona del plural. Otro indicio es una cierta concentración de términos cristianos al principio y al final.

Ninguno de estos indicadores es, sin embargo, constriñente. El texto presenta suficiente unidad para ser atribuido a un solo autor. Este redactor aduce con gran libertad ingredientes conceptuales provenientes del orfismo, del platonismo, del hermetismo, del judaísmo y del cristianismo gnóstico. ¿Cuál es, entonces, su adscripción? Recojamos algunos elementos de respuesta.

---

* Introducción, traducción y notas de José Montserrat Torrents.

481

La alusión a la resurrección corporal (32,31ss) y una total ausencia de referencias a la mitología pagana, unida a una crítica al culto de los ídolos, invitan a excluir un autor pagano.

La ausencia de referencias a Cristo en el tratamiento del Logos dificultan la adscripción a un autor cristiano (excepto, quizás, un último editor, griego o copto).

La hipótesis más plausible es la de un autor judeohelenístico, seguidor de Filón de Alejandría. Como Orígenes entre los cristianos, este judío culto había aceptado la doctrina órficoplatonizada de la preexistencia de las almas, y la había desarrollado aduciendo con toda libertad concepciones valentinianas desligadas de su contexto sistemático.

En cuanto a la fecha de composición, hay que considerar que los abundantes elementos judeohelenísticos de la Biblioteca de Nag Hammadi permiten situar pensadores de esta tendencia hasta entrado el siglo III.

ESTRUCTURA Y CONTENIDO DOCTRINAL

Síntesis programática. El alma vivía en estado perfecto en el mundo superior. En el mundo inferior sigue participando del Espíritu y recibe el don del Logos que la ilumina y la capacita para reintegrarse a su origen. En este breve texto recapitulatorio, así como en la conclusión, se concentran la mayor parte de términos «técnicos» gnósticos y cristianos: Pleroma, evangelista, «el que reposa en sí mismo», la cámara nupcial, el alimento inmortal.

Caída del alma. El autor discurre a través de los tópicos más comunes de la doctrina del alma. La metáfora inicial configura una familia integrada por padre, madre y sus hijos. Esta alegoría no puede ser interpretada en clave gnóstica, puesto que ofrece un primer nivel de significación obviamente ético. Viene seguida de un desarrollo tópico acerca del alma caída en el vicio.

El Padre preexistente. Los términos de estas protología y cosmología remiten a los elementos sincréticos más banales: un ser preexistente denominado Padre; mundos celestes (estrellas fijas y planetas); espacio sublunar; entes intermediarios enemigos del alma. La búsqueda de paralelos eruditos para estos conceptos no pasaría de ser un mero ejercicio académico.

El enemigo cósmico. El texto avanza combinando descripciones de la lucha contra los adversarios con referencias a la reintegración del alma a su origen. El adversario es ignorante; sus instrumentos son los vicios. El principal medio de defensa del alma es el conocimiento, vehiculado por el Logos. Este Logos, así como el Intelecto, desempeña en este pasaje la misma función espiritual que el Logos de Filón y el Logos hermético. La personificación (en registro gnóstico) de estas disposiciones es posible, pero el texto no la impone.

Los ingredientes de raigambre órfica son conspicuos en esos pasajes: el cuerpo, casa (cárcel) del alma, la ascensión a través de las esferas celestes, las metáforas acuáticas.

Iluminación del alma. La descripción del proceso de reintegración del alma utiliza términos y conceptos propios del cristianismo y gnosticismo, sobre todo de la vertiente valentiniana: vestido de novia, cámara nupcial, el pastor (el Logos), el cuerpo espiritual. El último párrafo es abiertamente cristiano.

NUESTRA TRADUCCIÓN

Nuestra traducción se basa en el texto transcrito por G. W. MacRae en *Nag Hammadi Codex V,2-5 y VI* (The Coptic Gnostic Library, vol. 11), 1979.

BIBLIOGRAFÍA

Además de la edición citada, que incluye traducción inglesa con algunas notas, véase:

J. É. Ménard, *L'Authentikos Logos* (Bibliothèque Copte de Nag Hammadi, Section Textes, 2), Les Presses de l'Université de Laval, Quebec, 1977 (texto, traducción y estudio).

ENSEÑANZA AUTORIZADA
O EL DISCURSO SOBERANO

VI 27,1-35,24

Síntesis del discurso

22 [...] el invisible [...] reposando [...] en el cielo [incorrupti-
ble] [...] dentro de él [antes que] nada se revelara [...] los cielos
ocultos [ni los que][1] | se manifiestan y antes de que se manifesta-   10
ran los mundos invisibles, inefables. La invisible alma de la justicia[2] procedió de ellos precisamente. Estaba armónicamente constituida, participando tanto del cuerpo como del espíritu. Tanto si se
halla en la parte inferior como si se halla en el Pleroma, | ella no se   20
separa de (los mundos invisibles), sino que ellos la ven y ella los
contempla en el Logos invisible. Su esposó le entregó (el Logos), y
lo hizo en secreto, dándoselo para que lo comiera a modo de alimento, y puso al Logos en sus ojos como un colirio a fin de que
fuera capaz de ver con su intelecto y reconocer a sus congéneres, |
y de adquirir conciencia de su raíz a fin de reintegrarse a su rama,   30
de la que al principio provino, y a fin de recibir lo que es suyo y
abandonar la materia...[3].

---

1. Las primeras líneas de todas las páginas son lagunosas.
2. La atribución de justicia es difícilmente compatible con la doctrina valentiniana, según la cual la justicia es la virtud propia de los psíquicos.
3. En este párrafo el autor, o un segundo redactor de proclividades cristianas,
expone las principales líneas del tratado que se dispone a desarrollar.

Caída del alma

23 [...] como [un hombre] que se casa [con una mujer] que ya tiene hijos. No obstante, los verdaderos hijos de este hombre,
10 los que proceden de su simiente, | denominan a los hijos de esta mujer[4] «hermanos nuestros». Lo mismo sucede con el alma espiritual: después de ser arrojada en el cuerpo, pasó a ser hermana de la concupiscencia, del odio y de la envidia, un alma material. Es de saber que el cuerpo provino de la concupiscencia, y la con-
20 cupiscencia | provino de la sustancia material.

Por esto el alma ha sido para ellos como una hermana. Sin embargo, son en realidad hijos ajenos. No pueden heredar del varón, sino que heredarán solamente de la madre[5]. Así pues, cuando el alma intenta recibir su herencia junto con los hijos
30 ajenos —es de saber que las posesiones | de los hijos ajenos son las pasiones, las concupiscencias, los placeres de la vida, las envidias, los odios, las vanaglorias, las vanidades, las acusaciones—
24 [...] (entonces...) su herencia. [Pero cuando] hay una [...] que escoge [...] prostitución, éste la expulsa y la arroja al burdel, pues
10 [ha inducido] en ella el vicio, y ella ha depuesto | toda vergüenza. Efectivamente, la muerte y la vida rondan alrededor de cada cual. De estas dos cosas, la que se desea es la que se acaba obteniendo[6].

Ahora bien, aquélla se entregará a la ebriedad bebiendo mucho vino y cayendo en el vicio; pues el vicio reside en el vino. Ya no piensa en sus hermanos ni en su padre, porque el placer y las
20 suaves ganancias | la engañan.

Al poner de lado el conocimiento, cayó en la bestialidad; pues un insensato se conduce bestialmente, desconociendo lo que conviene decir y lo que conviene callar. Pero el hijo virtuoso he-
30 reda gozosamente de su padre, y su padre se alegra por él, | pues por medio de él recibe gloria de parte de todos, y (el hijo) busca la manera de aumentar los bienes que recibió. Pues los hijos ajenos
25 [...] [un pensamiento de concupiscencia] unirse con la [...], pues un pensamiento de concupiscencia, cuando penetra en un

---

4. Esta «mujer» es la materia, y sus hijos son las pasiones. El «hombre» que se casa con esta «mujer» es el espíritu lapso, y sus «hijos» son las almas individuales caídas en este mundo. La imaginería no es valentiniana.

5. Las pasiones perecerán con la materia.

6. El alma espiritual individual tendría que heredar de su verdadero padre, el espíritu. Pero a veces se inclina libremente a heredar de su madre, la materia: en esto consiste su prostitución. Cf. ExAl 128,1ss. El tema de la muerte y de la vida espirituales es corriente en el judaísmo sapiencial, cf. Qumrán, IQS III; *Didaché* 1,1.

hombre virginal, lo mancilla. Su glotonería no puede | mezclarse 10
con la moderación. Pues si la paja se mezcla con el grano, no es la
paja la que se mancilla, sino el grano[7]. Cuando están mezclados
completamente, nadie compra el grano, pues está contaminado.
Al contrario, conminarán (al vendedor) diciendo: «Véndenos esta
paja», pues verán el grano que se halla mezclado. Una vez la ha-
yan comprado, | la arrojarán con el resto de la paja. Esta paja se 20
mezcla con todos los demás materiales. Pero cuando una simiente es pura, se guarda en graneros seguros. Todo esto ya lo hemos
dicho.

El Padre preexistente

Antes de que nada existiera, existía solamente el Padre. Antes
de que aparecieran los mundos | celestes, ni el mundo suprate- 30
rrestre, ni principado, ni potestad, ni potencia alguna (habían comenzado a existir)[8].
26 (...) aparecer [...] precepto [...] pues nada sucede sin su
voluntad. Pero el Padre, que quería manifestar su riqueza y | su 10
gloria, puso en el mundo esta gran lucha, con el propósito de
que los luchadores se hicieran manifiestos y que todos los con-
tendientes abandonaran las cosas del devenir y las menospreciar-
ran por medio de un conocimiento superior e inaccesible, y se
apresuraran a acudir cabe el existente.

El enemigo cósmico

Y respecto a los que nos combaten[9], que son los adversarios 20
que luchan contra nosotros, venzamos su ignorancia por medio
de nuestro conocimiento, pues nos hemos anticipado en el conocimiento del Inescrutable del cual hemos procedido. Nosotros no
poseemos nada en este mundo, a fin de que la potestad cósmica
que vino a existir no nos retenga | en los mundos celestes, en los 30
cuales habita la muerte universal rodeada de los particulares 27
[...] del mundo [...] también avergonzados, y nos despreocupa-

7. Cf. Mt 3,12.
8. Esta breve recapitulación dogmática no contiene nada especialmente gnóstico. Los entes intermediarios son conocidos por el judaísmo postexílico, por el Nuevo
Testamento y por la religiosidad pagana. Más adelante (30,28) son identificados con el
diablo. El valentinismo, en cambio, distingue cuidadosamente entre las potencias
demiúrgicas y el diablo, cf. Adv. Haer. I 5,4.
9. El texto comienza aquí a utilizar la primera persona del plural.

TEXTOS GNÓSTICOS. BIBLIOTECA DE NAG HAMMADI

10 mos de ellos cuando nos insidian, y los ignoramos cuando nos
vituperan, y cuando | nos lanzan injurias al rostro, los miramos
y no decimos nada. Pues ellos realizan su tarea. Nosotros, por
nuestra parte, caminamos hambrientos y sedientos, con la vista
puesta en nuestra morada, el lugar hacia el que miran nuestro
20 proceder y nuestra conciencia, sin ligarnos a las cosas del | deve-
nir, antes bien nos apartamos de ellas. Nuestros corazones se han
instalado en las realidades, por más que seamos enfermizos, débiles y tristes. Con todo, hay en nosotros un gran vigor oculto.
Nuestra alma se halla enferma debido a que habita una casa mi-
serable[10] en la que la materia ofende su vista con la intención de
30 cegarla. | Por esto se apresura a ir junto al Logos y se lo aplica
sobre los ojos como un colirio; entonces ella abre los ojos y arroja
28 [...] pensamiento de [...] ceguera ante [...] también después, si
aquél se halla en ignorancia, es completamente tenebroso y ma-
10 terial. | De esta manera, el alma, cada vez que recibe un Logos, lo
pone sobre sus ojos como un colirio para que pueda ver y para
que su luz disperse a los enemigos que luchan contra ella, los
ciegue con su resplandor, los capture con su presencia y los haga
20 caer con vigilancia, | y para que pueda manifestarse confiada-
mente con su poder y con su distintivo real. Mientras sus enemigos la miran llenos de vergüenza, ella se remonta al cielo, hacia
su tesoro, allí donde reside su Intelecto (noûs), hacia aquel seguro granero. Ninguno de los pertenecientes al devenir la capturó,
30 y ella, por su parte, no recibió | a ningún extraño en su casa[11].
Pues muchos son los que, habiendo nacido en casa, luchan contra ella día y noche sin descanso 29 ni de día ni de noche, ya que
su concupiscencia los atormenta. Por esta razón nosotros no nos
dormimos y no olvidamos las trampas tendidas en lo oculto,
emboscadas para cautivarnos. Pues si somos capturados en una
10 sola trampa, nos absorberá en su boca, mientras el agua | nos
cubrirá a ramalazos. Y seremos arrastrados hasta el fondo de la
red y no seremos capaces de librarnos de ella, porque las aguas
nos recubrirán, precipitándose desde arriba y ahogando nuestro
ánimo en un espeso barrizal. Y no podremos librarnos de ellos,
20 pues son caníbales los que nos agarrarán alborozadamente. | Es
como un pescador que lanza el anzuelo al agua y que arroja al

10. Tema típicamente órfico, omnipresente en la cultura occidental.
11. Prosigue el contexto órfico. Ahora se trata de la ascensión del alma a través
de los cielos planetarios, pasando desconocida por los poderes del lugar. Cf. Tableta de
Petelia (Turchi, *Fontes Mysteriorum Aevi Hellenistici*, 55), y entre los valentinianos Adv.
Haer. I 21,5; ApSant 33,22.

agua muchas clases de cebo, ya que cada pez tiene su propio alimento. Cuando lo huele, persigue su olor, y cuando se lo traga, lo atenaza el anzuelo oculto dentro del cebo | y lo arrastra violentamente fuera de las aguas profundas. Ahora bien, no hay hombre alguno que pueda apoderarse de este pez en las aguas **30** profundas, a no ser por medio de la trampa tendida por el pescador. Con el señuelo de la comida atrajo el pez hacia el anzuelo. Esto es cabalmente lo que nos sucede en este mundo, como si fuéramos peces. El adversario nos vigila, acechándonos como un pescador que quiere capturarnos y que se alegra | ante la perspectiva de devorarnos. Pues pone ante nuestra vista muchos alimentos, que son los bienes de este mundo. Quiere que deseemos uno de ellos, que los probemos tan sólo un poco, y luego nos derriba con su veneno escondido y nos arranca de una libertad para arrastrarnos | a una esclavitud. Pues una vez que nos ha capturado con un solo alimento, necesariamente deseamos lo demás. Al cabo, este tipo de cosas acaba siendo un alimento de muerte.

Éstos son los alimentos con los que nos acecha el diablo[12]: en primer lugar arroja una aflicción en tu ánimo | hasta hacerte sentir un íntimo dolor por cualquier insignificancia de esta vida; luego nos derriba con sus venenos; viene luego el deseo de un vestido para pavonearte con él, **31** y ya avaricia, vanagloria, orgullo, envidia que envidia otra envidia, belleza del cuerpo, malicia. De todos éstos, el mayor es la ignorancia, junto con la pereza. Ahora bien, toda esta clase de cosas las prepara el adversario | primorosamente y las expone ante el cuerpo con el propósito de hacer que lo más íntimo del alma se incline hacia una de ellas, y así pueda (el diablo) dominarla. Como si utilizara un anzuelo, la iza violentamente en medio de la ignorancia y la engaña hasta hacerle concebir el mal y parir frutos materiales y hacerla habitar | en la inmundicia por el hecho de lanzarse tras una serie de concupiscencias y de apetencias, mientras el placer carnal la atrae a la ignorancia.

Iluminación del alma

Pero el alma que ha probado tales cosas se percata de que las suaves pasiones son efímeras. Ha entendido su malignidad y se

12. Típico catálogo de vicios, cf. Sil 84,20ss; 95,25ss; *Poimandres*, 25.

489

30 aparta de ellas. Entonces | adopta una nueva conducta. En adelante menosprecia por efímero este género de vida y se afana tras los alimentos que la introducirán en la vida. 32 Deja ya los alimentos engañosos y adquiere conciencia de su propia luz. Hace su camino despojándose de este mundo, mientras su verdadera vestidura la arropa por dentro. Entonces su vestido de novia la adorna con una íntima belleza, no ya con el orgullo de la carne.

10 Se percata de lo que hay en ella de profundo | y se afana en acceder a la cámara (nupcial) en cuya puerta aguarda, erguido, su pastor[13]. Ha soportado en este mundo mucha vergüenza y deshonor; en pago de ellos recibe diez mil veces más de gracia y de gloria. Entonces devuelve su propio cuerpo a aquellos que se lo habían entregado para humillarla, mientras los mercaderes de

20 cuerpos se derrumban y gimen, | pues fueron incapaces de traficar con aquel cuerpo, ni de hallar mercancía alguna en su defecto. Se habían afanado mucho en confeccionar el cuerpo de esta alma[14], con el propósito de derribar el alma invisible; ahora se

30 avergonzaban de su obra: habían perdido | el objeto de sus esfuerzos. Ignoraban que ella poseía un cuerpo espiritual invisible[15], y pensaban estúpidamente: «Somos el pastor que la alimenta». Pero no sabían que ella conocía 33 otro camino oculto para ellos, un camino que su verdadero pastor le había mostrado por medio del conocimiento. Pero los que se hallan en la ignorancia no buscan a Dios, ni indagan acerca de su morada, que se ha-

10 lla en el reposo, antes bien se conducen bestialmente. | Son peores que los paganos. Pues, en primer lugar, no indagan acerca de Dios, pues su sequedad interior les impulsa a poner en práctica su crueldad. Por otra parte, si encuentran a otro que

20 busca su salvación, su sequedad interior se levanta contra | aquel hombre. Y si no deja de buscar, lo matan cruelmente, pensando haberse beneficiado con ello. Sin embargo, son hijos del diablo. Pues incluso los paganos dan limosnas, y saben que el Dios que

---

13. La imagen de la cámara nupcial es típicamente valentiniana, cf. EvFlp 130,1-26. Su presencia en este escrito y en la *Exposición sobre el alma* atestigua su aceptación en el sincretismo filosófico religioso del Alto Imperio.

14. Todas las gnosis atribuyen a los entes intermediarios la plasmación del cuerpo del hombre. El tema es ampliamente desarrollado en *La hipóstasis de los arcontes* y en *Sobre el origen del mundo*. Pero su raigambre es órfica (mito de Dioniso Zagreo) y se halla en Platón (*Timeo* 41 c-d) y en Filón (Opif. 72-75).

15. Este «cuerpo espiritual» es introducido para justificar una doctrina no grosera de la resurrección, cf. 1Co 15,44 y sobre todo el *Tratado de la resurrección* de la biblioteca de Nag Hammadi (I 4). El contexto es ahora judaico o cristiano, impresión reforzada por la aparición, líneas más abajo, de los «paganos».

está en los cielos existe, | el Padre del universo[16], el que está por   30
encima de los ídolos que ellos veneran.

34 No han prestado atención para percatarse de los caminos
del Logos. Así es como se comporta el hombre insensato aun
cuando oye la llamada. Se halla en ignorancia acerca del lugar al
cual ha sido invitado. Cuando se lo anunciaban, no preguntó:
«¿En qué lugar se halla el templo al que debo dirigirme y | hacer   10
ruegos por mi esperanza?». Su insensatez lo hace peor que un
pagano. Pues los paganos saben el camino que conduce a su templo de piedra corruptible para venerar el ídolo en el que descansa
su corazón, pues el ídolo es su esperanza. Pero este insensato ha
oído el anuncio del Logos | y le han enseñado: «Busca y escruta   20
los caminos que has de recorrer, pues no hay realidad alguna
superior a ésta». En definitiva, la solidez de su sequedad interior
ataca su intelecto con la fuerza de la ignorancia y del demonio
del error, que no dejan a su intelecto | erguirse, pues se estaba   30
esforzando ya en buscar y reconocer su esperanza. Pero el alma
35 racional (*logiké*), la que se esforzó en la búsqueda, ha recibido
el conocimiento de Dios. Se ha agotado en la búsqueda, pasando
calamidades en el cuerpo, forzando sus pies tras los evangelistas[17]
y recibiendo el conocimiento del inaccesible. Ha encontrado su
Oriente y ha reposado en aquel | que reposa en sí mismo. Se ha   10
reclinado en la cámara nupcial y ha comido en el banquete que
en su hambre había apetecido, nutriéndose de un alimento inmortal. Halló al fin lo que buscaba, alcanzó el descanso de sus
penas, mientras la luz que resplandece sobre su cabeza jamás declina.

Suya es la gloria | y el poder y la revelación por los siglos de   20
los siglos. Amén.

Enseñanza autorizada.

---

16.   Esta denominación de la divinidad no es gnóstica, sino judaica y cristiana. Para
los gnósticos, «el Dios que está en los cielos» es el Demiurgo, cf. OgM 101,1ss; 102,1ss;
Adv. Haer. I 5,2.

17.   Desde aquí hasta la doxología final el lenguaje es gnóstico cristiano.

EL TRUENO
(NHC VI 2)

INTRODUCCIÓN*

El Trueno es el segundo de los ocho tratados del Códice VI, el más heterogéneo de los códices de Nag Hammadi. El soporte papiráceo se halla en buen estado.

El título, en grecocopto, aparece en el inicio: El Trueno: Intelecto Perfecto (*tebronte: nous nteleios*).

Todo el códice parece proceder de una sola mano, quizás de un solo traductor, que usaba la figura dialectal más corriente en Nag Hammadi: el sahídico con influjos subacmímicos.

EL ORIGINAL GRIEGO. FORMA Y CONTENIDO

Se trata con seguridad de una traducción del griego. El texto original es un escrito unitario, sin rastro de interpolaciones.

El género de este singular tratado ha sido dilucidado recientemente por B. Layton, cuyas conclusiones adoptamos en esta introducción. *El Trueno* se halla en la confluencia de dos géneros literarios bien conocidos en el mundo helenístico: *a)* Las proclamas aretalógicas, sobre todo isíacas, redactadas en la forma «Yo soy» (por ejemplo, la inscripción de Cime). *b)* Las paradojas enigmáticas, muy populares en el mundo griego, y ya descritas por Aristóteles (*Política* 145 a 26). En *El Trueno* se hallan además ele-

---

* Introducción y notas de José Montserrat Torrents. Traducción de Alberto Quevedo.

495

mentos de diatriba o interpelación al lector y algunas breves indicaciones doctrinales. Otras referencias secundarias serán mencionadas en las notas a la traducción. El resultado es una pieza de un vigor extraordinario, sin paralelos en la literatura antigua.

Algunas eventuales fuentes del escrito pueden rastrearse a partir de dos paralelos parciales en el mismo *corpus* de Nag Hammadi. En *Sobre el origen del mundo* 114,4-15, el autor pone en boca de la Eva espiritual un himno en la forma «Yo soy» que presenta evidentes paralelos con *El Trueno* 13,19-14,8. En la *Hipóstasis de los arcontes* (89,11-17) es Adán el que se dirige a Eva en términos parecidos. Es, por lo tanto, plausible suponer una fuente común anterior a los tres escritos (quizás, sugiere Layton, el *Evangelio de Eva* conocido por Epifanio).

El acercamiento a la figura de Eva ofrece la clave interpretativa del «enigma» de *El Trueno*. En efecto, la Eva superior es una «viva semejanza» de Sofía. Este eón presenta una doble faceta: es una entidad pleromática (Sofía superior) y es el eón lapso (Sofía inferior). En cuanto caída en el mundo, Sofía recibe calificaciones muy negativas, incluso el de «prostituta» (*Segundo tratado del gran Set* 50,29). Un gnóstico ingenioso podía fácilmente aunar en forma de paradoja los atributos contrarios de los dos momentos de Sofía. Sus lectores quedarían más maravillados que desconcertados.

El autor es desconocido. Los comentaristas recurren al precedente isíaco para considerarlo griego de Egipto. Pero hay que tener en cuenta que en la época del Alto Imperio el culto de Isis estaba extendido por toda la cuenca mediterránea, y que, por otra parte, los productos culturales tenían en la época una extraordinaria movilidad. Tampoco puede precisarse nada seguro respecto a la fecha del original griego.

El Trueno es una hechura literaria de una sola pieza. No es aconsejable intentar discernir en este texto algún tipo de estructura. Cabe tan sólo señalar ciertas alternancias entre los pasajes de «Yo soy» y los pasajes exhortatorios. En nuestra traducción nos hemos limitado a marcarlos introduciendo simples puntos y aparte.

NUESTRA TRADUCCIÓN

Nuestra traducción se basa en el texto transcrito por G. W. Mac Rae en *Nag Hammadi Codices V,2-5 and VI* (The Coptic Gnostic Library, vol. 11), 1979.

BIBLIOGRAFÍA

Layton, B., «The Riddle of the Thunder (NHC VI,2): The Function of Paradox in a Gnostic Text from Nag Hammadi», en Ch. W. Hedrick-R. Hodgson, Jr. (eds.), *Nag Hammadi Gnosticism and Early Christianity*, Hendrickson, Massachusetts, 1986, 37-54.

Quispel, G., «Jewish Gnosis and Mandean Gnosticism. Some Reflections on the Writing *Bronté*», en J. É. Ménard (ed.), *Les textes de Nag Hammadi* (Nag Hammadi Studies 7), Brill, Leiden, 1975, 82-122.

EL TRUENO: INTELECTO PERFECTO

VI 13,1-21,32

13 Yo soy la que he sido enviada desde el poder y he venido hacia los que piensan en mí y he sido encontrada en los que me buscan. Miradme los que pensáis en mí y escuchadme, oyentes. Los que me estáis esperando, acogedme junto a vosotros; y no me apartéis | de vuestra vista; y que no me odie ni vuestra voz ni   10 vuestro oído; y no me ignoréis en lugar o en tiempo alguno. ¡Alerta! No me ignoréis. Pues yo soy la primera y la última[1], la honorable y la despreciable, la prostituta y la respetable[2], la esposa y la | virgen[3], la madre y la hija, los miembros de mi   20 madre, la estéril y la que tiene muchos hijos. Yo soy la que tiene un matrimonio importante y no tomé marido, la comadrona[4] y la que no da a luz, el consuelo de mis sufrimientos, la novia y el

---

1. Cf. Is 44,6; 48,12; Ap 1,17.
2. «Los que estaban en el mundo han sido preparados por el querer de nuestra hermana Sofía, la que es una lasciva, a causa de la inocencia que no ha sido expresada» (TrGSt 50,26-31). «Lasciva» (gr. *proúneikos*) es una denominación de Sofía en ApocJn BG 37,11. Cf. Adv. Haer. I 29,4; I 30,2.
3. Esposa, virgen, madre, hija: atributos respectivos de la Sofía superior y de la Sofía inferior, véase Introducción general, «Los primeros principios».
4. Para todo el pasaje siguiente, comparar el texto paralelo de OgM 114,4-15: Eva es la primera virgen; engendró sin el concurso de su cónyuge y sola, siendo su propia comadrona. Por esto se dice que dijo: «Yo soy la parte de mi madre, yo soy la madre, yo soy la esposa, yo soy la virgen, | yo soy la encinta, yo soy la comadrona, yo soy la que imparte consuelo por las penas; mi esposo es quien me engendró y yo soy su madre y él es mi padre y mi señor, él es mi potencia; lo que desea lo dice convenientemente. Yo voy pasando, pero engendré un hombre, un señor». Y también: «Tú eres la que me ha dado vida; serás llamada madre de los vivientes». (Queriendo significar:) «Ella es mi madre, ella es la comadrona, y la madre, y la paridora» (HipA 89,14-17). Se trata de palabras de Adán a la Eva espiritual.

30 novio; y mi marido fue quien | me engendró. Yo soy la madre de mi padre y la hermana de mi marido; y él es mi vástago. Yo soy la esclava del que me preparó y la dominadora 14 de mi vástago; pero él es quien me engendró antes del tiempo en un natalicio, siendo él mi vástago en el tiempo; y mi potencia procede de él. Yo soy el cayado de su poder en su juventud y él es la vara de mi vejez; y lo que quiere él es lo que me sucede. Yo soy el silencio |

10 incomprensible, la idea (*epínoia*) cuyo recuerdo es frecuente, la voz cuyo sonido es variado y la palabra cuya apariencia es múltiple; yo soy la pronunciación de mi nombre[5].

¿Por qué me amáis los que me odiáis y me odiáis los que me amáis? Los que me negáis, confesadme; y los que me confesáis, |

20 negadme. Los que decís la verdad sobre mí, mentid sobre mí; y los que habéis mentido sobre mí, decid la verdad sobre mí. Los que me conocéis, ignoradme; y los que no me habéis conocido, conocedme[6]. Pues yo soy el conocimiento y la ignorancia, la ver-

30 güenza y la osadía; soy una desvergonzada | y estoy avergonzada, soy poderosa y estoy atemorizada, soy la guerra y la paz.

Prestadme atención: yo soy la que ha caído en desgracia y la más grande. Prestad atención a mi 15 pobreza y a mi riqueza.

No seáis arrogantes conmigo cuando sea arrojada sobre la tierra: me encontraréis en los que vendrán. Mas no me miréis en el estiércol, y no vayáis y me dejéis abandonada: me encontraréis

10 en los reinos. Mas no me miréis | abandonada sobre los que han caído en desgracia; y hasta en los lugares más pequeños no os riáis de mí. Mas no me arrojéis sobre los que son matados violentamente. Pero yo, yo soy compasiva y cruel.

¡Alerta! No odiéis mi obediencia; y mi continencia no la améis.

20 No me abandonéis en mi debilidad; | y. no tengáis miedo de mi poder.

¿Por qué, pues, desdeñáis mi miedo y maldecís mi orgullo? Pero yo soy la que existe en todos los miedos; soy la fuerza de un temblor; soy débil[7] y me encuentro a gusto en lugar placentero;

30 soy | insensata y prudente.

¿Por qué me habéis odiado en vuestros consejos?; porque yo estaré silenciosa entre los silenciosos, apareceré y hablaré.

---

5. Voz: «Yo soy la voz del despertar en el tiempo de la noche» (fragmento perático, en Hipólito, Elen V 14,1). Voz y sonido: cf. *Poimandres*, C.H. I 4-5. Pronunciación del nombre: cf. Marcos el Mago, en Ireneo, Adv. Haer. I 15,1; 16,2; EvV 37,1-20; PensTr 37,4-31.
6. La necesidad de desconocer para conocer es urgida en All 59,10ss.
7. El miedo y la debilidad son características del eón Sofía en su momento de lapso, cf. ApocJn (II 1) 12,15ss; Adv. Haer. I 2,2-4 y 4,1.

EL TRUENO

16 ¿Por qué, entonces, me habéis odiado vosotros, griegos?; porque soy una bárbara entre los bárbaros. En efecto, yo soy la sabiduría de los griegos y el conocimiento de los bárbaros. Yo soy el juicio de los griegos y de los bárbaros. Yo soy aquel[8] cuya imagen es importante en Egipto, y la que no tiene imagen entre los bárbaros.

Yo soy la que ha sido odiada | y amada en todas partes. Soy aquella a la que llaman Vida y llamasteis Muerte, a la que llaman Ley y llamasteis falta de Ley, a la que habéis perseguido y habéis capturado, a la que habéis dispersado y habéis reunido[9]. | Yo soy aquella ante la que os habéis avergonzado y no habéis tenido vergüenza de mí. Yo soy la que no celebra, pero cuyas celebraciones son importantes. Yo, yo no creo en Dios, pero soy aquella cuyo Dios es relevante. Yo soy aquella en la que pensasteis y despreciasteis. Soy ignorante, pero aprenden de mí. Soy aquella a la que | despreciasteis, pero pensáis en mí; a la que escondisteis, pero aparecéis para mí.

Pero cuando os ocultéis, yo misma apareceré; 17 pues cuando aparezcáis, yo me ocultaré de vosotros. [...]. Y llevadme hacia vosotros desde la comprensión | y el dolor. Y llevadme hacia vosotros desde lugares sórdidos y ruinosos. Y robad a los buenos incluso en la adversidad. Desde la vergüenza, llevadme hacia vosotros desvergonzadamente; y desde la desvergüenza y la vergüenza, reprended a mis miembros en vosotros. Y | venid hacia mí los que me conocéis y los que conocéis mis miembros. Y colocad a los grandes entre las primeras criaturas pequeñas. Venid hacia la niñez[10] y no la odiéis por ser insignificante y pequeña. Y no rechacéis grandeza en parte alguna | desde la pequeñez, pues la pequeñez es conocida a partir de la grandeza.

¿Por qué me maldecís y me honráis? Vosotros habéis hecho daño y habéis tenido compasión. No me separéis de entre los primeros 18 que conocisteis; ni expulséis ni rechacéis a nadie [...]. Yo conozco a los primeros y los que están tras éstos me conocen. Pero yo soy el intelecto [...] | y el reposo de [...]. Yo soy el conocimiento de mi pregunta, y el encuentro de los que me buscan y el precepto de los que piden por mí. Yo soy el poder de los poderes en mi conocimiento de los ángeles, que fueron envia-

---

8. «Aquel» = «la que/aquella»: probable alusión al androginismo del eón Sofía, cf. PensTr 45,2-3: «Yo soy andrógina»; ApocJn (II 1) 5,9.
9. «Cuando quieres, me reúnes, y cuando me reúnes, entonces te reúnes a ti mismo» (Epifanio, Pan 26,3,1). Se trata de una cita del Evangelio de Eva.
10. Niñez: cf. EvT 4; Hipólito, Elen V 7,20-21.

501

20 dos por mi palabra[11], de dioses que están en sus tiempos en mi consejo, de espíritus de cada hombre que existen conmigo y de mujeres | que viven dentro de mí.

Yo soy la honrada, la bendita y la despreciada con desdén. Yo soy la paz y por mí vino la guerra; y soy extranjera y ciudada-na. Yo soy la esencia y la que no tiene esencia. Los que están
30 fuera de mi relación me ignoran, | mientras que los que están en mi esencia me conocen. Los que están cerca de mí me han ignora-do, mientras que los que están lejos de mí son los que me han conocido. Durante el día, cuando estoy cerca 19 de vosotros, estáis lejos de mí; y durante el día, cuando estoy lejos de voso-tros, estoy cerca de vosotros.

10 [...] Yo soy la que retiene y la | que no retiene, la unión y la desunión, lo permanente y la desunión. Yo estoy debajo y ellos se acercan a mí. Yo soy el juicio y la exculpación. Yo, yo estoy libre de pecado y la raíz del pecado procede de mí. Yo soy aparente-
20 mente el deseo y el autodominio | existe dentro de mí. Yo soy el oído que todos perciben y el habla que no puede ser comprendi-da. Yo soy una muda que no habla y sobreabundo en palabras. Escuchadme con tolerancia y aprended de mí sin instrucción. Yo
30 soy la que grita y es expulsada | sobre la faz de la tierra. Yo pre-paro el pan[12] y mi intelecto en el interior. Yo soy el conocimiento de mi nombre. Yo soy la que grita y escucha. 20 [...] Yo soy aquella a la que llaman Verdad e injusticia [...]. Me honráis [...]
10 | y murmuráis contra mí. Los que sois vencidos, juzgadlos (a los que os vencen) antes de que os juzguen, pues el juez y el favoritis-mo están en vosotros.

Si sois condenados por ése, ¿quién os absolverá? O si sois absueltos por él, ¿quién podrá deteneros? En efecto, lo que está
20 dentro de vosotros es lo que está fuera de vosotros; | y lo que os plasma por fuera es lo que os configuró por dentro; y lo que veis fuera de vosotros lo veis dentro de vosotros[13]. Se manifiesta y es vuestra prenda.

Escuchadme, oyentes, y aprended de mis palabras los que
30 me conocéis. Yo soy el oído percibido por todas las cosas | y el habla que no puede ser comprendida. Yo soy el nombre del soni-do y el sonido del nombre. Yo soy la señal de la carta y la mani-
10 festación de la división. [21] [...] | Entonces yo pronunciaré el

11. Sofía tiene sus propios ángeles, cf. OgM 104,15-26; 107,4-14.
12. Según EvFlp 55,6-14, el hombre en el paraíso no tenía pan.
13. Véase en EvT 22 parecido juego de contraposiciones entre dentro y fuera (y entre varón y hembra).

nombre del que me creó. Mirad, pues, sus palabras y todas las
escrituras que fueron completadas. Por tanto, prestad atención,
oyentes, así como vosotros también, ángeles, y los que han sido
enviados, y los espíritus que se levantaron de entre los muertos.
Pues yo soy la que únicamente existe y no tengo | quien me   20
juzgue. En efecto, son muchas las formas agradables que existen
en los múltiples pecados y desenfrenos y pasiones vergonzosas y
placeres efímeros que los retienen hasta que llegan a ser sobrios y
se apresuran hacia sus lugares de descanso. Y me encontrarán |
en ese lugar, vivirán y no morirán de nuevo.   30

EUGNOSTO,
EL BIENAVENTURADO
(NHC III 3 con complementos
de V 7, 23-9,9)

INTRODUCCIÓN*

Este escrito sigue al *Evangelio de los egipcios*, que menciona como él a un personaje Eugnosto.

El documento se abre bajo la forma epistolar[1] y en su desarrollo transmite la doctrina gnóstica sobre las realidades trascendentes.

El nombre del autor, Eugnosto («el que es bien conocido») aparece reforzado por el calificativo *makários* («bienaventurado»), ratificando así la doctrina que se enseña sobre el Dios verdadero y su manifestación eterna[2].

CONTENIDO

Antes de la exposición se desautorizan los razonamientos intramundanos sobre la existencia y naturaleza de Dios basados en la disposición del mundo. Se tipifican en tres clases de filósofos: peripatéticos y epicúreos, platónicos y estoicos, y astrólogos (70,6-71,5). Por el contrario, quien es capaz de rechazar estos errores y manifestar la naturaleza misma de Dios se revela como inmortal entre los mortales (71,5-13), pues existe una diferencia fundamental e irreductible: lo que se origina en lo corruptible es corrupción, y lo que tiene por fuente la incorruptibilidad, naturalmente, no muere. Por esto el discurso de la verdad versará sobre lo manifiesto

---

    * Introducción, traducción y notas de Francisco García Bazán (Universidad Argentina J. F. Kennedy-CONICET).
    1. Ver n. 1 a la traducción.
    2. Ver más adelante n. 1 a la traducción.

507

y lo inmanifiesto que le da sustento, pero en tanto que ambas esferas forman parte del ámbito de la incorruptibilidad (73,20-74,7). La descripción del mundo invisible que prosigue abarca el tema anunciado.

La realidad comprende cinco entidades jerarquizadas y descritas ordenadamente por el maestro gnóstico. En cabeza, el Padre verdadero (74,11-12). «El que es», inefable e innominable. Inengendrado, inmortal y eterno. Carente de forma humana, puesto que el hombre perfecto procede de él (72,3-14). Bien completo, inabarcable e incognoscible, pero posibilidad en su Preconocimiento de todo conocimiento y volición. No debe en rigor entenderse como Padre, sino como Prepadre y preexistente inengendrado (71,13-73,3; 74,10-12; 74,20-75,3; 75,8-9).

La lección que se debe exponer es la de la generación que proviene del Inengendrado, o sea, el desarrollo de la péntada divina: Inengendrado, Preconocimiento, Hombre Inmortal, Hijo del Hombre y Salvador.

La fundamentación del tema (74,20) se delinea por la vía de la emanación, empleando el recurso de la derivación por imitación que ilustra la imagen especular y que es de inspiración platónico-pitagorizante y ampliamente explotada por Plotino[3].

De este modo, el Prepadre oculto se refleja invisiblemente en su Preconocimiento o deseo inabarcable de conocerse a sí mismo (73,3-17), deseo de sí desde sí, y como deseo surgido del anterior conato, se enfrenta a sí mismo como imagen perfecta o total (*antopós*, Padre en sí, Autoengendrador) (75,5-12), con su múltiple contenido ideal (*antopoí*), 75,12-23. En el proceso opera un sustrato intencional que ha llegado a alcanzar diversos grados de determinación cognoscitiva y correspondiente distinción. La especulación aritmológica sobre la tétrada o cuaterna (*tetraktýs*), que se reitera posteriormente, ha sido decisiva para explicar la expansión, y éste es el modelo de creación y conocimiento que reposa en el Inengendrado (76,3-10). Pero no hay que olvidar que el origen de la expansión distintiva del Prepadre reside en la actividad de su conocimiento y poder (73,9ss); por consiguiente, la doctrina de la procesión intradivina exige descubrir otros aspectos que encierra. La primera aparición en reposo es poder preinteligible en luz inefable, que se piensa con anterioridad a la imagen noética (76,9-21), la manifestación de la imagen es el Hombre Inmortal andrógino, Nous/Sofía, al mismo tiempo cón-

---

3. Cf. *Alcibíades* 132A-133C y *Rep* 596D y n. 22 a la traducción.

yuges, al constituir pareja ajustada, y hermanos que proceden de una misma fuente progenitora (76,21-77,6). Del Hombre Inmortal, o Padre en sí, llegan las dos profericiones o nombres inmortales: divinidad y reino. Éste es el contenido diferenciado del Hombre Inmortal, Padre o Intelecto, que lo produce poniendo en actividad la éxada de facultades intencionales que reflejan las disposiciones en potencia activa en el Prepadre, y que van difiriendo por naturaleza durante el proceso como padre e hijo, o sea, como arquetipo e imagen.

Lo que sigue del escrito se dedica a describir el contenido anunciado. Las dos denominaciones, «Dios» y «Reino», equivalen a «Hijo del Hombre», la primera (o sea, Hijo del Hombre Inmortal o Padre propiamente dicho), «Asamblea de los santos», «Luces sin sombras», «Adán de la Luz» o «Padre primer engendrador», entidad arquetípica, colectiva y andrógina por su capacidad productiva (81,1-23). La segunda es igual a «Salvador» o «Hijo del Hijo del Hombre», el que conserva sin defectos la voluntad y conocimiento eterno. De este modo, el contenido de la multiplicidad de los miembros del Padre, los gnósticos, «nuestro eón» (83,22), constituye una eternidad descriptible temporal y espacialmente. Un orden que no es fugitivo y un espacio orientado, un universo litúrgico y angélico, a imagen del Salvador y del Hijo del Hombre. Seres eternos en la morada imperecedera del Hombre-Dios (81,24-85,7; 88,12-89,12; 89,10-90,3). El Reino/Salvador es retorno del querer Dios/Adán/Hijo del Hombre/Iglesia, y la multiplicidad una se confunde con el Padre/Hombre Inmortal, que es el fruto logrado, «Mónada y reposo» (86,14), del Inengendrado que se quiere y piensa eternamente a sí mismo como Preconocimiento silencioso (85,9-19) y «Mujer» (87,7).

Ante semejante perfección inmutable, libre de cambios y corruptelas, la femineidad, el deseo de la generación que domina la duración de la vida finita, representado por la matriz (hystéra), denuncia su deficiencia (hystérema) e igualmente la Ogdóada, límite del cosmos sensible, delata que es la bóveda del caos (85,7-9; 19-21) y que son imperfectos sus cielos y mundos (89,13-15).

FECHA Y CONTEXTO

Sobre el origen del escrito se han aventurado algunas opiniones. M. Krause lo considera anterior a la SabJC del final del siglo II datando la Carta en el siglo I o II. D. Trakatellis sugiere el comienzo del siglo II. D. M. Parrott, sin embargo, considera que

Eugnosto, el Bienaventurado resultaría de la compaginación de tres partes. Una sección más antigua (III 82,7-83,2) acomodada con otra posterior (III 71,13- 82,6). La adaptación habría ocurrido al imponerse sobre un relato cosmológico arcaico de influencia egipcia otro inspirado por Gn 1-5. A este arreglo se habría agregado una parte final originalmente independiente. Un grupo protosetiano puede haber adoptado la cosmología del Egipto, por la fuerte componente egipcia del grupo, para enfrentarse a los filósofos. Nada hay en el escrito que pueda ser considerado clásicamente gnóstico. Debe admitirse como protognóstico. El editor del Códice III, al colocar este escrito delante de la *Sabiduría de Jesucristo* que se ha basado sobre él, estaría confirmando estas conjeturas. Por lo tanto, *Eugnosto, el Bienaventurado* debe haber sido escrito en el siglo I d.C., porque la referencia a «todos los filósofos», que apunta a estoicos, epicúreos y teóricos de la astrología babilónica, no se puede colocar después de este siglo.

No obstante, como lo ha indicado M. Tardieu[4], la noticia que Hipólito de Roma trasmite sobre Monoimo el Árabe[5] parece ser la que más enseñanzas proporciona en relación con *Eugnosto, el Bienaventurado*. Los paralelos entre ambos documentos son sugestivos. Hombre (*ánthropos*) es el Todo (= Intelecto) y así «principio de todas las cosas». Se ofrece de este modo la díada: Hombre Inmortal-Hijo del Hombre. Generación más veloz que el pensamiento y la voluntad (cf. EugB 89,5-6), el Hombre, como mónada única, unidad andrógina de contrarios, ofrece las características de la mónada pitagórica, según Nicómaco de Gerasa[6], e ilustrado por la iota, las de la década (EugB 78,16ss), y de este modo es uno-múltiple, Hombre-Hijo. El Hijo debe comprenderse en el Hombre perfecto, como «retoño de hombre», que es la creación superior, como orden proveniente del Hombre Inmortal, y la inferior como procediendo del día séptimo, Hebdómada o séptimo poder postrero (7 = 4, siguiendo las series equivalentes bíblica y pitagórica, del septenario y de la década). La vara de Moisés y el Decálogo son, por lo tanto, imágenes del trazo único de la iota. De esta suerte, el Todo paterno puede proclamarse como una celebración mistérica, una fiesta que no envejece

---

4. Cf. M. Tardieu, *Écrits gnostiques*, 66.
5. Para entender lo que sigue es imprescindible tener presente lo que Hipólito de Roma, Elen VIII 12, 1-15,3 (cf. J. Montserrat, *Los gnósticos* II 233ss) dice de Monoimo el Árabe.
6. Cf. Focio, *Biblioteca* 187 y F. García Bazán, *Plotino. Sobre la trascendencia divina: sentido y origen*, Mendoza, 1992, 241ss.

(véanse las referencias repetidas de EugB a la corte angélica y al gozo eterno de la gloria del Altísimo). Búscate, por consiguiente, en ti mismo, en tu interioridad oculta (cf. 71,12-13: «inmortal residiendo en medio de los hombres que mueren»), pero el que se equivoca sobre el «retoño de la hembra» no posee la gnosis perfecta. Esta nota últimamente señalada se registra también al final de la *Sabiduría de Jesucristo*, aunque no está presente en nuestro escrito.

Monoimo el Árabe, por lo tanto, sería anterior a la redacción de la *Sabiduría de Jesucristo* y utilizaría las mismas técnicas filosóficas platónico-pitagorizantes que *Eugnosto, el Bienaventurado*, así como un interés elevado por interpretar gnósticamente la creación del mundo, su desorden intrínseco y algunos episodios del AT. A un círculo de adherentes gnósticos de formación judía anterior a Mo-noimo, y del que éste podría depender, se dirigiría esta carta. Su enseñanza se refiere a los aspectos trascendentes o coeternos de la divinidad, extraños al mundo, pero presuponiendo los elementos liberadores del caos inferior. Nuestro escrito expone las diversas dimensiones del ser trascendente y se adelanta, en el análisis reflexivo y el lenguaje técnico, al tratamiento del mismo asunto por sus congéneres gnósticos (ApocJn, EvV TrTrip) y las lecciones de Plotino contra ellos. *Eugnosto, el Bienaventurado* debe haberse originado en el medio gnóstico alejandrino anterior a la escisión entre gnósticos y adeptos de la magna Iglesia. Es testimonio de una cristología arcaica (Hombre-Hijo del Hombre)[7], interpreta la angelología judía metafísicamente y se anticipa de este modo por siglos al *corpus dionysiacum*[8]. Elabora asimismo su propia teología sin inquietarse por una doctrina eclesial que pudiera ser mayoritaria y gravitante. Las razones apuntadas conjuntamente con el interés que el autor demuestra por la unidad y distinción de la divina naturaleza y su preocupación exclusiva por separar, caracterizándolo, al mundo de la trascendencia, igual que Filón Alejandrino lo hizo sobre el modelo de la creación y Basílides sobre el origen del cosmos estrechamente dependiente del orden superior, inducen a colocar a *Eugnosto, el Bienaventurado* a fines del siglo I o comienzos del II de nuestra era.

El escrito ha sido redactado originalmente en griego y los manuscritos que han sido descubiertos están traducidos al sahídico.

---

7. Cf. M. Hengel, *Jésus, Fils de Dieu*, París, 1977, 98-125.
8. Cf. M. Tardieu, *Écrits gnostiques*, 52-54.

Para la versión al español hemos utilizado la edición crítica de Douglas M. Parrott (NHC III 70,1-90,12) que proporciona junto con nuestro texto las versiones coptas en columnas paralelas de *Eugnosto, el Bienaventurado* (NHC V 1,1-17,18), *Sabiduría de Jesucristo* (NHC III 90,14-119,18) y Papiro de Berlín 8502 (BG 77,8-127,12). Se editan igualmente en la misma obra los fragmentos griegos del Papiro de Oxirrinco 1081. Tanto la traducción al inglés de D. M. Parrott, como la francesa de M. Tardieu, como especialmente la retroversión al griego de D. Trakatellis, nos han resultado de suma utilidad para nuestro trabajo.

BIBLIOGRAFÍA

Ediciones

Krause, M., «The Letter of Eugnostos», en W. Foerster (ed.), *Gnosis. A Selection of Gnostic Texts. 2 Coptic and Mandaic Sources* (trad. ing. editada por R. McL. Wilson, Oxford, 1974, 24-39.

Moraldi, L., «Eugnosto il Beato», *Testi Gnostici,* Turín, 1982, 431-455.

Parrott, D. M., «Eugnostos the Blessed (III 3 and V 1) and The Sophia of Jesus Christ (III 4 and BG 8502, 3)», en J. M. Robinson (ed.), *The Nag Hammadi Library,* ed. rev., Leiden, 1988, 220-243.

Parrott, D. M. (ed.), *Nag Hammadi Codices III 3-4 and V 1 with Papyrus Berolinensis 8502 and Oxyrhynchus Papyrus 1081, Eugnostos and the Sophia of Jesus Christ,* Leiden, 1991.

Tardieu, M., *Écrits Gnostiques. Codex de Berlin,* París, 1984.

Trakatellis, D., *Ho hyperbatikos Theós tou Eugnostou,* Atenas, 1977.

Trakatellis, D., *The Trascendent God of Eugnostos. An Exegetical Contribution to the Study of the Gnostic Texts of Nag Hammadi with a Retroversion of the Lost Original Greek Text of Eugnostos the Blessed* (trad. del griego de Ch. Sarelis), Brookline, Mass., 1991.

Estudios

Bellet, P., O.S.B., «The colophon of the *Gospel of the Egyptians*: Concessus and Macarius of Nag Hammadi», en R. McL. Wilson (ed.), *Nag Hammadi and Gnosis. Papers read at the First International Congress of Coptology,* Cairo, December 1976, Leiden, 1978, 44-65.

Colpe, C., «Heidnische, jüdische und christliche Überlieferung in den Schriften aus Nag Hammadi V»: *JAC* 19 (1976), 120-138.

Doresse, J., «Trois livres gnostiques inédites»: *VigCh* 2 (1948), 137-160.

Fallon, F. T., «The Gnostics: The Undominated Race»: *NT* XXI/3 (1979), 271-288.

Fredouille, J. C., «Points de vue gnostiques sur la religion et la philosophie païennes»: *RÉAug* XXVI/3-4 (1980), 207-213.

Good, D., «Divine Noetica Faculties in Eugnostos the Blessed and Related Documents»: *Mus* 99 (1986), 5-14.

Good, D., «Sophia in Eugnostos the Blessed and the Sophia of Jesus Christ (NHC III 3 and V 1; NHC III 4, and BG 8502,3)», en W. Godlewski (ed.), *Coptic Studies. Acts of the Third International Congress of Coptic Studies.* Warsaw, 20-25 August 1984, Varsovia, 1990, 139-144.

Helderman, J., «Zur gnostischen Gottesschau: "Antopos" im Eugnostosbrief und in der Sophia Jesu Christi», en J. Ries, Y. Janssens, J.-M. Sevrin (eds.), *Gnosticisme et monde hellénistique. Actes du Colloque de Louvain-la-Neuve (11-14 Mars 1980),* Lovaina la Nueva, 1982, 245-262.

Krause, M., «Das literarische Verhältnis des Eugnostosbriefes zur Sophia Jesu Christi», en *Mullus. Festschrift Theodor Klauser. JAC Ergänzungsband I,* Munster, 1964, 215-223.

Logan, A. H. B., «The Epistle of Eugnostos and Valentianism», en M. Krause (ed.), *Gnosis and Gnosticism. Papers read at the Eighth International Conference on Patristic Studies,* Leiden, 1981, 66-75.

Magris, A., «La dossografia filosofica nei testi de Nag Hammadi»: *RStLR* 20 (1984), 3-39.

Sorensen, J. P., «Gnosis and Mysticism as illustrated by Eugnostos the Blessed», en N. G. Holm (ed.), *Religious Ectasy,* Estocolmo, 1982, 211-217.

Parrott, D. M., «Gnosticism and Egyptian Religion»: *NT* 29 (1987), 73-93.

Parrott, D. M., «Eugnostos and "All the Philosophers"», en M. Gorg (ed.), *Religion im Erbe Ägyptens (Misc. Böhlig),* Wiesbaden, 1988, 153-167.

Sumney, J. L., «The Letter of Eugnostos and the origins of gnosticism»: *NT* 31/2 (1989), 172-181.

Till, W.-Schenke, H. M. (eds.), *Die gnostischen Schriften des koptischen Papyrus Berolinensis 8502,* Berlín, ²1972.

Van den Broek, R., «Eugnostos: Via scepsis naar gnosis»: *NedTTs* 37 (1983), 104-114.

Van den Broek, R., «Jewish and Platonic Speculations in Early Alexandrian Theology: Eugnostos, Philo, Valentinus and Origen», en B. A. Pearson & J. E. Goehring (eds.), *The roots of Egyptian christianity,* Filadelfia, 1986, 190-203.

Van den Broek, R., «Eugnostos and Aristides on the Ineffable God», en R. van den Broek, T. Baarda, J. Mansfeld (eds.), *Knowledge of God in the Graeco-Roman World,* Leiden, 1988, 202-218.

EUGNOSTO, EL BIENAVENTURADO

III 70,1-90,12
(con complementos de V 7,23-9,9)

Exordio contra los filósofos

70 Eugnosto, el Bienaventurado, a los suyos ¡salud![1]. Me gusta que sepáis que todos los hombres nacidos desde la fundación[2] del mundo hasta ahora son polvo[3]. Buscando a Dios, quién es o cómo es, no lo han encontrado[4]. Los más sabios entre ellos desde el | gobierno (*dióikesis*) del mundo han hecho suposiciones sobre la verdad y sus suposiciones no han logrado la verdad, porque el gobierno se describe según tres opiniones por todos los filósofos, por esto no se ponen de acuerdo. Algunos de ellos, en efecto, dicen del mundo que se rige por sí mismo. Otros, | que es cierta providencia (*prónoia*). Otros, que es un destino. Pero no es ninguna de éstas[5]. Insisto, de las tres opiniones que he menciona-

    10

    20

---

1.   *Sabiduría de Jesucristo* adapta a *Eugnosto, el Bienaventurado* a los cristianos alejandrinos, y comienza con una revelación del Resucitado a sus discípulos, pero *Eugnosto, el Bienaventurado* es una carta dirigida a un destinatario colectivo. «Eugnosto» es un nombre propio usado en la antigüedad. «Bienaventurado» equivale a «salvado» en vida, calidad de Eugnosto, al haber conocido lo que es y enseñar en consecuencia (ver 71, 10-13), con terminología de los cultos mistéricos. Ratifica lo señalado el texto paralelo en V 1,3.
2.   *Katabolé*, que significa la acción de echar los cimientos. En el NT tiene un significado temporal y otro salvífico. Ambos sentidos se conjugan aquí, presidios por el segundo, pues lo que es real en una creación que desaparecerá es irreal en el designio de Dios.
3.   Desde que se instituyó el mundo, tanto el real como el aparente, todos los hombres que pertenecen a éste son polvo, fragilidad y vacuidad (cf. TrRes 48,13-33 y 49,17-21 en cotejo con Eclo 1 a 3).
4.   Al buscar la existencia y esencia de Dios desviadamente no los ha alcanzado la eficacia de la exhortación sapiencial: «Buscad y encontraréis» (Pr 1 28; Sb 6,12; Mt 7,7-11, etc.), lo que bien orientado, sin embargo, lleva a conocer a Dios (cf. EvV 17,3-4).
5.   «Los más sabios» entre los hombres son los filósofos, pues «reflexionan sobre la verdad y la realidad» (Platón, *Rep.* 475E) y partiendo del proceso cósmico hacen conjeturas. Las suposiciones son contrarias a la enseñanza auténtica (cf. Platón, *Epístola VII* 326B; Clemente de Alejandría, *Strom.* I 18,90,1, Eusebio, *Praep. Evang.* XIV 3,1, etc.). Éstos no hablan sobre Dios, porque desde

do, ninguna 71 es verdadera, porque todo lo que proviene de sí mismo es una vida vacía, se produce a sí misma[6]. La providencia es insensatez[7]. El destino es insensible[8]. Quien, pues, puede liberarse de estas tres opiniones que he mencionado y llegar por me-
10 dio de otro discurso a manifestar | al Dios de la verdad (alétheia) y a estar de acuerdo en todo a lo que a él se refiere, es inmortal residiendo en medio de los hombres que mueren[9].

ESBOZO DE LA REALIDAD TRASCENDENTE

La divinidad suprema como ser y padre

El que es, es inefable[10]. Ningún principado lo ha conocido, ni autoridad, ni subordinación, ni naturaleza desde la fundación del mundo, salvo él sólo[11]. Efectivamente, es inmortal y eterno, |
20 no teniendo nacimiento; porque todo el que nace, perecerá. El que es inengendrado (agénnetos), no teniendo principio, porque todo el que tiene un principio tiene un fin. Ninguno le gobierna[12]. 72 No tiene nombre; cualquiera, efectivamente, que tiene

el mundo es imposible elevarse a él. La polémica contra los filósofos está en TrRes 43,24-35 y TrTrip 109,5-24. La refutación envuelve dos partes: a) carácter lógico: la ausencia de unanimidad en el discurso denuncia falsedad de doctrina (ver asimismo Ptolomeo, *Carta a Flora*; Epifanio, Pan 13,3,3; TrTrip 110,11-20; C.H. 11,1, etc.); b) aspecto doctrinal: todos los filósofos en su afán de búsqueda parten del mundo, de su organización y curso interior. La autocontradicción salta con sólo elegir tres representaciones de ellos: «el mundo se rige por sí mismo», tesis epicúrea (Aecio, *Placita* II 32) y peripatética; «cierta providencia» lo gobierna como «un destino», pensamiento estoico (Aecio, *Placita* I 28,2-3), en su parte final compartido por los astrólogos, pero que en la doctrina de la «providencia» también influye en los platónicos.

6. Refutación de las tres opiniones filosóficas. Las conjeturas se originan en hombres mundanos. Por consiguiente, en primer lugar (la segunda razón en nota siguiente), lo producido mentalmente es ficticio, una vida vacía (šoueit/kenós).

7. En segundo lugar, la providencia inferior, la del mundo es insensata, pues carece de *sophía*, sabiduría, desconoce sus planes y de este modo no tiene *phrónesis* o discernimiento.

8. En tercero, la fatalidad, el destino como ley inexorable es incontrolable o «ciego», como consecuencia de la conjunción demiúrgica de los planetas (cf. Ext. Teod. 69,1).

9. Conclusión y síntesis que cierran la presentación. Quien sea capaz de despojarse de estas opiniones falsas y manifestar con otro discurso la «verdadera filosofía», la del Dios de la verdad (ver n. 5), no sólo lleva el acuerdo entre los que piensan, sino que conoce y aporta conocimiento, porque es inmortal entre los mortales (ver HipA 96,25-27). La anticipación escatológica del gnóstico queda certificada por el título de *makários* de Eugnosto, inspirado por la verdad, que se inscribe en su naturaleza y lo autoriza a enviar la misiva. La sabiduría gnóstica supera a toda filosofía.

10. Dios es «El que es» (petšoop/ho ón), Ex 3,14 (LXX), Sb 13,1 (ver EvV 28,13; TrTrip 73,18-22 y 52,7-33 y Numenio, frs. 6 y 13), inefable (atšaje/árretos), como la visión mistérica.

11. Dios es ignorado por sus emanaciones desde su Preconocimiento, pues sólo él se experimenta en propio modo (ApocJn 22,15-25,25; TrTrip 54,40-55,30). La jerarquía de los seres en Dios se repite (73,5-6) en Hipólito, Elen VII 26 y 28, y Epifanio, Pan 31,5,1.

12. «El que es», ni muere (athánatos), ni nace, es inengendrado y siempre es, sin comienzo ni fin, completo (ver TrTrip 52,7ss; 54,12-39 y Parménides fr. 8, juntamente con Platón, *Timeo* 27D 6-28A 4 e intérpretes). Siendo sin principio nadie le gobierna (cf. ApocJn al comienzo).

un nombre es la criatura de otro. Es innominable[13]. No tiene forma de hombre; el que tiene, en efecto, forma humana es la criatura de otro. Tiene su propio aspecto (*idéa*), no como el aspecto que hemos percibido o visto, sino un aspecto de otro tipo, | que 10
supera todas las cosas y es mejor que las Totalidades[14]. Mira a todas partes y se ve desde sí mismo[15]. Es ilimitado. Es incomprensible. Es siempre incorruptible, no tiene semejanza. Es bien inmutable. Es sin defecto. Es eterno. Es bienaventurado. Es incognoscible, | pero él se conoce. Es inconmensurable. Es inacce- 20
sible. Es perfecto careciendo de defectos. 73 Es bienaventurado incorruptible. Es llamado «Padre del Todo»[16]. Antes que alguno entre los que son manifiestos fuera manifiesto, la grandeza y las autoridades que están en él abarca a las Totalidades de las Totalidades y nada lo abarca, porque es Intelecto total, Pensamiento (*énnoia*), | Intención (*enthýmesis*), Discernimiento (*phrónesis*), 10
Razonamiento y Potencia. Todos ellos son potencias iguales. Son las fuentes de las Totalidades y su género (*génos*) es universal, del primero al último están en el Preconocimiento del Inengendrado, porque todavía no habían llegado a la manifestación[17].

13.   «El que es» no se identifica con su nombre (contra fr. 6 de Parménides), carece de nombre (*atran/anonómastos*), pues está por encima del Nombre, porque él se lo da (cf. EvV 38, 7-11; 39,7-10; ApocJn 24,4-5; EsSt 125,25-30). La innominabilidad de Dios es diversa de la del *Parménides* 142A 3, seguida por medioplatónicos y neoplatónicos. Ver Basílides; EvV 38,5ss; TrTrip 54,2-11.

14.   Carece de apariencia humana no por ser incorpóreo (Albino, Did. X 7-8), sino porque no es el Hijo de Dios, el Hombre Inmortal (ver 76,21-24; 77,10; 83,21; 85,10-21). Cf. *infra* n. 32. Su caracterización es propia, no depende de otra.

15.   Cf. Jenófanes, fr. 21 de Hipólito: «Dios... puede percibir con todas sus partes».

16.   Es ilimitado, luego incomprensible; inaferrable, no por ser interminable, sino porque su poder no se puede circunscribir; por eso es incorruptible, incomparable, nada se le parece (Filón, Leg. II 1), perfecto, al carecer de deficiencia, inmutable, al no sufrir mengua, siendo siempre y feliz. Inconcebible (*atnoeîn*), lo que no quiere significar que se ignore, por eso se conoce sólo él, según una peculiaridad simple libre de intención e intelección (cf. ApocJn 22,15-25,25; All 59,10-61,20; Plotino, En V 4 [7] 2, 16-20, y ver n. 11). Inconmensurable (ApocJn 23,19; EvV 42,14 y Adv. Haer. I 2,1) e inescrutable (EvV 37,24-29). Se le llama por sus efectos «Padre del Todo», o sea, de su imagen total, del uno-todo, que es su intelecto. Esta primera serie de atributos negativos se refiere a Dios como «el que es», incluyendo la concepción tanto parmenídea-platónica como bíblica bajo la interpretación gnóstica. «El que es» no se confunde con el «ser» como uno-todo, pero tampoco se puede reducir a la exégesis del Uno/Bien platónico-pitagorizante (Eudoro de Alejandría, Moderato de Gades y Plotino, cf. García Bazán, *Plotino. Sobre la trascendencia divina*, 188-202), sino que acoge la experiencia de un Dios oculto que genera porque lo desea en la altura de su soledad. Es Ser-Persona, que eternamente se manifiesta como Palabra interior y proferida: Padre, Madre e Hijo.

17.   Se aclara la expresión «pero él se conoce». El Inengendrado, que todo lo abarca y por nada es abarcado, contiene lo que se manifestará y sus disposiciones. Por esta razón, como «Totalidades de Totalidades», inmanifiestas, están Intelecto, Pensamiento, Intención, Discernimiento, Razonamiento y Potencia, iguales y en estado de preintelección, en el seno del Inengendrado, Padre encinto en trance de alumbramiento. Otros gnósticos hablan de *Énnoia* (Pensamiento) —Ireneo, Adv. Haer. I 1,1—, *Enthýmesis* (Ext. Teod. 7,1), *Proténnoia* o «fuente y raíz» (PensTr 45,2-8 y 46,24-26), Barbeló o *Prónoia* (ApocJn 27,14-28; 28,5-21), representándose asimismo la idea por la androginia divina, lo que los OrCald 16 y 18 tratan como «abismo paterno». Plotino considera esta doctrina como un error (En II 9,2). Epifanio, Pan 31,5,3-5 la ratifica y C.H. fr. 26 la asimila.

La diferencia por naturaleza

20 Hay, sin embargo, una diferencia entre los eones incorruptibles. | La entendemos (*noeîn*), pues, de esta manera: todo lo que ha provenido de lo corruptible perecerá, ya que ha provenido 74 de lo perecedero. Cuanto ha provenido de lo incorruptible no perecerá, sino que será incorruptible, puesto que ha provenido de lo incorruptible. De este modo muchos hombres se han extraviado, porque no conocieron esta diferencia, o sea, están muertos[18].
10 Y esto es suficiente, puesto que no es posible a nadie refutar la naturaleza de las palabras | que he mencionado sobre el bienaventurado incorruptible, el Dios verdadero. Ahora, si alguno quiere creer las palabras afirmadas, razone desde lo que es oculto hasta el límite de lo manifiesto, y este entendimiento lo instruirá de qué modo la fe (*pístis*) en lo que no es manifiesto se encontraba en lo que es manifiesto[19].

ENSEÑANZA SOBRE LA REALIDAD TRASCENDENTE

La tríada como verdadero padre, padre en sí e hijo

20 Éste es un principio de conocimiento. El Señor del Todo[20] no es llamado «Padre» de acuerdo con la Verdad, sino «Prepadre» (*pro-pátor*), porque el Padre es el principio 75 de lo que es manifestado. Él es, efectivamente, el sin principio, el Prepadre[21]. Se ve en sí mismo, como un espejo, habiendo aparecido en su semejanza en tanto que Padre en sí mismo (*autopátor*), o sea, Autoengendrador[22] y Enfrente de la vista (*antopós*), puesto que ha mirado

18. Descrito lo eterno como manifestable y manifestación, se señala la diferencia entre lo que siempre es, inalterable e inmortal, y lo venido de corrupción, que se degrada, muere y no es incorruptible. La distinción entre lo divino y lo creado es tajante. Y quien ignora la diferencia, como hijo de la corrupción, está muerto (cf. 71,5-13 inversamente). La oposición ser-no ser (frs. 2 y 8 de Parménides) respalda la tesis. El extravío de la ignorancia, en EvV 17,10-15.
19. «Dios verdadero» (71,10) y «bienaventurado incorruptible», 73, 1-2 (cf. Filón, Sacr. 101; Cher. 86; Clemente, Strom. V 11 y 13, VI 12). La garantía del Padre inmanifiesto aparece en lo manifiesto que es de Él y se fundamenta en el discurso sobre él (Hb 11).
20. El «Señor del Todo», soberano de las «Totalidades de las Totalidades» (73,7), es «Prepadre», el Dios inefable, Preexistente (75,9), Preprincipio en otros textos (Adv. Haer. I 1,1), porque no genera, pero es raíz de generación, pues ni a sí ni al Todo desea.
21. El «Prepadre» es «sin principio», como anterior al comienzo de la generación espiritual. «Padre sin padre» (Adv. Haer. I 14,1). Difiere en apariencia TrTrip 51,1-27 por el carácter polémico.
22. El Padre es la semejanza del Prepadre, su reflejo pensante. De este modo es «Padre en sí», «Autoengendrador» (77,15; ApocJn 34, 8; 35,8; Adv. Haer. I 14,3). Sobre la imagen especular, ver ApocJn 26,1-27,14; TrTrip 104,25; 123,16 y Plotino. «Como un espejo» es más evasivo que «como en un espejo», propio de la antropología, cosmología y gnoseología de los platónicos. Sb 7,25-27 y Filón, Migr. 190; Spec. I 219 adaptan estas ideas en arena precristiana.

de enfrente al Preexistente inengendrado[23]. | Es indudablemente   10
de la misma edad del que le es anterior, pero no es igual a él en
poder[24]. Después manifestó múltiples que miran de frente,
autogenerados, de igual edad y poder, existiendo en gloria e incal-
culables, que son llamados «la generación sobre la que no hay rei-
no entre los reinos que existen». Y la muchedumbre | total del   20
lugar sobre el que no hay reino es llamada «hijos del inengendrado
Padre»[25]. El Inconcebible, empero, 76 está siempre ple[no] de
incorruptibilidad [y de] gozo inefable. Todos ellos están en reposo
siempre en él gozando en alegría inefable sobre la gloria inmutable
y el júbilo inconmensurable que jamás fue oído o conocido entre
los eones | todos y sus mundos. Y esto es suficiente para evitar   10
extendernos indefinidamente[26].

El padre en sí mismo

Éste es otro principio del conocimiento en relación con el
Autoengendrado. El primero que apareció antes que el Todo en
lo ilimitado es autoconstituido, Padre autocreado, pleno de irra-
diante, inefable luz. | Entendió en el comienzo que su semejanza   20
fuese un gran poder.

El hombre inmortal

De inmediato, el principio de esta luz se manifestó como
Hombre Inmortal andrógino. Su nombre 77 mas[culino] es [«Intelecto engendrado per]fecto», [y s]u nombre femenino,
«sapientísima Sabiduría generadora». Se dice también que ella se
parece a su hermano y cónyuge (*sýzygos*). Ella es verdad irre-
cusable, porque la verdad aquí abajo es recusada por el error que
existe con ella. | Por medio del Hombre Inmortal apareció la   10
denominación (*onomasía*) primera, es decir: divinidad y reino,
porque el Padre, que es llamado «Hombre Padre en sí mismo»,

23. *Antopós* (*antopeîn = antí-opeîn*), recuerda a Platón, *Fedro* 255 D-E, e ilustra el modo
del proceso emanativo de la imagen especular, coexistente como conato autorreflexivo. *Antopós* es
paralelo a *métopon* («frente») y *prósopon* («persona», «ante los ojos»).
24. Potencia menor, pues no es deseo ilimitado, sino del Todo.
25. Del «Padre», por igual proceso, proviene el Todo discriminado, los *antopoí*, generados
sin ayuda externa, iguales en tiempo y poder y simultáneos con el Prepadre y el Padre/Madre, pero
de potencia menor como tercer momento del deseo. Como «Hijos del Padre Inengendrado» son raza
«sin rey», ácratas, erguidos, vástagos del Intelecto en la plenitud del deseo alcanzado. Cf. Hipólito,
Elen V 8,10; HipA 97,2-5; ApAd 82,19-22; OgM 127,10-14; OrCald 35 y 36, etc.
26. La trinidad del Prepadre con sus predisposiciones, el Padre autogenerador y los Hijos
autogenerados, están eternamente en reposo y satisfacción, ver 81,12-21 (V 8,19-25); 89,15-90,3,

reveló esto. Él creó un gran eón en relación con su propia grandeza. Le dio gran autoridad y gobernó sobre todas las creaciones. Creó | dioses y arcángeles y ángeles, miríadas incalculables para servicio. Por lo tanto por medio del Hombre originó 78 divinidad y [reino. Por] esto fue llamado «Di[os de dio]ses», «Rey de Reyes»[27]. El Pri[mer] Hombre es fe para los que vendrán después. Tiene en sí un propio intelecto y pensamiento —como es éste (= pensamiento)— intención y discernimiento, razonamiento y poder.

Todos los miembros (*mélos*) | que existen son perfectos e inmortales. Respecto de la incorruptibilidad son iguales. Respecto del poder hay diferencia, como la diferencia entre padre e hijo, e hijo y pensamiento, y el pensamiento y lo restante, como lo he mencionado[28].

Ratificación aritmológica

Entre las cosas que fueron generadas, primera es la mónada. La siguen la díada y la tríada hasta la década. Pero las decenas | preceden a las centenas; las centenas preceden a los millares; los millares preceden a las miríadas. Éste es el modelo [entre] [los] inmortales[29]. El Primer Hombre es así: su mónada [...][30].

7 Pero la mónada. 8 Aparecieron en [el comienzo] el Intelec[to] [desde el Pensamiento] y todos los pen[samien]tos; y [de] los pensamientos, los dis[cernimien]tos; y de los discernimientos, los razonamientos; y de [los razonamientos]; el poder; y, después, de los [miembros] todos, lo que se reve[ló] del p[oder]

---

27. Las tres actividades del pensamiento paterno: 1.º) como Padre autoconstituido; 2.º) como semejanza de la luz indecible, el «Hombre Inmortal Andrógino»; 3.º) como la totalidad de los seres enunciados o Intelecto diferenciado en «divinidad» y «realeza». Los nombres bíblicos de Dios: *Elohim* (= Dios) y *YHWH* (= Señor), *theós-kýrios* (LXX) interpretados por Filón como poderes creador y administrador (Abr. 120ss). Por eso con Hen(et) 9,4: «Dios de dioses» y «Rey de reyes». La plenitud del reino de Dios.

28. Como lo oculto es garantía para lo manifiesto (74,12-19), el Primer Hombre lo es para su progenie. La naturaleza exádica de la actividad productiva es análoga a la del Padre y de este modo revela los miembros de un cuerpo espiritual de inteligencias paternas, con poderes diversos según sea su función manifestar la gloria del Prepadre. Esta distinción indica que el Intelecto piensa por esbozos (es la proporción en descenso sugerida por la relación padre-hijo, hijo-pensamiento...), de aquí la posibilidad de la «caída» y la aparición de la «deficiencia», tema subyacente. «Como lo he mencionado» se refiere a la relación de subordinación expresada en 75,10-12 entre Inengendrado/ Autoengendrador.

29. Este modelo aritmológico muestra la importancia de la década como base de la generación numérica (Sexto Empírico, *Adversus mathematicos* IV 6 y 9 y Espeusipo). La *Carta dogmática* y Monoimo conservan el tecnicismo generativo numérico próximo al de Nicómaco de Gerasa, Teón de Esmirna y Jámblico (García Bazán, o.c., 247-250 y 281ss).

30. Faltan las páginas 79 y 80. El texto de V 7,25 prosigue así.

todo apareció desde sus po[der]es, y apareció [a partir] de lo |
creado lo que tiene [aspecto] y lo que tiene forma apa[re]ció de   10
lo que tie[ne aspec]to. Lo que tiene nombre apareció de lo que
tiene forma. En cuanto a la diferencia entre los seres engendrados, apareció de lo que tiene n[ombre] desde el comienzo al fin
por el poder de to[d]os los eones. Pero el Hombre Inmortal está
pleno de | toda gloria incorruptible y de alegría indescriptible.   20
Su reino total se regocija en perpetuo gozo, lo que jamás se ha
oído o conocido en cualquiera de los eones que [llegaron a] ser
después de [el]los y sus mundos. Después vino o[tro] principio a
par[tir del] Hom[bre] Inmortal, que es deno[minado] | «[Engen]
drador en sí perfecto». C[uando recibió la aceptación] de su   30
cón[yuge], [Gran Sabiduría], reve[ló] al [an]dró[gino] primogénito 9 [que es] lla[mado] «Prim[o]génito [Hijo] [de Dios]». Su
aspecto femenino es «Sabiduría [Primo]géni[ta], Madre del Universo» a la que algunos [llaman] «Amor». [Pero] el Primogénito,
puesto que tie[ne su au]toridad de [su] Padre, creó un | gran   10
[eón] para su propia grandeza[31].

Despliegue del Hombre Inmortal

81 Cre[ó] ángeles, miríad[as in]numerables, para servicio. La
multitud total de aquellos ángeles se llama «asamblea de los santos», «luces sin sombra». Cuando se saludan entre sí, sus besos
(*aspasmós*) son ángeles que | les son semejantes. El Padre Primer   10
Engendrador es llamado «Adán de la Luz». Y el reino del Hijo del
Hombre está lleno de alegría inefable y de inmutable júbilo, regocijándose siempre con alegría inefable por su gloria incorruptible,
que jamás ha sido oída ni revelada a todos los eones que existie-
ron | y sus mundos[32]. El Hijo del Hombre estuvo de acuerdo con   20
Sabiduría, su cónyuge y manifestó una gran luz 82 andró[gina].
Su n]ombre masculino es [denominado] «Salvador, generador de
todas las cosas». Su nombre femenino es denominado «Sabiduría
totalmente generadora». Algunos la llaman, sin embargo, «Fe».
Entonces el Salvador, de acuerdo con su cónyuge, Fe Sabiduría
(*Pístis Sofía*), manifestó seis seres espirituales | andróginos, que   10

---

31.   Concluye EugB V 7, que informa sobre la emanación del Hombre Inmortal y del
«Primogénito de Dios», o «Hijo del Hombre» (81,13).
32.   Los espirituales forman el cuerpo del Hombre Inmortal, «Iglesia de los santos» (1Co
14,33); «luces sin sombra» (EvV 35,4-5 32,32-34); reino del Hijo de Dios y Adán de Luz (83,24 y
Carta dogmática, 31,5,5). Unánimes con la voluntad y conocimiento paternos, sus aspectos masculino
y femenino se entrelazan glorificando a su generador. Sobre el beso, cf. EvV 26,28-27,7 y TrTrip
58,22-33,

son el tipo (*týpos*) de los que les precedieron. Sus nombres masculinos son éstos: el primero es el «Inengendrado»; el segundo es el «Autoengendrado»; el tercero es el «Generador»; el cuarto es el «Primer Generador»; el quinto es el «Totalmente Generador»; el sexto es el «Generador Principal». Del mismo modo los nombres
20 femeninos son éstos: el primero es | la «sapientísima Sabiduría»; el segundo es la «Sabiduría totalmente madre»; el tercero es la «Sabiduría totalmente generadora»; el cuarto es la «Sabiduría generadora primera»; el quinto es la «Sabiduría amor»; el se[xto] es 83 la «Fe Sabiduría». A [partir del] acuerdo de los que he mencionado, se manifestaron pensamientos en los eones que existen. A partir de los pensamientos, intenciones; de las intenciones, discernimientos; de los discernimientos, razonamientos; de los ra-
10 zonamientos, voliciones (*thélesis*); de las | voliciones, palabras. Entonces los doce poderes que he mencionado estuvieron de acuerdo entre sí. Se manifestaron seis machos y seis hembras, de modo que fueron setenta y dos poderes. Cada uno de los setenta y dos manifestó cinco seres espirituales que son los trescientos
20 sesenta poderes. La unión de todos ellos | es la voluntad.

La multiplicidad eónica y el deseo generativo

Por consiguiente, nuestro eón fue el tipo del Hombre Inmortal. El tiempo fue el tipo del Primer Generador, 84 su hij[o. El año f]ue el tipo del [Salvador. Los] doce meses fueron el tipo de los doce poderes. Los trescientos sesenta días del año fueron el tipo de los trescientos sesenta poderes que se manifestaron desde el Salvador. De los ángeles que han existido a partir de los ante-
10 riores y que son | innumerables fueron su tipo sus horas y sus instantes[33]. Pero cuando se manifestaron los que he descrito, fue-

___

33. Ilustración del orden querido por Dios como sus palabras dichas eternamente (cf. Parménides fr. 6). La denominación de «Salvador» para la luz andrógina como «generador de todas las cosas» y «Sabiduría totalmente generadora», modelo restaurado al complementarse lo femenino en lo masculino, viene de Pr 8,22+35, como síntesis de la actividad de Sabiduría. El nombre de *Pístis* y la lista de facultades de 8,12-14 se originaría aquí. La *Carta dogmática* ofrece la misma doctrina. Este orden es «imagen perfecta», «del pensamiento que le precedió», así su «tipo», siendo el primero *antitipo* o modelo en el sentido de la tipología cristiana (cf. Adv. Haer. I 7,2), aunque atemporal, pues describe el fin litúrgico de la acción, redime a la duración de la deficiencia y adopta una organización liberadora del tiempo y del calendario, proponiendo otro ideal de ciclo anual: un mes de 6 semanas, 72 semanas anuales, semanas de 5 días y un año de 360 días. Antecedentes de este eón infinito encubierto por el efímero se encuentran en Hen(et) 85-90 (cf. B. Przybylski, en *VigCh* 34 [1980], 56-70, y N. Séd, en *NT* 21/2 [1979], 156-184). El eón sin duración es imagen del Hombre Inmortal; y su orden interior, la representación del Primer Generador o Hijo del Hombre; y el proyecto de la obra total de salvación (año) con sus respectivos miembros (= doce poderes), días, horas e instantes, es la réplica del Hombre Inmortal como liturgia jerárquica. Cf. Hen(esl) 65,3-4 (A. de Santos Otero, 17,2); TrTrip 73,28-36; Pens 42,30-33; OgM 112,6-8; ExpVa 30,29-38.

ron creados para ellos por su Padre, el «Totalmente Generador»,
enseguida y primero, doce eones para servicio y los doce ángeles. Y
en todos los eones hay seis (cielos) para cada uno, de modo que |
hay setenta y dos cielos de los setenta y dos poderes que se mani- 20
festaron desde él. Y en los cielos todos hay cinco firmamentos 85,
de modo que hay trescientos sesenta firma[mentos] de los trescientos sesenta poderes [que se mani]festaron a partir de ellos.
Cuando los firmamentos se completaron, se los llamó «Los Trescientos Sesenta Cielos» según el nombre de los cielos que les prece-
dían. Y éstos todos son perfectos y buenos y de esta forma se manifestó la deficiencia de la femineidad[34].

Los primeros eones

El primer | eón, pues, es el del Hombre Inmortal. El segundo 10
eón es el del Hijo del Hombre, el que es llamado el «Primer Generador», que es llamado «Salvador»[35]. El que los abarca a éstos es
el eón sobre el que no hay reino, perteneciente al ilimitado Dios
eterno, el eón de los eones de los inmortales que están en él, por
encima de la | Ogdóada que se manifestó en el caos[36]. Pero el 20
Hombre Inmortal manifestó eones y poderes y reinos, 86 y dio
autoridad a todo el que se mani[fes]tara desde él para hacer [lo
que quie]ra hasta los días que estén por encima del caos. Por esto
se pusieron de acuerdo entre sí y manifestaron toda grandeza
incluso desde el espíritu, una multitud de luces gloriosas e innu-
merables, las que fueron referidas en el comienzo, es decir, | el 10
primero, el medio y el perfecto; es decir, el primer eón, el segundo y el tercero. El primero se denominó «Mónada y reposo».

---

34. El cuadro temporal se completa con la analogía espacial: 12 eones o potencias, con 6
cielos cada uno (= 72 cielos), y éstos con 5 firmamentos (= 360 firmamentos en reflejos sucesivos).
Así es el trono del Señor. La concepción de un feudo espacio-temporal dominado por la eternidad
es común a las teorías de la época sobre el *Eón* infinito (PMG I 202: «Señor de la bóveda celeste
eterna»). Así se desestiman las filosofías religiosas que admiten tres niveles temporales: la duración
de una vida, el tiempo cósmico que se regenera a perpetuidad y el tiempo hipercósmico que contiene
al anterior. El tiempo cósmico inseparable del destino tiene preso al espíritu (ApocJn III 15,11,
Orígenes, *Contra Celso*, VI 30-31, Ireneo, Adv. Haer. I 30,5) y el calendario que refleja semejante
realidad carece de valor, por eso se sugiere lo inalterable como un calendario ideal. Ante el mundo del
pensamiento divino la apariencia pasajera revela su irrealidad como producto de deficiencia.
«Deficiencia de la feminidad» manifiesta una ideología implícita apta para desarrollos valentinianos,
pero también la justificación intelectual que la sustenta: la oposición ser-no ser.
35. Recapitulación sobre el ser eterno. EugB V 13, 12-14 lo ratifica.
36. El Pensamiento preinteligible previo a estas instancias noéticas es «sin reino», al superar
al Hombre Inmortal. La eternidad se distingue del caos limitado por la Ogdóada, esfera de las
estrellas fijas destinada a perecer.

El eón Iglesia

Puesto que cada uno tiene su nombre, se denominó «Iglesia» al tercer eón, a partir de la muchedumbre que se manifestó en la
20 multiplicidad una. | Por lo tanto, una vez que la multitud se reúne y llega a formar unidad, son llamados «Iglesia» de la Iglesia que está por encima de los cielos. Por consiguiente, la Iglesia de 87 la O[gdóada se ma]nifestó como un and[rógino], y se denominó en parte masculinamente y en parte femeninamente. La masculina se llamó «Iglesia», la femenina, «Vida», para mostrar que a partir de una Mujer vino la vida a todos los eones.
10 Todo nombre se recibió desde el principio. A partir de su | beneplácito con su Pensamiento, se manifestaron los poderes que se denominan «dioses»; pero los dioses a partir de sus discernimientos manifestaron dioses de dioses; y los dioses de sus discernimientos manifestaron señores; y los señores de los señores de sus
20 palabras manifestaron señores; y los señores de | sus poderes manifestaron arcángeles; los arcángeles manifestaron ángeles, a partir de [el]los se manifestó el aspecto 88 con figur[a y forma] para denominar a los eo[nes todos y] sus mundos[37]. Todos los in-[m]ortales a los que he mencionado tienen autoridad, todos, por el poder del Hombre Inmortal y la Sabiduría, su cónyuge, que fue llamada «Silencio» (*sigé*) y que se denominó «Silencio», porque
10 teniendo | intención sin lenguaje completó su grandeza. Puesto que las incorruptibilidades tienen la autoridad, crearon para cada una de ellas grandes reinos en todos los cielos inmortales y sus firmamentos, tronos y templos según su grandeza. Algunos, indudablemente en residencias y en carros (*hárma*), estando en una
20 gloria indescriptible, | no pudiendo ser enviados en una naturaleza cualquiera, han creado para sí ejércitos de ángeles, miríadas innumerables para servicio 89 y gloria, incluso vírg[e]nes espíritus, luces inefables[38]. No tienen enfermedad ni impotencia, sino querer solamente. (Lo querido) es instantáneamente.

37. Se describe la acción soteriológica. Eternidad primera es el Hombre Inmortal, mónada y reposo» (ver n. 31), estando firme en el Pensamiento de Dios. Eón tercero es la reunión de los espirituales en Dios. Convergencia de los vivientes, extraños en la Ogdóada, y «asamblea», porque en la unidad conjunta cada uno vive distintamente como han sido pensados eternamente (2Clem XIV 1-2). La «Iglesia» es andrógina, pues en su unión se complementan sin división los miembros de la totalidad. Se llama «iglesia» por su aspecto masculino o indeclinable (en hebreo *qahal* = «asamblea», es masculino). Su aspecto femenino se llama «vida», porque de la *Mujer* viene la vida. *Mujer* es el Preconocimiento del Prepadre, deseo, raíz de la distinción de los seres eternos, y así la «Vida», nombre primero, genera vida, dicha en reposo. El orden eterno es el *Noûs* platónico interpretado gnósticamente (cf. EsSt 122,28-34).

38. Los inmortales poseen autoridad al concretar silenciosamente el querer y saber del Hombre Inmortal, o sea, en un momento final que supera la articulación individualizadora,

Conclusión

De este modo se completaron los eones, sus cielos y firmamentos para la gloria del Hombre Inmortal y la Sabiduría, su cónyuge, | el lugar que (contenía el modelo de) todo eón y sus   10
mundos y los que vinieron después de ellos, para proporcionar los tipos desde allí, a sus semejanzas en los cielos del caos y sus mundos. Pero todas las naturalezas a partir del Inmortal (*athánatos*), del Inengendrado hasta la manifestación del caos, están en la luz que ilumina sin sombra en alegría indescriptible | y júbilo indecible. Se regocijan siempre a causa de su gloria, que   20
no cambia, y su reposo (*anápausis*) inconmensurable, que no se puede describir 90 ni concebir entre los eones todos que llegaron a ser y sus poderes[39]. Y esto es suficiente. Pero todo lo que te he mencionado, lo he expresado de manera que puedas recibirlo, hasta que el que no necesita ser enseñado aparezca ante ti y te dirá todo esto | con gozo y con conocimiento puro[40]. Eugnosto,   10
el Bienaventurado (*makários*).

regeneración equivalente a la actividad intencional de la Sofía noética y la del Preconocimiento que mantiene por el deseo al Todo reunido. Sobre el Silencio, cf. n. 17 y ver TrTrip 55,36-37, etc. El mundo incorruptible es gloria del Hombre Inmortal como vida sin mengua, luz de la Luz, «espíritus virginales» inalterables.

39.   La gloria del Hombre Inmortal es gozo indescriptible imposible de expresar por los eones separadamente. Remedo ilusorio de estos modelos son las esferas del mundo que desaparecerán (cf. TrRes y TrTrip y ver n. 3). Aquí el significado difiere de 83,20-84,11: «semejanza» (cop. *eine*) equivale a «tipo» y «tipo» a «antitipo».

40.   Concluida la lección sobre la realidad, se admite que la carta es medio precario, y el autor promete que la enseñanza directa será comunicada posteriormente a los destinatarios, cuando los visite. *Sabiduría de Jesucristo* amplía el escrito de base completando el mensaje de Jesús. La tesis valentiniana que desarrolla es conocida, pero ciertos rasgos sobre Sabiduría y el exilio del gnóstico, la cortina que separa a los inmortales del caos, etc., sugieren que *Eugnosto, el Bienaventurado* muy pronto sirvió a los valentinianos como libro de doctrina que ampliaron para que se entendiera. Si *Eugnosto, el Bienaventurado* III ha sufrido cambios, debe de ser una sencilla adaptación que no traiciona el original.

PLATÓN,
LA REPÚBLICA
(Libro IX 588 b-589 b)

(NHC VI 5)

INTRODUCCIÓN*

Este pasaje del libro IX de la *República* de Platón gozaba de predicamento en las antologías escolares, quizás porque permitía un ejercicio pictórico. Los editores del *corpus* de Nag Hammadi se hacen cruces de la impericia del traductor copto, así como de lo rudo de su dialecto sahídico. Tales reproches son merecidos, pero sólo hasta cierto punto. Ciertas manipulaciones del original platónico son tan aparatosas que no pueden explicarse por simple ineptitud y postulan otro tipo de explicación. A nuestro modo de ver, el maestro gnóstico vio en la descripción de la «bestia» una posible traslación pedagógica a las descripciones del Demiurgo y, ni corto ni perezoso, adaptó el resto del texto a la doctrina gnóstica de las relaciones entre los arcontes y los seres humanos.

La doctrina gnóstica entresacada del pasaje platónico puede resumirse del siguiente modo. En el mundo pugnan dos poderes: el injusto (los poderes demiúrgicos) y el justo (los hombres justos). El Demiurgo tiene aspecto de bestia, y es una copia contrahecha del mundo superior. Otros arcontes existen a semejanza del Demiurgo. El hombre está hecho parcialmente a imagen del Demiurgo. Si quiere ser justo, tiene que arrojar esta imagen y cultivar la semejanza divina que tiene en su interior.

En nuestras notas a la traducción aduciremos algunos paralelos para ilustrar esta interpretación.

Traducimos a partir del texto copto transcrito por J. Brashler en *Nag Hammadi Codices V,2-5 and VI* (Nag Hammadi Studies 11), 1979.

_____
* Introducción, traducción y notas de José Montserrat Torrents.

PLATÓN, *LA REPÚBLICA* IX 588 B-589 B

VI 48,16-51,23

[48] Puesto que hemos llegado a este punto en una discusión, retomemos lo que se nos dijo en primer lugar. Y hallaremos que dice | lo siguiente: El que ha sido víctima de una injusticia es 20
completamente bueno; con justicia recibe gloria. ¿No se le hizo esta clase de reproche?

Esto es ciertamente lo conveniente.

Entonces yo dije: Ahora, pues, hemos hablado porque él dijo, respecto al que obra la injusticia y al que obra la justicia, que cada uno de ellos posee | un poder[1]. 30

¿De qué modo?

Dijo: El discurso del alma es una imagen carente de semejanza, a fin de que quien lo dijo lo comprenda. 49 Él [...] resulta para mí. Pero todo lo que se dijo [...] arconte[2]. Ahora todos han pasado a ser criaturas (*phýsis*), Quimera y Cerbero y el resto de | los mencionados. Todos descendieron y configuraron formas y 10 semejanzas. Y pasaron a ser todos una sola semejanza. Se dijo: Ahora, obra. Ciertamente, es una sola semejanza, y devino la semejanza de un animal contrahecho[3] y policéfalo. | A veces aparenta la semejanza de una bestia salvaje. Entonces es capaz de 20

---

1.   El texto de Platón se refiere *al poder que tiene, en un caso, el cometer injusticias y, en el otro, el obrar justamente* (588 b). El gnóstico personaliza las expresiones para introducir dos agentes morales distintos. El Demiurgo Yaldabaot es el dios injusto en los textos setianos; cf. HipA 95,31-96,11 y paralelos.

2.   Esta referencia al arconte o a los arcontes podría ser una mala lectura de la expresión «de antiguo» (*palaiaí*) del texto de Platón. Pero es evidente que el autor gnóstico la refiere a las figuraciones monstruosas del arconte demiúrgico, cf. ApocJn 10,8-14.

3.   Contrahecho, cop. *schbbioeit*. Éste es el término con que el *Apócrifo de Juan* designa al Demiurgo, el «espíritu contrahecho» (cf 10,32-33). El Papiro de Berlín conserva el término griego: *antímimos*. El *Apócrifo de Juan* enseña también que «Yaldabaot tenía multitud de aspectos» (11,34).

531

arrojar la primera semejanza. Todas estas figuras, arduas y difíciles, se configuran a partir de él laboriosamente, pues ahora han
30 sido plasmadas con arrogancia[4]. Y | todas las demás que se les asemejan son ahora configuradas en la palabra. Pues ahora es ya una sola semejanza. Pues una es la semejanza del león y otra la semejanza del hombre 50 [...] más contrahecho que el anterior. Y el segundo es pequeño.
Ya ha sido configurado.
Ahora, pues, combínalas en una sola, ya que son tres, de
10 modo que se reúnan entre sí | y pasen a ser todas una sola semejanza fuera de la imagen, al modo de aquel que es incapaz de ver lo que tiene en su interior, antes bien sólo ve lo que es exterior. Y se manifiesta a qué tipo de animal se asemeja: que fue plasmado a semejanza de un hombre[5].
20 Y yo dije | al que había opinado que para el hombre hay provecho en obrar la injusticia: el que comete injusticia no saca provecho y no se beneficia. En cambio, lo que le aprovecha es esto: deponer totalmente la semejanza de la bestia perversa y derribarla junto con las semejanzas del león. Pero el hombre se halla
30 en flaca condición | al respecto, y todo lo que hace resulta débil. Al cabo es arrastrado al lugar donde pasa el tiempo con ellos. 51 [...] pero acarrea [...] enemistad respecto a [...] Y se devoran encarnizadamente unos a otros.
10 Todo esto dijo a todo el que | ensalza el obrar la injusticia.
Entonces ¿no hay provecho para el que habla con justicia?
Si obra tales cosas y las proclama en el interior del hombre, se mantienen firmemente. Por este motivo procura cuidarlas y nu-
20 trirlas, tal como el | campesino nutre su fruto diariamente. Y las bestias salvajes impiden su crecimiento.

---

4. La arrogancia es una característica del Demiurgo, cf. HipA 86,29. El *Apócrifo de Juan* añade: «Se aferró a la necedad que lo habita y engendró potestades para sí» (10,26-28). En el texto platónico no hay nada que justifique el añadido de la «arrogancia».
5. El traductor lee mal a Platón, pero aprovecha su mala lectura para recordar una conocida doctrina gnóstica: que el hombre está hecho a imagen del Demiurgo, cf. HipA 87,25-32; ApocJn (II 1) 15,1-5.